그리스 신화의 이해

Introduction to Greek Mythology

Introduction to Greek Mythology
by Lee, Jin-Sung

Introduction to
Greek Mythology

그리스
신화의
이해

이진성 지음

아카넷

▲그림 1 기원전 16세기에 아르골리스 북서쪽 해발 278미터의 산에
세워진 미케네 성채의 유적지. [본문 57쪽 참조]

▲그림 2　미케네 성채의 입구에 뚜렷이 남아 있는 기원전 1250년경에
세워진 '사자의 문'. [본문 57쪽 참조]

▲그림 3 디필론(Dipylon)의 공동묘지에서 발굴된 기원전 760~750경
에 제작된 '기하학적 문양 도기'. 당시 유행하던 기하학적 문
양의 가장 정교하고 가장 풍요로운 모습을 보여준다. [본문
59쪽 참조]

◀ 그림 4
주황색 바탕에 흑색으로 그림을 그려 넣은 기원
전 510년경에 제작된 '흑색 문양 도기'. [본문 61
쪽 참조] 오뒤세우스 일행이 외눈박이 거인 폴뤼
페모스의 동굴을 양(羊)의 배에 달라붙어 빠져나
오는 모습을 그린 것이다. [본문 320쪽 참조]

◀ 그림 5
흑색 바탕에 적색으로 그림을 그려 넣은 '적색
문양 도기'. [본문 62쪽 참조] 레스보스 출신 여
류시인 사포(Sappho)가 노래를 끝내고 같은 고
향 출신 시인 알카이오스(Alkaios)(왼쪽)의 노래
를 들으려고 하고 있다. 두 시인은 각각 왼손에
일종의 소형 하프를 들고 있다.

▲그림 6 「라오코온 군상(群像)」. 기원전 150년경 페르가몬에서 만들어진 것으로 추정되는 청동제 원작의 대리석 복제본. 서기 1506년 로마에서 발굴되어 많은 사람들의 경탄을 자아낸 명작. 로마 바티칸 미술관 소장. [본문 69~70쪽 및 304쪽 참조]

▲그림 7 벼락을 내리치는 바알(Baal) 신상(왼쪽)과 제우스 신상(오른쪽). 셈족의 바알과 아리안족의 제
      우스가 다 같이 천둥과 번개로 기후와 풍년을 주관했다는 것은 인도유럽어를 쓰던 여러 민
      족들이 이와 같은 전통을 오랫동안 함께 갖고 있었다는 것을 우회적으로 말해 주는 것으로
      보인다. [본문 170쪽 참조]

▲그림 8 데메테르가 트리프톨레모스에게 밀 경작법을 전수하고 있다. 오른쪽
        은 데메테르의 딸이자 하데스의 아내인 페르세포네(=코레)이다. 아테
        네 국립박물관 소장. [본문 186쪽 참조]

▲그림 9 보티첼리가 그린 '아프로디테의 탄생'(1484~1486년 작, 피렌체 우피치 미술관 소장) 푸른 망토를 걸친, 날개 달린 좌측 상단의 남성은 봄바람인 서 풍(西風) 제퓌로스(Zephyros)로 아프로디테를 섬으로 밀고 간다. 그의 오른쪽에 있는 날개 달린 여인은 산들바람 아우라(Aura)이다. 어떤 전설에 따르면 아프로디테는 조개에서 태어났다고도 한다. 그림 아래의 조개껍질은 이를 표현한 것이다. 조개껍질 위에 서 있는 여신의 '수줍어하는 몸 짓'은 로마의 카피톨리움 박물관에 소장된 여신상을 본뜬 것이다. 여신에게 망토를 건네주는 시녀는 우아함의 세 자매 여신 카리티스(Charites) 중 한 명이거나 계절의 세 자매 여신 호라이(Horai) 중 한 명이다. [본문 193쪽 참조]

▲그림 10 바티칸의 벨베데레관(館)에 소장된 '아폴론'. 기원전 320년경에 제작된 청동제 원작을 로마 시대에 대리석으로 복제한 것이다. [본문 200쪽 참조]

◀ 그림 11
'우주의 배꼽' 옴팔로스. 델포이 박물관 소장.
[본문 202쪽 참조]

▲ 그림 12 '세계의 중심 델포이'에 세워졌던 아폴론 신전의 유적. [본문 202쪽 참조]

▲ 그림 13 의술의 신 아스클레피오스(Asklepios)를 모시는 신전으로 치료받으러 온 많은 환자와 그 가족이 순서를 기다리며 공연을 관람하던, 기원전 4세기에 세워진 에피다우로스 (Epidauros) 극장. 오늘날에도 공연장으로 활용되는 이 극장은 관객을 최대 14,000명 까지 수용할 수 있으며 무대의 소리가 지상에서 22.5미터 높이에 있는 맨 윗줄의 관 객석까지 잘 들리는 것이 특징이다. [본문 204쪽 참조]

▲ 그림 14 「아폴론과 다프네」. 베르니니의 대리석 조각(1622~1624년 작, 로마 보르게세 미술관 소장). 뒤쫓는 아폴론을 피하기 위해 다프네가 월계 수로 변신하기 시작하는 모습이 생동감 넘친다. [본문 205쪽 참조]

▲그림 15 큰 아르테미스 여신상(왼쪽)과 작은 아르테미스 여신상.
터키 에페스 박물관 소장. [본문 211쪽 참조]

▲ 그림 16 아테네의 아크로폴리스에 자리 잡고 있는 파르테논 신전. [본문 213쪽 참조]

▲ 그림 17 수니온의 포세이돈 신전. 아티카 남단의 수니온 곶에 세워진 포세이돈 신전의
해 질 무렵의 모습. 에게 해를 항해하던 뱃사람들이 안전과 무사 항해를 기원하
고 감사하던 곳이다. [본문 231쪽 참조]

▲ 그림 18 '포세이돈'. 에우보이아 북쪽 아르테미시온(Artemision) 곶 바다에서 1926~1928년에 발굴되어
보통 '아르테미시온의 포세이돈'으로 불린다. 청동제 원본인 이 작품은 기원전 460~450년
경에 제작된 것으로 추정되고, 고고학자에 따라서는 벼락을 내려치는 제우스라고 설명하기
도 하지만, 일반적으로 '삼지창 트리아이나(Triaina)를 던지려는 포세이돈'으로 설명한다. 오른
손에 들고 있던 트리아이나는 발굴되지 못했다. 팽팽한 근육의 긴장과 생동감이 넘치는 고전
기 미술의 걸작이다. [본문 231쪽 참조]

▲ 그림 19 '성난 메데이아'. 이아손과의 사이에서 태어난 두 아들을 죽이려고 하는
메데이아의 격정적인 모습이 박진감 넘친다. 외젠 들라크루아(Eugene
Delacroix), 1838년 작. 프랑스 릴 미술관 소장. [본문 255쪽 참조]

▶ 그림 20
바위에 앉아 스핑크스의 수수께끼에 답하는
오이디푸스. 기원전 470년경에 제작된 적색
문양 도기. 바티칸 박물관 소장. [본문 264쪽
참조]

▶ 그림 21
「오이디푸스와 스핑크스」. 장 오귀스트
도미니크 앵그르(Jean Auguste Dominique
Ingres), 1808년 작. 파리 루브르 박물관
소장. [본문 264쪽 참조]

◀ 그림 22
주사위 놀이를 하며 망중한을 보내는 명장 아킬 레우스와 아이아스(오른쪽). 기원전 530년경에 제작된 흑색 문양 도기. 바티칸 박물관 소장. [본문 302쪽 참조]

◀ 그림 23
자살을 준비하는 아이아스. 기원전 530년경 제작된 흑색 문양 도기. 프랑스 불로뉴 쉬르 메르 박물관 소장. [본문 302쪽 참조]

▶ 그림 24
하인리히 슐리만(Heinrich Schliemann, 1822~1890).
[본문 307쪽 참조]

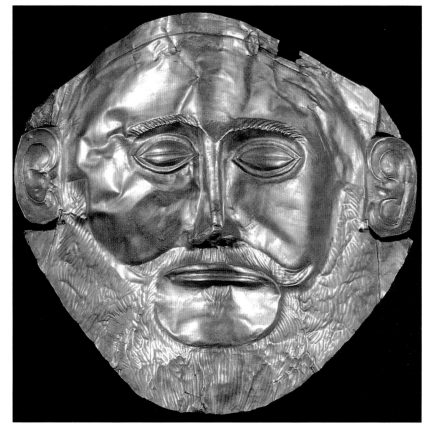

▲ 그림 25 일명 '아가멤논의 마스크'. 기원전 16세기에 제작된 죽은 사람의 얼굴에 씌우는 장의용
황금 마스크. 트로이를 발굴한 독일인 슐리만이 미케네 유적지를 발굴하면서 이 황금
마스크가 『일리아스』의 그리스 군 총수 아가멤논의 장의용 황금 마스크라고 주장하여
오랫동안 '아가멤논의 마스크'로 불렸다. 이 마스크의 주인공이 『일리아스』의 아가멤논
이 아닌 것은 두말할 나위도 없다. [본문 310쪽 참조]

▲그림 26　트로이 VI의 복원 모형.
　　　만프레트 코르프만은 대규모 발굴을 통해 트로이 VI을 새롭게 부각시켰다. 그림의
　　　중앙 언덕에 보이는 성채 마을은 왕과 지배계급이 살던 지역이었고, 그 아래 저지대
　　　마을은 평민들이 살던 20헥타르의 지대로, 그 둘레를 성벽과 도랑이 감싸고 있었다.
　　　이곳에서 8킬로미터 떨어진 곳에 바다가 있었다. [본문 309～314쪽 참조]

▲그림 27　트로이 VI 현장 일부. [본문 309～314쪽 참조]

▲그림 28 트로이 유적지 앞의 목마. [본문 303쪽 참조]

▲그림 29 「헥토르와 안드로마케」. 조르조 데 키리코(Giorgio de Chirico)의 1917
년 작 유화. [본문 300쪽 참조]

▲ 그림 30 오뒤세우스 일행이 폴뤼페모스를 장님으로 만드는 장면을 보여주는 기원전 550년
경에 제작된 도기. 프랑스 국립도서관 소장. [본문 319~320쪽 참조]

▲ 그림 31 부하들로 하여금 자신의 몸을 돛대에 묶어 놓게 하여, 세이레네스의 유혹
을 뿌리치는 오뒤세우스의 모습. 기원전 480년경에 제작된 적색 문양 도기.
[본문 321쪽 참조]

▲그림 32 「트로이를 탈출하는 아이네이아스」. (1618~1619년 작. 로마 보르게세
미술관 소장). 늙은 아버지와 수호신상을 모신 아이네이아스가 아
들과 함께 트로이를 탈출하는 장면을 형상화한 작품으로 조각가
베르니니(Bernini)가 20세 때 완성했다. [본문 337쪽 참조]

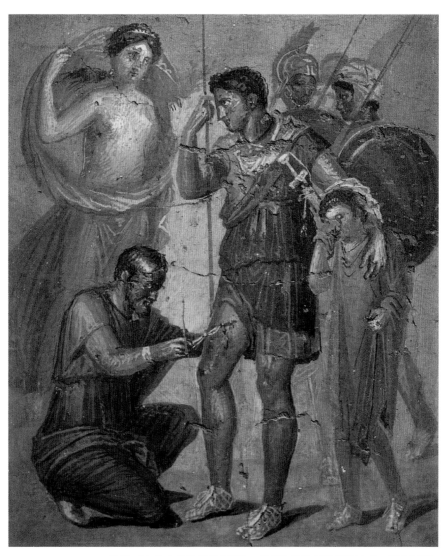

▲그림 33 투르누스와의 결전을 앞두고 화살을 맞은 아이네이아스와 그를 치료하는
의사 이아픽스. 기원후 1세기 폼페이의 프레스코화. 나폴리 고고학 박물관
소장. 왼쪽 위에 아프로디테가 보이고, 오른쪽에 아들 아스카니우스(일명
이울루스)가 눈물을 흘리고 있다. [본문 349쪽 참조]

▲그림 34 기원전 5세기에 청동으로 제작된 에트루리아의 암늑대상과
          15세기 조각가가 만들어 붙인 늑대 젖을 먹는 쌍둥이 로물
          루스와 레무스상 [본문 353쪽 참조]

▶ 그림 35
'변모한 제우스'. 수도사 차림으로 성배와 십자
가를 손에 들고 있는 제우스. 피렌체의 산타 마
리아 종탑. [본문 483쪽 참조]

▲ 그림 36　악당 프로크루스테스를 격퇴하는 테세우스(왼쪽). 기원전 470년경에 제작된
　　　　　 적색 문양 도기. 비엔나 예술사 박물관 소장. [본문 378쪽 참조]

◀ 그림 37

흰 황소로 변해 에우로페를 등에 업고 바닷속으로 뛰어드는 제우스. 네덜란드 화가 제라르 세게르스(Gerard Seghers)가 그린 「에우로페 납치」(1640~1650년 작). [본문 180쪽과 257쪽 및 387쪽 참조]

▲ 그림 38 에우로페와 제우스가 사랑을 나눈 크레타 섬 깊숙이 있는 고르튀스(Gortys)의 플라타너스 나무 그늘. [본문 257쪽 및 387쪽 참조]

▶ 그림 39

크레타 크노소스 궁에서 출토된 기원전 1600년경에 돌로 만들어진 황소머리 모양의 헌주용 술 단지. 뿔은 금을 입혔고, 눈은 수정으로, 코는 조개껍질로 되어 있다. 크레타의 미노아 문명에서 황소는 가나안(Canaan)에서처럼 다산의 표상이었다. 에우로페가 황소 등에 업혀 페니키아로부터 크레타로 온 것이 시사해 주듯 가나안 사람들의 황소 숭배 풍속이 크레타로 이입된 것으로 볼 수 있다. 크레타 이라클리온 박물관 소장 [본문 385~386쪽 및 395쪽 참조]

▶ 그림 40

크노소스 궁 일부를 복원해 낸 아서 존 에번스(Arthur John Evans, 1851~1941)의 흉상이 크노소스 궁 입구에 세워져 있다.

[본문 385~386쪽 참조]

▲ 그림 41 크노소스 궁의 복원된 북쪽 입구. 1900년부터 크노소스 궁을 발굴하기 시작한 에번스 경은 35년간의 작업 끝에 크노소스 궁의 일부를 복원하는 데 성공했다. [본문 385~386쪽 참조]

▲ 그림 42 크노소스 궁 지하로 통하는 입구. 다이달로스가 만들었다는 라뷔린토스(Labyrinthos)라는 미로는 공허한 상상의 산물만은 아닌 것으로 보인다. [본문 385~386쪽 참조]

▲ 그림 43 코린토스에 있는 아폴론 신전 유적지(위쪽)와 페이레네(Peirene) 샘터 (아래쪽).[본문 401쪽 참조]

◀ 그림 44

스파르타에서 6킬로미터 떨어진 타위게토스 산 지맥에 요새처럼 자리 잡은 비잔틴 도시 미스트라스(Mistras) 유적지(위쪽)와 이곳에서 오늘날에도 비잔틴 수도 생활을 계속하는 판타나싸(Pantanassa) 수도원 입구(아래쪽). 비잔틴 철학자 플레톤은 비밀 결사를 만들어 이곳에서 신플라톤주의를 가르치고, 그리스 전통 문화를 전수하여 르네상스 이탈리아 석학들에게 큰 영향을 미쳤다. [본문 482쪽 참조]

  한 개인이 주변 사람들과 교유하며 성장하듯이, 한 민족의 문화도 주변 민족들과 교류하면서 발전한다. 문화의 이입과 동화 현상은 고대라고 해서 예외일 수 없다. 그리스는 바다에 둘러싸여 있어 지중해 연안의 아나톨리아(소아시아), 페니키아, 이집트 지역의 영향을 받으면서 다양하고 풍요로운 신화를 형성시켰고, 이후 로마에 지대한 영향을 미쳤다. 그리스를 정복한 로마는 그리스 신화의 명칭을 라틴어로 바꾸어 부르면서 그리스 신화를 그대로 수용하며 로마 문화를 발전시켰다.

  이번 개정 2판이 많은 것을 보완하면서 특히 추가하는 다음의 네 가지 중 셋은 이와 같은 문화 현상에 관한 것들이다.
  첫째, 올림포스의 여신 아르테미스는 아나톨리아의 그리스 식민지 에페소스에서 프뤼기아의 토착신이자 '어머니 여신' 퀴벨레에 동화되어 그곳의 최고신으로 숭배되었다는 점을 추가했다. 그것은 그리스 신이 식민지에 이입되어 그곳의 토착신과 융합하는 문화 현상이다. 아울러 후일 로마에 도입되는 퀴벨레에 대해서도 간략하게 소개했다.

둘째, 그리스의 미케네인들이 아나톨리아의 트로이를 공략해 일으켰다는 트로이 전쟁이 실재했느냐 하는 논의는 아직도 진행 중이다. 두 지역의 교류와 충돌이 있었으면 어떻게 있었느냐 하는 문제는 호메로스의 『일리아스』가 유발한 오랜 관심사였다. 트로이의 새로운 발굴 성과는 트로이 전쟁 실재설의 가능성을 높이는 계기가 되어 이번에 추가했다.

셋째, 제5장 '영웅 신화'에 '아이네이아스의 모험'을 추가하여 로마의 서사시인 베르길리우스의 『아이네이스』 내용을 요약함으로써 그리스 신화의 맥락에서 전개되는 로마 건국 신화를 서술했다.

넷째, 제8장의 신화 연구 영역에서 미국의 조지프 캠벨을 간략하게 소개했다.

이번에 추가하고 보완하는 내용이 그리스 신화에 관심 있는 독자 여러분에게 조금이나마 도움이 되기를 바라면서, 앞으로도 유익한 내용을 추가할 것을 기약하며 아카넷 편집부의 노고에 다시 한 번 사의를 표한다.

2016년 2월
이진성

■ 개정판을 내며

이 책이 처음 간행된 지 벌써 6년이 넘게 지났다.

그리스 신화에 대한 관심은 그치지 않고 계속되고 있다.

그리스 신화에 대한 연구는 주로 서구 연구가들에 의해 깊이 있고 폭넓게 지속되고 있고, 그리스 현지에서는 아테네의 파르테논 신전과 크레타의 크노소스 궁을 비롯한 곳곳에서 복원 작업이 한창이고, 프랑스 독일 이탈리아 전문가들에 의한 발굴 작업 또한 한창이다. 세계 각지에서 밀려오는 수많은 관광객들은 고고학적 증거들이 즐비한 유적지와 박물관을 돌아보며 서구 문명의 유서 깊은 이야기를 생동감 있게 확인한다.

이러한 열기는 어디서 비롯하는 것일까?

인간은 몸으로 뿐만 아니라 마음으로 삶을 살아가는 존재이기 때문에 '이야기'는 빵 못지않게 중요하다. 이야기의 원류로서의 신화는 고대인으로 하여금 자연의 위력에 대한 두려움을 이겨내게 했고, 농경 사회 속의 개인을 꾸미고 성장시키고 변화시켰다. 이야기가 없거나 모르는 사람은 '벌거벗은 인간'이나 다름없고, 이야기가 없거나 경시하는 사회는 원시 사회나 다름없다. 개인의 교양이나 사회의 문화는 다 같이 이야기라는 뿌리에서 비롯한다. 그리스 신화는 기독교의 『성서』와 함께 서구 문화의 두 뿌리이다.

이번에 개정판을 펴내며 이 책의 화보를 비롯한 많은 것을 보완했다. 그중에서 중요한 것은 다음의 세 가지 내용이다.

첫째, 그리스 신화는 인근 지역인 고대 근동 세계의 영향을 받으며 형성되었으며 특히 기후의 신 제우스의 면모가 가나안의 바알과 유사하다는 점을 소개했다.

둘째, '영웅 신화'에 미노스, 프쉬케, 시쉬포스, 벨레로폰테스, 나르키소스 이야기를 이번에 추가했다.

셋째, 최근의 연구 동향을 20세기 '구조주의 신화학' 말미에 간략하게 소개했다.

이번에 보완하고 추가하는 내용들이 그리스 신화를 이해하려는 독자 여러분에게 조금이나마 도움이 되었으면 좋겠다. 앞으로 기회가 오는 대로 보다 많은 내용을 보완할 것을 기약하며, 아카넷 편집부의 세심한 배려에 다시 한번 사의를 표한다.

2010년 8월
이진성

영국의 젊은 시인 셸리(Shelley)는 "우리는 모두 그리스인들이다. 우리의 법, 우리의 문학, 우리의 종교, 우리의 예술은 모두 그리스에 그 뿌리를 두고 있다"고 『헬라스』 서문에서 말한 바 있다. 유럽 문화의 뿌리가 그리스에 있다는 것은 셸리의 말이 아니더라도, 유럽을 여행해 보면 곧 알수 있는 사실이다. 유럽의 마을이나 도시 곳곳에 성당이 있는 한편, 공원이나 비교적 오래된 건물의 장식 조각으로 그리스의 신들이 줄줄이 서있다. 아폴론, 아르테미스, 아프로디테, 아틀라스 등. 셈족인 히브리인들로부터 비롯된 기독교 전통과 아리안족인 그리스인들로부터 비롯된 신화전통이 유럽의 곳곳에 평화롭게 함께 어우러져 있다. 오랜 세월 동안 사라지지 않고 남아 있는 서양 문화의 유산들이 유럽의 곳곳에서 유럽의 문화적 단일성을 피부로 이해시켜 준다. 유럽의 길거리에서 만나는 그리스신화의 형상을 통해 '이야기'의 전승의 위력에 새삼 놀라지 않을 수 없다. 서양 문화의 밑바탕인 그리스 신화와 기독교는 근본적으로 이야기에 근거한다. 신화와 종교의 '이야기'가 문학에 변용되어 또 다른 이야기를 만들며 생성한다. 시간이 지남에 따라 그 이야기는 다시 변용되고, 생성한다. 문화의 자생적 토양이 비옥해지고, 이야기의 반복과 계승은 이미 저절로 이루어진다. 이렇게 되면 이름뿐인 신화와 종교가 아니다. 이야기의 반복 없는 신화와 종교는 유효성이 상실된 신화와 종교이다. 전통 문화의 숨결은 반복으로부터 비롯된다. 반복 없는 계승과 전통은 불가능하다.

그리스는 유럽의 정신적 고향이다. 유럽의 이곳저곳을 잘 구경하고, 유럽의 문화와 예술을 보다 깊이 이해하기 위해서는 기독교 전통과 함께 그리스 문화와 예술의 핵심인 그리스 신화를 알아야 한다. 아테네의 파르테논 신전은 그리스 신화를 모르는 사람에게는, 커다란 돌기둥에 지나지 않는다. 춘향의 이야기를 모르는 사람에게 남원은 평범한 한 고을에 지나지 않는다. 세계의 많은 사람들이 서인도제도의 카리브 해보다 지중해를 더 여행하고 싶어하는 이유는 무엇일까? 지중해의 바다가 더 아름다워서일까? 남태평양의 바다와 쿠바의 바다가 지중해보다 더 아름답지 않을까? 지중해가 세계의 다른 어떤 바다보다도 많은 사람들을 찾아오게 하는 것은 지중해와 그 연안 곳곳에 전설과 신화가 깃들어 있기 때문이다. 오뒤세우스가 유랑하고, 이아손이 모험을 감행한 바다, 그리고 키르케가 마법을 부리고, 세이레네스들이 뱃사람을 유혹하던 바다의 이야기를 떠올리지 않고 지중해를 바라보는 것은 지중해를 제대로 음미하는 시각이 아니다.

이야기에는 힘이 있다. 오랫동안 전승된 이야기일수록 그 힘이 대단하다. 지중해에 얽힌 수많은 이야기들의 힘은 지중해 문명을 꽃피우는 생명력이 된다. 사진으로만 바라보던 파르테논 신전과 파르나소스 산 중턱에 위치한 '우주의 배꼽' 델포이에 서 있으면 가슴이 벅차오르는 것은 무엇 때문일까? 3,000년 이상 전승되며 유럽 문화를 생성시킨 그리스 신화의 생생한 현장에 서 있기 때문이다. 그것은 나이아가라 폭포 같은 가공되지 않은 자연이 불러일으키는 경이로운 위력과는 다른 것이다. 그것은 입으로 전승된 이야기의 힘의 결실이자 전통의 위력에 대한 경탄이며, 상상력의 확산과 결실에 대한 놀라움이다. 그것은 말하자면 일종의 예술에 견줄 수도 있는 '이야기'의 오랜 전통에 대한 놀라움이라고도 할 수 있다.

이 책은 그리스 신화의 이야기 내용을 체계 있게 정돈한 '신화집'이자 그리스 신화 풀이의 변천을 개관한 '개론서'이다.

지중해와 에게 해 그리고 펠로폰네소스 반도와 그리스 본토는 물론 시칠리아와 남부 이탈리아 및 소아시아를 무대로 해서 펼쳐진 그리스 신화는 방대하기 이를 데 없을 뿐만 아니라, 수많은 신, 영웅들의 이름과 지명이 나오기 때문에, 체계를 갖추지 않은 흥미 본위의 이야기 전개는 개별 에피소드에 관심을 집중시켜 그리스 신화의 총제적 파악을 어렵게 만들 우려가 있다. 오랫동안 유럽은 물론 세계의 여러 나라에서 읽힌, 기원후 1세기 초에 로마 작가 오비디우스가 쓴 『변신 이야기』는 재미있게 읽힐 수 있는 에피소드 중심 신화집의 본보기이다. 그리스 로마의 문학, 다시 말해 서양 고전 문학에 익숙한 서양인 독자에게 오비디우스의 신화집은 낯설지 않게 그리스 신화에 접근하게 해주는 덕목을 구사하지만, 서양 고전은 물론 지중해 연안의 지명에도 익숙지 못한 우리나라 독자에게 오비디우스의 신화집이 같은 효과를 발휘하기는 어렵다. 우리나라 독자에게 그리스 신화의 내용을 효율적으로 전달할 수 있는 방법은, 에피소드의 양(量)을 줄이고 간추려서 그리스 신화의 내용을, 창세 신화, 올림포스 신화, 영웅 신화로 분류해서 소개하는 것이다. 흥미는 비록 감소된다 하더라도 이 방법이 그리스 신화를 체계 있게 서술하는 유익한 길이라고 필자는 생각한다. 이 책의 3장, 4장, 5장이 그리스 신화의 내용을 기술하는 신화집 영역이다.

고대 그리스 사람들은 신화를 창출했을 뿐만 아니라 신화를 연구하고 풀이하기 시작했다. 그들의 신화 풀이는 플라톤 이후 기원전 3세기에 융성했고 그들이 세운 풀이 방법은 로마 시대를 거쳐 중세와 르네상스 시대까지 영향을 미쳤다. 그리스 신화의 근대적 해석은 콜럼버스의 신대륙 발견 이후 전개된 서구 인문학의 발전과 맥을 같이하면서 발전하기 시작하여 19세기 막스 뮐러의 공헌으로 그리스 신화학은 새로운 국면을 맞았고, 제임스 프레이저, 조르주 뒤메질, 클로드 레비스트로스, 장피에르 베르낭, 마르셀 데티엔 같은 세계적인 학자들에 의해 그리스 신화학은 20세기 서구 인문학의 핵심으로 자리 잡았다. 그들은 호메로스의 『일리아스』와 『오뒤세이아』, 헤시오도스의 『신들의 탄생』과 그 밖의 많은 고전 문헌들이 이야기하는 그리스 신화의 내용을 새롭게 풀이하였다. 그들은 유럽 '문화 전통'의 밑바탕인 그리스 신화를 음미하며 새로운 뜻을 도출하였다. 신화에 관한 서로 다른 개념들은 시대와 학자에 따라 변모하는 신화 풀이 때문에 비롯된 것이다.

이 책은 그리스 신화에 대한 전반적인 이해를 돕기 위한 예비 단계로 1장에서는 '그리스 신화의 성격과 특징'을 서술하고, 2장에서는 '그리스 신화의 형성과 형태'를 설명한 다음, 앞에서 말한 것처럼 3장, 4장, 5장에서는 그리스 신화의 내용을 서술하는 '신화집' 역할을 수행하며, 6장에서는 '그리스 신화의 변모'를, 그리고 그리스 신화 해석의 변천 과정을 7장과 8장에서 살펴봄으로써, 그리스 신화학 개론서의 역할도 할 수 있을 것으로 저자는 생각한다.

그리스 신화학은 특히 20세기에 눈부신 발전을 하였다. 앞에서 열거한 학자들의 공헌 이외에도 그리스 신화 자료집 발간에 있어서 20세기는 19세기에는 생각할 수도 없던 성과들을 이룩했다. 가령, 유럽의 여러 나라 학자들이 1981년부터 공동으로 유럽 및 세계 각지에 흩어져 있는 고대 그리스의 미술 작품과 고대 화폐 등에 새겨진 각종 형상들을 총망라하여 수록하는 작업을 했는가 하면, 1300년대 이후 오늘날까지 수많은 서구 미술 작품들에 나타난 그리스 신화를 세밀하게 조사·분석·설명하는 작업을 하기도 했다. 이 밖에도, 그리스·로마 문학을 주축으로 한 서양고전학은 특히 영국, 프랑스, 독일에서 괄목할 만한 발전을 했다. 또한 슐리만이 트로이와 미케네를 발굴한 이후, 아테네에 현지 연구원을 설립하여 발굴 조사에 열중한 영국, 프랑스, 독일 고고학계의 업적은 그리스 신화에 생동감을 부여함으로써 고대 그리스 문명에 대한 대중들의 관심을 고조시켰다.

이 책은 한 권의 책으로는 어림도 없는 그리스 신화의 '내용'과 그 풀이의 변천 과정을 비교적 최신의 자료를 활용하면서 개략적으로 기술하였다. 이제는 세계적인 신화가 되어 서구 인문학의 핵심이 된 그리스 신화를 전반적으로 소개하는 개론서가 필요한 우리나라의 실정에 조금이라도 도움이 된다면, 이 책은 더할 나위 없는 소임을 완수하게 될 것이다. 앞으로 기회가 오는 대로 보다 많은 신화들에 대한 설명을 보완할 것을 약속하며, 독자의 기탄없는 비판을 부탁한다.

이 책이 간행되기까지 필자는 많은 도움을 받았다. 특히, 많은 자료를 선뜻 빌려준 서울대학교 미술대학 정영목 교수, 원고를 몇 번씩 읽어준 연세대학교 불문학과 박혜정 박사, 출판을 맡아 책을 잘 만들기 위해 세심하게 배려한 아카넷의 정연재 팀장과 오창남 과장께 이 자리를 빌려 깊은 사의를 표한다.

2004년 2월
이진성

차례

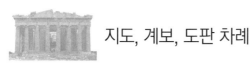

지도, 계보, 도판 차례

■ 일러두기

이 책에서 언급하는 고대 그리스·로마의 신과 영웅들의 명칭과 지명(地名)은 국립국어원의 외래어 표기법에 따라 대부분 원래의 발음대로 적었지만, 이미 널리 알려져 우리말로 굳어진 명칭의 경우에는 원래의 발음 대신 통용되는 발음을 따랐다. 예를 들면 다음과 같은 것들이 그러한 경우이다.

원래 발음	굳어진 명칭	원래 발음	굳어진 명칭
뤼라	리라	올륌포스	올림포스
뮈케나이	미케네	올륌피아	올림피아
베누스	비너스	크레테	크레타
아테나이	아테네	트로이아	트로이

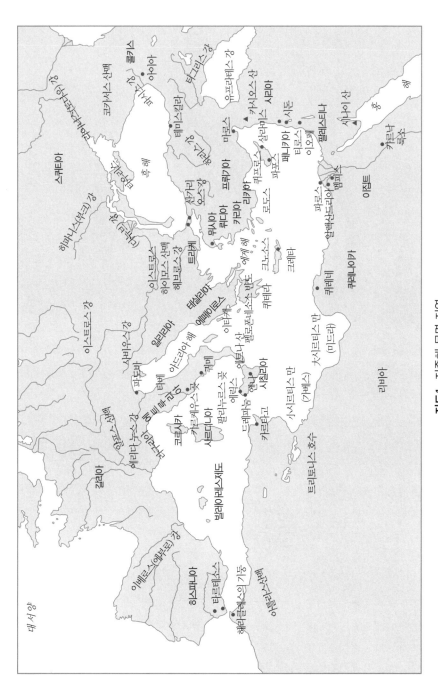

지도1 지중해 문명 지역

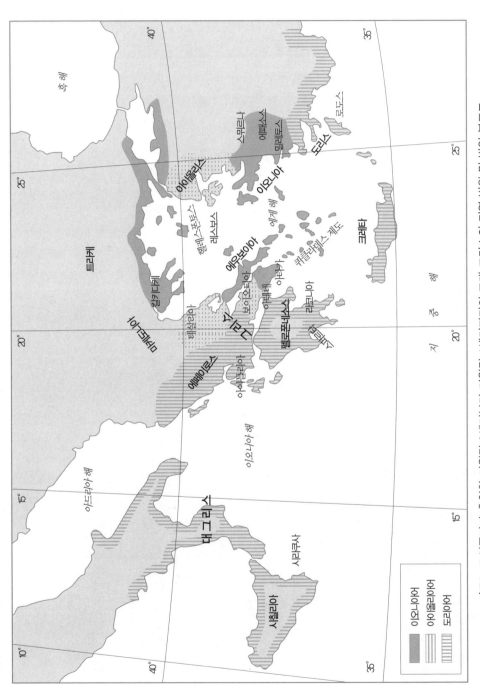

지도2 도시국가가 출현한 기원전 8세기부터 기원전 4세기까지의 고대 그리스의 지역 범위 및 방언 분포도

흑 해

터키

트라케

칼키디케

마케도니아

에페이로스

아카르나니아

아이톨리아

도도나

헬레스폰토스

레스보스

아이올리아

이오니아

스미르나

에페소스

밀레토스

도리스

에우보이아

보이오티아

포키스

아테나

아티카

에게 해

이오니아

아카이아

엘리스

아르카디아

펠로폰네소스

아르고스

라코니아

메세니아

키클라데스 제도

낙소스

크레타

로도스

이오니아 해

지   중   해

아드리아 해

이탈리아

대 그 리 스

시라쿠사

이오니아
아이올리아
도리아

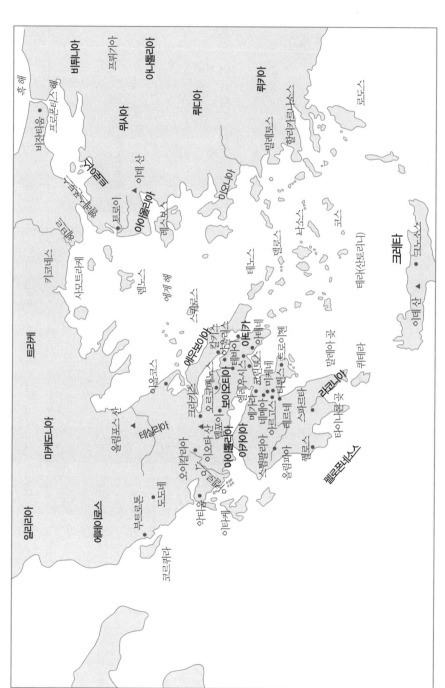

지도3 고대 그리스

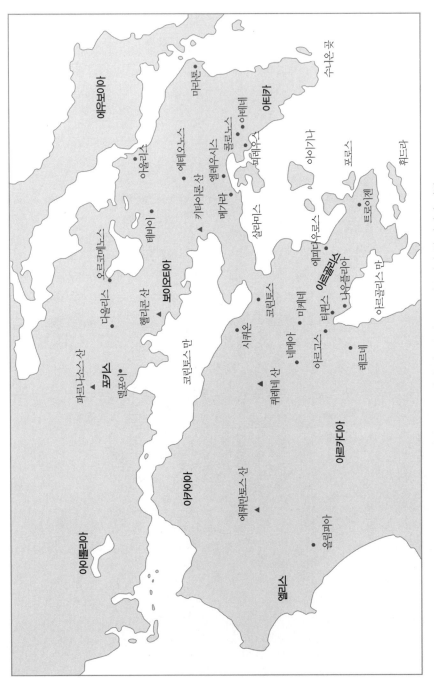

지도4 그리스 신화의 주요 무대인 아르골리스, 보이오티아 및 아티카 지방

1

그리스 신화의
성격과 특징

Introduction to Greek Mythology

식물에 비유하자면, 신화는 태양 아래 어떤 풍토에서건 어떤 장소에서건,
꺾꽂이하지 않아도 잘 자라는 나무이다. 온 세상의 종교와 시가 이를 증명한다.
원죄가 어디에나 있는 이상, 구원도 어디에나 있고, 신화도 어디에나 있다.
영원한 것보다 세계적인 것은 없다.

— 샤를 보들레르, 「리하르트 바그너와 파리의 '탄호이저'」

1. 신화란 무엇인가?

　모든 민족은 신화를 갖고 있다. 고대인들은 세계와 사물이 생겨나 존재
하는 이유를 초자연적인 존재나 강력한 신들의 '이야기'를 통해 설명했다.
세계와 사물에 대한 궁금증을 초자연적인 존재나 신들을 통해 풀어낸 이
야기가 곧 신화이다. 사람의 경우로 말하자면, 신화는 어린 시절의 이야
기에 해당된다. 자신이 어디에서 나왔는지 궁금해하는 아이에게 엄마는
자신의 배꼽을 가리키며 아이가 태어난 여정을 들려준다. 그 설명은 논리
적이지 않지만 감성적이며 피부에 와 닿는 '이야기'로 펼쳐진다. 시간이 지
나면서 아이는 그 이야기의 진실을 알게 되지만, 진실을 알고 나서도 그
이야기는 평생 기억하게 되고, 나중에 자신의 아이에게도 똑같은 이야기
를 들려주게 된다. 이와 마찬가지로, 세계와 사물에 대한 궁금증을 풀기
위해 세계의 모든 민족들은 자신들의 언어로 '이야기'를 만들어냈다. 초자
연적인 존재들이 주인공인 그 이야기들은 오늘날의 논리적이거나 과학적

인 설명과는 전혀 다른 것이었다. 『성서』에 나오는 다음과 같은 대목이 좋은 본보기이다.

> 하나님께서 가라사대 빛이 있으라 하시매
> 빛이 있었고 　　　　　　　　　　　　　　　　　 ― 「창세기」, 1장 3절

빛과 어둠의 존재를 '하나님'께서 행하신 천지 창조로 설명하는 이 '이야기'는 엄마 배꼽에서 아이가 나왔다는 이야기와 마찬가지로 세계를 알기 쉽게 설명하고, 오랜 세월 대를 이어 전해진다. 우주 만물의 출현을 대폭발(Big Bang) 이론으로 설명하는 최근의 과학적 지식은 대를 이어 전해지기 어렵다. 논리적이며 체계적인 담론은 오랜 세월 여러 사람의 입에서 입으로 전달되지 않는다. 그러나 궁금증을 감성적으로 쉽게 풀어주는 이야기는 옮기지 말라고 해도 저절로 날개를 단 듯 입에서 입으로 전해지면서 장구한 세월을 흘러 내려온다. 오랫동안 전해지면서 늘거나 줄고 부풀려지면서 변하기도 하지만 이야기의 큰 줄기가 줄기차게 전승되면, 그것은 살아 있는 신화가 된다. 물론 이야기가 얼마 동안 전승되다가 소멸되는 경우도 많다. 소멸된다는 것은 이야기가 더 이상 전승되지 않고 굳어져서 신화 자료집이나 신화 사전에서나 찾아볼 수 있는 경우를 말한다. 세계의 많은 민족들의 신화는 오래전부터 거의 전승되지 못하고 사장(死藏)되거나 소멸되었다. '이야기'가 반복 또는 확대·재생산되지 못했기 때문이다. 이야기가 전승되면서 확대·재생산 또는 변용되기 위해서는 이야기를 낳은 민족의 문화적 배경 못지않게 정치·경제력이 뛰어나야 하고, 인근 지역으로 이야기가 전파될 수 있는 여러 가지 여건도 충족되어야 한다. 나 혼자만 잘살고 잘나 봐야, 주위의 인정을 받지 못하거나 주위와 친하지 못하면 독불장군, 무용지물에 지나지 않는 것과 마찬가지이다. 나중에 살펴보겠지만 그리스는 멸망했지만, 그리스의 문화와 신화는 로마

세계로 전파되어 살아남았다. 로마로 옮아간 그리스의 '이야기'들은 라틴어로 변용되어 문학과 예술 작품 속에 확대·재생산되었고, 훗날 로마 문화를 계승하는 프랑스, 이탈리아, 스페인은 물론 로마의 강력한 문화, 정치, 경제의 영향을 받은 독일, 영국으로까지 깊숙이 파고들어 유럽 문화의 뿌리를 형성한다. '유럽 문화권'이라는 호칭은 여기서 유래했다. 유럽 문화권이라는 말은 단지 특정 지역만을 가리키는 것이 아니다. 언어와 관습이 서로 다른 유럽 여러 나라 문화의 밑바탕에는 그들을 서로 가깝게 묶어주는 '옛날이야기'가 있기 때문이다. 이 이야기는 다른 지역, 다른 민족의 이야기에 비해 유럽 문화의 특수성 때문에 확대되거나 반복되는 기회가 많았다. 다른 지역, 다른 민족의 옛날이야기는 변용의 기회가 적거나 없었기 때문에 그 흔적을 찾기 위해서는 사전이나 자료집을 뒤져야 하고, 이야기의 가치와 의미를 따져보기 위해선 머리를 짜내야 하는 경우가 많다. 이야기라고 해서 다 같은 값어치를 지닌 이야기가 아니다. 확대·재생산되는 이야기가 얼마나 풍요로운 문화·예술적 자산을 이루게 되는지는 앞으로 살펴보겠지만, 고대 그리스의 이야기는 오랜 세월 변용되고 반복되어 왔기 때문에 유명하다. 유명하다는 것은 그 이야기가 어떤 형태로든 '반복'되어 널리 퍼졌기 때문이다. 반복과 확대·재생산, 그리고 '유명'이라는 말은 모두 신화라는 이야기의 특성을 지적해 주는 같은 뜻의 말이다.

2. 뮈토스와 로고스

그리스 신화는 학자에 따라 멀게는 구석기 시대와 신석기 시대(기원전 4500년경)부터 서서히 형성되어 미케네 시대(기원전 16~12세기)부터 본격적으로 입에서 입으로 전승되어 온 것으로 본다. 기원전 5세기에 쓰인, '신화(mythe)'라는 말의 최초의 표현인 '뮈토스(mythos)'는 모든 종류의 이야기를 가리키는 말로, 특별한 성격이 없는 중성적인 어휘였다. 그러나 차츰 이야기의 진실성 여부를 거론하면서부터 신화는 '거짓', '인위', '속임'의 성격을 갖는 이야기만을 가리키게 되었다. 서정 시인 핀다로스(Pindaros)는, 시인들에 의해서 아름다운 거짓으로 치장된 신화가 대중들에게는 진실을 압도하는 힘을 발휘한다고 신랄하게 지적한 바 있다. 역사가 헤로도토스(Herodotos) 또한 뮈토스라는 말을 '믿기지 않는 모험'이나 '검증할 수 없는 설명'으로 폄하했다. 고대의 역사가들은 신화와 역사를 차별했다. 그러나 한편 플루타르코스(Ploutarchos)는 『영웅전』 속에서 「테세우스」와 「로물루스」를 쓰며 시인들이 미화시킨 신화와 역사의 경계를 매우 희미하고 애매하게 만들었다. 사실 역사와 신화의 경계는 시대에 따라 유동적이었다. 도리아인들이 펠로폰네소스를 정복한 기원전 1069년을 신화시대와 역사시대의 경계선으로 잡는 것이 일반적이고 전통적인 관행이지만, 첫 올림픽 경기가 열린 기원전 776년을 경계선으로 잡는 로마 시대의 학자도 있었고, 트로이 전쟁을 경계선으로 생각하는 고대 학자도 있었다. 그러나 고대 그리스인은, 사실인 역사와 허구인 신화를 확연하게 나누어 구별하지 않았다. 신들의 시간과 인간들의 시간이 동일한 연속성 속에서 함께 흘러갔다. 기원전 3세기에 발굴된 유명한 「파로스의 대리석」에 새겨진 연대표에 따르면, 아테네의 전설적인 왕 케크롭스의 통치는 기원전 1581년, 데우칼리온 시대의 대홍수는 기원전 1528년, 아티카 지역의 관할권을 둘러싼 아테나와 포세이돈의 유명한 분쟁은 1531년, 아르고스에 다나오스인이 도래한 것은 기원전 1510년, 아티카로 아마조네스들이 출정한 것은 기원전 1256년, 『테바이를 공격한 7인』의 전투는 기원전 1251년, 아레이오스 파고스 회의가 오레스테스를 무죄 선고한 것은 기원전 1208년의 일로 되어 있다.

그러나, 어떤 역사가들은 신화적 시간을 과감히 배척하기도 했으며, 기원 후 1~2세기의 수사학자(修辭學者)들은 신화를 '진실'인 역사와, 그리고 더 나아가서 '진실임 직한' 허구와도 구별했다. 신화는 그러니까 역사도 아니고 허구도 아닌 것으로 생각한 것이다. 고대 그리스에서 신화를 가장 잘 규정한 사람들은 플라톤을 중심으로 한 철학자들이었다. 그들 역시 신화(뮈토스)를 '대조법'으로 설명했는데 특히 로고스(logos)와 대비한 것은 유명하다. 좋은 씨앗인 로고스는 철학자의 이야기이며, 나쁜 씨앗인 뮈토스는 콩트를 이야기하는 노파의 말이자 소피스트인 프로타고라스의 말이라는 것이다. 그들은 로고스는 모든 장점들을 갖추고 있는 반면 뮈토스는 온갖 결점을 갖고 있다고 주장하면서, 뮈토스는 거짓 이야기로서 환상을 지향하기 때문에, 자기 정체를 설명하지 못한다고 말했다.

그러나 이성에 대립하는 환상으로서 뮈토스는 로고스와는 다른 방식으로 이야기할 뿐이다. 뮈토스와 로고스는 인간 언어활동의 두 축(軸)이며, 다 같이 정신적 삶의 바탕을 이루는 두 기능이다. 추론하는 로고스는 설득을 지향하여 판단을 내리도록 하는데, 논리에 정확히 부합하면 참이지만 논리에 맞지 않으면 거짓이 된다. 그러나 뮈토스는 그 자체가 목적이다. 자체를 목적으로 삼는 까닭에 정체성을 설명하기 어렵다. 때로는 기쁨에 따라 때로는 믿음에 따라 뮈토스를 믿기도 하고 믿지 않기도 하며, 아름답게 판단하기도 하고 진실임 직하게 받아들이기도 한다. 뮈토스는 인간 정신의 모든 비합리적 요소를 끌어안는다. 온갖 종류의 것들을 만들어낸다는 점에서 뮈토스는 예술과 매우 비슷하다. 그리스 신화의 가장 뚜렷한 특징은 바로 이 점이다. 인간 정신의 온갖 활동과 모든 영역을 그리스 신화는 담아낸다. 고대 그리스에서는 조형 예술과 문학이 신화에 줄기차게 의존했으며, 신화는 경계선 없이 모든 영역에 스며들었다. 공기와 태양이 생명에 반드시 필요한 것처럼 신화는 그리스인들에게 꼭 필요했다.

3. 신화의 정의

고대 그리스의 역사가들이나 수사학자들, 철학자들은 모두 대조법으로만 신화를 정의했다. 정확하게 고대의 현실을 묘사하는 이야기와 논리의 엄격한 규칙을 따르는 담론과는 반대되는 이야기가 그들에게 '신화'였다. 유치하고 천진하며, 역설적이면서 신기한, 믿기지 않는 것들을 신화는 이야기했다. 바로 이러한 요인 때문에 오랫동안 대조법으로만 신화를 설명해 왔고, 신화를 본격적으로 정의하는 것이 문젯거리로 등장하지 않은 것 같다. 진정한 종교로 자처하는 기독교를 믿는 신자들에게, 그리스의 신들은 거짓 신들이고 그 이야기는 신화일 뿐이며 다신교의 '터무니없고' '불경스러운' 의식이나 이야기로 평가받아 왔다. 한편 퐁트넬(Bernard de Fontenelle)을 비롯한 18세기 철학자들 역시 신화를 '공상, 몽상, 부조리가 뒤섞인 덩어리'라고 생각했다. 전통 사회 및 원시적 사고방식을 오늘날의 서구 사회 및 합리적 사고방식과 차별해서 생각하는 한, 신화라는 용어는 전통 사회의 믿음을 배척하고 오늘날 우리의 것이 아닌 모든 것을 비난하는 수단이 된다. 신화를 '자연현상에 관한 설명'으로 생각한 제임스 프레이저(James Frazer)나, '의식(儀式)의 설명'으로 생각한 제인 해리슨(Jane Harrison) 같은 인류학자들은 이 계열에 속하는 학자들이다. 신화를 이처럼 선명하게 정의 내리게 되면 쟁점과 이론(異論)의 여지가 많을 수밖에 없게 되어 논의의 맥락 속에서만 신화로 자리 잡을 뿐이다.

그러나 신화에 대한 긍정적인 정의를 부여하려고 노력하면, 많은 문제점에 부딪히게 되어 정의 내리기가 매우 힘들게 된다. "신화는 모두가 인정하며 신화로 받아들이는 것"이라는, 평범하지만 모호한 표현으로 신화의 자명성을 강조하는 레비스트로스(Claude Lévi-Strauss) 같은 학자가 있는가 하면, 어디에서도 신화의 최초 형태를 찾을 수 없다고 설파하는 마르셀 데티엔(Marcel Detienne) 같은 학자도 있다. 이런 말들은, 유동적이며 항상 변모하는 신화를 정의하기가 얼마나 어려운지 잘 표현해 주지만, 신화는 정의할 수 없다는 것을 입증하는 것은 아니다. 신화를 긍정적으로 받아들이면서 신화를 정의하려는 몇 가지 시도들을 살펴보기로 하자.

먼저 신화와 전설(legend), 그리고 파란만장한 연대기(saga)를 구별하고 용어상의 차이점을 간단히 지적해 두는 것이 좋겠다. 신화가 모든 종류의 이야기를 지칭하는 그리스 어휘 뮈토스에서 유래한 것이라면, 전설(legend)은 라틴어 'legenda'에서 비롯한 어휘로서, 성자(聖者)에 관해 읽어두어야 하는 이야기를 가리키고, 여러 세대에 걸친 파란만장한 가족사를 뜻하는 'saga'는 가족이나 왕족에 관한 이야기를 가리키는 아이슬란드 말이다. 그러나 신화라는 말은 오랫동안 '전설'과 '파란만장한 연대기'를 지칭하거나 이들과 혼용되어 왔다. 넓게 보면, 세 용어는 모두 이야기를 가리킨다는 점에서는 특별한 차이가 없으며, 신화가 일반적으로 '이야기'의 한 형식이라는 것을 모두가 인정하는 이상, 신화를 '전설'이나 '가족사'와 구별하여 그때그때 말을 골라 써야 하는 번거로움을 피하는 것이 좋겠고, 아울러 신화와 전설, 가족사를 굳이 확연히 구별해야 할 필요도 없으리라 생각해서 이 책에서는 관례에 따라 '신화'와 '전설'은 혼용하고, '가족사'는 사용하지 않겠다.

신화가 '이야기'라는 데는 이의가 없다고 해도 '무엇'을 이야기하는가에 대해서는 논의가 많아서 그 정의를 내리기란 쉽지 않다. 먼저 엘리아데(Mircea Eliade)[1]를 언급해 보자. 엘리아데의 말에 의하면, 신화는 세계와 사람과 동식물들, 사물들, 그리고 이런저런 사회 제도들이 어떻게 존재하게 되었는지를 이야기하는 것이다. 이 정의에 따르면 나중에 살펴보게 될 창세 신화와 기원 신화는 '신화'로서 인정되지만, 오이디푸스 이야기 같은 것은 신화로 받아들여지지 못한다. 따라서 보다 넓게 신화를 이야기의 주인공의 신분에 따라 정의 내리는 것이 바람직해진다. 이렇게 되면 신화는, 고대의 신들과, 신과 인간 사이에 태어난 반신(半神)들과 영웅들의 믿기 어려운 굉장한 이야기를 지칭하게 되는데, 장피에르 베르낭(Jean-Pierre Vernant)[2] 같은 그리스 신화 학자가 내린 신화의 정의도 이 범주에 해당한다. 그에 따르면, "고대 도시에서 숭배 의식을 올리던 신들과 영웅들에 관한 이야기의 총체가 신화"라는 것이다. 베르낭의 이 견해를 한 단계 더 심화시킨 학자는 클로드 칼람(Claude Calame)[3]이다. 그는 이야기의 주인 공뿐만 아니라, 이야기의 '시간'과 '공간'을 특별히 신화의 요건으로 생각했다. 공간의 경우, 이야기가 전개되는 무대는 지리적으로 확인할 수 있는 장소이어야 하지만, 반대로 이야기 속의 시간은 인간들의 통상적인 시간이 아니어야 한다는 것이다.

한편 신화의 요건으로 이야기의 '장본인'과 '전승 형태'를 거론하기도 한다. 신화는 한 사회의 표현이며 집단적 상상력이 낳은 이야기이므로 그 것이 처음에 어디서 나왔는지는 부차적인 문제이며, 이야기는 주제, 연상, 근접 및 대립의 규칙을 존중하여 전승의 계통을 좇아 펼쳐져야 한다는 것이다. 또 신화의 요건으로 이야기의 '기능'을 문제 삼기도 한다. 신화는 해당 사회에서 '정당화'의 기능을 수행한다는 것이다. 민족학자 말리노프스키(Bronislaw Malinowski)[4]의 주장에 따르면, 신화는 현실의 모순을 해결하고, 있는 그대로의 모든 현실을 송두리째 설명하는 논리적 도구로서의 기능을 신화가 담당한다. 즉 현실을 규정·추천하는 일종의 헌장이라는 것이다. 한편, 앞서 거론한 엘리아데는 "신화의 주된 기능은 인간의 의미 있는 모든 의식과 행동들의 전범(典範)을 보여주는 것"이라고 말하지만, 뒤메질(Georges Dumézil)[5] 같은 학자는 이와는 전혀 다른 시각으로, "신화는 한 사회가 갖고 있는 이념을 극적으로 표현해 주며, 그 사회의 가치관과 그 사회가 세대를 거치면서 오랜 세월 추구해 온 이상을 유지할 뿐만 아니라, 그 사회의 구조와 그 사회를 구성하는 균형 및 긴장과 연결된 망을 유지하는 기능을 맡는다"고 말한다.

신화에 관한 정의는 다양하다. 그것은 앞으로 6장과 8장에서 살펴보게 될 그리스 신화 연구의 발자취와 깊은 관계가 있다. 그리스인들은 자신들의 신화를 '창출'했을 뿐만 아니라 자신들이 창출한 신화를 비판하고 해석함으로써 처음으로 신화를 '연구'했고, 후세의 신화 연구에 많은 영향을 미쳤다. 그들의 신화 연구에서도 이미 신화에 대한 해석은 다양했다. 그 다양한 주장이 신화에 대한 서로 다른 시각과 정의를 갖게 했음은 물론이다. 이런 내용들은 6장에서부터 살펴보기로 하고, 우선은 그리스인들이 창출한 신화의 '내용'(3~5장)을 먼저 알아보는 것이 순서일 것이다. 그러나 그에 앞서 그리스 신화의 형성 시기와 유포 범위, 그리고 세계 신화 속에서 그리스 신화가 차지하는 위상(1장)과, 그리스 신화의 형성 과정과 형태(2장)를 먼저 살펴보는 것이 그리스 신화에 체계적으로 접근하는 길일 것이다.

4. 그리스 신화의 범위: 시대와 지역

그리스 신화의 시원을 최초의 그리스인이 그리스 본토로 들어오던 기원전 2200년경까지 확장하려는 시도도 있지만, 널리 용인되는 시대 범위는 호메로스(Homeros)의 서사시가 쓰인 기원전 9세기 혹은 8세기부터 로마 황제 테오도시우스 1세가 기독교를 국가 종교로 선포하고 기독교의 신을 제외한 모든 신들의 경배를 금지시켜 다른 종교들이 종말을 고하는 기원후 380년까지로 잡는 것이 일반적이다. 이 시대 범위는 글로 쓰인 각종 문헌과 형상으로 표현된 각종 예술품에 국한했을 경우에 한한다. 문헌이나 형상으로 표현되기 이전에 입에서 입으로 전승되던 이야기까지 생각하면 이보다 훨씬 이전까지 거슬러 올라가야 할 것이다. 앞에서도 잠시 말한 것처럼 그리스 신화는 아득한 구석기 시대와 신석기 시대에서부터, 특히 미케네 시대(기원전 16~12세기)부터 본격적으로 입에서 입으로 전승된 것으로 보인다.

지역적으로는 오늘날의 아테네를 포함해서 그 주변 지역인 아티카와 중부의 보이오티아, 북부의 테살리아와 트라케가 있는 그리스 본토, 펠로 폰네소스 반도와 에게 해의 퀴클라데스 군도, 그리고 오늘날의 터키의 에게 해 연안 소아시아 지역 및 남부 이탈리아와 시칠리아까지 펼쳐지는데, 소아시아 지역을 '동부 그리스'라고 하고, 남부 이탈리아와 시칠리아를 '서부 그리스' 혹은 '대(大)그리스'라고 부른다.

그리스라는 명칭은 로마 사람들이 나중에 사용한 명칭이며, 그리스인들은 자신들의 땅을 그리스라고 부른 적이 없다. 그들은 자신들의 땅을 무엇이라고 불렀을까? 그 내력을 잠시 살펴보는 것이 좋겠다. 토착 그리스어를 사용하는 아리안 계열의 그리스인이 그리스 반도에 침입한 것은 기원전 2200년경으로 추정된다. 그들이 침입하기 전 이 지역에는 소아시아계 민족이 그리스 본토와 크레타와 소아시아 서남부에 널리 흩어져 살았다. 소아시아계 사람들은 대략 기원전 2800년경부터 이 지역에 정착했는데 지역에 따라 카리아(Caria), 아나톨리아(Anatolia), 펠라스고이(Pelasgoi) 사람이라 불렸다. 그리스인들이 그리스 본토에 침입했을 때 그들의 문화는 야만적이었다. 그러나 후일 크레타 '문명'의 영향을 받은 미케네 문명은 펠로폰네소스 반도의 미케네를 중심으로 아르고스, 티륀스, 퓔로스 같은 도시에 뛰어난 문화를 꽃피웠고, 오늘날 '선형(線形) 문자'라고 불리는 초보적인 형태의 그리스 문자를 만든 것으로 추정된다. 선형 문자는 기원전 1600년경에 만들어져 아직 해독되지 못한 A형과, 이보다 나중에 만들어져 A형을 대체한 것으로 추정되는 B형이 있는데 B형은 1952년 해독에 성공했다. 기원전 9~8세기에는 페니키아인들이 만들어낸 알파벳을 도입하여 소실된 선형 문자 B형을 대체하고 최초의 고대 그리스어 문자 체계를 만들어낸다. 기원전 8세기에 이 문자로 기록된 유명한 문헌이 호메로스의 『일리아스』이다.

도판1 선형 문자 A형

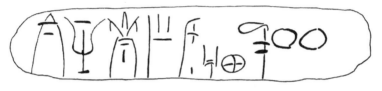

도판2 선형 문자 B형

그리스라는 명칭은 라틴어 '그라이키아(Graecia)'에서 비롯된다. 그라이아(Graia)라는 지방의 그리스인이 그라케라는 식민 도시를 건설했는데, 그곳을 로마인들이 라틴어로 '그라이키아'라고 불렀고, 그것이 점차 그리스 전체를 가리키는 말로 변했다. 영어의 'Greece', 프랑스어의 'Grèce', 스페인어의 'Grecia', 이탈리아어의 'Grecia'는 모두 라틴어 '그라이키아'에서 유래한 것이다. 고대 미케네 문명이 있던 당시에 그리스인들이 자신들의 땅을 가리키기 위해 사용한 명칭은 '아카이아', '아르고스', '다나오스' 등 그리스 본토와 펠로폰네소스 반도 각 지역의 이름이었다. 호메로스의 서사시 『일리아스』와 『오뒤세이아』에서 언급하는 명칭도 이와 같다.

미케네 문명이 멸망하고, '암흑시대'(기원전 11~8세기)가 약 400년간 지속되는데, 이 시기에는 무슨 일이 일어났는지 전혀 알 수 없을 뿐만 아니라 문화적으로도 쇠퇴기였을 것으로 추정하여 이 시기를 '암흑시대'라고 부른다. 이 시기에는 그리스인 모두를 '헬레네스(Hellenes)'라고 불렀고, 그리스 전 지역을 '헬라스(Hellas)'라고 불렀다. 헬라스는 중세 기독교 세계나 중동의 아랍 세계와 마찬가지로, 특정 국가의 이름이 아니라 문화권 전체를 가리키는 말이다. 헬라스는 식민지 영토 확장에 따라 소아시아의 동부 그리스와 시칠리아와 남부 이탈리아의 서부 그리스 지역까지 확대되었지만, 이 넓은 지역에 사는 모든 그리스인들(헬레네스)은 단일 문화를 공유한다는 의식이 매우 강했다. 그들은 같은 인종이며, 같은 언어를 사용했고, 동일한 신들에게 경배를 올리는 공통된 관습을 갖고 있었기 때문이다. 비록 다른 민족과 섞여 지내거나 다른 민족의 지배를 받는 경우에도 그들은 자신들의 생활 방식과 관습을 유지하며 그리스인이라는 자긍심을 지켜나갔다.

그리스 신화가 유포되고 전승되었던 시대와 지역의 범위는 대단히 넓다. 이런 사정은 그리스 신화를 산만하고 통일성 없는 잡다한 이야기들로 만들 수 있는 위험한 요소지만, 단일 문화의 지속적인 유지와 에게 해와 지중해 연안의 패권 장악이 그들이 만들어낸 '신화'의 응집력을 강화했을 것이다.

5. 세계 신화의 분류와 그리스 신화의 특징

그리스 신화는 세계 어느 나라 어느 민족의 신화와도 다른 특별한 면모를 지니고 있다. 그것은 앞에서도 언급한 신화의 확대·재생산 또는 반복이 고대 이래로 꾸준히 서구 문화 속에서 이루어졌을 뿐만 아니라, 세계의 신화들이 갖는 몇 가지 특징들을 그리스 신화는 동시에 모두 갖고 있기 때문이다. 세계 신화의 분류와 그 특징들을 간단히 살펴보는 것이 그리스 신화에 접근하는 첫걸음이라 생각된다.

어느 민족이나 세계와 사물의 시작과 존재 이유를 초자연적 존재를 통해 설명하는 이야기를 가진다. 대체로 고대에 형성된 이러한 신화를 '고대 신화'라고 부른다. 그리스·로마 신화라든가 북구 신화, 켈트 신화 등은 모두 고대 신화로서, 지역명이나 민족명을 사용한다. '고대' 신화는 시대를 구분할 필요가 있어서 붙인 이름이긴 하지만 신화라고 말할 때는 대부분 고대 신화를 말하는 게 일반적이다. '중세' 신화 또는 '현대' 신화 등으로 시대 명칭을 붙이는 경우에는 그 시대에 형성된 신화를 가리킨다. 한편 '고전' 신화라는 말을 쓰는 경우가 있는데, 서구 문화의 맥락에서 이 말을 쓸 때는 고전주의 시대의 신화를 지칭하는 것은 아니다. 문학·예술 작품을 통해 '반복'되어 널리 알려져 '고전'이 된 그리스·로마 신화를 가리킨다 (마찬가지로, 고전어라는 명칭은 고대 그리스어와 라틴어를 가리킨다). 그러나 낭만주의 신화(mythe romantique)는 낭만주의 시대의 신화를 가리키는 말이며, 낭만적인 신화를 가리키는 것은 아니다. 또 지역과 문화권에 따라 '동북아시아' 신화라든가, '동남아시아' 신화 등으로 신화를 분류할 수도 있다. 또 『구약 성서』에 나타나는 전설들을 '성서 신화'라고도 하며, 우주의 창조에 관한 신화를 '창세 신화', 영웅들의 모험을 '영웅 신화'라고 부른다. 그리고 '나무' 신화, '여성' 신화, '달' 신화 등으로 특정한 사물에 관한 신화를 말할 수도 있다. 신화가 근본적으로 이야기인 이상 모든 것에 갖다 붙여 쓸 수 있음은 물론이다. 그것은, '문학'이라는 말을 여러 가지로 구분하며 영미 문학, 여성 문학, 동아시아 문학, 전쟁 문학 등으로 분류하고 지칭할 수 있는 것과 마찬가지이다. 세계의 문학이 분류 방법에 따라 매우 다양하게 지칭될 수 있는 것처럼 세계의 신화도 분류 방법에 따라 달리 불릴 수 있다. 그러나 널리 사용되는 신화의 분류와 명칭은 대개 신화의 성격에 따라 서사·종교 신화, 서사·모험 신화, 역사 신화, 기원 신화로 크게 나누는 것이다. 그럼 각각의 성격과 특징을 살펴보기로 하자.

1) 서사·종교 신화

성장기의 모든 민족은 인간보다 훨씬 우월한 초자연적인 힘이나 존재들을 등장시켜 우주 창조와 자기 민족의 출현에 관한 경이로운 이야기를 만들어내어 그것을 믿는다. 때로는 전설이 믿음을 불러일으켜 슬그머니 종교로 변하기도 한다. 국가나 민족의 '사건'에 대한 긴 이야기는 서사(敍事)이며 그것이 믿음을 갖게 할 때 '종교적인 성격'이 생긴다. 이때 전설은 비교적 일관성을 갖춘 체계 속에서 세계를 설명하고, 영웅들의 모험은 각각 창조적인 공헌을 쌓아 세계 전체에 영향을 미친다. 이 같은 성격을 지닌 대표적인 이야기는 인도의 '서사·종교' 신화이다.

기원전 2000년경, 이란 지역에서 인도로 이주한 아리안족(族)들이 고대 인도 문화의 기초를 닦았는데, 그들 사이에 유포되었던 이야기를 집대성한 것이 『베다』('지식'이라는 뜻) 성전이며, 가장 오래된 것이 『리그 베다』이다. '리그'는 찬가라는 뜻이다. 이 경전의 4분의 1은 최고의 신인 인드라(Indra)에 대한 찬가이다. 인드라는 대기(大氣)의 여신인 아디티(Aditi)의 아들이다. 그는 어머니 뱃속에서 1000일 동안 머물다가 평범하게 태어나는 것을 원치 않아 겨드랑이에서 태어났다. 갓 태어난 인드라의 몸집은 천지를 가득 메울 만큼 거대했다. 아이를 부끄럽게 생각한 어머니는 인드라를 버리고 사라져버렸다. 그는 불의 신 아그니(Agni)와 쌍벽을 이루는 천둥의 신이자, 대기의 신이며, 영웅 신이었다. 인드라가 세운 첫 무훈은 '물을 가둔 자'라는 뜻을 가진 가뭄의 용 브리트라(Vritra)를 죽인 것이었다. 브리트라는 산속에 물을 감추고 가뭄과 악천후로 사람들을 괴롭히던 용이었다. 브리트라가 죽자 물이 해방되고 가뭄은 사라졌다. 인드라는 '무훈'으로 세상의 질서를 유지했지만, 그와 함께 숭앙받던 바루나(Varuna)는 '규칙'을 가지고 세계의 질서를 유지했다. 인드라와 바루나는 짝을 이루어 서로를 보완했다. 한편 미트라(Mitra)는 '계약'을 주도하는 신이었다. 미트라는 호의와 우정을 강조하며 인간들 사이의 계약을 감시했는데, 바루나가 마술적인 데 비해 미트라는 인간적이며 법률적인 질서를 유지하는 신이었다.

인도의 카스트 제도는 네 계급으로 이루어지는데, 브라만(사제), 크샤트리아(귀족, 무사), 바이샤(서민), 수드라(노예)가 그것이다. 고대 인도의 종교는 브라만이 주도하고 있었기 때문에 브라만교로 불렸다. 또는 브라만교의 경전이 『베다』이기 때문에 베다교라고 불리기도 한다. 『베다』의 신화는 인드라 찬가의 성격이 강해서 다양한 신화의 면모를 보여주지는 않지만, 종교적 영향력을 지니기 때문에 서사·종교 신화의 성격을 뚜렷하게 가진다.

2) 서사·모험 신화

서사·모험 신화는 국가나 민족의 운명에 얽힌 이야기가 서사적으로 펼쳐지지만, 세계의 존재 또는 창세 이야기는 거론되지 않는 신화이다. 신과 영웅들이 등장하지만, 그들의 '행동'만이 강조된다. 즉 칼 솜씨라든가, 꾀라든가, 경이로운 나라로의 여행 등 행동과 모험이 주로 강조된다. 영웅들은 인간의 한계를 벗어나는 능력을 보여주지만, 근본적으로 인간과 같은 본성을 갖고 있다. 이 같은 성격의 이야기에는 켈트 신화가 있다.

켈트 신화는 기원전 6세기부터 기원후 4세기까지 켈트 세계가 아일랜드로부터 스페인 서부와, 헝가리, 과거 체코슬로바키아 지역까지, 그리고 스코틀랜드 북부로부터 이탈리아와 유고슬라비아 북부와 오늘날의 터키 동부로까지 펼쳐지고 있을 때 형성된 전설을 말한다. 켈트족이 지배했던 상당 부분의 유럽에는 초기 기독교와 다신교가 뚜렷한 구별 없이 공존했기 때문에, 옛 신들은 기독교가 유일 종교로 선포되는 기원후 4세기까지 영국과 아일랜드에서 사라지지 않고 존속하여 켈트 전통을 유지했다.

유럽 대륙의 켈트인들은 문자로 된 기록을 남기지 않았다. 우리는 그들을 정복한 로마인을 통해 그들의 신을 알고 있을 뿐이다. 그러나 아일랜드와 영국의 웨일스에는 문자로 된 켈트의 전설이 남아 있다. 아일랜드에서는 구전되어 내려오던 많은 이야기를 기원후 6세기부터 글로 옮겨 적기 시작했는데, 유명한 이야기 모음집인 『침략의 서』와 『장소의 역사』는 기원후 12세기에 완결되었다. 해박한 수도승들이 집대성한 『침략의 서』는 대홍수 이전에 켈트족이 도래하기까지 아일랜드가 겪은 다섯 차례의 신화적 침략을 서술하고 있는데, 가장 유명한 침략 이야기는 아일랜드의 신족(神族)인 투아타 데 다난(Tuatha De Danann)에 관한 것이다. 신족들은 북방의 여러 섬에서 드루이드(Druid, '참나무를 아는 것'이라는 뜻으로, 고대 켈트족의 지식층)의 기술과 주술을 연마하여 대함대를 이끌고 아일랜드를 침범했다. 그들은 당시 아일랜드를 정복했지만 또 다른 전투를 치르고 나서야 씨 뿌리는 방법과 수확에 관한 지혜 등의 경작법을 터득하여 안정을 되찾았다. 『침략의 서』에 따르면, 아일랜드를 여섯 번째이자 마지막으로 침공한 종족은 아일랜드인의 원조가 되는 '밀의 자식들'인 켈트족이다. 그들은 노아의 후손과 이야페테의 자손으로, 스키타이 지역이 고향이며 이집트와 스페인에서 모험을 한 후 아일랜드에 온 것이다. 밀의 자식들은 65척의 대함대를 이끌고 아일랜드에 도달했지만 투아타 데 다난 신족들의 저지에 부딪혔다. 신족들은 '드루이드'의 마법을 동원해서 밀의 자식들을 막았지만 밀의 아들이자 시인인 아발긴은 아일랜드 땅을 밟는 데 성공한다. 그가 노래하자 상륙한 밀의 자식들은 투아타 데 다난족을 물리치게 되었고, 마침내 아일랜드를 장악한다.

　『침략의 서』는 『성서』의 틀을 모방한 의사(擬似) 역사서이지만 기독교 전파 이전의 전설을 풍부하게 기술하고 있다. 한편 웨일스의 전설은 중세 때 문자로 기록된 『마비노기온』이라는 신화 모음집에 수록되어 있는데, 이 책에서는 아일랜드의 여러 신들의 모습을 찾아 볼 수 없다. 『마비노기온』은 중세 웨일스 문학의 걸작으로 네 가문의 이야기로 구성되어 있는

데, 등장인물과 이야기에 신화적인 색채가 강하다.

한편 켈트 신화는 동서고금 어디서나 등장하는 낙원을 '여인의 나라', '영원한 젊음의 나라', '약속의 땅', '기쁨의 평원' 등을 통해 그리는데, 슬픔과 전쟁이 없는 불로불사의 경이로운 모습을 보여준다. 그리고 '데이드라'로 알려진 비극적인 이야기는 아서 왕 전설의 '랜슬롯과 귀네비어', 그리고 '트리스탄과 이졸데'와 비교되는, 주종(主從) 관계의 두 남자가 한 미녀를 둘러싸고 벌이는 삼각관계의 모티프를 보여준다.

아서 왕 전설은 켈트 신화에 근원을 두고 있지만 널리 알려져 대중적 인기를 끈 것은 유럽 대륙, 특히 프랑스 지역의 중세 문학에 빈번하게 등장했기 때문이다. 웨일스의 아서 왕 전설은 프랑스 지역에서 거꾸로 유입되었거나 영향을 받았다. 그러나 웨일스에서는 이미 8세기에 아서 왕 이야기가 전승되었다고 한다. 아서 왕 이야기에서는 『성서』와 고전에서 차용된 많은 요소들이 전설적인 모험을 수놓는다. 아서 왕은 이상적인 군주로서 '원탁'의 기사들의 도움을 받으며 용기와 지혜로 영국을 다스려 평화롭게 만들었다. 그러나 그의 아내 귀네비어는 가장 용감했던 기사 랜슬롯과 불륜을 저지르고 만다. 이 때문에 랜슬롯은 예수가 최후의 만찬 때 사용했던 잔, 혹은 예수가 십자가에서 흘린 피를 담은 잔이라고 전해지는 '성배(聖杯)'를 찾는 원정에 참여할 자격을 잃는다. 한편 왕비는 배신에 대한 벌로 나무에 묶여 화형에 처해지는데 랜슬롯이 나타나 두 기사를 죽이고 그녀를 구한다. 아서 왕은 이에 대한 복수로 랜슬롯에게 전쟁을 선포하고 치열한 전투를 벌인다. 이 틈을 노려 서자 모드레드가 왕권을 찬탈한다. 아서 왕은 모드레드와 싸우다가 부상을 당해 결국 죽고, 랜슬롯은 후일 교회에 재산을 희사하고 수도사가 된다. 아서 왕 전설과 뗄 수 없는 것은 '마법사 멀린' 이야기이다. 아서의 첫 번째 검이 부러지자 멀린은 아서를 '호수의 귀부인'에게 데려가 불패의 능력을 주는 '엑스칼리버'를 갖게 한다. 아서 왕은 이 검을 소중하게 간직하다가 생의 마지막 순간이 되자

신하를 시켜 호수에 다시 던져 넣게 한다.

켈트 신화의 또 다른 흔적은 유럽의 강 이름으로도 남아 있다. 아일랜드의 신족 투아타 데 다난의 어머니 '다누(Danu, 혹은 도누(Donu))'는 웨일스의 여신 '돈'에 해당한다. 유럽의 '도나우 강'과 러시아의 '돈 강'은 그로부터 유래한 것이다.

3) 역사 신화

창세 신화와 영웅 모험 신화가 대체로 서사적 양식 아래 전개되는 반면, 어떤 사건을 이야기하는 신화는 '역사'의 이름으로 위장될 때가 있다. 로마인은 행동하는 인간, 군인, 강한 지도자를 크게 존경했다. 고대 로마의 대부분의 영웅들은 자신들의 도시와 제국에 영광을 안겨주어 명성을 얻었다. 고대 로마는 실재했던 것으로 추정되는 일곱 명의 왕이 통치했는데, 서기 1세기의 역사가 리비우스(Livius)는 그들의 삶과 인간됨을 신화적으로 서술했고 그 대부분은 신화와 민담에 기초를 두고 있다. 따라서 로마 초기의 일곱 왕 이야기는 역사라기보다는 신화에 가깝다고 할 수 있다. 한편 로마에서 가장 위대한 영웅은 여신 아프로디테와 인간 앙키세스 사이에서 태어난 트로이의 왕자이며, 로마를 세운 로물루스의 선조이자 로마인의 시조인 아이네이아스(Aineias)였다. 카이사르(시저)가 죽자 초대 황제에 등극한 아우구스투스는 카이사르와 마찬가지로 자신도 역시 아이네이아스의 후예인 것을 강조하며 자신을 신격화시켰으며, 그 이후의 로마 황제들도 자신들의 신격을 강조했다. 실제 인물이 아닌 신화의 주인공 아이네이아스를 조상으로 섬기는 로마 황제의 이 같은 과대 포장과 사실 왜곡은 신화를 역사의 이름으로 가리는 것인데, 애꾸눈 호라티우스의 다음과 같은 로마 수호 이야기는 역사로 변모된 신화의 좋은 본보기를 보여준다.

에트루리아의 왕 라르스 포르세나가 군대를 이끌고 로마를 침공할 때 그들은 로마를 가로지르는 티베리스 강을 건너야 했다. 그들은 강의 가장 약한 지점인 나무다리를 택했다. 놀란 로마 수비군은 달아나기 시작했다. 이때 애꾸눈 호라티우스(알바롱가의 쿠리아티우스 형제와 싸워 로마의 영광을 실현한 호라티우스 삼형제와는 다른 인물임)는 자신이 홀로 적군을 막는 동안 나무다리의 한쪽 끝을 부수라고 부하들에게 명령했다. 로마 귀족 두 명이 호라티우스를 도와 적들의 침공을 저지하며 귀중한 시간을 벌 수 있었고, 호라티우스는 다리가 부서지기 직전 그들을 돌려보내고 자신은 모든 일이 완수될 때까지 계속해서 적을 붙잡아 두려고 몸을 돌렸다. 그의 용기가 적들을 잠시 놀라게 했지만, 곧 이어 무수한 창들이 날아왔다. 호라티우스는 그것들을 방패로 막았다. 적군들이 진격하자 다리는 완전히 무너져 버렸고 호라티우스가 피할 수 있는 길도 끊기고 말았다. 결국 그는 티베리스 강의 신에게 자신을 보호해 달라고 호소하며 갑옷을 입은 채로 강물로 뛰어들었고, 마침내 헤엄쳐 강을 건너는 데 성공했다. 그는 로마를 구했다. 그의 공적을 기리기 위해 그의 동상이 세워졌고 조그만 땅이 하사되었다. 그러나 또 다른 설(說)에 따르면, 호라티우스는 나라를 위해 목숨을 희생했지만 그의 공적을 기리는 영예는 얻을 수 없었다고 한다. 사실 그토록 먼 옛날에, 살아 있는 사람의 공적을 기리는 동상을 세웠다는 이야기는 의심스러운 구석이 있다.

로마를 구한 용감한 사람들을 숭배했던 로마인들의 전통과 정서에 맞게 서술된 이 이야기는 '역사'의 이름으로 전승되었지만, 사실은 처음부터 강가에 세워져 있던 이름 없는 애꾸눈 인물상에 대한 이야기가 전승되면서 '역사'의 대열에 들어서게 되고, 마침내는 역사적으로 실제로 있었던 에트루리아인과 로마인들 사이에 벌어진 전투 중의 이야기로 변한 것이다. 역사의 이름으로 전승된 애꾸눈 호라티우스의 혁혁한 승리의 이야기는 실제로는 보잘것없는 출처를 가진, 과대한 상상력으로 꾸며진 에피소드에 지나지 않는다.

4) 기원 신화

기원 신화는 현실의 특이하고 세부적인 사실들의 기원을 설명하는 단순한 이야기가 전승되면서 형성된 신화를 말한다. 기암괴석에 얽힌 전설, 고유 명사의 유래, 굽이굽이 흐르는 강 이름이 지역에 따라 제각각 불리는 연유, 별 이름의 유래 등은 어느 민족이나 갖고 있는 전설이며, 신화의 가장 초보적인 형태이다. 우리나라 설악산의 '흔들바위'의 내력이라든가, 북아메리카 중앙 고원 지대의 원주민들이 전승하던 '달그림자가 된 두꺼비' 이야기라든가, 브라질 오지에 사는 카시나와족의 '무지개가 된 사나이' 이야기 등은 모두 기원 신화에 속한다. 창세 신화와 서사·모험 신화가 전승되지 않는 민족에게도 기원 신화는 전승된다.

그리스 신화에는 이상의 네 부류의 신화가 모두 존재한다. 다른 민족의 신화에는 민족의 정서와 환경에 따라 주된 역할을 하는 신화가 있게 되어, 종교적 신화나 영웅 신화가 주조를 이루는 것이 일반적이다. 그러나 그리스의 경우는 특이하다. 이민족 간의 왕래와 교통이 바다를 통해 이루어지던 고대 세계에서, 지중해와 에게 해 연안을 중심으로 광범위하게 펼쳐진 지역을 배경으로 장구한 세월 동안 단일 문화가 관류하면서 형성된 그리스 신화에는 신화의 모든 성격과 형태들이 다양하게 섞여 있다. 그리스에서 신화는 도시나 가문의 영광을 치장하는 역할을 하는가 하면, 역사로 채색되기도 하고, 종교 의식과 신앙의 바탕이 되기도 한다. 세계 어느 민족, 어느 곳의 전설과 신화와 비교해도 그리스 신화는 조금도 낯설거나 어색하지 않다. 신화의 모든 성격, 모든 특색, 모든 다양성이 그리스 신화 속에 들어 있다.

6. 그리스 신화의 성격과 특징

세계 신화의 모든 성격과 특색을 함께 갖고 있는 것 이외에도, 그리스 신화에는 다른 신화들에서는 찾아볼 수 없는 특별한 면모가 있다. 신화(mythe)라는 말의 최초의 표현인 뮈토스가 그리스에서 모든 종류의 이야기를 가리켰던 것에서 알 수 있듯이, 그리스 신화의 이야기는 '이야기'가 목적이어서 인간 정신의 비합리적인 모든 면모들을 이야기 속에 담아낸 것이 특징이다. 앞에서도 언급했듯이 그 성격은 '예술'과 닮았다. 그리스 신화의 가장 인상적인 특징은 바로 이 점이다. 인간의 무의식에 숨겨져 있는 인간 정신의 모든 영역을 그리스 신화는 이야기한다. 그러나 그리스 신화는 개인의 발상이나 창조적 허구에서 비롯한 것이 아니다. 태곳적부터 '전승'된 이야기인 까닭에 과거에 대한 '기억'이 담겨 있다. 그리고 예술과 닮았지만 신화는 예술이 아니다. 특히 시(詩)와 신화는 처음에 다 같이 입에서 입으로 전승되었다는 점에서 동일한 성격을 갖는다. 문자화되기 이전의 시들은 구전되어 청중들 앞에서 노래로 불리거나 낭송되었다. '기억'의 여신의 딸인 '뮤즈'들이 음유 시인을 이끌었다. 문자화되기 이전의 신화 역시 이야기로만 오랜 세월 전승되었다. 신화와 시는 '기억'과 '입을 통한 전승'이라는 면에서 동일했을 뿐만 아니라 신화의 이야기들은 서사시를 통해 전승되었기 때문에 고대의 시와 신화는 밀접한 관계를 맺었다. 그러나 '말'에 의존한 두 활동은 달라지기 시작했다. 시간이 지남에 따라 음유 시인들이 시를 신화는 물론 리라로부터 독립시켜 독자적으로 운용함에 따라 시는 스스로, 언어의 특정한 표현으로 자생(自生)하게 되었고, 각 시편은 암송될 수 있게끔 적절한 내부 규칙을 좇아 특별히 조직되었다. 따라서 각 시편은 변하는 시간과 공간 속에서도 항상 동일하고 변경될 수 없는 모습으로 존재한다. 말 한마디만 고쳐 써도 시의 조직이 흔들려 무너져 버리게 된다. 그러나 신화의 이야기는 일정한 형식 속에 고정된 것이 아니기 때문에 이설(異說)이 가능하고, 시간과 공간에 따라 다양하고 유연하게 굴절되면서 과거의 '기억'을 전승한다.

고대 그리스의 상고기(上古期, 기원전 7~6세기)로부터 헬레니즘 시대(기원전 323~31년)에 이르기까지 문학은 물론 모든 조형 예술과 각종 의식(儀式)에 신화가 깊이 스며들어 자리 잡고 있었으므로, 신화를 말하지 않고는 고대 그리스를 논할 수 없다. 고대 그리스에서 신화는 어디에나 있었고, 그리스 사람들은 신화를 믿었다. 그러나 신화는 짜임새 있게 조직되어 표현되지 않는다. 신화에는 체계가 있을 수 없으나, 신화가 '글자 그대로'만 읽어낼 수는 없는 어떤 것을 말하는 표현 형식이라는 주장이 이미 고대 그리스에서부터 표명되었다. 가령 고대 그리스의 서사시와, 세계 문학의 금자탑인 『일리아스』와 『오뒤세이아』는 결국 '인간의 갈등을 숭고하게 노래'한 것이며 그 갈등을 우주적 차원으로 그려내 확장시킨 것이다. 그러나 두 서사시에 등장하는 제우스와 그 밖의 수많은 신들을 '글자 그대로' 믿으면 이 서사시를 '인간의 갈등을 숭고하게 노래한' 것으로 읽지 못한다. 그러므로 신화는 표현 방식으로 이해해야 한다. 구체적으로 예를 들어 보겠다. 『일리아스』의 마지막 부분에는 트로이 성 앞에서 아킬레우스와 헥토르가 대결을 벌이는 순간 제우스가 거대한 저울로 그들의 운명을 저울질하는 장면이 묘사되어 있다. 누가 죽음의 날을 맞게 되는지를 표현하는 방법으로 '운명의 저울'이라는 재미있는 허구적 장치를 동원한 것이다. 또 다른 예로, 아티카의 지배권을 놓고 포세이돈과 아테나 여신이 다투는 에피소드가 있다. 아테네 파르테논 신전의 서쪽 박공(博栱)에 새겨지기도 한 이 장면의 이야기는, 포세이돈이 삼지창으로 아테네의 아크로폴리스를 찔러 소금물 호수를 만들어내자, 아테나는 천천히 자라기는 하지만 나무들 중에서 가장 멋지고 조용한 올리브나무를 그곳에 보란 듯이 자라게 했다는 것이었다. 심판관으로 나선 열두 신들은 올리브가 더 유용하다고 생각하여 아테나에게 아티카의 통치권을 맡겼다. 그리스는 바다와 분리해서 생각할 수 없는 나라이고, 그리스에는 어디에나 올리브가 열려 있다. 그리스 음식에는 올리브와 올리브 기름이 빈번하게 사용된다. 파르테논 신전 박공에 새겨진 도시의 통치권에 관한 신화는 아테네인들이 자신들의 도시에 대해 가진 자긍심을 잘 표현해 준다. 신들이 소유권 다툼을 벌인 도시라는 이야기는 도시의 영광스러운 역사를 표현한 것으로, 그러한 이야기를 통해 아테네는 다른 도시와는 '이야기'로 차별화된다.

신화는 잘 가꾸어진 정원에서 자라는 꽃과 나무가 아니다. 아무 데서나 멋대로 자라는 야생초에 가깝다. 도덕과 윤리는 그리스 신화에서는 찾아보기 어렵다. 제우스와 헤라는 남매일 뿐만 아니라 부부이다. 제우스는 다른 누이와도 관계를 맺고 아이를 낳는다. 그리스 신화에는 널리 알려진 오이디푸스 이야기를 비롯해서 성적 경험과 관련된 기괴한 이야기가 상당히 많다. 원시 사회의 풍속을 부분적으로 반영하는 신화의 이러한 면모는 오늘날의 척도로 보면 비윤리적이며 한낱 허구와 환상에 지나지 않을 수도 있다. 욕망을 참지 못하고 높이 날아오르는 이카로스 이야기와 괴물을 죽이고 퇴치하는 헤라클레스와 테세우스 이야기 등 그리스 신화는 세계 어느 민족의 신화보다도 더 많이 더 깊게 인간의 내면에 흐르는 다양한 원시적 심성과 억압되지 않은 무의식의 세계를 모두 보여주는 상상력의 보고이자 인간의 보편적 성향과 사고가 표현된 다양한 이야기들의 집대성이다. 그리스 신화의 인류 문화사적 가치와 공헌은 이 같은 특징에서만 비롯되는 것은 아니다. 인간의 내면에 흐르는 모든 성향과 다양한 상상력에서 비롯한 흥미진진한 이야기를 보여준다는 사실만으로 그리스 신화가 다른 세계 여러 민족의 신화보다 더 많은 공헌을 했다고 말할 수는 없다. 그리스 신화의 이러한 특징은 헬레니즘 시대 이후 그리스 문화를 수용 계승한 로마 시대를 거치면서 문학·예술 작품 속에서 반복되는 과정을 통해 빛을 발하고, 그로부터 또다시 르네상스 이후의 수많은 문학·예술 작품을 통해 확대·재생산되는 반복을 통해 서구 문화의 원동력이 되어 인류 문화사에 공헌하게 된 것이다. 그리스 신화가 만일 중세 천년 동안에 종말을 고하고 서서히 사라졌다면, 그리스 신화는 이집트 신화나 메소포타미아 신화와 마찬가지로 고대 신화로만 남게 되었을 것이지만, 그리스·로마 문화가 중세에 주춤했다가 르네상스를 통해 다시 부활하면서부터 찬란한 그리스·로마 신화는 '고전 신화'로 자리 잡게 되고, 인류 문화사의 중요한 유산으로 평가받게 된다. 바꾸어 말하면, 오늘날 그리스 신화가 인간 상상력의 보고가 된 것은, 그리스 신화 자체의 다양성과 깊이에도 큰 이유가 있지만, 로마 시대와 르네상스를 거치면서 유럽에서 일어난 고대 그리스 열풍과 그리스 신화의 열기 때문이기도 하다. 주지하다시피 그리스 신화가 고스란히 다시 피어오른 르네상스의 문학과 예술은 유럽의 고전주의와 낭만주의 문학과 예술의 모태이기 때문에, 그리스 신화의 영향은 르네상스 이후 19세기 말까지 300년간이나 다시 지속된다. 그리스 신화가 유럽 문학·예술의 '상상력의 보고'로 자리 잡게 되는 것은 그 때문이고, 그로부터 신화 중의 신화로 높이 평가받게 된다.

한편 그리스 신화는 기원전 5세기의 그리스 사람들에게도 이미 사고와 상상력의 보고로 자리 잡았다. 신앙의 대상에서 멀어진 신화는 이성과 신앙의 중간 지대에서 스스로 살아남았다. 우리나라의 예를 들어 말하자면, 설날이나 추석에는 많은 사람들이 귀향하여 조상에게 차례를 지내고 부모에게 절을 올리며 해 바뀜과 수확을 맞이하여 즐거운 한때를 보낸다. 물론 이성적인 절차도 아니고 종교적인 예식도 아니지만 오랜 관행과 관습으로 전승된 우리 민족의 고유한 세시 풍속이다. 그리스인들에게 신화는 이와 같았다. 처음에는 신앙의 색채가 강해 다신교 체제로 자리 잡았던 올림포스의 신들은, 시간이 지남에 따라 신앙의 대상으로부터 후퇴하여 이성과 신앙의 중간 지대에 자리 잡게 되었다. 가령 해양 국가인 그리스의 사람들은 포세이돈을 우리나라의 바다 밑 용왕처럼 섬겼을 것이고 포세이돈 신전을 세워 먼 바다로 나가는 길이나 돌아오는 길의 안전을 기원하거나 감사했을 것이다. 다양한 신화는 그들에게 명상과 창작의 근원이 되었다. 오랜 세월 전해져 내려온 신화는 이성과 신앙의 중간 지대에서 그리스 사람들의 생활 구석구석까지 침투하여 그들의 상상력과 이성적 추론에 영향을 미쳤다. 당시의 모든 시인들과 비극 작가들은 주제를 모두 신화에서 빌려왔으며, 조각가들과 도예가들 그리고 금은 세공가들과 각종 공예가들 역시 그들의 모든 작품에 신화의 에피소드들을 담아냈다. 입에서 입으로 전해져 내려오던 프로메테우스, 오이디푸스, 디오뉘소스의 이야기는 포도주 항아리와 술잔 등 모든 종류의 그릇에 여러 형식의 그림으로 새겨져 일상생활에 녹아 들어갔다. 당시의 연극 공연장에서는 물론 집 안 구석구석에 신화가 스며들어 사람들의 상상력과 사고방식과 도덕을 지배했다. 철학자들도 자신들의 추론이 막다른 골목에 부딪혔을 때 신화에 의존해 해결책을 찾았다. 플라톤이 그의 『향연』과 『파이드로스』, 『국가』에서 신화를 스스로 만들어가면서까지 자신의 주장과 논리를 전개한 것은 유명한 사실이다. 그리스인들에게 신화가 널리 활용되고 보편화된 것은 그리스 문화의 가장 주목할 만한 특성이다.

2

그리스 신화의
형성과 형태

Introduction to Greek Mythology

1. 그리스 신화의 형성

신화는 아무 곳에서나 자라서 무성해지는 야생초 같아서 통일성 없고 다양하며 게다가 일관성도 없는 것이 특징이다. 그러나 야생초가 토양의 영향을 받고 자라듯이 신화도 지역 환경의 영향을 받고 생성된다. 그리스 신화는 그리스라는 지역 환경 속에서 자란 것이다. 그리스라는 지역은 가나안(Canaan)으로 알려진 시리아-팔레스타인 지역, 히타이트 지역과 이집트 등 고대 근동 세계와 인접해 있었기 때문에 이웃 지역의 문화적 영향을 받을 수밖에 없었고 그리스 신화 역시 그러한 환경 속에서 생성된 것일 수밖에 없다. 그러나 그리스 신화는 장구한 세월을 거치면서 특히 시인들과 학자들에 의해 통일성을 갖게 되었는데, 그것이 인위적인 첨삭과 조직 덕분이었음은 물론이다. 신화는 스스로 살아 있는 것이어서 철학이나 종교의 경전처럼 조직된 체제를 갖출 수는 없다. 아무렇게나 형성된 신화들을 식별하고 분류해서 상호 연관성이나 근접성을 찾아내는 것은 신화학자의 몫이다. 가령 제우스가 태어난 곳에 관해서는 여러 가지 이야기들이 전승되어 왔다. 크레타 섬의 이데 산이 널리 알려진 장소지만, 크레타 섬의 또 다른 산이 영광의 장소로 떠오르기도 하고, 펠로폰네소스 반도 남쪽의 메세니아에서 멀리 떨어지지 않은 클렙시드라라는 샘물에서 태어났다는 이야기도 있다. 정설(定說)만 있는 이야기는 신화로서의 조건을 충족시키지 못한다. 여러 가지 이설(異說)이 있어야 신화로서의 구실을 할 수 있다. 이설은 이야기가 전승되고 반복되면서 파생된 갖가지 사항들의 집합이자, 전승과 반복의 생생한 증거이다. 또 전승과 반복의 증거 자체가 그 이야기가 신화임을 입증하는 증거이기도 하다. 제우스의 출생지뿐만 아니라 다른 많은 신들의 출생지에 관해서도 이미 고대에 많은 지역들이 '전설의 고향'으로 자처하고 나섰기에 다툼이 많았지만, 어떤 고장이 가장 신빙성 있는 '전설의 고향'인지는 해당 신에 관한 여러 다른 이야기를 연계해서 종합적으로 검토하고서야 내릴 수 있는 판단이다. 그러나 이런 판단마저도 대체로 임의적 성격을 벗어나기는 힘들다. 출생지 이외에도 신들에 관한 이야기에는 대단히 많은 이설들이 존재한다. 언제 어디서부터 신들과 영웅들의 이야기와 천지 창조의 이야기가 전해지고, 어떻게 이설들이 첨가되면서 신화로 자리 잡게 되었을까? 이러한 사항들을 구체적으로 검토하는 일은 학자들에 따라서 멀게는 구석기 시대까지, 적어도 신석기 시대인 기원전 4500년경까지 거슬러 올라가야 하기 때문에 사실상 불가능한 일이다. 따라서 글로 쓰여 전승된 문헌과 형상으로 남아 있는 자료에만 국한할 수밖에 없다. 그러기 위해서는 먼저 고대 그리스의 시대를 구분하는 것이 좋겠다. 장구한 고대 그리스의 시기를 나누어 호칭하는 것이 그리스 신화의 형성과 변모를 적절히 설명하는 데 유용하기 때문이다.

1) 청동기 시대: 그리스 문명의 탄생(기원전 2600년경~12세기)

그리스 전역에서 구석기 시대는 기원전 4만 년경부터 시작하고, 신석기 시대는 기원전 4500년경부터 2600년경까지이고, 청동기 시대는 기원전 2600년경부터 시작하여 미케네 궁전이 파괴되는 기원전 12세기까지 펼쳐지는데 이 시기가 고대 그리스 문명의 초석이 다져지는 시대이다(그림 1, 2). 기원전 2000년경 인도유럽어족(族)의 언어를 쓰는 아카이아인들이 그리스 본토에 이주하여 문화를 일구어내기 시작할 때, 에게 해의 수많은 섬들에서는 그보다 훨씬 전인 기원전 3200년경부터 퀴클라데스 문명이 시작되고, 크레타 섬에서는 기원전 2800년경부터 미노아 문명이 꽃피기 시작한다. 본토보다 앞서 펼쳐진 크레타 섬의 미노아 문명은 기원전 2000년경에 미노스 궁전을 축조하기 시작했고, 고대 그리스의 최초의 문자인 상형 문자 형태의 선형 문자 A형을 출현시킨다. 본토인 펠로폰네소스 반도에서는 기원전 17세기부터 엄청난 주춧돌을 쌓아올려 견고하게 수비될 수 있는 미케네 최초의 대(大)궁전들이 축조된다. 미케네 문명은 기원전 1500년경부터 1400년경까지 크레타 섬을 지배한 것으로 추정되는데, 그것을 우회적으로 입증하는 신화가 바로 크레타의 미노스 왕에게 조공을 바치러 간 테세우스가 조공의 원인인 괴물 미노타우로스를 퇴치한다는 이야기이다. 미케네 문명은 기원전 16세기부터 12세기까지 펼쳐지는데 특히 기원전 1325년경부터 1200년경까지가 화려한 절정기로 추정된다. 상형 문자인 선형 문자 A형을 대체하는 음절 문자인 선형 문자 B형이 역시 크레타에서 출현하며, 이 문자들이 미케네 문화에서도 사용된 증거가 펠로폰네소스 반도 남단의 필로스에서 1939년에 약 1,000개 이상 발굴된 점토판이다. 본토에서 B형을 사용한 시기는 기원전 1250년을 넘어서지는 않는다는 설이 유력하다. 한편 크노소스 궁전을 발굴한 에번스(Arthur Evans)는 1910년경 B형 문자가 새겨진 점토판 약 300개를 크레타 섬에서 발굴한다. 이 점토판이 기원전 1370년경에 일어난 크노소스 궁전 화재로 매우 그을린 것으로 보아 본토에서 보다 훨씬 일찍 기원전 1400년 이전에 B형 문자가 사용된 것이 확실시된다. 선형 문자 B형은 1952년에 두 명의 영국인 학자에 의해 해독되었지만, A형은 아직도 해독에 성공하지 못하고 있는 실정이다. B형은 고대 그리스어의 초보적인 음절 문자인데, 점토판에 새겨진 내용은 농산물의 수확과 재산에 관계된 것이 대부분이었다. B형은 다른 문명에서 발견되는 서사·종교적인 내용이 기록된 고대의 점토판과 성격이 매우 다르다.

2) 중세·암흑기(기원전 11~8세기)

청동기가 끝나가는 기원전 1230년경 유명한 트로이가 함락되어 '파괴'되고, 도리아인이 쳐들어오면서 미케네 궁전도 파괴되고 문자가 사라지는 등 고대 그리스 시대의 발자취가 미궁에 빠지는 암흑기에 접어든다. 미케네 문명이 갑자기 몰락한 원인은 불분명하다. 도리아인이 침입해서 궁전들을 파괴했다는 주장도 있지만, 지배자와 피지배자 간의 갈등 때문에 미케네 내부에서 전쟁이 일어났다는 설이 제기되기도 하고, 퀴프로스 섬에서 바닷사람들이 쳐들어와 미케네가 멸망했다는 설도 있다. 분명한 것은 미케네의 궁전들이 기원전 13세기부터 파괴되기 시작하여 12세기에는 완전히 파괴되었다는 점이다. 기원전 12세기의 미케네 궁전 파괴로부터 기원전 8세기에 이르는 시기를 고대 그리스의 '암흑기' 또는 '중세'라고 부르는데, 이 시대의 문화와 풍물을 추측할 수 있게 해주는 고고학적 유물이 충분히 발굴되지 않아 이 시대의 문화에 대해 언급할 자료가 부족하기 때문에 붙은, 명예롭지 못한 이름이다. 이 시기에는 그리스인들이 오늘날의 터키 해안으로 이주했고, 기원전 1050년경에는 철기 시대가 막을 올렸다. 암흑기인 이 시기를 기원전 11~10세기와 기원전 9~8세기로 양분하여 설명하게 된 것은 오늘날의 고고학적 성과라 할 수 있다. 전반기(기원전 11~10세기)는 철이 구리를 대체하여, 무기와 각종 도구를 만드는 데 사용되었고, 도기(陶器)의 문양(文樣)으로 원이나 반원을 사용하는 전(前)기하학적 시기이다. 후반기(기원전 9~8세기)는 도기의 문양으로 원이나 반원 대신 기하학적 장식문이 사용되던 시기이다(그림 3). 도기 그림의 형식은 고대의 신화와 전설을 시각적으로 보여주는 가장 풍부한 자료일 뿐만 아니라 그 문양의 변모는 고대 그리스의 시대 구분에 유용하게 활용된다. 이는 발굴된 도기의 수가 (만들어진 양에 비하면 극히 일부에 지나지 않겠지만) 어쨌든 많이 발견되었기 때문이기도 한데, 이처럼 많은 도기들이 남아 있는 데는 몇 가지 이유가 있다. 먼저 도기는 내구성이 크다. 도기는 어떤 조건에서도 부식되지 않으며, 깨지더라도 다시 모아 일부를 살펴볼 수가 있고 그 위에 그려진 도기 그림 또한 확인할 수 있기 때문이다. 그리고 고대의 그리스인들이 도기를 대단하게 생각하지 않았다는 것도 중요하다. 고대의 도굴꾼들에게 관심 있는 물건이 되지 못했기 때문에 오늘날 많은 도기들이 남아 있게 되어 고대 그리스의 시대 구분에 매우 유용한 단서가 될 수 있었다.

철기 시대의 후반기인 기하학적 시대의 또 다른 주목할 사항은 미케네 궁전이 사라지면서 소멸된 선형 문자 B형을 대체할 새로운 그리스 문자가 창출되었다는 점이다. 기원전 9세기 말에 페니키아인들이 만들어낸 알파벳에서 자음을 빌려와 만든 새로운 그리스 문자는 기원전 9세기 말 또는 8세기 초부터 사용했을 것으로 추정한다. 새로운 문자의 발명은 '기억'의 중요한 수단으로 활용되고 정신 활동에 중대한 변화를 촉진해서 일상 생활의 변모는 물론 새로운 문화의 잉태를 예고하는 동기가 되었다. 호메로스의 『일리아스』는 새로운 문자로 기록된 고대 그리스의 첫 서사시이자 문자 문화 시대라는 새로운 시대를 여는 첫 작품이다. 4세기에 걸친 고대 그리스의 암흑기는 암흑으로만 끝나는 것이 아니라, 새로운 생활 방식,

새로운 사고방식, 새로운 기술을 준비하는 시대라고 보는 것이 타당할 것이다.

『일리아스』는 호메로스의 이름으로 전승되었지만, 『일리아스』의 이야기를 호메로스가 만들어낸 것은 아니다. 그는 트로이의 멸망에 관해 입으로 전승되어 온 많은 전설들을 취사선택하여 조직하고, 그 밖의 다른 구전 자료들을 함께 엮어서 새로운 문자로 양피지에 기록하는 위업을 달성했다. 『일리아스』가 문자로 기록된 현존하는 가장 오래된 신화 '작품'인 까닭도 그 때문이다. 호메로스는 『일리아스』를 기원전 750년경에 새로운 문자인 아티카 문자로 기록했는데, 이것을 오늘날 전해지는 형태인 24장으로 잘 조직하고 다듬은 사람들은 훨씬 후인 헬레니즘 시대의 알렉산드리아 학자들이다. 『오뒤세이아』는 『일리아스』보다 50년 이상 지난 다음에, 트로이로부터 귀환하는 이야기들을 취사선택하고 조직하여 꾸민 것인데, 그것을 기록한 장본인을 편의상 호메로스라고 말하지만 그것이 사실일 가능성은 희박하다. 실제로 『일리아스』보다 50년 이상이나 지나서 쓰인 작품인데, 동일 인물이 어떻게 50년이 지나서도 그 같은 일을 다시 할 수 있었겠느냐 하는 의문이 제기되는 까닭이다. 『오뒤세이아』가 쓰인 시기는 암흑기 이후인, 아르카익기 또는 상고기(上古期)에 속하지만 그 성격상 『일리아스』와 함께 거론되는 것이 보통이다. 두 작품 모두 입에서 입으로 전해지던 '트로이 전쟁'과 '귀환' 이야기를 기록한 것이라는 점을 주목할 때, 그 이야기들은 기원전 750년보다 훨씬 이전인 청동기 시대부터 형성된 것이라고 생각해야 할 것이다. '트로이 전쟁'이 실제로 있었는지 여기서는 논하지 않더라도, 트로이의 멸망과 붕괴를 기원전 1200년경으로 추정하는 것이 일반적임을 고려하면, 『일리아스』의 이야기들은 미케네 문명기 또는 그 후에 형성되었다고 할 수 있다. 이때 이야기들은 문자로 기록되지 못하고 입으로만 전해져 내려오다가 호메로스에 의해 취사선택되어 기록된 것이다. 신화의 첫 기록인 것이다. 당시의 많은 구전 자료들이 전승되지 못한 오늘날 『일리아스』의 문헌학적 가치는 두말할 필요도 없이 대단히 큰 것이다. 문자 이외의 수단으로 그리스 신화가 표현된 증거들 중에 현존하는 것은 기원전 750년경에 제작된 도기의 그림들이다. 이 그림들에는 양식화된 인물상이 주로 등장하는데 신화의 장면을 본격적으로 다룬 것들은 기원전 8세기가 지나면서 등장한다.

3) 상고기(上古期, 또는 아르카익기(期))(기원전 7세기~478년)

철기 시대 또는 암흑기의 후반부(기원전 9~8세기)를 기하학적 시기라고 부르는 것은 발굴된 많은 도기들의 문양이 직선이나 곡선, 물결무늬 등 기하학적 형태로 변한 사실에 의거한 것이다. '상고기'라는 호칭 역시 고대 그리스의 도기 양식을 분류하는 관점에 의한 것인데, 암흑기의 기하학적 시기 이후부터 고전기(기원전 5~4세기) 이전의 시대를 말한다. 이 시기는 신화에서 이야기되는 '장면'이 도기 그림으로 나타나는 시기인데 가장 창의적인 신화 장면이 이 시기에 그려지고, 상당 부분 후대에까지 계승된다. 기원전 478년, 페르시아가 아테네의 아크로폴리스를 침략했지만 곧 이어 아테네가 페르시아 함대를 격침시킨 사건은 상고기의 끝이자 고전기의 시작을 알리는 분기점이 된다. 기원전 750년경 처음으로 신화의 인물이 도기에 그려진 이후, 기원전 4세기에 이르기까지 아티카 도기 화가의 주된 관심은 신화에 등장하는 인물들의 모습을 다양하게 표현하는 일이었다. 7세기가 끝날 무렵엔 흑색 문양(黑色文樣) 기법을 코린토스에서 도입해 이를 아티카 도기의 표준형으로 삼고 1세기 이상 계속 제작했다. 이 양식에서는 인물이 검은색으로 나타나고 바탕은 점토의 밝은 색이 그대로 남아 있다(그림 4). 그러다가 기원전 530년경 아티카의 도기 화가들은 새로운 적색 문양(赤色文樣) 기법을 개발했다. 이 양식은 흑색 문양의 반대이다. 인물은 점토의 밝은 색을 간직하고 있는 반면 배경은 검은색이 된다(그림 5). 또 도기의 한 면에는 흑색 문양의 장면을, 다른 한 면에는 적색 문양의 장면을 넣는 도기도 있었는데 이를 '이어병용(二語倂用) 도기'라고 부른다. 기원전 5세기 초에 이르면 적색 문양 기법이 우위를 점해서 기원전 4세기까지 계속된다. 입에서 입으로 전승되던 신화들의 많은 장면들이 도기에 그려진 상고기였지만 신화가 문자로 기록되어 현재까지 보존된 자료는 그 수가 매우 적다. 전설과 역사가 혼용된 채 입으로만 전승되던 이야기를 취사선택하여 조직한 이 시기의 대표적 인물은 기원전 8세기 말에 활동한 헤시오도스(Hesiodos)이다. 호메로스가 '트로이 전쟁'에 관한 전설들을 잘 정리하여 불후의 명작을 남긴 것처럼, 헤시오도스는 신들의 탄생과 계보에 관해 전승되어 온 이야기들을 수집하고 정리하여 신들의 계보를 확립시킨 불후의 명작 『신들의 탄생』을 남겼다. 아울러 다섯 가지 인종(人種)이 변모해 온 내력을 기술하고 삶의 기쁨과 번성을 위한 여러 가지 충고를 담은 『일과 나날들』을 남겼는데, 『신들의 탄생』에서는 천지 창조, 우라노스와 가이아의 결합으로부터 탄생하는 신들의 계보와 수많은 바다 괴물들의 출현까지 기술하고 있으며, 『일과 나날들』에서는 다섯 가지 인종이 차례로 바뀌면서 펼쳐지는 시대의 변모를 기술한다. 먼저, 신들과 인간들이 함께 평등하게 어우러지던 행복한 시기를 살던 '황금 종(種)', 그리고 뒤이어 그보다 훨씬 못한 '은(銀) 종'이 도래하고, 그 다음이 '청동(靑銅) 종', 그리고 그 다음의 '영웅 종'과 '철(鐵) 종'으로 이어진다고 말한다. 황금 종의 시대는 기독교의 『성서』에서 말하는 '낙원'과 같은 것이다. 인종이 바뀜에 따라 인간이 날로 사악해지고 인간들끼리 분란이 심해져 갔다는 것이다. 헤시오도스의 이러한 언급은 오늘날 다섯 가지 '시대' 구분으로 활용되어 인종이라는 말 대신 '황금 시대', '은의 시대', '청동 시대', '영웅 시대', '철의 시대'라고 부르는 것이 일반적이다. 헤시오도스 역시 입으로만 전승되던 설화들을 자신의 상상력을 동원하여 고르고 엮어 호메로스의 공헌과 견줄 수 있는 위대한 업적을 이룩했다. 그리스 신화는 입으로만 전승되어 오다가 민속학자들에 의해 채집된 신화 체계가 아니다. 앞에서도 말했지만 그리스의 신화는 글과 도기 그림과 그 밖의 많은 공예품에 흔적을 남겼다. 발굴된 많은 도기의 그림들이 신화의 장면을 보여주듯이 다른 예술 작품들도 신화의 에피소드를 담고 있다. 공공장소에 그려진 벽화가 신화를 묘사하는 주요 형식이었지만 지금은 거의 아무것도 남아 있지 않고, 직물과 나무 조각과 상아 조각 등의 공예품은 대부분 소실되었고, 금은 세공품은 그 자체의 가치가 높기 때문에 아주 소수만이 고대로부터 전해 내려온다. 대부분의 고대 청동 조각상은 다시 사용하기 위해 녹여졌고, 상당수의 대리석 상은 모르타르를 만들기 위해 석회석 용광로 속에서 사라졌다. 글로 쓰인 많은 문헌들도 오랜 세월 동안 사라져버렸다. 헤시오도스의 작업은 호메로스의 작품과 함께 장구한 세월의 침식 작용을 이겨내고 남은 고대 그리스 신화의 귀중한 자료이다. 이 밖에 기원전 6세기의 헤카타이오스(Hekataios)가 『계보학』을 네 권이나 썼지만 소실되어 지금은 단편적인 내용만이 전해질 뿐이고, 페레퀴데스(Pherekydes), 헬라니코스(Hellanikos) 등 그의 몇몇 후배들이 아티카와 아르고스의 기원 신화를 탐색하기 위해 노력을 쏟았는가 하면, 이탈리아의 로마를 그리스 신화에 뿌리를 둔 '그리스 도시'로 설명하기도 했다. 이 문헌들은 자료로서도 물론 중요하지만, 고대 그리스의 넓은 지역에서 무성하게 자라난 신화들의 잡초 더미를 솎아내고 다듬어낸 작업이기 때문에 더욱 소중한 가치가 있다. 호메로스, 헤시오도스, 헤카타이오스 등의 작업은 이미 그리스 신화를, 질서 없고 체계 없는 혼돈의 상태로부터 정돈되고 체계 잡힌 계보와 조직으로 발전시킨 의미 있는 공헌이다. 또한 이러한 작업은 신화와 전설에 대한 사려 깊은 성찰에서 비롯한 것이기 때문에, 섣불리 그들의 작업을 초보적이라고 말하기는 매우 어렵다.

4) 고전기(기원전 478~323년)

살라미스 해전에서 그리스 군이 페르시아 함대를 격퇴한 기원전 478년부터 알렉산드로스 대왕이 타계한 기원전 323년까지를 '고전기'라고 부른다. 도기 그림뿐만 아니라 조각, 그리고 건축물의 일부로 역할하는 건축 조각이 이 시기에 화려한 전성기를 맞는다. 특히 고전기의 조각은 상고기의 정적이고 도식적인 스타일에서 동적이고 개성 있는 자유로운 스타일로 변모했는데, 인물상들에선 일정한 격식보다는 각각의 인물이 가진 고유한 성격이 잘 드러난다. 고대 그리스의 대표적인 조각가들이 모두 고전기에 활동한 것도 주목해야 한다. '파르테논 신전'의 건축을 지휘한 페이디아스(Pheidias), '원반 던지는 사람'을 조각한 뮈론(Myron) 등이 모두 이 시기에 활동했다. 신화를 소재로 한 많은 비극 작품들도 고전기에 쓰여 공연되었고, 플라톤을 비롯한 철학자들도 신화에 대한 담론을 펼쳤던 시기로서, 총체적으로 볼 때 고대 그리스 문화가 가장 화려하게 꽃핀 시기이다.

상고기의 페레퀴데스, 헬라니코스 등 헤카타이오스의 여러 후배들이 시도했던 아티카와 아르고스 및 로마의 신화적 기원 찾기는 고전기에도 계속되었다. 그들은 전설적이면서도 역사적인 사건의 '연대기'를 작성하려고 했기 때문에 전설과 역사를 혼융시켰다. '연대기'를 위한 가장 좋은 기준점은 '트로이 전쟁'과 '트로이의 함락', 올림픽 경기의 시작 등이었다. 전설과 역사를 구별하기 시작한 것은 사실 비교적 최근의 일이며 애매모호한 면이 많다. 왜냐하면 전설이란 대체로 역사적 사실에 대한 해석일 수밖에 없기 때문이고, 역사를 전설로부터 안정감 있고 확실하게 구별할 수 있는 기준이 없기 때문이다. 그러니까 당시로서는 전설과 역사를 구별할 수 있는 여지가 거의 없었다. 사건의 분류와 기술은 일시적이고 덧없는 설명일 수밖에 없어, 이미 널리 알려져 있는 트로이 전쟁, 올림픽 경기의 개최 등과 같은 대사건을 기준점으로 삼아 전설과 역사를 함께 기술했다. 이 작업들의 구체적 본보기는 헤라클레스, 테세우스 같은 영웅들과 『일리아스』에 등장하는 원로(元老) 네스토르(Nestor) 등의 '세대(generation)' 문제를 제기한 것인데, 즉 그들이 신화 속에서 활동하는 시기를 사건들을 기준으로 선후(先後)를 가려 분류함으로써 신화적 인물들의 '세대'를 구분한 것이다. 물론 여러 가지 곤란한 점들이 '세대'를 가리기 어렵게 한다. 가령 헤라클레스의 모험은 지리적으로는 잘 알려진 곳에서 펼쳐지지만 다른 모든 신화가 그런 것처럼 시간적으로는 텅 비어 있는 세계에서 전개되기 때문에 헤라클레스가 다른 영웅들과 만났다는 이야기가 없다. 그러나 헤라클레스의 자식들과 테세우스의 자식들은 동시에 집단적인 큰 사건에 참여하는 이야기가 전승되면서 선후배 또는 '세대'라는 까다로운 문제가 제기된다. 신화는 아테네의 영웅 테세우스가 아르고스의 영웅 헤라클레스를 만난 적이 없는 것으로 이야기하는데 그 자식들이 함께 큰일에 참여한 것은 어찌 된 일인가? 그렇다면 두 영웅은 동년배가 아닌가? 같은 세대라면 두 영웅은 왜 만나지 못했을까? 상고기와 고전기의 작가들과 신화 기록가들은 이러한 문제들을 가다듬어 정교하게 손질했다. 두 영웅은 동시대에 살았지만 여러 상황과 사건 때문에 서로 멀리 떨어져 있어서 만날 수 없었다는 것이다. 즉 테세우스가 한창 활동 중이었을 때 헤라클레스는 뤼디아(Lydia)에서 옴팔레(Omphale)에게 꼼짝없이 붙잡혀 있어야 했고, 헤라클레스가 자신의 삶을 한창 살아갈 때엔, 테세우스가 지하세계에 내려가 하데스의 포로로 잡혀 있었기 때문에 두 영웅은 서로 만날 기회가 없었다는 것이다.

어떤 경우에는 '신화 속의 생애' 내부에 에피소드들이 끼어들어 신화의 허술한 구석을 보완하는데, 이 같은 에피소드들은 처음부터 오랜 세월을 두고 전승된 것이 아니라, '연대기'를 빈틈없이 일치시키기 위해 꾸며낸 것들이다. 트로이 원정에 참가한 아카이아 군의 원로 네스토르는 백발이 성성한 지혜로운 노인으로 중요한 회의에서 그가 의견을 말하면 모두들 경청하는 인물인데, 그는 트로이 원정보다 훨씬 오래전에 벌어진 헤라클레스의 모험에도 어린아이로 등장한다. 그는 3세대를 산 인물로 묘사되어, 전형적인 원로 현인으로 부각된다. 이 같은 에피소드들은 신화의 짜임새를 탄탄히 해주므로, 인위적이라고 비난할 수만은 없다. 야생초처럼 자라는 무성한 이야기가 세월이 지남에 따라 정돈되는 것이라고 생각하는 것이 좋겠다. 헤시오도스의 『신들의 탄생』 역시 전승되어 온 무성한 이야기들을 정리해 조직한 신들의 계보가 아닌가? 상고기에 시작된 신화 정리 작업들은 고전기에 이르러 오늘날까지 전해지는 그리스 신화의 큰 틀을 완성했다. 물론 일관성 없고 앞뒤가 안 맞는 모든 부분이 에피소드들로 메워지고 체계를 잡은 것은 아니다. 여전히 빈틈과 모순되는 이야기들이 남아 있는 것은 사실이지만, 상고기와 고전기의 신화 정리 작업은 신화 속 사건과 인물들의 시간상 순서를 어느 정도 정돈하여 확정했다고 보는 것이 타당할 것이다. 신화에 관한 이후의 작업은 '연대'보다는 이야기의 내용을 보다 잘 파악하고 기술하는 문제로 대두된다.

고전기까지 이룩된 신화 정리 작업은 고전기의 다른 모든 위업처럼 아테네를 중심으로 이루어졌다. 페르시아와의 전쟁에서 승리를 이끈 주역은 아테네였다. 여러 도시 국가들이 참전했기 때문에 전후에 주도권 다툼이 있었지만 결국 아테네가 제국의 맹주로서 주도적인 역할을 했다. 기원전 431년에 일어난 펠로폰네소스 전쟁은 오만한 아테네의 패권에 맞서는 펠로폰네소스의 코린토스와 메가라가 스파르타와 연합하여 벌인 전쟁으로서 도시 국가들의 반항의 표현이었다. 도시 국가들 간의 이해관계를 둘러싼 이합집산은 되풀이되었지만, 그리스의 식민 세계는 전성기를 누렸다. 시칠리아와 이탈리아 남부로 확대된 그리스의 식민지는 '대(大)그리스'라고 불렸다. 한편 6세기 말에 초기 민주주의 형태가 선보인 이래 아테네는 클레이스테네스(Kleisthenes)의 통치 아래 민주 정치라는 위대한 성과를 이룩해낸다.

고전기는 정치에서뿐 아니라 앞에서 언급한 미술 영역에서도 눈부신 발전을 거듭했으며 특히 많은 비극 작품이 창작되어 공연된 시기이기도 하다. 입으로만 전승되던 많은 신화들이 비극의 주제와 소재로 탈바꿈하기 시작했다. 신화의 문학적 변용이라고도 말할 수 있는 신화의 작품화는, 그리스 신화가 비극과 뗄 수 없는 밀접한 관계를 맺는 계기가 되었다. 그리스 비극은 기원전 536년 디오뉘소스 축제의 연극 경연 대회에서 한 명의 배우만을 등장시킨 테스피스(Thespis)가 일등 상을 타면서 활성화되기 시작하여, 기원전 458년에 아이스퀼로스가 두 명의 배우를 등장시켜 『오레스테이아』 3부작을 아테네에서 공연하고, 소포클레스(Sophokles)는 세 명의 배우를 등장시키고 합창단원의 수를 열다섯 명까지로 늘려 기원전 441년에 『안티고네』와, 421년에 『오이디푸스 왕』을 공연하여 서정적 명상보다는 행동을 우선시켰다. 그리스 비극은 아테네를 수도로 하는 아티카 지역에서만 공연되었고, 그곳에서 공연된 비극 작품만이 현재 남아 있기 때문에 '아티카 비극'이라고도 불린다. 고전기의 미술이 그렇듯이 비극 역시 일정한 양식에서 벗어나 신들이 영웅들에게 부과한 시련과 등장인물들 사이의 갈등에 역점을 두면서 항상 '인간'이 비극의 핵심에 떠오르도록 꾸몄다. 인간은 그의 갈등과 고통과 과오들을 짊어지고 신들 앞에서 장렬하게 살아감으로써 자신이 운명의 주인임을 입증했다. 비극 작가로서 소포클레스와 역량을 겨루던 에우리피데스(Euripides)는 인간의 심리에 집중하고 신들과 비판적 거리를 유지하면서, 평범한 인간의 정열과 가치관을 갖고 살아가는 영웅들을 등장시킴으로써 영웅들을 인간화시키고, 신화를 소재로 한 비극을 '인간' 중심의 비극으로 전환·발전시킨다.

신화를 소재로 한 비극이 융성하고, 서사시와 비극이 아리스토텔레스의 『시학』 등 문학론의 관심사가 됨에 따라 신화의 중요성이 재확인되었고, 흩어져 있는 신화들을 수집하여 신화집으로 묶을 필요성이 제기되었다.

5) 헬레니즘 시대(기원전 323~31년)

마케도니아의 왕 알렉산드로스 3세는 스물둘의 나이로 기원전 334년 봄 5만 명의 군사를 이끌고 소아시아(아나톨리아)의 연안을 향해 출항하여, 페르시아 제국을 정복하고 아프가니스탄과 인도까지의 대원정을 감행하는 웅장한 서사시를 10년 동안 펼치고, 알렉산드로스 제국의 아름다운 수도 바빌론에서 바쁘게 지내던 중 갑자기 고열로 쓰러져 아라비아 원정을 며칠 앞두고 기원전 323년 사망한다. 그의 후계 문제와 시신 처리를 둘러싸고 심복들과 장군들이 불화한 끝에 대왕의 시신은 2년 후 바빌론으로부터 그가 세운 최고의 도시 알렉산드리아로 옮겨져 장엄하게 장례를 치른 후 매장된다. 알렉산드로스 대왕이 세상을 떠난 기원전 323년부터 옥타비아누스(후일의 아우구스투스)가 악티움 해전에서 안토니우스와 클레오파트라의 연합 함대를 물리쳐 그리스 세계를 로마에 병합하는 기원전 31년까지를 '헬레니즘 시대'라고 부른다.

'헬레니즘'이라는 말은 도기나 조각 등 고대 그리스 미술을 규정하기 위해 만든 용어가 아니다. '헬레니즘 시대의'라는 뜻을 갖는 '헬레니스틱(Hellenistic)'이라는 용어는 19세기에 들어와 만들어진 말이다. 이 말은 그리스를 뜻하는 '헬레닉(Hellenic)'과 구별된다. '헬레니스틱'이라는 용어는 그리스어 『신약 성서』의 저자들이 그리스어를 사용하는 유대인을 가리키기 위해 만들어낸 '헬레니스테스(Hellenistes)'라는 말에서 비롯한 것이다. '헬레니즘'이나 '헬레니스틱'이라는 말은 모두 고전 시대 이후 알렉산드로스 대왕의 지배력 확장에 따라 국제화된 그리스 문화를 특징짓기 위해 사용된 까닭에 '그리스의 사상이나 생활양식을 따르는 것'을 지칭하고, 아울러 헬레니즘 시기에 일어난 일련의 '정신 활동'을 의미하기도 한다. 헬레니즘 시대는 문화와 경제의 중심지가 알렉산드로스 대왕이 이집트에 새로 건설한 도시인 알렉산드리아였던 까닭에 종종 '알렉산드리아 시대'라고도 부른다.

　헬레니즘 시대는 그리스의 도시 국가가 정치적 패권을 잃고 붕괴된 시기였기 때문에 개인의 생활을 통제하는 국가의 기능이 사라진 시기이기도 했다. 국가와 사회를 위해 개인의 삶이 희생되던 시대가 지나감에 따라 이상적인 인간상도 변할 수밖에 없었다. 자유로워진 개인의 역할과 개성 있는 인간상 탐구는 헬레니즘 문화의 큰 특징이었으며, 특히 조각에 잘 표현되었다. 고전기의 조각과 도기 그림이 청장년기의 이상적인 인물상을 주로 다루었다면, 헬레니즘 시대의 조각과 도기 그림은 노인과 어린이, 이방인, 동식물과 일용품까지도 담아냈다. 아프로디테 등에서 소재를 빌려온 누드 조각이 헬레니즘 시대의 자유로운 분위기의 반영이었다. 개인적인 가치관과 미의식이 사회적인 틀로부터 벗어나 자유롭게 표현된 것이다. 헬레니즘 시대의 조각은, 인물의 표정과 인체의 역동적인 자세를 통해 다양한 감정을 현실감 있게 표현했다. 특히 트로이의 예언자 라오코온(Laokoon)이 트로이 군사들에게 그리스 군의 술책(트로이의 목마)을 조심해야 한다는 중요한 예언을 하자, 그리스 군을 지지하던 포세이돈이 뱀을 풀어 라오코온을 두 아들과 함께 죽게 하는 장면이 기원전 150년경에 청동으로 제작되었다. 「라오코온 군상」이라는 제목의 이 작품은(그림 6) 거대한 뱀 두 마리에 휘감겨 고통스럽게 죽어가는 모습을 긴장감 있게 표현한 헬레니즘 조각의 걸작으로, 네로 황제가 그의 황금 궁전에 소장하고 있었다. 그러나 황금 궁전이 기원후 68년 붕괴된 이후 1,400년 동안이나 땅속에 묻혀 있다가 1506년에 발굴되었는데, 미켈란젤로를 비롯한 예술가들은 '불멸의 향기가 배어나는' 작품으로 찬양했다. 결국 바티칸의 벨베데레 관(館)으로 「라오코온 군상」이 옮겨지는데, 그 장면은 개선 행진과 같은 경이로운 광경이었고, 이 조각의 명성은 계속 퍼져나가 1515년 전투에서 승리한 프랑스 왕 프랑수아 1세는 이 조각을 전리품으로 요구했지만 교황 레오 10세가 이를 거절할 정도였다. 신화를 소재로 한 헬레니즘 예술이 천년 이상 묻혀 있다가 빛나는 영예를 다시 누리게 됨에 따라 고대 그리스의 문학과 예술과 신화가 르네상스 시대에 곳곳에서 다시 살아난다. 그러나 이 부분에 관한 설명은 뒤로 미루고 여기에서는 헬레니즘 시대에 이루어진 신화에 관한 작업을 언급해야겠다.

신화에 등장하는 영웅들의 세대와 '연대기' 정립에 열중하던 고전 시대의 과업을 이어받아 헬레니즘 문화의 본거지인 알렉산드리아에서 활동하던 학자들은 호메로스의 『일리아스』와 『오뒤세이아』를 각각 24장으로 분리·정돈하여 오늘날까지 전해 내려오는 판본을 확립했을 뿐만 아니라, 기원전 3세기부터는 전승되어 온 이야기들을 묶어 총서 형식의 책들을 만들었지만, 오늘날은 모두 소실되어 요약문만 보존되어 있고 저자들의 이름도 전승되지 않았다. 이 중 어떤 책은 매우 세분화된 전설과 신화를 다루고 있는데, 가령 기원전 3세기 후반에 퀴레네(Kyrene)의 에라토스테네스(Eratosthenes)는 남녀 영웅들이 지상의 삶을 마치고 별로 변신해 별자리 속에 자리 잡게 된 이야기들을 모두 수집하여 『별로 변신한 이야기』라는 책을 엮어내는 전문성을 과시했다. 이러한 작업은 다음 세대에도 계속되어, 사랑 이야기 모음집 역할도 하게 된다. 이러한 신화 총서의 저술은 당시의 시대적 요청에 따른 것이 아니라 고전기에 이룩한 신화 정리 작업을 심화·발전시키는 구도 속에서 이루어진 것이다. 사실 고전기에 이미 호메로스의 『일리아스』와 『오뒤세이아』는 교양인이라면 누구나 암송해야 하는 고전으로 꼽혔고, 호메로스는 신처럼 숭앙받을 정도로 신화의 영향력은 대단했다. 호메로스의 서사시는 삶에 필요한 도덕이나 행동의 전범을 보여준다는 평가를 받았다. 그의 서사시는 그리스인의 교육 지침, 즉 파이데이아(paideia)의 핵심 역할을 했다. 호메로스의 서사시는 연회 석상에서 특히 낭송 전문가인 음유 시인들에 의해 낭송되었으며, 지중해, 이오니아, 에게 해 연안의 많은 도시들은 호메로스 서사시의 필사본을 비치하려고 서로 경쟁했다. 필경사들이 파피루스(양피지)에 옮겨 쓰는 동안에 자기 나름의 상상력을 동원하여 가끔 원본을 고쳐 쓰기도 했기 때문에 각 도시의 필사본들은 약간씩 다른 대목들이 있다.

신화 총서로 언급되는 또 다른 저술은 기원전 2세기에 그리스인 니칸드레스(Nikandres)가 쓴 『변신 이야기』가 있는데, 이 신화집은 로마 제국의 아우구스투스 시대에 오비디우스가 같은 제목의 신화집 『변신 이야기』를 저술하게 되는 직접적인 모델이 되었다. 헬레니즘 시대에는 이 같은 이야기 형식의 신화 총서와는 다른 야심 찬 작업도 이루어졌는데, 기원전 2세기에 아테네 출신 문헌학자인 아폴로도로스(Apollodoros)가 쓴 것으로 알려진 『자료집』이 그것이다. 그러나 오늘날까지 아폴로도로스의 이름으로 전승된 이 저술은 그의 저작이 아니라, 훨씬 후인 기원후 1세기에 신원을 알 수 없는 저자가 쓴 신화집이라는 설이 유력하다. 이 책은 신들의 탄생으로부터, 신들의 세대교체와 트로이의 함락, 그리고 트로이 이후의 전설들까지 망라하여 균형 잡힌 조직과 체계를 갖추어 정리한 것이 특징이다. 호메로스와 헤시오도스, 핀다로스 같은 옛 시인들의 서사시를 해설하며 써내려 간 이 신화집은 체계와 균형이 잡혔다는 장점을 갖고 있지만, 신화의 생동감 있고 흥미로운 모티프와 단절된 채 박식함을 보여주는 자료와 지식의 나열로 꾸며져 있어, 흥미와 호기심을 불러일으키지 못한다. 그럼에도 잡다하게 전승된 전설과 신화의 체계를 정돈했다는 측면에서 『자료집』은 큰 공헌을 했고, 그리스 신화의 체계와 내용을 확립했기 때문에 정통성을 갖는, 당대 신화집 중 매우 중요한 문헌으로 꼽힌다.

알렉산드로스 대왕이 인더스 강 유역까지 진출함에 따라 많은 벽화가 그려지고 조각들이 제작되었다. 대왕의 출정 길에 여러 명의 연대기 작가들과 군(軍) 문서관들이 따라가 많은 기록들을 남겼지만 거의 소실되었다. 당시의 문화적 역량과 기록에 관한 관심을 고려할 때 신화에 관한 작업과 기록 역시 많았을 것으로 추정되지만 전승된 것은 거의 없다.『자료집』
은 그런 까닭에 소중하다. 사라진 문헌보다는 살아남아 있는 문헌이 중요
하다.

헬레니즘 시대 이후, 로마가 그리스를 정복한 기원후 2세기에 소아시
아 출신 파우사니아스(Pausanias)가 쓴 열 권짜리『그리스 기행』은 그리스
의 여러 지역을 직접 답사하고, 각 지역의 신화뿐만 아니라 갖가지 풍물
과 도기 및 조각 등은 물론 그 지역의 역사와 지형을 기술하고 지역 종교
또한 상세하게 풀어놓은 책이다. 현장감 있는 설명과 생명력 있는 기행문
형식의 내용은 고대 그리스에 관한 최초의 관광 안내서라고 부를 만하다.
『그리스 기행』은『자료집』과는 전혀 다른 성격의 저술이다. 인위적인 체계
와 조직 없이 발길 따라 그리스의 곳곳을 여행한 기록으로, 열 권 모두 지
금까지 고스란히 보존되어 있는 귀중한 자료이다. 아티카를 시작으로 각
지역의 신화 계보에 따라 많은 지역을 다루고 있지만, 그리스의 모든 지역
이 기술되어 있지 않은 것이 단점이다. 이 책은 먼 훗날인 18세기와 19세
기까지도 그리스를 재발견하려는 여행객들이 유익하게 읽었던 안내서이
기도 하다. 지역의 전설과 민속이 전체적인 통일성은 없지만 현장감 있게
기록되어 있고, 지역의 명소와 기념물은 물론 각종 조각과 도기들이 소
상하게 설명되어 있는, 현재까지 보존된 문헌 중 가장 값진 자료로 손꼽
힌다. 이 같은 문헌과 신화집의 간행은, 헬레니즘 시대 이전부터 식자층
과 교양 엘리트들이 자신들의 고향의 전설은 물론 그리스 전역의 신화를
아는 것을 교양과 사회적 신분의 척도로 생각했기 때문에 이 신화집들을
통해 그들은 신화와 전설에 대한 자신들의 사회적 욕구와 지적인 욕구를
충족할 수 있었다.

파우사니아스의 업적에는 빈틈이 많지만 이러한 공백은 헬레니즘 시대
이후 비잔틴 시대의 고전 주석가들의 집요한 노력과 면밀한 분석·대조에
의해 메워졌다. 이들에 의해 기원이 서로 다른 단편적인 이야기들이 서로

꿰맞춰지고 통일성을 갖게 되어 마침내 오늘날 우리가 아는 그리스 신화의 체계를 갖추게 되었다. 그러니까 그리스 신화는, 시대를 정확히 꼬집어 말할 수는 없지만, 적어도 기원전 2000년경부터 입에서 입으로 전승되기 '시작'하여 신화집이 갖추어지는 헬레니즘 시대에 대체로 완성되었고, 비잔틴 시대에 세부적인 손질이 가해졌다고 말할 수 있다. 그림이나 조각으로 표현된 신화와는 달리, 글로 표현된 신화의 이야기는 시간이 지나고 장소가 바뀜에 따라 이설(異說)을 만들어내는데, 이 이설은 앞의 이야기를 수정·대체할 뿐만 아니라 계승하고 비판하는 기능까지 수행한다. 이야기로 된 신화는 그 이야기가 변화와 생성을 멈추지 않는 한, 끊임없이 덧붙여지는 이야기와 굴절·변모된 이설들을 만든다. 이렇게 증식하고 번창한 신화들의 총체를 '신화학'이라고 부른다. 이때 신화학이란, 허구적인 이야기의 여러 형식을 모두 '문학'이라고 부르는 것처럼, 신화의 변모와 갖가지 이설의 '총체'를 이야기로서의 신화와 구별 짓기 위한 호칭이다. 그러므로 어떤 신화든 장소와 시간에 따라 유연하게 변모하고 생성하면 신화학을 형성한다고 말할 수 있다. 고대 그리스 신화는 장구한 세월을 흐르면서 헬레니즘 시대에 고대 그리스 신화학의 체계를 갖추었다고 말할 수 있다. 그리스 신화학은 인위적인 통일성과 체계 속에 신화의 갖가지 형태와 대중 신앙의 요소는 물론, 현학적인 면과 자연 발생적인 요소, 생동감 넘치는 이야기와 인위적인 이야기들이 밀접하게 연결·조직된 총체이다. 그것들을 하나하나 풀어, 이야기들을 구성하는 여러 요소의 서로 다른 성격과 그 변모 과정을 풀이하는 것은 현대 신화 과학이 진행하는 과업이지만, 전반적인 실현은 아직 요원하다. 그러나 그 풀이 작업이 인간 정신의 고유한 사고 기능과 그 한계를 규명하는 데 크게 이바지할 것이라는 점은 신화 과학이 자임하는 사명이자 긍지이다. 한편 신화학이란 말은 신화를 연구하는 학문, 즉 '신화 과학'의 의미로도 사용되었는데, 이 말을 처음으로 사용한 사람은 플라톤이다. 그러므로 신화학이라는 말은 이중의 의미를 가진다. 두 번째 의미로서의 신화학에 대한 자세한 설명은 뒤로 미루고, 여기서는 체계화되고 조직된 일련의 신화들의 총체만을 '신화학'이라고 부르기로 한다.

2. 그리스 신화의 유형

그리스 신화는 헬레니즘 시대에 이르러서야 조직되고 체계화되어 총체적이며 완성된 형태를 갖추었지만 모든 신화들이 이 체계 속에서 동일한 형태(morphologie)와 동일한 가치를 갖는 것은 아니다. 어떤 신화는 신들의 탄생을 이야기하는가 하면 어떤 신화는 화산 폭발의 기원을 이야기하기도 한다. 동일한 형태가 아니다. 고대 그리스의 문화와 인간을 이해하는 차원에서도 그 중요성과 가치는 다를 수밖에 없다. 앞 장에서 세계 신화들을 분류한 것처럼 여기서는 그리스 신화의 형태를 분류해 보는 것이 좋겠다.

1) 창세 신화

세상의 모든 사물들과 인간들이 지상에 출현해서 살아갈 수 있는 환경이 조성되기까지 우주의 발생과 그 기원에 관해 이야기하는 신화를 '창세 신화'라고 부른다. 앞에서도 말했듯이 '어떻게' 우주와 만물이 존재하게 되었는지에 대한 궁금증을 풀어놓은 것이다. 기원전 700년경에 창세 신화를 문자로 처음 기록한 시인은 헤시오도스이다. 그러나 훨씬 오래전부터 창세 신화는 구전되어 내려온 것으로 추정되며, 헤시오도스는 다만 그것들을 수집하고 정돈하여 체계를 확립한 음유 시인 중 한 사람이다. 입으로 창세 신화를 전한 주역들은 사제들로 추정되는데, 이런 창세 신화들은 대개 종교적 믿음을 키우기 위한 여러 요소들이 이야기의 축을 이루며, '신앙'을 갖게끔 찬란한 위용과 힘을 과시하고 아울러 공포심을 유발하기도 하는 에피소드들을 동반한다. 우라노스(하늘)와 가이아(땅)의 결합으로부터 태어난 티탄(거인)족과 괴물들은 자연의 갖가지 힘과 위용과 그에 대한 공포들을 이야기로 표현한 것들이다. 티탄족의 열두 신들에 대한 이야기는, 자연현상에 대한 원시인의 공포심과 신앙을 우회적인 이야기로 꾸미며 전파하고 전승하는 가운데 체계가 갖추어져 조직된 신화로 자리 잡은 것이다. 가령 오케아노스 신화는 물을 통해 무서운 자연현상을 우회적인 이야기로 표현한 것이다. 천지 창조와 신들의 탄생과 신들의 찬란하고도 두려운 이야기는 문자 그대로 '신들의 이야기'인 신화(神話)라는 용어에 가장 적합한 것들이다. 카오스로부터 우라노스와 가이아가 생겨나고 그로부터 오케아노스, 휘페리온, 크리오스(크레이오스), 크로노스, 테미스 등의 신들이 탄생한 이야기, 그들의 역할에 관한 이야기와 각종 에피소드들은, 그리스인들이 그리스 본토에 도래하기 이전부터 전해 내려온 토착 신화와 그리스 밖의 동양으로부터 유입된 이야기들로, 사제들이 가다듬어 전승하다가 헤시오도스의 손에 의해 정리된 것들이다. 그리스 신들의 원조에 해당하는 이들은 대양, 별 등의 자연과 천둥, 번개 같은 자연현상을 의인화하고 있어 '원시적인' 자연 신앙을 표현하는 듯하나, 실제로는 사제들의 종교적인 생각들이 담긴 신화로서 점차 철학적인 요소까지 가미되어 상징의 형태로 나타나기도 하기 때문에, 고전기 이후에도 종교적인 성격을 잃지 않은 채 신화로서의 생명력을 유지했다. 창세 신화는 그리스인들에게 오랫동안 종교적 믿음의 주춧돌 역할을 했고, 여러 종교 의식의 신비감을 증진시키기 위해 활용되었다.

창세 신화는 형태와 내용에 따라 천지 창조(cosmogony), 신들의 탄생(theogony), 인간 창조(anthropogony)로 세분화될 수 있다. '천지 창조'는 천체와 땅과 바다의 출현에 관한 것이고, '신들의 탄생'은 신들이 어떻게 출현하여 이 세상을 지배했는지에 관한 것이며, '인간 창조'는 이 땅에 사람이 어떻게 태어나게 되었는가를 이야기한다. 다음 장에서는 그리스의 창세 신화를 헤시오도스가 어떻게 정리했으며, 그 밖의 다른 창세 신화로는 어떤 것들이 전승되었는지 살펴보겠다.

2) 영웅 신화

창세 신화와는 달리 특정한 '주인공'을 중심으로 이야기가 펼쳐지는 신화를 보통 '영웅 신화'라고 부르는데, 종교적 기능과 의미를 갖지 않는 것이 일반적이다. 헤라클레스의 모험, 테세우스의 모험 등이 이 범주에 속하는데, 주인공이 신이 아니기 때문에 '신화'라는 말에 정확히 들어맞지는 않지만, 주인공의 활동이 초인적이거나, 범상한 인간의 힘으로는 불가능한 신적인 것이기 때문에 영웅 '신화'라고 부르는 것이 일반적이다. 이 신화들은 주인공이 동일하다는 것을 제외하면, 구성 체계가 산만할 뿐만 아니라 각각의 에피소드들은 서로 밀접한 관계를 맺지 않는다. 나중에 살펴보게 될 헤라클레스의 모험들이 좋은 본보기다. 각 모험들의 에피소드들은 오랜 세월 동안 형성되었기 때문에 서로 연계성이 거의 없다. 가령 헤라클레스가 어깨로 하늘을 떠받들고 있는 이야기는 그가 휘드라를 퇴치하는 이야기와 아무런 연관을 갖지 않는다. 꾀 많은 헤르메스의 이야기들도 마찬가지다. 헤라클레스는 영웅이고, 헤르메스는 제우스와 마이아 사이에서 태어난 올림포스 신이다. 아폴론의 소를 훔치는 어린 헤르메스의 에피소드와 제우스의 명령을 하달하는 전령의 에피소드는 주인공만 동일할 뿐 아무런 연관이 없다. 그의 에피소드들은 주인공 중심 신화에서 거론될 수도 있지만, 통상적으로 올림포스 신들로 분류된 별도의 체계 속에서 이야기된다. 여러 신들의 아버지인 제우스의 수많은 연애 행각 역시 서로 연관이 없는 독립된 에피소드들로, 각 에피소드들은 제우스의 천둥과 번개가 불러일으키는 그의 위용과 경외심과는 거의 관계가 없는 '주인공 중심'의 이야기이다. 제우스는 올림포스 신들 중의 일인자로 포세이돈, 하데스와 함께 세계를 다스린다. 그는 제우스 신앙의 장본인이지만 그를 주인공으로 하는 연애 행각 같은 단편적인 에피소드들은 어떤 특별한 종교적 의미도 갖지 않는다. 그러나 이러한 에피소드들도 제우스가 자리 잡은 올림포스 신들의 체계 속에서 이야기되는 것이 일반적이다. 분할되고 독립된 이야기들이 동일 인물을 주인공으로 서로 관련 없이 엮이는 것은, 최초의 독립된 이야기에 시간이 경과하면서 이런저런 환경과 곡절 끝에 같은 주인공의 또 다른 이야기가 첨가되기 때문이다. 그러한 신화들의 가장 좋은 본보기는 앞에서도 말한 헤라클레스의 모험이다. 그의 유명한 열두 가지 모험 이야기는 각각 이름난 곳이나 신전 등의 '장소'에 관계되기 때문에 헤라클레스가 처음부터 그 이야기들의 주인공이었는지는 확실치 않다. 분할되고 독립된 헤라클레스의 모험 이야기는 셈족의 길가메시 등 오늘날 기억에서 사라진 고대 영웅들이나 신들의 이야기와 유사하다. 따라서 그 이야기들은 그리스로 유입되어 토착 신화와 '동화'되면서 헤라클레스의 모험 이야기로 발전한 것으로 추정되고, 거꾸로 그리스의 영웅 헤라클레스의 모험 이야기는 갈리아와 이탈리아, 게르만 지역으로 전파되어 그 지역의 토착 신화에 동화되어 그곳의 영웅 신화를 형성했다. 그러므로 그 이야기들은 헤라클레스 이야기의 '확장'이라 할 수 있다. 영웅의 분할·독립된 모험 이야기는 오랜 세월 '동화'와 '확장'을 거치면서, 서로 다른 민족들이 비슷한 영웅 신화를 갖게 된다. 고주몽(유리왕)과 테세우스가 다 같이 출생의 신표를 갖고 아버지를 찾아 떠나는 모험 이야기 속에, 한국과 그리스 간의 먼 거리에도 불구하고 서로 비슷한 내용과 구조가 있는 것은 그 때문이다. 헤라클레스와 테세우스 신화는 서로 다른 구조지만 영웅의 출생과 성장, 모험과 죽음 등에서 대중들의 기억에 오랫동안 각인될 특별하고도 초인적인 면모를 보여주면서 다른 지역으로 전파·확장되고,

그 지역의 전설이나 신화와 동화되어 그곳의 영웅 신화를 형성한다. 이같은 현상은 신화 또는 이야기의 이입과 동화에만 국한된 것이 아니라 문화의 확장과 동화라는 측면에서도 고찰할 수 있는 문화 현상이기도 하다.

3) '소설' 형식의 신화

그리스 신화와 전설의 세 번째 유형은 보통 '소설'이라고 불러도 좋은 형식의 신화이다. 이 형식의 신화 역시 헤라클레스의 모험처럼 특정한 '장소'와 관계되는 이야기로 구성된다. 그러나 영웅 신화처럼 '소설' 형식 신화도 상징적인 가치나 종교적 의미를 갖지 않는다. 다만 영웅 신화가 '주인공'을 중심으로 전개되는 반면, '소설' 형식의 신화는 줄거리가 있고 '문학적'인 것이 특징이다. 즉 주인공 중심이 아니라 특정 장소에서 벌어지거나 특정 장소와 관계되는 줄거리가 있는 이야기이다. 가령 트로이 전쟁 이야기는 헬레네나 아킬레우스를 중심으로 이야기가 펼쳐지지 않는다. 그들은 트로이 전쟁을 일으키는 주인공이거나 전투의 명장으로 트로이 전쟁의 중요 등장인물이기는 하다. 그러나 '트로이'라는 장소에서 벌어지는 트로이 전쟁 이야기는 수많은 등장인물과 복잡한 에피소드들로 구성된 10년간의 대결을 담아내고 있다. 『일리아스』의 이름으로 알려진 호메로스의 대서사시는, 트로이 전쟁에 관해 전승된 많은 이야기들 중에서 아킬레우스의 분노를 부각시켜 일부만을 극적으로 구성해 노래한 것에 지나지 않는다. 트로이라는 장소에서 벌어지는 전쟁 발발의 원인과 병력 모집 과정, 1차 원정의 실패와 2차 원정의 시도, 그리고 바람이 불지 않자 이피게네이아를 제물로 바치는 등의 많은 이야기들은 '트로이 전쟁'이라는 거대한 사건을 자유롭게 확장하고 발전시킨 것이기 때문에, 『일리아스』에 모두 수록할 수도 없을 뿐만 아니라 하나의 '작품'으로 만들기도 어려운 것이다. 오늘날까지 보존되지는 못한 『일리아스』의 전·후편은 트로이 전쟁

전후의 사건들을 소재로 한 이야기들로서, '트로이 전쟁' 이야기가 얼마나 자유롭게 변용될 수 있는 주제인가를 선명히 보여준다. 헥토르의 죽음으로 끝난 『일리아스』 이후, 아킬레우스의 죽음과 파리스의 죽음, 트로이 함락 등은 음유 시인들이 상상력을 동원해 만들어낸 이야기들이지만, 문학적 허구는 아니다. 그것들은 트로이 전쟁에 관한 전설을 각색하고 정리한 것이다. '소설' 형식의 신화는 특정 장소에 관한 전설을 줄거리 있는 이야기로 꾸민 것이다. 전설을 있는 그대로 기록한 것이 아니라 줄거리를 갖도록 정리하고 조직해서 '소설'같이 꾸민 것이다. 그것은 완전히 허구인 문학 작품도 아니고 구전된 전설도 아니다. '소설' 형식의 신화는 전설과 창작의 중간에 위치한다.

그러나 '소설' 형식의 신화와 문학은 크게 다르다. 소설이나 시(詩)는 허구이기 때문에 그 등장인물이 숭배의 대상이 되지 못한다. 그러나 '소설' 형식 신화에 등장하는 인물들은 전설 속의 인물들이므로 숭배와 존경의 대상이 되기도 한다. 트로이 전쟁의 원인이 되었던 헬레네는 먼 옛날의 어느 시기에는 실재했던 인물로 믿어지기도 했고 그녀의 무덤도 있었기 때문에, 허구적인 문학 작품의 등장인물과는 크게 다르다. 젊은 알렉산드로스 대왕이 원정 길에 아킬레우스의 무덤을 찾아 제(祭)를 올리며 승리를 기원한 것은 유명한 일이다. 고대 그리스인들에게 아킬레우스나 헬레네는 실재했던 인물로 비친 것이다. '소설' 형식 신화의 주인공들은 어떤 종류의 상상력과 환상으로도 꾸며질 수 있다. 그러나 그들이 허구적 인물이 될 수는 없다. 그들은 환상과 상상력으로만 만들어지는 문학 속 등장인물과는 다르다. 확인할 수는 없지만 실제 역사에 그들이 존재하지 않았다고 주장할 근거가 없기 때문이다.

'트로이'라는 특정 장소를 중심으로 하는 '소설' 형식의 신화에는 트로이로부터의 귀환을 이야기하는 『오뒤세이아』도 있는데, 지중해 전 해역을 10년간 유랑하며 겪는 모험을 그린 이야기이다. 그 밖에 지중해는 물론 유럽 전역을 여행하며 황금 양털을 찾아 귀환하는 '아르고 호(號) 원정대' 이야기도 있다. '트로이'와 지중해, 유럽이라는 '장소'를 중심으로 펼쳐지는 '소설' 형식의 신화는 이미 그리스 고전기에 교양인이면 적어도 몇 구절을 암송할 줄 알아야 하는 '고전'으로 꼽혔다.

4) 기원 신화

그리스 신화의 가장 단순하고 초보적인 형태는 현실의 특이한 사실들을 설명하는 '기원(起原)' 신화이다. 기원 신화는 체계나 조직이 없을 뿐만 아니라 주인공이나 영웅 중심이 아니며 지리적 장소에 한정되지 않고 복잡한 줄거리도 없이 단순하게 사물의 기원을 설명하는 에피소드이다. 기암괴석의 내력, 특이한 종교 의식의 기원, 고유 명사의 연혁 등에 관한 전설은 모두 기원 신화로 분류된다. 그리스의 기원 신화에 대해서는 앞으로 자세히 언급할 기회가 없어 여기서 예를 하나 들어 살펴보겠다.

퀴프로스 섬에 있는 아프로디테 신전에는 몸을 앞으로 기울여 바라보는 아프로디테 상(像)이 있다. 이 조각은 다음과 같은 내력을 갖고 있다. 이 조각의 주인공은 아낙사레테(Anaxarete)라는 아름다운 아가씨로, 같은 동네에 사는 이피스(Iphis)라는 청년이 이 처녀를 열렬히 사랑했지만 이 처녀의 마음은 돌덩어리처럼 움직이지 않았고 얼음장처럼 차가웠다. 그녀는 이피스에게 눈길 한 번 주지 않았을 뿐만 아니라 그를 업신여기고 조롱하기까지 했다. 상심한 이피스는 시름시름 앓다가 마침내 스스로 목숨을 끊는다. 이피스의 기구한 운명과 비통한 사연 때문에 수많은 사람들이 이피스의 마지막 길을 뒤따랐고, 곡소리 또한 마을 전체를 슬픔에 잠기게 했다. 이피스의 장례 행렬이 아낙사레테의 집 앞을 지나가자 그녀는 호기심을 못 이겨 창문 앞으로 가 지나가는 장례 행렬 속의 이피스를 내려다보았다. 그 순간 사랑의 여신 아프로디테는 그녀의 얼음장 같은 냉혹함에 분노하여, 몸을 구부려 창밖을 내려다보는 자세 그대로 그녀를 돌로 만들어버렸다. 온몸이 싸늘해져 버린 그녀는 물러서려야 물러설 수도 없었다. 그녀의 얼음장 같은 마음이 온몸을 휘감았고, 움직일 줄 모르는 돌덩어리 마음이 온몸을 돌덩어리로 만든 것이다. 이렇게 비통한 사연으로 꾸며진 아프로디테 신전의 「앞으로 몸을 기울여 바라보는 아프로디테 상」은 그 기원과 내력을 알지 못하면 한낱 평범한 조각에 지나지 않지만, 그 비통한 이야기를 생각하며 바라보면 '아프로디테'라는 이름의 다른 여러 조각들과 달리 보인다. '냉혹'이라는 강한 개성이 이 조각을 독특하게 하기 때문이다. 이는 전승된 설화가 사물의 면모와 내력을 설명하기 때문이다.

역사적 사실 여부를 떠나, 전승된 이야기는 사물의 깊이와 연륜을 입증하는 동시에, 이야기를 좋아하는 언어적 동물인 인간의 흥미를 끈다. 기원 설화는 사물이 제각각 가진 본래의 정취를 전승된 이야기로 북돋우면서 말 없는 사물의 언어를 한층 깊고 두텁게 만든다.

기원 설화가 없는 민족은 없다. 게다가 공공장소는 물론 사람들이 많이 모이는 학교, 병원, 공원 등에도 기이한 이야기가 전해 내려올 뿐만 아니라 작게는 오래된 나무 등에도 재미있는 사건들이 얽혀 있는 경우가 허다하다. 특히 별들에 관한 기원 설화는 다른 사물들에 관한 이야기들보다 훨씬 무성할 뿐만 아니라 매우 오래된 것들이 많다. 메소포타미아의 점성술은 기원 설화와 예언술이 접목된 표본 중 가장 오래된 것이다. 별들에 관한 그리스의 기원 설화는 예언술과 연결되지는 않지만, 오리온, 시리우스 등에 관해 많은 설화와 전설을 남기고 있다.

5) 그리스 신화의 가변성과 유연성

이제까지 신화를 몇 가지 유형으로 나누어보았지만 이런 분류가 언제나 명확한 것은 아니다. 앞에서 말한 기원 설화도 항상 기원 설화로만 분류되는 것은 아니다. 신화의 형태와 분류는 자연과학처럼 선명한 경계선으로 나뉘지 않는다. 기원 설화는 때로는 창세 신화나 '소설' 형식의 신화에 편입되기도 하고 주인공 중심 신화가 '소설' 형식 신화에 흡수되어 이야기되기도 한다. 가령 메두사(Medousa) 등 바다의 많은 고약한 괴물들은 대지의 여신 가이아와 그 자신이 남성의 힘을 빌리지 않고 낳은 파도의 신 폰토스(Pontos)와의 결합으로부터 태어난 후손들이다. 그러므로 메두사 등의 기원 설화는 가이아가 주요 역할을 하는 창세 신화와 연계된다. 한편 아폴론은 예언과 궁술 및 예술의 신으로서 숭배와 찬미의 대상이 되는 종교적 성격의 신이지만, 『일리아스』에 종종 등장하여 '소설' 형식 신화에서도 여러 역할을 하며, 아테나 여신 역시 도시의 수호신이자 지혜의 여신으로 숭앙받는 동시에 『일리아스』와 『오뒤세이아』의 '소설' 형식 신화에도 등장한다. 이렇듯 호메로스의 서사시는 아테나 여신과 아폴론의 여러 역할을 담고 있다. '소설' 형식 신화의 줄거리를 온몸으로 살아가는 등장인물들은 인간들이지만, 그들의 운명을 좌지우지하는 것은 신들의 몫이다. '소설' 형식 신화에 등장한다고 해서 아폴론과 아테나의 본질적인 속성이 변하는 것은 아니다. 하나의 신화는 이야기의 양태에 따라 '소설'의 성격도 취할 수 있고 '종교적' 성격을 가질 수도 있다. 하나의 잣대와 기준으로 신화를 한 번에 분류할 수는 없다. 시간이 경과함에 따라 민족이 문명화되면 창세 신화가 주인공 중심 신화나 '소설' 형식 신화로 '변모'할 수도 있다. 유연성은 신화의 고유한 속성이다. 이설(異說)의 존재가 신화의 조건인 것처럼, 신화는 이야기의 양태에 따라 유연하게 분류될 수 있다. 설화나 전설의 유연성은 고전기와 헬레니즘 시대에 자리 잡은 신화 체계에서 비롯한 것이 아니라, 가장 오래된 설화와 전설이 만들어지던 시기부터 활성화된 뮈토스의 고유한 성격이다. 신화의 유연성은 동일한 이야기가 유연하게 변용될 수 있는 가변성 때문이다. 모든 생명체는, 특히 모든 인간은 존재는 하나지만 여러 역할을 수행할 수 있는 것과 마찬가지이다. 가령 한 청년의 존재는 하나지만, 그는 아들이자 회사원으로서 또는 친구로서 그때그때 다른 역할을 하는 것과 마찬가지로, 뮈토스도 그것이 어떤 맥락에서 이야기되는가에 따라 서로 다른 역할을 하게 되고 유형 분류 역시 달라질 수밖에 없다.

신화의 궁극적인 실체는 흩어져 있는 이설들이 아니라 이설들이 모두 함께 일구어내는 유기체적인 끊임없는 변모와 탄력성에 있다. 이설들이 신화의 조건이긴 하지만 이설들이 모여 꾸며내는 이야기가 세포가 분열하고 증식하는 것처럼 계속 불어나면서 여러 역할을 하며 하나의 커다란 총체적 체계를 구성하게 될 때, 그것을 '신화학'이라고 부른다. 신화는 설화와 전설의 정적(靜的)이고 단위적인 개념이지만, 신화학은 신화의 통시적인 연륜과 변화 과정을 총칭하는 유동적이고 체계적인 개념이다. 신화가 오랜 세월 전승되고 이설과 함께 변모하면 자연스럽게 신화학으로 발전하지만, 그렇지 못하면 신화는 퇴화해 소멸하거나 단순한 에피소드로 남을 뿐이다. 앞에서 말한 아프로디테 신전에 있는 아프로디테 상에 관한 기원 신화는 아낙사레테와 이피스의 에피소드를 소재로 차용했을 뿐, 그에피소드가 아프로디테 신화학의 한 부분으로 구성되기는 어렵다. 그 에피소드는 근본적으로 아프로디테 신화의 이설이나 변모가 아닌 까닭에, 아프로디테에 관한 모든 이야기의 총체적인 구성 속에 편입될 수 없기 때문이다. 그리스 신화의 많은 부분을 차지하는 올림포스 신들과 영웅들의 이야기는 오랜 세월 동안 많은 이설을 낳고 변모를 겪으면서 각각의 신화학을 형성했는데, 이러한 신화학들은 그리스라는 상위 범주에서 '그리스 신화학'을 형성한다. 한편, '그리스 신화'라는 호칭은 '그리스 신화학'과 혼용되는 것이 일반적이지만, 가령 '바다의 신화와 신화학'이라고 했을 때는 두 말이 혼용된 것은 아니다. 신화학은 유동하는 형태지만, 신화는 신화학의 단일 원리인 동시에 요소적 단위이다. 한편 신화학은 '신화 과학'을 뜻할 수 있다. 신화학이라는 용어가 이중(二重)의 뜻을 갖기 때문이다.

'그리스' 신화는 그리스의 많은 신들과 영웅들의 여러 형태의 이야기를 총칭하는 표현이지만, 동시에 그러한 이야기들이 오랜 세월 동안 변모·생성하면서 만들어내는 각종 이설과, 시인들에 의해서 재구성·첨가되는 각종 에피소드까지 포함하기 때문에 매우 다양한 등장인물들과 수많은 이야기들이 치밀하게 얽히고설킨 커다란 유기체 같은 조직이다. 그리스의 독립된 설화나 전설들은 세월이 흐름에 따라 커다란 이야기의 조직 속에 편입되어 거미줄 같은 연계망을 구성하고 그것들은 또 다른 이야기의 망과 연결됨으로써 그리스 '신화학'을 형성한다.

그리스 신화의 또 다른 특징은, 켈트 신화나 인도 신화에 종종 등장하는 신비와 마법을 찾아볼 수 없다는 것이다. 그리고 인간의 모습을 한 '괴물'은 퇴치되어야 하는 부류로 인식된다는 점이다. 그리스 신들은 죽지 않는다는 점을 제외하고는 인간과 매우 흡사하다. 인간의 음식과는 다르지만 그들도 먹고 마시며, 놀고 사랑한다. 푸른색이지만 피도 흐른다. 영웅들도 보통 인간과 다르지 않다. 그들은 자신의 힘과 용기와 지혜를 믿을 뿐, 마법과 신비에 의존하지 않는다. 그리스의 신들이나 영웅들은 모두 '인간 중심' 사고에 의해 창출된 상상력의 산물이며, 더 나아가 휴머니즘의 반영이라고 말할 수 있다. 그리스 신화의 다양한 형태와 유연한 가변성은 그리스 신화학을 유동하는 거대한 유기적 체계로 만들기 때문에, 전설들은 오랜 세월을 두고 서로 의존·관계하는 '상호 전거성(相互典據性)'을 갖게 되고, 전설들 속의 사건들 역시 거대한 관계의 망을 형성한다. 이러한 연계의 망이 결정되기까지 고전기와 헬레니즘 시대의 신화 기록가들의 역할과 공헌이 컸다는 것은 앞에서 지적한 바와 같다. 호메로스의 서사시를 비롯하여 헤시오도스, 핀다로스, 아이스퀼로스, 소포클레스, 에우리피데스 등의 그리스 시인들의 작품과 베르길리우스, 오비디우스, 세네카 등의 로마 문인들의 작품에 소재로 쓰이거나 수록된 전설들은 현재까지 잘 보존된 그리스 신화의 소중한 자료들이다.

그리스 신화의 모든 이야기는 현존하는 고대 문헌에서 인용되고 발췌된다. 따라서 문헌의 출처가 반드시 있다. 출처를 밝히지 않고 신화나 전설을 이야기하는 것은 독자의 신화 입문을 가볍게 하기 위한 방편일 뿐, 바른 길[正道]은 아니다. 그리스 신화는 서양 고전 문학, 즉 그리스·로마 문학의 근간이기 때문이다. 그리스·로마 신화를 고전 신화라고 부르는 것도 그 때문이다. 그리스 신화학의 거대한 유기적 망이 그리스·로마의 문학에 모두 펼쳐져 있는 것은 말할 것도 없다. 문헌 이외에도 당시의 각종 미술 작품과 공예품에 신화가 표현되었다는 것은 앞에서도 지적한 바 있다. 그러나 이 책에서는 문헌에만 국한해서 그리스 신화를 소개하고, 도기 그림이나 조각에 표현된 신화를 삽화로 활용하기 위해 책 앞에 모아 놓았다. 그리스 신화는 고대 그리스·로마 문학의 또 다른 명칭이다. 문학의 분류가 서사시, 서정시, 비극 등의 장르에 입각한 것이라면, 신화의 분류는 앞서 지적한 창세 신화, 주인공 중심 신화, 영웅 신화, '소설' 형식 신화, 기원 신화 등 신화의 내용과 유형에 의거한다. 고대 그리스 신화는 구전되어 내려오다가 서사시 등의 '문학' 형식으로 보존되었고, 고대 그리스 문학은 구전되어 내려온 신화를 글로 보존한 '방법'이자 '장소'였다. 그리스 신화는 고대 문학과 떼려야 뗄 수 없는 동전의 양면이다.

한편 헬레니즘 시대 이후 현재까지 2,000년 이상의 세월이 흐르면서 그리스 신화의 주요 신들과 영웅들, 그리고 그 에피소드들은 유럽의 로마, 파리, 베를린, 비엔나, 밀라노, 마드리드 등의 대도시에 건축 조각으로 장식되었다. 이것들을 통해 유럽의 대도시들은 자신들의 문화의 뿌리가 고대 그리스에 있음을 과시하며 자신들의 도시와 문화가 '유서 깊다'는 것을 뽐낸다. 그러므로 그리스 신화 입문은 오래된 유럽의 도시들을 제대로 구경하기 위해서도 반드시 거쳐야 하는 과정이자, 고대 문학에 뿌리를 둔 유럽의 근대 문학과 예술을 이해하는 첫걸음이다. 이 책은 그리스 신화의 체계와 조직을 창세 신화, 올림포스 신들, 영웅 신화로 구분하여 기술·설명하는 전통적인 방법을 따른다. 올림포스 신들과 영웅 신화의 설명은 주인공 중심 신화 및 '소설' 형식 신화를 포함한다.

3

그리스의 창세 신화

Introduction to Greek Mythology

우주 만물과 인간은 어디서 비롯한 것일까? 태초의 무(無)로부터(ex nihilo) 모든 것이 어떻게 존재하게 되었을까? 이 같은 궁금증을 초자연적인 존재나 신을 통해 풀어주는 이야기를 '창세 신화'라고 부른다. 모든 창세 신화는 앞 장에서 언급한 것처럼 세 가지를 설명한다. 천지 창조(cosmogony)와 신들의 탄생(theogony), 그리고 인간 창조(anthropogony)가 창세 신화의 핵심이다. 그러나 여기에 대홍수가 덧붙여지기도 하고, 그 밖에 해와 달, 별자리 등의 창조가 언급되는 경우도 있다. 그러나 모든 창세 신화가 이 세 가지 핵심 요소를 전부 갖추기는 어렵다. 그리스의 창세 신화에서는 천지 창조와 신들의 탄생은 잘 이야기되는 데 반해, 인간 창조 신화는 별로 이야기되지 않는다. 그러나 대홍수와 해와 달의 출현에 대한 이야기는 갖추고 있다.

앞에도 말했듯이, 창조에 관한 '이야기'는 어린아이가 자신의 출생에 관한 궁금증을 풀어가는 것과 유사하다. 합리적이며 과학적이고 논리적인 이야기가 아니라 비논리적인 사고에서 비롯되는 이야기이다. 모든 신화가 다 그렇듯이, 창세 신화 역시 어린아이들에게 들려주는 옛날이야기나 다름없다. '옛날 옛적에'로 시작되는 모든 신화를 최초로 이야기한 사람은 누구였을까? 이에 대한 답을 캐는 작업을 '신화의 핵(核)'을 찾는 일이라고도 하고 '신화의 최초의 형태'를 탐색하는 일이라고도 한다. 하지만 입으로 전승된 이야기를 문자로 기록한 그리스 신화의 최초 형태를 찾는 일은 거의 불가능에 가깝다.

문헌으로 남아 있는 그리스의 창세 신화는 어떤 이야기일까? 창세 신화를 기술한 사람은 시인 헤시오도스(Hesiodos)이다. 그가 그리스 창세 신화의 큰 틀을 잡았다고 할 수 있다. 그러나 『일리아스』의 호메로스도 창세 신화를 언급했고, 오르페우스 신앙도 창세 신화를 말하고 있다. 이 천지 창조의 이야기는 신들의 탄생까지 이야기한다. 무(無)로부터 천지가 창조되는 것을 '코스모고니아(kosmogonia)'라고 한다. 그리스어로 '질서'를 뜻하는 '코스모스(kosmos)'와 '출생'을 뜻하는 '고노스(gonos)'가 결합된 이 말은 아득한 태초의 무로부터 만물이 태어나 우주의 '질서'가 창출되는 것을 의미한다. 천지 창조는 신들 간의 세계 지배권 쟁탈전보다 훨씬 앞서 일어난 일이기 때문에 '이야기'할 것이 없다. 혼돈 카오스(Chaos)와 땅 가이아(Gaia)와 하늘 우라노스(Ouranos)는 다툴 것 없이 많은 신들을 낳았다. 공간이 펼쳐지고 시간이 흐르기 시작하는 질서가 잡히자, 세계는 지배의 대상이 된다. 신들의 탄생(theogony)이란 세계의 지배권을 둘러싼 싸움에서 비롯된다. 신들의 출생 자체는 큰 의미가 없다. 세계를 분할해 지배하는 능력이 생길 때에야 신들은 진정한 의미에서 '탄생'하기 때문이다. 싸움에서 승리한 신들만이 세계를 지배할 수 있는 권력을 이어받고 신으로서의 자격을 가진다. 신들은 죽지 않기 때문에 패배한 신들은 깊고 깊은 암흑의 지하 세계에 갇힌다. 이제 천지 창조와 신들의 탄생에 관한 이야기를 살펴보자.

1. 천지 창조

질서가 잡히기 이전의 세계는 혼돈의 세계이다. 그리스의 천지 창조 이야기는 혼돈(카오스)으로부터 시작한다. '태초에(in illo tempore)' 카오스로부터 질서(kosmos)가 잉태된다. 혼돈으로부터 질서가 잡혀나가는 천지 창조 이야기 중에서도 헤시오도스의 이야기가 가장 잘 다듬어졌고 체계가 가장 잘 잡혀 있어, 그리스의 천지 창조 신화라고 하면 대개 헤시오도스의『신들의 탄생』을 거론하며, 천지 창조 신화의 공식 문헌으로 취급한다. 헤시오도스 이외에도 천지 창조 이야기를 기록으로 남긴 서사 시인으로는 호메로스가 있고, 오르페우스 신앙과 그 밖의 몇몇 사람이 기록을 남기고 있지만 거론되는 문헌이 단편적인 것이 문제이다. 그러나 최근에는 오르페우스 신앙의 창세 신화가 그리스 신화학계에서 상당한 관심을 끌고 있는 추세이다. 여기서는 호메로스의 기록을 잠시 살펴보고, 헤시오도스의 창세 신화를 중점적으로 설명한 다음, 오르페우스 신앙의 천지 창조 신화를 소개하겠다.

1) 호메로스의 '천지 창조'

호메로스의 기록은 매우 단편적이고 암시적이다. 그는『일리아스』의 15,680 시행 중 단 두 행에서,[1] 모든 것이 태어나 존재하게 한 태초의 조상 부부를 대양(大洋)의 신 오케아노스(Okeanos)와 테튀스(Tethys)라고 말하면서, 오케아노스는 '여러 신들의 아버지'일 뿐만 아니라 '모든 존재들의 아버지'이고, 테튀스는 '여러 신들의 어머니'라고 부른다.『일리아스』의 세계는 올림포스의 신들과 영웅들이 주인공이라 천지 창조가 주제는 아니지만, 호메로스가 대양의 부부를 만물의 근원이라고 말한 것은 천지 창조에 관한 그의 생각을 피력한 대목으로 주목할 만하다. 오케아노스를 가리

오케아노스의 바다

히페르보레이오스인의 나라

리 파 이 오 스 산 맥

에우로파

에
리
다
노
스
강

로
다
노
스
강

스키타이

이스트로스 강

타
이
나
스

강

베네티

일
리
리
아

테
살
리
아

멜
포
이
에
피
로

트라키아

타우리스

흰섬

에우쿠시네해

카서코카서스 산맥

티
레
니
아

콜
키
카
라

코르키스

파시스 강

리구리아

살도

아티카

트로이

프리기아

아마존족

아시아

에트나 산

베르베스

카리아

킬리키아

메디아

이베리아

타르테소스

헤라클레스의 기둥

시칠리아

퀴테라

로도스

리키아

시리아

퀴프로스

이오페

에
리
테
이
아

트리토니스 호

아틀라스 산맥

크레타

파로스

시르티스

리비아

퀴레네

이집트

홍
해

나
일
강

아이디오피스 (에디오피아)

오 케 아 노 스 의 바 다

지도5 기원전 6세기 및 5세기 초 밀레토스의 헤카타이오스 및 아이스퀼로스 등
고대 그리스인들이 생각한 세계

키는 '여러 신들의 아버지(theon genesis)'와 '모든 존재들의 아버지(genesis pantessi)'라는 표현은, '아버지'라는 말을 통해 오케아노스가 여러 신들과 모든 존재들의 '근원'이자 '생성의 힘'이라는 것을 뜻한다. 우리말로 '아버지'라고 번역한 고대 그리스어 '게네시스(genesis)'는 '세상에 태어난다'는 뜻의 어근에서 비롯한 행위 명사이기 때문이다. 이 견해는 호메로스 한 사람만의 생각이 아니다. 그는 천지 창조에 관해 전승된 여러 이야기에 근거해서 그렇게 설명했을 것이다. 많은 창세 신화는 '혼돈'의 '물'이나 '우주 알'로부터 천지가 창조되었다고 이야기한다. '우주 알'의 경우는 오르페우스의 신앙의 천지 창조론을 말할 때 설명하기로 하고, 여기서는 태초의 물에 관해서만 알아보기로 한다.

'대양'을 뜻하는 오케아노스지만 그 어원은 '바다(thalassa)'가 아니라 '강(potamos)'이며, 강의 힘차고도 깊은 흐름이 끊임없이 강바닥을 따라 대지와 바다 주위를 둥그렇게 둘러싸며 지나간다고 고대인들은 생각했다. 그들은 광대한 둥근 땅덩어리가 물 위에 떠 있다고 믿었다. 사람들이 사는 둥근 땅덩어리는 강물이 둘러싸고 있는 커다란 섬이라고 생각한 것이다. 호메로스가 『일리아스』에서 오케아노스를 '모든 존재들의 아버지'라고 말하는 것으로 보아 그는 태초의 물로부터 만물이 비롯되었다고 생각한 듯하다. 그러므로 오케아노스는 지리적 단위나 호칭이 아니다. 오케아노스는 천지 창조의 힘을 갖는 '최초의 물'을 가리킨다. 고대인들은 오늘날의 지중해와 에게 해의 바닷물이 모두 오케아노스에서 흘러 들어왔다고 생각했고, 지중해 밖, 즉 지브롤터 해협 밖에 태초의 물인 오케아노스 강이 있다고 생각했다. 태초의 물로부터 땅덩어리가 솟아나고 모든 존재들이 생겨났다는 생각은 고대 이집트의 창세 신화에도 잘 나타나 있다. 한때 태양신을 유일신으로 믿었던 이집트 사람들은 태양이 태초의 물로부터 솟아났다고 생각했다. 그들은 태양신 아툼(Atum)이 만물 속에 존재하는 영혼이며, 만물은 아툼의 몸이라고 생각했다. 호메로스의 '오케아노스'

가 이집트 신화의 영향을 받았는지는 알 수 없지만, 만물의 근원을 태초의 물로 생각한 것은 분명하다. 태초의 무질서와 혼돈의 물에서 오케아노스와 테튀스가 결합함으로써 땅이 솟고, 신들이 탄생했을 테지만, 호메로스의 문헌은 자세한 계보를 말하지 않는다.

호메로스가 대양의 여신 테튀스에 관해 언급한 것은 앞의 인용이 전부이다. 그러나 알렉산드리아의 『일리아스』 주석가들은 테튀스가 '땅'을 가리킨다고 주장했는데, 물은 만물을 키우는 '젖줄(titthe)' 역할을 하므로, 결국 테튀스는 만물이 자라는 '땅'이라는 것이다. 그러나 만물의 어머니가 대지라는 생각과 태초의 물—젖줄—땅이라는 생각이 결합된 이 의견은 '물'과 '땅'이 논리적으로 연결되지 않는 모순된 주장이다. 호메로스는 이 같은 생각을 그의 서사시에서 전혀 표현하지 않았다. 오케아노스처럼, 테튀스는 세계를 '둘러싸고 있는' 맑은 물의 여신이다. 대양의 신 오케아노스와 테튀스가 결합된 물은 광활한 대지 주위를 힘차게 흘렀다. 태초의 이 부부는 처음에는 공간을 정리하지 않았다. 그러다가 최초의 강력한 두 힘이 '물'이라는 동일한 자연을 분할해 지배함으로써 땅과 하늘이 생겨났다. 천지가 물로부터 비롯한 것이다. 오케아노스의 남성적인 요소와 테튀스의 여성적인 요소가 결합함으로써 만물이 생겨났기 때문에, 태초의 모든 것에는 상반되는 이중적인 요소가 서로를 보완하며 존재했다. 태초의 물의 양성(兩性)적인 성격 때문이다.

오케아노스와 테튀스의 거대한 강물은 매우 풍부한 생명력을 갖고 있어서 많은 것을 낳을 수 있었다. 그러나 질서를 세우기 위해 출산을 조정해야 했다. 마침 오케아노스와 테튀스는 끊임없이 싸워댔기 때문에 자리를 같이하는 기회가 많지 않았다. 때문에 세계의 질서는 이 불화의 지속성에 달려 있다고 말하는 신화학자도 있다. 두 신의 밀월이 계속되어 최초의 생성이 그치지 않았다면 이 세계는 안정을 못 찾았을 뿐 아니라 정확한 분할과 경계선도 만들지 못했을 것이라는 설명이다. 모든 것이 무한정 만들어지고 번식했을 것이기 때문이다. 최초의 강력한 힘들의 놀라운 다산성은 질서가 잡히기 이전인 '태초'가 갖는 특성이다. 출산이 계속되면 태초는 계속되고, 천지 창조는 끝나지 않게 된다. 호메로스가 말하는 '오케아노스와 테튀스의 지칠 줄 모르는 싸움'[2]은 질서 잡힌 천지 창조의 조건이기도 하다. 천지 창조를 성취하는 최초의 양성적인 힘이 완전히 분리되어야만 세계의 안정을 찾을 수 있다. 제우스와 헤라의 불화도 마찬가지이다. 최초의 거대한 힘들 사이의 불화는 세계의 질서를 세우기 위한 '은총'이다.

호메로스의 서사시에는 태초의 물로부터 생겨난 여러 신들에 대해서 전혀 언급이 없다. 이런 침묵은 여러 가지 가정을 불러일으킨다. 오케아노스와 테튀스 부부로부터 하늘 우라노스와 땅 가이아가 태어났고, 이번에는 그들이 티탄족을 낳았다는 주장이 그것이다. 헤시오도스의 천지 창조론을 접목시킨 이 견해는 매우 능란하게 천지 창조의 계보를 재구성한 것이지만, 그것은 결국 태초의 물의 중요성을 부각시킨 시나리오일 뿐이다. 천지 창조에 대한 호메로스의 단편적인 언급을 확대 해석하지 않는 것이 좋다. 호메로스의 서사시가 오케아노스와 테튀스에 관해 언급한 것을 정리하면 다음과 같다.

첫째, 오케아노스와 테튀스가 어디서 비롯되었는지에 대해서 전혀 언급하지 않았기 때문에 임의로 가정하는 것은 곤란하다. 둘째, 만물의 조상인 이 부부는 동일한 자연인 거대하게 흐르는 강물 속에 함께 녹아 있다는 점이다. 셋째, 세계를 구성하는 모든 것을 낳은 이 부부는 세계를 둘러싸기 위해 서로 멀리 떨어졌다. 종교 현상학은 오케아노스와 테튀스를, 완성된 세계에 더 이상 직접 간섭하지 않는 '태평한 신들'로 분류한다. 오케아노스나 테튀스는 그리스에서 종교적 숭배의 대상이 되지 못했다. 신인동형론(神人同形論, anthropomorphisme)의 관점에서 보면, 오케아노스와 테튀스는 끊임없이 싸우느라 더 이상 출산할 수 없기 때문에, 태평한

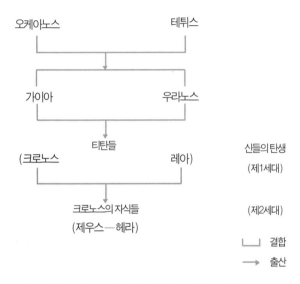

계보 1 (확대 해석된) 호메로스의 천지 창조 계보

신들은 '생식 능력이 없는 신들'로 생각할 수 있고, 그로부터 세계의 질서는 안정감을 가진다고 말할 수 있다. 넷째, 태초의 물 오케아노스와 테튀스는 땅덩어리를 감싸고 스스로의 힘으로 환류하는 물이다.

이상의 것들을 모두 종합해 볼 때, 천지 창조에 관한 호메로스의 언급은 매우 단편적이어서 태초의 강물로부터 모든 것이 비롯되었다는 이미지만을 보여준다고 말할 수 있다.

한편 헤시오도스의 『신들의 탄생』에서는, 오케아노스와 테튀스 부부는 천지 창조 이후의 질서 잡힌 시대에 속한다. 카오스 이후에 태어난 대지의 여신 가이아는 스스로 하늘 우라노스를 끌어안아 결합해서 열두 명의 티탄 형제들을 낳는데, 오케아노스는 티탄 형제들의 맏형이고 여동생 테튀스는 막내이다. 테튀스는 오케아노스와 결합하여, 세계에 물을 대주는 3,000명의 강의 아들들과, 물을 감시하고 바다 밑을 통제하는 3,000명의 딸들을 낳는다. 이 딸들 중에는 풍요와 번영을 주관하는 신들이 많은 데, 특히 유명한 스틱스(Styx)는 맏딸로서 다른 자매들에게는 없는 힘을 발휘했다. 여러 신들이 서약할 때는 스틱스 강을 두고 맹세하는데, 만약 서약을 어기면 스틱스 강물이 즉시 무서운 힘으로 약속을 어긴 자를 덮쳐 1년 동안 숨도 못 쉴 만큼 꼼짝 못하게 할 뿐 아니라, 9년 동안 다른 신들과 만나지 못하게 하고, 10년째가 되어서야 겨우 다시 신들의 모임에 나갈 수 있게 했다. 신들이 스틱스의 위세 좋은 불멸의 물을 두고 맹세하는 것은 그 때문이다. 헤시오도스의 서사시에서 오케아노스와 테튀스 부부는 천지 창조가 끝난 세계에 관여한다. 그들의 아들들은 대지를 비옥하게 하고 딸들은 인간과 신들의 물질적·정신적인 삶에 관여하고, 스틱스는 질서를 엄격하게 지키도록 한다.

호메로스의 천지 창조 이야기는 곧 살펴보게 될 헤시오도스의 천지 창조 이야기에 비해 단편적이고 전혀 체계적이지 못하다. 그것은 아마도 호메로스가 몸담고 살았던 이오니아의 문화 전통을 반영한 것으로밖에 생각할 수 없다.

2) 헤시오도스의 '천지 창조'

천지 창조에 관한 체계는 기원전 8세기 말 또는 기원전 7세기 초에 헤시오도스에 의해서 확립되었다. 이 체계는 혼돈인 카오스의 출현을 시작으로 해서, 카오스에서 태어난 가이아의 아들이자 남편인 우라노스의 거세로 끝이 난다. 태초의 생성으로부터 가이아와 우라노스의 결별에 이르기까지는 시간과 공간이 정돈되지 않아 천지가 창조되었다고 보기는 어렵다. 우라노스가 거세되어 가이아가 더 이상 아이를 낳을 수 없게 되자, 그제서야 만물이 제자리를 찾을 수 있었고, 공간이 정돈되고 시간이 펼쳐져 질서가 잡혔다. 1,022행으로 된 헤시오도스의 『신들의 탄생』은 116행에 이르러서야 천지 창조 이야기가 시작된다. 뜸을 들이기 위해서다.

115행까지는 헤시오도스가 기억의 여신 므네모쉬네(Mnemosyne, 기억)의 딸들인 무사이(Mousai, 뮤즈)들에게 목동인 자신에게 천지 창조 이야기를 들려달라고 청원한다. 그는 어떤 이야기도 지어내지 않는다. 그는 다만 무사이들에게 청원하며 순종함으로써 태초의 창조 이야기를 이끌어내는 데 성공한다. 무사이들 역시 천지 창조 이야기는 들어서만 알고 있어 올림 포스의 향연에서 그 이야기를 노래할 뿐, 천지 창조를 목격할 수 있었던 세대가 아니다. 무사이들이 들려주는 천지 창조 이야기를 따라가 보기로 하자.

① 천지 창조의 세 주역

제일 먼저 태어난 것은 크게 벌어진 심연의 혼돈 카오스였고, 그 다음에 신들이 안주하는 거처인 광활한 대지 가이아가 태어났다. 곧 이어 신들 중에서 가장 아름다운 에로스가 태어났다. 카오스, 가이아, 에로스가 최초의 세 주역이었다. 특히 카오스와 가이아는 스스로 또 다른 주역들을 낳는다. 카오스와 가이아로부터 태어난 후손들은 천지 창조가 끝나지 않은 상태에서 태어난 관계로, 질서 잡힌 완성된 세계에서 그 후손들을 확인할 수 있는 방법은 그들의 '이름'뿐이다. 따라서 질서 잡힌 세계를 어떤 관점에서 이야기하느냐에 따라 그 역할이 다르게 해석될 여지가 있으며, 그에 따라 태어난 순서도 유동적일 수 있다. 그런 까닭에 먼저 태초의 세 주역을 짚어보는 것이 좋겠다.

a) 카오스(Chaos): 어원적으로 카오스는 '틈', '벌어짐'을 뜻하는 어근인 'cha'에서 유래했다. 고대 그리스 철학자들의 말에 따르면, 카오스는 '혼돈' 또는 '혼합'을 뜻하기도 했는데, 오비디우스는 『변신 이야기』에서 카오스를 "서로 관계가 없는 여러 가지가 산만하게 뒤섞인 무력하고 혼돈스러운 형태 없는 거대한 덩어리"라고 말함으로써 카오스를 '무질서'로 생각

했다. 고대의 비극 작가들 역시 카오스를 서로 다르게 설명했지만, 분명한 것은 하늘, 대지, 또는 우주 '알'이 생겨나기 이전의 상태를 카오스라고 불렀다는 점이다. 태초의 카오스는 열려 있었지만 아무것도 없는 무(無)를 향해 '어둡게' 열려 있었다. 비어 있는 것도 아니고 공기도 아니며, 그렇다고 무질서도 아니고 땅속 깊은 곳까지 뚫려 있는 심연도 아닌 카오스는 천지가 창조되게끔 열려 있었다. 카오스는 제일 먼저 출현한 커다란 '열림'이었기 때문에 천지가 생겨나 자리 잡을 수 있었다. 카오스를 무엇이라 형용할 수는 없다. 카오스는 그저 열려 있었다. 그렇다고 해서 카오스가 존재의 반대인 비존재라고 말할 수는 없다. 고대 그리스 철학자들뿐만 아니라 오늘날의 철학자들도 꾸준히 논의하는 카오스는, 가이아와 에로스보다 먼저 태어나서 천지가 자리 잡게끔 해줄 뿐이다. 헤시오도스는 카오스를 커다란 열림으로 생각했을 뿐 카오스에 별다른 뜻을 부여한 것 같지는 않다. 카오스를 비존재로 환원하거나 축소하는 것은 오류다.

카오스로부터 '검은' 부부 에레보스(Erebos)와 뉙스(Nyx)가 태어났다. 에레보스는 짙은 '어둠'의 신이고 뉙스는 '밤'의 여신이다. 뉙스라는 말은 원래 '밤'을 뜻하고 에레보스라는 말은 그 자체가 '짙은 어둠'을 뜻한다. 호메로스의 '천지 창조'에서 대양의 신 오케아노스가 대양의 여신 테튀스와 결합하여 만물이 생겨났듯이, 대부분의 잉태는 혼자서는 안 되고 남녀 둘이라야 한다. 여성의 힘이 무르익어 성숙하게 되면 존재를 잉태하기 위해 남성의 종자를 필요로 한다. 카오스에서 태어난 남녀 쌍둥이 에레보스와 뉙스는 서로 결합하여 낮의 여신 헤메라(Hemera)와 창공의 신 아이테르(Aither)를 낳았다. 밤을 뜻하는 뉙스(Nyx)로부터 영어의 '녹턴(Nocturne)', 프랑스어로 밤을 뜻하는 '뉘(Nuit)'가 비롯되었듯이, 푸른 하늘을 뜻하는 '이터르(ether)' 혹은 '에테르(aether)'는 창공의 신 아이테르(Aither)에서 비롯되었다. 카오스에서 캄캄한 어둠과 밤이 비롯되었고, 이번에는 어둠의 에레보스와 밤의 뉙스로부터 빛나는 헤메라와 아이테르가 태어났다. '검은' 어둠에서 '흰' 밝음이 생겨난 것이다. 이로부터 근본적으로 대립되는 어둠의 부부와 낮의 부부가 서로 보완하는 생성의 관계를 맺은 것이다.

짙은 어둠을 뜻하는 에레보스(남성)와 밤을 뜻하는 뉙스(여성)는 이미 자라난 모든 것을 칠흑 같은 어둠 속으로 집어넣는다. 우주의 질서가 잡히기 이전의 상태를 환기하는 것 같다. 에레보스는 짙은 어둠을 가리키는 오래된 말이다. 빛이 들어오지 못하는 어둠 에레보스는 질서 잡힌 세계 지하의 어둠을 뜻한다. 에레보스와 짝을 이룬 여신 뉙스는 에레보스의 짙은 어둠을 '밤'의 어둠으로 나타낸다. 뉙스로부터 태어난 창공의 신 아이테르를 낮의 여신 헤메라가 낮의 '빛'으로 표현하는 것과 같다.

일반 명사로서의 아이테르는 '빛'과 '광채'와 연관되는 '불타오르다'라는 뜻의 '아이토(aitho)'에서 비롯되었다. 공기(air)를 뜻하는 'aer'에 대립시키기 위해 인위적으로 아이테르라는 말을 만들었다고 주장하는 학자도 있지만, 어쨌든 아이테르는 하늘의 상층부를 지칭하는 말이다. 모든 어둠과 물리적 오염으로부터 벗어난 투명한 하늘의 맑은 상층부는, 먼지와 연기와 증기 등으로 뒤덮인 땅과 바다의 표면과 크게 다르다. 헤시오도스에게 아이테르는 남성으로서, 에레보스의 칠흑 같은 어둠에 근본적으로 대립되는 타오르는 광채와 찬란함을 뜻하는 천지 창조의 기본적인 실체이며, 질서 잡히고 완성된 세계에서는 높은 하늘의 창공이 된다. 제우스가 자신의 거처로 삼는 곳도 이곳이다.

헤메라는 낮의 빛이다. 헤메라와 뉙스는 규칙적으로 낮과 밤으로 교대하면서 아이테르의 광채와 에레보스의 어둠을 반영한다. 아이테르의 영속적인 광채와는 달리 헤메라의 빛은 낮일 때만 나타난다.

카오스의 후손은 완전히 정반대인 두 가지 절대를 세워놓았다. 에레보스(어둠)—아이테르(빛)의 절대적 대립을 뉙스(밤)—헤메라(낮)가 대립적 교체를 통해 표현하면서 '어둠'과 '광채'의 위치를 교환하고, 밤낮의 운행을 조화롭게 조정하면서 천지 창조가 끝난 세계의 질서 유지에 기여한다.

그러나 뉙스는 달랐다. 뉙스는 단순한 밤만은 아니었다. 일설에 의하면, 뉙스는 혼자 힘으로 운명의 여신들 모이라이(Moirai) 세 자매와 황금 사과를 지키는 석양의 요정들 헤스페리데스(Hesperides)를 낳았다. 뉙스는 그밖에도 사람들의 어두운 면과 관련이 있는 많은 자식을 낳았다. 검은 죽음의 신 타나토스(Thanatos), 잠의 신 휘프노스(Hypnos), 그리고 '비난', '불행', '복수', '비참', '불화', '애욕', '노쇠' 등을 낳았는데, 이 중 불화(不和)의 여신 에리스(Eris)가 특히 유명하다. 에리스는 다시 '고통', '망각', '기근', '병마', '분쟁', '전투', '살인', '거짓말', '맹세'를 낳았다.

b) 가이아(Gaia): 천지 창조의 세 주역 중 하나인 대지의 여신 가이아의 정확한 어원은 알 수 없지만, 땅을 뜻하는 'ge'와 할머니를 뜻하는 'maia'가 합성된 것으로 추정된다. 가이아가 고대 그리스인들의 머릿속에서 항상 생산과 출산을 의미했다는 것은 의심의 여지가 없다. 가이아는 대지—어머니이다. 고대 그리스인들은 대지를 '어머니'로 부르기도 했다. 나중에 아리스토텔레스도 이 견해에 동조했다. 그는 "다른 존재 속에 생명을 잉태시키는 자를 남성이라고 한다면, 스스로 생명을 잉태하는 능력을 가진 자는 여성이다. 우주적 척도로 볼 때, 대지라는 자연은 여성이며 어머니이다"라고 말했다.[3] 헤시오도스가 『신들의 탄생』에서 '풍요로운 젖가슴을 가진'이라는 말로 가이아를 형용한 것은 고대 그리스인들의 생각을 자기 식으로 표현한 것이다.

가이아가 하늘로부터 지하 세계에 이르기까지 신들과 인간들의 무대를 만들어줄 주역들을 낳은 것은 태초의 어둠 속이었다. 다시 말해 천지 창조의 초기 단계였다. 가이아는 혼자 힘으로 하늘 우라노스와 오레(Ore), 폰토스(Pontos)를 낳고, 다시 우라노스와 결합하여 티탄 여섯 형제, 즉 오케아노스, 코이오스(Koios), 휘페리온(Hyperion), 크리오스(Krios, 또는 크레이오스(Kreios)), 이아페토스(Iapetos), 크로노스(Kronos)와 티탄 여섯 자매, 즉 테이아(Theia), 레아(Rhea), 테미스(Themis), 므네모쉬네 (Mnemosyne), 포이베(Phoibe), 테튀스를 낳았고 또 외눈박이 퀴클롭스 (Kyklops) 삼 형제와 '백 개의 손을 가진' 헤카톤케이레스(Hekatoncheires) 삼 형제를 낳았다. 그러나 우라노스는 자식들 생각보다는 지칠 줄 모르는 자신의 성적 욕구를 충족시키기 위해 가이아를 위에서 꼭 껴안고 내리누르고만 있었다. 이렇게 우라노스가 가이아로부터 조금도 떨어지지 않으려고 하는 바람에 자식들은 세상의 '빛'을 보지 못했다. 티탄 열두 형제와 퀴클롭스 삼 형제와 헤카톤케이레스 삼 형제는 태어난 후에도 가이아의 깊은 품속에 갇혀 있어야만 했다. 출산을 거듭할수록 가이아는 만물의 확고부동한 반석으로 자리 잡아야 했다. 그러나 우라노스와 결합하여 계속 출산하게 되면 이미 태어난 자식들에게 안정된 생활의 터전을 마련해 주기 어려울 것이었다. 게다가 무엇보다도 자신의 품속 깊은 곳에서 밖으로 나오지 못하고 요동치는 자식들의 답답함도 문제였고, 지칠 줄 모르는 우라노스의 정력 때문에 가이아 자신도 질식할 것 같았다. 가이아는 우라노스로부터 멀어져야 했다. 자신을 품으려고 무겁게 내리누르는 우라노스를 거세해야만 했다.

생성의 원초적인 힘인 가이아는 또한 강력한 잉태의 힘도 갖고 있어서, 우라노스가 거세당할 때 생식기에서 흘린 피가 가이아를 잉태시켜 복수의 여신들인 에리뉘에스(Erinyes)와 거인족인 기간테스(Gigantes), 난폭한 청동 종족의 어머니인 물푸레나무의 요정들을 낳는다. 이 괴물들은 천지 창조가 끝난 질서 잡힌 세계에서 거세 행위의 폭력을 환기하는 난폭한 힘을 발휘하게 된다. 한편 먼 바다에 떨어진 우라노스의 생식기에서 흘러나온 정액과 바닷물이 결합해 그 거품으로부터 아름답고 감미로운 사랑의 여신 아프로디테가 태어난다. 우라노스의 거세로부터 폭력과 사랑이라는 서로 반대되는 두 힘이 태동하게 되어, 세상을 지배하는 원리로 작용한다.

가이아에게는 특별한 면모가 있다. 천지 창조와 함께 출현한 가이아는 어둠 속에서 생겨났기 때문에, 어둠으로부터 태어났던 기억과 흔적을 영원히 간직하고 있다. 따라서 어둡고 캄캄한 것은 '검은' 가이아의 속성으로, 뉙스와 자연스럽게 그 속성을 공유했다. 세계의 무대를 세우는 모든 것은 가이아의 품속과 제의(祭衣) 덮개 아래에서 출현하기 때문에 태초의 어둠은 계시(啓示)와 동의어이며, '검은' 가이아는 예언 능력을 가진다. 나중에 가이아가 제우스에게 안정된 세계의 확고부동한 지배권을 확보하려면 어떻게 해야 하는가를 가르쳐주는 것은 그녀의 예언 능력을 보여주는 좋은 본보기이다. 과거를 기억하기 때문에 가이아는 예지 능력을 가진다. 가이아로부터 태어난 티탄 자매들 중 '기억'을 뜻하는 므네모쉬네가 세계에 대한 모든 기억을 간직하는 역할을 수행하는 것도 그 때문이다. 므네모쉬네는 과거와 현재와 미래의 모든 것을 노래하며 기억한다.

가이아는 스스로 자신과 맞먹는 우라노스를 낳아서 그로 하여금 자신을 완전히 덮을 수 있게 했다. 우라노스는 에레보스와 뉙스가 자리를 잡았을 때 생겨났다. 따라서 그때는 세계가 어두웠다. 아직은 밤과 낮이 교대하는 하늘이 아니었다. 가이아가 낳은 첫 자식의 최초 속성은 '어둠'이었다. 우라노스는 한동안 가이아와 붙어 있었다. 모든 자식들이 '빛'을 보는 것을 그렇게 해서 막았다.

우라노스의 말뜻이 '존재하는 것을 위에서 내려다보는 상층부의 세계' 또는 '모든 것의 제일 꼭대기에 있는 것'을 의미하는 것에서 알 수 있듯이, 우라노스는 대지와 분리된 무능하고 '태평한' 신이다. 가이아는 우라노스를 낳은 다음, 오레와 폰토스를 낳았다.

오레는 높은 산들이다. 천지 창조에서 산봉우리들의 출현은 중요한 사건이다. 산들이 높고 낮음을 형성하여 가이아의 모습을 꾸며주고, 대지로서의 면모를 갖추게 하기 때문이다. 가장 높은 산봉우리들이 창공인 아이테르와 낮은 하늘의 경계선 역할을 한다. 높은 산 속의 계곡과 협곡은 오레의 자식인 요정들의 거처가 된다.

일반 명사로 사용되는 폰토스는 천지 창조가 끝난 세계에서 '먼 바다'를 가리킨다. 육지가 보이지 않는 먼 바다의 사나운 물결이다. 먼 바다는 고통과 불확실성과 위험을 함축한다. 먼 바다에서는 예상치 못하게 우회해야 하는 경우가 생기므로 항해하는 사람마다 항로가 달라진다. 먼 바다는 정해진 노선을 따라 길을 갈 수 있는 안전지대가 아니다. 위험 가득한 미지의 지역을 가로지르며 위험을 무릅쓰고 가야 하는 곳이다.

가이아의 품에서 태어난 폰토스는 남성적인 힘이다. 폰토스는 먼 바다의 힘차고 사나운 물결이다. 거친 파도가 넘실대는 넓고 거대한 기세 있는 바다가 바로 폰토스이다. 밀집되고 윤곽이 뚜렷한 산들인 오레와는 다르다. 안정적인 땅인 어머니 가이와와도 크게 다른 폰토스는 끊임없이 움직이기 때문에 단단하지 못하고 일관성이 없다. 천지 창조가 끝난 질서 잡힌 세계에서는 보통 명사가 되는 폰토스는 처음에는 불안한 실체였다. 그는 끊임없이 먼 바다의 위력을 펼치며 바닥 없는 심연을 생각나게 했다. 소금기를 머금은 파도 때문에 성 불능인 폰토스였지만, 원래 시초의 힘으로서의 폰토스는 잉태 능력이 있었다. 폰토스는 자신을 낳아준 가이아와 결합해서 바다의 괴물과 기상 이변의 원조가 되는 포르퀴스(Porkys), 케토(Keto), 에우뤼비아(Eurybia), 그리고 현명한 네레우스(Nereus)와 경이로운 타우마스(Thaumas) 등을 낳는다. 괴상하고 악한 바다 괴물들은 영웅들을 괴롭히는 에피소드로 유명하다. 천지 창조 단계에서 태어난 폰토스의 후손들은 질서 잡힌 세계에서 특히 뱃사람들의 관심의 대상이었다. 태초 바다의 수태 능력은 이 밖에도 아프로디테의 출생 이야기로 잘 입증된다. 크로노스가 낫으로 아버지 우라노스를 거세하고 생식기를 '뒤로' 집어던졌을 때 그것을 받아낸 것은 쉬지 않고 밀려오던 폰토스의 밀물이었다. 파도가 그것을 먼 바다로 떠내려 보냈다. 잘린 생식기에서 흘러나온 정액의 거품이 파도의 거품과 섞였다. 이 거품에서 '우라노스의 아프로디테'라고 불리는 여신이 태어났다. 아프로디테는 '거품(aphros)에서 태어난 여신'이라는 뜻이다. 서풍을 타고 밀려간 아프로디테가 첫발을 내디딘 곳은 퀴프로스 섬이었다. 그녀가 섬에 들어서자 주위에서 풀이 자라나기 시작했다. 천지 창조의 원초적이고 거친 실체의 생명력이 약화되어 인간들과 신들이 대지 위에서 살아갈 수 있도록 풀을 비롯한 자연환경이 만들어져야 했다. 천지 창조가 끝나 가고 있었다.

c) 에로스(Eros): '사랑하다', '원하다'의 명사형인 에로스(eros)는 헤시오도스 이전부터 일반 명사로 사용되었지만, 헤시오도스가 고유 명사로 사용한 에로스는 카오스, 가이아와 함께 천지 창조의 주역이다. 천지 창조의 세 주역 중, 에로스는 끌어당겨 생성케 하는 절대적인 힘이다. 태어나자마자 에로스는 그 힘을 발휘했다. 그 결과 우라노스가 가이아에게 달라붙었다. 그런데 에로스의 힘이 너무 강해 포옹이라기보다는 억압에 가까웠다. 에로스의 강한 유인력이 우라노스로 하여금 가이아 위에서 뒹굴게했다. 우라노스의 지칠 줄 모르는 성적 욕구가 가이아의 생성 작용을 막았다. 크로노스가 우라노스를 거세하자 가이아에게서 떨어지게 된 우라노스를 에로스는 다시 가이아와 근접시켰다. 그렇다고 둘을 달라붙게 하지는 않았다. 에로스는 크로노스가 우라노스를 거세함으로써 벌어진 가이아와 우라노스의 거리감을 알지 못했기 때문이다.

우라노스의 정액과 바다의 거품으로부터 아프로디테가 태어나자 에로스와 히메로스(Himeros, 욕망)가 곧 그녀를 뒤따랐다. 인간들과 신들 사이에서 아프로디테가 에로스와 히메로스와 공유하는 몫은 "인간 처녀들의 재잘거리는 수다와 웃음과 장난이며, 달콤한 쾌락과 애정과 감미로움"이었다.[4] 사랑의 결합에 영향을 미쳐 기쁨과 생식에 기여하는 아프로디테와 떨어질 수 없게 된 에로스는 더 이상 천지 창조의 주역인 강력한 에로스가 아니었다. 약화되고 순화된 에로스가 된 것이다. 최초의 강력한 에로스의 힘이 분산되고 정돈된 것이다. 에로스는 이제 그가 모시고 다니는 아프로디테의 지침을 충실히 따르며 '신들 중에서 가장 아름다운 신'이 된다. 이후 에로스는 헤시오도스의 『신들의 탄생』에 더 이상 등장하지 않는다. 천지 창조 과정 중에 우라노스를 유혹하여 거세당하게 한 이후에도, 에로스는 인간들과 신들을 유혹하여 아프로디테의 거부할 수 없는 매력에 사로잡혀 빠져나올 수 없게 만든다. 그러나 에로스에겐 자식이 없었다. 그 대신 에로스는 모든 존재가 규칙적이고 효율적으로 생식하도록 돕는다. 다른 막강한 천지 창조의 주역들인 카오스와 가이아가 그러했듯이, 에로스도 점차 고유 명사의 위력을 잃어버리고 일반 명사로 전환된다.

아프로디테와 에로스의 긴밀한 관계는, 헤시오도스의 다음 세대들부터 혈연관계로 변한다. 기원전 6세기 초의 여성 시인 사포(Sappho)와 기원전 3세기 로도스의 아폴로니오스(Apollonios), 기원전 1세기 로마의 키케로(Cicero) 등이 에로스를 아프로디테의 아들로 생각했다. 이 같은 견해는 헤시오도스가 원초적 신성으로 생각한 에로스와는 전혀 다른 것이다. 주역이 아니라 보조 역할을 하는 에로스이기 때문이다. 활과 화살을 들고 있거나 때로는 아프로디테의 길을 밝혀주는 횃불을 들고 있는 토실토실한 아기 천사의 모습을 한 에로스는 알렉산드리아 시대의 산물이다. 헤시오도스의 『신들의 탄생』에서 그에게 부여한 시초로서의 역할은 사라진 것이다. 그러나 알렉산드리아 시대에 앞서, 오르페우스 신앙은 에로스에게 조물주의 막강한 힘을 부여하고 에로스를 양성(兩性)을 가진 존재로 만든다.

② 우라노스의 거세

우라노스의 거세는 하늘과 대지를 분리시켰다. 가이아를 우라노스에게서 떼어놓았다. 우라노스는 가이아에게서 태어났기 때문에 두 세력은 이미 서로 달랐다. 그러나 시초에 에로스의 강력한 유인력이 우라노스를 가이아에게 지나치게 달라붙어 있게 하는 바람에 그 족쇄를 풀어주어야 했다. 우라노스의 거세는 물리적으로 그 속박을 푼 것이었다. 가이아의 품속에서 여섯 명의 티탄 형제들이 먼저 나왔다. 오케아노스, 코이오스, 휘페리온, 크리오스(크레이오스), 이아페토스, 크로노스. 그리고 곧 이어서 테이아, 레아, 테미스, 므네모쉬네, 포이베, 테튀스의 티탄 여섯 자매들이 태어났고, 뒤따라 우라노스의 외눈박이 퀴클롭스라 불리는 브론테스(Brontes, 천둥), 스테로페스(Steropes, 번개), 아르게스(Arges, 벼락) 삼 형제와 백수거인(百手巨人) 헤카톤케이레스라 불리는 코토스(Kottos), 브리아레오스(Briareos), 귀게스(Gyges) 삼 형제가 태어났다. 가이아는 자신을 짓누르는 무거운 남편 우라노스의 포옹을 풀기 위해 깊은 품속에서 쇠를 '만들어' 큰 낫을 '제조'했다. 가이아는 티탄 육 형제 중 막내인 크로노스에게 우라노스의 생식기를 낫으로 자르라고 은밀히 부탁했다. 우라노스가 가이아를 내리누르고 있는 통에 티탄 형제들과 자매들은 땅속 깊은 곳에 갇혀 별이 반짝이는 하늘도 볼 수 없었고, 활동할 수 있는 공간도 없어 답답하기 짝이 없었다. 불편함을 해소할 수 있다는 기대감에 크로노스는 어머니 가이아의 부탁을 받아들였다. 어머니와 아들은 때를 기다렸다. 우라노스의 눈에 띄지 않게 숨어 있던 크로노스는 오른손으로 거대하고 날카로운 긴 낫을 집어들어 마침내 아버지의 생식기를 베어냈다. 그러고는 그 생식기를 아무렇게나 뒤로 집어던졌다. 거세당한 우라노스는 가이아를 풀고, 그녀에게서 멀리 떨어졌다. 가이아는 이제야 비로소 넓은 대지 노릇을 할 수 있게 되었다. 가이아로부터 떨어진 우라노스 역시 이제부터 종교적으로나 우주적으로 '하늘' 구실을 할 수 있었다. 세계를 굽어보는 높은 곳에서 움직이지 않는 하늘은 신들이 기거하는 영원히 안전한 거처가 되고 세계의 지붕이 된다. 가장 높은 곳이다. 존재하는 모든 것은 '하늘 아래'에 있다.

크로노스(Kronos)의 어원은 확실하지 않다. 소크라테스는 '크로노스'가 '명석한 지능'을 뜻한다고 생각했다. 그러나 크로노스라는 말은 그 어간이, '자르다'라는 뜻의 'ker'에서 유래했고 그로부터 '적절한 기회'를 뜻하는 'Kairos'라는 말이 파생되어 형성된 것이라는 주장이 있다. 그러나 '적절한 기회'를 멀리 함축하는 크로노스라는 이름은 시간의 신 크로노스(Chronos)와는 전혀 관계가 없다. 크로노스는 구부러진 낫을 들고 '적절한 기회'에 자르는 티탄이다. 그러나 헤시오도스가 『신들의 탄생』에서 크로노스의 낫을 묘사할 때, '날카로운 톱니'라고 표현한 것이, 후일의 어떤 시인이 표명한 것처럼, '날카로운 톱니의 시간(Chronos)'처럼 '시간'을 나타내는 표현이 아니겠느냐 하고 반론을 제기할 수도 있다. 그러나 크로노스는 시간을 풀어주는 역할을 맡은 티탄이다. 천지 창조가 끝나 자리 잡힌 세계의 사물들을 시간이 갉아먹기 시작한 것은 크로노스(Kronos)가 시간을 풀어주었기 때문이다. 그러므로 티탄 크로노스(Kronos)는 시간(Chronos)이 아니다. 티탄 크로노스가 한때 시간의 신으로 알려져 미술 작품으로 재현된 것은 시간의 신 크로노스(Chronos)와 발음이 같은 관계로 벌어진 언어유희 때문이다. 큰 낫을 들고 흰 수염을 기른 노인이 시계 앞에 서 있거나 지구의(地球儀) 앞에 서 있는 광경은, 우라노스를 거세한 크로노스와 시간의 신 크로노스가 동일화되어 한 작품 속에 중첩된 것이다. 그러나 시간의 신 크로노스(Chronos)와 티탄 크로노스(Kronos)는 같은 신이 아니다.

우라노스의 거세는 돌이킬 수 없는 과정을 촉발시켰다. 우라노스에 억눌려 꼼짝 못하던 공간과 시간이 자유롭게 펼쳐지게 되었다. 우라노스의 거세는 세계의 모든 것들이 제 모습을 갖도록 했을 뿐만 아니라, 고유 명사들에게 일반적이고 통상적인 의미를 갖게 했다. 무기력해진 우라노스는 가이아에서 높은 하늘이라고 불리는 곳으로 멀리 떨어져 갔다. 세계의 상층부에 자리 잡은 우라노스는 가이아의 품에 가두어놓았던 후손들 중 몇몇을 자신의 높은 하늘에 자리 잡게 했다. 태양 헬리오스(Helios)와 달 셀레네(Selene), 새벽 에오스(Eos)가 그들이다. 이들은 모두 우라노스의 자식인 티탄 휘페리온과 그의 누이 테이아의 결합으로 생겨난 자식들이다.[5] 휘페리온은 '저 높은 곳을 가는 자'라는 뜻이다. 아버지의 이름에 걸맞게 그의 자식들은 모두 저 높은 곳에서 가고 있지 않은가? 후일 휘페리온 (영어로는 하이피리언)은 태양을 꾸며주는 형용어 역할을 하기도 한다. 새 벽 에오스는, 휘페리온의 동생 티탄 크리오스(Krios)와 폰토스의 딸 에우 뤼비아가 낳은 아들 아스트라이오스(Astraios)와 결합하여 서풍 제퓌로스 (Zephyros), 북풍 또는 삭풍 보레아스(Boreas), 남풍 노토스(Notos)를 낳 고, 아침 별 에오스포로스(Eosphoros)와 하늘을 수놓으며 반짝이는 모든 별들을 낳았다.

오레의 높은 산들은 땅으로부터 돌출하여 봉우리들로 하여금 별들이 자리 잡은 맑은 하늘과 공기가 통하는 대기권의 경계선을 긋게 했다. 대 기권은 땅과 바다에서 내뿜는 먼지와 연기와 증기로 가득 찼다. 바람이 가로지르는 대기권에는 먹구름이 몰고 오는 퀴클롭스 삼 형제인 천둥, 번 개, 벼락이 줄무늬 흔적을 남기곤 했다.

한편 대지의 심층부가 된 어머니 가이아의 품속은 어둠이 지배했다. 가 공할 지옥의 장소가 만들어졌다. 지옥의 왕 하데스(Hades)가 죽은 사람의 영혼을 받아들였고, 지옥보다 더 깊은 타르타로스(Tartaros)는 혐오스러운 신들을 가두고 있었다. 그러나 세계는 창공으로부터 타르타로스로, 위아 래로만 펼쳐진 것은 아니었다. 세계는 옆으로도 펼쳐져 오케아노스가 감 싸고 흐르는 둘레에까지 이르렀다. 오케아노스 역시 우라노스의 억압으 로부터 해방되어 대지 주위로 자신의 물결이 힘차게 흐르도록 했다. 오케 아노스는 테튀스와 함께 비옥한 물줄기의 근원으로서 세계의 모든 강과 샘과 지하 수맥에 물을 대주었다.

우라노스의 거세는 그 밖에도 여러 신들을 낳았다. 우라노스를 거세 할 때 가이아에게 튄 핏방울은 복수의 여신 에리뉘에스(Erinyes)와 거인족 기간테스(Gigantes), 난폭한 청동 종족의 어머니가 되는 물푸레나무 요정들을 낳았다. 에리뉘에스는 부모를 살해한 자들이나 맹세를 지키지 않는 자들을 끝까지 쫓아가 복수하는 여신들이다. 어머니를 죽인 오레스테스(Orestes)를 끈질기게 괴롭힌 것도 이들이다. 기간테스란 어원적으로 '가이아의 자식'이라는 뜻이다. 영어의 '자이언트(giant)'는 기간테스에서 비롯되었다. 인간의 형상을 한 기간테스는 거대한 체구와 막강한 힘, 대단한 용기를 갖고 있었으며 다리는 뱀들로 되어 있었다. 그들은 신과 인간이 협력하여 타격을 가해야만 비로소 죽일 수 있는 특이한 존재들이었다. 한편 바다에 떨어진 우라노스의 생식기로부터 아프로디테가 태어났다.

우라노스의 거세는 '시간'이 흐르게 된 것을 의미하기도 한다. 세계가 펼쳐지자 시간이 자리 잡은 것이다. 우라노스가 가이아를 짓눌러 꼼짝하지 못했던 세계에선 낮 헤메라와 밤 뉙스는 그 역할을 하지 못했다. 이제 세계가 풀려나자 낮과 밤의 교대가 시작되면서 지속과 시간에 대한 근본적인 체험이 가능하게 되었다. 낮과 밤이라는 상반된 세계의 교차는 필연적으로 시간을 이해하게 했을 뿐만 아니라 시간에 대한 개념을 갖게 했다.

이처럼 우라노스의 거세는 중요한 역할을 한다. 하늘에 짓눌린 대지가 몹시 불편해했고, 게다가 자식들도 옴짝달싹 못하고 있어서 가이아가 크로노스를 시켜 우라노스를 거세하게 했다는 이야기는 신인동형론(神人同形論, anthropomorphisme)에 입각한 것이다. 그러나 신인동형론은 천지창조 이야기의 기본적인 뿌리는 되지 못한다. 신들에게는 인간과 다른 무엇이 있어야 했다. 우라노스를 거세하기 위해 가이아가 어떻게 했는가? 가이아는 낫을 '제조'하기 위해 쇠를 '창조'해 냈다. 사람은 쇠를 만들어 낼 수 없다. 하지만 가이아는 쇠를 '창조'해 냄으로써 낫을 '제조'할 수 있었고 그로부터 천지를 속박하던 족쇄를 풀고 세계가 자리 잡게 했다. 천지가 생겨 자리 잡게 된 세계에서 창조는 매우 중요하다. 낫의 '제조'를 통해 표현된 창조 행위는 '창조된 것'을 통해 '절연'과 '분리'의 기능을 수행

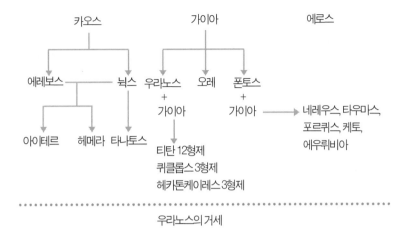

계보 2 헤시오도스의 천지 창조 계보

한다. 창조된 낮이 하늘과 대지를 분리하는 역할을 했다. 헤시오도스에게서 '창조'는 이 밖에도 분리 또는 격리와 항상 연관되어 있다. 판도라(Pandora)의 경우도 그렇다. 대장장이인 헤파이스토스(Hephaistos)는 판도라를 만들어냈다. 이 '창조'를 통해 사람들이 남성과 여성으로 '분리'되었다. 인간의 출현도 마찬가지이다. 인간은 신들에게 제사를 올리고 제물을 바치기 위해 창조되었다고 헤시오도스는 말한다. 제사는 제사를 올리는 '사람'과 제사를 받는 '신들'을 분리하고 차별화한다. 이러한 제사와 제물의 관행에 의해 올림포스 신들의 이미지와 지위가 확실하게 자리 잡는다. 이처럼 '창조된 것'은 분리하는 기능을 수행한다.

지금까지 살펴본 헤시오도스의 『신들의 탄생』의 천지 창조 계보는 위의 표와 같다.

이 밖에 약간 변화된 계보들이 있는데, 기원전 6세기 말 아르고스의 아쿠실라오스(Akousilaos)가 작성한 계보와 기원전 5세기 기독교 작가 테오도레토스(Theodoretos)가 헤시오도스의 것이라고 주장했던 천지 창조 계보가 그것이다. 테오도레토스의 계보에 따르면, 카오스에서 오케아노스와 테튀스가 태어나고 둘이 결합해 가이아와 우라노스를 낳은 것으로 되어 있다. 앞으로 살펴볼 오르페우스 신앙의 천지 창조, 그리고 지금까지 살펴본 호메로스와 헤시오도스의 천지 창조의 계보들이 서로 얽히면서 다양한 천지 창조 계보들이 생겨났고 그것들은 나중에 더욱 혼란스러운 계보까지 발전하게 된다. 하나의 '주제'를 놓고 오랜 세월 다양한 이설들이 펼쳐지는 것이 신화라면, 그리스 신화야말로 많은 이설들로 이루어진 좋은 본보기이다. 그리스의 천지 창조 신화도 예외가 아니다. 헤시오도스의 천지 창조 계보가 공식적인 것으로 받아들여지지만 기원전 7세기 후반의 알크만(Alkman)의 천지 창조 계보 등 다른 여러 계보들도 존재하며 당시에 나름대로 일정한 역할을 했다는 것을 염두에 두어야겠다. 이 책에서는 여러 갈래의 천지 창조 계보들을 모두 소개하지는 않겠다. 다만 오늘날 중요성이 부각되고 있는 오르페우스 신앙의 천지 창조 계보는 알아둘 필요가 있다.

3) 오르페우스 신앙의 '천지 창조'

오르페우스 신앙은 전설적인 천하제일의 명가수이자 시인인 오르페우스로부터 영감을 받았다고 주장하는 문헌을 통해, 신들과 인간들의 근원적인 이질성을 믿는 당대의 종교적 관행에 이의(異議)를 제기하는 움직임으로, 기원전 6세기부터 발달해 기원후 5~6세기의 신(新)플라톤주의자들에게까지 영향을 미치며 천 년 이상 지속되었다. 오르페우스 신앙은 오르페우스에게서 영감을 받아 썼다고 주장하는 문학 작품들과 잡다하고 다양한 서적들을 통해 표명된다.[6]

① 오르페우스 신화와 오르페우스 신앙의 기원과 발전

그리스 북부 트라케 출신의 오르페우스는 그 이름의 어원이 확실하지 않은데, 기원전 560년경에 델포이에 세워진 시퀴온(Sikyon) 시의 원형 신전 소간벽(小間壁, métope)에는 '오르파스(Orphas)'라고 새겨져 있다. 오르페우스는 트라케의 왕 또는 강의 신 오이아그로스(Oiagros)와 뮤즈(무사이) 칼리오페(Kalliope) 사이에서 태어났다는 것이 널리 알려진 설이며, 한편으로는 아폴론의 아들이라는 이설도 있고, 오이아그로스와 칼리오페의 자매 중 한 명 사이에서 태어났다는 설도 있다.

가인(歌人)으로서 그의 명성은 기원전 6세기에 널리 유포되었다. 그는 명가수일 뿐만 아니라 리라(lyra)를 잘 타기로도 유명했고 노래도 잘 지었다. 고대에 시는 항상 노래로 불렸기 때문에, 노래를 잘 짓는 오르페우스는 곧 시인이기도 했다. 그는 가수이자 음악가이고 시인이었다. 그의 노래는 너무 아름다워 사람들뿐만 아니라 짐승들도 그의 음악에 귀를 기울였다고 한다. 새들이 그의 머리 위에 모여들고 '물고기들은 맑은 물속에서 뛰어올랐다'고 한다. 타고난 그의 재능은 이아손(Iason)에게도 알려져, 그는 황금 양털을 찾아 떠나는 원정에 오르페우스가 동참해 줄 것을 요청한다. 오르페우스는 아르고 호에 승선해 노래를 불러 노 젓는 움직임에 박자를 맞추어주었을 뿐만 아니라, 아름다운 노래로 뱃사람들을 유혹해 죽게 만드는 세이레네스(Seirenes)들을 노래로 물리쳐 뱃사람들을 보호했다. 이아손이 오랜 바다 여행길에도 자기 뱃사람을 잃지 않은 것은 오르페우스 음악의 힘 덕분이었다. 원정이 끝난 후 트라케로 돌아온 오르페우스는 에우뤼디케(Eurydike)를 사랑하지만 그녀는 곧 죽는다. 슬픔에 사로잡힌 오르페우스는 그녀를 찾아 지하 세계로 내려가 그곳의 신 하데스를 음악으로 매혹시켜, 에우뤼디케를 데리고 빛의 세계로 돌아가도 좋다는 허락을 받는다. 이 전설은 음악 및 음악의 위력을 예찬한 것이나 다를 바 없다. 오르페우스가 아르고 호 원정에 참여하는 만큼 그는 트로이 전쟁의 영웅들보다 앞선 세대에 속하며 호메로스 역시 오르페우스의 영향을 받았을 것으로 추정된다. 고대 그리스에서 오르페우스는 그의 제자 무사이오스(Mousaios)와 함께 호메로스보다 더 존경받는 가인(歌人)이자 음유 시인으로 꼽힌 것은 물론이다.

오르페우스 전설이 오르페우스 신앙으로 변모·발전하는 모티프는, 그가 에우뤼디케를 찾으러 지하 세계로 내려간 것과 바로 그 자신의 죽음이다. 이야기를 풀어보겠다.

에우뤼디케와 오르페우스가 결혼한 날 에우뤼디케가 뱀에 물려 죽자 오르페우스는 아내를 찾아 하데스의 지하 왕국으로 내려간다. 그리스 신화에서 신이 아닌 자들 중 하데스의 왕국을 다녀온 것은 오르페우스, 헤라클레스, 테세우스, 디오뉘소스, 아이네이아스, 프쉬케가 전부이다. 오르페우스와 프쉬케를 제외하고는 모두 힘과 지략이 뛰어난 영웅호걸이다. 그들과는 달리 오르페우스는 언어와 노래의 힘으로 지하 세계를 다녀왔기 때문에 후세에 영향을 미친다. 지하 세계를 다녀와서 그가 노래한 것은 이승 너머 저세상에 대한 목격담이어서 영향력이 있을 수밖에 없었다. 지하 세계의 왕 하데스와 왕비 페르세포네(Persephone)는 오르페우스가 리라를 켜며 말하는 주술에 매료되었다. 오르페우스는 하데스와 페르세포네에 대항해 싸우는 대신 언어와 노래의 힘으로 그들을 압도했다. 그것은 주문(呪文)의 힘이었다. 마침내 하데스와 페르세포네는 에우뤼디케를 오르페우스에게 넘겨주지만 조건이 있었다. 지하 세계의 계곡을 넘어서기 전까지는 '뒤를 돌아보지 말라'는 조건이었다. 에우뤼디케를 데리고 길을 떠난 오르페우스는 앞만 바라보고 걸어야 했다. 그러나 오르페우스는 불안했다. 에우뤼디케가 뒤에서 사라지지나 않을까 걱정되었다. 지상 세계를 눈앞에 두고 조바심이 난 그는 앞만 바라봐야 한다는 것을 잊어버렸다. 오르페우스가 뒤를 돌아보는 순간 그녀는 뒤로 멀어져 갔다. 불행한 그녀는 팔을 뻗쳐 오르페우스를 잡으려고 노력했지만 허사였다. 에우뤼디케는 두 번 죽은 것이다. 잊지 말아야 할 것을 잊었기 때문에, 오르페우스의 언어와 노래의 효력은 사라졌다. 오르페우스 신앙의 신자들은 먼저 이 교훈을 반드시 기억해야 했다. 그들에게 '망각'은 고통스러운 삶의 '반복'을 뜻했다. 그들의 금욕 생활은 망각에 빠지는 것을 막아주었다. 단식과 채식, 그리고 금욕은 삶을 정화하는 방법이자 망각에 빠지지 않고 정신적인 여정을 경험하게 해주는 것으로 생각되었다. 그 다음으로 오르페우스 전설이 오르페우스 신앙과 그 추종자들에게 영향을 미친 것은 언어의 '주술적인 힘'이다. 주술의 힘은 약한 사람이나 강한 사람, 열등한 사람과 훌륭한 사람을 모두 감동시켜 사로잡는다. 주술은 기도와 설교를 통해 표현될 수도 있다. 오르페우스가 하데스에게 에우뤼디케를 돌려 달라고 간곡하게 탄원한 것이 바로 감동적인 언어의 힘이 발휘된 주술이다.

오르페우스 자신과 기원전 6세기부터 형성된 오르페우스 신앙은 분명하게 구별해야 한다. 오르페우스는 오르페우스 파(派)를 만들지 않았다. 오르페우스 파는 오르페우스 전설의 몇 가지 내용을 높이 평가하고 그것을 실천하면서 형성된 사람들의 모임이며, 그들에게는 고유한 종교적 의식이 있었던 것으로 알려진다. 오르페우스 신앙은 특히 오르페우스의 주술을 대단히 높이 평가했다. 그들이 오르페우스를 자신들만의 은밀한 의식의 창시자로 받아들인 것은 주술 때문이었다. 효율적으로 언어를 구사함으로써 발휘된 주술은 신들까지도 설득할 수 있다는 것을 오르페우스가 보여주었기 때문이다. 오르페우스 신앙은 주술의 힘을 믿었고, 그 주술을 잊지 않아야 한다고 생각했다. 그들은 신들을 설득할 수 있는 주술을 '기억'하는 것이야말로 '승리'에 이르는 길이라고 생각했다.

지상 세계를 눈앞에 두고 에우뤼디케를 다시 잃은 오르페우스는 지상에 돌아와 일곱 달 동안이나 칩거하면서 고통의 나날을 보낸다. 고통의 나날을 보내며 오르페우스는 '다시 태어났다.' 지하 세계로 내려갈 때의 그가 아니었다. 그는 변했다. 그의 '새로 태어남'은 지하 세계로 내려갔다는 이야기에 가려 대체로 잘 잊힌다. 방황과 고독과 고통의 상처는 그에게 새로운 삶을 주었다. 그는 하데스의 조건을 '망각'함으로써 돌이킬 수 없는 잘못을 저질렀음을 더욱 '의식'했다. 어떤 사람도 그의 마음을 누그러뜨리지 못했다.

그의 죽음에 대해서는 여러 가지 이야기가 전해진다. 제우스의 벼락에 맞아 죽었다든가, 트라케 여인들이 찢어 죽여 그의 머리와 리라를 트라케 강에 던졌다든가, 에우뤼디케를 잊지 못하고 일편단심 그녀만을 사랑하며 다른 여자들은 거들떠보지도 않다가 오히려 여자 혐오증에 빠진 오르페우스를 여러 여인들이 질투심에 불타 찢어 죽였다든가 하는 이야기가 그것이다. 그러나 그의 머리는 잘린 후에도 계속 노래를 불렀다고 전해진다.

고대 그리스인들에게 '노래'한다는 것은 '기억'에 순응하는 것이었다. 오르페우스는 죽어서 자신을 낳아준 뮤즈 칼리오페와 자신의 외할머니 므네모쉬네를 만났다. 그는 죽어서, 지하 세계를 넘어설 때 망각 때문에 초래된 끔찍한 결과를 후세 사람들은 겪지 않도록 모든 것을 떠맡았다. 그의 죽음은, '기억'의 힘에 대한 인정이자 망각이 준 상처였다. 오르페우스를 통해 기억은 삶의 동의어가 되었고, 망각은 죽음의 동의어가 된 것이다. 한편 오르페우스의 기억이 지닌 막강한 힘은 그에게 예언 능력을 부여하기도 한다. 오르페우스는 어머니의 혈통상 뮤즈의 어머니 므네모쉬네의 기억을 물려받아, 과거와 현재와 미래의 모든 것을 말할 수 있는 '예언자'라는 것이다. 아폴론이 준 것이라고 전해지기도 하는 이 천부적인 재능은 그를 태초의 세계로까지 거슬러 올라가게 한다. 오르페우스의 이러한 면모는 그의 제자이자 그를 닮은 무사이오스에게서도 그대로 나타난다. 무사이오스는 '뮤즈(무사이)에게 속한 자'라는 뜻이다.

오르페우스 전설은 많은 것을 일깨워 주었다. 이탈리아 남부, 시칠리아, 크레타, 테살리아 등 그리스 외곽에서 기원전 6세기부터 형성된 '오르페우스 사람들'은 오르페우스의 전설로부터 구원의 약속을 찾기에 이른다. 그것은 오르페우스가 의도하거나 창시한 것이 아니다. 후일 오르페우스 파는 의식(儀式)을 포함한 구원의 신앙 체계를 갖추기도 하지만, 당시에는 '오르페우스 파'라는 명칭도 없었을 뿐만 아니라, 체계 잡힌 교리 또한 없었다. 기껏해야 '오르페우스 사람들'이나 '오르페우스 형제들'이라는 말밖에 사용되지 않았다. 오늘날 널리 유포된 오르페우스 파(또는 신앙)를 뜻하는 '오르피즘(Orphisme)'은 '오르페우스 전설에서 착상을 받은 매우 다양한 글로 꾸며진 책들 또는 문학 작품들'이라고 말할 수 있다. 어떠한 문헌도 제목에서 '오르페우스'라는 말을 사용하지는 않았지만, 오르페우스 전설의 교훈은 기원전 6세기부터 기원후 5세기까지 많은 문학 작품을 낳았다. 고대 그리스에는 신앙에 관한 교리를 설명한 책이 전혀 없었기 때문에 여러 문학 작품이나 잡다한 책을 통해 신앙 체계가 형성될 수 있었다.

여러 작품들 속에 표명된 오르페우스 파의 구원의 신앙 체계는 다음과 같다.[7]

첫째, 오르페우스 신앙은 그리스 전역을 지배하던 당시의 정치 · 종교의 관행에 문제를 제기하면서 출발한다. 고전기(기원전 5~4세기)의 도시 국가에서 신들에게 제물을 바치던 종교적 관행은 신들과 인간의 '근원적인 차별성'을 강조하는 것이며, 왕과 귀족의 혈통을 신들에게 연계시키는 것은 왕과 귀족의 통치권을 정당화하는 것이라며 그 부당함을 강조했다.

둘째, 오르페우스 신앙은 인간의 영혼은 불멸한다고 믿는다. 인간은 제우스의 벼락을 맞은 티탄의 재에서 태어났기 때문에 악한 구석이 있다. 올림포스 신들에게 적의를 품은 티탄은 원래가 악한 존재였기 때문이다. 그러나 티탄은 어린 디오뉘소스를 찢어 죽여 먹었기 때문에, 그 재에서 태어난 인간의 영혼에는 디오뉘소스의 신성이 남아 있다. 인간에게는 티탄의 '악'과 디오뉘소스의 '신성'이 모두 들어 있기 때문에 인간의 영혼은 선하고 육체는 악하다. 육체는 영혼의 감옥이다. 오르페우스 신앙은, 영혼의 불멸이라는 면에서는 태초부터 인간과 신의 구별은 없다고 믿었다.

셋째, 오르페우스 신앙은 인간의 영혼이 윤회전생(輪廻轉生)한다고 믿었다. 그러나 신성을 되찾기 위해서는 영혼이 정화되어야 한다. 티탄이 태초에 범한 죄의 흔적이 인간의 영혼에 남아 있기 때문이다. 인간의 영혼에는 신성이 들어 있기 때문에 영혼은 죽지 않는다. 다만 원죄의 흔적을 씻고 태초의 신성을 되찾기 위해서는 과거의 죄로 인해 육체에 갇힌 영혼을 정화하고 구제해야 한다고 생각했다.

끝으로, 오르페우스 신앙은 인간 영혼뿐 아니라 만물이 윤회전생한다고 믿었다. 그러나 윤회를 거듭하는 삶은 고통의 연속이다. 윤회의 수레바퀴를 벗어나려면 현재의 삶을 정화해야 한다. 그러기 위해서 그들은 샤먼처럼 흰옷을 입고 육식을 멀리하고 단식과 금욕, 채식 등을 통해 도덕적이고 정신적인 삶을 살면서 살생을 금했다. 구원의 길과 영생은 지상에서의 '일상적인 정화'를 통해 얻어진다고 믿었기 때문이다. '일상적인 금욕과 정화'만이 윤회의 수레바퀴에서 벗어나 순수한 영혼의 진정한 신성을 찾는 길이라고 믿었다.

② 오르페우스 신앙의 문헌

오르페우스를 떠받드는 최초의 문헌은 기원전 6세기에 참주(僭主, tyrannos) 정치를 시작한 페이시스트라토스(Peisistratos)의 궁정에 역관(易官)으로 있던 오노마크리토스(Onomakritos)가 오르페우스의 시와 그의 제자 무사이오스의 신탁을 정리한 것이다. 이것은 6세기 이전부터 구전되던 이야기들을 그가 재구성해 유포한 것으로 추정된다. 고전기인 기원전 5세기와 4세기에는 '오르페우스 사람들'의 영향이 대중들에게까지 퍼진 것으로 추정되지만, 철학자 플라톤이나 비극 작가 에우리피데스는 이들을 믿지 않거나 경시했다. 곧 살펴보게 될 이들의 천지 창조론도 같은 대접을 받았다. 희극 작가 아리스토파네스(Aristophanes)는 자신의 작품 『새』에서 이들의 천지 창조론을 패러디(개작)하는가 하면, 플라톤은 '오르페우스 사람들'의 주장보다는 기존의 신들과 천지 창조론을 믿어야 한다고 말했다. 그러나 그들이 엉터리라는 비난을 받으며 공격당했다는 것은 오히려 그들이 대중들에게 영향을 미치고 있었다는 증거였다. 오르페우스 파의 움직임은 책으로부터 출발했기 때문에 그 영향도 다른 책과 글로 옮겨갔다. 엘리아데 같은 종교사학자는 이러한 오르페우스 파의 영향은 당시에 잘 알려져 있었으며 구원의 신앙으로 널리 유포되었다고 말한다. 19세기에 발굴된 기원전 5~4세기의 '오르페우스 박판(薄板)'에 따르면 오르페우스 신앙은 아티카로부터 시칠리아로, 남부 이탈리아에서 로마로 전파되었다. 박판이란, 고대인들이 종이 대신 사용한 나무나 돌, 상아 따위의 얇은 서판(書板)이다. 이 박판이 오르페우스 파와 그 신앙에 대해 그들이 직접 써서 전승한 유일한 문헌이다. 이 밖의 문헌들은 모두 기원후 5~6세기까지 천 년 이상에 걸쳐 다른 사람들이 쓴 2차 자료일 뿐이다. 비교적 최근인 1962년 1월에 발굴된 유명한 데르베니의 파피루스는 기원전 4세기 후반에 쓰인 것으로 추정되지만, 오르페우스 신앙의 천지 창조론을 해설한 것으로는 2차 자료로 분류된다. 그 밖에 기원후 1~2세기에 쓰인 오르페우스 신앙의 또 다른 천지 창조 계보가 있고, 기원후 5~6세기의 신플라톤주의자들은 오르페우스 파의 천지 창조론에 특별한 관심을 표명하면서 그것을 '성스러운 글'로 생각하고 플라톤의 사상과 체계적인 관계를 맺게 하려고 노력하기도 했다. 그들은 오르페우스 파의 문헌들이 '신학'을 내포한다고 생각했기 때문이다. 이 신플라톤주의자들에 의해 오르페우스 파의 천지 창조론들이 오늘날까지 전승될 수 있었는데, 이것은 '그리스 신화' 속에 깊숙이 내재된 관념적인 맥락에 그들이 매료되었기 때문이다. 기원전 6세기부터 기원후 6세기까지 쓰인 문헌들 중에서 오늘날까지 전승된 것은 극히 일부인 데다 보존된 문헌조차도 대부분 2차 자료이기 때문에 직접적인 문헌과는 달리 글의 방향이 너무 명료하고 의도적이며 게다가 철학적·신학적으로 윤색되어 있어 오르페우스 파 문헌의 진정한 면모를 찾기 어려울 때가 있다.

오르페우스 신앙의 움직임은 대체로 이름 없는 사람들이 이끌었기 때문에, 때로는 글의 저자들이 피타고라스 파 사람들이라고 생각되기도 했고, 때로는 단순히 박학함을 과시하려는 사람들로 생각되기도 했다. 그러나 전설적인 아득한 시기에 살았던 그들 모두가 이제는 '역사적' 상황에 편입되었다. 오르페우스 파의 기원과 시초는 전설이었지만 그것이 오르페우스라는 이름을 가진 신앙으로 발전했기 때문이다.

오르페우스 신앙의 천지 창조 계보는 앞에서 설명한 헤시오도스의 계보보다 복잡하고 다양하다. 대부분 천 년이 넘는 동안 쓰인 2차 자료에 의존했기 때문이기도 하지만, 헤시오도스의 단계적이고 선형적(線形的)인 계보에 비해, 오르페우스 신앙의 계보는 시작과 끝이 맞물리는 등 펼침과 되감김의 움직임으로 되어 있기 때문이고, 계보 자체의 종류도 다양하기 때문이다. 그중에서 가장 오래된 천지 창조 문헌은, 아리스토파네스가 기원전 414년에 쓴 희극『새』의 몇 시행(693~702행)과, 에우리피데스가 기원전 405년경에 상연했지만 소실된『휩시퓔레』의 편린, 그리고 1962년에 테살로니카 서북쪽의 데르베니(Derveni)에서 발굴된 기원전 4세기 후반에 쓰인 것으로 추정되는 검게 그을린 파피루스이다. 그러나 이 세 가지 문헌의 저자들은 오르페우스 신앙을 주창하던 사람들이 아니다. 그러나 이 저자들이 오르페우스 신앙에 두고 있던 '거리'가 지금에 와서는 오히려 오르페우스 신앙의 천지 창조 계보를 잘 파악하게 해주는 역할을 했다. 이 세 가지 계보들은 서로 다르지만 천지 창조의 시초의 주역으로 뉙스(밤)와 프로토고노스(Protogonos, 제일 먼저 태어난 자)를 꼽는 것은 똑같다. 이 밖에도 오르페우스 신앙의 천지 창조에 관한 여러 가지 계보가 있지만 신플라톤주의자들이 대개 오르페우스 신앙의 천지 창조 계보로 꼽는 것은 음유 서사시의 계보이다. 여기선 데르베니의 파피루스와 음유 서사시의 계보만을 살펴보겠다.

③ 데르베니 파피루스의 천지 창조 계보

1962년 테살로니카 서북쪽 데르베니의 한 무덤 밖의 화장대(火葬臺) 잔해 속에서 발견된 파피루스 두루마리의 끝 부분은, 장례식 때 불에 타지 않고 검게 그슬리기만 해서 여러 세기 동안 부식되지 않은 채 세월을 견뎌낼 수 있었다. 비엔나 국립도서관 학예관 파켈만(Anton Fackelmann)의 지휘 아래 이 파피루스 500여 조각을 수거해 세밀하게 조립한 결과 23행 이상이 재구성되었다. 이오니아 방언으로 쓰인 이 글은 오르페우스 신앙의 제우스 찬가를 우의적으로 해설한 것이었다. 고고학적 조사에 따르면 이 파피루스는 기원전 4세기 후반이나 3세기 초에 불탄 것으로 추정되며, 그 내용은 기원전 5~4세기부터 유포된 것으로 생각된다.

아리스토파네스의 『새』에 표명된 천지 창조의 시초의 주역은 카오스, 뉙스, 에레보스, 타르타로스이고, 뉙스로부터 거대한 우주 알이 나오고 그로부터 프로토고노스라고도 불리는 에로스가 생겨나 천지가 창조되는

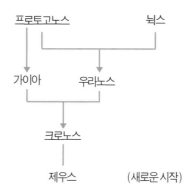

계보 3 데르베니의 파피루스에 나타난 천지 창조 계보

것으로 이야기된다. 그러나 데르베니의 파피루스는 시초의 주역으로 뉙스와 프로토고노스만을 꼽는다. 프로토고노스는 스스로 가이아를 낳고, 뉙스와 결합하여 우라노스를 낳는다. 그리고 가이아는 우라노스와 결합하여 크로노스(Kronos)를 낳는다. 크로노스는 아버지 우라노스를 거세하고 권력을 잡지만, 크로노스의 아들 제우스는 프로토고노스를 삼키고 아버지 크로노스를 권좌에서 몰아낸 다음, 조물주의 권력을 잡아 세계를 재창조한다. 그 계보는 앞의 표와 같다.

데르베니의 파피루스는, 뉙스의 조언에 따라 제우스가 올림포스를 지배하기 위해 실행에 옮긴 '찬란한 과업'을 오르페우스가 자신의 추종자들에게 칭송하는 내용이다. '찬란한 과업'의 순서를 짚어보자.

'검고' '죽지 않는' 뉙스(밤)는 신들의 젖줄이었다. 그리고 뉙스는 모든 종류의 신탁을 내리는 예언 능력을 갖고 있었다. 크로노스의 막내아들 제우스는 뉙스에게 예언을 청했다. 그리고 최고 권력을 잡기 위해 '그가 행할 수 있는 모든 것'의 비밀을 뉙스의 예언으로부터 터득했다. 뉙스의 예언을 해독한 제우스는 '제일 먼저 태어난 자'라는 뜻의 프로토고노스를 삼켜 자기 것으로 만들어버렸다. 프로토고노스는 오르페우스 신앙이 천지창조의 주관자를 지칭하는 여러 말들 중의 하나이다. 파네스(Phanes), 에리케파이오스(Erikepaios), 에로스(Eros), 메티스(Metis)는 프로토고노스라는 이름과 함께 조물주를 뜻하는 이름들이다. 이 이름들은 모두 조물주의 여러 모습을 환기하기 때문이다. 프로토고노스는 '선행성(先行性)'을, 파네스는 밤의 뉙스에 상반되는 '광채'를, 에리케파이오스는 권력의 상징을 뜻하는 말로서 '지배권'을, 에로스는 '생성과 구성의 힘'을, 메티스는 지배하는 데 필요한 '실천적 지혜'를 뜻한다. 제우스는 프로토고노스를 삼킴으로써 이 모든 생동하는 힘을 자기 것으로 만들었다. 오르페우스 신앙의 문헌 속에서, 이 주제는 약방의 감초와 같다. 제우스는 그의 조상을 '빨아들임'으로써 조상의 힘과 지혜를 장악하고 모든 존재들의 왕이 되었으며, 세계를 재조직할 수 있는 '일인자'가 되었다. '찬란한 과업'을 완수한 것이다. '이제' 그는 모든 것의 시초이자, 중간이며, 끝이 된 것이다. 그는 이론의 여지가 없는 확고부동한 왕이 되어 세계를 새롭게 구성했다. 제우스는 먼저 아프로디테, 하르모니아(Harmonia, 조화), 페이토(Peitho, 설득)를 낳고, 이어서 가이아, 우라노스, 오케아노스, 아켈로스(Achelos, 전통적으로 오케아노스와 테튀스 사이에서 태어난 아들로 생각되는 강), 헬리오스(태양), 셀레네(달)와 별들을 낳았다.

제우스의 세계 재창조는 '어둠' 속에서 이루어졌다. 태초의 어둠 속에서 '찬란한 과업'을 완수해 천지 창조를 마친 것이다. 그가 제일 먼저 낳은 세 주역인 하르모니아(조화)와 페이토(설득), 아프로디테는 만물의 균형과 통일을 위한 '추상적인 힘'이었다. 전통적으로 페이토와 하르모니아는 아프로디테를 수행했다. 이들은 만물을 서로 근접시켜 조화로운 질서를 세우기 위한 '추상적인 힘'이었다. 제우스가 두 번째로 가이아, 우라노스, 오케아노스의 세 주역을 낳은 것은 공간과 영역을 분할하기 위해서였다. 이제 만물의 질서를 세우는 '힘'과 만물이 자리 잡는 '공간'이 마련된 것이다. 그 후 우라노스와 가이아가 결합해 크로노스를 비롯한 티탄들을 낳게 된 이야기는 헤시오도스의 계보와 같다. 이제 제우스는 '번쩍이는 번개의 신'이 되어 올림포스를 지배할 수 있게 되었다.

④ 음유 서사시의 천지 창조 계보

신플라톤주의자들이 오르페우스 신앙의 천지 창조에 관한 통상적이고 전형적인 계보로 생각했던 것은 『24편의 음유 서사시로 된 성스러운 이야기』이다. 이 글이 24편으로 구성된 것은 『일리아스』와 『오뒤세이아』가 24편의 서사시로 분할 구성된 것을 모방한 것으로 생각된다. 오늘날은 이 글들 중에서 176개의 편린들만이 전해지는데, 신플라톤주의자들의 해설과 기독교 옹호론자들의 해설을 통해서이다. 이 계보들은 기원후 1세기 말이나 2세기 초에 쓰인 것으로 추정되지만, 가장 오래된 계보는 기원전 5세기 말에 기록된 것으로 보인다. 음유 서사시가 태초의 힘으로 생각한 것은 '늙지 않고 지혜가 사라지지 않는' 시간 크로노스(Chronos)였다. 시간 크로노스는 맑고 투명한 창공 아이테르와 광활한 심연 카스마(Chasma)를 낳았다. 그러고 나서 맑고 투명한 아이테르에 눈부신 흰색 알을 만들었는데, 그 알로부터 만물의 '빛나는' 주관자 파네스(Phanes)가 나왔다. 파네스는 만물의 지배권을 상징하는 왕 홀을 제일 먼저 장악하고, 생명을 부여하는 에리케파이오스로서 세계를 통치했고, 두 번째로 밤 뉙스가 아버지 파네스로부터 왕 홀을 넘겨받아 세계를 지배했으며, 세 번째는 뉙스로부터 왕 홀을 넘겨받은 우라노스가, 네 번째는 아버지 우라노스를 거세한 크로노스(Kronos)가 지배했다. 크로노스는 지배권을 빼앗기지 않기 위해 자기 아이들을 삼켰는데, 크로노스의 누이이자 아내인 레아(Rhea)의 술책으로 제우스만 살아남았다. 제우스는 아버지를 폐위하고 다섯 번째로 지배권을 차지했다. 제우스는 세계를 재창조하기 위해 파네스를 삼켰다. 그는 자신과 페르세포네 사이에서 태어난 디오뉘소스 자그레우스(Dionysos Zagreus)에게 여섯 번째로 통치권을 넘겨주려고 했다. 이를 알아낸 제우스의 아내 헤라는 질투심에 불타 티탄들을 시켜 어린 디오뉘소스를 죽이게 했다. 티탄들은 어린 디오뉘소스를 여러 가지 장난감과 거울로 꾀어내 찢어 죽인 다음 심장을 제외한 사지를 삶거나 구워서 먹었다. 화가 난 제우스는 살인자 티탄들을 번개로 내리쳐 재로 만들었다. 그러자 흙과 섞인 티탄들의 재에서 인간이 태어났다. 제우스는 아테나가 거두어 온 디오뉘소스의 심장을 세멜레의 몸에 넣어 다시 잉태시켰다. 오르페우스 신앙은 인간들에게 '살생을 금하도록' 가르쳤다. 인간들이 자기 안에 남아 있는 티탄의 요소들을 정화하기 위해서는, 육식과 피 흘리는 제의(祭儀)를 모두 삼가야 했다. 음유 서사시에 표명된 천지 창조 계보를 표로 만들면 오른쪽 표와 같다.

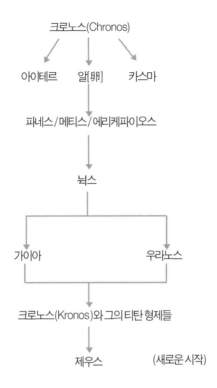

크로노스(Chronos)

아이테르   알[卵]   카스마

파네스/메티스/에리케파이오스

뉙스

가이아   우라노스

크로노스(Kronos)와 그의 티탄 형제들

제우스   (새로운 시작)

계보 4 음유 서사시에 나타난 천지 창조 계보

크로노스(Chronos)

음유 서사시의 계보는 데르베니의 파피루스 계보보다 약간 복잡하고 시간의 신 크로노스(Chronos)를 태초의 힘으로 꼽고 있다는 측면에서 특별하다. 헤시오도스의 '천지 창조 계보'에서 시간은 티탄 크로노스(Kronos)가 우라노스를 거세함에 따라 '부수적으로' 펼쳐졌지만, 음유 서사시의 계보에서는 시간의 신 크로노스가 만물을 생성하는 근본적인 역할을 맡고 있다. 시간의 신 크로노스(Chronos)는 티탄 크로노스(Kronos)와는 분명히 다르다. 음유 서사시의 계보에서 티탄 크로노스는 우라노스와 제우스의 중간에서 일정한 역할을 할 뿐이다. 고대 그리스인들은 이미 기원전 6세기부터 시간에 대해 깊이 성찰했다. 시간의 신 크로노스는 그들의 이러한 관심을 반영하는 것일 수도 있다. 이때는 오르페우스 신앙이 전파·확장될 때였다. 오르페우스의 이름으로 전승되는 글속에서 시간에 부여하는 태초의 힘을 티탄 크로노스에서는 찾아내기 어렵다. 기원전 6~5세기에 시간 크로노스(Chronos)는 다음의 세 가지 뜻을 내포하고 있었다.

첫째, 시간 크로노스는 숨겨진 것을 '빛을 보게' 해주며, 모든 사물을 비춰주며, 나중에 진정한 사실을 알려줌으로써 가장 훌륭한 교훈을 주는 지배자이다.

둘째, 보다 구체적으로 시간 크로노스는 계절 등의 '연속'과 한 세대의 경과를 가리킨다.

셋째, 시간은 부당한 행위를 밝혀냄으로써 신의 보복을 부르며, 그로부터 모든 것을 파괴하는 위력을 가진다.

이 시기의 비극 작가 에우리피데스 역시 시간 크로노스야말로 나날들의 아버지이며, 삶의 지속이며, 살아야 할 우리의 시간이라고 말했고, 핀다로스도 시간을 '모든 것의 아버지'라고 했다. 고전기 초기부터 오르페우스 사람들은 시간 크로노스(Chronos)에 대한 비의적(秘儀的) 개념을 갖고 있었다. 그들은 '시간'을 천지 창조의 최초의 힘으로 부각시켰다.

아이테르와 카스마

태초의 힘 크로노스는 분열과 번식을 통해 창공 아이테르(Aither)와 광활한 심연 카스마(Chasma)를 만들어냈다. 아이테르는 모든 오염으로부터 벗어난 상층부의 순수한 창공이었다. 창공과 대립되는 부분은 카스마였다. 카스마는 '열린 상태'를 뜻하는 카오스와는 다르다. 카스마는 아이테르의 아랫부분이다. 시간 크로노스는 상층부와 하층부를 만든 것이다.

헤시오도스의 천지 창조와는 달리 오르페우스 신앙의 천지 창조는 태초부터 공간의 축(軸)을 만들었다. 상층부 아이테르는 맑고 투명했으며 하층부 카스마는 매우 어두웠다. 이제 우주가 질서 잡히고 사물들이 제자리를 잡기 위해서는 파네스(Phanes)가 등장해야 했다.

우주 알

시간 크로노스는 아이테르의 도움으로 태초의 힘을 구체화시킨 거대하고 '눈부시게 하얀' 알을 만들었다. 타원형의 형태는 시간 크로노스가 새로운 존재를 스스로 생성할 수 있다는 것을 보여주는 것이었고, 흰색은 아이테르의 투명한 광채를 구체적으로 보여준 것이었으며, 속이 들여다보이지 않는 것은 광활한 심연을 구체화한 것이었다. 오르페우스의 이름으로 전수된 모든 천지 창조 계보에서는 항상 우주 알이 거론되는데, 데르베니의 파피루스에서는 특이하게도 시간 크로노스와 우주 알에 대한 언급이 전혀 없다. 아리스토파네스는 희극『새』에서 태초의 밤 뉙스가 '수정되지 않은 알'을 낳았다고 썼다. 수정되지 않은 알이란 맑은 알이며 '눈부시게 하얀' 알이다. 오르페우스 신앙에서 말하는 알은 생명이 들어 있지 않은 알로, 통일성과 충만과 태초의 완성을 상징한다. 이 우주 알은 무엇보다도 그것을 잉태한 시간 크로노스를 구체화한 것이다. 또한 이 우주 알은 인간이 속한 질서인 우주의 과거, 현재, 미래를 총괄한다. 오르페우스 신앙의 '인간'은 헤시오도스의 '인간'처럼 신들과 다른 존재가 아니다. 헤시오도스의 '인간'은 신들과는 전혀 다른 차별화된 존재였다. 그러나 오르페우스 신앙의 '인간'은 신들과 배치되지 않는다. 오르페우스 신앙의 '인간'에게는 태초의 충만이 깃들어 있다. 다시 말하면 인간의 내면에 신성이 있다는 말이다. 최초의 신성과 불멸성이 흩어진 후 남겨진 현재의 악은 우주 알을 낳은 시간 크로노스에 포함되어 있었다. 우주 알에서 제일 먼저 태어난 만물의 생성자 프로토고노스 혹은 파네스가 이제 인간들이 충만의 구원 혹은 신성을 얻을 수 있게 한다. 반면에 헤시오도스의 천지 창조 체계는 제우스가 세운 세계의 질서를 고무하고 찬양하면서, 제례를 올리는 인간과 제례를 받는 신들 사이의 거리를 좁히기는커녕 그 거리를 회복 불능의 차별성으로 받아들였다.

파네스

오르페우스 신앙에만 등장하는 신 파네스(Phanes)는 만물의 주관자이다. 파네스라는 이름은 '나타나다', '빛나게 하다'라는 뜻의 '파이노(phaino)'에서 비롯되었다. 파네스는 '빛을 보게 하는' 시간 크로노스의 특성을 실행에 옮긴다. 파네스는 '여성이자 남성'인 양성(兩性)으로, 가장 완벽한 삶의 이미지를 보여주며 남성과 여성의 대립으로부터 자유롭다. 파네스는 양성 이외에도 두 쌍의 눈을 가졌고, 황소, 사자, 뱀 등의 머리를 한 괴상한 모습이며, 등에는 번쩍이는 금빛 날개를 달고 있는 것으로 그려진다. 파네스의 이런 다양한 모습 때문에 그는 여러 개의 이름을 가진다. '빛나는' 파네스는 제일 먼저 태어난 자를 뜻하는 '프로토고노스'로 불리기도 하고, '에리케파이오스', '에로스', '메티스'로 불리기도 한다.

프로토고노스로서의 그는, 천지 창조의 순서상 제일 먼저 태어난 것이 아니라 우주 알에서 제일 먼저 태어났다는 것을 말한다. 처음 태어난 그는 빛을 비추고 사방으로 시선을 돌렸다. 그는 사물들을 비추고 사물의 질서를 밝힌 첫 번째 주역이었다. 시간 크로노스로부터 물려받은 '빛을 보게 하는' 능력은 그가 권력자 에리케파이오스로서 지배할 수 있는 첫 번째 힘이 된다. 그래서 그는 권력과 권위를 상징하는 왕 홀을 처음으로 장악할 수 있었다. 세계를 지배하는 첫 번째 주역인 파네스—프로토고노스—에릭케파이오스는 또한 '에로스'로도 불린다. 그는 눈이 부시게 흰 알로 태어났기 때문에 '믿을 수 없는 광채'를 내는, 금빛으로 번쩍이는 날개를 가진 신이다. 에로스로서의 파네스는 칠흑 같은 암흑 속에서 카오스와 결합해 빛과 어둠으로 심연의 카오스를 짜임새 있게 하고, 세계의 질서를 잡는다. 여기서 에로스는 헤시오도스의 천지 창조에서처럼 막강하고 맹목적인 유인력을 행사하는 신이 아니다. 또한 파네스는 실천적인 지혜를 의미하는 '메티스(Metis)'라고도 불린다. 지혜는 세계를 지배하는 데 없어서는 안 되는 것이다. 헤시오도스의 체계에서 메티스는 오케아노스와 테튀스의 딸로 제우스의 첫 번째 아내가 된다. 물의 신들이 대부분 그렇듯 여신 메티스는 다양하게 변신하는 힘을 갖고 있었지만, 특히 지략과 신중한 조심성으로 유명하다. 세계의 지배권을 차지하려는 싸움이 끝났을 때, 제우스는 그녀의 미덕을 자기 것으로 만들기 위해 그녀를 삼켜버렸다. 오르페우스 신앙의 제우스는 첫 조물주 파네스의 섭리에 순응하기 위해 '실천적 지혜' 메티스를 삼키지만, 그것은 세계를 재창조하기 위해서였다. 오르페우스 신앙에서 메티스는 신들을 잉태시키는 영광스러운 씨앗을 갖는 남신이기 때문이다.

파네스는 왕 홀을 그의 딸이자 아내인 밤 뉙스에게 넘겨준다. 뉙스와 파네스는 가장 잘 어울렸다. '빛나는' 파네스는 검은 밤이 없으면 아무 효과가 없고, '어둠' 역시 '빛'이 없으면 있으나마나 한 것이기 때문이었다. 헤시오도스의 계보에서 뉙스가 제우스조차도 두려워하는 신으로 묘사되는 것은 밤 뉙스가 혼자서 자신의 깊은 곳으로부터 죽음 타나토스(Thanatos), 잠 휘프노스(Hypnos), 슬픔, 고통, 분쟁, 불화 등을 낳았기 때문이다. 그러나 오르페우스 신앙은 헤시오도스의 생각을 수용하지 않았다. 데르베니 파피루스의 계보에서는 뉙스가 프로토고노스와 동등하게 취급된다. 밤 뉙스는 태초에 차지했던 위치 덕분에 '모든 신탁'을 내릴 수 있었고, 제우스도 뉙스에게 예언을 요청한다. 뉙스는 가이아와 우라노스를 낳고 왕 홀을 아들 우라노스에게 넘긴다. 데르베니 파피루스의 계보도 이 부분에서는 음유 서사시의 계보와 동일하다. '태평한' 신 우라노스는 티탄 크로노스 때문에 거세당해 영원히 '무력'하다. 오르페우스 신앙의 계보와 헤시오도스의 계보가 일치한다. 티탄 크로노스가 우라노스를 거세함으로써 하늘 우라노스와 대지 가이아가 서로 떨어지게 되어 만물이 자리 잡히고 시간이 흘렀지만, 오르페우스 신앙의 계보에서는 시간은 이미 존재하고 있었다. 제우스는 티탄 크로노스를 폐위하고 지배권을 잡았다. 그는 데르베니 파피루스의 계보가 언급하는 것처럼 뉙스의 예언을 해독하고 세계를 재창조하기 위해 프로토고노스—파네스—메티스를 삼킨다.

오르페우스 문헌에서 '삼킨다'는 것은 맹목적인 횡포가 아니다. 우주적 차원에서 그것은 창조의 모든 모델을 동화시키는 행동이며 지혜이다. '삼킨다'는 것은 지성이 스스로 살아난다는 것을 의미하기도 한다. 모든 것들이 '이제' 제우스의 내면 속에 새롭게 집결되었다. 그는 '이제' 세계를 재창조하여 왕 홀을 그의 아들 디오뉘소스-자그레우스에게 넘겨주려고 한다. 그러나 모든 것을 동화시키는 '삼키는' 행위는 탈피해야 했다.

새로운 왕은 이제부터 '깨달음'을 통해 모든 것을 자기 것으로 '소화'할 줄 알아야 했다. '삼키는' 행위는 옛 방식이기 때문이다. 어린 디오뉘소스가 티탄들에 의해 찢겨 죽는 것은 변화하는 세계를 보여주는 것이다. 새로운 시대의 왕권을 이어받기 위해서는 '죽음'을 통해 '깨달음'을 얻어야 하기 때문이다. 티탄들이 디오뉘소스를 죽이는 것은 디오뉘소스를 '죽음'으로부터 '깨달음'으로 이행시키는 행위이다. 티탄들이 그 역할을 맡은 것이다. 제우스가 디오뉘소스의 심장을 거두어 세멜레(Semele)의 몸에 넣은 것은 디오뉘소스의 '깨달음'의 완성인 '다시 태어남'을 위한 것이다. 스스로 찢기는 아픈 고통을 겪지 않고 누군들 성숙할 수 있으며 누군들 깨달았다고 말할 수 있겠는가? 오르페우스 신앙의 디오뉘소스는 주신(酒神) 디오뉘소스와 다르다. 통음난무와 일상의 저속함을 통해 신성을 획득하고 그로부터 다시 태어나려는 욕망은 열광과 무아지경의 환희를 가져다주지만, 그 황홀경은 존재의 한계와 경계를 무너뜨리고 몽롱한 마비 상태를 지속시킴으로써 살아온 모든 것을 과거 속으로 침몰시킨다. 그로부터 현실의 일상생활과 디오뉘소스적인 도취의 시간에는 괴리가 생기고, 일상생활은 혐오스러워진다. 현실을 살아가려면, 결국 욕망을 절제·거부하는 금욕적 성향을 갖게 되는 것이 주신 디오뉘소스를 좇는 행태의 결말이다. 반면에 오르페우스 신앙의 디오뉘소스는 고통받는 신으로, 통음난무 대신 '금욕'을 실행하는 신이다. 그러니까 통음난무의 디오뉘소스가 재창출된 것이다. 재창출된 디오뉘소스는 일상생활에서 오르페우스적인 삶의 방식을 따른다. 살생을 일절 금하고, 육식을 하지 않으며, 피 흘린 제물을 바치는 제례와 고기가 제공되는 향연엔 절대 참석하지 않는 생활을 하도록 권고한다. 오르페우스 신앙의 디오뉘소스는 주신 디오뉘소스가 구사했던 마법을 행사하지 않으며, 인간성과 동물성의 논란이 되는 그 중심에 서지도 않는다. 그는 전혀 다른 세계 앞에 존재한다. 그는 구원자로 행세하지 않는다. 그는 부활한 것이 아니라 다시 태어난 것이다. 그는 '깨달음'의 여정을 상징적으로 보여주는 신인 까닭에, '자연을 우의적으로 설명하는 것이 신화다'라는 주장과 전혀 관계가 없다. 오르페우스 신앙의 디오뉘소스는 포도주를 만드는 땅의 신이 아니라, 세계를 '새롭게' 시작하는 어린 신이다. 종합적으로 관찰해 볼 때, 오르페우스 신앙의 디오뉘소스는, 주신이자 땅의 신인 디오뉘소스의 요소를 갖고 있지 않다.

오르페우스 신앙의 전체적인 체계는 고통의 '수렁' 속으로 빠져들지 않기 위해, 오르페우스가 지하 세계에서 체험한 '망각하지 말아야 한다'는 고귀한 교훈을 깊이 새기면서 '매일매일의 금욕'을 통해 자기를 정화하고, 낮의 빛을 받으며 경건하게 살아가는 사람은 죽어서도 '안온한 운명'을 살아가리라는 믿음을 실천하는 것이다. 왜냐하면 인간의 영혼은 죽지 않고 윤회환생하기 때문에, 절제와 금욕을 실천해 최초의 순수함을 되찾지 않는 한, 끊임없이 돌아가는 윤회의 수레바퀴에서 벗어날 수 없기 때문이다. 최초의 순수함을 되찾는 것을 '망각하지 말아야' 한다. 망각은 고통의 수렁으로 빠져드는 것이며, 고통스러운 윤회를 거듭하는 무지이기 때문이다. 따라서 '기억'은 영혼 속에 들어 있는 신성을 되찾으려는 정체성 회복의 길이며 윤회의 수레바퀴에서 벗어나는 길이다.

"영혼에 관한 오르페우스 신앙의 믿음은 영혼에 관한 플라톤의 이론보다 역사적으로 앞선다. 오르페우스 신앙은 플라톤에게 영혼에 관한 상징적이고 신화적인 여러 요소들을 제공했다"[8]고 어떤 그리스 고대 철학 연구가는 말한다. 천지 창조 계보를 비롯한 오르페우스 신앙은 고대 그리스 시민의 종교적 형태를 붕괴시키는 것이었다. 오르페우스 신앙은 근본적으로 고통스러운 '개인적 수행'을 위한 것이기 때문이었다. 헤시오도스의 천지 창조 계보에 입각한 신과 인간들의 극복할 수 없는 거리감은 '제례'를 '올리고', '받는' 체제로 굳어져 통치자들의 시민 지배에 활용되었다. 그러나 인간의 영혼에 신성이 깃들어 있어 금욕을 통한 자기 정화에 의해 모든 개인은 불멸하는 영혼의 신성을 되찾을 수 있다는 오르페우스 신앙의 주장은, 도시 국가의 관행적인 제례 체제에 치명적인 손상을 입혔다. 신과 인간의 관계가 흔들렸기 때문이다. 오르페우스 신앙은 신들과 인간들의 전통적인 관행과 믿음 체계를 위반한 것이었다. 그러나 그것은 단순한 위반이나 과오가 아니었다. 신과 인간의 좁힐 수 없는 거리감과 이질성은 인간의 영원한 속박이었고 자유 의지의 말살이었다. 이제 오르페우스 신앙은 인간 영혼의 신성을 믿음으로써, 헤시오도스의 천지 창조 계보를 벗어나 '새로운 믿음과 세계'를 창조했다. 오르페우스 신앙의 주장은 고대 그리스의 전통적인 믿음 체계가 만족시켜 주지 못했던 정신적 욕구에 부응했다. 영혼의 구원을 믿는 그들의 관심사와 오직 오르페우스만을 섬기는 유일신 숭배 경향은 여러 가지 측면에서 고대 그리스의 다신교를 기독교로 이행시키는 데 괄목할 만한 공헌을 했다. 초기 기독교의 미술 작품에 오르페우스가 종종 그리스도의 이교적 형태로 등장하는 것은 좋은 본보기이다. 후일 15세기 피렌체의 신플라톤주의자이며 인문주의자인 마르실리오 피치노(Marsilio Ficino)는 영혼에 관한 플라톤의 주장과 기독교의 입장을 화해시킬 때 오르페우스를 거론했다. '인간 정신은 매일 신에 도달한다'는 피치노의 주장은 오르페우스 신앙과 같은 맥락이었다. 오르페우스 신앙이 인문주의자인 그에게 영향을 미친 것이다. 고대인들의 믿음과 근대 인문주의자의 주장이 오르페우스 '신앙'을 통해 만난 것이다. 이러한 만남은 19세기 낭만주의까지 지속되었다. 오르페우스는 그 만남을 통해 수없이 변모했다. 그의 전설을 받아들이는 사람들에 따라, 그는 연금술사, 접신론자, 시인, 인민의 지도자, 물질과 폭정을 제압하는 정신, 여성의 죽음을 애도하는 사랑의 영웅 등으로 불렸다. 16세기 르네상스 플레야드 파 시인들로부터 20세기 초의 릴케(R. M. Rilke), 콕토(J. Cocteau), 아폴리네르(G. Apollinaire)에 이르기까지 많은 시인들이 오르페우스를 시로 담아냈다. 고대 그리스의 다신교는 이제 사라졌어도 오르페우스 신화는 아직도 유럽의 문학과 예술에서 다양한 형태로 반복되어 이야기되고 있다.

2. 신들의 전쟁

세계를 안정적으로 지배하기까지 제우스는 많은 고난을 겪는다. 먼저 그가 태어나면서부터 예고된 티탄들과의 전쟁을 이야기해 보자. 우라노스의 거세는 세계를 억압으로부터 벗어나게 하여 만물이 제자리를 찾도록 했지만, 거세당한 우라노스는 자식들을 저주했다. 우라노스의 저주는 자식들로 하여금 피투성이 싸움에 빠져들게 했다. 우라노스를 거세하고 세계를 지배하게 된 크로노스는 자신의 어머니인 가이아에게서 태어난 외눈박이 퀴클롭스 삼 형제와 백수(百手) 거인 헤카톤케이레스 삼 형제를 지하 세계의 깊고 깊은 타르타로스(Tartaros)에서 꺼내 주지 않았다. 타르타로스는 대장간에서 쓰는 무거운 망치받이인 모루를 던지면 아흐레 동안이나 떨어져야 닿을 정도로 매우 깊은 곳이다. 가이아는 실망했다. 신비한 예언 능력을 가진 가이아는 크로노스에게 그도 역시 우라노스처럼 그가 낳은 자식들 중의 하나에게 왕권을 빼앗길 것이라고 말했다. 겁이 난 크로노스는 가이아가 말한 자신의 운명을 피해 보려고, 누이이자 아내인 레아가 아이들을 낳는 대로 삼켜버렸다. 그렇게 해서 맏아들 하데스, 둘째 아들 포세이돈, 맏딸 헤스티아, 둘째 딸 데메테르, 막내딸 헤라를 차례로 삼켰다. 남편의 극악무도한 행태를 참다못한 레아는 시어머니 가이아의 조언을 받아, 막내아들 제우스를 낳자 포대기에 아기 대신 돌을 싸서 크로노스에게 주어 삼키게 했다. 레아는 빼돌린 아기를 크레타 섬의 이데 산 동굴로 데려가 요정들과 쿠레테스(Kouretes)족이 키우게 했다. 어린 제우스는 아말테이아(Amaltheia)라는 요정의 보살핌을 받으며 염소 젖과 꿀을 먹으며 자랐다. 쿠레테스족은 원래가 청동 방패를 갖고 시끄럽게 노는 족속이라 창과 방패 소리에 맞춰 춤을 추며 놀았다. 혹시라도 아기 울음 소리가 크로노스 귀에 들릴까 봐 레아가 그렇게 시킨 것이다. 이데 산의 꿀벌들이 아기 제우스를 위해 만들어준 꿀과 염소의 젖을 먹으며 제우스는 무럭무럭 자랐다. 어느 날 어린 제우스가 놀다가 염소 뿔 하나를 부러뜨렸다. 제우스는 그 뿔을 아말테이아에게 선물로 주면서, 그녀가 원하는 모든 과일들이 이 뿔 속에 가득 채워질 것이라고 약속했다. 전설적인 '풍요의 뿔' 또는 '아말테이아의 뿔'은 그렇게 생겨났다. 염소가 죽자 제우스는 그 가죽을 갖고 있다가 아이기스(Aigis)라는 방패를 만들었다. '아이기스'는 '염소 가죽'이라는 뜻이다. 장성한 제우스는 폭풍우 치는 하늘에서 싸울 때 이 방패를 흔들었다. 결코 패하지 않는 무적의 방패였다. 그 후로 '아이기스'라는 말은 '강력한 보호물이나 방패'를 가리키게 되었다. 미국의 최신형 미사일 탑재 순양함 중의 하나가 '아이기스'의 영어식 발음인 '이지스(Aegis)' 함이라고 불리는 것도 그 같은 맥락에서이다. 훗날 제우스는 이 방패를 아테나에게 넘겨준다. 또 아테나는 이 방패를 반짝반짝 윤이 나게 닦아 영웅 페르세우스(Perseus)에게 빌려 준다. 페르세우스가 머리카락이 모두 뱀으로 된 괴물 메두사를 무찔러야 했기 때문이다. 이 괴물을 바라보는 사람은 모두 돌로 변해 버리기 때문에, 영웅 페르세우스의 수호신인 아테나는 페르세우스가 메두사를 바라보지 않고도 제압할 수 있도록 방패를 잘 닦아 빌려 주었다. 페르세우스는 메두사를 바라보지 않은 채 이 방패를 흔들어 댔고 그 방패에 비친 자신의 모습을 본 메두사는 자신의 마법에 걸려들어 페르세우스에게 머리가 잘린다. 페르세우스는 잘라낸 메두사의 머리를 수호신 아테나에게 바치고 아테나는 그 머리를 자신의 방패 '아이기스'에 붙인다. 그 후로 아테나의 방패는 더 한층 천하무적이 된다. '아이기스'를 바라보는 사람은 누구든 돌로 변하기 때문이다.

1) 티타노마키아

어른이 된 제우스는 아버지 크로노스의 지배권을 빼앗기 위해 일을 꾸몄다. 그는 지혜의 여신 메티스로부터 약을 얻어다 아버지에게 먹였다. 약을 먹자 크로노스는 자신이 삼켰던 아이들을 모두 토해 냈다. 제우스가 제일 늦게 태어났기 때문에, 크로노스가 토해 낸 아이들은 모두 제우스의 형과 누나들이었다. 지하 세계를 다스리게 되는 하데스, 바다의 신이 되는 포세이돈, 집 안의 불씨와 부엌의 여신이 되는 헤스티아, 대지의 곡식을 관할하는 여신이 되는 데메테르, 제우스의 아내이자 결혼의 여신이 되는 헤라를 토해 냈는데, 이들은 제우스보다 먼저 태어났음에도 불구하고 제우스의 동생들이나 다름없게 되었고, 제우스는 제일 나중에 태어났지만 이미 장성했으므로 장남 구실을 하게 된다. 형제들을 되찾은 제우스는 이제 아버지에게 선전 포고를 했다. 제우스 육 남매와 싸우게 된 크로노스는 자신의 형제인 티탄들에게 도움을 청해 자기편으로 끌어들였다. 신들의 전쟁이 일어난 것이다. 그러나 형제들이라고 해서 모두 크로노스 편에선 것은 아니었다. 지하 세계와 지상 세계를 가르는 스틱스 강은 티탄족에 속했지만 제우스 편에 가담했고, 프로메테우스와 크로노스의 아내인 레아와 크로노스의 어머니 가이아는 제우스 편에 가담했다. 타르타로스에 갇혀 있던 거인 형제들은 참전하지 못했다. 제우스 형제들과 티탄들과의 이 전쟁을 '티타노마키아(Titanomachia)'라고 한다. 이 전쟁은 10년 동안 계속되었다. 전쟁이 끝날 기미가 보이지 않자 가이아는 제우스에게 승리의 비법을 알려주었다. 타르타로스에 갇혀 있는 퀴클롭스 삼 형제와 헤카톤케이레스 삼 형제를 끌어내어 같은 편으로 삼으라는 것이었다. 티탄들과 같은 형제이면서도 흉측하게 생겼다는 이유만으로 땅속 깊숙한 곳에 갇혀 있던 그들을 해방시켜 자기편으로 끌어들이기 위해, 제우스는 멀고 깊은 타르타로스까지 내려가 그들을 데리고 올라왔다. 외눈박이 퀴클롭스 삼 형제는 솜씨 좋은 대장장이들이었다. 각각 브론테스(Brontes, 천둥), 스테로페스(Steropes, 번개), 아르게스(Arges, 벼락)라고 불리는 그들은 그 후 항상 제우스를 위해 봉사하게 된다. 제우스가 천둥과 번개와 벼락을 내리치는 것은 그들이 옆에서 돕기 때문이다. 이들 삼 형제는 포세이돈에게는 삼지창 트리아이나(Triaina)를 만들어주었고, 하데스에게는 머리에 쓰면 자신이 상대방에게 보이지 않게 되는 투구 퀴네에(Kynee)를 만들어주었다. 포세이돈의 삼지창 트리아이나는 구름과 비와 바람을 마음대로 불러올 수 있는 마법을 가진 것으로, 포세이돈의 상징물이다. 그는 항상 이 삼지창을 갖고 다니면서 파도를 일으키고 바람과 구름을 불러 바다의 위용을 뽐낸다. 하데스에게 만들어준 퀴네에도 특별한 투구였다. 살아 있는 사람들에게는 이 투구를 쓴 사람이 보이지 않았다. '하데스'라는 말 자체가 '보이지 않는 자' 또는 '볼 수 없다'는 뜻을 가진 그리스 말이다. 땅속은 아무도 들여다볼 수 없다. 지하 세계의 왕이자 죽음의 신인 그는 퀴네에를 쓰고 우리 곁에 몰래 다가와 한순간에 죽음의 나라로 데려간다. 한편 타르타로스에서 퀴클롭스 형제와 함께 올라온 헤카톤케이레스 삼 형제는 각각 100개의 손이 달려 있는 거인들이라 많은 손으로 바위 덩어리를 들어 티탄들을 공격하면서 제우스 형제들을 도왔다. 퀴클롭스 삼 형제와 헤카톤케이레스 삼 형제의 공헌은 제우스를 승리로 이끌었고 신들의 전쟁은 10년 만에 막을 내렸다. 전쟁에서 패한 크로노스를 비롯한 티탄들은 산 채로 타르타로스에 갇히게 되었다. 그러나 티탄이라고 불리기도 하는 거인 아틀라스(Atlas)에게만은 영원히 하늘을 받치고 서 있게 하는 무서운 벌을 내렸다. 제우스가 왜 아틀라스에게 무거운 벌을 부과했는지는 곧 언급하겠지만, 중요한 것은 아틀라스가 하늘을 확실하게 떠받쳐 준 덕분에 하늘과 땅의 개벽은 더 이상의 혼돈 없이 무사히 끝났다는 사실이다. 이제 천지 창조 이후 제1세대의 신들인 티탄들의 시대가 막을 내리고 제우스를 중심으로 한 올림포스 신들의 시대가 열렸다. 세대교체를 거쳐 제2세대 신들이 도래한 것이다. 그러나 올림포스 신들이 안정감 있게 자리 잡기 전에 또 다른 전쟁이 기다리고 있었다. 신들의 두 번째 전쟁이 그것이었다.

2) 기간토마키아

티탄들과의 전쟁에서 승리한 제우스는 티탄들을 타르타로스에 가두지만 어머니 가이아는 섭섭했다. 자신의 자식들이 깊고 어두운 땅속에 영원히 갇혀 지내게 된 것이 측은했다. 그들을 해방시켜 주고 싶었다. 생각 끝에 가이아는 우라노스의 생식기가 잘려 나갈 때 자신의 몸인 대지 위에 떨어진 피에서 태어난 기간테스(Gigantes)들에게 도움을 청했다. '기간테스'란 어원적으로 '가이아의 자식들'이란 뜻이다. 영어 '자이언트(giant)'도 여기서 비롯되었다. 거인들인 이들은 인간의 모습이었지만 불사의 몸은 아니었다. 그들은 신과 인간이 함께 타격을 가할 때는 죽게 되는 운명이었다. 온몸이 털로 뒤덮인 그들은 워낙 거대하고 힘이 세서 산도 들어

올릴 수 있었고, 다리는 온통 뱀으로 되어 있었다. 가이아의 부탁을 받은 그들은 제우스를 비롯한 제2세대 신들과 제우스의 자식들이 사는 올림포스를 공격했다. 불붙은 나무들과 큰 바위들을 집어던지며 치고 올라갔다. 천지가 요동쳤다. 올림포스 신들도 가만히 당하고만 있을 수는 없었다. 제우스는 번개로 무장하고 아테나 여신은 창과 방패를 들었다. 제우스의 아들들인 디오뉘소스, 아레스, 헤파이스토스, 아폴론 등은 각자가 좋아하는 무기를 들고 맞서 싸웠다. 전쟁은 오랫동안 계속되었다. 기간테스들을 결정적으로 물리치기 위해서는 신들을 도와 함께 싸울 수 있는 인간이 있어야 했다. 제우스는 아테나를 보내 헤라클레스를 데려오게 했다. 하지만 헤라클레스가 참전했다는 것은 이상하다. 그는 인간 창조와 대홍수 훨씬 이후에 태어난 영웅이기 때문에, 이때 그가 참전했다는 것은 신화의 연대기 순서상 맞지 않는다. 이는 '기간테스와의 전쟁'을 뜻하는 '기간토마키아(Gigantomachia)'가 비교적 나중에 인위적으로 만들어진 이야기임을 여실히 드러내 주는 것이다. 어쨌든 신들과 기간테스들의 전쟁 속에 헤라클레스가 끼어들었다. 신들이 기간테스들을 공격하는 바로 그 순간 그는 활로 기간테스들을 쏘았다. 신들과 인간이 합세한 공격에 기간테스들은 사방으로 흩어졌다. 패색이 짙었다. 큰소리치던 엥켈라도스(Enkelados)는 시칠리아 섬 밑에 깔려 죽었고, 폴뤼보테스(Polybotes)는 포세이돈이 던진 섬에 맞아 죽었다. 그 밖의 기간테스들도 이런저런 사정으로 죽거나 사방으로 도망갔다. 에게 해의 지형들에 얽힌 많은 전설들 중에는 기간테스들의 죽음과 연관된 것들이 많다. 기간토마키아의 이야기가 기원 신화로 유연하게 변해 전승된 것이다. 기간토마키아는 티타노마키아와 상당 부분 비슷하다. 천지 창조 이후 안정된 세계 지배권이 확립되기까지의 혼란을 이야기하고 있다는 점에서 두 전쟁은 서로 다를 것이 없다. 이제 티탄들과 기간테스들을 물리친 제우스에게 마지막으로 남은 시련이 있었다. 바다 괴물 튀폰(Typhon)과의 싸움이었다.

3) 튀폰과의 싸움

튀폰은 기간테스들보다도 더 큰 괴물이었다. 튀폰의 태생에 대해서는, 제우스의 누이이자 아내인 헤라가 남성의 도움 없이 혼자 낳은 아들이라는 설과, 기간테스가 참패한 것을 목격한 가이아가 복수하기 위해 땅속 깊은 곳에 있는 타르타로스와 결합해 낳은 아들이라는 설이 있다. 때때로 그의 머리는 별에 닿았고, 손에는 손가락 대신 수많은 용 머리가 달려 있었다. 허리부터 발끝까지는 온통 독사로 휘감겨 있었다. 등에는 날개가 달렸고, 눈에선 불꽃을 뿜어 댔다. 소름 끼치도록 무서운 튀폰이 올림포스를 공격하자 여러 신들이 줄행랑을 놓았다. 공포에 젖어 이집트까지 달아난 신들은 제각각 동물로 변해 사막에 몸을 숨겼다. 아폴론은 소리개로, 헤르메스는 따오기로, 아레스는 물고기로, 디오뉘소스는 염소로, 헤파이스토스는 황소로 변했다. 그러나 제우스와 아테나는 튀폰과 정면으로 맞섰다. 이집트와 중앙아라비아 접경 지대에서 제우스는 튀폰과 일대일로 육박전을 벌였다. 그런데 튀폰이 우세했다. 튀폰은 제우스가 갖고 있던 낫을 빼앗아 제우스의 팔과 다리의 힘줄을 잘라버렸다. 그런 다음 힘을 못 쓰는 제우스를 어깨에 걸쳐 메고 지금의 시리아와 터키의 접경 지대인 킬리키아(Kilikia)로 가 그곳의 동굴에 가두는 한편, 용의주도하게도 제우스에게서 잘라 낸 힘줄은 곰 가죽에 싸서 용에게 맡겼다. 그러나 상업과 도둑의 수호신 헤르메스와 목신(牧神) 판(Pan)이 튀폰 몰래 힘줄을 훔쳐 제우스에게 돌려주었다. 제우스는 이제 활력을 되찾았다. 다시 싸움이 붙었다. 이번 싸움은 오래 지속되었고 그 이야기는 세계 방방곡곡에 퍼졌다. 마침내 제우스가 튀폰을 제압해 시칠리아의 에트나 화산으로 짓눌러 놓는 데 성공했다. 제우스는 그의 마지막 적을 물리쳤다.

한편 포세이돈의 두 거인 아들이 산들을 쌓아 올려 그걸 타고 올림포스에 올라와 아르테미스와 헤라에게 구애하며 그녀들을 괴롭혔지만, 제우스의 세계 지배에 영향을 미치는 것은 아니었다. 제우스의 번개 한 방에 그들은 지옥으로 떨어져 버렸다. 이제 제우스의 권위는 더 이상 도전받지 않았다. 괴물의 시대가 끝난 것이다. 세계의 질서와 안정은 더 이상 흔들리지 않았다. 세 번에 걸친 제우스의 싸움은 그가 지배권을 확립하기 위한 시련이었다. 이후에도 세계의 악을 상징하는 여러 괴물들이 등장하지만 제우스가 무찌른 시초의 거인들과 괴물들에 비하면 상당히 약한 것으로, 신들에게는 위협적이지 못했고 오직 인간들만을 괴롭혔다. 그것들을 퇴치하는 위업을 달성한 영웅은 헤라클레스였다. 헤라클레스에 관해서는 영웅 신화를 다루는 장(章)에서 살펴보겠다.

4) 권력 및 세대 교체의 특징

그리스 창세 신화는 일련의 '교체'를 통해 전개되었다. 그 교체는 세계의 지배권을 잡았던 앞의 세대를 '폭력'으로 밀어냄으로써 성취되었다. 그리고 두 번의 권력 투쟁에서 모두 막내가 세대교체를 주도하고 패권을 잡았다. 티탄 열두 형제자매 가운데 가장 늦게 태어난 크로노스가 아버지 우라노스를 거세하고 패권을 잡은 데 이어, 크로노스의 육 남매 자식들 중 가장 늦게 태어난 막내 제우스가 티타노마키아에서 아버지와 아버지의 형제들을 제압하고 세계의 지배권을 차지했기 때문이다. 이 같은 이야기는 막내 상속의 사회적 관행을 간접적으로 반영하는 것이라고 말할 수도 있겠다. 그러나 역사적으로 고대 그리스의 어떤 곳에서도 막내 상속의 예를 찾을 수 없다. 최근에는 막내 상속의 이야기는 그리스 민족이 아닌 다른 민족의 관행에서 비롯한 것으로 추정한다. 그러한 추정을 뒷받침하는 것은, 우라노스의 천체(天體)적인 성격과 크로노스의 우라노스 거세 등의 이야기는 아시아에 뿌리를 두고 있다는 사실이다. 히타이트의 문헌에 따르면, 터키 중앙부 아나톨리아의 넓은 지역에서 시리아에 이르기까지 이와 비슷한 신화들이 널리 퍼져 있었다. 에게 해를 둘러싼 이 지역의 민족들이 항상 긴밀하게 유대를 맺고 있었던 것 같다.

따라서 진정한 그리스 신화는 제우스의 등극과 함께 시작한다고 할 수 있다. 우라노스의 생식기를 절단하는 것은, 아시아에 뿌리를 두고 있는 고대 농경 사회에서 생산과 풍요를 기원하며 행하던 종교 의식(儀式) 행위이다. 거세 때 땅에 떨어지는 피가 대지의 생명력과 다산성을 증진시킨다고 믿었기 때문이다. 그러나 제우스가 크로노스를 물리친 것은, 먼저 자리 잡고 있던 신앙 체계를 위력적인 새로운 신앙이 물리치고 패권을 차지한 사실을 우회적으로 표현한 것으로 생각할 수 있다. 제우스와 올림포스 신들의 티탄족 퇴치와 세계 지배권 확립은 우라노스의 거세처럼 고대 이민족의 종교 의식을 반영한 것은 아니다. 그것은 그리스 본토에 아리안족이 들어와 자리를 잡기 이전에 있었던 토착 신앙을 제우스와 그의 형제들로 형상화된 신흥 종교가 제압하고 대체하는 과정을 우의적으로 표현한 이야기일 가능성이 높다. 그러나 제우스가 물리친 그 신들은 완전히 사라진 것은 아니었다. 그 신들은 전설 속에 계속 살아남았거나, 어떤 곳에서는 종교 의식의 숭배 대상으로 남아 있었다. 그러나 그 신들은 이미 쇠퇴해서 뒤로 '물러난' 세력일 뿐이었다. 그리스 사람들은 헤카톤케이레스처럼 괴물 같은 신들은 좋아하지 않았다. 해양 국가인 그리스에서 그러한 신들은 대체로 바다와 관계된다. 가령 백수 거인 헤카톤케이레스는 고대 에게 해 연안에서 발견되는 가장 오래된 도기(陶器)에 빈번하게 그려진 바다 낙지들을 이야기로 바꾼 것이다. 바다 괴물들은 이 밖에도 더 있다. 가이아 혼자서 낳은 폰토스와 가이아가 교합하여 낳은 '바다의 노인'이라 불리는 네레우스(Nereus), 바다 괴물의 아버지 포르퀴스(Porkys) 등 많은 괴물들은 그리스 민족이 그리스 본토에 도래하기 이전부터 전승되었던 것으로 추정되고, 이 모든 존재들은 자연현상과 그 힘을 형상화한 것으로 보인다. 그러나 올림포스 신들은 자연현상을 형상화한 것이 아니다. 올림포스 신들 이전의 세대들, 다시 말해 티탄 크로노스가 아닌 다른 티탄들로부터 태어났거나, 가이아가 우라노스나 그 밖의 다른 것과 결합해 낳은 것들 가운데에는 괴물들이 많다. 이 괴물들은 영웅 신화와 '소설' 형식 신화에서 그 나름의 역할을 한다. 그러나 괴물들만 있는 것은 아니다. 티탄들로부터 태어난 자식들 가운데는 태양 헬리오스, 달 셀레네, 새벽 에오스와 많은 별들, 그리고 각종 바람과 태풍과 폭풍우 같은 자연현상을 형상화한 신들이 있다. 외눈박이 퀴클롭스 삼 형제가 천둥, 번개, 벼락을 뜻하는 브론테스, 스테로페스, 아르게스인 것은 바로 이런 형상화의 좋은 본보기이다. 하늘의 신 제우스가 이들을 휘하에 두고 언제든 천둥 번개를 내려치는 것은 자연현상의 형상화가 제우스를 통해서도 나타난 것이며, 천신(天神)인 그의 역할에 잘 어울리는 능력이다. 올림포스 이전의 신들은 괴물의 형상을 했든 자연현상을 우의적으로 형상화했든, 전반적으로 볼 때 자연현상의 여러 모습에 '이름'을 부여하고 '이야기'를 지어냄으로써 자연 신앙 체계를 구축한 결과라고 볼 수 있다. 그러나 토착 신앙을 제압한 올림포스 신앙은 자연 신앙 체계가 아니다.

3. 인간 창조

그리스 신화의 인간 창조 역시 천지 창조와 마찬가지로 여러 가지 이야기가 전해진다. 그러나 인류의 기원에 관해서는 정설(定說)이 없다. 신화의 조건 중 하나가 여러 이설(異說)의 집합인 까닭에, 정설이란 신화에 부합하는 말이 아니라, 어떤 종교의 경전 같은 것에 언급된 것을 가리키는 말로 적합하다. 또 한편으로는 인류의 기원에 관한 정설이 그리스 신화에 없다는 말은, 인간 창조에 관한 이설이 여러 가지 있다는 것을 뜻한다기보다는, 인간 창조에 관한 이야기 자체가 애매하고 불분명하다는 것을 뜻하는 것으로 생각해야 한다. 그리스 신화가 신화 중의 신화임에도 불구하고 인간 창조에 관한 설화는 가장 취약한 부분으로 꼽힌다.

먼저 앞에서 설명한 오르페우스 파의 천지 창조 계보에서 말하는 인간의 기원을 다시 짚어보자. 제우스와 페르세포네 사이에서 태어난 어린 디오뉘소스는 제우스의 뒤를 이어 왕 홀을 잡게 되어 있었는데, 헤라의 사주를 받은 티탄들이 장난감과 거울로 꾀어내어 찢어 죽인 다음 심장을 제외한 몸뚱이를 삶거나 구워 먹는다. 이에 분노한 제우스는 번개를 내리쳐 티탄들을 재로 만든다. 이 재로부터 태어난 것이 인간이다. 디오뉘소스를 잡아먹은 티탄들의 재에서 태어났기 때문에, 인간에게는 디오뉘소스의 신성과 함께 티탄의 악한 요소가 내재되어 있다. 그래서 끊임없는 자기 정화를 통해 인간은 티탄의 악한 면을 떨쳐버리고 최초의 신성을 되찾을 수 있다는 것이 오르페우스 신앙에서 말하는 '인간 창조'의 핵심이다. 이처럼 인간과 신을 단절된 관계가 아니라 연결된 관계로 바라보는 것은 고대 그리스의 인간관으로서는 특이한 점이다. 티탄의 재로부터 인간이 태어났다는 이야기는 오르페우스 신앙의 고유한 주장이다.

그리스인들이 인간 창조에 관해 가장 널리 상상하고 이야기한 것은 인간이 흙에서 직접 태어났거나 간접적으로 태어났다는 것이다. 흙으로부터 '직접' 태어났다는 이야기는, 프로메테우스의 아들 데우칼리온과 그의 사촌이자 아내인 퓌라(Pyrrha)가 던진 '어머니의 뼈', 즉 어머니 대지의 뼈인 돌멩이로부터 인간이 태어났거나, 또는 대지의 품으로부터 곧바로 인간이 태어났다는 것이다. 흙으로부터 '간접적으로' 태어났다는 이야기는, 프로메테우스가 물과 흙으로 인간을 빚어냈다는 것이다. 한편 헤시오도스는 『일과 나날들』에서 다섯 가지의 인간 종족을 올림포스의 신들이 '만들었다'고만 이야기할 뿐 인간 창조에 대해선 구체적으로 설명하지 않고, 인간들은 대지 위에서 악(惡)과 피로와 고통스러운 질병을 알지 못한 채 평화롭게 살고 있었다고만 기술하고 있다. 헤시오도스는 이 책과 『신들의 탄생』에서 인간 창조에 관해서는 구체적으로 언급하지 않는 반면, 특이하게도 남자와 여자를 구별하게 된 이야기는 자세히 말한다. 헤시오도스는 프로메테우스 이야기를 하면서 남자의 기원에 대해서는 전혀 이야기하지 않는 반면, 여자의 기원에 대해서는 다음과 같이 자세히 설명하고 있다.

티탄 이아페토스(Iapetos)는 누이들 중에서 아내를 구하지 않고 형 오케아노스의 딸인 조카 클뤼메네(Klymene)와 결혼하여 네 아들 아틀라스(Atlas), 메노이티오스(Menoitios), 프로메테우스(Prometheus), 에피메테우스(Epimetheus)를 낳는다. 아틀라스와 메노이티오스는 사나운 거인이었다. 아틀라스는 기간토마키아에서 제우스에 대항해서 싸웠기 때문에 심한 벌을 받았다. 그는 세계의 서쪽 끝에서 하늘을 어깨 위에 받쳐 들고 있어야 했다. 그러던 중 메두사를 죽이고 돌아오던 페르세우스가 아틀라스에게 메두사의 잘린 머리를 보여주는 바람에 아틀라스는 돌로 변했다. 그리하여 아틀라스는 사람들이 사는 곳이 끝나고 대서양이 시작됨을 알리는 산맥이 되었다. 반면에 헤시오도스의 『신들의 탄생』에 따르면, 프로메테우스는 인간들의 좋은 후원자였다. 당시 신들과 인간들은 오늘날의 펠로폰네소스 반도 동북쪽의 시퀴온(Sikyon)에 해당하는 메코네(Mekone) 평야에서 풍요와 번영 속에서 갈등 없이 함께 살았다. 신들과 인간들이 차별화되지 않았던 황금시대였다. 황금시대는 크로노스의 형제인 티탄들과 제우스의 형제들인 올림포스 신들의 싸움이 일어나기 이전에 티탄 크로노스(Kronos)가 지배하던 시절을 가리키기도 한다. 신들의 세계가 폭력적인 사태로까지 악화되지 않았기 때문이다. 메코네 시대는 '모든 것이 질서와 아름다움, 호화로움과 고요함과 즐거움뿐이었다.' 모든 것이 평화로운, 시간 이전의 시간이었다. 가이아가 신들을 낳았듯이, 인간들도 만물의 어머니인 대지 가이아가 자신들을 낳았을 것이라고 생각하고는 인간의 기원을 캐묻지 않고 신들과 뒤섞여 같이 어울렸다. 인간들은 늙지도 않았다. 그러나 여자들은 아직 없었고, 여신들만 있었다. 인간은 남자들만 있어서 여자들과의 혼례를 몰랐다. 메코네 들판에서 신들과 인간들은 함께 어울려 잘 살았지만 마침내 헤어져야 할 시기가 도래했다.

신들 사이에 명예와 특권과 영역을 놓고 갈등이 생겼고 공개적인 싸움으로까지 번지게 되었다. 그러나 갈등과 타협 끝에 신들은 영역을 분할하기에 이른다. 올림포스 신들은 싸움에 패한 티탄들을 지하 세계의 타르타로스로 내려 보내고 자신들은 높은 하늘에 자리 잡았다. 올림포스 신들 사이의 세력 분할은 제우스의 중재로 이루어졌다. 그런데 신들과 인간들의 자리는 어떻게 분할해야 하는가? 같이 어울려 지낼 때에는 자리가 문제되지 않았지만, 이제부터는 사정이 달랐다. 신들이 무력을 사용할 수는 없었다. 인간들은 너무 약했기 때문이다. 그렇다고 신들이 자신들의 동료들과 그랬듯이 인간들과 대등한 관계에서 합의를 볼 수도 없었다. 폭력과 대등한 관계의 합의 이외의 제3의 해결책이 필요했다. 제우스는 '먼저 생각하는 자'라는 뜻의 프로메테우스(Prometheus)를 불렀다. 'pro'는 '먼저'의 뜻이고 'metheus'는 '생각하는 자'를 뜻한다. 왜 프로메테우스가 해결사로 등장했을까?

프로메테우스는 신들의 세계에서 애매하고 잘 규정되지 않는 지위를 차지하고 있었다. 그는 티탄으로 불렸지만 크로노스의 형인 이아페토스의 아들이었기 때문에 엄밀히 말하면 티탄도 아니고, 그렇다고 올림포스 신도 아니었다. 그러나 그는 티탄의 성격을 물려받아 짓궂고 반항적이어서 비판을 잘하곤 했다. 제우스가 그를 부른 것은, 티탄이 아니면서 티탄인 그가 티탄 형제들과 함께 자신에게 대항해서 싸우지 않았을 뿐만 아니라 중립적인 태도를 취하면서도 은근히 자신을 도왔을 정도로 지략이 있기 때문이었다. 제우스와 프로메테우스는 다 같이 영리하고 재치 있었으며, 지략과 임기응변이 뛰어났다. 적을 제압하기 위해 온갖 술책을 다 부리는 것도 같았다. 그러나 결정적인 점에서 둘은 크게 달랐다. 제우스는 모든 권력을 갖고 있는 반면, 프로메테우스는 전혀 제우스의 적수가 되지 못했다. 제우스가 만든 세계는 위계질서로 짜인 계단식 체계였고 프로메테우스는 이 세계에 속했다. 후일 제우스는 그를 벌하고 쇠사슬로 묶어놓았다가 다시 풀어주고 화해하는 등 그에 대한 적의와 화해 사이를 왔다갔다 한다. 간단히 말해서 프로메테우스는 질서 잡힌 세계에서 이의를 제기하는 역할을 맡은 것이다. 제우스가 제도화한 질서 잡힌 세계에서, 프로메테우스는 제우스의 자리를 차지하려는 것이 아니라 신들의 세계 내부에 있는 문제를 거론하고 지배 체제에 이의를 제기했다.

그러나 한편 프로메테우스는 인간과 같은 성격을 갖고 인간과 공모했다. 그의 신분은 인간에 더 가까웠다. 인간들도 그처럼 애매한 존재였다. 메코네 들판에서 신들과 어울릴 때 인간들은 신성을 갖고 있었지만 한편으로는 동물성과 야만성 또한 갖고 있는 모순적인 존재였다. 티탄이 아니면서도 티탄이고, 그렇다고 올림포스 신도 아닌 프로메테우스는 신들 중에서 애매한 신분일 수밖에 없었고 인간의 편에 서기 때문에 신과 인간 사이에 있는 존재였다. 프로메테우스와 인간은 모순을 안고 있다는 점에서 서로 비슷했다.

제우스의 부름을 받은 프로메테우스는 멋진 황소 한 마리를 끌고 왔다. 신과 인간의 지위를 분할하기 위해서였다. 그는 소를 잡아 두 덩어리로 나눌 생각이었다. 프로메테우스가 준비하는 각 부분은 인간과 신의 서로 다른 신분을 표현하게 될 것이었다. 그는 먼저 가죽을 벗기고 뼈에서 살을 떼어냈다. 뼈들이 모이자 프로메테우스는 그것들을 먹음직한 희고 얇은 비계로 덮었다. 첫 번째 덩어리가 준비된 것이다. 그러고 나서 먹을 만한 모든 고기와 내장들을 함께 모아 보기 흉한 소의 위(胃) 점막으로 씌워놓았다. 두 번째 덩어리였다. 프로메테우스는 제우스에게 둘 중 하나를 먼저 고르라고 했다. 나머지 하나는 인간의 몫이 될 것이었다. 제우스가 선택하는 것에 따라 인간과 신의 경계가 드러나게 될 것이었다. 제우스는 두 덩어리를 바라보고 단번에 프로메테우스의 술책을 간파했지만 규칙을 따르기로 했다. 제우스는 먹음직스러운 비계가 덮인 덩어리를 골랐다. 그리고 비계를 걷어보았다. 살점이라고는 전혀 붙어 있지 않은 흰 뼈들뿐이었다.

이제부터 신과 인간의 관계가 달라지게 되었다. 프로메테우스가 소를 잡아서 했던 것처럼 이제 인간들은 '제물을 바치는' 행위를 통해 신들과 관계를 맺게 되었다. 제단 위에는 흰 뼈를 올려놓아 맛있는 냄새가 하늘로 올라가게 했다. 신들의 몫은 그것이기 때문이었다. 인간들은 남은 것을 차지하고 삶거나 불에 구워 먹었다. 이제부터 인간들은 제물로 바친 짐승의 살을 먹게 되었고 하늘의 신들에게는 맛 좋은 냄새를 올려 보내게 되었다. 겉보기에 좋고 맛있어 보이는 것은 먹을 것이 없었고 겉보기에 나쁜 것이 먹을 것이 있었다. 신들은 먹지 않아도 활력을 찾을 수가 있으나 인간은 먹어야만 살 수 있다. 그러므로 인간에게 먹을 수 있는 고기가 제공된 것은 당연하다. 반면 흰 뼈는 동물이나 인간에게 진정 소중한 것이다. 고기는 썩어 없어져도 뼈는 변치 않는다. 뼈는 먹을 수는 없지만 사라지지 않는 항구적인 것이며 신성한 것에 가장 가깝다. 게다가 그리스인들은 골수를 뇌와 정액에 관계되는 것으로 생각했기 때문에 매우 중요시했다. 골수는 여러 세대에 걸쳐 동물의 생명력을 번식과 후손을 통해 입증하기 때문이었다.

프로메테우스의 속임수를 통해 신들에게 돌아간 것은 결국 짐승의 '생명력'이었고 인간들이 받은 고기는 '죽은' 짐승의 고기에 불과했다. 인간들은 죽은 짐승의 고기를 배불리 먹을 수밖에 없었다. 인간들의 죽을 수밖에 없는 운명은 프로메테우스의 이 분할에 이미 함축되어 있었다. 인간들은 이제 덧없이 죽을 수밖에 없는 운명이고, 반대로 신들은 죽지 않을 운명이었다. 프로메테우스의 분할에 의해 인간들은 '죽을' 팔자가 되었고, 신들은 영속성을 갖게 되었다. 신들과 인간들의 위상과 신분이 결정난 것이었다. 만일 프로메테우스가 겉모습을 속이지 않고 뼈와 살로 양분하여

둘 중의 하나를 선택하라고 했으면 제우스는 아마도 동물의 생명력이 들어 있는 뼈를 골랐을 것이다. 그러나 겉모습을 그럴듯하게 꾸며놓은 까닭에, 제우스는 프로메테우스가 자신을 속이려고 한 것을 알아차리고 격노했고, 그를 응징하기로 마음먹었다.

제우스는 바로 그날부터 인간들이 자유롭게 사용하던 불을 사용하지 못하도록 감춰버렸다. 그와 동시에 인간들의 생명의 곡식인 밀도 숨겨버렸다. 불은 당초에 번갯불로서 제우스의 불이었는데 물푸레나무 꼭대기에 놓여 있었기 때문에 인간들은 그 불을 갖다 쓰기만 하면 되었다. 신들도 제우스가 물푸레나무 위에 놓아두는 불을 사용했다. 인간들과 신들이 같은 불을 사용했다. 그런데 제우스가 불을 감추자 사정이 나빠졌다. 신들에게 제물로 바칠 고기를 익힐 방도가 사라졌기 때문이다. 인간들은 끓이거나 굽지 않으면 고기를 먹을 수 없었다. 인간들에겐 큰 재난이었다. 그러자 프로메테우스가 나섰다. 그는 아무렇지도 않은 기색을 하고 푸른 회향나무 가지를 하나 꺾어 들고 하늘로 올라갔다. 회향나무는 다른 나무들과 반대로, 겉은 푸르고 축축하지만 속은 완전히 바짝 마른 나무다. 프로메테우스는 불씨를 구해 회향나무 가지 속에 숨겼다. 불씨는 줄기 속에서 타기 시작했고, 그는 다시 무심한 여행객처럼 땅 위로 내려와서, 하늘에서 얻어온 불씨를 인간들에게 주었다. 인간들은 그 불로 부엌에 불을 지피고 고기를 요리했다. 하늘 위에서 느긋하게 불을 감춘 것에 흐뭇해하던 제우스는 땅 위의 모든 집에서 불빛이 반짝거리는 것을 보고 크게 분노했다. 소를 잡아 두 덩어리로 나눌 때처럼, 프로메테우스는 이번에도 겉모습과 알맹이 즉 '겉'과 '속'의 대립적 관계를 갖고 제우스를 희롱했다.

그런데 제우스가 불씨와 함께 밀도 숨겨버렸기 때문에 인간들은 여전히 난처했다. 메코네 들판에서는 곡식들이 저절로 자랐다. 땅을 경작하지 않아도 되었다. 따라서 힘들여 일할 필요가 없었고, 곡식을 수확할 필요도 없었다. 그런데 제우스가 밀을 감추자 인간들은 힘들어졌다. 프로메테우스는 이번에도 불쌍한 인간들을 위해 밀알을 훔쳐 왔다. 그러고는 밀알을 땅속에 숨겼다. 밭고랑을 파서 밀알을 넣고 싹이 트게 했다. 인간들은 이제부터 농사를 지어야 했다. 땀 흘려 일해야만 빵을 먹을 수 있었다. 해가 바뀔 때마다 밀알을 잘 보존해야 했고 수확해서는 단지에 잘 넣어 두고 아껴 먹어야 했다. 인간들은 이제 일을 해야만 먹을 수 있게 되었다. 한편 프로메테우스가 훔쳐 온 불은 메코네 시절 물푸레나무 위에 있던 불과 달랐다. 물푸레나무 위에 있던 불은 제우스가 사용하던 번갯불에서 유래한 하늘의 불이라서 결코 꺼지지 않았다. 그러나 이 불로부터 얻어온 불씨는 새로 태어난 불이라서 꺼질 수 있었기 때문에 항상 주의 깊게 다뤄야 했다. 잘 간수하지 않으면 꺼지기 때문이었다.

불은 인간 문화의 진정한 징표이다. 프로메테우스가 교묘하게 인간들에게 훔쳐다 준 불은, 동물과 인간을 구별하고 문명화된 창조물의 성격을 드러내는 '기술적' 불이다. 인간이 사용하는 이 불은 하늘의 불과 달리 잘 보살펴야 하는데 그렇지 못하면 모든 것을 태워버리는 광폭한 힘을 발휘해 도시와 숲을 송두리째 없애버린다. 불은 끊임없이 인간의 양면적인 특수성을 상기시킨다. 인간이 쓰는 불이 하늘에서 온 까닭에 갖게 된 '신성한 기원'과, 잘 보살피지 않으면 폭발하는 불의 '동물적 야만성'은 인간에게도 똑같이 적용될 수 있기 때문이다.

판도라, 최초의 여자

프로메테우스 덕분에 인간들은 이제 문명화될 수 있었다. 불을 사용하고 농사를 지었기 때문이다. 그러나 제우스와 프로메테우스의 지략 싸움은 끝나지 않았다. 인간들이 밀 농사를 지어 빵을 만들어 먹는 것을 본 제우스는 화가 치밀었다. 인간들에게 새로운 실망감을 더 안겨 주어야 직성이 풀릴 것 같았다. 제우스는 헤파이스토스, 헤르메스, 아테나, 아프로디테를 불렀다. 그는 헤파이스토스에게 물과 진흙으로 젊은 처녀 모습의 인형을 만들도록 했다. 헤파이스토스는 곧 아름답고 우아한 모습의 젊은 여자 인형을 만들기 시작했다. 헤르메스는 인간의 힘과 목소리를 인형에 불어넣어 살아 움직이게 했다. 아테나와 아프로디테는 그 인형에게 좋은 옷을 입히고 각종 장신구로 치장해 아름답게 꾸몄다. 준비가 끝난 그 인형은 눈부시게 찬란했다. 경이로울 만큼 아름다워 보기만 해도 넋이 나갈 지경이었다.

최초의 여자였다. 비록 신들에 의해 만들어진 인형이었지만 여자의 원형(原型)인 최초의 여자였다. 여신들이 있었기 때문에 여성적인 것은 이미 존재했지만 인간 여자로서는 처음이었다. 이 인형은 여자라는 종족의 원조가 된다. 그녀의 겉모습은 황홀하게 아름답고 신성하고 찬란했지만, 그녀의 내부에는 전혀 다른 것이 들어 있었다. 헤르메스는 그녀의 입속에 거짓말을 넣어주고, 도둑 같은 근성도 갖게 했다. 그래서 목소리는 아름답지만, 말은 진실과 자신의 감정을 왜곡하고 위장했다. 프로메테우스가 두 덩어리로 나누었던 음식과 회향나무 가지의 '겉'과 '속'이 서로 달랐던 것처럼 최초의 여자의 겉과 속도 크게 달랐다. 아프로디테도 태어날 때부터 빛나는 매력과 거짓말을 함께 갖고 있었다. 행복감을 고취하는 동시에 가장 암울한 고뇌를 불러올 수 있는 양면성이 최초의 여자에게도 있었다. 그녀의 이름은 '판도라(Pandora)'였다. 신들이 그녀를 빚어 만들 때 온갖(Pan) 재능(dora)을 그녀에게 넣어주었기 때문에 붙인 이름이었다. 판도라는 아프로디테처럼 빛나고 아름다웠지만, 밤의 자식처럼 거짓말을 하고 교태를 부렸다. 제우스는 이 젊은 여자를 신들을 위해서가 아니라 인간들을 위해 창조했다. '먼저 생각할 줄 아는' 프로메테우스는 자신이 패한 것을 곧 알아차렸다. 그는 자기가 도와주려는 가련한 인간들에게 어떤 일이 벌어질지 잘 알고 있었다. 그는 자신의 동생 에피메테우스(Epimetheus)가 걱정됐다. '에피(epi)'는 형의 '프로(pro)'와는 정반대인 '나중에', '후에'라는 뜻으로, 에피메테우스는 '나중에 이해하는 자'라는 뜻이다. 사실 인간들이란 프로메테우스처럼 미리 생각하지만, 에피메테우스처럼 나중에야 이해한다. 먼저 생각하고 준비해도 사태는 정반대로 흘러가 나중에야 이해되는 일이 빈번하다. 프로메테우스는 동생을 불렀다. 신들이 선물을 보내도 절대로 받지 말고 돌려보내라고 당부했다. 에피메테우스는 그렇게 하겠다고 다짐했다. 그러나 그는 신들이 선물로 보낸 판도라를 보자 황홀하여 넋이 빠져 그만 그녀를 자신의 거처로 들어오게 했고, 다음 날 그녀와 결혼하고 말았다. 판도라가 인간 세상에 아내로서 자리 잡은 것이다. 모든 불행은 그렇게 시작되었다. 인간들은 이제 남자들만의 세계가 아니라 남녀 양성으로 구성되어 후손을 만들 수 있었다. 신들이 보낸 여자가 인간들 사이에 나타나자 세상이 변했다. 인간들은 짝을 맺고 스스로 번식했다. 남자들만 있던 시절의 시간과는 다른 시간이 흐르기 시작했다.

헤시오도스의 『일과 나날들』에 기술된 여자의 기원을, 그가 『신들의 탄생』에서 말하는 프로메테우스의 이야기와 함께 짚어보았다. 남자의 기원에 대해선 전혀 말하지 않은 헤시오도스가 여자의 시원에 대해 길게 언급한 것은 흥미로운 일이다. 여자가 인간 세상에 나타나서 초래하는 불행은 어떤 것일까? 거짓말과 교태에만 그친다면 불행이라고 말할 수 없지 않을까? 헤시오도스를 따라 여자의 기원에 대해서 길게 언급한 만큼 마무리를 지어야겠다. 아울러 프로메테우스와 제우스의 관계는 어떻게 마무리되는지도 함께 짚어봐야겠다.

여자가 인간들에게 불행을 초래하게 되는 것은 제우스가 인간들에게서 불과 밀을 감춰버린 것과 무관하지 않다. 메코네 시절에는 농사를 짓지 않아도 괜찮았지만 이제는 달라졌다. 노동은 인간들에게 반드시 필요한 일과였다. 남자들은 피곤하고 힘든 삶을 살아야만 했다. 스스로 절제하고 부지런해야만 농사일을 할 수 있었는데 그렇게 해서 얻은 수확이라고 해봐야 별로 대단하지도 못했다. 아껴 먹어야 했고, 필요 이상으로 쓰지 않도록 조심해야 했다. 그러나 판도라와 그녀에게서 비롯한 여자라는 종족은 항상 만족하지 못하는 데다, 요구 사항도 많고 참을 줄을 몰랐다. '조금' 갖는 것에 만족하지 못하고 항상 푸짐하게 많이 먹기를 원했다. 헤르메스가 판도라에게 '탐욕'을 넣어주었기 때문이었다.

여자의 탐욕에는 두 가지가 있다. 우선 식욕이다. 판도라의 식욕은 대단했다. 메코네의 '황금 시절'의 추억 때문인지 그녀는 식탁에 앉으면 쉬지 않고 먹었다. 남자들이 일벌처럼 밖에서 농사일을 해서 수확해 오면 여자들은 집 안에서 여왕벌처럼 소비하기만 했다. 수확한 것을 소비하는 것으로도 모자라 남자를 홀리고 꾀어 곳간을 차지하려고 했다. 여자가 젊은 총각을 홀리는 것도 사실은 그의 곡식 창고가 탐나기 때문이다. 남자들은 에피메테우스처럼 여자의 겉모습에 넋이 빠져 여자들이 하자는 대로 끌려간다. 여자가 원하는 만큼 충분한 양식을 집에 가져다줄 수 없기 때문에 건강도 해치게 된다.

여자에게는 또 다른 탐욕이 있다. 그것은 성욕이다. 아무리 훌륭하고 절도 있는 여자라 하더라도 최초의 여자가 진흙과 물로 만들어졌기 때문에 축축한 기질을 갖지 않을 수가 없다. 그러나 남자들은 반대로 건조하고 더운 불의 기질을 가진다. 삼복더위엔 건조하고 불의 기질인 남자들은 완전히 지쳐 빠져 맥을 못 추는 데 반해, 여자들은 반대로 그들의 습한 기질 때문에 활기가 넘쳐 남편에게 부부 관계를 꾸준히 요구해 기진맥진하게 만든다. 불을 훔친 프로메테우스를 응징하고 인간들을 괴롭힐 생각으로 판도라를 만든 제우스는 여자를 통해 남자를 매일 불타오르게 해서 그를 메마르게 하고 나이도 들기 전에 늙게 만든다. 여자는 남자의 불을 훔치는 불 도둑이다.

이렇게 여자가 탐욕으로 남자를 늙게 하고 곳간을 탐낸다면, 차라리 여자 없이 사는 편이 낫지 않을까? 그러나 사정은 그렇지 못하다. 여자는 식욕과 성욕으로 남편의 모든 재산과 건강을 집어삼키는 탐욕스러운 불룩한 배다. 여자는 인간의 동물성을 표현한다. 남자가 결혼하면 삶은 대체로 지옥이다. 결혼 생활에는 온갖 괴로움이 따르기 때문이다. 좋은 아내를 만나기도 매우 어렵다. 따라서 남자가 결혼을 하지 않으면 행복하게 살 수 있다. 부족함 없이 편하게 살 것이며 모든 것을 자기 멋대로 즐길 수 있을 것이다. 그러나 나이가 들어 죽게 될 때 곳간에 쌓아 둔 재산은 누구에게 넘겨줄 것인가? 가깝지도 않은 먼 친척들에게 흩어지고 말 것이다. 결혼하자니 재앙이요, 안해도 재앙이다. 진퇴양난이다. 여자의 배는 탐욕의 상징이지만 한편으론 아기를 낳아 남자의 생명을 연장시킨다. 여자의 배는 인간의 가장 어두운 측면을 형상화하면서도 동시에 새로운 삶을 잉태하는 곳이다. 여자는 파괴적인 탐욕과 생산적인 잉태를 동시에 구현한다. 여자는 인간의 모든 모순을 한 몸에 갖고 있다.

한편 인간은 다른 동물처럼 아무하고나 짝을 맺진 않는다. 인간은 결혼을 통해 짝을 맺기 때문에 다른 동물들과 다르다. 그러므로 여자는 문화적 삶의 징표이기도 하다. 그리고 여자의 겉모습은 아름답기 그지없다. 여자의 매력과 아름다움은 신성한 것의 지상적인 표현이다. 여자는 인간의 탐욕과 신성을 동시에 구현하며 인간의 상반된 이중성인 동물성과 신성을 함께 산다.

판도라에게는 또 다른 일화가 있다. 그녀가 에피메테우스와 살림을 차리고 그의 아내가 되었을 때, 남편이 외출한 틈을 타 제우스가 그녀에게 속삭였다. 안마당의 많은 단지들 가운데 손을 대서는 안 되는 큰 단지가 있는데 그것을 열었다 닫으라고 꼬인 것이다. 판도라는 단지들이 있는 안마당으로 갔다. 포도주 단지, 밀 단지, 기름 단지 등 많은 단지들이 모여 있었는데, 큰 단지 하나가 따로 외딴 모퉁이에 숨겨져 있었다. 호기심이 발동한 판도라는 그 단지로 다가가 뚜껑을 열었다. 그 순간 이 세상의 모든 악과 나쁜 것들이 순식간에 단지로부터 빠져나와 인간 세상으로 흩어져 버렸다. 놀란 판도라가 곧 뚜껑을 닫았지만 단지 안에 남은 것이라고는 미처 빠져나가지 못한 '희망'뿐이었다. 판도라 자신이 이미 인간 세상의 악이고 불행인데, 그녀가 단지를 열어 다시 한번 온갖 악을 번성하게 만든 것이다. 단지에서 빠져나온 악들은 피곤과 각종 질병, 죽음 등 인간들을 괴롭히는 수많은 불행과 재앙이었다. 이것들은 믿을 수 없을 정도로 움직임이 빨라서 끊임없이 사방으로 번져나갔다. 그것들은 가만히 있는 법이 없고, 형태도 없어 보이지도 않을 뿐만 아니라, 소리가 없어 들리지도 않는다. 보기에 아름다운 모습과 듣기에 감미로운 목소리를 가진 판도라와는 달랐다. 이 불행들이 눈에 보이고 귀에 들리면 인간들이 그것을 피하고 예방할 수 있을 것 같아 제우스가 일부러 형태와 소리를 부여하지 않은 것이다. 눈에 보이고 귀에 들리는 여자의 악은 겉으로는 매력적이지만 실제로는 정반대인 것처럼, 인간의 삶은 겉과 속의 괴리로 점철된다. 그것은 인간들 편에 서서 신을 속이려고 든 프로메테우스의 술책에 분노한 제우스가 인간들에게 응징으로 부여한 인간의 조건이었다.

제우스는 인간들뿐만 아니라 프로메테우스도 벌했다. 제우스는 그를 세계의 동쪽 끝 코카서스 산맥의 높은 곳에 쇠사슬로 묶어놓고, 거대한 독사 에키드나(Echidna)에서 태어난 독수리가 그의 간을 파먹게 했다. 독수리는 제우스의 막강한 힘의 상징이자 그의 번개를 전하는 제우스의 새이다. 독수리를 시켜 프로메테우스의 간을 파먹게 한 것은 그가 인간들에게 고기를 주었기 때문이다. 이제 프로메테우스 자신이 독수리의 먹이로 희생된 것이다. 독수리는 매일 그의 간을 파먹었다. 밤이 되면 그의 간이 다시 자라났다. 매일 낮 독수리는 그의 간으로 배를 채우고 매일 밤 간은 다시 자라났다. 이 형벌은 나중에 헤라클레스가 그를 쇠사슬에서 풀어줄 때까지 계속되었다. 물론 제우스의 동의 없이는 불가능했다. 그 까닭은 이러했다.

아킬레우스(Achilleus)를 비롯한 수많은 영웅들에게 무술을 가르치고 교육을 시킨 반인반마(半人半馬, Kentauros) 케이론(Cheiron)이 어느 날 부상을 당했다. 그는 무척 고통스러워했지만 상처는 쉽게 낫지 않았다. 그는 차라리 죽고 싶었지만 불사(不死)의 몸이라 죽을 수도 없었다. 그는 결국 프로메테우스의 죽음과 자신의 불사를 맞바꿔 고통에서 해방되어 죽었고, 프로메테우스 역시 고통에서 해방되어 불사의 몸이 되었다.

프로메테우스는 인간들에게 먹을 고기를 주었기 때문에 벌을 받았는데, 특히 간(肝)은 제물로 바치는 짐승의 가장 중요한 부위였다. 신들로부터 제물로 인정받기 위해서는 반드시 간이 있어야 했다. 프로메테우스는 그가 저지른 잘못을 고스란히 돌려받은 것이다. 독수리는 제우스의 번개의 상징이자 번갯불을 나르는 사자(使者)이다. 어떤 의미에선, 프로메테우스가 훔친 불은 독수리라는 불의 매개체를 통해 그의 간에 고스란히 되돌아와 매일 그것을 차지하고 먹어치운 것이다.

한편 프로메테우스라는 존재는 애매하기 짝이 없다. 신의 세계에서 그의 자리는 분명하지 않다. 매일 낮 독수리가 먹어치우는 간이 밤새 다시 자라나는 이야기는, 삶과 시간에는 다음과 같은 세 가지 유형이 있다는 것을 암시한다. 첫째, 아무 일도 일어나지 않으며 모든 것은 이미 거기 있고 아무것도 사라지지 않는 '영원'의 세계인 '신들의 시간'과, 둘째, 태어나서 자라고 어른이 되어 늙고 죽는 한 방향으로 흘러가는 단선적인 '인간의 시간'과, 셋째, 프로메테우스의 간이 상기시키는 '순환하는 시간' 즉 마치 달이 커졌다가 소멸되고 다시 태어나는 것과 비슷한 시간이 그것이다. '순환하는 시간'을 '프로메테우스의 시간'이라고 말할 수 있다면, 그것은 별들의 움직임과 유사하고, 인간의 시간을 예측할 수 있게 하는 순환 운동과 비슷하다. 그것은 신들의 '영원'이 아니며, 지상의 '사라지는' 시간도 아니다. 그것은 철학자들이 말하는 움직이지 않으면서 영원히 움직이는 이미지이다. 프로메테우스는 그의 간처럼 인간의 단선적인 시간과 신들의 영원 사이에 걸쳐 있다. 게다가 그는 하늘나라와 지상의 세계 사이에 걸쳐 있다. 그는 중개인이었다. 그는 인간들이 신들과 어울리던 불사의 시절과 인간들이 신들로부터 떨어져 죽음에 굴복하는 시대의 연결 고리이며, 그의 간은 별들처럼 신들의 영원에 리듬을 부여해 신들의 세계와 인간 세상을 중개하는 것처럼 보인다.

4. 대홍수와 인간의 다섯 시대

프로메테우스에게는 데우칼리온(Deukalion)이라는 아들이 있었다. 그는 에피메테우스와 판도라 사이에서 태어난 딸 퓌라(Pyrrha)와 결혼했다. 지상에는 어디에서 났는지 모를 '청동족'이 살고 있었는데 사악하고 돼먹지 못한 놈들이었다. 제우스는 이 족속을 없애버리려고 대홍수를 일으키려고 했다. 그러나 제우스는 데우칼리온과 퓌라가 정의롭기 때문에 살려 줄 생각이었다. 그때 프로메테우스가 나타나 물 위를 떠다닐 방주(方舟)를 하나 만들라고 일렀다. 그리고 식량과 생활필수품을 미리 방주에 실어놓았다가 물난리가 나면 방주에 타라고 당부했다. 제우스는 바람을 일으키고 먹구름을 모아 천둥 번개를 날려 보내며 폭우를 쏟아지게 했다. 온 세상이 물바다였다. 프로메테우스의 조언에 따라 홍수에 대비한 데우칼리온과 퓌라는 아흐레 동안이나 물 위를 떠다니던 끝에 보이오티아의 파르나소스 산에 닿았다. 물이 빠지기 시작하자 그들은 배에서 나왔다. 그러나 땅 위의 모든 것이 물에 휩쓸려 떠내려가 황량하기 그지없었다. 제우스는 헤르메스를 그들에게 보내 소원을 말하면 들어주겠다고 전했다. 데우칼리온은 동료들이 있으면 좋겠다고 말했다. 모든 사람들이 물에 휩쓸려 떠내려가 죽은 마당에 아내와 단둘이 남게 된 그는 외롭고 사람들이 그리웠기 때문이었다. 제우스는 데우칼리온에게 어깨 너머로 '어머니의 뼈'를 던지라고 말했다. 그는 오래전부터 모든 것은 대지인 가이아로부터 생겨났다고 들어온 터라 '어머니'가 무엇을 뜻하는지 곧 알아차렸다. 그리고 '뼈'는 대지의 흙 속에 들어 있는 돌이나 바위라고 생각했다. 그는 제우스가 일러준 대로 돌을 주워 어깨 너머로 던졌다. 그러자 그가 던진 돌에서 남자들이 태어났다. 그의 아내도 남편을 따라 했다. 퓌라가 던진 돌에서는 여자들이 태어났다. 데우칼리온과 퓌라는 이 밖에도 자신들의 부부 관계로부터 태어난 자식들을 갖게 되었다. 이 자식들은 그리스인들의 선조가 되었다. 특히 맏아들 헬렌(Hellen)과 그가 낳은 도로스(Doros), 크수토스(Xouthos), 아이올로스(Aiolos)가 그들이다. 헬렌은 모든 그리스인들의 선조가 되고, 도로스와 아이올로스는 도리아인과 아이올리아인의 시조가 되었다. 크수토스는 아카이오스(Achaios)와 이온(Ion)을 낳는데 이들은 각각 아카이아(Achaia)인과 이오니아(Ionia)인의 시조가 되었다. 그리스 민족의 4대 시조들이 이렇게 태어나 그리스 각 지역으로 퍼져나갔다.

고대 그리스인들은 자신들의 도시와 지역의 고유성에 대해 유난히 관심이 많고 민족적 자긍심이 대단했기 때문에 그것을 곧잘 신화로 표현했다. 도로스는 펠로폰네소스 맞은편 지역을 받아 도리아인의 시조가 되고, 아이올로스는 테살리아의 왕이 되어 아이올리아인의 선조가 되며, 이온은 이오니아 지방의, 아카이오스는 펠로폰네소스 반도의 시조가 된다. 물론 그리스 도시들은 저마다 신화적 기원을 갖고 있다. 도시를 창건한 영웅들에 관한 전설이 그것이다. 테바이(Thebai)나 아테네를 세운 시조들은 제우스의 아들이거나 '땅에서 태어난' 인물들이다. 일곱 개의 문이 달린 테바이 시를 세운 것은 제우스의 쌍둥이 아들 암피온(Amphion)과 제토스(Zethos)이며, 아테네를 세운 것은 반은 사람이고 반은 뱀인 케크롭스(Kekrops)인데, 그리스인들은 오래전부터 뱀은 땅에서 태어난 것으로 믿고 있었던 까닭에 그를 땅과 밀접한 관계를 가진 인물로 생각했다. 그의 후계자 에리크토니오스(Erichthonios) 역시 헤파이스토스의 정액이 땅에 떨어져 그로부터 태어난 인물이다. 아테네인들은 이민 온 사람들 또는 아테네에 머무르는 이방인들에 대해 우월감이 대단했다. 자신들의 도시가 신화적인 기원을 갖고 있을 뿐만 아니라 자신들의 관계가 서로 평등하기 때문이었다.

한편 도시의 기원을 이민에 의해서 설명하는 경우도 있다. 트로이가 멸망하자 그곳의 아이네이아스(Aineias)가 다른 트로이 사람들과 함께 이탈리아 중부로 건너가 로마의 전신(前身)인 라비니움(Lavinium) 시를 건설했다는 이야기는 유명하다. 그러므로 로마의 기원은 트로이와 연계된다. 이 같은 전설은 중세까지 지속되어, 프랑크족은 그들이 트로이의 프랑쿠스(Frankus)의 후예라고 근거 없이 주장하고, 영국인들은 그들의 왕의 선조가 트로이의 브루투스(Brutus)라고 근거 없이 주장했다. 그리스인들은 도시의 창건자와 지역민의 시조에 대해서 높은 관심을 보였다. 도시와 지역에 따라 시조가 달랐고 그 시조들은 서로 같은 태생이 아닌 까닭에 '인간'의 창조가 어디서 비롯되었는지는 분명하지 않다. 가령 테살리아 사람의 시조는 데우칼리온과 퓌라의 자식 아이올로스이지만, 아테네와 테바이의 시조는 아이올로스가 아니다. 지역주의가 팽배해 지역마다 서로 다른 시조가 있었기 때문에 전체적인 통일성이 없다. 이야기의 이설(異說)이 많듯이 다양한 시조가 있었다. 세계의 다양성에 민감한 그리스 정신은 전체적이고 통일적이며 일관성 있는 설명은 혐오한 것 같아 보인다. 그리스 신화에서는 결코 하나의 신이나 조물주가 '일관성 있게' 세계를 창조하지 않는다. 그것은 이미 그리스인다운 상상의 세계가 아니다.

그러나 인간 창조에 관해서는 애매하고 불투명한 그리스 신화가 인간 종족의 변천에 관해서는 분명하게 밝히고 있다. 헤시오도스는 『일과 나날들』에서 다섯 가지 인간의 종족을 다음과 같이 기술한다.

크로노스가 지배하던 시절에 인간들에겐 황금 종(種)만이 있었다. 인간들은 신들과 함께 어울려서 살았다. 걱정도 고통도 불행도 몰랐다. 늙지도 않았으며 팔다리는 항상 건강했다. 걱정거리 하나 없이 언제나 향연을 즐겼다. 죽을 때는 잠이 드는 듯했다. 비옥한 땅에서는 곡식과 과일들이 저절로 자라났다. 따라서 일할 필요가 없었다. 이 종족들이 모두 죽어 땅

속에 묻히게 되자 그들은 제우스의 뜻을 받들어 좋은 정령이 되어 인간들 속에 끼어 살면서 그들을 지켜보고 행운을 갖다주곤 했다. 그들은 대단한 명예를 획득했다.

두 번째 종족은 올림포스 신들이 만든 은(銀) 종이었다. 이 종족은 황금 종보다 많이 열등했다. 키도 작았고 지능도 떨어졌다. 아이는 엄마가 주의 깊게 백 년 동안이나 보살펴야 했다. 드디어 성장하여 청년이 되어도 무지몽매하고 무절제했기 때문에 오래 살지 못했다. 은 종은 신들을 공경할 줄도 몰랐고 제사를 지낼 줄도 몰랐다. 제우스는 불경스러운 은 종을 못마땅히 여겨 그들을 모두 땅속에 묻어버렸다. 그들은 지하 세계에서 행복을 누리는 종족으로 분류된다.

세 번째 종족은 제우스가 만든 청동(靑銅) 종이었다. 그들은 물푸레나무 요정들로부터 태어났다. 은 종보다도 훨씬 못한 이들은 난폭하고 힘이 셀 뿐만 아니라 잔인하고 호전적이었으며 냉혈한들이었다. 그들의 무기와 집과 도구는 모두 청동으로 되어 있었다. 검은 쇠는 아직 등장하지 않았던 시절이다. 힘센 팔만 갖고 버티며 살던 그들은 바로 자신들의 힘에 희생되어 영광을 누리지 못하고 하데스의 지하 세계로 사라져버렸다. 난폭하기 그지없던 그들도 검은 죽음 앞에서는 꼼짝할 도리가 없었다.

이들이 사라지자 제우스는 네 번째 종족을 태어나게 했다. 청동 종보다 정의롭고 덕을 갖춘 훌륭한 종족으로, 반은 인간이고 반은 신인 영웅 종족이었다.[9] 그러나 이들은 테바이 전투를 비롯해 트로이 전쟁 등 끊임없이 전쟁을 치러야 했다. 전쟁이 끝나고 살아남은 영웅들은 제우스가 인간과 신들로부터 멀리 떨어진 땅 끝 섬으로 데려가 크로노스 지배하에 살게 했다. 모든 걱정과 근심으로부터 해방된 그들은 '행복의 섬'에서 풍요롭고 행복하게 살았다.

다섯 번째 종족은 헤시오도스 자신이 살고 있는 현재의 인간들로, 철(鐵) 종이다. 이들은 밤이고 낮이고 피곤하고 불안하다. 신들이 이들에게 항상 걱정거리를 갖다주기 때문이다. 아이들은 부모를 본받지 않고, 형제들끼리도 별로 우애가 없다. 부모가 늙으면 자식들은 공경하기는커녕 함부로 하기 일쑤이다. 약속도 지키지 않고 정의와 선(善)을 존중하지 않는다. 힘센 자가 법 대신 군림하고 악을 행하는 자가 명예로운 세상이다. 거짓 맹세와 왜곡된 언어로 악한 사람들이 착한 사람들을 해친다. 이제 인간들에게는 쓰디쓴 고통만이 남게 되었고, 악을 치유할 아무런 방도도 찾을 길이 없게 되었다.

헤시오도스의 이와 같은 종족 변천 혹은 시대 설명은 실제의 인류 역사를 기술한 것이 아니다. 각 종족은 완전히 사라지고 새 종족이 무(無)로부터 새롭게 창조되었기 때문이다. 각 종족이 '창조'되었다고 했지만 '인간' 창조에 대한 언급과 그 연속성은 헤시오도스의 기술에는 나타나지 않는다. 그는 인간 창조보다는 인간들 속에 내재하지만 겉으로는 보이지 않는 정신적 구조에 관심을 갖고, 그것을 황금, 은, 청동, 영웅, 철에 비유해 설명하고자 했던 것 같다. 그것은 인간 종족의 '신화'일 뿐, 결코 인간의 역사적인 다섯 '시대'가 아니다.

헤시오도스의 이 신화는 그리스 전역의 '인간'에 관한 성찰인 반면, 여러 지역과 도시의 창시자에 관한 전설은 서로 통일성 없이 제각각이어서 다양성을 선호하는 그리스 정신을 반영한다. 도시의 창건 이외에도, 인간에게 불을 가져다준 영광을 프로메테우스에게 돌리지 않고 아르고스의 영웅 포로네우스(Phoroneus)의 공로라고 주장하는 것은 아르고스인들의 자긍심이 반영된 것이고, 인간들에게 도시를 건설하고 죽은 자를 매장하는 법을 가르쳐주고 결혼 제도를 만든 영웅은 아테네를 창건한 케크롭스라고 주장하는 것은 아테네 사람들의 자존심이 반영된 것이다.

그리스 신화는 어떤 지역의 종족과 인간의 창조에 대한 이야기는 갖고 있지만, 다른 지역의 종족과 인간들은 이미 존재한 것으로 생각해서 별다른 언급이나 설명이 없는 것이 특징이다. 신화의 차원에서 보면 그리스인들은 지역주의로부터 벗어나지 못했다. 다른 지역과 서로 평등한 관계를 갖지 못한 탓이다. 지역마다 서로 다른 인간 창조의 신화가 있고 다양한 지역 창시자가 등장하는 것은 각기 다른 지역적 전통의 다양한 계보를 보여준다. 그러나 무(無)로부터 창조된 인간 창조 설화가 없기 때문에 신들과 인간들의 진정한 상호 의존·연계 관계가 없는 것이 그리스 신화의 특징이다. 그런 까닭에 그리스인들에게 인간은 '추락한 신'으로 비치기도 하는데, 이러한 관점은 '신화라는 것은 정반대의 과정을 제시하는 것이다'라는 주장과 함께 '인간은 자신의 고유한 능력으로 신의 경지에 도달할 수 있다'는 주장을 전개하기에 이른다.

그리스 신화 중에 인간 창조와 가장 근접한 신화는 프로메테우스 신화지만, 이 신화를 잘 검토해 봐도 그리스 신화 속의 인간 탄생은 제우스의 뜻과는 전혀 관계가 없다는 것을 알 수 있다. 제우스와 인간들은 서로 대립된 관계가 아니며, 게다가 제우스는 처음부터 '인간들의 아버지'가 아니었다. 그는 자신의 세상 속에서 인간을 우연히 만나 그럭저럭 함께 관계 맺고 지내던 상태였다. 제우스에게는 인간들이 필요했다. 올림포스 신들과 비교해 볼 때 인간들은 총애를 잃어버린 사촌 형제쯤 되는 방계 친척으로, 타고난 혜택을 향유하는 강력한 신들과 함께 우주라는 무대에서 평등하게 살았다. 신과 인간 모두 '운명' 앞에 굴복할 수밖에 없기 때문이었다. 이 같은 세계관에 입각해 볼 때, 그리스 신화에 등장하는 인간들은 실제로는 고대 도시의 노예들이며 신들은 자유로운 일반 시민들로서, 우연한 여건이 그들의 조건과 능력을 갈라놓았지만 타고난 본성은 동일하다는 것을 그리스 신화가 우회적으로 표현한 것이라고 설명할 수도 있다.

4

올림포스의 신들

Introduction to Greek Mythology

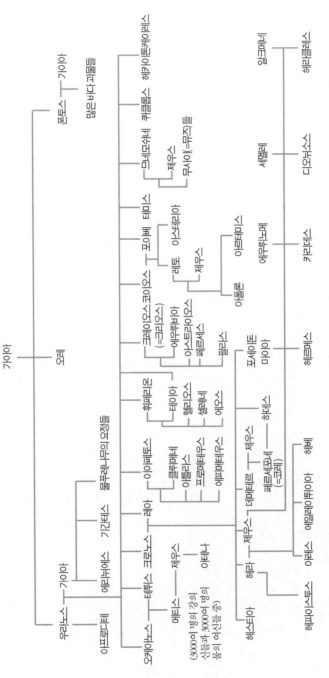

계보 5 헤시오도스의 신들의 계보

1. 세계 지배권의 분할과 역할 분담

제우스가 주도한 티탄들과의 싸움에서 승리한 크로노스의 자식들은, 헤스티아(Hestia), 데메테르(Demeter), 헤라(Hera) 세 자매와 하데스(Hades), 포세이돈(Poseidon), 제우스 삼 형제였다. 딸 셋, 아들 셋이었는데, 우라노스와 가이아가 낳은 티탄 열두 남매의 절반이었다. 티탄들과의 세계 지배권 쟁탈전에서 승리한 제우스 형제들은 거인들과의 싸움인 기간토마키아와 튀폰과의 싸움을 통해 세계 지배의 위험 요소들을 제거했다. 이제 안정적으로 세계를 지배하기 위해 제우스 형제들은 역할을 분담해야 했다. 여자들의 경우는 문제가 없었다. 인간들이나 신들이나 똑같이 그들의 의지로는 어떻게 해볼 수 없는 초자연적인 힘인 '운명'에 순응하기 때문에 '운명'이 정하는 대로 세 여신의 역할과 분야가 결정되었다. 크로노스와 레아의 맏딸 헤스티아는 그 이름이 뜻하는 '화덕'답게 부엌의 여신으로 가정의 한가운데에 자리 잡고서 움직이지 않고 집을 지켰다. 그녀는 올림포스의 다른 신들이 모두 트로이 전쟁에 참가했을 때에도 인간들의 가정에서처럼 항상 올림포스 신전을 지켰던 대들보였다. 그녀는 온화하고 인자한 성품의 영원한 처녀 신이었다. 그녀의 동생 데메테르는 농경지를 다스리는 여신으로, 고대의 농경 사회에서는 매우 중요한 역할을 수행했다. 데메테르는, 산과 사막과 아름다운 모든 곳을 관장하는 시초의 어머니이자 대지의 여신인 가이아와는 다르다. 데메테르는 곡식의 어머니 역할을 하는 여신이지만 밀의 경작에 관한 영역을 총괄할 뿐, 가이아처럼 대지 전체를 다스리는 어머니 여신은 아니다. 따라서 데메테르 숭배 의식도 밀이 자라는 비옥한 들판에서 주로 거행되었다. 헤라는 제우스의 누이이자 아내이다. 헤라는 결혼을 주관하는 여신이다. 고대인들은 매년 이들 부부의 결혼을 기념하는 축제를 열었다. 헤라 여신상을 젊은 신부처럼 치장하고 장신구로 꾸민 다음, 긴 행렬을 이끌고 도시를 가로질러 신혼부부의 침대가 놓여 있는 신전까지 모셔 간다. 축제는 이 의식을 통해 헤라와 제우스 부부의 출산 능력을 배가(倍加)시키며, 그로부터 이들 부부의 중개로 모든 자연의 생산 능력을 증진시킨다. 제우스의 세 누이의 역할과 권능은 '운명'이 결정한 것이지만 제우스 삼 형제의 경우엔 그렇지 못했다. 제우스와 포세이돈과 하데스는 제비뽑기로 지배 영역을 나누었다. 그렇게 해서 제우스는 하늘나라를, 포세이돈은 바다를, 그리고 하데스는 지하 세계와 죽은 자들의 왕국을 차지했다. 티탄들하고 싸울 때 퀴클롭스 형제들은 하데스에게 죽음의 상징인 '퀴네에'라는 마법의 투구를 주었다. 이 투구를 쓰는 자는 남들의 눈에 보이지 않았다. 퀴클롭스 형제들은 포세이돈에게는 육지와 바다를 뒤흔드는 '트리아이나'라는 커다란 삼지창을 주었고 제우스에게는 번개를 주었는데, 이 무기들은 모두 제우스 삼 형제가 차지하게 될 권능과 관계가 있는 것들이었다. 올림포스와 지상의 세계는 삼 형제가 같이 다스리기로 했다. 그러나 지하 세계에 기거하는 하데스는 거의 올림포스에 올라오지 않았으며 포세이돈도 바다 밑의 자기 세계에서

만 살았다. 그래서 자연히 올림포스는 제우스의 누이들과 자식들이 거주하는 곳이 되었다. 하데스와 포세이돈을 제외한 크로노스의 자식들과 제우스의 아들딸들은 그곳에 모여 함께 살면서 '신들의 회의'를 만들었다. 이 회의의 구성원 대부분이 제우스의 자식들이라서 제우스를 종종 '신들의 아버지'라고 부르게 되었다. 후일 로마 시대에 올림포스의 신을 티탄 '12형제'와 상응하게끔 '12신'으로 정해 명단을 만들기도 했지만 인위적인 성격이 강했다. 올림포스 신들의 구성은 시대에 따라 조금씩 변했기 때문이다. 고전기에는 제우스의 자식들로 올림포스 '제2세대' 명단을 만들었는데 이들은 모두 여덟 명으로 아프로디테, 아폴론, 아르테미스, 헤파이스토스, 아테나, 아레스, 헤르메스와 디오뉘소스였다. 크로노스가 낳은 육남매인 제우스, 하데스, 포세이돈, 헤스티아, 데메테르, 헤라까지 합치면 올림포스 신은 모두 열넷이었다. 호메로스는 디오뉘소스를 전혀 언급하지 않았는데, 미케네 시기에 선형 문자 B형으로 쓰인 점토판에 디오뉘소스라는 이름이 벌써 등장한 것으로 보아 디오뉘소스가 올림포스에 뒤늦게 들어갔다고 말하는 것은 적절하지 못한 것으로 생각된다. 신들의 수를 열두 명으로 하기 위해서는 올림포스에 거의 올라오지 않는 포세이돈과 하데스를 제외해야 했다. 그러나 호메로스의『일리아스』와『오뒤세이아』에는 포세이돈이 디오뉘소스 대신 올림포스의 열두 신 중의 하나로 등장하고 있다. 그러나 통상적인 올림포스 열두 신에는 포세이돈과 하데스는 들어 있지 않다. 올림포스 제2세대 여덟 신과 제우스, 헤라, 헤스티아, 데메테르를 합쳐 올림포스의 열두 신이라고 부르는 것이 일반적인 관행이다.

올림포스 신들을 열둘로 인위적으로 맞춘 것은 티탄 열두 형제의 수에 어울리게끔 하기 위해서만은 아니다. 12라는 숫자는 고대에 여러 관행에 두루 사용된 신성한 숫자였기 때문이다. 1년의 열두 달로부터 예수의 열두 제자, 헤라클레스의 열두 가지 모험, 그리고 서양의 별점 자리가 열둘이고, 동양의 지지(地支)도 열둘로 구성되어 있다. 올림포스 제2세대 여덟

신의 권능과 역할은 제우스의 누이들처럼 '운명'이 결정해 주었다. 아폴론은 예언, 질병의 전파와 치유, 그리고 특히 음악을 맡고, 그의 쌍둥이 누이 아르테미스는 숲을 관장하고, 아테나는 공예와 지혜와 승리를, 헤르메스는 상업과 전령을 맡고, 헤파이스토스는 대장장이 역할을, 아프로디테는 아름다운 사랑을, 아레스는 무술과 전쟁을, 디오뉘소스는 포도주를 맡았다. 장피에르 베르낭(Jean-Pierre Vernant)의 말에 의하면 이들은 서로 대립하면서도 보완하는 관계를 맺는 것이 특징이다. 헤파이스토스는 쇠사슬의 장인(匠人)으로 프로메테우스를 묶는 쇠사슬을 만들기도 했지만, 불을 사용하는 장인으로서는 불을 가져다준 프로메테우스와 가까운 관계이다. 한편 아테나는 목공예와 직물을 주관하는 공예의 여신으로, 헤파이스토스와 함께 '기술'을 관장하는 한 쌍의 신으로 통한다. 또 아레스가 야만적인 전쟁을 주도하는 무신(武神)이라면, 아테나는 도시를 수호하는 역할을 함으로써 전쟁의 사회적 기능을 수행한다. 그래서 아레스와 아테나는 전쟁을 주관하는 한 쌍의 신이 된다. 또 결혼 생활을 주관하는 헤라 역시 사랑의 여신 아프로디테와 함께 이율배반적인 한 쌍을 이룬다. 제우스의 누이이자 화덕의 여신 헤스티아는 가정의 중심인 화덕처럼 꿈쩍하지 않는 부동(不動)을 상징하는 반면, 헤르메스는 이행(移行)을 주도하는 여행과 움직임의 신이다. 산과 숲 등 문명화되지 않아 사냥하기에 좋은 곳을 관장하는 아르테미스는 야생적인 삶에 해당하는 유년기 및 청소년기와 밀접한 관계를 맺는 반면, 데메테르는 야생의 장소가 아닌 경작지를 관할한다. 철학자 니체가 한 쌍의 대립적인 신으로 주목한 신은 아폴론과 디오뉘소스이다. 아폴론은 질서와 안정을 좋아하고 불경하고 기이한 것을 혐오해 항상 진실만을 말하는 반면, 디오뉘소스는 기존의 모든 것들을 문제 삼고 그 질서를 흐트려놓는다. 디오뉘소스는 젊으면서도 늙었고, 야생이면서도 문명화된 양면성을 가진다. 한마디로 파악하기 어려운 디오뉘소스는 접근하기 힘든 '다른 곳'을 지향하며 그를 따르는 사람들이나 적들을 다 같이 그곳으로 인도한다.

올림포스 열두 신들의 대열에 들어가지 못하는 신들도 많이 있다. 제우스와 그의 누이 데메테르 사이에서 태어난 딸 페르세포네(Persephone)는 나중에 지하 세계의 왕 하데스의 아내가 되기 때문에 제외되었으며, 네레우스와 도리스의 딸로 포세이돈의 아내가 된 암피트리테(Amphitrite) 역시 바다에 살기 때문에 제외되었다. 이 밖에 제우스로부터 태어난 여러 신들 또한 제외되었는데, 청춘의 신 헤베(Hebe), 분만의 여신 에일레이튀이아(Eileithyia), 계절을 주관하는 호라이(Horai) 자매, 정신의 모든 활동을 주관하는 아홉 명의 무사이(Mousai, 뮤즈), 매년 식물들을 다시 피어나게 해서 세상을 기쁘게 해주는 우아(優雅)함의 세 자매 여신 카리테스(Charites) 등은 대체로 올림포스 열두 신들을 수행하거나 보좌하는 역할에 그치기 때문에 '위대한' 신들의 대열에는 동참하지 못했다.

2. 올림포스 열두 신들

1) 제우스

티탄 크로노스와 레아의 막내로 태어난 제우스가 그의 형제들과 함께 세계의 지배권을 차지하게 되는 과정과 제비뽑기로 하늘나라를 지배하게 된 것에 대해서는 앞에서 말했다. 그가 그리스 신화에서 '신들의 아버지'로 불리면서 우주적 권능을 가진다는 것은 유명한 사실이다. "제우스는 창공이며, 제우스는 대지이고, 제우스는 하늘이다. 그렇다. 제우스는 모든 것이며 모든 것 위에 존재하는 것이다"라고 아이스퀼로스는 말한다. 그의 면모들을 하나하나 짚어보자.

① 기후의 신

제우스(Zeus)라는 이름은 '번쩍이다'와 '하늘'을 뜻하는 인도유럽어족의 어근 'dei'에서 비롯되었다. 그의 이름은 '낮' 또는 '낮의 빛'을 가리키는 라틴어 'dies'와 같은 어근의 옛 형태인 'dyews'와 상응한다. 따라서 제우스는 근본적으로 '빛의 신'이자 '빛나는 하늘의 신'으로, 대기 현상이 일어나는 공간을 주관한다. 대기 현상인 기후는 인간들의 삶에 대단히 중요하다. 제우스는 자신의 권능을 과시하기 위해 산꼭대기에 자리 잡았다. 그가 사는 올림포스 산은 에게 해를 굽어보는 높고 험한 산이다. 그는 높은 곳에 자리 잡고 자신이 주관하는 대기 현상을 통제했다. 그는 구름을 모으고 천둥과 번개를 내리쳐 날씨를 다스린다. 또 고대인들은 독수리가 제우스의 번갯불을 나른다고 믿었다. 하늘의 신 제우스는 천둥과 번개 외에도 눈, 비, 가뭄 등 모든 기상 상태를 주관했다. 농경 사회인 고대의 생활에서 자연현상만큼 중요한 것은 없었다. 날씨 때문에 풍년과 흉년이 드는 만큼 그해의 수확은 제우스에게 달려 있었다. 그는 두려움의 대상이 될 수밖에 없었다.

② 풍년의 신

기후의 신 제우스는 농작물의 생산과 직접적인 관계가 있었다. 헤시오도스는 『일과 나날들』에서 농사를 지을 때에는 대지를 주관하는 제우스와 데메테르에게 기도하라고 권했다. 날씨를 주관하는 천신(天神)인 제우스가 농사와 그 생산성에 직접 관여하기 때문이다.

기후와 풍년의 신 제우스는 셈족인 가나안(Canaan) 사람들이 살았던 시리아–팔레스타인 지역에서 숭배되던 천둥과 번개의 신 바알(Baal)과 유사하다. 시리아–팔레스타인 지역의 바알이 그리스 지역의 제우스와 유사하다는 것은 그리스의 문화와 신화가 이웃 지역인 근동의 문화로부터 영향을 받으면서 생성되었다는 것을 우회적으로 말해주는 것이다(그림 7).

제우스가 페니키아의 왕 아게노르(Agenor)의 딸 에우로페(Europe)를 납치해서 크레타로 데려갔다는 이야기는 그리스가 가나안의 영향을 받았다는 것을 신화적으로 표현한 대목이기도 하다.

③ 가정의 수호신

풍년을 주관하는 제우스는 집안의 재산을 거두어들이고 보관하는 것도 보살핀다. 그는 곳간에 앉아 재산의 출입을 통제하면서 가정의 부를 지켜주는 수호신이다. 그는 집의 안마당에 자리 잡고 집안의 무사태평과 번영을 주관했기 때문에 고대 그리스인들은 정기적으로 안마당에 제사상을 차리고 제우스에게 제사를 올렸다. 도시 국가의 궁전 안뜰에 제우스 제단이 있었던 것도 이 때문이다.

④ 정화의 신

제우스가 가진 여러 덕목 가운데에는 사람들의 잘못과 오점을 씻어내는 정화의 능력이 있다. 타락과 과오로 더러워진 정신을 정화하는 제우스를 찬양하며 제물을 바치는 숭배 의식이 도시 바깥 넓은 터전에서 많은 사람들이 모인 가운데 장엄하게 거행되었다. 지난날의 행동을 속죄하고 스스로를 정화하여 새 삶을 찾으려는 인간들의 간절한 소망 때문이었다. 시니스(Sinis)라는 강도를 죽인 테세우스도 제우스 제단에서 죄를 씻었다.

⑤ 사회 기강의 수호신

호메로스의 서사시에는 '아버지 제우스(Zeus Pater)'라는 말이 자주 나온다. 이 말은 라틴어의 유피테르(Jupiter=Diespiter)와 같은 뜻을 갖고 있다. 그리스 민족은 기원전 2000년경에 그리스 땅으로 이주한 인도유럽어를 쓰던 아리안족(族)으로, '아버지 제우스'라는 표현은 그들이 이주하기 오래전부터 '하늘 신'을 가부장적인 신으로 믿어온 인도유럽인의 오랜 관행에 바탕한 것이다. '하늘 신'을 '아버지'라고 부른 것은 제우스가 인도유럽어를 쓰던 종족에게 모든 영역에서 가부장적인 권위를 발휘한다는 것을 의미한다. 하늘 신 '아버지 제우스'는 가족과 친척의 의무와 권리를 감시하고 특히 결혼 생활을 수호하는 신이다. 그는 또한 왕에게 왕권의 상징인 왕 홀을 건네주고 왕권을 수호하는 신이며, 나중에는 도시의 수호신이 되기도 한다. 도시의 수호신으로서 그는 시민을 계도하고 시민의 자유를 지켜준다. 그는 그리스에 머무는 이방인의 권익 보호에도 관심을 보여 아테네에는 '거류 이방인의 제우스'도 있었다. 한편 제우스는 정의를 수호하고, 폭력이나 협잡에 의한 권리 침해를 보호했으며, 모든 좋은 율법의 아버지였고 청원자의 대부(代父)였으며, 이방인과 거지를 보살피는 수호자였고, 맹세와 약속을 주관하여 당사자들이 서로 존중하는 자세를 갖도록 했다.

⑥ 예언의 신

제우스는 기후와 관계되는 자연현상을 주관했기 때문에 천둥, 번개 등으로 사태의 전조를 알리거나, 꿈을 꾸게 하거나, 말소리를 들려주거나, 새들이 나는 모양을 통해 예언을 했다. 제우스 신전들 중 가장 유명한 올림피아(Olympia)의 제우스 신전은 제우스를 예언의 신으로 모시고 있었다. 이곳에서는 사제들이 특히 제사를 올리며 제물을 불태울 때, 타오르는 불꽃 모양을 보고 제우스의 예언을 해석했다.

그러나 제우스의 예언이 가장 큰 위력을 발휘하는 곳은 바로 도도네(Dodone)였다. 이곳에선 커다란 떡갈나무의 성스러운 잎사귀들을 보고 제우스의 예언을 해석했다. 오뒤세우스도 여기에 와서 예언을 들었고, 헤라클레스도 여기에서 '아버지 제우스'의 예언을 들었다. 나뭇가지의 모양과 그 소리로 예언을 풀이하는 수목점(樹木占, dendromancie)은 때때로 비둘기 같은 새들의 나는 모습을 함께 해석함으로써 더 놀라운 신통력을 발휘하곤 했다. 도도네에서는 이 밖에도 다른 방법으로 제우스의 예언을 해석했는데, 그중에는 사제들이 발을 닦고 모든 예언의 근원인 땅 위에 누워 제우스의 신탁을 받는 것도 있었다.

⑦ 신들과 인간들의 아버지

몇몇 영역에서 제우스는 다른 분야를 관할하는 신들과 일종의 경합을 벌이기도 했다. 아폴론의 예언술, 데메테르의 농경, 아테나의 정치 문화의 영역은 제우스가 관할하기도 했지만 모든 것을 주관하는 하늘 신으로서 총체적인 역할을 할 뿐이었고 각 분야의 전문적인 신들을 방해하는 것은 아니었다. 제우스는 물질 세계와 정신 세계의 질서를 유지하는 것이 그의 사명이었기 때문에 높은 왕좌에 앉아 모든 것을 통치했다. 제우스는 세계를 창조한 신도 아니고 최초의 인간을 창조한 신도 아니었지만, 그 힘과 권력은 다른 모든 신들을 압도했다. 그가 올림포스의 신들을 모아놓고 자신 있게 일장 연설하는 것을 들어보면 그의 힘이 얼마나 크고 무서운지 알 수 있다.

> 잘 들어라. 내 말을(…) 어떤 여신이든 남신이든 내 말을 행여 어기려 들어서는 안 된다(…) 모든 신들 가운데서 내 힘이 얼마나 큰지 한번 시험해보려무나(…) 황금 밧줄을 하늘에서 늘어뜨려 신들이 모두 매달려 봐라. 그래도 나를 땅으로 끌어내리진 못할 것이다(…) 모두들 제아무리 안간힘을 쓴다 해도, 내가 만일 정말로 끌어당기려 든다면, 그야말로 땅째로, 아니 바다까지도 모조리 끌어올릴 수 있다. 그리고 그 밧줄을 올림포스의 뾰족한 봉우리에 둘둘 감아두면, 모든 것이 허공에 매달리고 말 것이다.[1]

그의 이 말에 신들은 모두 입을 다물고 있을 수밖에 없었다. 제우스의 전횡적인 통치와 아무도 억제할 수 없는 바람기를 참다못한 아내 헤라가 아테나와 아폴론, 포세이돈의 도움을 받아 제우스가 잠든 사이 그를 묶어 버리기도 했지만, 바다의 여신 테티스가 백수 거인 삼 형제 중의 하나인 브리아레오스 혹은 아이가이온(Aigaion)을 불러 그들의 음모를 무산시켜 버렸다. 제우스는 감사의 표시로 테티스의 아들 아킬레우스를 인간들 중 가장 위대한 영웅으로 만들어주었다. 제우스는 대단한 권위주의자였기 때문에 헤라와 부부 싸움을 하는 중에 아들 헤파이스토스가 어머니 편을 들자 아들의 발을 잡아 던져버렸다. 그 바람에 헤파이스토스는 하루 종일 하늘을 날다가 해 질 무렵에야 렘노스 섬에 떨어졌는데, 이때의 충격으로 절름발이가 되었다는 것은 유명한 일화이다.

인간들도 신들과 마찬가지로 제우스의 지침을 따라야 했다. 제우스는 자신의 궁전 안뜰에 두 개의 단지를 파묻어 놓았는데 그 속에는 선과 악들이 들어 있었다. 제우스는 그것을 퍼내어 인간들에게 나누어 주었기 때문에 인간들은 그에게 순종할 수밖에 없었다. 제우스가 선과 악을 섞어 나누어 주는 것을 받은 인간은 불행과 행복이 교차하는 삶을 살게 되지만, 악만을 받은 사람은 평생 끼니를 걱정하며 유랑하는 저주받은 인생을 살게 된다.

⑧ 제우스와 '운명'

한편 제우스는 두 전사(戰士)나 두 민족이 대결을 벌일 때 전세가 백중지세에 있는 결정적인 순간에 운명의 저울을 들고 그들의 생과 사를 가늠해 보기도 한다. 트로이 전장(戰場)에서 헥토르(Hektor)나 사르페돈(Sarpedon)이 죽음에 직면했을 때 제우스는 안타까워하면서도 그들을 구하지 않았다. 마음만 먹으면 얼마든지 그들을 죽음에서 구할 수 있었겠지만 그는 참았다. 세계의 질서를 흐트러뜨리기 싫어서였다. 제우스는 운명의 여신들인 모이라이(Moirai)에게 세계의 지배와 통치에 필요한 영향력을 행사할 수 있었다. 그러나 특정 인물을 살리기 위해 모이라이에게 청탁할 수는 없는 노릇이었다. 모이라이의 역할에 간섭하는 것은 그들에게 운명을 다스리는 임무를 부여한 신들과 스스로를 부인하는 일이기 때문에 제우스는 자제하고 조심했다.

⑨ 제우스 숭배와 신전

제우스는 그리스 전역에서 숭배되었기 때문에 그의 신전은 많았다. 최고의 신 제우스가 숭배되지 않는 곳은 그리스에 없었다. 특히 유명한 곳은 그의 예언을 받아내는 도도네였다. 테살리아의 올림포스 산 정상은 제우스가 자리 잡는 곳이지만, 이 산에는 제우스를 숭배한 어떤 흔적도 없다. 그러나 산기슭의 디옹이라는 도시에서는 숭배 의식이 거행되었다. 제우스 숭배 의식과 신전으로 가장 유명한 곳은 펠로폰네소스 반도 서북부에 있는 올림피아다. 이곳 들판에 세워진 아름다운 제우스 신전에는, 그 소간벽(小間壁, métope)에 헤라클레스의 열두 가지 모험이 부조로 장식되었고, 그리스 고전기의 최고 조각가인 페이디아스(Pheidias)가 금과 상아로 만든 14미터 높이의 거대한 제우스 상(像)을 신전 한가운데에 세워 당당하고 근엄한 제우스의 위대한 모습을 장엄하게 표현했다.[2] 아테네에도 아크로폴리스의 파르테논 신전 북쪽에 제우스 신전이 있었다. 그 밖에 그가 태어나 유년 시절을 보냈다고 전해지는 크레타 섬에서도 제우스 숭배는 대단했다. 헬레니즘 문화가 지중해 연안을 따라 확산되자 제우스 숭배도 따라서 확산되었고, 때로는 해당 지역의 토착신과 동화되기도 했다. 그리스는 끊임없이 침입자의 위협에 시달려야 했는데, 제우스 숭배는 지중해 연안에 흩어져 살던 그리스인들을 단결시키는 데 크게 이바지했다.

제우스 신전은 그리스 전역과 지중해 연안에 널리 퍼져 있었다. 모든 신들을 제압하는 최고 권력을 그가 갖고 있었기 때문이었다. 이성에 근거한 보편적 통치권과 유일신 사상의 징후가 이러한 제우스 숭배 의식 속에 갖추어져 있었다.

⑩ 제우스의 애정 행각

제우스의 애정 행각은 유명하다. 그의 애정 행각은 여신들뿐만 아니라 인간 여자들에게까지 다양하게 펼쳐진다. 그의 첫 아내는 지혜와 조심성의 여신 메티스(Metis)였다. 메티스가 첫 아이를 임신했을 때 제우스는 불길한 예언을 들었다. 메티스가 이번에는 딸을 낳겠지만, 다음에는 인간들과 신들의 아버지가 될 강력한 아들을 낳아 그 아들이 자신의 왕권을 빼앗을 것이라는 예언이었다. 제우스 자신도 아버지 크로노스의 통치권을 빼앗은 바 있기 때문에 더욱 걱정될 수밖에 없었다. 제우스는 메티스를 작게 만들어 과일과 함께 삼켜버렸다. '삼켜 먹는다'는 것은 그 먹은 것을 자기 것으로 만드는 것이어서 제우스는 메티스의 조심성과 지혜를 가질 수 있었다. 그렇지만 메티스가 임신한 딸 아테나는 태어나야 했다. 달이 차서 아테나가 제우스의 머리에서 태어나려고 하자, 제우스는 할 수 없이 도끼로 자기 이마를 갈라야만 했다. 메티스 다음에는 법과 질서와 이치(理致)를 상징하는 여신 테미스(Themis)와 결혼했다. 그로부터 계절의 여신 호라이(Horai) 세 자매와 운명의 여신 모이라이(Moirai) 세 자매가 태어났다. 호라이 세 자매는 에우노미아(Eunomia, 규율), 디케(Dike, 정의), 에이레네(Eirene, 평화)인데, 이들 모두 자연의 힘을 의인화한 존재들이다. 이들은 기후의 신 제우스를 도와 계절의 변화를 주관한다. 모이라이 세 자매는 생명의 실을 뽑아내는 클로토(Klotho), 운명을 나누어 주는 라케시스(Lachesis), 생명의 실을 끊는 아트로포스(Atropos)인데, 이들은 한 사람이 태어나서 죽을 때까지 그의 삶을 결정하는 운명의 실을 엮는다. 테미스와 제우스의 결합은 상징적인 의도가 짙은 철학 신화인 것이 분명하다. 이 신화는 전지전능한 제우스가 어떻게 세계의 영원한 질서를 유지하는지 보여주며, 아울러 그가 존중하는 '운명'이 실제로는 자신으로부터 비롯한 것이기 때문에 그의 전능함을 조금도 제약하지 않는다는 것을 잘 말해 준다.

제우스는 '기억'의 여신 므네모쉬네(Mnemosyne)와 아흐레 밤을 동침 하여 음악과 시를 관장하는 여신 '아홉' 자매를 낳았다. 이 아홉 자매들이 '기억'이라는 정신을 통해 신들의 나라와 인간 세상의 음악과 시를 담당하 는 여신들인 무사이(Mousai)다. 영어로는 '뮤즈(Muse)'라고 하고, 무사이 가 사는 신전을 그리스어로 '무사이온(mousaion)', 라틴어로는 '무사이움 (musaeum)', 영어로는 '뮤지엄(museum)'이라고 한다. 무사이 자매들이 맡 은 영역은 매우 유동적이어서 이설이 많다. 아홉 자매 중, 가령 오르페우 스를 낳은 칼리오페(Kalliope)는 현악과 서정시를 맡았다는 설과, 서사시 와 웅변을 담당했다는 설이 있다. 클리오(Klio)의 경우도 그녀가 영웅시와 서사시를 담당했다는 설과 역사와 리라 연주를 담당했다는 설이 있다. 나 머지 자매들의 담당 영역을 간단히 언급하면, 에우테르페(Euterpe)는 유행 가 혹은 음악 혹은 서정시 또는 비극을, 탈레이아(Thaleia)는 희극을, 멜포 메네(Melpomene)는 비극 또는 리라 연주를, 테르프시코레(Terpsichore)는 무용 또는 합창을, 에라토(Erato)는 연애시를, 폴림니아(Polymnia)는 무용 또는 서정시를, 우라니아(Urania)는 천문학을 맡았다. 이들 아홉 자매는 신들이 향연을 벌이는 올림포스로 올라가 시와 음악으로 잔치의 흥을 돋 운다. 고대로부터 르네상스 직전까지 시와 음악은 같은 것이었다. 그리고 시를 읊으면서 리라를 켜는 일은 문자가 창출되기 이전의 고대 사회에서 는 뛰어난 '기억'에 의존할 수밖에 없었다. 무사이 아홉 자매가 기억의 여 신의 딸인 것도 그 때문이다.

제우스는 오케아노스의 딸 에우뤼노메(Eurynome)와 관계를 맺어 우아 함의 세 자매 여신 카리테스(Charites)들을 낳는다. 세 자매의 맏이는 아 글라이아(Aglaia)로 '광채'라는 뜻이고, 둘째 에우프로쉬네(Euphrosyne)는 '기쁨', 셋째 탈리아(Thalia)는 '활짝 핀다'는 뜻이다. 이들은 처음엔 식물들이 봄에 만발하는 것을 주관하다가, 점차 여신들의 몸 치장을 활짝 피게해 광채와 기쁨을 더하는 보조 신으로 변했다.

제우스가 헤라와 결혼한 것은 인간들의 결혼처럼 제우스에게도 결정적이었다. 결혼한 뒤로 제우스는 자유롭지 못했다. 바람둥이 제우스의 행각을 헤라는 항상 주의 깊게 살폈다. 제우스가 인간 여자들을 상대할 때마다 헤라의 분노와 질투는 대단했다. 그러나 여신들에 대해서는 그렇지않았다. 제우스가 그의 누이 데메테르를 강제로 범해서 페르세포네가 태어났을 때에도 헤라는 질투심을 보이지 않았다. 제우스의 난봉기는 계속되었다. 티탄 코이오스(Koios)와 포이베(Phoibe)의 딸 레토(Leto)와 결합해아폴론과 아르테미스를 낳았고, 아틀라스의 딸 마이아(Maia)로부터 전령의 신 헤르메스를 얻었다. 아틀라스의 또 다른 딸 엘렉트라(Elektra)와 결합해 딸 하르모니아(Harmonia)를 얻고, 요정 아익스(Aix)와 결합해 목신판(Pan)을 낳는다. 판은 상반신은 인간의 몸이고 하반신은 염소의 모습이며, 머리 양편엔 뿔이 달려 있었다.

제우스는 인간들에게도 접근했다. 하지만 자신의 모습 그대로 여성들에게 접근하면 공포감을 줄 우려가 있어 여러 가지 모습으로 변신했다.이렇게 해서 태어난 자식들은 '제우스의 자손'이라는 이름 아래 귀중한혈통으로 자처하고, 그 지역의 시조가 되어 계보를 형성하는 등 자부심이 대단했다. 그러나 그중에는 터무니없는 주장도 있어 우스꽝스럽게 되는 경우도 있었다. 코린토스의 시조가 제우스의 아들이라는 주장은 그리스 전역에서 비웃음을 샀다. 그러나 그리스의 훌륭한 종족이나 가문들은대체로 제우스와 직·간접적으로 연결되는 혈통이었다. 예를 들어 펠로폰네소스 반도에 있는 여러 도시의 창건자들은 제우스의 후손이었다. 아르골리스 지역의 이름난 왕가인 아트레우스(Atreus) 가(家)의 시조 탄탈로스(Tantalos)는 제우스와 플루토(Plouto)의 아들이었다. 아르카디아 지역 또한 제우스와 요정 칼리스토(Kallisto)의 아들 아르카스(Arkas)를 시조로 모셨다. (여기서 '요정(nymphe)'이란 '젊은 처녀'라는 뜻의 보조 여신으로, 주로 들판이나 숲이나 물에 살면서 자연의 풍요롭고 아름다운 모습을 표현하는 역할을 하며, 때로는 어린아이의 양육을 맡기도 한다.) 라코니아 지방의 스파르타 사람들은 제우스와 요정 타위게테(Taygete) 사이에서 태어난 라케다이몬(Lakedaimon)을 자신들의 조상으로 생각했다. 한편 아르골리스 지역은 제우스 혈통이 중복해서 등장하는 유명한 고장이다. 제우스와 니오베(Niobe)의 아들 아르고스(Argos)가 이 고장을 세우고, 제우스와 다나에(Danae) 사이에서 태어난 페르세우스가 이 지역에 다시 제우스 혈통의 가문을 세웠기 때문이다. 테바이의 건설자 카드모스(Kadmos)는 제우스와 이오(Io) 사이에서 태어난 에파포스(Epaphos)의 증손자이며, 제우스는 카드모스의 딸 세멜레를 사랑하여 디오뉘소스를 얻는다. 크레타 섬은 에우로페(Europe)와 제우스 사이에서 태어난 미노스(Minos), 사르페돈(Sarpedon), 라다만튀스(Rhadamanthys) 삼 형제를 시조로 모신다. 제우스는 요정 아이기나(Aigina)와 관계해 아이아코스(Aiakos)를 낳는데, 그는 후일 트로이 전쟁의 영웅 아킬레우스와 아이아스(Aias)를 배출하는 프티아 지방과 아이기나 섬의 시조가 된다. 트로이 사람들은 제우스와 아틀라스의 딸 엘렉트라 사이에서 태어난 다르다노스(Dardanos)를 조상으로 섬겼다. 이처럼 그리스의 오래된 도시와 왕족들은 대체로 자신들의 혈통을 제우스에서 찾았다.

그러나 그리스의 민속학적 인종의 시조인 이온, 아이올로스, 도로스 등은 제우스가 아니라 데우칼리온과 퓌라의 자식들이었다. 그러나 그리스 인종들 중 가장 나중에 들어온 도리아인들은 자신들의 조상으로 도로스뿐만 아니라 제우스 또한 섬기게 되는 특이한 전설을 갖고 있었다. 도리아인들이 그리스 본토 북부에 자리 잡았을 때 그들은 이웃의 라피테스(Lapithes)족과 싸워야 했지만, 다행히 헤라클레스의 도움으로 잘 버틸 수 있었다. 감사의 표시로 왕은 그에게 자신의 왕국의 3분의 1을 주었지만,

헤라클레스는 그 영토를 후일 자신의 자식들에게 넘겨주라고 부탁했다. 나중에 헤라클레스의 아들 휠로스(Hyllos)는 왕의 두 아들이 차지하고 남은 3분의 1을 다스리면서 할아버지인 제우스 혈통이 뿌리내리게 했다.

제우스의 변신술은 유명하다. 그는 인간 여자들에게뿐만 아니라 요정들에게 접근하기 위해 곧잘 동물로 변신했다. 에우로페를 사랑하기 위해선 황소로 변신했고(그림 37), 스파르타의 왕비 레다(Leda)에게 접근하기 위해선 백조로 변신해 사랑을 나누었고, 그로부터 아가멤논의 아내 클뤼타임네스트라(Klytaimnestra)와 세상에서 가장 아름다운 여인 헬레네(Hellene), 그리고 '디오스쿠로이(Dioskouroi, 제우스의 아들들)'라고 불리는 카스토르(Kastor)와 폴뤼데우케스(Polydeukes) 형제를 낳는다. 제우스는 자신의 여인들도 동물로 변신시켰는데, 요정 칼리스토는 곰으로, 이오는 암소로 변하게 했다. 이로부터 고대 사회에선 동물 숭배가 비롯되기도 했는데, 동물 형태 속에 제우스의 신성이 숨겨져 있다고 믿기 때문이었다. 또 제우스는 인간으로도 변신했다. 한번은 테바이의 왕 암피트뤼온(Amphitryon)의 아내 알크메네(Alkmene)에게 접근하기 위해 전쟁터로 나간 암피트뤼온으로 변신해 알크메네와 동침했다. 그런데 바로 그날 밤 전장에서 돌아온 암피트뤼온이 아내 알크메네와 부부 관계를 맺는다. 하루 사이에 두 번 맺은 사랑에서 태어난 쌍둥이가 제우스의 아들 헤라클레스와 암피트뤼온의 아들 이피클레스(Iphikles)다. 또 제우스는 감옥에 갇힌 다나에(Danae)에게 접근하기 위해 황금 빗물로 변신하기도 한다. 천장 틈새를 통해 감방으로 들어간 그는 다나에와 사랑을 나누어 영웅 페르세우스를 낳는다. 감옥의 자물쇠치고 황금 앞에 열리지 않는 법은 없다. 제우스가 황금 빗물로 변신해 천장 틈으로 스며들었다는 이야기는 황금의 위력에 대한 통찰을 다나에와의 사랑에 섞어 재미있게 엮어낸 것이다.

제우스는 미소년도 사랑했다. 트로이의 왕 다르다노스에게는 가뉘메데스(Ganymedes)라는 아름다운 아들이 있었다. 이 소년의 아름다움에 반한 제우스는 독수리로 변신해 그를 납치한 후 올림포스로 데려와 신들의 술 시중을 들게 했다. 그러나 제우스의 사랑이 모두 이루어진 것은 아니었다. 그에게도 쓰라린 상처가 있었다. 제우스는 테티스를 좋아했지만 그녀와 결합하면 자기보다 훌륭한 아들을 낳을 운명이었기 때문에 테티스와의 결합을 포기하고, 테티스가 행여 다른 신과 결혼해 강력한 아들을 낳을까 두려워 테티스를 인간 펠레우스(Peleus)와 결혼시켰다. 그로부터 태어난 아킬레우스는 과연 불후의 명장(名將)이 되지 않았는가? 제우스의 두 번째 좌절은 요정 아스테리아(Asteria, 별)가 제우스를 거절하고 도망가다 유성(流星)처럼 바다에 떨어져 죽은 것이다. 그녀는 죽어서 델로스(Delos) 섬이 되었다. 제우스는 자신의 사랑을 거절한 벌로 델로스 섬을 아무도 찾지 않는 불모의 섬으로 만들었다.

제우스의 애정 행각과 그로부터 나온 자손은 다양하기 이를 데 없다. 이 이야기들은 각 지역과 귀족들이, 혈통을 중시하는 그리스인들의 관습에 따라 앞다투어 최고의 신 제우스를 조상으로 삼기 위해 제우스를 아내 헤라의 눈을 피해 바람을 피우는 신으로 만든 것이고, 아울러 그것은 왕의 통치권 합리화의 수단으로도 활용되었다고 할 수 있다. 왕이 세계의 지배자인 제우스의 자손으로 자처함으로써 자신이 당연하게 왕권을 물려받았음을 주장하는 것은, 중세 이후의 절대 군주 옹호론인 왕권신수설(王權神授說)로까지 발전되는 바탕이 된다.

그러나 제우스의 애정 행각 속에는 기후가 지배하는 농경 사회의 다산과 풍년에 대한 뿌리 깊은 소망이 숨겨져 있다. 앞에서 언급한 기후와 풍년의 신 바알(Baal)을 숭배한 가나안 사람들은 성적 결합 의식을 통해 다산과 풍년을 기원했다. 성적 결합이 밭에 씨 뿌리기와 같다고 생각한 그들은 성적 결합의 번성함이 다산과 풍년을 약속한다고 믿었기 때문이다. 바알처럼 천둥과 번개의 신이자 기후와 풍년의 신 제우스는 애정 행각이라는 씨 뿌리기를 통해 다산을 실현하면서 풍년을 기약했고 아울러 여러 지역의 왕권과 명망 있는 가문의 조상으로 자리 잡은 것이다.

그리스 전역에 광범위하게 전파된 제우스 숭배와 그에 관한 이야기들은 매우 다양하고 출처가 서로 다른 요소들이 얽혀 있어 제우스 신앙의 깊고 넓은 폭을 실감 나게 한다. 호메로스가 말하는 '신들과 인간들의 아버지' 제우스는 크레타 섬 미노아 문명에서 섬겼던 제우스와는 다르다. 크레타 섬의 제우스는 쿠레테스족의 보호 아래 자란 젊은 신으로, 대지의 여신의 아들이자 연인으로 자리 잡는다. 크레타의 젊은 제우스는 에게 해의 다른 곳으로 전파되지만, 가령 아르카디아 지방이나 프뤼기아(Phrygia) 지역의 제우스와 동일하지는 않다. 지역마다 고유한 민속적인 요소를 전(全) 그리스적인 전지전능한 최고의 신 제우스에 투사해서 해당 지역에 맞게 적절히 소화한 것으로 이해해야 할 것이다. 다양성을 선호하는 그리스인들이 하나로 통일된 신학적인 일관성을 갖는 제우스를 생각하기는 어려웠을 것이다.

2) 헤스티아

호메로스의 서사시에는 등장하지 않는 헤스티아(Hestia)는 헤시오도스의 서사시에선 크로노스와 레아의 맏딸로 등장한다. 제우스의 누이들 중 가장 존경받는 헤스티아는 종종 '하늘과 땅의 여주인'으로 불렸다. 그로부터 '헤스티아로부터 시작하다'라는 관용어까지 등장했는데 그것은 '처음부터 시작하다'란 뜻이다. 헤스티아는 사물의 본질을 우회적으로 지시하는 말이 될 정도로 널리 숭배되었다.

헤스티아의 가장 뚜렷한 특징은 처녀성이다. 포세이돈과 아폴론이 헤스티아를 쫓아다니며 사랑을 원했음에도 불구하고 헤스티아는 단호히 거절했다. 헤스티아는 방패를 들고 있는 제우스의 머리를 만지며 영원히 처녀성을 간직한 신성한 여신이 될 것을 결연히 맹세했다. 헤스티아의 두 번째 특성은 부동성(不動性)이다. 불사(不死)의 신들이 사는 올림포스나 땅 위를 걸어 다니는 인간들의 거처에 자리 잡고 움직이지 않는 것이 그녀의 특징이다. 이 여신은 모든 신들이 제우스를 따라 올림포스를 비울 때에도 혼자서 의연하게 신들의 집을 지킨다.

처녀 신이며 칩거하는 신 헤스티아는 집 안의 불을 다스린다. 집 안의 불은 화덕과 부뚜막에 있다. 고대 사회에서 화덕은 집 안의 중심이며, 부뚜막은 온 가족을 위해 따뜻한 음식을 준비할 수 있는 가정의 핵심이다. 헤스티아는 인도유럽인이 그리스로 이주하면서 들여온 그들의 토착신이다. 로마 시대에는 '베스타(Vesta)' 여신으로 불리는데, 이때는 가정의 불을 주관하는 차원을 넘어 국가의 공식적인 행사를 주관하는 중요한 여신으로 변모한다. 그러나 후일의 베스타와는 달리 그리스의 헤스티아는 가정의 불을 지켜주는 수호신이며 아울러 도시의 불의 수호신이기도 했다. 이때의 불은 헤파이스토스의 불과 같은 '기술적인' 불이 아니라 가정의 '화목'을 상징하는 화덕의 불이다.

『호메로스의 찬가』는 「헤스티아 찬가」 I편에서 "헤스티아 없이는 잔치가 있을 수 없다. 잔치를 시작하고 끝낼 때에는 꿀처럼 달콤한 포도주를 헤스티아에게 제주(祭酒)로 올려야 한다"고 하면서, 인간들의 거처에서는 헤스티아와 헤르메스가 우정으로 맺어진다고 말한다. 헤르메스는 끊임없이 움직이는 상업의 신이다. 한 가정은 안사람만 있어서는 흥할 수 없다. 바깥사람도 있어야 한다. 헤르메스는 '바깥'양반에 해당되고, 헤스티아는 '안'주인에 해당한다.

헤스티아는 원로원 공회관의 수호신이 되기도 했다. 아테네 공회관에는 그녀의 초상화가 걸렸고 그녀는 공회관의 수호신으로 공식적으로 숭앙받았다. 한편 헤스티아가 특별히 보살핀 곳이 있다. 델포이의 아폴론 신전이 그곳이다. 여사제 퓌티아(Pythia)가 기거하는 아폴론의 성스러운 신전은 헤스티아가 지켜주었다.

그리스 신화에서 헤스티아는 올림포스의 다른 신들에 비해 역할이 미미하고 개성이 약하다. 헤스티아는 이야깃거리가 별로 없는 추상적인 원칙이다. 일상생활에서 소홀히 할 수 없는 가정을 중시하는 인도유럽인의 오랜 관습을 반영한 여신이다.

3) 데메테르

데메테르(Demeter)는 매우 오래된 신이라고 역사가 헤로도토스는 기술했다.[3] 제우스의 다른 누이들인 헤스티아, 헤라와 함께 데메테르는 올림포스 신들이 등장하기 훨씬 이전부터 숭배된 신이다. 데메테르의 설화 중 가장 오래된 것은 아르카디아 지역에서 발견되었는데, 가이아의 남편인 포세이돈과 연계된 대지의 여신으로 등장한다. 이처럼 오래된 데메테르의 모습은 검은 베일을 쓴 동물들의 여왕으로, 여러 지방에서 이야기되었다. 그러나 데메테르는 점차 곡식의 신으로 자리 잡았다. 곡식 중에서도 제일 중요한 밀의 경작과 수확이 데메테르의 소관이었다. 미케네의 점토판에 새겨진 그의 이름은 '다마테(Da-ma-te)'로 '대지의 어머니'라는 뜻이지만 가이아와는 그 뜻이 크게 다르다. 가이아는 모든 것의 근원으로서의 어머니인 반면, 데메테르는 밀이 자라는 평원의 어머니이고 땅의 생산력을 주관하는 여신이다. 그러나 식물 모두를 주관하는 것은 아니다. 주로 곡식을 관할하며 특히 밀의 경작을 주관한다. 그렇기 때문에 호메로스의 『일리아스』 같은 귀족 사회의 싸움 이야기에는 어울리지 않아 단 한 번밖에 언급되지 않는다.

밀의 파종과 수확을 꼼꼼하게 지켜보는 것이 데메테르의 일이라면, 곡물 창고를 가득 채워놓는 '풍요'는 데메테르의 아들 플루토스(Ploutos)의 몫이다. 플루토스는, 데메테르가 크레타에서 기름진 땅을 찾았을 때 멋진 인간 이아시온(Iasion)과 세 번 갈아 일군 밭고랑에서 관계를 맺은 후 태어난 아들이라, 땅이 베푸는 풍요로운 밀 수확을 뜻한다. 플루토스는 나중에 일반적인 '풍요'를 가리키는 신으로 변하는데, 지하 세계의 왕 하데스의 또 다른 이름인 '플루톤(Plouton)'은 플루토스에서 파생된 것이다. '밀의 풍요'를 뜻하는 플루토스가, 죽은 사람들로 붐비는 '객(客)의 풍요'를 뜻하는 플루톤(Plouton)이라는 말을 만들어낸 것이다.

데메테르가 밀을 주관하고, 플루토스가 밀의 풍요를 다스린다면, 밀이 파종되어 새싹이 돋아나 수확이 끝날 때까지는 데메테르의 딸 페르세포네가 주관한다. 밭에서 남녀가 사랑하는 행위는 사람에게서처럼 대지를 풍요롭게 잉태시킨다는 농경 사회의 소박한 믿음이 반영된 플루토스의 출생 이야기는 아름다운 옛 시절의 풍습을 엿보게 해주지만, 데메테르와 그의 딸 코레(페르세포네)의 이야기에는 슬프기 그지없는 사연이 들어 있다.

① 데메테르와 코레(페르세포네)

그리스 신화에서 데메테르는 크로노스와 레아의 딸이며 제우스의 누이다. 데메테르는 제우스와 사랑하여 딸을 하나 낳았다. '처녀'라는 뜻의 '코레(Kore)'라고 불리는 이 딸은 요정들 사이에서 행복하게 자랐고 제우스의 다른 딸들과도 잘 어울려 놀았다. 어느 날 그녀는 밀 밭(시칠리아의 엔나 평원이라는 설, 아티카의 엘레우시스 근처라는 설, 또는 크레타 섬의 크노소스 들판이라는 설이 있다)에서 꽃을 따고 있었다. 그녀가 수선화 한 송이를 따려고 몸을 굽히는 순간 갑자기 땅이 열리고 용이 끄는 이륜 전차를 탄 지하 세계의 왕 하데스가 나타나 순식간에 코레를 데리고 사라져버렸다. 코레를 바라보다 사랑에 빠진 하데스가 제우스와 공모해 그녀를 납치한 것이다. 코레는 지하 세계로 끌려 사라지면서 외마디 소리를 질렀다. 딸의 외침을 듣고 불안해진 데메테르는 곧 딸을 찾아 나섰다. 그러나 코레는 어디에도 없었다. 데메테르는 아흐레 낮과 아흐레 밤을 먹지 않고 마시지 않고 씻지도 않은 채 세상을 헤맸고 밤이면 양손에 횃불을 들고 딸을 찾아다녔다. 열흘째 되던 날 데메테르는 납치 장면을 목격한 여신 헤카테(Hekate)를 만났다. 그녀는 외침을 듣고 납치자를 보긴 했지만 누구인지는 알아볼 수 없었다고 말했다. 납치자의 머리가 어두운 그림자로 싸여 있었기 때문이었다. 데메테르는 모든 것을 바라보는 태양 헬리오스(Helios)를 찾아가 하소연했다. 헬리오스는 모든 사실을 이야기해 주었다. 납치자는 하데스이고 제우스가 도왔다고 알려주었다. 분노한 데메테르는 올림포스의 거처로 올라가지 않기로 마음먹고 딸을 돌려받을 때까지 자신의 역할을 수행하지 않기로 작정했다.

여신은 평범한 노파의 모습을 하고 엘레우시스에 나타났다. 그때 켈레오스(Keleos) 왕의 궁전 앞에는 그곳의 모든 노파들이 모여 있었는데 데메테르를 보고 같이 어울려 식사하자고 말했다. 하지만 딸을 잃은 슬픔에 젖어 있던 데메테르는 응하지 않았다. 그때 이암베(Iambe) 혹은 바우보(Baubo)라는 여인이 농담을 했다던가, 치마를 올려 엉덩이를 보였다던가 해서 데메테르는 웃게 되었고 겨우 음식을 먹을 수도 있었다. 그런데 때마침 궁전에서는 왕비 메타네이라(Metaneira)가 아들을 낳아 유모를 구하던 중이었다. 결국 데메테르가 왕비의 아이를 돌보게 되었다. 아들의 이름은 데모폰(Demophon) 혹은 트리프톨레모스(Triptolemos)라고 했다. 데메테르는 이 아이를 불사의 몸으로 만들어주려고 매일 밤 아이를 불에 담갔다. 그런데 어느 날 밤 우연히 그 광경을 보게 된 왕비는 놀란 나머지 소리를 질렀다. 왕비의 소리에 놀란 데메테르는 그만 아이를 놓쳐 아이를 불사의 몸으로 만들려던 계획은 수포로 돌아갔다. 이제 데메테르는 신분을 밝히지 않을 수 없었다. 그리고 데메테르는 왕비의 집에 기거하며 아이를 키운 기념으로 트리프톨레모스에게 세계를 돌아다니며 밀을 경작하는 법을 가르치는 영광스러운 사명을 안겨주었다(그림 8). 날개 달린 용이 끄는 전차를 타고 트리프톨레모스는 곳곳에 밀의 씨를 뿌리기 위해 출발했다.

데메테르가 손을 놓고 밀 경작을 소홀히 하자 대지는 불모의 땅으로 변해버리고 세계의 질서는 엉망이 되었다. 사태가 이 지경이 되자 제우스는 데메테르에게 딸을 돌려주어야겠다고 생각했다. 그래서 하데스에게 가서 코레를 데메테르에게 돌려보내라고 말했다. 그러나 이미 그렇게 할 수 없게 되어버린 후였다. 지하 세계로 끌려간 코레는 납치에 대한 저항의 표시로 단식을 해왔는데, 그만 하데스 궁전의 정원에서 석류 알 하나를 먹게 되었다. 고대 그리스인들에게 석류는 지하 세계에 속하는 열매인 동시에 생식력의 상징이자 처녀의 상징이기도 했고, 결혼의 열매이기도 했다. 하데스의 석류를 먹은 코레는 지하 세계의 하데스와 뗄 수 없는 관계를 맺게 되었다. 하데스의 왕비가 된 코레는 이제 '가장 무서운 여인'이라는 뜻인 '페르세포네(Persephone)'라고 불리게 되었다. 페르세포네를 지상 세계로 데려오기 위해서는 타협이 필요했다. 데메테르도 올림포스로 돌아가 자신의 임무를 수행해야 했고, 페르세포네는 어머니와 지하 세계 사이를 적절히 왕래하면서 살아야 했다. 결국 페르세포네는 밀의 씨를 뿌리는 10월 초에는 지하 세계에서 빛의 세계로 올라와 밀의 주관자인 어머니 옆에서 지내다가, 수확이 끝나는 6월 초엔 다시 어두운 지하 세계로 내려가 남편인 하데스 왕 옆에서 지내기로 했다. 그 후로 그녀가 어머니 데메테르와 떨어져 지하 세계에 사는 동안, 땅에서는 아무것도 자라지 않는 불볕더위가 넉 달 동안 펼쳐지게 된다. 지중해 연안의 기후는 여름에 비가 오지 않아 풀은 말라죽고 땅은 메말라 갈라진다. 밀이 자라지 않는 때다.

페르세포네가 밀의 파종기인 가을부터 수확기인 초여름까지 1년의 3분의 2인 8개월 동안 지상 세계에 어머니와 함께 있다가, 수확이 끝난 다음부터 1년의 나머지 4개월 동안 지하 세계에 머문다는 이야기는 밀의 파종과 성장, 수확의 과정을 상징하는 전설이며, 데메테르와 페르세포네를 숭배하는 의식은 농경 사회의 근본적인 소망일 수밖에 없다. 곡식의 풍요를 기원하는 마음이 그 의식 속에 담겨 있기 때문이다. 데메테르와 페르세포네는 이제 곡식의 신으로서 뗄 수 없는 관계를 맺고, 둘이 함께 숭배의 대상이 된다. 고대 그리스의 농촌에서는 엘레우시스의 데메테르 축제를 시작으로 '경작 축제', '파종 축제', '햇포도주 축제', '수확 축제' 등에서 두 여신을 주인공으로 받들어 모시면서 풍년을 기원하고 수확을 감사했으며, 밀 경작이 특히 잘되는 그리스 여러 지역에서는 두 여신을 모시는 신전을 짓고 정기적으로 제사를 올렸다. 데메테르 신전들 중 가장 유명한 곳은 여신이 유모로 일하며 머물렀던 엘레우시스에 있다.

② 엘레우시스 비교(秘敎)

데메테르는 엘레우시스를 떠나면서 왕비 메타네이라에게 신전을 짓고 제사를 올려 자신을 공경하는 방법을 가르쳐주었다. 여신이 떠나자 왕비는 켈레오스 왕에게 모든 것을 이야기했다. 왕은 사람들을 모아 데메테르 신전을 짓고 여신이 가르쳐준 방법에 따라 제사를 올렸다. 이것이 '엘레우시스 비교(秘敎)'라고 불리게 되는데 그 내용을 말하기는 매우 어렵다. 비교 의식에 참석한 사람은 그 내용을 누설해선 안 된다는 약속 때문만 아니라, 비교의 가르침이 체계적인 교리에 입각한 것이 아닌 참석자의 '영혼의 새로운 깨우침'에 역점을 두었기 때문이다. 고대 그리스에서 엘레우시스 비교는 엄숙하고 성스러운 의식으로 유명했다. 고대의 많은 문인들과 철학자들은 비교 의식에 참석하고 난 감회를 술회했다. 아리스토텔레스는 "비교에 입문하는 자들은 지식을 배우려고 해서는 안 되고 어떤 인상을 받을 준비가 되어 있어야 하며 스스로를 자유로운 상태에 맡겨야 한다"고 말했다.[4] 후일 기독교로 개종한 사람들에 의해 비교에 대한 보다 자세한 내용이 조금씩 알려지긴 했지만, 고대 그리스의 수준 높은 정신성을 보여주는 엘레우시스 비교를 깊이 이해해서 전승한 것은 아니었다. 전설에 의하면 제우스와 인간 사이에서 태어난 헤라클레스와 디오뉘소스가 몸소 엘레시우스 비교 의식에 참가해 첫 입문자가 되었다고 한다. 나중에 이 비교 의식은 인근 도시 국가였던 아테네의 공식적인 종교 축제가 되었다. 비교 의식은 2월 19일부터 21일까지 아테네에서 열리는 '예비 의식'과, 파종기에 페르세포네가 지상 세계로 올라오기 직전인 9월 13일 아테네를 출발해 엘레우시스에서 22일까지 열리는 '본(本)의식'으로 나뉜다. 엘레우시스 비교의 입문은 본의식을 통해서 이루어진다. 본의식은 금식과 함께 침묵 수행이 동반되기도 하면서 처음 일주일간은 공개적으로 진행되고 마지막 이틀간은 비공개로 거행되었는데, 페르세포네의 납치와 귀환을 연극으로 보여준 것으로 추정되며, 마지막 날에는 대사제가 입문자들에게 비밀 의식을 보여주었다고 한다.[5] 그러나 참석자들의 발설 금지 약속과 아울러 '새로운 깨우침'을 목적으로 한 비교 의식은 대단히 상징적이어서 그 내용을 다음과 같이 추정하는 것이 일반적이다.

싹이 솟아나는 신비와 계절과 식물의 순환은 모든 생명의 원천인 곡물과 죽음의 관계를 뚜렷하게 설명해 준다. 자연 속에 나타나는 교체와 순환의 현상은 인간의 운명 그 자체이다. 엘레우시스 비교 의식에서는 해마다 가을이 되면 지하 세계에서 올라오는 페르세포네를 맞는 의식을 성대히 거행함으로써 죽음 뒤에 다시 살아나는 부활을 경험한다. 죽음과 부활을 받아들이는 비교 의식의 참석자들은 황홀한 종교적 체험을 하게 되고, 자신들은 죽은 다음에 지하 세계에서 행복한 삶을 누리게 된다고 믿었다. 참석자들은 죽음과 부활을 통한 영생을 믿은 것이다. 그것이 엘레우시스의 성스럽고 장엄한 비교 의식을 통해 입문자들이 깨닫는 계시이자 각성이었다. 엘레우시스 비교는 존재를 보존할 수 있는 유일한 방법인 '싹이 솟아나는 발아(發芽)'의 힘을 특별히 강조하고 찬양하여 그로부터 영생을 향한 인간의 소망에 답했다.

한편 회화에서 데메테르는 지하 세계를 대표하는 동물인 뱀 옆에 횃불을 들고 앉아 있거나 밀 이삭이나 풍요의 상징인 바구니를 든 모습으로 그려진다. 수선화와 양귀비도 데메테르를 상징한다.

4) 헤라

헤라는 크로노스와 레아의 딸이며 제우스의 누이지만 아버지 크로노스가 몰락하자 오케아노스와 테튀스에 의해 변방에서 양육된다. 후일 메티스와 테미스에 이어 제우스의 세 번째 부인이 된다. 제우스와의 사이에서는 아레스, 헤베, 에일레이튀이아(Eileithyia)를 낳는다. 헤파이스토스 역시 둘 사이에서 태어난 아들로 이야기되지만, 제우스가 혼자서 처녀 신 아테나를 낳자 화가 난 헤라가 복수심에 불타 혼자 힘으로 잉태해 낳은 아들이라는 이설도 있다. 또한 제우스를 괴롭히려고 튀폰도 혼자 힘으로 낳았다고 『호메로스의 찬가』는 말한다. 기간테스와의 전쟁에 참전한 것과 황금 양털을 찾아나선 이아손을 도와준 것을 제외하면, 헤라에 관한 전설은 모두 제우스와의 수월치 않은 부부 생활을 이끌어가는 이야기로 점철된다.

① 결혼 생활의 수호 여신

자신의 결혼 생활은 힘들었지만, 헤라는 무엇보다도 결혼 생활을 수호하는 여신이다. 올림포스의 가장 위대한 신의 아내로서 헤라는 올림포스 궁전의 여왕일 뿐만 아니라 결혼 생활과 결혼한 여인들을 보호해 주는 수호 여신이었다. 헤라의 딸 에일레이튀이아도 여인들이 아이를 낳을 때 도와주는 역할을 했다. 올림포스 최고신의 아내로서, 그리고 궁전의 안주인으로서, 결혼을 수호하는 것은 헤라의 당연한 역할이었다. 모든 아내들의 모범인 헤라는 백옥같이 흰 팔과 아름다운 자태를 지녔다. 그러나 아프로디테의 아름다움과는 달랐다. 헤라는 제우스의 사랑밖에 모르는 단정하고 고상한 매력을 풍겼다. 지체 높은 안주인이 갖추어야 할 단아한 모습은 모든 아내와 약혼녀의 이상적인 본보기였다. 게다가 헤라는 '결혼 생활의 열쇠'를 쥐고 있었다. 헤라는 아내로서 항상 신부 같았다. 헤라는 매년 나우플리온(Nauplion)에 있는 카나토스(Kanathos) 샘에서 목욕을 하고 처녀성을 되찾았기 때문이었다.

결혼 생활을 수호하는 여신답게 헤라는 제우스의 계속되는 바람기를 참지 못했다. 그래서 제우스가 관계한 여인들에게 강한 질투심과 복수심을 퍼부었다. 레토(Leto)가 제우스와 관계해 아폴론과 아르테미스를 낳으려고 할 때도 레토를 받아주는 곳이 없었다. 헤라의 분노가 두려워서였다. 황폐하기 그지없어 더 이상 잃을 것도 없었던 델로스 섬만이 레토를 받아들여 아이를 낳을 수 있게 해주었다. 제우스의 사랑을 받은 이오(Io)는 헤라에게 쫓겨 소의 모습으로 변해 도망 다녔다. 헤라는 눈이 100개 달린 괴물 아르고스(Argos)를 동원해 이오를 감시하기도 했다. 그러자 제우스는 헤르메스를 보내 아르고스의 100개의 눈을 잠들게 한 뒤 죽여버렸다. 헤라는 아르고스의 눈을 공작의 꼬리에 붙여주었다. 아르고스가 죽자 헤라는 다시 이오에게 등에를 보내 몸을 물어뜯게 해 괴롭혔다. 박해를 당하던 이오가 이집트에 도착하자 제우스는 이오를 다시 사람으로 변신시켰다. 이집트에서 이오는 이집트의 왕이 되는 에파포스(Epaphos)를 낳았다.

제우스와 관계해 디오뉘소스를 낳은 세멜레를 죽게 만든 것도 헤라였고 디오뉘소스를 한때 미치게 만든 것도 헤라였다. 결혼 생활의 수호신으로서 헤라는, 트로이 왕자 파리스(Paris)가 메넬라오스(Menelaos)의 부인 헬레네를 유혹해 트로이로 데려가자 트로이를 공격하는 아카이아(그리스)군을 편들어 파리스뿐만 아니라 트로이까지 응징했다.

② 대지의 여신

한편 헤라는 땅의 다산성을 주관하는 여신이기도 하다. '암소 눈의 헤라'라는 표현이 농사일을 돕는 암소를 상기시키듯이, 부부 관계를 주관하는 헤라는 농사에 필요한 가축들의 결합도 주관했을 것으로 추정된다.

'헤라(Hera)'라는 이름은 '땅'을 뜻하는 'ge'의 옛 동의어이기도 하다.[6] 또 헤라는 땅속에서 자라는 뱀과도 관계가 깊다. 헤라클레스가 퇴치하게 되는 레르네의 '휘드라'라는 뱀도 헤라가 길렀다고 전해진다. 땅의 풍요와 다산을 상징하는 헤라는 여인네들의 분만을 도와 다산성을 높였다. 분만을 주관하는 에일레이튀이아가 헤라의 딸인 것도 그 때문이다. 헤라클레스가 죽어서 승천했을 때에는 헤라가 그를 품에 안고 그가 새로 태어난 것처럼 의식을 거행한 다음 젖을 먹였는데 그때 헤라의 젖가슴에서 흘러내린 젖이 하늘의 은하수가 되었고, 땅으로 떨어진 젖은 백합 꽃을 피어나게 했다고 한다.

③ 공기와 별의 여신

그리스 철학은 기원전 3세기부터 영향력이 확대되는데 신화 역시 철학의 영향을 피할 수 없었다. 특히 이 시기의 스토아 철학은 신화를 통해 세계의 현상을 설명했다. 스토아 철학은 신화가 합리적인 진실을 상징적으로 표현한 것이라고 생각했기 때문이었다. 그래서 제우스는 '이성'의 추상적 원칙이고 스스로 존재하는 '즉자(卽者)'이며 '빛'인 반면, 헤라는 빛을 감싸고 보호해 주는 '공기'로 보았다. 그들은 빛과 공기가 합쳐져야만 생명이 생겨날 수 있다고 믿었기 때문이다. 한편 헤라의 젖에서 나와 창공을 가득 메운 은하수를 헤라의 거처로 생각하는가 하면, 여성들을 돌보는 헤라의 임무가 여성의 생리와 밀접한 관계가 있는 달과 불가분의 관계를 맺고 있는 까닭에 헤라를 여성의 별인 달과 동일시하기도 했다. 또 헤라는 암소와 공작을 통해 상징되기도 한다.

헤라의 신전은 헤라가 총애하는 도시 아르고스에 세워졌다. 헤라 신앙은 아르고스 및 펠로폰네소스 반도는 물론 그리스 전역에 전파되었다.

5) 아프로디테

아프로디테는 사랑과 아름다움의 여신이다. 호메로스의 『일리아스』에 의하면 아프로디테는 제우스와 디오네의 딸이다. 그러나 헤시오도스의 『신들의 탄생』에 따르면, 크로노스가 낫으로 잘라 던진 우라노스의 생식기가 바다에 떨어져 그 정액이 바닷물에 섞여 거품이 되었고, 그로부터 아프로디테가 태어났다고 한다. '아프로디테(Aphrodite)'라는 이름은 '거품에서 태어난 여신'이라는 뜻이다. 'aphros'가 거품을 뜻하기 때문이다. 거품은 처음에는 펠로폰네소스 남쪽의 퀴테라 섬 해안에 닿았다가 퀴프로스 섬까지 밀려갔다. 이곳에서 아름다운 여신이 태어났다. 계절을 주관하는 호라이 세 자매 신과 우아함의 여신인 카리테스 세 자매가 거품에서 태어난 아프로디테를 맞아들여 아름답게 치장해 주었다(그림 9). 아프로디테가 지나가는 길에는 꽃이 피어났다. 아프로디테는 '퀴테라 섬 사람'이라는 뜻의 '퀴테레(Kythere)'와 '퀴프로스 섬 사람'이라는 뜻의 '퀴프리스(Kypris)'라고도 불리며, 또한 '바다에서 나온 여자'라는 뜻의 '아나뒤오메네(Anadyomene)'라고도 불린다. 아프로디테는 올림포스 열두 신들 중에 자리 잡고 있지만 제우스의 누이들처럼 인도유럽인이 그리스로 들어오기 훨씬 전부터 숭배받던 여신이었다. 아프로디테 신앙은 처음에는 시리아에서 싹터 그곳의 페니키아인들에 의해 인근의 퀴프로스 섬을 거쳐 퀴테라 섬으로 전파된 다음 그리스 본토로 상륙한 것으로 추정된다. 셈족에서 시작된 아프로디테 숭배가 에게 해를 타고 그리스로 들어간 것이다.

① 아름다움과 사랑의 여신

아프로디테는 무엇보다도 인간들과 동물들 그리고 신들까지도 예외 없이 빠져드는 사랑의 욕망을 주관하는 여신이다. 그 어떤 존재도 벗어날 수 없는 아프로디테의 힘은 두려울 정도다. 결혼 생활의 수호 여신 헤라의 아름다움이 정숙·단아한 귀부인의 자태라면, 아프로디테의 모습은 이성(異性)의 성적 욕망을 자극하는 아름다움이다. 헤라를 약간이라도 벗은 모습으로 그리지 않는 것은 그 때문이다. 그러나 아프로디테의 모습을 담아낸 회화와 조각들은 모두 반쯤 흘러내린 옷 사이로 속살이 드러난, 혹은 벌거벗은 여인의 육체를 보여준다. 벗은 여인은 성적 욕망의 대상이 된다. 여러 화가들이 '아프로디테의 탄생'이라는 제목으로 그림을 그렸다. 조개껍데기 위에 서 있는 아프로디테는 완전히 벌거벗은 모습이다. 이 그림들은 아프로디테라는 여신이 어디서 태어났는지 말하려는 것이 아니다. 사랑과 관능의 아름다운 주체로서 여인이 새롭게 태어나는 모습을 담아내는 것이 목적이다. 사랑을 욕망하는 눈에 비치는 아름다운 여인이 바로 아프로디테이기 때문이다.

아프로디테를 쫓아다니는 보조 신들로는, 청춘의 여신 헤베(Hebe), 조화의 여신 하르모니아(Harmonia), 계절의 여신 호라이(Horai) 세 자매, 우아함의 여신 카리테스(Charites) 세 자매 등이 있다. 그들은 아프로디테를 수행하면서 옷 치장, 몸 치장 등 아름다운 아프로디테를 위해 갖가지 잔심부름을 했다. 아름다움의 여신의 자태에 걸맞게 몸을 가꾸며 꾸며야 했기 때문이다. 아프로디테가 헤라와 아테나와 함께 트로이의 왕자 파리스(Paris) 앞에서 아름다움을 뽐내고, 지상에서 가장 아름다운 여인 헬레네를 구실로 헤라와 아테나를 제치고 파리스의 판결을 받은 것은 욕망을 불러일으키는 타고난 미모를 끝없이 꾸미고 가꾼 덕분일 것이다. 정숙·단아한 아내의 전범인 헤라와 기예(技藝)와 승리의 처녀 신 아테나는 '아름다운 여인'의 전범이 될 수 없었다. 욕망을 일으키는 아름다운 여인은 남성의 본능을 자극하고 그로부터 사랑이 꽃피게 해야 한다. 그러므로 아프로디테에게는 많은 사랑의 일화들이 따라다닌다. 후일 알렉산드리아 미술가들이 그녀를 그릴 때 화살을 들고 다니는 꼬마 에로스를 같이 그린 것도 그 때문이다.

여신들 중에서 가장 아름다운 아프로디테였지만 제우스 때문에 못생기고 절름발이인 헤파이스토스와 결혼할 수밖에 없었다. 그러나 남편에게만 매달려 있을 아프로디테가 아니었다. 그녀는 사랑의 여신답게 많은 사랑을 나누었다. 특히 전쟁의 신 아레스(Ares)와의 관계는 유명하다. 두 연인은 밝은 대낮에도 자주 사랑을 나누었는데, 이를 지켜본 태양 헬리오스가 헤파이스토스에게 그 사실을 일러주었다. 대장장이이자 기술자인 헤파이스토스는 눈에 보이지 않을 정도로 가느다란 쇠 그물을 침대 위에 설치해 놓았다가 둘이 다시 사랑을 나누는 순간 그물을 내려 둘을 꼼짝 못하게 잡아놓고, 올림포스의 모든 남신들을 불러 모아 망신을 주었다. 그럼에도 불구하고 아프로디테와 아레스의 관계는 지속되어 그로부터 포보스(Phobos, 공포), 데이모스(Deimos, 불안), 하르모니아(Harmonia, 조화), 에로스(Eros, 사랑)의 네 자식이 태어났다. 포보스와 데이모스는 아버지 아레스를 수행하고 하르모니아와 에로스는 아프로디테를 수행했다.

또한 아프로디테에게는 사랑의 묘약과 같은 비책이 있었다. 호메로스의 『일리아스』의 아프로디테는 "현명한 사람들을 홀려 마음을 사로잡는 사랑스러움과 욕망과 애정이 담겨 있는 아름다운 수를 놓은 띠"를 가슴에 달고 다녔다.[7] 헤라가 남편 제우스를 사랑으로 구슬려 아카이아 군을 도울 생각으로 아프로디테에게 남편을 매료시킬 수 있게 도와달라고 하자, 사랑의 여신은 가슴에 달고 있던 띠를 헤라에게 빌려주며 품은 뜻을 이루라고 말한다. 헤라는 이 띠를 가슴에 달고 제우스에 다가가 정욕에 불을 지르고 사랑을 나눈 뒤 제우스가 잠든 틈을 타 아카이아 군이 트로이 군을 공격하도록 해서 열세였던 전세를 만회시킨다.

아프로디테는 헤르메스와도 정을 통해 양성(兩性)을 가진 헤르마프로디토스(Hermaphroditos)를 낳았다. 헤르마프로디토스라는 이름은 헤르메스와 아프로디테의 이름이 합쳐진 것이다. 아프로디테는 포세이돈과도 사랑을 나누었고 디오뉘소스와도 어울렸다. 디오뉘소스와의 관계에서는 대단히 큰 남근을 가진 번식력의 신 프리아포스(Priapos)가 태어났다.

② 생식력의 여신

많은 사랑을 나눈 아프로디테였지만 아름다운 청년 아도니스 (Adonis)와의 사랑은 특히 열렬했다. 아도니스 이야기는 시리아에서 비롯됐다. 시리아의 왕 테이아스(Theias)에게는 스뮈르나(Smyrna) 혹은 뮈르라 (Myrrha)라는 딸이 하나 있었는데, 왕이 딸을 너무 예뻐한 나머지 자신의 딸이 아프로디테보다 더 예쁘다고 공언하는 바람에 아프로디테의 노여움을 샀다. 여신은 그 딸에게 욕망을 일으켜 아버지와 동침하게 했다. 유모와 공모한 스뮈르나는 아버지를 속이고 열이틀 밤이나 동침했는데, 열이틀째 밤에 아버지 테이아스는 드디어 딸의 행각을 알아채고 딸을 죽이려 했다. 스뮈르나는 신들에게 살려달라고 애원했다. 신들은 그녀를 뮈르라 나무[8]로 변신시켜 주었다. 열 달 뒤 나무껍질이 벗겨지면서 사내아이가 태어났는데 아이는 '아도니스'라고 불렸다. 아이가 대단히 아름다운 것을 본 아프로디테는 아이를 거두어들여 페르세포네에게 지하 세계에서 은밀히 길러달라고 부탁했다. 그런데 지하 세계의 여왕인 페르세포네 역시 아도니스의 아름다움에 반해 아프로디테에게 아이를 돌려주지 않으려고 했다. 제우스가 중재에 나서야 했다. 일 년의 3분의 1은 아프로디테와 살고, 3분의 1은 페르세포네와 살고, 나머지 3분의 1은 아도니스의 선택에 맡기기로 결정이 났다. 아도니스는 아프로디테를 좋아해 일 년의 3분의 2를 아프로디테와 함께 지상에서 살기로 하고 나머지 3분의 1만 지하 세계에서 페르세포네와 지내기로 했다. 아도니스가 아름답고 사랑스러운 아프로디테와 지상에서 함께하는 기간은 꽃이 피는 봄부터 나뭇잎이 지는 가을까지이고, 모든 꽃과 나뭇잎이 시들어 죽는 겨울엔 어두운 지하 세계에서 페르세포네와 함께 지냈다.

한편 아프로디테와 깊은 관계를 유지하던 아레스는 질투심에 불타, 어느 날 사냥을 하던 아도니스가 멧돼지에게 받히게 했다. 심하게 다친 아도니스는 죽고 말았다. 그러자 그가 흘린 피에서 붉은 아네모네 꽃이 피어났다. 그를 구하러 달려오던 아프로디테는 가시나무에 발을 찔렸고 그 피가 그때까지는 흰색이었던 장미를 붉게 물들였다고 한다. 아프로디테는 연인을 잃은 비통한 마음으로 매년 봄 시리아 여인들로 하여금 아도니스를 회상하는 기념 축제를 만들게 했다. 매년 봄이 되면 시리아 여인들은 아네모네 꽃씨를 심은 화판에다 따뜻한 물을 주어 꽃이 빨리 피게 했다. 이것을 '아도니스의 화원'이라고 불렀다. 하지만 그렇게 서둘러 피어난 꽃들은 곧 시들어 죽는다. 그때 여인들은 아프로디테가 사랑한 청년의 죽음을 떠올리며 곡(哭)을 해댄다. 그러면 뷔블로스(Byblos) 지방을 흐르는 아도니스 강은 마치 아도니스의 피로 물들기나 하듯이 붉게 물든다. 시리아인들은 이 축제를 통해 겨울 동안 죽었던 자연이 봄이 되어 다시 살아나는 것을 표현했다.

아도니스 신화는 처음에는 시리아의 셈족 전설이었지만 그리스 신화로 편입된 것이다. '아도니스'라는 말은 셈족 말로 '주님'이란 뜻이다. 아도니스 신화의 핵심은 죽음과 부활이다. 데메테르와 페르세포네의 신화가 곡물의 파종과 수확을 담아낸 이야기라면, 아도니스 신화는 꽃을 비롯한 식물이 죽고 다시 피어나는 현상을 아프로디테와 아도니스를 통해 담아낸 것이다. 지하 세계에서 페르세포네가 하는 역할은 곡물뿐 아니라 꽃과 나무에게도 똑같이 중요하다. 지하 세계의 어둠은 곡물과 꽃이 순환하는 과정 중 일종의 휴면기이다. 소생 또는 부활을 위한 휴식이자 죽음이다. 아도니스와의 사랑으로 엮이는 아프로디테의 위력은 단순한 사랑으로 그치는 것이 아니라, 봄이 되어 꽃이 피는 자연의 소생을 통해 자연의 생식력과 번식력을 보여준다는 데 있다. 그러나 이러한 아프로디테의 강력한 역할은 점차 약화·소멸되었다. 시리아의 위대한 생식력의 여신은 결국 사랑의 일화를 만들어내는 여신으로 변해 버린다.

③ 로마 민족의 시원

아프로디테는 인간도 사랑했다. 트로이의 이데 산에서 아프로디테는 프뤼기아 왕의 딸인 척하면서 아름다운 청년 앙키세스(Anchises)에게 다가가 사랑을 나누고 아이네이아스(Aineias)를 낳았다. 앙키세스는 제우스의 자손 다르다노스(Dardanos) 가문 출신이었다. 아프로디테는 앙키세스에게 자신의 신분을 밝힌 뒤엔 아이의 출생을 비밀에 부치라고 이르고 아이를 요정들에 맡겨 얼마간 키우다가 아버지에게 보냈다. 아이는 훗날 트로이의 영웅이 되어 트로이 전쟁에서 헥토르 다음으로 용맹을 떨치게 되며, 트로이가 패하자 트로이 병사들을 이끌고 지중해 연안을 방랑한 끝에 이탈리아 연안 라티움에 도착해 자리 잡는다는 것이 베르길리우스(Vergilius)의 『아이네이스』의 줄거리이다. 아이네이아스는 그 곳 원주민의 왕 라티누스(Latinus)의 딸 라비니아(Lavinia)와 결혼하고 라비니움(Lavinium)을 건설한다. 그의 아들 아스카니우스(Askanius)는 알바 롱가(Alba Longa)를 건설하고 그의 후손 쌍둥이 형제 로물루스(Romlus)와 레무스(Remus)가 인근에 로마를 세운다. 아이네이아스는 그러므로 로마인의 시조가 된다. 결국 로마는 '새로운 트로이'이고 로마의 기원은 트로이라는 것이 이 작품의 핵심이다. 앙키세스와 아프로디테의 아들 아이네이아스가 주인공인 이 작품은 로마인의 원류가 제우스와 아프로디테까지 거슬러 올라간다는 점을 말함으로써 로마인의 자긍심을 고양시킨 로마의 건국 신화로 자리 잡는다.

④ 여신의 변모와 질투

생식력의 여신 아프로디테는 인간까지 사랑하면서부터 이성과 사랑을 나누는 여신으로 약화되다가 쾌락의 여신으로까지 변모하게 된다. 이성과의 사랑을 관장하는 것은 에로스의 역할이 되었고, 아프로디테는 신전 방문객의 육체적 쾌락을 위해 몸을 파는 매춘부들의 수호신이 되어 성욕을 부추기는 여신으로 전락하게 된다. '최음'을 뜻하는 'aphrodisiac'이 아프로디테의 이름에서 비롯한 것은 아프로디테의 이 같은 변모를 잘 보여준다. 시대가 변함에 따라 아름다움과 사랑과 생식력의 여신이 대중 속으로 널리 전파되고, 매력적인 자태가 약화·소멸되어 쾌락의 대상으로 변한 것이다.

그러나 아프로디테에게는 변치 않는 속성도 있다. 그것은 가공할 질투심과 복수심이다. 오뉴월에도 서리가 내리게 한다는 여인의 집착은 매혹적인 여신일 때나 쾌락의 여신일 때나 변치 않고 남아 있었다. 좋은 특성과 미덕은 사라질 수 있지만 나쁜 버릇과 못된 구석은 변치 않는다는 것을 보여주는 것 같다. 그래서 아프로디테의 복수심과 저주에 얽힌 이야기도 많다. 자신의 연인 아레스에게 몸을 허락한 새벽의 여신 에오스에게는 끊임없이 사랑하게 되는 저주를 내렸으며, 렘노스 여인들이 자신을 저주하자 그녀들에게 씻을 수 없는 악취를 주어 남편들이 그녀들을 버리고 노예들을 사랑하게 했다. 그 후 그녀들이 남편들을 모두 학살하고 여성만의 사회를 만들게 한 것도 아프로디테였다. 아프로디테는 자신을 싫어하거나 자신을 숭배하는 일을 소홀히 한 자들에 대해선 가차 없었다. 미노스의 왕비 파시파에(Pasiphae)가 자신을 숭배하는 일을 소홀히 하자 파시파에가 황소를 사랑하게 하여 미노타우로스(Minotauros)라는 괴물을 낳게 한다. 미노타우로스란 '미노스의 황소'란 뜻인데, 인간의 몸에 소의 머리를 가진 이 괴물은 훗날 영웅 테세우스에 의해 퇴치된다.

미(美)의 여신답게 그녀는 아름다움에서 뒤떨어지는 것도 용납하지 않았다. 불화의 여신 에리스(Eris)가 많은 신들과 인간들이 참석한 결혼 피로연장에 '가장 아름다운 님에게' 보낸다며 황금 사과를 던져 넣었을 때 헤라와 아테나가 서로 아름다움을 뽐내자, 아프로디테는 판결관인 트로이의 파리스에게 자신을 지목하면 세상에서 가장 아름다운 여인 헬레네를 주겠다고 약속한다. 헤라는 왕권을 주겠다고 약속했고 아테나는 불패(不敗)의 영웅으로 만들어주겠다고 약속했지만, '파리스의 판결'이 가장 아름다운 여신으로 뽑은 것은 아프로디테였다. 그러나 아프로디테가 주겠다고 약속한 헬레네는 이미 스파르타의 왕 메넬라오스의 아내였고, 메넬라오스는 파리스에게 빼앗긴 왕비를 되찾기 위해 트로이 원정을 떠난다. 그 후 10년간 벌어지는 트로이 전쟁의 직접적인 원인은 헬레네였지만, 실제로는 아름다움에서 지지 않으려는 아프로디테의 가공할 질투심에서 비롯한 것이다. 결국 그녀는 파리스의 나라일 뿐만 아니라 앙키세스와의 사이에서 낳은 자신의 아들 아이네이아스의 나라이기도 한 트로이를 응원했고, 전투 중에 파리스를 구출하고 디오메데스(Diomedes)에게 공격당하는 아들을 보호하느라고 상처를 입기까지 한다.

아프로디테는 질투심이 강해 복수도 잘했지만 반대로 도움도 아끼지 않았다. 이아손이 메데이아의 도움을 받을 수 있게 해준 것은 아프로디테의 보살핌이었으며, 퓌그말리온(Pygmalion)이 자신이 만든 여인 조각상을 열렬히 사랑하자 그 조각에 생명을 불어넣어 준 것도 아프로디테였다.

기원전 2세기경 아프로디테는 식물을 주관하는 로마의 토착신 비너스(Venus)에 흡수·동화되면서 질투심과 복수심이 약화되고 좋은 일을 하는 국민적인 여신으로 숭배된다. 로마인들은 '행복과 번영의 비너스', '승리의 비너스', '어머니 비너스' 등으로 부르면서 로마 민족의 시원이 아프로디테와 그의 아들 아이네이아스로부터 비롯되었다는 것을 상기하며 '로마의 수호신' 비너스 숭배 의식을 거행했다.

6) 아폴론

아프로디테가 가장 아름다운 여신이라면 가장 아름다운 남신은 아폴론이다(그림 10). 아폴론은 음악과 시의 예술적인 아름다움을 주관하는 신이다. 그는 또한 미래를 예언하고 병을 고치거나 퍼뜨리기도 한다. 이처럼 아폴론의 역할은 다양하다. 특히 아폴론은 햇빛의 신이기도 하다. 아폴론은 제우스와 레토(Leto) 사이에서 쌍둥이 누이 아르테미스와 함께 태어났다. 레토는, 티탄 코이오스(Koios)와 '빛난다'는 뜻의 그의 누이 포이베(Phoibe) 사이에서 아스테리아(Asteria, 별) 다음에 태어난 둘째 딸이다. 레토가 제우스의 사랑을 받아 임신하자 헤라는 질투심에 불타 레토의 출산을 방해했기 때문에 어떤 곳에서도 그녀를 받아주지 않았다. 마침내 불모의 떠돌이 섬인 델로스만이 출산을 허락하여 레토는 그 섬에 하나밖에 없는 나무인 종려나무 아래에서 겨우 몸을 풀 수 있었다. 아르테미스가 먼저 세상에 나오고 곧 이어 아폴론이 태어났다. 아폴론이 햇빛의 신이기도 한 것은 어머니 쪽으로 별들을 조상으로 갖고 있기 때문이다. 하지만 아폴론은 태양신 헬리오스가 아니다. 아폴론이 햇빛의 신으로 불리기는 하지만 그것은 그의 본질적인 속성이 아니다. 그는 하늘 신 제우스의 아들로 여러 역할을 수행한다.

레토가 아폴론을 낳자 백조들이 섬을 일곱 번 돌았다. 그날이 달의 일곱 번째 날이었기 때문이다. 그런 다음 백조들이 대양의 북쪽 끝에 있는 항상 맑고 푸른 하늘 휘페르보레이오스(Hyperboreios)로 아폴론을 데리고 갔다. 아폴론은 거기서 1년간 머무르면서 주민들의 축복을 받고, 그를 환영하는 축제 속에 한여름에 그리스로 돌아왔다. 델포이에서는 매년 아폴론의 귀환을 축하했다. 아폴론이 자리를 잡고 신탁을 내리는 곳이 델포이였기 때문이다. 아폴론은 아홉 명의 뮤즈들을 지휘하고 몸소 리라를 켜는 등 음악과 시를 주관하면서도, 활을 쏘고 신탁을 내리는 중요한 직분을 수행했다.

① 예언의 신

아폴론이 델포이에 자리 잡기 위해서는 세계의 질서와 이치를 상징하는 티탄 테미스의 오래된 신탁을 산속에서 지키는 퓌톤(Python)이라는 용을 활로 죽여야 했다. 게다가 이 용은 그 지역에 많은 해를 끼치고 있었다. 뱀과 용은 어두운 지하 세계의 동물이다. 햇빛의 신인 아폴론은 용을 퇴치해서 그 지역의 악을 제거해야 했다. 용을 죽인 아폴론은 테미스의 비밀을 자기 것으로 만들었다. 그리고 퓌톤을 죽인 기념으로 '퓌틱 경기'라는 운동 대회를 만들었다. 처음엔 각 종목의 우승자에게 떡갈나무 잎으로 만든 관을 씌워 주다가 아폴론이 좋아했던 다프네(Daphne)가 월계수로 변한 다음부터는 월계관을 씌워 주었다. 아폴론은 신전에다 삼각대를 놓고 그 위에 무녀 퓌티아(Pythia)를 앉혀 사람들에게 신탁을 내리도록 했다. 아폴론이 무녀 퓌티아를 통해 내리는 신탁은 유명했다. 사방에서 델포이의 신탁을 얻으러 왔고 외국에까지 소문이 나서 델포이는 국제적인 종교 중심지가 되었다. 델포이는 세계의 중심으로 자처했다. 아폴론 신전이 세워진 것은 물론이다(그림 12). 각지에서 수많은 사람들이 와서 며칠 밤씩 묵으며 기다려야만 겨우 무녀의 신탁을 얻을 수 있었는데, 각지에서 온 사람들을 보살펴 주는, 이른바 각 지역의 출장소들이 신전으로 올라가는 '신성한 길'가에 줄줄이 서 있었던 흔적이 아직도 남아 있다. 그중 한 곳에 '너 자신을 알라'라는 경구가 새겨져 있어 신탁을 얻으러 온 사람들에게 먼저 스스로를 아는 것이 중요하다는 것을 역설하기도 했다. 신탁을 기다리는 동안 공연을 관람할 수도 있고 운동 경기도 할 수 있게 신전 위쪽의 산허리에 극장과 육상 경기장이 세워졌는데 아직도 잘 보존되어 있다. 고대 그리스의 한복판에 위치한 델포이는 뽐낼 만했다. 아폴론의 예언은 여기서만 얻을 수 있었기 때문에 델포이는 '우주의 배꼽(Omphalos)'으로 자처했고, 그것을 돌로 표현한 '옴팔로스'가 델포이 박물관에 남아 있다(그림 11). 아폴론 신전은 그가 태어난 델로스 등 여러 곳에 있었고 아폴론 숭배 의식 역시 그리스 전역에서 거행되었다. 그의 예언은 최고 통치자 제우스의 뜻이었기 때문에 아폴론의 위세는 대단했고, 제우스 다음가는 힘을 가진 신으로 숭배되었다. 세상의 여러 가지 사건과 일을 제우스 혼자 주관할 수는 없었기 때문에 세세한 일들은 아폴론의 예언으로 처리할 수밖에 없었다. 그는 게다가 무예도 갖춘 신이라 위력이 있었다.

② 활의 신

은 화살을 들고 다니는 아폴론은 격렬하고 잔인했다. 역병을 퍼뜨리는 아폴론의 위세는 『일리아스』첫 장(章)부터 대단하다. 그러나 아폴론의 화살은 모든 악을 예방하고 퇴치하기 때문에 정의롭고 착한 자를 보호하며, 고통 없이 죽게 하기도 한다. '악을 제거하는' 화살은 태양 빛의 신에 걸맞다. 힘없는 빛의 신은 쓸모없는 추상에 지나지 않기 때문이다.

③ 치료와 정화의 신

의술의 신 아스클레피오스(Asklepios)는 아폴론의 아들이다. 이 아들이 아버지의 역할을 대신하기 전에는 아폴론이 모든 존재들의 건강을 보살폈다. 그를 '의사'라고 부르기도 했다. 『일리아스』에서 그는 역병을 퍼뜨렸지만, 그리스 군이 그에게 숭배 의식을 올리고 제물을 바치자 질병을 거두어들인다. 질병이라는 악을 정화시킨 것이다. 인간들에게 그는 중병들을 치료해 주는 완전무결한 의사였다. 그의 불은 다른 어떤 불보다도 순수했기 때문에 육체에 좋은 영향을 미쳤을 뿐만 아니라 더럽혀진 영혼도 정화하는 힘이 뛰어났다. 사람을 죽인 자를 속죄시키는 것도 그의 몫이었다. 어머니를 살해한 오레스테스의 영혼을 정화해 복수의 여신들로부터 해방시켜 준 일화는 유명하다.

아폴론은 코로니스(Koronis)로부터 얻은 아들 아스클레피오스를 켄타우로스(Kentauros) 케이론(Cheiron)에게 맡겨 의술을 배우게 했다. 아스클레피오스가 의술에 능통하게 되자 아폴론은 자신이 해오던 의사 역할을 아들에게 넘겼다. 아스클레피오스는 에피다우로스(Epidauros)에서 '치료'

로 명성을 날렸다. 그의 신전으로 많은 사람들이 몰려들어 그의 치료를 여러 날씩 기다려야 했다. 무료한 시간을 보내야 했던 많은 사람들을 위해 그의 신전 옆에 기원전 4세기 말 극장이 세워졌다. 이 극장이 오늘날까지도 잘 보존되어 야외 공연장으로 쓰이는 에피다우로스 극장이다. 무대로부터 맨 윗쪽 관람석까지의 거리가 100미터가 넘는데도 불구하고 무대의 소리가 전 좌석에 고르게 울려퍼지는 것이 이 극장의 특징이다(그림 13).

④ 시와 음악의 신

아폴론은 또한 모든 주술(呪術, incantation)의 신이다. '열광'으로 영혼을 사로잡는 일은 그의 몫이다. 이 점에선 디오뉘소스와 닮았다. 그러나 디오뉘소스가 술의 힘으로 영혼을 사로잡는 반면, 아폴론은 시와 음악이 만들어내는 주술의 힘으로 영혼을 사로잡는다. 디오뉘소스의 '열광'보다 덜 황홀하고 덜 강력하지만, 더욱 감미롭고 유연한 것이 강점이다. 물론 아폴론도 무녀 퓌티아를 통해 머리를 풀어헤치고 입에 거품을 무는 '광적인' 상태의 주술로 신탁을 내리기도 한다. 그러나 이 같은 신탁은 음악과 시의 인위적인 감미로운 아름다움을 통한 '열광'과는 다르다. 아폴론은 햇빛의 신이기 때문에 햇빛이 도취시키는 영혼의 고양 상태를 시와 음악으로 표현하는 경우가 더 많다. 그는 아홉 명의 뮤즈들을 지휘했고 그 가운데 막내 칼리오페를 사랑하여 시성(詩聖) 오르페우스를 낳는다. 아스클레피오스가 아버지로부터 의술을 물려받듯이 오르페우스는 아버지로부터 음악과 시의 재능을 물려받아 최고의 시인이 된다.[9]

⑤ 사랑과 시련과 징벌

신들 중에서 가장 아름다운 아폴론은 많은 사랑을 했지만 연인과 사랑을 공유하는 일은 매우 드물었다. 아폴론은 테살리아 지방의 페네이오스 (Peneios) 강(江)의 신의 딸인 요정 다프네(Daphne)를 사랑했지만 그녀는 응해 주지 않고 산으로 도망쳤다. 아폴론이 계속 쫓아오자 다프네는 아버지에게 자신을 변신시켜 달라고 애원했다. 페네이오스는 딸을 월계수로 변하게 했다(그림 14). 다프네를 잊지 못한 아폴론은 월계수를 자신의 나무로 삼았다. 아폴론의 또 다른 사랑의 불운은 코로니스와의 관계였다. 코로니스는 아폴론의 아들 아스클레피오스를 임신하고 있었을 때 아폴론을 속이고 이스퀴스(Ischys)에게 결혼을 허락했다가 발각되어 아폴론의 화살을 맞고 죽는다. 아폴론은 화장을 치르기 직전 코로니스의 배에서 아이를 꺼냈다.

트로이의 왕 프리아모스(Priamos)의 딸 카산드라(Kassandra)와의 사랑에서도 아폴론은 불운했다. 아폴론은 그녀의 사랑을 얻기 위해 어떤 소원이든 들어주겠다고 말했다. 카산드라는 예언력을 달라고 했다. 아폴론은 그녀에게 예언술을 가르쳐주었다. 그러나 예언술을 배우고 나자 그녀는 아폴론의 요구를 거절했다. 화가 난 아폴론은 그녀의 입에 침을 뱉어 그녀의 설득력을 잃게 했다. 그 후론 카산드라가 아무리 옳은 예언을 해도 아무도 그녀의 말을 믿지 않게 되었다.

아폴론은 여자들뿐만 아니라 미소년들도 사랑했다. 아폴론의 사랑을 받은 휘아킨토스(Hyakinthos)는 아폴론과 함께 원반 던지기를 하며 놀다가 불행하게도 아폴론이 던진 원반에(혹은 바위에 부딪혀 튀어나온 것이라고도 한다) 맞아 죽었다. 그의 피에서 히아신스(Hyacinth) 꽃이 피어났다. 아폴론은 또 다른 미소년 퀴파리소스(Kyparissos)도 사랑했다. 이 소년은 어느 날 자신이 기르던 꽃사슴을 실수로 죽게 해 그 슬픔을 이기지 못하고 삼나무로 변했다. 두 미소년의 죽음과 변신은 아폴론을 매우 가슴 아프게 했다.

아폴론은 사랑의 시련 이외에도 인간들을 위해 봉사하는 수모를 겪기도 했다. 포세이돈, 헤라, 아테나와 힘을 합쳐 제우스를 쇠사슬로 묶어 하늘에 매달아 놓으려던 음모가 수포로 돌아가자 그는 그 벌로 포세이돈과 함께 트로이의 왕 라오메돈(Laomedon)을 위해 성벽을 쌓아야만 했다. 노역이 끝나 품삯을 달라고 왕에게 요구하자 분노한 왕은 두 귀를 자르고 노예로 팔아버리겠다고 위협했다. 아폴론은 역병을 퍼뜨려 앙갚음했다. 시련은 그것으로 끝나지 않았다. 아폴론의 아들이자 의술의 신인 아스클레피오스가 죽은 사람을 살려내자 제우스가 운명을 거슬렀다는 죄로 벼락을 내리쳐 죽게 했다. 화가 난 아폴론은 제우스에게 벼락을 만들어 준 퀴클롭스 형제들을 활을 쏘아 죽였다. 그 벌로 아폴론은 아드메토스(Admetos) 왕의 소 떼를 보살펴야 했다. 아폴론이 소 떼를 보살피자 소들이 새끼를 많이 쳐서 아드메토스 왕은 넉넉함을 즐길 수 있었다.

아폴론의 징벌 또한 대단했다. 어느 날 마르쉬아스(Marsyas)라는 시냇물의 신이 아테나가 버린 쌍피리를 주워 아름답게 연주했다. 주변 사람들은 아폴론의 것보다 더 아름다운 음악이라고 치켜세웠다. 우쭐해진 마르쉬아스는 아폴론에게 도전했다. 물론 이길 수 없었다. 아폴론은 마르쉬아스를 나무에 묶어 산 채로 살가죽을 벗겨 죽였다. 그러나 곧 아폴론은 자기가 저지른 행동을 후회해 자신의 리라를 부숴버리고 마르쉬아스를 강으로 변신시켜 주었다는 이야기도 전해진다. 또 다른 징벌도 있었다. 탄탈로스의 딸 니오베(Niobe)는 아들딸을 각각 일곱씩 두고 흐뭇한 나머지 아들딸을 하나씩밖에 못 둔 아폴론의 어머니 레토를 은근히 깎아내렸다. 결국 그녀는 아폴론과 아르테미스의 화살에 아들딸을 모두 잃고 말았다. 아폴론은 신을 넘어서려는 인간의 오만을 용서하지 않았다.

그리스 전역에서 아폴론은 예언과 활로, 그리고 시와 음악과 의술로 숭배받았다. 그는 제우스가 이끄는 올림포스의 가부장적 절대 권력의 수호자였기 때문에 인간의 오만 등 질서를 어지럽히는 행위는 어떤 것이든 용납하지 않았다.

7) 아르테미스

아르테미스는 아폴론의 쌍둥이 누이로 순결한 사냥의 여신이다. 아폴론의 여성형이라 할 수 있을 만큼 비슷한 면이 많다. 활을 들고 다니며 여인들만 쏘는데 특히 아이를 낳는 여인들을 쏘아 갑자기 죽게 한다. 아폴론이 햇빛의 신이듯이 아르테미스는 달빛의 신이다. 그러나 아폴론이 태양신 헬리오스가 아니듯이 아르테미스 역시 달의 신 셀레네는 아니다.

① 순결의 수호 여신

아르테미스는 태어나자마자 어머니가 동생 아폴론을 낳는 것을 도왔다. 아르테미스는 평생 순결을 지키며 오염되지 않은 자연 속에서 사냥을 하며 살았다. 숲이나 산의 계곡, 들판이 그녀의 거처였다. 그녀가 처녀의 순결을 지킨 것은 어렸을 때 제우스에게 처녀로 지내겠다고 서약했기 때문이지만, 햇빛의 신 아폴론과 짝을 맞춘 달빛의 여신 역할을 맡았기 때문이라는 전설도 있다. 고대인들은 해와 달은 하늘에 떠 있는 고고한 한 쌍의 형제라고 생각한 것 같다. 해는 가부장적인 전권(專權)과 자유를 구가한 반면, 달은 순결을 지켜야 한다는 고대인의 생각이 반영된 것 같다. 이렇게 스스로 순결을 지키는 아르테미스였기 때문에 자신을 따르는 여사제나 요정들이 순결을 지키지 못하면 가차 없이 징벌했다. 요정 칼리스토가 제우스에 의해 임신하자 아르테미스는 화를 참지 못하고 활을 쏘아 죽였다. 놀란 제우스는 칼리스토를 곰으로 변하게 한 뒤 하늘로 끌어올려 '곰' 별자리가 되게 했다. 또 어느날 거인 사냥꾼 오리온(Orion)과 함께 사냥을 나갔다가 그가 자신을 욕보이려고 하자 전갈(skorpios)을 시켜 오리온의 발뒤꿈치를 물어 죽게 했다. 죽은 오리온은 하늘의 '오리온자리'가 되었고, 전갈은 '전갈자리'가 되었다. 이들은 달빛의 여신인 아르테미스와 함께 밤하늘에 떠 있다.

아르테미스는 사냥을 즐기다가 땀이 나면 숲 속에서 요정들과 목욕하는 것을 즐겼는데, 사냥꾼 악타이온(Aktaion)이 우연히 아르테미스가 목욕하는 것을 보게 되었다. 알몸을 보인 순결의 수호 여신은 분노에 차서 악타이온을 사슴으로 변신시켰다. 그리고 악타이온의 50마리나 되는 사냥개들을 주인도 몰라보게끔 난폭하게 만들어 주인을 잡아먹게 했다.

그런 아르테미스였지만 순결을 지키는 젊은 남녀는 극진히 보살폈다. 판다레오스(Pandareos)의 딸들이 고아가 되었을 때 아르테미스는 다른 여신들과 함께 아이들을 돌보며 그녀들에게 '우아함'을 선물했다. 그리고 자신을 따르며 여자를 멀리하고 순결을 지키면서 자연을 벗 삼아 사냥을 즐기던 테세우스의 아들 히폴뤼토스(Hippolytos)를 총애하고 가련히 여긴 일은 유명하다. 히폴뤼토스는 사랑과 미(美)의 여신 아프로디테를 혐오했다. 모욕을 느낀 아프로디테는 그 벌로 테세우스의 두 번째 아내 파이드라(Phaidra)가 히폴뤼토스를 사랑하게 만들었다. 그러나 히폴뤼토스로부터 사랑을 거절당해 모욕감을 느낀 파이드라는 남편에게 히폴뤼토스가 자신을 강간하려 했다며 자신이 일부러 찢은 옷과 부순 문짝을 보여준다. 분노한 테세우스는 차마 직접 아들을 죽일 수 없어 포세이돈에게 부탁한다. 히폴뤼토스가 전차로 트로이젠(Troizen) 바닷가를 달릴 때 포세이돈이 보낸 괴물이 바다에서 나왔다. 말이 놀라는 바람에 전차에서 떨어진 히폴뤼토스는 발이 고삐에 걸려 바위로 끌려가 죽고 말았다. 이 소식을 들은 파이드라는 죄책감을 못 이겨 목을 매달고 만다. 아프로디테의 술책에 희생된 히폴뤼토스를 가엾게 여긴 아르테미스는 의술의 신 아스클레피오스에게 부탁해 그를 부활시켰지만 제우스는 세계의 질서를 어지럽힌다며 벼락으로 내리쳐 아스클레피오스를 죽게 했다. 트로이젠에는 아르테미스가 순결을 지키다 죽은 자신의 열렬한 추종자 히폴뤼토스를 불사의 신으로 만들어주었다는 전설이 남아 있다.

아르테미스는 순결의 수호 여신으로 사랑의 여신 아프로디테와는 정반대이다. 아르테미스는 여전사(女戰士) 집단인 아마조네스(Amazones)의 후견인이기도 하다. 하지만 아르테미스의 순결 보호와 징벌은 결혼 전에만 해당되고 결혼 후에는 오히려 여인의 분만을 도와준다.

② 들짐승의 여신

아르테미스는 순결한 야생의 장소인 숲과 산, 들을 돌아다니면서 활을 쏘고 사냥을 즐긴다. 아름답고 날렵한 여신은 휴식을 취할 때에는 요정들과 강물에서 목욕을 즐긴다. 그럴 때면 사슴, 토끼, 새끼 사자 등이 여신을 에워싼다. 아르테미스는 문명화된 도시의 신이 아니라 '바깥'의 신이며, 처녀지와 야생의 장소를 무대로 한다. 이 여신의 주위에는 디오뉘소스처럼 항상 시끌벅적하게 젊은이들과 동물들이 모이며, 아르테미스는 그들을 이끈다. 들짐승의 수호 여신인 아르테미스지만 모순되게도 사냥을 즐긴다. 특히 사슴 사냥을 좋아했다. 그러면서도 그녀는 들짐승의 번식을 주관하는 신비스러운 힘을 가졌다.

③ 출생과 성장의 여신

아르테미스는 순결을 잃지 않은 처녀 신이지만, 인간의 출생과 성장을 돕기도 한다. 처녀이면서 이처럼 모순되는 역할을 수행하게 된 연유는 그의 출생에서 비롯된다. 그녀의 어머니 레토가 그녀와 아폴론 쌍둥이 남매를 낳으려고 했을 때 헤라의 보복이 두려워 레토를 받아주는 곳이 없었다. 결국 불모의 떠돌이 섬 델로스만이 그녀의 출산을 허락했고, 레토는 그 섬에 하나밖에 없는 나무인 종려나무 아래에서 혼자서 아르테미스를 낳았다. 아르테미스는 태어나자마자 어머니가 동생 아폴론을 무사히 분만하도록 도와야 했다. 그로부터 아르테미스는 분만을 돕고 어린아이를 돌보는 능력을 얻게 되었다. 그 뒤로 출산하는 여인들은 아르테미스에게 순산을 기원했고, 특히 난산일 때는 아르테미스에 의해 생사가 좌우

되었다. 아기를 낳다 갑자기 죽는 경우에는 아르테미스가 산모에게 화살을 쏘았다고 믿었다. 또 달빛의 여신인 아르테미스는 여성의 생리와도 관계가 깊다. 아르테미스가 쏘는 화살은 여성만을 맞히는 '달빛의 이미지'로 여성의 생리를 막아 생명을 위협한다. 그러나 '달빛'에는 좋은 면도 있다. 고대인들은 들짐승의 생식과 성장에 달의 주기가 중요한 영향을 미친다고 믿었다.

신들은 인간들이 자신들을 모독하는 것을 엄하게 벌했다. 아르테미스도 마찬가지다. 어느 날 아가멤논은 멋진 활 솜씨로 사슴 한 마리를 사냥하면서 아르테미스도 이렇게는 못할 거라며 자랑을 했다. 화가 난 아르테미스는 바람을 거두어 트로이 원정을 떠나는 그리스 함대를 묶어놓았다. 원정대장 아가멤논은 자신의 큰딸 이피게네이아(Iphigeneia)를 제물로 바쳐야 했다. 순결의 수호 여신을 진정시키기 위해서는 '순결한' 처녀를 제물로 바쳐야 했기 때문이다. 제사가 진행되고 이피게네이아가 제물로 죽게 된 순간 이 처녀를 불쌍히 여긴 아르테미스가 갑자기 나타나 처녀 대신 암사슴으로 바꾸어놓고, 이 처녀를 흑해 연안의 타우리스(Tauris)에 있는 자신의 신전으로 데려가 여사제로 삼았다고 한다. 제사가 끝나자 바람이 다시 일어 원정대는 트로이로 떠날 수 있었다.

④ 에페소스의 아르테미스

아나톨리아(소아시아)의 서부 해안 도시 에페소스(Ephesos)는 기원전 8세기 그리스 식민 도시로 교역과 금융의 중심지였다. 들짐승의 번식을 주관하는 아르테미스가 이곳에서는 인간의 발육과 성장도 주관하는 '어머니 여신'으로 숭배되었다. 아르테미스의 '모성'이 확대된 것이다. 아나톨리아 프뤼기아의 토착신으로 자연의 모든 생식력을 관장하는 '어머니 여신' 퀴벨레(Kybele)가 아르테미스를 이 지역에 알맞게 동화시켜 인간과 동물의 생식을 주관하는 에페소스 최고의 여신으로 만든 것이다. 부유한 도시 에페소스에서는 기원전 6세기에 웅장한 아르테미스 신전을 지어 여신에게 봉헌했다. 그러나 이 신전은 기원전 4세기 방화로 소실되었다가 기원전 3세기에 재건되어 세계에서 가장 크고 웅장하며 아름다운 신전으로 평가되어 세계 7대 불가사의 중 하나로 꼽혔지만 오늘날에는 온데간데없고 단 하나의 기둥만이 1973년에 세워져 옛 신전 자리 표시만을 해줄 뿐이다. 에페소스의 아르테미스가 '어머니 여신'이란 것을 잘 드러낸 모습은 '큰 아르테미스'와 '작은 아르테미스'라는 두 신상이다. 두 신상의 몸에는 여러 동물들의 모습이 조각되어 있을 뿐만 아니라 각각의 젖가슴에 24개의 유방을 갖고 있다. 많은 유방은 다산과 풍요를 상징하며 고대인의 소망에 부응한 것으로 보인다(그림 15).

8) 아테나

전쟁과 지혜의 여신이며 공예의 여신이기도 한 아테나는 제우스와 그의 첫 번째 아내인 메티스의 딸이다. '지혜'와 '배신'을 함께 의미하는 메티스는 티탄 오케아노스와 테튀스의 딸로 제우스의 사촌이다. 크로노스에게 먹힌 제우스의 형제들을 크로노스가 토해 내게 만든 약을 제우스에게 준 장본인이 메티스였다. 메티스가 임신했을 때 가이아는 메티스가 이번에는 딸을 낳겠지만 두 번째는 아들을 낳아 아버지 제우스의 왕권을 빼앗을 것이라고 예언했다. 걱정이 된 제우스는 주저하지 않고 메티스를 삼켜 버렸다. 메티스가 달이 차서 해산할 때가 되자 제우스의 머리가 몹시 아팠다. 분만의 진통이었다. 제우스는 헤파이스토스를 불러 도끼로 자신의 두개골을 깨라고 말했다. 그렇게 하자 갈라진 제우스의 머리 틈으로부터 완전 무장한 아테나가 소리를 지르며 튀어나왔다. 출생지는 리비아의 트리토니스(Tritonis) 호숫가였다.

제우스의 몸에서 태어난 아테나는 제우스의 분신과 같았다. 게다가 어머니 없이 혼자 태어난 아테나를 제우스는 유난히 아꼈다.

① 전쟁과 영웅들의 여신

미케네 시대부터 아테나는 전쟁의 여신답게 커다란 방패를 들고 있는 모습으로 그려졌다. 아테나는 특히 제우스가 기간테스들과 싸울 때 중요한 역할을 해 혁혁한 전과를 세웠다. 그때 아테나는 기간테스 중의 하나인 팔라스(Pallas)의 살가죽을 벗겨 자신의 방패에 씌웠다. 그리고 또 다른 거인 엥켈라도스(Enkelados)를 멀리까지 쫓아가 시칠리아 섬을 집어던져 눌러놓았다. 아테나는 페르세우스가 죽인 메두사의 머리를 방패에 달고 다녔는데, 메두사의 머리는 그것을 바라보는 사람은 모두 돌로 만들어버리는 위력을 가졌기 때문에 이 방패는 무적의 방패로 통했다. '아이기스'라고 불리는 이 방패는 원래 제우스의 것이었는데 그가 아테나에게 물려준 것이다. 아테나의 신분과 역할을 나타내는 표장(標章)은 창과 투구와 둥근 방패 '아이기스'이다. 아테나는 전쟁에서 항상 승리하기 때문에 '아테나 니케(Nike)'라고도 한다. 니케는 영어의 '나이키(Nike)'로 '승리'를 뜻한다. 지중해 연안의 도시 '니스(Nice)'도 '니케'에서 비롯되었다. 이렇듯 아테나는 승리의 여신이다. 그러나 아테나는 무신(武神) 아레스와는 다르다. 사나운 혈기의 아레스는 살생을 하도록 몰아붙이는 맹목적인 무신이지만, 아테나는 전쟁을 통해서 정의를 구현하고 이성을 실천한다. 따라서 정의로운 영웅들을 보호해 주고, 그들이 위급한 상황에 처하면 위기를 벗어나도록 인도해 주는 영웅들의 수호 여신이기도 하다. 트로이 전쟁 때는 그리스 군을 도와 아킬레우스와 오뒤세우스를 보호해 주었고, 헤라클레스가 강제 노역을 할 때에는 몰래 도와주었으며, 이아손의 원정선 아르고 호 건조를 후원했고, 페르세우스가 메두사를 죽이도록 도와주었다.

② 처녀 신

아테나는 특히 아테네의 아크로폴리스에 있는 파르테논(Parthenon) 신전이 말해 주듯이 '처녀' 신으로 유명하다. '파르테논'이란 '젊은 처녀'를 뜻하는 '파르테노스(Parthenos)'에서 비롯된 말로, '젊은 처녀의 것'이라는 뜻이다. 페르시아 전쟁에서 승리한 아테네인들이 젊은 처녀 신 아테나에게 지어서 바친 신전이기 때문이다(그림 16). 그 밖에도 아테나는 여러 호칭을 갖고 있다. '아테나 니케'와 함께 '아테나 파르테노스'라는 호칭도 가진다. '젊은 처녀 아테나'라는 뜻이다. 파르테논 신전 옆에는 승리의 여신 아테나를 모시는 아담한 '아테나 니케' 신전이 전망 좋은 곳에 자리 잡고 있다. 아테나는 아프로디테와 대립된다. 아테나는 아프로디테가 싫어 하는 '무기'를 들고 사람들에게 영향력을 미치고, 자신의 순결을 굳게 지키기 때문이다. 사랑과 아름다움으로 영향을 미치며 남녀의 결합을 주선하는 아프로디테와는 반대될 수밖에 없다. 그런 아테나에게도 아들이 하나 있다고 전해진다. 어느 날 아테나가 무기를 만들어달라고 헤파이스토스의 대장간을 방문했을 때, 헤파이스토스가 강제로 아테나를 욕보이려고 했다. 그러나 아테나가 완강히 거부하는 바람에 그만 그는 여신의 허벅지에 사정하고 말았다. 불쾌해진 아테나는 양털 뭉치로 그것을 닦아 땅으로 던졌다. 그러나 신의 정액은 땅을 잉태시켰고 그로부터 에리크토니오스(Erichthonios)라는 아이가 태어났다. '에리(eri)'는 '양털'을 뜻하고 '크토니오스(chthonios)'는 '땅에서 태어난'을 뜻한다. 이 아이는 상반신은 인간이고 하반신은 뱀이었다. 아테나는 이 아이를 자신의 아들로 생각하고 다른 신들 몰래 키우기로 마음먹었다. 그녀는 아이를 상자에 넣어 아테네 왕 케크롭스의 딸 판드로소스(Pandrosos)에게 맡기면서 절대로 열어보지 말라고 당부했다. 하지만 판드로소스의 동생 아글라우로스(Aglauros)는 호기심을 못 이겨 상자를 열고 안을 들여다보고 말았다. 아이의 흉측한 모습에 너무나 놀라고, 게다가 아테나의 저주까지 곁들여 자매는 아크로폴리스 언덕에서 몸을 던져 죽고 말았다. 아테나는 아이를 아클로폴리스에 있는 자신의 신전 깊숙한 곳에서 길렀다. 아이는 자라나서 케크롭스의 왕권을 이어받아 아티카 지역을 지배하고 아테네 왕족들의 선조가 된다.

③ 도시의 수호신

아테나의 후손들이 아테네의 왕들이 되면서 아테나는 자연스럽게 아테네의 수호신이 된다. 포세이돈과 아티카 지배권을 두고 쟁탈전을 벌일 때 아테나는 올리브나무를 선물로 내걸어, 아크로폴리스 언덕에 소금물 호수를 솟아나게 한 포세이돈을 제압하고 아티카를 획득함으로써 아테네의 수호신이 되었다. 그러나 아테나는 아테네의 수호신으로만 그치지 않았다. '팔라디온(Palladion)' 등으로 불리면서 오랜 세월 동안 보존된 아테나 여신 상(像)에 대한 오래된 믿음이 입증하는 것처럼, 아테나를 숭배하는 도시의 혼(魂)이 아테나 여신 상 속에 들어 있기 때문이었다. 아카이아 군의 공격을 받은 트로이도 팔라디온을 모시면서 아테나를 숭배하는 이상 함락되지 않았다. 아카이아 군은 트로이를 함락하기 위해 팔라디온을 도시에서 빼내야 했다. 불패의 여신 상 팔라디온의 유래는 다음과 같다.

리비아의 트리토니스 호숫가에서 어린 시절을 보내던 아테나는, 아버지 제우스가 친구로 사귀게 한 트리톤(Triton)의 딸 팔라스(Pallas)와 함께 놀던 중 우연한 사고로 그만 팔라스를 죽게 했다. 스스로의 잘못을 공개적으로 인정하고 용서를 비는 의식으로, 아테나는 친구와 닮은 입상(立像)을 만들어 제우스 옆에 놓고 신에게 올리듯 경배를 올렸다. 팔라디온이라고 이름 붙여진 이 입상은 처음엔 올림포스에 있었는데 우연히 트로이의 '실수의 언덕'에 떨어지게 되었다. 그때는 트로이의 시조인 일로스(Ilos)가 도시를 창건하고 있을 때였는데, 완성되지도 않은 아테나 신전으로 팔라디온이 스스로 슬그머니 들어와 경배받는 위치에 자리 잡았다. 그때부터 경이롭고 신비스러운 우상으로 소문이 난 팔라디온은 특별한 숭배의 대상이 되었으며, 이 우상이 자리 잡고 있는 한 도시는 함락되지 않으리라는 믿음이 확산되었다. 훗날 숱한 우여곡절 끝에 팔라디온 또는 그와 같다고 믿어지는 상(像)이 로마의 베스타(Vesta) 여사제들의 성스러운 예배당에 보존되기에 이르렀고 그로부터 로마의 수호는 팔라디온에 달렸다는 믿음이 전파되었다.

④ 지혜의 여신

아테나는 어머니 메티스로부터 지혜를 물려받아 공예와 창조적 과학의 여신이기도 하다. 물질적인 재주와 기술을 관장하는 헤파이스토스와는 다르다. 예술가와 장인(匠人)의 차이라고나 할까? 두 신의 역할 설명에 애매한 구석이 없지는 않지만, 헤파이스토스는 주로 무기와 기계류 제작에 주력하는 반면 아테나는 자수와 직물과 공예를 관장한다. 아테나 역시 다른 모든 신들처럼 자신을 모독하는 것을 참지 못했다. 자수와 직조에 뛰어난 기술을 가진 아라크네(Arachne)라는 처녀는 아테나와 솜씨를 겨루어도 괜찮으리라는 오만한 마음을 품고 아테나와 경합을 벌인 끝에, 아테나의 징벌을 받아 거미로 변해 쉴 새 없이 줄을 짜며 살게 되었다.

한편 아테나는 문학과 철학 영역에서 뮤즈(무사이)를 대신해 이성(理性)의 여신으로 대접받았다. 이때의 아테나는 조용하고 기품 있는 여신으로 그려지는데, 특히 청록색으로 반짝이는 그녀의 눈은 '올빼미'를 떠올리게 한다. 그녀의 어깨 또는 손에 올빼미가 앉아 있는 것으로 그려지는 것은 그 때문이다. 아테나는 예술과 문학의 수호 여신으로 숭배받으며, '올빼미'는 여러 경로를 통해 헬레니즘의 표장(標章)으로 사용되기도 한다.

아테나는 노래와 시를 주관하는 아폴론과는 다르다. 아테나의 예술은 공예와 직조와 관련된 것이고, 아테나의 문학은 '이성'과 '지혜'가 강조되는 철학적 영역이다. 그러나 아폴론과 아테나는 모두 이성적인 신들이며 제우스가 가장 아끼는 자식들로서, 올림포스를 가장 잘 대표하는 신들이고 제우스의 분신과도 같은 역할을 한다. 이 둘은 제우스의 가부장적 절대 권력을 다방면에서 관장하는 집행관들이나 다름없다.

9) 헤르메스

아테나의 남동생인 헤르메스(Hermes)는 제우스와 아틀라스의 딸 마이아(Maia) 사이에서 태어났다. 마이아는 아르카디아에 있는 퀼레네(Kyllene) 산의 한 동굴에서 헤르메스를 낳았는데, 그가 태어나자 관습대로 아이를 보(褓)에 싸서 여러 겹으로 감아놓았다. 그런데 아이가 움직여 대더니 감아놓은 보를 풀고 혼자 테살리아까지 갔다. 그곳에서는 형 아폴론이 아드메토스 왕의 소들을 돌보고 있었는데, 형이 소홀한 틈을 타서 암소 열두 마리, 암송아지 백 마리, 황소 한 마리를 훔쳐 꼬리에다 나뭇가지를 매달아 소들의 발자국을 지우면서 메세니아의 퓔로스까지 몰고 갔다. 그곳에 이르자 암송아지 두 마리를 잡아 열두 몫으로 나누어 열두 신들을 위해 제사를 올렸다. 그리고 소 떼들을 은밀한 곳에 감춘 다음 다시 동굴로 돌아왔다. 그때 입구에서 거북 한 마리를 잡아 갖고 들어와 살과 내장을 빼낸 다음 소 내장으로 만든 줄을 속이 빈 거북 껍데기의 양쪽 끝에 걸어 매고 줄을 튕겨보았다. 그러자 멋진 소리가 났다. 리라를 만들어낸 것이었다.

소를 잃은 아폴론은 사방으로 소를 찾아 나섰지만 오리무중이었다. 자신의 예언술로 보니 퀼레네 산 쪽이었다. 퀼레네로 달려가 마이아를 비난했더니 마이아는 보에 싸인 아이를 가리켰다. 아폴론은 제우스에게 달려가 하소연했다. 제우스는 헤르메스에게 훔친 소들을 되돌려주라고 명령했다. 그러나 아폴론은 동굴에서 리라를 보고 욕심이 생겨 헤르메스와 흥정을 했고 결국 소 떼와 맞바꾸기로 결정했다. 그렇게 해서 리라는 아폴론의 것이 되었다.

헤르메스가 태어나자마자 발휘한 것은 그의 중요한 두 특징인 '술책'과 '이동성'이다. 꾀 많은 술책은 그를 상업의 신으로 만들었고, 발 빠른 이동성은 제우스의 온갖 명령 하달과 심부름을 도맡는 전령 신(傳令神)이 되게 했으며, 게다가 죽은 자의 혼을 저승으로 데려가는 '영혼의 동반자'가 되게도 했다.

헤르메스는 얼마 후 목신 '판(Pan)의 피리'라고 불리는 피리를 만들었는데 이것 역시 아폴론이 소 떼를 몰 때 사용하던 황금 지팡이와 맞바꿨다. 그 후 어느 날 헤르메스는 뱀 두 마리가 서로 싸우는 것을 보고 이 지팡이로 두 뱀을 갈라놓았다. 조용해진 두 뱀은 그 지팡이를 타고 기어올랐다. 우리가 가끔 표장(標章)에서 보는, 두 마리의 뱀이 휘감고 있는 '헤르메스의 지팡이'는 여기서 비롯된 것이다. 고대 그리스에서 이 지팡이는 대사(大使)와 군사(軍使)의 표장으로 사용되었다. 두 마리의 뱀이 휘감고 있는 '헤르메스의 지팡이'는 꼭대기에 보통 두 개의 조그만 날개가 붙어 있는 것으로, 의사들의 표장과 약간 다르다. 의사들의 표장은 아스클레피오스의 뱀이 휘감고 있는 지팡이들이 서로 맞대어 걸려 있고 그 위에 신중함의 상징인 거울이 달려 있는 것이 특징이다. 의사들에게는 '신중함'을 강조하여 '거울'이 달린 반면, 대사나 군사들에게는 재빠른 '이동성'을 강조하여 '날개'가 달린 것이다. 헤르메스의 지팡이는 누구에게든 갖다 대기만 하면 잠이 들게 하는 마법의 지팡이이기도 하다. 헤라의 명령을 받아 암소로 변한 이오를 감시 중이던 100개의 눈을 가진 아르고스를 처치하라는 제우스의 명을 받은 헤르메스가 아르고스를 죽일 수 있었던 것도 이 지팡이 덕분이었다.

① 제우스의 전령 신

헤르메스의 빠른 움직임은 제우스의 명령을 신들과 인간들에게 하달하는 데 제격이다. 요정 칼륍소(Kalypso)에게 잡혀 있던 오뒤세우스를 풀어주라는 제우스의 명령을 전달하고, 오뒤세우스에게 키르케(Kirke)의 마법 해독제를 전달한 것도 헤르메스다. 헤르메스는 제우스의 의도를 잘 꿰뚫어 보고 영웅들이 곤경에 처하는 어려운 순간에 나타나 제우스의 도움을 전해 주는 보조 역할을 잘 수행했다. 페르세우스에게 하데스의 투구를 빌려 준 것도 헤르메스였고, 프릭소스(Phrixos)와 헬레(Helle)를 구해 주려고 하늘을 나는 황금 양을 보낸 것도 헤르메스였다. 제우스의 발 빠른 심복인 헤르메스는 제우스가 튀폰과 싸울 때 튀폰에게 잘린 '힘줄'을 되찾아 제우스가 다시 힘을 쓸 수 있도록 재빨리 조치하기도 했다. 헤르메스의 빠른 이동 능력은 허공을 날게 하는 '날개 달린 신발' 덕분이었다.

② 여행자와 상인의 신

헤르메스는 빠른 이동 능력을 발휘해 여행자를 돕고 소 떼나 양 떼를 몰고 이동하는 목동들을 보호한다. 헤르메스는 어깨에 어린 양을 메고 있는 '어진 목자(牧者)'의 모습으로 그려지기도 한다. 그는 죽은 자의 넋을 저승 세계로 인도하는 임무도 수행한다. 사람들은 왕래가 많은 사거리에 그의 모습이 새겨진 기둥을 세워놓기도 했다. 게다가 헤르메스는 꾀 많은 재주꾼인 데다 술수에 능하고 말을 잘해, 상대방을 설득하여 물건들을 맞바꾸거나 남의 재산을 자기 것으로 만드는 천부적인 재능을 가진 상인의 신이며, 나아가서는 도둑의 신이기도 하다. 비양심적인 술책에 의해 자기 이익을 극대화한다는 측면에서 보면 비난받을 점이 많지만, 전체적으로 볼 때 헤르메스는 나쁜 점보다는 행운과 뜻밖의 발상을 가져다주는 유익하고 자비로운 신이다.

꾀 많은 언변과 발 빠른 움직임은 헤르메스로 하여금 여러 연인들을 사귀게 했는데 유명한 후손으로는 아프로디테와의 관계에서 태어난 남녀 양성인 헤르마프로디토스(Hermaphroditos)와, 필로니스(Philonis)와의 관계에서 태어나 지략가인 오뒤세우스의 외할아버지가 되는 아우톨뤼코스

(Autolykos)가 있다. 오뒤세우스가 트로이 전쟁의 제갈공명으로 지략이 뛰어났던 것은 외가 쪽으로 헤르메스의 혈통을 이어받았기 때문이다.

10) 아레스

아레스(Ares)는 원래 사나운 전사들과 말로 이름난 그리스 북부 트라케지방의 전쟁 신이었다가 제우스와 헤라 사이에서 태어난 아들로 변해 올림포스 신으로 편입되었다. 그는 올림포스의 대부분의 신들과 제우스에게조차 혐오스러운 존재였다. 피와 살육을 즐기는 전쟁의 신이었기 때문이다. 그는 갑옷에 투구를 쓰고 방패와 창검으로 무장하고 다녔는데, 그 주위에는 '불안'의 신 데이모스(Deimos), '공포'의 신 포보스(Phobos), '불화'의 여신 에리스(Eris), '싸움'의 여신 에뉘오(Enyo)가 항상 따라다녔다.

① 전쟁과 살육의 신

아레스는 지혜와 전쟁의 여신 아테나와는 달리, 목적이나 명분도 없이 야만적인 싸움을 즐기는 난폭한 신이다. 문명화되거나 체계적인 전투를 벌이는 것이 아니라 피비린내 나는 살육을 일삼는 잔인한 신이다. 이러한 아레스를 그리스인들은 좋아하지 않았다. 그래서 그리스인들은 아레스가 싸움이나 전쟁에서 부상당하는 것을 이야기하기 좋아했다. 아레스는 헤라클레스가 자신의 아들 퀴크노스(Kyknos)를 죽이자 헤라클레스에게 창을 던졌지만 아테나가 창을 빗나가게 했다. 헤라클레스는 곧바로 창을 던져 응수했다. 이번에는 창이 아레스의 넓적다리를 맞혔다. 아레스의 부하들이 곧 그를 데리고 물러갔다. 아레스의 난폭한 잔인함이 헤라클레스의 정의로운 용기와 아테나의 씩씩한 지혜에 압도당한 것이다. 트로이 전쟁 때는 그의 연인 아프로디테가 트로이를 지원하자 아레스도 트로이 편에 섰다. 그러나 아테나의 도움을 받은 디오메데스(Diomedes)가 던진 창에 아랫배를 찔려 비명을 지르고 '신의 피'를 흘리며 올림포스로 도망쳐야 했다.[10] 제우스의 신임을 받고 아울러 다른 신들로부터 존경받는 아테나의 지혜로운 힘과 전술이 사납고 잔인하기만 한 아레스를 제압한 것이다.

② 아레이오스 파고스

아레스에서 비롯된 전설은 별로 많지 않다. 그러나 아테네에는 '아레스의 언덕'이라는 뜻의 '아레이오스 파고스(Areios Pagos)'가 남아 있다. 옛날 옛적에 이 언덕 밑에는 샘이 하나 흐르고 있었다. 어느 날 바로 여기에서 아레스와 아테네의 왕 케크롭스의 딸 아글라우로스(Aglauros) 사이에서 태어난 딸 알키페(Alkippe)를 포세이돈의 아들 할리로티오스(Halirrhothios)가 강제로 욕보였다. 아레스는 달려가 딸을 욕보인 자를 죽였다. 그러나 포세이돈은 그를 고소했다. 올림포스 신들로 구성된 재판이 바로 이 언덕에서 개최되었다. 논의 결과 아레스에게 무죄가 선포되었다. 그리고 이 재판을 기념하기 위해 이 언덕을 '아레이오스 파고스'라고 부르게 되었다. 그 후 고대 그리스인들은 종교와 살인에 관한 범죄를 심판하기 위한 법정을 아레이오스 파고스에서 열었다. 어머니를 죽인 오레스테스도 여기서 신들의 심판을 받고 악몽에서 벗어날 수 있었다. 오늘날에도 그리스의 최고 법원을 '아레이오스 파고스'라고 부른다. 물론 이 최고 법원은 그 언덕이 아닌 도심에 자리 잡고 있지만, 올림포스 신들로 구성되어 개최된 아레스의 재판을 기념하고, 재판의 연륜을 돋보이게 하려는 민족적 배려가 깃들어 있어 그리스 문화의 깊은 맛을 실감할 수 있다.

③ 테바이의 시조

아레스에 관한 전설 중 널리 알려진 것은 그가 테바이에 그의 아들인 용이 지키는 샘을 하나 갖고 있었다는 이야기이다. 카드모스(Kadmos)가 시리아로부터 여동생 에우로페(Europe)를 찾으러 왔다가 못 찾고 헤매던 중 델포이의 신탁을 좇아 도착한 곳이 이 샘이었다. 카드모스가 신들에게 제사를 올리기 위해 샘에서 물을 푸려고 하자 용이 제지했고, 분노한 카드모스는 용을 죽였다. 카드모스는 속죄의 뜻으로 7년 동안 아레스의 종으로 일했다. 이 기간이 끝나자, 아레스는 자신과 아프로디테 사이에서 태어난 딸 하르모니아(Harmonia)를 카드모스와 결혼시켰다. 테바이 왕가는 이 결합으로부터 시작한다.

11) 헤파이스토스

헤파이스토스는 아프로디테의 남편이고, 불을 쓰며 일하는 대장장이이자 각종 금속 제품을 만드는 장인(匠人)이다. 『일리아스』는 그가 제우스와 헤라 사이에서 태어났다고 말하고 있지만, 헤시오도스의 『신들의 탄생』에서는 제우스가 아테나를 혼자서 출산하자 화가 난 헤라가 사랑의 결합 없이 혼자 힘으로 낳은 아들이라고 이야기하고 있다. 그러나 호메로스나 헤시오도스는 다 같이 헤파이스토스가 다리를 절뚝거렸다고 말한다. 다리를 절뚝이게 된 원인으로는 제우스가 부부 싸움 중에 헤라 편을 드는 헤파이스토스를 내던져 하루 종일 날아가다가 렘노스 섬에 떨어지면서 받은 충격을 꼽는 것이 일반적이지만, 『일리아스』를 자세히 읽으면 헤파이스토스는 태어날 때부터 절름발이였다는 주장도 가능하다.[11]

① 대장장이 신

헤파이스토스가 태어나면서부터 절름발이였다는 이야기에 의하면, 헤라가 불구인 아이를 보기 싫어 냅다 내던졌더니 아이가 바다에 떨어졌고, 그때 여신 테튀스와 여신의 딸 에우뤼노메(Eurynome)가 아이를 구해 주었다. 아이는 바다 속 넓은 동굴에서 9년 동안이나 여신들의 보호를 받으며 팔찌, 귀고리, 브로치, 반지, 목걸이 등 수많은 장신구들을 만들면서 자랐다. 이때부터 벌써 헤파이스토스의 재능이 돋보이기 시작한 것이다. 게다가 그는 무엇보다도 불을 다루는 기술자로, 신들의 무기는 물론 각종 금은 세공품 및 진귀한 물건과 희한한 발명품을 만들어냈다. 헤파이스토스는 불을 다루는 대장장이 신이지만 글자 그대로 대장장이로 그치는 것이 아니라, 장인이자 전문 기술자이고 발명가였다. 헤라에게 선물한 멋진 황금 의자를 비롯하여, 눈에 보이지 않을 만큼 가느다란 쇠줄을 엮어 만든 그물, 그리고 올림포스 신들의 방의 장식은 모두 헤파이스토스의 작품이다. 게다가 그는 자신의 작업장에서 몸이 불편한 자신을 돕도록 황금으로 두 하녀를 만들었다. 일종의 로봇에 해당하는 이 하녀들은 이성(理性)이 있고 말도 할 수 있어 살아 있는 처녀들 같았다. 그의 발명품은 꿈과 마법의 작품이었고, 그는 신비한 재능과 기술을 가진 장인이며 발명가였다. 그는 테티스의 요구에 따라 아킬레우스의 무기를 만드는 것부터 자동 기계에 이르기까지 자신의 기술과 발명의 위력을 곳곳에 과시했다. 제우스의 명령에 따라 물과 진흙으로 인형을 빚어, 아테나, 헤르메스, 아프로디테와 함께 그리스의 이브인 판도라를 만든 것도 빼놓을 수 없는 업적이다.

② 근면 성실한 장인과 사랑
헤파이스토스는 절름발이였기 때문에 다른 신들에 비해 신체적 조건이 나빴다. 게다가 아무런 권력도 없었다. 자신의 재능밖에 믿을 것이 없었다. 재능을 발휘하면서 살려니까 작업장에서 부지런히 땀 흘려 일해야만 했다. 그의 수많은 작품들은 그가 열심히 일한 결과들이다. 일에 몰두하다 보니 그에게는 사랑에 관한 에피소드가 별로 없다. 그러나 신체적인 결함에도 불구하고 그는 대단히 아름다운 여인들과 결합한 것으로 알려졌다. 그의 첫 아내는 우아함의 세 자매 신들 중 막내인 아글라이아(Aglaia)라는 설도 있다. 그리고 그는 신들 중 가장 아름다운 아프로디테

와 정식으로 혼례를 치르는 행운도 얻는다. 그러나 아프로디테는 곧 미남 아레스와 눈이 맞아 불륜 관계를 계속한다. 불행해진 헤파이스토스는 대장간을 찾아온 아테나를 강제로 욕보이려다 그만 여신의 허벅지에 사정을 하고 그 정액이 땅에 떨어져 에리크토니오스가 태어났다. 그러나 아테나는 이 아이를 자신의 아들로 생각하고 키운다. 헤파이스토스는 그 밖에 렘노스 섬의 카베이로이(Kabeiroi)족의 시조인 카드밀로스(Kadmilos)를 카베이로(Kabeiro)에게서 얻었다. 전설적인 조각가 아르달로스(Ardalos)와 유명한 강도 페리페테스(Periphetes)도 헤파이스토스의 아들이다. 사랑의 에피소드가 별로 없기 때문에 그의 자손은 적은 편이다.

12) 디오뉘소스

자연이 주는 충만을 포도와 포도주의 힘을 통해 나타내는 디오뉘소스는, 도취감을 일으키고 신비로운 착상과 억제할 수 없는 광란을 불러오기도 한다. 디오뉘소스의 영역은 정서(情緖, affectivity)이다. 그는 신으로 태어나지는 않았지만 신이 된다. 데메테르가 '곡식'으로 대지의 생산성을 표현한다면, 디오뉘소스는 '술'로 표현한다.

① 출생과 유년 시절

디오뉘소스는 제우스와 테바이의 창시자 카드모스의 딸 세멜레 사이에서 잉태된 아들로, 그의 이름 '디오뉘소스'가 '두 번 태어난 자'를 의미하는 것처럼 출생에 얽힌 이야기는 기구하다. 제우스의 사랑을 받은 세멜레를 자매들은 무척 질투했다. 그래서 자매들은 세멜레가 보잘것없는 연인에게 몸을 맡겼다고 생각하는 척했다. 세멜레는 의심이 생기기 시작했다. 세멜레는 연인이 신이라는 증거를 보고 싶어 했다. 그녀는 제우스에게 졸랐다. 헤라에게 나타나듯 자신에게도 영광스럽고 멋진 모습을 보여달라고 했다. 제우스는 처음에는 거절했지만 어쩔 수 없었다. 제우스가 자신의 모습을 보이자 번개와 벼락이 동반될 수밖에 없었고, 그 바람에 세멜레는 놀라서 죽고 말았다. 제우스는 세멜레의 뱃속에서 6개월된 아이를 꺼내 자신의 넓적다리에 넣고 꿰맸다. 달이 차서 태어났을 때 어린 디오뉘소스는 손색이 없는 아이였다. 그러나 제우스는 아이를 기르자니 헤라의 질투가 염려되어 매우 난처했다. 고심 끝에 제우스는 세멜레의 언니 이노(Ino)와 그녀의 남편인 오르코메노스(Orchomenos)의 왕 아타마스(Athamas)에게 디오뉘소스를 길러달라고 은밀하게 부탁했다. 헤라의 눈을 피하기 위해 여자 옷을 입히라고 당부도 했지만, 헤라는 속아 넘어가지 않았다. 화가 난 헤라는 이노와 아타마스를 미치게 만들어 서로 죽이게끔 했다. 그러자 제우스는 아이를 그리스에서 멀리 떨어진 뉘사(Nysa)라는 곳으로 데려갔다. 뉘사라는 장소는 애매모호한 곳이다. '디오뉘소스'라는 이름을 풀이하기 위해 만들어낸 장소일 가능성이 높다. '디오뉘소스(Dionysos)'를 '뉘사의 제우스'로 생각했기 때문이다. 제우스는 아이를 새끼 염소로 변신시켜 이곳에서 요정들의 보살핌을 받으면서 자라게 했다. '새끼 염소'는 후일 디오뉘소스를 가리키는 의식적(儀式的)인 표현들 중 하나로 자리 잡는다.

② 유랑과 통음난무와 영광

성인이 된 디오뉘소스는 포도로 포도주 만드는 법을 터득해 동료들과 만취해서 즐긴다. 그러나 헤라가 디오뉘소스를 미치게 만들었다. '이성을 잃고' 미친 디오뉘소스는 이집트와 시리아를 정처 없이 쏘다녔다. 그를 추종하는 무리들이 그의 여행에 동참하여 그를 뒤따랐다. '마이나데스(Mainades)'라고 불리는 남녀로 구성된 이 디오뉘소스 숭배자들 중에는, 나귀에 올라탄 늙은 실레노스(Silenos), 그를 길러준 요정들, 상반신은 인간이고 하반신은 동물로 통음난무를 대표하는 사튀로스(Satyros), 왕성한 생식력의 프리아포스(Priapos) 등이 있었다. 그들은 가는 곳마다 술 마시고 노래 부르고 춤을 추면서 흥겹게 무아지경에 빠졌다. 디오뉘소스 자신은 표범 위에 올라타고, 손에는 송악으로 장식되고 끝은 솔방울로 마감된 '튀르소스(Thyrsos)'라는 긴 홀(笏)을 들고 다녔다.

가난하고 억압받은 사람들의 디오뉘소스 숭배 열기는 대단했다. 남부 이탈리아 및 시칠리아에서 매우 오래전부터 황소를 신으로 섬기며 잡아먹던 관습이 디오뉘소스 숭배의 첫 의식으로 도입되었다. 디오뉘소스 숭배자들은 들판에 황소를 풀어놓은 뒤, 들판을 가로지르며 황소를 쫓아다니다가 황소를 잡아 죽여 그 피를 마시고, 황소를 찢어 그 고기를 익히지 않고 '날로' 먹었다. 이러한 의식이 디오뉘소스 숭배의 초기 형태였다. 신으로 섬기던 황소의 고기를 '날로' 먹음으로써 신의 것을 자신의 것으로 만들며 신에 동화된다는 것이 이 의식의 목표였다. 이러한 비합리적 행위를 통해 디오뉘소스 추종자들은 도취감과 열광을 만끽할 수 있었다.

디오뉘소스와 그 무리들이 그리스 북부 트라케에 도착했을 때, 그곳의 왕인 뤼쿠르고스(Lykourgos)는 고삐 풀린 이들을 냉대했을 뿐만 아니라 디오뉘소스를 잡아 가두려고까지 했다. 디오뉘소스가 바다의 여신 테티스에게 가서 몸을 피하자, 왕은 마이나데스들 중 여자들을 잡아 가두었지만 신비롭게도 곧 풀려나고 오히려 왕이 미쳐버렸다. 미친 그는 도끼로 포도나무 그루를 자른다고 생각하고 내리쳤는데 실제로 잘린 것은 자기 다리와 아들의 손발이었다. 정신이 돌아와 살펴보니 온 나라가 말이 아니게 황폐해져서 불모의 땅이 되어 있었다. 신탁을 물으니 디오뉘소스의 분노를 풀어야 하는데 그러기 위해서는 장본인이 죽어야 한다는 것이었다. 결국 왕은 백성들에게 처참하게 죽고 말았다.

그 후 디오뉘소스 일행은 트라케를 떠나 배를 타고 소아시아로 이동했는데, 이번에는 선장이 디오뉘소스를 아시아에 노예로 팔아버리려고 했다. 그러자 디오뉘소스는 선원들을 모두 미치게 만들어, 제각각 바다에 몸을 던져 돌고래로 변하게 했다. 디오뉘소스가 아나톨리아(소아시아)의 프뤼기아에 도착했을 때, '신들의 어머니'이자 야생의 자연 속에서 살며 동물과 식물의 생식과 성장을 관장하는 '어머니 여신' 퀴벨레(Kybele)[12]가 디오뉘소스의 광증(狂症)을 고쳐주고 자신의 비교(秘敎)에 입문시켰다. 이때부터 디오뉘소스의 위력이 나타나기 시작했다. 그는 내친김에 인도까지 멀고 먼 여행을 계속했다. 그가 지나는 곳마다 '자유로운 아버지'이며 '해방자'인 디오뉘소스의 놀라운 능력에 환호했다. 그의 마력이 모든 곳을 매료시켰다. 고대 조각가들과 화가들은 디오뉘소스의 이 같은 승리의 대장정을 알렉산드로스 대왕의 원정을 상기시키도록 재현했다. 디오뉘소스의 여행은 알렉산드로스 대왕의 인도 원정을 모델로 헬레니즘 시대에 꾸며진 것으로 볼 수 있다.

술에 취하고 노래와 춤에 취해 현실의 각종 억압으로부터 벗어나게 하는 디오뉘소스의 위력은 디오뉘소스로 하여금 그리스로 다시 귀환해 어머니 세멜레의 고향 테바이로 발길을 잡게 하지만, 테바이의 왕 펜테우스(Pentheus)는 여인들이 이성을 잃고 소리 지르면서 들판을 뛰어다니게 하는 디오뉘소스 일행의 통음난무를 못마땅하게 여겨 그들의 이른바 '새로운 신앙' 의식을 금지시켰다. 그러나 트라케의 뤼쿠르고스 왕처럼 펜테우스는 가혹한 벌을 받았다. 그가 키타이론(Kithairon) 산에서 벌어지는 디오뉘소스 추종자들의 소란스러운 광경을 몰래 살펴보던 중 자신의 어머니인 아가우에(Agaue)와 다른 여신자들에게 사자(獅子)로 오인되어 잡혀서 찢겨 죽고 만 것이다. 디오뉘소스의 열기는 점점 더 퍼져나가 막으려고 해봐야 소용이 없었다. 아르고스에서는 왕의 딸들이 스스로 암소인 줄 알고 들판을 뛰어다니다가 마침내 자신들의 아이들마저 잡아먹고 만다. 그리스 전역이 디오뉘소스의 위력을 받아들였다. 디오뉘소스 숭배는 극에 달했다. 신이나 받을 수 있는 숭배였다. 그는 자신의 신격화를 눈앞에 두고 어머니 세멜레를 찾으러 저승으로 내려갔다. 자신의 영광에 어머니를 동참시키고 싶었기 때문이었다. 어머니를 되찾은 디오뉘소스는 불멸의 영광을 어머니와 함께 누리기 위해 올림포스로 올라가 위대한 신들의 반열에 자리 잡는다. 그 즈음 아리아드네(Ariadne)는 낙소스(Naxos) 섬에서 잠든 사이에 연인 테세우스가 배를 타고 떠남으로써 버림받은 상태였는데, 때마침 디오뉘소스가 표범이 끄는 마차를 타고 지나던 중 그녀의 아름다움에 매료된다. 그는 결혼하자고 설득하여 그녀를 올림포스로 데리고 올라가서, 헤파이스토스가 만든 황금 왕관을 선물한다. 이 왕관은 후일 별자리로 변하고, 그들의 결합으로부터 '포도 밭'을 뜻하는 '암펠로스(Ampelos)', '포도나무'를 뜻하는 '스타퓔로스(Staphylos)', '술 마시는 사람'을 뜻하는 '오이노피온(Oinopion)'의 세 아들이 태어난다.

디오뉘소스 신화는 다른 신화들에 비해 체계적이고 일관성이 있다. 그것은 디오뉘소스 신화가 매우 오래된 것이어서 그리스인들이 그리스로 이주할 때 이미 이야기 체계가 갖추어져 있었기 때문인 것 같다. 디오뉘소스의 유년 시절과 그의 세계 제패는 디오뉘소스 숭배라는 신앙이 트라케와 다른 곳의 저항을 이겨내면서 전파되는 과정을 우의적으로 묘사한 것으로 이해해야 한다. 그것은 다른 신들에게서는 볼 수 없는 특별한 양상이며, 복음을 전파하는 종교의 모습을 디오뉘소스의 유랑과 신격화 과정에서 읽을 수 있다.

③ 디오뉘소스 숭배

디오뉘소스 신앙의 핵심은 술과 축제이다. 사람들은 술을 마시고 광란의 춤을 추며 무아지경에 빠져 일상생활의 모든 걱정과 억압으로부터 해방되는 기쁨과 자유를 구가한다. 이는 모든 지난 일을 함몰시키는 혼수상태이기도 하다. 디오뉘소스 축제가 벌어지면 여신도들은 가면을 쓰고 억눌린 본능을 마음껏 풀었다. 그들을 '마이나데스' 또는 '바카이(Bacchai)'라고 불렀는데 초기에는 신자들이 대부분 여자들이었지만 점차 남자들도 가담했다. 고대 사회의 생활에서 여성들이 겪는 억압과 힘든 가사 노동이 여자들로 하여금 쉽게 디오뉘소스 신앙에 빠져들게 했을 것으로 생각된다.

④ 연극의 신

디오뉘소스 축제에서는 재미있고 외설스러운 '코모스(comos)'라는 노래를 불렀는데 이것이 나중에 '코메디(comédie)'라는 말로 발전하게 되며, 디오뉘소스에게 희생 양(羊)을 제물로 바치며 부르는 '트라고스(tragos)'라는 노래는 '비극'을 뜻하는 '트라제디(tragédie)'로 발전하게 된다. 한편 디오뉘소스 무리 중 반인반수(半人半獸)인 사튀로스 주위에서 부르는 노래에서 발전한 것이 풍자극(drame satyrique)이다. 디오뉘소스가 고대 그리스인들에게 연극의 신으로 추앙받는 것은 그 때문이다.

⑤ 통음난무의 디오뉘소스와 오르페우스 신앙의 디오뉘소스

디오뉘소스 신앙에서 술과 춤은 양면성을 가진다. 그것을 통해 자유와 기쁨을 구가해 일상적 삶의 활력을 배가시킬 수도 있고, 반대로 그것이 주는 자유와 기쁨에 탐닉해 일상생활을 소홀히 하거나 더 나아가서는 건전한 일상생활을 혐오하고 기피하게 될 수도 있다. 게다가 지속적인 음주는 병을 부르기 십상이다. 고대인들이 그린 병색이 완연한 디오뉘소스의 그림이 시사하는 것은 기쁨과 자유가 숨기고 있는 독(毒)일 것이다. 그러나 디오뉘소스 신앙과 그 축제가 고대 사회에서 일정한 활력소 역할을 하며 민중 속으로 파고들면서, 가부장적인 제우스가 이끄는 올림포스 신들에 대한 숭배와 절대 권력이 지배하는 사회 체계의 억압 요인을 상당 부분 완화시키는 데 큰 공헌을 한 것은 사실이다. 그러나 술과 춤이 가진 독과 무아지경이 유발하는 일상생활에 대한 혐오감은 극복되어야 했다. 디오뉘소스의 통음난무가 가져다주는 해방감은 삶의 저속함과 동물성을 통해서 신적인 것을 만나고 그로부터 활력을 찾거나 소생하는 것이지만, 신적인 것을 중시한 나머지 평범한 일상의 규칙과 관행을 혐오하는 것은 사회적으로나 개인적으로 유익하지 못했다. 이 같은 부정적인 요소를 극복하기 위해 술과 춤의 디오뉘소스 신앙을 외면하고 욕망을 절제하는 금욕적인 일상생활을 선택하여 '분출'보다는 '금욕'을 택함으로써, 술과 춤이라는 도피 수단에 의존하지 않고도 일상생활을 영위할 수 있는 길을 찾은 신앙이 기원전 6세기부터 퍼져나가기 시작했다. 그것은 모든 살생을 금하고 육식을 삼가는 것을 기본 규칙으로 삼는 오르페우스 신앙의 삶의 양식이다. 통음난무의 디오뉘소스 신앙과는 정반대인 삶의 방법이다. 건전하지 못하게 흐를 수 있는 디오뉘소스 신앙의 병적이고 부정적인 요소를 차단한 것이다. 오르페우스 신앙에 대해서는 앞의 창세 신화의 장(章)에서 길게 이야기한 바 있다. 인간에게는 신성이 내재되어 있지만, 일상생활에서 금욕을 실천하는 자기 정화의 삶을 통해서만 영생의 길로 들어갈 수 있다고 믿는 오르페우스 신앙에서 말하는 디오뉘소스는, 제우스와 페르세포네의 근친상간에 의해 태어난 어린 디오뉘소스이다. "우리에게는 많은 디오뉘소스가 있다"[13]고 한 로마의 키케로(Cicero)의 말처럼, 오르페우스 신앙의 디오뉘소스는 세멜레와 제우스의 아들인 통음난무의 디오뉘소스와는 다르다. 디오뉘소스의 이름 뒤에 붙는 수식어 때문에 서로 다른 디오뉘소스가 많이 있는 것처럼 보이지만, 크게 나누자면 두 종류의 디오뉘소스밖에 없다.

제우스가 근친상간을 통해 태어난 어린 디오뉘소스에게 지배권을 넘겨주려고 하자 헤라의 사주를 받은 티탄들이 디오뉘소스를 죽여 심장만 빼고 삶거나 구워 먹는다. 격분한 제우스는 벼락을 쳐서 티탄들을 재로 만든다. 이 재에서 태어난 것이 인간이며, 인간에게는 티탄의 악한 성격과 티탄이 먹은 디오뉘소스의 신성이 함께 들어 있다고 믿는 것이 오르페우스 신앙의 출발점이다. 신과 인간은 본질적으로 달라 인간은 결코 신의 자리를 넘볼 수 없으며, 정기적으로 신에게 제사와 제물을 올려야 하는 보잘것없는 존재라고 오랫동안 믿어온 기존의 신앙 체계를 오르페우스 신앙은 뒤흔들어 놓았다. 게다가 영혼은 불멸하기 때문에 티탄의 악한 본성이 깃든 인간들은 매일매일의 금욕과 자기 정화를 통해서 악한 구석을 털어내고 신성만 간직한 채 영생의 길을 갈 수 있다는 '구원'의 '희망'을 심어준 오르페우스 신앙은, 가부장적인 올림포스 신앙의 틀을 뒤흔들어놓았을 뿐만 아니라, 개인의 존재 자체를 인정하지 않는 고대의 사회 제도와 관습 체계에 '구원의 종교'를 등장시킴으로써 신앙과 인간 의식의 문제에 일대 전기를 마련했다. 오르페우스 신앙의 전파와 후세에 미친 영향은 앞에서 이미 말한 바 있다. 1962년에 발굴된 데르베니의 파피루스와 1978년에 흑해 연안 크리미아 반도 북단의 올비아(Olbia)에서 발굴된 점토판은 이 같은 내용을 뒷받침하는 획기적인 자료이자 문헌으로, 고대 그리스의 신화와 종교를 새롭게 이해하는 계기를 만들었다. 최근 유럽의 신화학계에서 거론되는 마르셀 데티엔(Marcel Detienne)의 『죽고 만 디오뉘소스(Dionysos mis à mort)』와 그의 「오르페우스 신앙의 디오뉘소스(Dionysos orphique)」는 영혼의 불멸을 강조하는 오르페우스 신앙이 플라톤 철학 등에 깊은 영향을 미친 것을 설명하는 글이다.

한편 20세기 초 프랑스 시인 아폴리네르(G. Apollinaire)는 '오르피즘(Orphisme)'이라는 말을 회화의 전통과 관행을 '위반'하는 로베르 들로네(Robert Delaunay) 같은 화가들의 그림에 적용했다. 그것은 회화사나 미학에서의 '파격'과 '위반'을 뜻하는 것으로 고대 그리스의 오르페우스 신앙과는 직접 관계가 없지만, 오랜 관습과 관행을 '위반'하며 새로운 길을 열었다는 의미에서는 적절히 사용한 것이라고 할 수 있다.

13) 포세이돈

포세이돈(Poseidon)은 바다와 물의 신이며 지진을 관장하는 신이다. 올림포스 신들과 함께 티탄들에 대항해서 싸울 때 퀴클롭스 형제들이 그에게 만들어준 삼지창 '트리아이나'가 그의 표장이다. 그는 '트리아이나'로 태풍과 지진을 일으킨다. 그는 제우스, 하데스와 함께 세계의 통치권을 분할할 때 바다와 물의 영역을 관장하기로 했지만 공동 관할하기로 한 대지에 지진을 보내는 역할도 담당했다. 호메로스의 『일리아스』에서 포세이돈을 '지축을 뒤흔드는 자'로 부르는 것도 그 때문이다. 포세이돈의 이름 속에 들어 있는 어근 'pot'는 인도유럽어로 '권력'을 뜻한다. 올림포스 신들이 등장하기 이전부터 숭배되던 포세이돈은 막강한 전권을 쥐고 흔드는 권력의 신으로 대지를 주관했다. 사르데냐, 퀴프로스 섬 등은 그가 집어던진 땅덩어리로부터 생겨난 섬들이다. 시간이 지남에 따라 그의 권력은 점차 제우스에 의해 약화되었지만, 그가 처음부터 갖고 있던 불같은 성격과 무서운 힘은 사라지지 않았다.

① 바다와 물의 신
무엇보다 포세이돈은 거칠고도 사나운 변화무쌍한 바다를 관장하는 신이다(그림 17, 18). 그는 바다처럼 힘세고 직선적이라서 술책을 모른다. 아티카를 놓고 아테나와 다툴 때 그는 아테네 주민들 앞에서 삼지창 트리아이나로 땅을 쳐 소금물이 솟아나게 했지만, 올리브나무를 선물한 아테나에게 지고 만다. 직선적으로 자기를 표현했지만 외교적인 수단이 부족했던 것이다. 아르고스를 두고 헤라와 다툴 때도 패배하고 말았다. 거친 바다의 신이 도시의 수호신이 되기는 힘들었을 것이다. 물의 신인 그는 지상의 모든 물을 관할했다. 샘과 강도 그의 영역이었다. 삼지창으로 두드리면 어디서나 물이 솟았다. 아티카를 아테나에게 빼앗겼을 때는 분풀이로 홍수를 일으키기도 했다.

그는 '바다의 노인'으로 불리는 네레우스(Nereus)의 딸인 암피트리테 (Amphitrite)와 결혼했다. 본처인 암피트리테와 바다 깊숙한 곳에 황금으로 지은 궁전에서 살면서도 다른 많은 여성들과 결합했다. 대지의 여신 가이아와 결합해 거인 안타이오스(Antaios)를 낳는가 하면, 누이인 데메테르가 그를 피해 암말로 변신해 도망가자 자신도 말로 변신해 결합하여 명마(名馬) 아리온(Arion)을 낳았다. 딸도 하나 얻었는데 이 딸의 이름은 아무도 발설하지 않아 이름은 전승되지 않았다. 또 말로 변신하여 메두사와 결합해 날개 달린 명마 페가소스(Pegasos)를 얻기도 했다. 파도 위에서 이동할 때엔, 상반신은 말이고 하반신은 뱀인 동물들이 끄는 마차를 타고, 물고기와 돌고래와 네레우스의 아름다운 딸들과, 반인반어(半人半魚)인 트리톤(Triton)들과 물개 떼를 몰고 다니는 프로테우스(Proteus)의 호위를 받았다.

② 포세이돈과 말과 소

포세이돈의 자식 중에는 아리온, 페가소스 등 명마(名馬)들이 있다. 데메테르와 결합할 때는 그 자신이 말로 변하기도 했다. 거친 바다의 파도가 힘차게 달리는 말과 같아서일까? 또 거친 파도는 성난 황소처럼 요란하기도 하다. 그래서인지 포세이돈은 소와도 관계가 깊다. 그에게는 소에 관한 이야기가 따라다닌다. 형제들과 왕위를 놓고 다투던 크레타 섬의 미노스(Minos)는 자신이 왕위에 적합한 자라는 증표를 보여달라고 포세이돈에게 기원했다. 포세이돈은 그의 소원을 들어주어 증표로 황소 한 마리를 보냈다. 그런데 왕이 된 후에도 미노스는 포세이돈에게 황소를 제물로 바치지 않았다. 성이 난 포세이돈은 미노스의 아내 파시파에(Pasipahae)로 하여금 황소를 사랑하게 했고 그로부터 태어난 것이 머리는 황소이고 몸은 인간인 미노타우로스(Minotauros)다. 이 괴물은 크노소스(Knossos) 궁전의 지하에 갇혀 살았던 것으로 전해지는데 결국 테세우스에 의해 격퇴된다. 그 밖에도 크레타는 황소와 관계가 깊다. 에우로페가 황소로 변신한 제우스의 등에 타고 도착한 곳도 크레타였다. 게다가 크레타는 바다의 한가운데에 있어서 지진도 빈번한 곳이다. 포세이돈을 잘 모시지 않으면 안 되는 곳이다. 포세이돈은 테세우스의 요청에 따라 테세우스의 아들 히폴뤼토스에게 황소 혹은 괴물을 보내 죽게 만들기도 했다.

③ 포세이돈의 분노: 안드로메다와 오뒤세우스

에티오피아의 왕 케페우스(Kepheus)의 아내 카시오페이아(Kassiopeia)는 자기가 포세이돈의 아내 암피트리테나 바다의 요정들인 네레이데스(Nereides)보다 더 아름답다고 자랑하다가 포세이돈의 노여움을 샀다. 그는 바다 괴물을 보내 나라를 황폐하게 만들었다. 보다 못한 왕이 신탁을 물었다. 신탁은 그의 딸 안드로메다(Andromeda)를 제물로 바쳐야 한다고 했다. 왕은 어쩔 수 없이 딸을 희생시키기로 했다. 안드로메다가 바닷가 바위에 묶여 희생되려는 순간, 마침 그곳을 지나던 영웅 페르세우스가 그녀를 구해 주었다.

포세이돈이 분을 풀지 않고 지속적으로 분풀이한 대상으로는 오뒤세우스를 꼽을 수 있다. 트로이 전쟁에서 그리스로 귀환하던 중 오뒤세우스는 포세이돈의 아들인 외눈박이 거인 폴뤼페모스(Polyphemos)에게 포도주를 먹여 취하게 한 다음 부하들과 함께 나무창을 불에 달구어 그의 외눈을 찔러 멀게 했다. 덕분에 그의 동굴에 붙잡혀 있던 오뒤세우스 일행은 무사히 탈출해 배를 타고 도망쳤지만 복수심에 불탄 포세이돈은 오뒤세우스를 끈질기게 괴롭히며 귀향을 방해했다. 오뒤세우스가 포세이돈의 후손인 파이아케스(Phaiakes)족의 코르퀴라(Korkyra) 섬에 도착했을 때 포세이돈은 그들이 오뒤세우스를 괴롭혀주길 기대했지만, 오히려 그들은 10년 동안이나 바다를 헤맸던 오뒤세우스를 그의 고향인 이타케(Ithake)

섬으로 데려다주었다.

④ 포세이돈의 후손들

포세이돈의 자식들은 대단히 많다. 그는 앞에서 말한 자식들 외에도 많은 후손을 남겼는데, 특히 전설의 대륙 아틀란티스(Atlantis)의 주민은 모두 그의 후손이었다. 포세이돈은 이 대륙에 홀로 있던 요정 클레이토 (Kleito)와 결합해 다섯 차례에 걸쳐 쌍둥이를 낳는다. 그는 클레이토와 열 명의 아들을 위해 이 대륙을 평화롭고 풍요로운 나라로 만들어주었다. 그리고 첫 아들 '아틀라스(Atlas)'의 이름을 따서 이 땅의 이름을 '아틀라스의 땅'이라는 뜻의 '아틀란티스(Atlantis)'로 지어주었다. 또 다른 자식으로는 트라케 해변에 사는 장님 예언자 피네우스(Phineus)가 있다. 그는 끼니 때마다 하르퓌이아이(Harpyiai)라는 괴조(怪鳥)들에게 시달려야 했다. 그의 음식에 괴조들이 배설물을 싸놓기 때문이었다. 아르고 호(號) 원정대가 그의 예언을 얻어내는 대가로 이 괴조들을 쫓아주었다. 포세이돈의 후손들 중에서 특히 빼놓을 수 없는 인물이 테세우스(Theseus)다. 그의 출생에 대해서는 트로이젠의 공주 아이트라(Aithra)와 동침한 아이게우스(Aigeus)의 아들이라는 전설과, 아이트라와 결합한 포세이돈의 아들이라는 설이 있다. 후자에 의하면, 어느 날 밤 아이트라는 아테나 여신이 보낸 꿈에 속아 어느 섬으로 제사를 올리러 갔는데 그곳에서 포세이돈에게 잡혀 결합하여 아들을 잉태했고, 같은 날 밤 아이게우스 역시 아이트라와 동침했기 때문에 아이게우스는 그 아이를 자신의 아들로 생각하게 되었다는 것이다.

이 밖에도 포세이돈은 바다에 있는 각종 괴물들과 신들의 아버지이기도 하다. 예언 능력을 가진 글라우코스(Glaukos), 물 위를 걸어다니는 오리온(Orion), 항해술에 능한 나우플리오스(Nauplios) 등은 모두 그의 자식들이다.

14) 하데스

지하 세계와 죽은 사람들의 왕 하데스(Hades)는 제우스와 포세이돈의 형이다. 티탄들과 맞서 싸울 때 하데스는 퀴클롭스 형제들로부터 황금 투구 '퀴네에'를 받았다. 이 투구를 쓰는 자는 다른 자들에게 보이지 않는다. 아테나와 헤르메스, 영웅 페르세우스가 이 투구를 빌려 썼다. '하데스'라는 이름은 '보이지 않는 자'라는 뜻이다. 그의 투구와 함께 모습이 보이지 않는 저승의 염라대왕에게 어울리는 이름이다. 냉혹하고 가차 없는 하데스는 나쁜 짓이나 부당한 일을 하지 않았음에도 불구하고 신들뿐만 아니라 모든 사람들이 기피하는 두려운 존재였다. 따라서 그의 이름은 불길했고, 사람들은 그를 완곡하게 부르기 시작했다. 그래서 나온 이름이 '풍요'를 뜻하는 '플루토스(Ploutos)'나 '플루톤(Plouton)'이다. 그것은 죽은 자들로 '풍요로운' 지하 세계를 뜻하기도 했지만, '풍요로운' 광물의 보고로서의 지하 세계와 땅에서 비롯되는 다산성의 '풍요'를 뜻하기도 했다. 핵연료인 플루토늄도 '플루토스의 광물'이라는 뜻이다. 플루토스는 보통 '풍요의 뿔'[14]을 들고 있는 모습으로 그려진다. 풍요의 신 플루토스는 원하는 것은 무엇이든 가질 수 있었다. 풍요의 뿔에 손만 넣으면 무엇이든 꺼낼 수 있었기 때문이다. 저승의 신 하데스를 완곡하게 '풍요'의 신으로 부른 그리스인들은, 저승으로 죽은 자들의 넋을 싣고 가는 뱃사공도 '기쁨'이라는 뜻의 '카론(Charon)'이라고 부름으로써 동일한 반어법(反語法)이나 완곡어법을 즐겨 사용하고 있다. 저승이 얼마나 싫었으면 그렇게 불렀을까? 하데스에 관한 설화는 저승을 싫어한 그리스인들의 생각을 반영한 듯 매우 빈약하다.

하데스는 데메테르의 딸 코레를 납치해 '페르세포네'라는 이름을 주고 자신의 지하 왕국의 왕비로 삼았으나 둘 사이에는 자손이 없었다. 죽음의 신에게서 새 생명이 태어나는 것은 어울리지 않았던 모양이다. 한번은 요정 멘테(Menthe)와 관계했는데 페르세포네의 질투와 학대를 견디다 못해 하데스가 그녀를 박하나무(menthe)로 변하게 해주었다. 두 번째 사랑은 오케아노스의 딸 레우케(Leuke)였는데 그녀를 지하 세계로 데려오다가 불사의 몸이 아닌 그녀는 죽고 말았다. 슬픔에 잠긴 하데스는 그녀를 영원히 기념하기 위해 그녀를 흰 포플러나무로 변신시켜 덕망 있는 사람들의 망령이 행복하게 산다는 샹젤리제(엘뤼시온)의 '기억'의 강가에 심었다.

하데스의 지하 궁전 입구는 케르베로스(Kerberos)라는 괴견(怪犬)이 지키고 있었다. 머리가 셋이고 뱀의 꼬리를 가진 이 개는 등줄기에 수많은 독사의 머리가 달려 있었다. 이 개가 지키는 하데스의 지하 왕국을 다녀온 인간은 모두 여섯 명이다. 첫 번째는 시와 음악의 달인 오르페우스였고, 두 번째는 아테네의 영웅 테세우스였으며, 세 번째는 그리스 최고의 영웅 헤라클레스였다. 네 번째는 술을 처음으로 만든 디오뉘소스였고, 다섯 번째는 아프로디테의 아들이자 트로이인으로 로마인의 조상이 된 영웅 아이네이아스였고, 여섯 번째는 프쉬케(Psyche)였다. 오르페우스는 죽은 아내 에우뤼디케를 돌려달라고 하데스에게 노래로 호소해 승낙을 얻어냈지만, 지상으로 넘어오기 직전에 '뒤를 바라보지 말라'는 당부를 어기는 바람에 아내를 다시 잃고 말았다. 테세우스는 그의 절친한 친구 페이리토오스(Peirithoos)와 함께 만용을 부려 하데스의 왕국을 찾았는데, 하데스는 그들을 환대하는 척하면서 '망각의 의자'에 앉혔다. 이 의자에 앉으면 몸이 의자에서 떨어지질 않고 모든 것을 잊게 되어 있었다. 꼼짝없이 포로로 붙잡혀 있던 두 친구는 헤라클레스가 지하 세계에 왔을 때 도움을 요청했지만 결국 신들은 테세우스만을 돌려보내기로 결정해 페이리토오스는 영원히 붙잡혀 있어야 했다. 헤라클레스가 지하 세계로 내려간 것은 지하 궁전 입구를 지키는 케르베로스를 잡아 오라는 에우뤼스테우스(Eurystheus)의 명령 때문이었다. 그는 케르베로스와 맨손으로 싸워 이겨 괴견을 붙잡아서 지상 세계로 올라온다. 네 번째 디오뉘소스는 일찍 죽은 가련한 어머니 세멜레를 찾으러 내려갔으며, 다섯 번째 아이네이아스는 무녀 시뷜라와 '황금 가지'의 도움을 받으면서, 영혼의 운명을 터득하는 통과 의례와 앞으로 세워질 로마의 운명을 예감하기 위해 지하 세계로 여행을 한다. 그 여행은 로마의 대표적인 문인 베르길리우스의 『아이네이스』에 잘 나타나 있다. 여섯 번째 프쉬케는, 아프리카의 알제리에서 태어나 로마의 저명한 문인이 된 아풀레이우스(Apuleius)의 『변신 혹은 황금 나귀』의 여러 에피소드들 중 하나에 등장하는 아름다운 여주인공으로, 그녀를 괴롭히는 비너스(아프로디테)의 명령에 따라 지하 세계의 왕비 페르세포네에게서 젊음의 화장수 한 병을 얻으러 내려갔다. 지상 세계로 돌아온 그녀는, 병을 열지 말라는 경고가 있었음에도 불구하고 호기심에 못 이겨 화장수 병을 열었다. 그러자 병으로부터 '깊은 잠'이 빠져나와 프쉬케를 죽은 사람처럼 깊이 잠들게 했다. 프쉬케를 잊지 못한 그녀의 남편 '사랑(에로스)'만이 화살을 쏘아 '마법의 잠'에서 깨울 수 있었다.

어두운 지하 세계의 왕답게, 하데스는 지상 세계에는 두 번밖에 나타나지 않았다. 한 번은 데메테르의 딸 코레를 납치하러 올라갔고 또 한 번은 포세이돈의 쌍둥이 아들을 도우러 퓔로스(Pylos)에 올라갔는데, 이때의 전투에서 헤라클레스의 화살을 어깨에 맞지만 올림포스로 올라가서 '경이로운 연고'로 치료받고 곧 회복되었다.

5

그리스의 영웅 신화

Introduction to Greek Mythology

1. 그리스 영웅 신화의 특징과 배경

창세 신화와 올림포스의 여러 신들에 관한 설화는 매우 다양하여 일관성이 없을 뿐만 아니라 시간이 지남에 따라 여러 이설이 첨가되어 변하는 등 시간적 깊이와 지역적 넓이를 함께 갖고 있어서 체계 있게 기술하는 것이 어려웠다. 그러나 영웅들의 모험 설화는 이야기들이 잘 편성되어 있어 문학적인 성격이 분명히 표출된다. 영웅들의 모험을 소재로 한 음유 서사시들은 호메로스의 것을 제외하고는 대부분 전승되지 못했다. 호메로스의 서사시는 오래전부터 전승되어 온 여러 종류의 구전 자료들을 비교적 늦은 시기에 취사선택하여 꾸며낸 '하나'의 작품일 뿐이다. 많은 구전 자료들 중에서 적절한 것을 고르고 선택하여 다듬는 과정에서 이야기들은 일관성 있게 구성되었고 그로부터 문학적 성격을 갖게 되었다. 트로이 전쟁의 여러 에피소드를 이야기하는 작품으로는 레스케스(Lesches)의 『소(小)일리아스』와 『퀴프로스 사람의 노래』 등이 있었는데 오늘날에는 극히 일부분만 남아 있을 뿐 모두 소실되었다. 트로이 전쟁이 끝난 후 그리스 병사들의 '귀환'을 다룬 일련의 작품들도 있었지만 모두 소실되고 호메로스의 『오뒤세이아』만이 전승되어 가장 유명한 '귀환' 이야기로 손꼽힌다. 영웅들의 모험 이야기에는 본래 종교적이었던 설화들이 종교적 색채를 잃고 순수한 이야기 자료로 탈바꿈하여 편입되어 있을 뿐만 아니라 기원(起源) 설화와 민담들도 혼용되어 있는 것이 보통이다. 그러한 재료들이 섞여 있는 서사시는 표면상 정신적이거나 상징적인 모양새를 취하거나 완전히 소설적인 모양새를 취하는 것이 일반적이다. 서사 시인들은 영웅들의 모험을 흥미진진하게 끌고 나가기 위해 여러 성격의 설화들을 '소설' 형식 신화의 소설적 구성에 맞게 유연하게 바꾸었다. 그리스의 영웅들을 주인공으로 한 '소설' 형식 신화는 대체로 다음의 일곱 개 군(群)으로 크게 나눌 수 있다. 이 '소설' 형식들은 후세의 문학 작품에 막대한 영향을 미쳤기 때문에 결과적으로 가장 유명해진 영웅 모험 설화들이다.

① 아르고 호(號) 원정 이야기
② 테바이 이야기 군(群)
③ 아트레우스 가(家) 이야기 군
④ 헤라클레스 이야기 군
⑤ 테세우스 이야기 군
⑥ 오뒤세우스의 모험담
⑦ 아이네이아스의 모험

영웅들이 감행하는 모험에 따라 아킬레우스를 '전쟁 영웅', 아이네이아스를 '건국 영웅' 등으로 분류해 기술할 수도 있겠지만 '소설' 형식 신화의 특성을 고려하여 주인공 중심이나 가문 중심으로 위와 같이 분류해 기술하겠다. 그리고 영웅들은 신들과는 달리 출생에서부터 모험, 그리고 영광과 죽음에 이르기까지 파란만장하지만 일관된 '여정'이 있다는 것이 특징이며, 공간을 자유롭게 넘나드는 신들과는 달리 지리적인 제약을 크게 받는 것이 특징이다.

그리스의 영웅 설화들은 지리적으로 오늘날의 크리미아 반도로부터 남쪽으로 리비아의 퀴레네(Kyrene)까지, 그리고 서쪽으로는 아프리카 서북쪽의 아틀라스 산맥과 아드리아 해 연안으로부터 동쪽으로는 크레타 섬과 트로이와 시리아까지 이르는 지역을 무대로 삼는다. 이 지리적 무대와 영웅 신화는 긴밀한 관계를 맺는다. 지역마다 영웅들의 혈통이 다르고 숭배하는 영웅도 다르기 때문에 아테네의 영웅 테세우스는 아테네와 적대 관계였던 스파르타에서는 영웅 대접을 받지 못했다. 자신이 사는 지역과 도시에 대한 집착이 유난히 강하고 자존심이 드높았던 그리스인들은 자신들의 고장의 시조와 영웅을 숭배하는 경향이 강했기 때문에, 그리스의 영웅 신화들을 지리적인 맥락을 떠나서 생각하기는 어렵다. 영웅 신화의 무대는 테살리아와 보이오티아를 중심으로 하는 그리스 본토와 펠로폰네소스 반도, 그리고 크레타 섬이다. 특히 테살리아와 보이오티아와 펠로폰네소스 반도의 아르골리스 지역의 전설들은 밀접한 관계를 맺는다. 이 지역들은 모두 기원전 12세기까지 미케네 문명권에 속했기 때문이다. 한편 그리스의 영웅 신화들은 시기적으로 대개 기원전 16세기부터 12세기까지 펼쳐진 청동기 시대인 미케네 문명기와 관계가 있다. 영웅들의 설화에 등장하는 구체적 장소들이 발굴된 미케네 문명 유적지와 들어맞기 때문이다. 틀린 주장도 아니고, 그렇다고 전적으로 맞는다고도 할 수 없지만, 그리스의 영웅 설화들은 미케네 문명기의 역사적 사건들을 반영하는 것이며, 실제로 존재했던 문명에 관한 그림을 그들 나름대로 그려 보여주는 것이라고 말할 수 있다. 영웅 설화들이 갖고 있는 경이로운 요소나 소설적 채색은 이 같은 '시대의 반영'이라는 문맥을 결코 숨기지 못한다. 트로이 전쟁의 영웅 아킬레우스와 아가멤논의 모험과 '아르고 호 원정대'를 이끈 이아손의 모험은 역사로는 기록되지 않은 그리스인들의 이민과 토착 주민들과의 갈등을 담아낸 것임을 고고학적 발굴 성과에 따라 짐작할 수 있다. 물론 이러한 개연성을 증명하는 작업은 매우 어려운 일이다. 고고학적인 발굴과 고문서 및 신화를 소재로 사용한 각종 문헌과 도기(陶器)류 들을 밀접하게 연계시켜야 하기 때문이다. 이 책에서는 트로이의 발굴 성과와 크레타의 크노소스 궁전 발굴 성과를 통해 '소설' 형식 신화의 '역사적 맥락'에 관해 간단히 서술할 것이다.

2. 아르고 호(號) 원정대(Argonautes)

'아르고(Argo)'라는 말은 '빠른'이라는 뜻의 배 이름이면서, 동시에 배를 건조한 아르고스(Argos)를 연상시키는 말이다. '아르고' 뒤에 붙은 'nautes'는 '선원들'을 뜻하는 말로, 이아손(Iason)이 주도한 모험에 참가한 원정대원들을 가리킨다. '아르고 호 원정' 이야기는 호메로스 시대에 벌써 알려져 있어 『일리아스』와 『오뒤세이아』에도 언급되고 있으나 이때의 문헌은 현재 남아 있는 것이 없고, 기원전 460년에 핀다로스(Pindaros)가 아폴론 축제인 퓌틱(Pythique) 경기의 제4회 우승자에게 헌정한 시에 수록된 이야기가 현존하는 가장 오래된 문헌이다. 하지만 모험의 내용을 자세하게 기술한 문헌은 통상적으로 알렉산드리아 시대의 로도스 섬의 아폴로니오스(Apollonios, 기원전 3세기)가 쓴 『아르고호 원정대』를 꼽는다.

1) 원정의 내력과 목적

테살리아의 펠리온 산 기슭에 있는 도시 이올코스(Iolkos)의 왕 아이손(Aison)은 이복동생이자 포세이돈의 아들인 펠리아스(Pelias)에 의해 왕권을 빼앗기고 유배의 길을 떠나야 했다. 왕자 이아손 역시 고난의 길을 걸어야 했다. 전설적인 영웅들이 모두 그랬듯이, 이아손도 반인반마(半人半馬)인 켄타우로스족의 케이론(Cheiron)에게서 의술을 비롯한 많은 것을 배우고 익혔다. 성인이 되자 그는 스승을 떠나 신분을 감춘 채 이올코스의 광장에 나타났다. 그는 표범 가죽을 걸치고 양손에 창을 들었는데 아이톨리아(Aitolia) 지방 전사들의 오래된 관습에 따라 왼발은 아무것도 신지 않은 맨발이었다. 그런 이상한 차림으로 광장 한복판에 나타난 것이다. 때마침 그의 삼촌 펠리아스 왕은 제사를 올리고 있었다. 이상한 차림새의 이 청년을 본 펠리아스는 문득 신발을 한 짝만 신은 자를 경계하라는 신탁이 생각났다. 왕은 청년을 가까이 불렀다. 그리고 왕에게 음모를 꾸미는 자에게 어떤 벌을 내리는 것이 좋겠냐고 물었다. 이아손은 '황금 양털'을 찾아오라고 하겠다고 대답했다. 그러자 펠리아스는 바로 이아손이 죄를 지은 당사자라고 지목하고, 자신이 치러야 할 징벌을 스스로 내렸다고 말했다. 이아손은 꼼짝없이 왕의 명령에 따를 수밖에 없었고, '황금 양털'을 찾아 나설 원정대를 조직해야 했다.

엄청난 위험을 무릅쓰고 찾아와야 하는 황금 양털에는 내력이 있었다. 예전에 헤르메스는 허공을 날 수 있는 황금 빛 양을 테바이의 왕 아타마스의 첫 번째 아내 네펠레(Nephele)에게 선물했다. 제우스가 어린 디오뉘소스를 길러달라고 부탁했던 바로 그 아타마스였다. 왕의 두 번째 부인 이노(Ino)는 나라의 흉년을 벗어나게 한다는 핑계를 내세워 네펠레가 낳은 남매 프릭소스(Phrixos)와 헬레(Helle)를 제물로 바치려 했다. 그러자 네펠레는 남매가 타고 도망칠 수 있도록 황금 양을 보냈다. 프릭소스와 헬레는 황금 양의 등에 올라타고 공중을 날았다. 그러나 불행히도 헬레는 해협을 지나던 중 떨어져 익사하고 말았다. (그 뒤로 헬레가 떨어져 죽은 그 해협을 '헬레의 바다'라는 뜻의 '헬레스폰토스(Hellespontos)'라고 불렀다.) 그러나 프릭소스는 안전하게 흑해 동쪽 연안의 콜키스(Kolchis)에 도착했다. 매일 독수리가 프로메테우스의 간을 파먹었다는 코카서스 산맥이 있는 곳이다. 그곳에서 프릭소스는 감사의 표시로 황금 양을 제우스에게 제물로 바치고 황금 양털은 그를 따뜻하게 맞아준 그곳의 왕 아이에테스(Aietes)에게 선물했다. 왕은 다시 이 양털을 전쟁의 신 아레스에게 바쳤다. 왕은 황금 양털을 아레스 숲 속의 떡갈나무에 단단히 묶어놓고 무서운 용이 지키게 했다. 펠리아스가 이아손에게 찾아오라고 한 황금 양털은 그렇게 멀고 먼 곳에, 게다가 접근하기 어려운 곳에 있었기 때문에 죽음을 무릅써야 했다. 아폴로니오스는 펠리아스가 이아손에게 이 모험을 부과한 것은, 그를 도중에 죽게 하거나 돌아오지 못하게 하기 위해서였다고 말하고 있는 반면,[1] 핀다로스는 그런 의도도 있었지만 만약 이아손이 돌아왔을 경우 왕권을 진정으로 이아손에게 돌려줄 생각도 있었다고 말한다.[2] 이 경우 '원정'은 이중의 목적을 갖는 것이다.

2) 원정 준비

펠리아스의 명령을 따를 수밖에 없게 된 이아손은 전설적인 황금 양털을 찾으러 가기 위해 우선 델포이로 가서 신탁을 얻은 다음, 헤라의 도움을 받아 그리스 전역의 용맹스러운 영웅들을 모았다. 그리고 프릭소스의 아들 아르고스에게 도움을 요청했다. 아르고스는 아테나 여신의 도움을 받으면서 테살리아의 한 항구에서 배를 만들기 시작했다. '아르고 호(號)'라 이름 붙여진 이 배엔 신기한 능력이 있었다. 아테나 여신이 몸소 자른, 도도네의 예언력이 있는 떡갈나무 조각으로 뱃머리를 만들었는데 아테나가 말하는 능력을 주어 이 배는 예언까지 할 수 있었다. 아르고스가 배를 만드는 동안 이아손은 많은 동료들을 모았다. 시대에 따라 신화 기록가들과 시인들은, 자신들의 고향을 빛내기 위해 서로 다른 영웅들이 '원정'에 참가한 것으로 말하기 때문에 대단히 많은 사람들이 목록에 등장하지만, 대체로 50명 내외이며 작가에 따라 참가자 명단은 약간씩 다르다. 참가자들은 트로이 전쟁 직전 세대의 영웅들로서 아가멤논이 이끈 트로이 원정군 전사들의 아버지들이다. 역관(易官) 암피아라오스(Amphiaraos) 같은 인물은 테바이 이야기에도 등장한다. 중요 인물들은 다음과 같다. 원정대장 이아손과 배를 만든 아르고스, 아드메토스, 아킬레우스의 아버지 펠레우스, 아이아스(Aias)의 아버지 텔라몬(Telamon)과 나중에 뒤늦게 덧붙여지는 헤라클레스, 북풍 보레아스(Boreas)의 날개 달린 두 아들 칼라이스(Kalais)와 제테스(Zetes), 튄다레오스(Tyndareos)의 두 아들이자 '제우스의 아들들'이라는 뜻의 '디오스쿠로이(Dioskouroi)'로 불리는 카스토르(Kastor)와 폴뤼데우케스(Polydeukes), 떡갈나무 판자도 꿰뚫어 볼 수 있는 투시력을 가진 륑케우스(Lynkeus), 원정대의 공식 역관 이드몬(Idmon), 그리고 노 젓는 사람들의 움직임에 박자를 맞추기 위해 승선한 트라케의 음악가 오르페우스 등은 특히 주목할 만한 인물들이다.

3) 출발과 모험

원정대는 아폴론에게 제사를 올리고 항구를 출발했다. 징조가 좋았다. 이드몬을 제외하고는 모두 살아 돌아올 것이라는 점괘가 나왔다. 첫 번째 기착지는 렘노스 섬이었다. 원정대원들은 이 섬에 여자들밖에 없는 것에 놀랐다. 그것은 렘노스의 여인들이 아프로디테를 잘 섬기지 않았기 때문이었다. 화가 난 아프로디테는 이 섬의 여자들에게서 고약한 냄새가 나게 했고, 남자들은 다른 곳으로 여자들을 찾으러 갔다. 남자들이 돌아오자 섬 여자들이 달려들어 모두 죽였다. 그 후 이 섬엔 여자들만 살게 되었는데 남자가 없으니 아이들이 없어 미래가 걱정이었다. 그러던 참에 원정대가 나타나니 대원들은 대단한 환영을 받았다. 대원들은 이제는 고약한 냄새가 나지 않는 그녀들을 도와 기꺼이 아이를 낳게 해주었다. 이아손도 섬의 여왕에게 두 아들을 낳게 해주었다. 원정대원들은 그들을 뒤로하고 떠나기가 몹시 힘들었다.

그들의 두 번째 기착지는 사모트라케(Samothrake) 섬이었다. 오르페우스의 제안에 따라 원정대원들은 오르페우스 신앙의 신비 의식에 입문했다. 그런 다음 그들은 헬레스폰토스를 통과해 퀴지코스(Kyzikos) 왕이 다스리는 곳에 도착해 융숭한 대접을 받았다. 그러나 다음 날 밤 원정대가 출항했을 때 역풍이 불어 그들도 모르는 사이에 퀴지코스 왕의 영토로 되돌아오고 말았다. 주민들은 돌아온 원정대를 해적으로 오인하고 공격했다. 소문을 듣고 곧 왕도 달려왔다. 혼전 속에서 이아손은 퀴지코스 왕을 죽이고 말았다. 동이 트자 양쪽은 몹시 놀랄 수밖에 없었다. 대단한 실수였다. 이아손은 퀴지코스 왕의 장례를 3일 동안 성대하게 치르며 곡(哭)을 했고 왕을 기념하는 운동 경기도 개최했다.

원정대는 동쪽으로 좀 더 항해한 다음 뮈시아(Mysia) 연안에 도착했다. 대원들이 식사 준비를 하고 있을 때, 헤라클레스는 지나치게 세게 젓는 바람에 부러진 노를 새로 만들기 위해 숲으로 들어갔다. 그때 헤라클레스의 시동(侍童)인 휠라스(Hylas)가 물을 길러 연못가에 갔는데 그의 용모에 반한 물의 요정들이 그를 끌어당겼다. 익사하기 직전 그는 외마디 소리를 질렀다. 원정대원 폴뤼페모스(Polyphemos)와 헤라클레스가 달려가 그를 찾기 시작했다. 그들은 밤새 숲을 뒤졌지만 허사였다. 새벽이 되어 배는 다시 떠났고, 절망한 헤라클레스와 폴뤼페모스는 배를 놓치고 말았다. 폴뤼페모스는 그곳에 남아 인근에 키오스(Kios)라는 도시를 세웠고, 헤라클레스는 혼자서 모험을 계속했다.

원정대가 그 다음에 기착한 곳은 소아시아의 북서 지역인 비튀니(Bithynie)였다. 그곳의 왕 아뮈코스(Amykos)는 이상한 방법으로 원정대를 맞았다. 원정대원 중에서 가장 권투를 잘하는 사람과 대결하고 싶다는 것이었다. 그는 이방인을 주먹으로 때려죽이는 못된 취미를 갖고 있었다.

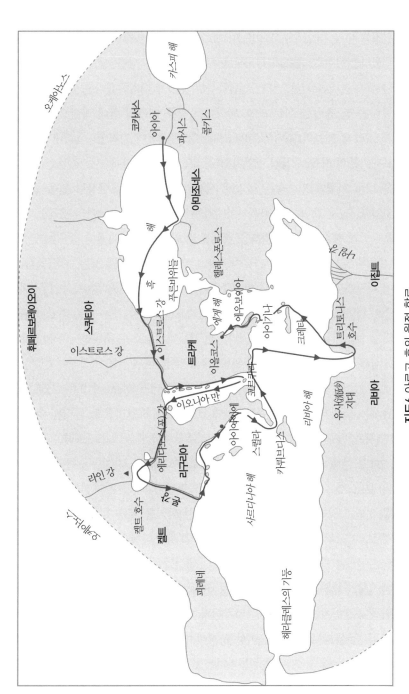

지도 6 아르고 호의 원정 항로

(이 지도는 기원전 3세기에 「아르고 호 원정대」를 쓴 아폴로니오스(Apollonios)가 생각한 '세계'에 근거한 것이다.)

오케아노스

카스피 해

코카서스
아이아
파시스
콜키스

아마조네스

해

흑

포르바에톤
아스트로스 강

스퀴티아

이스트로스 강

헤르쿠베라이오이

트라케

헬레스폰토스

아이올리아

에게 해

이올코스

크레타

이아기나

트리토니스 호수

에우보이아

아이기나

리비아

유사(流砂) 지대

이집트

나일 강

리비아 해

아드리아스포로스 강

이오니아 만

코르퀴라

스킬라

카르브디스

아이아익해

사르디니아 해

페네

켈트 호수

라인 강

에리다노스 강

리구리아

켈트

아폴리에노

헤라클레스의 기둥

원정대원 중 디오스쿠로이인 카스토르와 폴뤼데우케스는 대단한 권투 선수였다. 폴뤼데우케스가 나가 유연하고 능숙하게 왕을 제압했다. 왕은 못된 취미를 버리고 앞으로는 손님들을 따뜻하게 대접하겠다고 약속했다.

다음 날 출발한 아르고 호 원정대는 역풍 때문에 반대 방향으로 흘러가 트라케 해안의 피네우스(Phineus) 왕의 나라에 기착했다. 피네우스는 포세이돈의 아들로 장님 예언자였다. 그는 입이 가벼워 신들의 뜻인 예언을 너무 가볍게 털어놓는 바람에 신들의 노여움을 사 이상한 벌을 받고 있었다. 식사 때마다 하르퓌이아이라는 괴조(怪鳥)들이 날아와 음식을 탐욕스럽게 뺏어 가거나 음식을 배설물로 더럽히는 것이었다. 원정대원들은 피네우스에게 항로를 가르쳐달라고 부탁했다. 피네우스는 원정대원들이 하르퓌아이를 쫓아주면 알려주겠다고 했다. 원정대원 중 북풍의 두 아들인 날개 달린 칼라이스와 제테스가 괴조들을 쫓아가 다시는 왕을 괴롭히지 않겠다는 약속을 받아냈다. 만족한 피네우스는 대원들에게 앞으로 조심해야 할 사항들을 알려주었다. 특히 '푸른 바위들'을 조심해야 한다는 것을 일러주었다. '푸른 것들'을 뜻하는 '퀴아네스(Kyanes)' 또는 '서로 충돌하는 바위'라는 뜻의 '쉼플레가데스(Symplegades)'라고도 불리는 이 두 바위는 그 사이로 배가 지나가면 서로 부딪쳐서 배를 으스러뜨리곤 했다.

다시 항해에 나선 대원들은 보스포로스(Bosphoros) 해협을 통과하면서 피네우스가 그들에게 일러준 바위들을 만났다. 신들이 자신들을 어떻게 할 것인지 알기 위해 대원들은 비둘기 한 마리를 '푸른 바위들' 사이로 날려 보냈다. 두 암초는 곧 닫혔지만 비둘기 꽁무니에 난 맨 끝의 깃털 하나만 두 바위 사이에 끼었을 뿐이었다. 대원들은 용기 백배했다. 대원들은 온 힘을 다해 전속력으로 배를 몰아 두 바위 사이를 지났다. 그 순간 바위들이 닫혔지만 배의 맨 끝 나무판자 하나가 가볍게 부서졌을 뿐이었다. 그 후 '푸른 바위들'은 더 이상 움직이지 않고 고정되어 버렸다. 배가 한 척이라도 무사히 그 사이를 통과하는 순간부터 두 바위는 더 이상 움직이지 않을 운명이었기 때문이다.

그렇게 하여 원정대는 드디어 오늘날의 흑해에 들어서게 되었다. 그 후로는 별다른 어려움이 없었다. 마리안뒤네스(Mariandynes)에 머물렀을 땐 왕인 뤼코스(Lycos)로부터 환대를 받았다. 하지만 여기서 역관 이드몬이 사냥을 하다 죽고, 항해사 티퓌스(Tipys)도 갑자기 기이한 병에 걸려 죽고 만다. '푸른 바위들' 사이를 통과한 것에 대한 징벌이라는 설도 있다. 아르고 호는 흑해 남동쪽 연안을 따라 몇 군데 들르면서 파시스(Phasis) 강 하구까지 계속 나아가다가 황금 양털이 있는 콜키스에 도착했다. 원정대는 아이에테스 왕의 도시 아이아(Aia) 앞에 닻을 내렸다.

4) 황금 양털의 쟁취

이아손은 곧 왕을 찾아갔다. 그리고 자신이 찾아오게 된 내력을 이야기했다. 아이에테스는 황금 양털을 줄 수 없다고 딱 잘라 말하지는 않았지만, 이아손을 없애버리려는 생각에서 다음과 같은 조건을 내걸었다. 콧구멍에서 불을 내뿜는 황소 두 마리에 멍에를 씌워 밭을 간 다음 그 밭에 용의 이빨들을 뿌리라는 것이었다. 불가능한 일이었다. 설령 이아손이 불에 타지 않고 황소들을 제압한다 하더라도 그가 밭에 뿌리는 이빨들로부터 그만큼의 전사들이 태어나 이아손을 죽이려고 덤벼들 것이 뻔했기 때문이다. 이때 헤라가 자신을 경건히 숭배해 온 이아손을 도우려고 끼어들었다. 헤라는 아프로디테에게 부탁해서 왕의 둘째 딸 메데이아(Medeia)가 이아손을 열렬히 사랑하도록 만들었다. 메데이아는 마법사였다. 그녀는 이아손에게 황금 양털을 얻도록 도와주겠다고 말했다. 그러나 황금 양털을 얻어 도망가게 되면 자신과 결혼해 달라고 했고, 이아손은 좋다고 했다. 메데이아는 이아손에게 불길에도 끄떡없게 하는 연고를 주어 몸에 바르게 했고, 전사들이 땅에서 솟아나면 밭에다 돌을 던지라고 일러주었다. 그러면 용의 이빨로부터 태어나는 전사들과 돌에서 태어나는 전사들이 서로 다투어 죽이게 될 것이라고 했다. 이아손은 메데이아가 일러준 대로 해서 아이에테스 왕이 내건 시련을 이겨냈다. 그러나 머리끝까지 화가 난 왕은 약속을 지키지 않았다. 그는 이아손에게 나무에 묶여 있는 황금 양털을 스스로 찾아가라고 말했다. 왕은 황금 양털을 지키는 용이 이아손이 가까이 가지 못하게 할 것이라고 생각한 것이다. 그러나 메데이아가 이아손과 같이 아레스의 숲 속에 가서 용을 잠들게 했다. 그 틈을 이용해 이아손은 마침내 황금 양털을 손에 넣게 되었다. 그들은 곧 아르고 호로 돌아왔다. 모든 대원들을 싣고 배는 떠났다.

5) 귀환

메데이아는 도망 나올 때 어린 남동생 압쉬르토스(Apsyrtos)를 납치해 왔다. 속아 넘어간 것을 뒤늦게 알아차린 왕이 아르고 호를 바짝 추격하기 시작했다. 추격을 늦추기 위해 메데이아는 어린 남동생을 죽여 그의 사지를 바다에 던졌다. 왕은 그것들을 거두느라 지체할 수밖에 없었다. 어린 아들의 사지를 모두 거둔 왕이 다시 아르고 호를 뒤쫓았으나 이미 너무 늦은 뒤였다. 왕은 곧 추격대를 편성해 뒤쫓게 했는데 그들을 잡아 오지 못하면 대신 죽을 줄 알라고 경고했다.

원정대는 왔던 길로 돌아가지 않고 흑해 서안의 이스트로스(Istros) 강을 거슬러 올라갔다.(이 강은 오늘날의 다뉴브 강을 말하는데 고대인들은 이 강을 통해 흑해와 아드리아 해가 연결되어 있다고 믿었다.) 그들의 귀환 여정에는 이설들이 많다. 특히 메데이아가 동생을 죽인 것에 격분한 제우스가 태풍을 일으켜 그들의 항로를 막았기 때문에 그들은 아드리아 해에서 이오니아 해로 들어갈 수 없어, 훨씬 더 멀리 우회할 수밖에 없었다는 것이다. 그때 도도네의 예언력을 가진 뱃머리의 떡갈나무가 아이에테스 왕의 누이이자 메데이아의 고모인 키르케(Kirke)에게 가서 그들의 죄를 씻으라고 말해 주었다. 그들은 아드리아 해를 다시 올라가 에리다노스(Eridanos) 강(오늘날의 포 강)을 따라 거슬러 올라가 당시 켈트족의 나라였던 프랑스의 론 강을 따라 내려와 마르세유에서 지중해로 빠져나오는 데 성공했다. 그들은 지중해 연안을 따라 키르케가 사는 이탈리아 서안의 아이아이에(Aiaie) 섬에 도착했고, 키르케는 원정대원들의 죄를 씻어주었다.

그들은 다시 배를 띄웠다. 원정대는 세이레네스(Seirenes)들이 사는 바다를 통과해야 했다. 세이레네스들은 아리따운 목소리로 선원들을 꾀어 죽게 하곤 했다. 세이레네스들이 대원들을 홀리려 하자 오르페우스가 노래를 부르기 시작했다. 그는 아름다운 노래로 세이레네스들의 아리따운 목소리를 제압했다. 오르페우스 덕분에 선원들은 죽음의 유혹을 물리칠 수 있었다.

원정대는 메시나 해협을 힘들게 통과해 파이아케스(Phaiakes)인들이 알키노오스(Alkinoos) 왕의 지배 아래 살고 있는 코르퀴라 섬에 도착했다. 여기서 원정대는 뒤쫓아 온 콜키스 추격대를 만났다. 그들은 알키노오스 왕에게 메데이아를 넘겨 달라고 요청했다. 왕은 하룻밤만 생각할 시간을 달라고 했다. 왕은 만약 메데이아가 벌써 이아손의 아내가 되었다면 메데이아는 더 이상 아이에테스 왕의 가족이라 볼 수 없기 때문에 돌려줄 수 없다고 말할 작정이었다. 알키노오스의 아내 아레테(Arete)는 원정대원들에게 왕의 생각을 귀띔해 주었다. 원정대원들은 서둘러 메데이아와 이아손을 결혼시켰다. 그렇게 해서 메데이아는 콜키스인들에게 인도되지 않았다. 조국으로 되돌아갈 수 없게 된 추격대원들은 파이아케스인들의 코르퀴라 섬에 눌러앉아 버렸다.

원정대는 알키노오스 왕에게 하직하고 다시 항해를 시작했는데 배가 코르퀴라 섬을 떠나자마자 폭풍이 불어 리비아 연안의 시드라 만(灣)으로 밀려 들어가게 되었다. 그런데 그 해안은 흐르는 모래로 되어 있어서 배가 모래에 파묻히게 되었다. 원정대원들이 배를 꺼내 어깨에 걸쳐 메고 트리토니스 호수까지 가자, 호수의 신 트리톤(Triton)이 탁 트인 바다로 나가는 길을 알려주었다. 이 과정에서 대원 둘이 죽었다. 원정대는 크레타 섬을 향해 출발했다. 섬에 가까이 다가가자 몸이 청동으로 된 거대한 탈로스(Talos)가 바위를 던져 다가가지 못하게 막았다. 탈로스는 헤파이스토스가 미노스 왕을 위해 만든 로봇으로 하루에 세 번씩 섬을 순찰·경계하는 임무를 맡고 있었다. 메데이아가 나서야 했다. 메데이아는 탈로스의 몸속에 하나밖에 없는 혈관의 피가 새지 않도록 막아주는 발목의 고정 못을 뽑아버렸다. 그러자 탈로스는 죽고 말았다.

원정대원들은 아테나 성소를 세운 다음 해안에서 야영을 하고 다시 바다로 나섰다. 며칠간의 항해 끝에 그들은 그리스 영해로 들어와 아이기나(Aigina) 섬에 기착했고, 에우보이아(Euboia) 연안을 따라 항해한 다음, 드디어 테살리아의 이올코스에 넉 달 만에 돌아왔다. 이아손은 펠리아스 왕에게 황금 양털을 넘겨주고, 아르고 호는 포세이돈에게 바치기 위해 코린토스로 보냈다.

6) 메데이아

황금 양털의 모험은 끝났지만 이아손과 메데이아의 모험은 아직 끝나지 않았다. 메데이아는 펠리아스에게 복수하기로 마음먹었다. 메데이아는 펠리아스의 딸들에게 접근하여 자기가 그녀들의 아버지를 젊게 만들 수 있다고 꼬드겼다. 그것을 입증해 보이기 위해 메데이아는 늙은 숫양을 잡아 토막 낸 다음 솥에다 넣고 마법의 풀들과 함께 끓였더니 어린 양이 나왔다. 그것을 본 펠리아스의 딸들은 주저하지 않고 자신들의 아버지를 토막 내어 솥에다 넣고 끓였다. 그러나 이번에는 달랐다. 펠리아스는 살아 나오지 못했다. 이아손과 메데이아는 이 죄 때문에 이올코스에서 추방당해 코린토스로 가서 10년 동안 숨어 지냈다. 그러는 동안 이아손은 차츰 메데이아에게 싫증을 느껴 그곳의 왕인 크레온(Kreon)의 딸과 결혼하려 했다. 그러자 메데이아는 사라지는 척하면서 왕녀의 옷에 독을 발라 그녀를 불에 타 죽게 했을 뿐만 아니라 딸을 구하러 달려온 크레온까지 불에 타 죽게 했다. 메데이아는 복수를 마무리하기 위해 이아손과의 사이에서 낳은 두 아들까지 죽이고 날개 달린 용이 끄는 신비로운 전차를 타고 도망가 버렸다(그림 19).

메데이아는 아테네로 가서 아이게우스(Aigeus) 왕의 보호를 받았다. 왕은 그녀가 아이를 낳지 않은 줄 알고, 후손을 얻기 위해 그녀와 결혼한다. 그러나 성장한 테세우스가 나타나 자신이 왕의 아들임을 입증하자, 그녀는 테세우스를 독살하려 하지만 실패한다. 아들을 되찾은 아이게우스는 그녀를 추방한다. 메데이아는 아이게우스와의 사이에서 얻은 아들 메도스(Medos)와 함께 콜키스로 돌아가 왕권을 빼앗은 아이에테스의 동생 페르세스(Perses)를 죽이고 왕권을 아버지 아이에테스에게 되돌려준다. 몇몇 전설에 따르면 메데이아는 알 수 없는 이유로 죽었고 그 영혼은 엘뤼시온(Elysion=샹젤리제Champs Elysées)에서 살았다고 한다.

한편 이아손은 메데이아가 떠난 다음 지난날의 영광을 생각하며 얼마 동안 더 살았다. 몇몇 전설에 따르면, 어느 날 이아손이 그의 옛 배 밑에서 쉬고 있던 중 뱃머리가 떨어져 죽었다고 한다.

7) 이야기의 배경과 기원

고대인들은 아르고 호 원정이 트로이 전쟁보다 한두 세대 앞선 기원전 1225년경에 실제로 있었다고 믿었다.[3] 그러나 그것은 신화상의 연대기일 뿐이다. 아르고 호 원정대 이야기는 현실적인 지리적 여건과 상황을 전설과 신화의 특성에 맞게 바꾼 것이라고 생각할 수 있다. 가령 움직이는 '푸른 바위들'은 좁은 보스포로스 해협과 그 앞의 두 개의 암초들을 재미있게 윤색한 것이고, '황금 양털 쟁취'는 왕권에 도전하는 시련을 의미하며, 메데이아의 등장은 위험에 처한 영웅을 돕는 이야기류에서는 약방의 감초처럼 쓰이는 전형적인 형식이다. 극적인 요소들이 대중적인 흥미를 불러일으키기 때문에, 신화는 신비로운 마법이 등장하는 동화의 방법을 자주 활용한다.

그러면 아르고 호 원정대 이야기에서 동화적인 장치를 벗겨내면 무엇이 남을까? 테살리아 사람들이 콜키스의 강(江)으로 금을 캐러 갔다는 설과 테살리아와 콜키스의 무역설 등이 원정대 이야기의 최초의 핵(核)일 수 있다는 주장이 있는가 하면,[4] 아르고 호를 건조할 때부터 원정대를 보살핀 아테나 여신에 초점을 맞추면, 원정대 이야기는 지중해 연안 여러 곳에 있는 아테나 성소(聖所)를 순방하는 모험에서 나온 것이라는 주장도 있다.[5] 원정대가 크레타 연안에 도착했을 때 아테나 성소를 세운 것도 이 주장에 들어맞는다. 아테나 여신 성소의 순방을 전형적인 영웅 설화의 구성 속에서 펼쳐 보인다는 후자의 주장이 전자보다 설득력은 있지만 결정적인 것은 아니다. 신화의 동화적 장치를 벗겨낸다고 해서 신화의 최초 형태나 핵이 드러나는 것은 아니다. 다만 아르고 호 원정대 이야기에 극적으로 윤색되어 있는 현실적인 지리적 요소들이 이야기를 흥미진진하게 만드는 역할을 한 것만은 확실하다.

3. 테바이의 전설

테바이 시를 중심으로 전개되는 이야기들은 아르고 호 원정대 이야기보다 통일성이 떨어지며 일관된 이야기 형태가 없이 다양한 에피소드들로 연결되어 있다. 이야기는 페니키아에서 시작한다.

1) 카드모스

어느 날 페니키아의 왕 아게노르(Agenor)의 딸 에우로페(Europe)가 친구들과 바닷가에서 놀고 있는데 바다에서 황소 한 마리가 걸어 나와 그녀의 발아래 엎드렸다. 에우로페는 처음에는 대단히 놀랐지만 점차 익숙해져 소를 어루만지다가 나중엔 등에 올라탔다. 그러자 황소는 벌떡 일어나 바다로 뛰어들었다(그림 37). 에우로페를 등에 업은 황소는 크레타 섬에 도착하더니 본 모습을 드러냈다. 에우로페를 사랑한 제우스였다. 에우로페는 제우스와 결합해(그림 38) 세 아들 미노스, 사르페돈(Sarpedon), 라다만튀스(Rhadamanthys)를 낳았다. 한편 딸을 잃은 아게노르 왕은 아들들을 시켜 에우로페를 찾아오라고 말하면서 찾지 못하면 돌아오지 말라고 일렀다. 아들 중 카드모스(Kadmos)는 사방을 돌아다녀도 누이를 찾지 못하자 델포이로 가서 신탁을 구했다. 무녀 퓌티아는 그에게 누이는 찾지 못할 테니 포기하라고 일러주면서 대신 도시를 하나 세우라고 충고했다. 달 무늬가 있는 암소를 만나면 그 소를 따라가 그 소가 지쳐 쓰러지는 곳에 도시를 세우면 된다고 말해 주었다. 델포이를 나온 카드모스는 파르나소스 산 동쪽의 포키스(Pokis)를 지나다가 초승달 무늬가 선명한 암소를 만났다. 카드모스가 그 암소를 따라 보이오티아(Boiotia, '소의 지방'이라는 뜻)까지 왔을 때 암소가 지쳐 주저앉았다. 카드모스는 그곳이 신탁이 말한 장소라 생각해 그곳에 도시를 건설하기로 작정했다.

카드모스는 아테나 여신에게 소를 제물로 바치기로 결심하고 근처의 샘으로 물을 뜨러 갔다. '아레스의 샘'이라고 불리는 그곳은 용이 지키고 있었다. 카드모스는 용을 처치했다. 그때 아테나 여신이 나타나 용의 이빨을 땅에 뿌리라고 했다. 그렇게 하자 완전 무장한 전사들이 땅에서 나와 서로 싸우고 죽였다. 이중 다섯 명만이 살아남아 스파르토이(Spartoi, 땅에 뿌린 씨에서 태어난 사람들)족의 시조가 되며, 카드모스는 이들의 도움

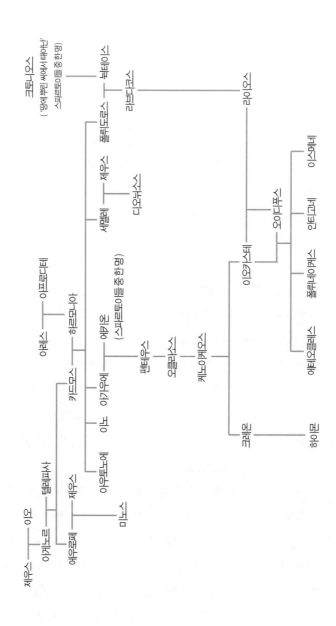

제우스 —— 이오

이카로스 —— 텔레파사

에우로페

제우스

아우토노에

이노

아가우에

카드모스 —— 하르모니아 —— 아레스 —— 아프로디테

아가우에

폴리도로스 —— 제우스 —— 세멜레

디오니소스

닉테이스

크토니오스
('땅에 뿌린 씨에서 태어난'
스파르토이들 중 한 명)

라브다코스

펜테우스

아가우에

(스파르토이들 중 한 명)

오클라소스

라이오스

크레온

카드모스 —— 하르모니아

이오카스테

오이디푸스

이스메네

안티고네

폴리네이케스

에테오클레스

하이몬

미노스

마노스

케노이케오스

케노이케오스

계보6 카드모스 가(家) 계보

을 받아 테바이를 건설한다. 그리고 아레스의 아들인 용을 죽인 것을 속
죄하기 위해 아레스의 노예가 되어 7년 동안 일한다. 속죄가 끝나자, 아레
스는 아프로디테와 낳은 딸인 '조화의 여신' 하르모니아를 카드모스에게
아내로 주어 성대한 결혼식을 거행했다. 올림포스의 모든 신들이 참석해
그들의 결혼을 축하했다. 하르모니아는 대단한 선물을 받았다. 우아함의
세 자매 신 카리테스(Charites)가 짜서 만든 드레스와 헤파이스토스가 만
든 금 목걸이가 그것이었다. 이 선물들은 나중에 벌어지는 테바이 전쟁 때
중요한 역할을 한다. 그들의 결혼은 인간 남자와 여신이 맺어진 첫 번째
결혼이었다. 그들은 네 명의 딸 세멜레, 이노, 아가우에(Agaue), 아우토
노에(Autonoe)와 외아들 폴뤼도로스(Polydoros)를 차례로 낳는다. 하지만
카드모스의 자식들은 카드모스가 죽인 용의 저주 때문인지 모두 불행하
게 된다. 딸 세멜레는 제우스와 결합해 디오뉘소스를 임신하지만 제우스
에게 본 모습을 보여달라고 조르다가 벼락에 타 죽고, 아타마스와 결혼한
이노는 제우스의 부탁으로 어린 디오뉘소스를 길러주다가 헤라가 미치게
하는 바람에 죽고, 아가우에는 디오뉘소스 숭배에 몰입해 그 추종자인 마
이나데스가 되고, 살아남은 다섯 명의 스파르토이 중 에키온(Echion)과
결혼하여 낳은 그녀의 아들 펜테우스(Pentheus)는 디오뉘소스를 박해하다
가, 무아지경에 빠진 어머니 아가우에에 의해 찢겨 죽는다. 한편 아우토
노에는 아폴론의 아들 아리스타이오스(Aristaios)와 관계하여 활의 명수인
악타이온(Aktaion)을 낳는다. 악타이온은 사냥을 하다가 우연히 목욕하는
아르테미스의 알몸을 보게 되고, 분노한 여신은 악타이온을 사슴으로 바
꾸어 악타이온이 데리고 다니던 사냥개들에 의해 물어뜯겨 죽게 한다. 외
아들 폴뤼도로스는 카드모스로부터 왕권을 넘겨받아 테바이를 통치하면
서 디오뉘소스 무리들을 박해하다가 마이나데스들의 손에 찢겨 죽는다.
그가 아내 뉙테이스(Nykteis)로부터 얻은 아들 라브다코스(Labdakos)는
오이디푸스의 할아버지가 된다. 카드모스는 오랫동안 테바이를 지배한

다음 왕권을 외아들 폴뤼도로스(또는 아가우에의 아들 펜테우스)에게 넘겨주고 아내 하르모니아와 함께 테바이를 떠나 그리스 서북부의 일뤼리아(Illyria)에서 엥켈레이스(Encheleis)족을 다스리며 지냈다. 그 후엔 아내와 함께 뱀으로 변하여 후덕한 사람들의 영혼이 행복하고 조용하게 사는 샹젤리제(엘뤼시온)로 가서 살았다고 전해진다.

카드모스가 은퇴한 후 테바이는 디오뉘소스 신앙을 배척하던 펜테우스가 다스렸는데, 그가 어머니 손에 죽자 폴뤼도로스의 아들 라브다코스가 집권해 라브다코스 왕조가 시작된다. 그리고 라브다코스의 아들 라이오스(Laios)가 아버지의 뒤를 이어 왕위에 오르고 테바이는 그의 지배를 받게된다.

2) 오이디푸스

① 불안정한 가문

라브다코스의 뒤를 이은 라이오스는 나이가 어린 탓에 왕권을 찬탈자에게 빼앗기고 코린토스의 펠롭스(Pelops) 왕에게 피신한다. 일설에 의하면, 여기서 라이오스는 펠롭스 왕의 젊고 아름다운 아들 크뤼시포스(Chrysippos)를 사랑하여 남자끼리 사랑하는 법을 가르치려고 했다. 크뤼시포스가 거절하자 라이오스는 강제로 왕자를 범했다. 왕자는 분노와 창피함을 이기지 못해 자살하고 말았다. 이 소식을 전해 들은 펠롭스 왕은 격노해서 라브다코스 혈통은 끊어질 것이라는 저주를 내리면서 라이오스를 쫓아버렸다. '라브다코스'라는 이름은 '절름발이'라는 뜻이고 '라이오스'라는 이름은 분명하지는 않으나 '우두머리'를 뜻하거나 '왼손잡이'인 '뒤틀린 사람'을 뜻한다. 자세히 살펴보면 라이오스는 모든 관계를 '뒤틀리게' 했다.[6] 왕권 계승만 해도 그렇다. 증조할아버지 카드모스와 할아버지 폴뤼도로스 그리고 아버지 라브다코스를 거쳐 직접 승계했어야 할 왕권이 비껴가는 바람에 우회해서 계승해야만 했다. 게다가 정상적으로 아내를 얻어 정상적인 부부 관계를 해야 할 나이에 어린 미소년을 사랑한 것은 일탈이며 뒤틀린 관계일 수밖에 없다. 크뤼시포스가 라이오스에게 몸을 허락하지 않았음에도 불구하고 강제로 그를 범한 것 역시 뒤틀린 것이다. 게다가 라이오스는 펠롭스의 손님이다. 주인과 손님의 관계는 서로 간의 우정을 전제로 하는 것인데 그를 환대해 준 펠롭스에게 보답하기는커녕 오히려 강제로 그 아들을 범해 죽게 만든 것은 '뒤틀린' 처신일 수밖에 없다.

테바이의 왕권 찬탈자들이 죽자 라이오스는 테바이로 되돌아와 왕권을 다시 잡았다. 라이오스가 왕권을 잡을 만한 혈통이라 생각한 테바이 백성들은 모두 그를 환영했다.

라이오스는 이오카스테(Iokaste)와 결혼했다. 그녀는 땅에서 태어난 다섯 명의 스파르토이 중 한 명인 에키온의 증손녀였다. 에키온은 폴뤼도로스의 장인 크토니오스(Chthonios)와 함께 땅에서 태어났기 때문에 '캄캄하고 어두운' 특성을 갖고 있었다. '에키온'이라는 이름은 땅에 사는 '살무사'를 뜻하며, 상반신은 여자이고 하반신은 뱀인 땅속 괴물 에키드나(Echidna)를 연상시킨다. 라이오스와 이오카스테에게는 아이가 없었다. 라이오스는 왕권을 물려줄 후손을 갖기 위해서 어떻게 해야 좋은지 델포이로 가서 신탁을 물었다. 신탁은 놀라웠다. 만일 아들을 낳으면 그 아들이 아버지 라이오스를 죽이고 자신의 어머니와 동침할 것이라는 내용이었다.

대경실색한 라이오스는 테바이로 돌아왔다. 그 후론 아내와 관계를 갖더라도 임신하지 않게 조심했다. 그러나 어느 날 술에 취한 라이오스가 아내의 텃밭에 종자를 뿌리고 말았다. 이오카스테는 사내아이를 낳았다. 부부는 후손을 없애기로 마음먹었다. 키타이론(Kithairon) 산으로 왕가의 가축들을 몰고 다니는 목동을 불러 들짐승이나 새가 잡아먹게끔 산에다 아이를 버리도록 했다. 목동은 갓난아이의 발목을 뚫어 가죽 끈으로 묶고 등에 들쳐 멘 채 가축들을 몰고 산으로 갔다. 이때 발목에 난 상처 때문에 아이는 '부어오른 발'이라는 뜻의 '오이디푸스(Oidipous)'라고 불렸다.[7] 산에 올라 아이를 버리려고 하는데 아이가 목동을 보고 웃었다. 목동은 주저했다. 그때 산의 다른 쪽 등성이로 가축들을 몰고 온 코린토스의 목동이 눈에 띄었다. 목동은 그에게 가서 아이를 버려서 죽게 하기 싫으니 데려다 키우라고 말했다. 코린토스의 목동은 아이를 갖고 싶어 하던 코린토스의 왕 폴뤼보스(Polybos)와 왕비 페리보에아(Periboea)에게 그 아이를 보였다. 왕과 왕비는 뜻밖의 행운에 매우 기뻐하면서 자신들의 아들인 양 소중히 키웠다. 오이디푸스는 친아버지 라이오스처럼 고향에서 멀리 떨어지고, 왕권에서 멀리 '벗어난 길'을 가야했다. 그는 무럭무럭 자랐다. 청년이 된 오이디푸스는 모든 사람의 경탄을 자아냈다. 용기와 총기가 뛰어났고 기품도 있었다. 코린토스의 똑똑한 젊은이들이 질투하고 험담할 정도였다.

② '주워온 아이'

오이디푸스는 절름발이가 되진 않았지만, 발에 옛 상처의 흔적이 남은 것은 어쩔 수 없었다. 그 흔적은 그가 있어야 마땅한 곳에서 멀리 떨어져 있어야 하는 일탈과 '뒤틀림'의 상징이기도 했다. 또한 청년 오이디푸스는 '불안정'했다. 폴뤼보스 왕의 아들로서 왕위 계승권자지만 코린토스 태생이 아니라는 것이 은밀히 알려져 있었다. 게다가 어느 날 오이디푸스가 또래 아이와 다투다가 자신이 '주워온 아이'라는 말을 듣고 아버지에게 달려가 이 사실을 말했는데, 폴뤼보스 왕은 최선을 다해 아이를 안심시키면서도 단호하게 "너는 네 엄마와 나 사이에서 태어난 아들이 분명하다"라고는 말하지 않고 "허튼소리란다. 신경 쓰지 말아라. 널 시기해서 하는 소리다"라고만 했기 때문에 오이디푸스는 늘 '불안'했다. 그는 궁금증을 풀기 위해 델포이로 가서 자신이 폴뤼보스 왕의 친아들인지 아닌지 물었다. 그러나 신탁은 "너는 네 아버지를 죽이고 네 엄마와 동침하게 될 것이다"라고만 일러주었다. 오이디푸스는 깜짝 놀랐다. 이 끔찍한 답변은 자신이 폴뤼보스 왕의 진짜 아들인지 아닌지에 관한 의문을 사라지게 했다. 급히 해야 할 일이 있었다. 운명을 피해야 했다. 자신이 부모라고 믿는 사람들로부터 멀리 도망가는 것이 급선무였다. 가능한 한 멀리 벗어나야 했다. 자의적인 유배였고 방랑이었다. 이제 그에겐 조국이 없었다. 그는 델포이를 떠나 유랑하기 시작했다.

그 즈음 테바이 시에는 역병이 돌고 있었다. 라이오스 왕은 신탁을 얻고자 델포이로 떠났다. 마부와 한두 명의 부하만 데리고 갔다. 세 갈래 난 좁은 길에서 서로를 알아보지 못하는 아버지와 아들이 마주쳤다. 왕이 탄 마차의 마부는 젊은이에게 비키라고 외치면서 오이디푸스의 말을 내리쳤는데, 그때 오이디푸스도 어깨에 채찍을 맞고 말았다. 유배자나 방랑자의 태도가 아직 몸에 배지 않았고, 왕자의 기개가 여전히 남아 있었던 오이디푸스는 자리를 선선히 비켜줄 자세가 되어 있지 않았다. 화가 난 오이디푸스는 마부를 내리쳐 죽게 했고 이어서 라이오스를 공격해 죽였다. 놀란 왕의 부하들은 테바이로 도망쳤다. 오이디푸스는 정당방위였다고 생각하고 별 생각 없이 가던 길을 갔다.

③ 스핑크스의 재앙

그가 테바이에 도착한 것은 훨씬 후였다. 이때 테바이는, 상반신은 여자이고 하반신은 사자인 스핑크스(Sphinx)라는 괴물에게 시달리고 있었다. 스핑크스는 테바이의 성문이나 높은 바위에 앉아서 도시의 청년들에게 수수께끼를 내고 풀지 못하면 죽이곤 했다. 그래서 해를 거듭할수록 테바이의 젊은 엘리트들이 점점 죽어갔다. 오이디푸스가 성문을 지나 도시로 들어가 보았더니 젊은이들의 몰골과 표정이 말이 아니었다. 오이디푸스는 무슨 일이냐고 물었다. 라이오스 왕이 죽은 다음 섭정을 맡은 사람은 이오카스테의 오빠인 크레온(Kreon)이었는데 그 역시 '땅에 뿌린 씨에서 태어난' 스파르토이 혈통이었다. 크레온은 오이디푸스의 기품과 용모를 보고 지금 같은 상황에서는 이 청년이야말로 도시를 구할 수 있는 마지막 희망이라고 생각했다. 그는 오이디푸스에게 괴물을 처치해 주면 왕비와 결혼시키겠다고 말했다. 혼자된 왕비와 결혼한다는 것은 곧 왕이 된다는 것을 의미했다.

오이디푸스는 스핑크스에게 다가갔다. 괴물은 오이디푸스를 보자 '멋진 놈'이라고 생각하고 수수께끼를 던졌다. "목소리, 말하는 법, 성격은 하나인데 두 발, 세 발, 네 발을 갖고 사는, 이 세상에 하나밖에 없는 동물은 무엇이냐?"고 물었다. 오이디푸스는 생각했다. 오이디푸스(Oi-dipous)의 이름에는 이미 '두 발(dipous)'라는 뜻이 들어 있어서 생각하기가 수월했던 것 같다. "인간이오. 어렸을 때는 네 발로 기지만, 나이가 들면 두 발로 섰다가, 늙으면 지팡이에 의지해 세 발로 기우뚱거리며 걷소." 스핑크스는 지식의 경합에서 패한 것을 부끄럽게 생각해 걸터앉았던 바위에서 몸을 던져 죽었다(그림 20, 21).

④ 또 다른 재앙: '살인자를 찾아서'

테바이 시 전체에 환희가 넘쳤다. 오이디푸스는 이오카스테와 결혼하고 왕이 되어 도시를 다스리게 되었다. 그의 용기와 지혜는 왕이 되기에 충분했다. 카드모스의 후손다웠다. 몇 년 동안은 별 탈 없이 잘 지나갔다. 오이디푸스와 이오카스테는 두 아들 에테오클레스(Eteokles)와 폴뤼네이케스(Polyneikes), 두 딸 안티고네(Antigone)와 이스메네(Ismene)를 낳았다. 모든 것이 평화롭고 행복해 보였다. 그런데 갑자기 테바이에 역병이 번지기 시작했다. 단번에 모든 것이 엉망이 되었다. 모든 것이 뒤틀리고 절뚝거렸다.

크레온은 전염병의 원인을 알기 위해 델포이로 사람을 보내 신탁을 구했다. 백성들은 궁전 앞에 모여 스핑크스의 재앙으로부터 테바이를 구출했듯이 역병으로부터 도시를 구해 달라고 청원했다. 오이디푸스는 질병의 원인을 캐내어 재난을 극복하겠다고 백성들 앞에서 엄숙하게 선언했다. 그때 델포이로 갔던 사신(使臣)이 돌아왔다. 라이오스를 죽인 자를 벌해야만 전염병이 사라질 것이라는 신탁이었다. 라이오스를 죽인 자를 찾아내어 테바이로부터 멀리 쫓아내야만 했다. 오이디푸스는 "장본인을 꼭 찾아내고야 말겠다"고 약속했다. 오이디푸스는 코린토스를 떠날 때와 마찬가지로 '질문'하고 '조사'하고 '탐문'했다. 마치 탐정이 수사하듯 잘 생각하고 곰곰이 따져가며 '조사'해야 했다. 아무도 그를 말릴 수 없었다. 오이디푸스는 첫 조치를 내렸다. 살인자에 관한 정보를 갖고 있는 자는 반드시 알려야 하며, 살인자로 추정되는 자와 접촉하는 사람은 살인자를 추방해야 하고, 살인자는 도시에 고통을 주는 '오욕'이므로 도시에 머물게 해서는 안 된다는 것이었다. 그러나 이런 조치에도 불구하고 살인자가 누군지 알 수 없었다. 하지만 오이디푸스는 포기하지 않고 직접 조사에 나섰다. 크레온은 테바이에 유능한 늙은 예언자 테이레시아스(Teiresias)가 살고 있으니 그를 불러서 이 사태에 관해 물어보는 게 좋겠다고 말했지만, 그 예언자는 나타나고 싶지 않은 기색이었다. 그러나 결국 그는 크레온과 오이디푸스, 원로회원들과 테바이 시민들 앞에 나타날 수밖에 없었다. 오이디푸스가 범인이 누군지 물어보았지만 테이레시아스는 아무것도 모르는 척하면서 대답을 피했다. 오이디푸스는 격노했다. 테이레시아스는 아폴론을 모시고 있기 때문에 모든 것을 알고 있었다. 누가 라이오스를 죽였고 오이디푸스가 누구인지도 잘 알고 있었지만, 자신이 알고 있는 것에 관해 한마디도 꺼내지 않았다. 테이레시아스의 침묵은 오이디푸스의 분노를 더욱 자극했고, 오이디푸스는 크레온이 자신의 자리를 뺏으려고 예언자와 모의했고 델포이로 보낸 사신도 다 같이 역모에 가담한 것이라고 생각했다. 분노에 '뒤틀린' 오이디푸스는 크레온이 라이오스 살해를 꾸몄다고 지목하고 당장 도시를 떠나야 한다고 말했다. 테바이의 지도부는 분열되기 시작했고 공개적인 분쟁에 휘말렸다. 오이디푸스는 크레온을 추방하려고 했지만 이오카스테가 두 사람의 관계를 회복시키려고 노력했다. 카드모스로부터 내려오는 순수한 혈통도 없고 '땅에 뿌린 씨에서 태어난' 순수한 혈통도 더 이상 없는 지금 두 혈통은 서로 섞여 있었다. 라브다코스의 아버지이자 카드모스의 외아들인 폴뤼도로스가 '땅에 뿌린 씨에서 태어난' 크토니오스의 '어둠'을 뜻하는 딸 뉘테이스(Nykteis)와 결혼했기 때문에 라이오스와 오이디푸스에게는 카드모스의 순수한 혈통과 땅에서 태어난 모계 혈통이 함께 섞여 있었다. 이오카스테는 '땅에 뿌린 씨에서 태어난' 에키온의 부계 혈통의 후손이기 때문에 '불안정한' 요소를 갖고 있었다. 도시는 분열되고 지도자들은 서로 싸우고 증오했다.

오이디푸스의 '알아내려는 욕구'는 지칠 줄 모르고 계속되었다. 모든 왕국에는 비밀이 있기 마련인데 오이디푸스는 예언자 테이레시아스가 굳게 입 다물고 있는 그 비밀을 캐기 시작했다. 오이디푸스의 진정한 비극은 아버지를 죽이고 어머니와 동침한 것이라기보다는 바로 그 같은 '조사'였다. 어머니이자 아내인 이오카스테의 만류에도 불구하고 더 이상 파헤치지 말아야 할 비밀을 '도시' 전체를 대상으로 '공중' 앞에서 '조사'한 것이 화근이었다. 오이디푸스 신화의 최후의 '금기'는 다름 아닌 '조사'였다.[8]

오이디푸스가 소환한 첫 증인은 라이오스와 세 갈래 길에서 함께 있다가 도망친 사람이었다. 그는 몇 명의 강도들이 숨어 있다가 델포이로 가는 라이오스 왕의 마차를 공격해 라이오스와 마부를 죽였다고 말했다. 이 이야기를 듣자 오이디푸스는 약간 놀랐다. 그도 델포이 근처의 세 갈래 길에 대해서 잘 알고 있었기 때문이다. 그러나 한편 안심도 되었다. 라이오스를 공격한 것은 '몇 명의 강도들'이라고 했기 때문이었다. 오이디푸스는 자신이 때려 눕힌 사람과 강도들이 공격한 사람은 완전히 서로 다른 인물이라고 생각했다. 오이디푸스는 당시 현장에 있었던 다른 사람을 오게 했으나 그 사람은 테바이로 돌아오지 않고 시골로 내려가서 만나기 어렵다는 보고가 올라왔다. 그러나 오이디푸스는 기어코 그를 오게 했다. 오이디푸스가 직접 그에게 물었다. 그러나 그 역시 테이레시아스처럼 입이 자물쇠였다. 정보를 캐내기 위해 고문을 하겠다고 위협도 했다.

바로 그때, 테바이에 코린토스에서 온 이방인이 나타나 오이디푸스 왕을 찾더니 슬픈 소식을 갖고 왔다고 아뢰었다. 오이디푸스의 아버지와 어머니인 코린토스의 왕과 왕비가 죽었다는 것이었다. 부모를 잃은 오이디푸스는 슬펐다. 그러나 한편 기쁘기도 했다. 폴뤼보스 왕이 죽어 고인이 되었으니 아버지를 죽이는 일은 없을 것이며 어머니 역시 세상을 떠나 동침하려야 할 수도 없기 때문이었다. 홀가분해진 오이디푸스는, 오이디푸스가 코린토스로 돌아와 왕권을 잇기를 기대하는 코린토스의 사신에게, 자신은 아버지를 죽이고 어머니와 동침하게 될 것이라는 신탁의 운명을 피하기 위해 코린토스를 떠나야만 했다고 말했다. 오이디푸스의 말을 들은 사신은 폴뤼보스와 페리보에아는 오이디푸스의 친부모가 아니니 그렇게 하지 않았어도 좋았을 거라고 답했다.

⑤ 조사의 끝

사신의 말을 들은 오이디푸스는 대단히 놀랐다. 모든 것이 어떻게 돌아가는지 따져봐야 했다. 한편 이오카스테는 오이디푸스가 코린토스 궁전으로 왔을 때는 갓난아이였고 왕과 왕비가 어린 오이디푸스를 아들로 삼았다는 사신의 말을 듣고 아찔했다. 그녀에게는 이제 모든 것이 분명해진 것 같았다. 그녀는 논쟁의 장소를 떠나 궁전으로 들어갔다. 오이디푸스는 사신에게 "당신이 그것을 어떻게 아느냐?" 하고 물었다. 사신은 "잘 압니다. 발목에 구멍이 뚫린 어린 당신을 왕과 왕비에게 데려다 준 게 바로 저였습니다"라고 말했다. 오이디푸스는 "누가 어린아이를 주었느냐?" 하고 물었다. 사신은 참석자들 속에서 자신에게 어린아이를 넘겨주었던 왕실 목동이었던 늙은이를 알아보았다. 오이디푸스는 불안해졌다. 목동은 부인했다. 둘이 다투기 시작했다. "당신, 잘 생각해 봐. 우리가 키타이론 산으로 가축을 몰고 다닐 때 당신이 나에게 아이를 맡겼잖아!" 오이디푸스는 사태가 무섭게 되어가는 것을 느꼈다. 그는 자신은 아마도 요정이나 여신이 낳아서 버린, 주워 온 아이일 것이라고 잠시 생각했다. 오이디푸스는 아직도 희망을 갖고 있었다. 그러나 모여 있는 사람들 앞에서 진실은 드디어 밝혀지기 시작했다. 오이디푸스는 테바이의 노인에게 "어디서 아이를 얻었느냐?"고 물었고 노인은 "궁전"이라고 답했다. "누가 그대에게 아이를 주었느냐?"고 묻자 "이오카스테"라고 답했다. 이제 더 이상 의심의 여지가 없었다. 오이디푸스는 미친 사람처럼 궁전으로 들어갔다. 이오카스테는 천장에 목을 매어 죽어 있었다. 광기에 사로잡힌 오이디푸스는 그녀의 옷에 꽂힌 브로치로 자신의 두 눈을 찔렀다. 그의 두 눈에서 피가 줄줄 흘러내렸다.

왕가의 저주받은 적자(嫡子)로 태어나 버려졌던 오이디푸스는 멀리 벗어난 길에서 '뒤틀린' 우여곡절 끝에 마침내 제자리로 돌아왔지만 더 이상 빛을 볼 수 없었고 어느 누구의 얼굴도 볼 수 없었다. 이제 도시의 '오욕'이 된 오이디푸스는 '완전한 고독' 속에 갇히고 싶었을 것이다. 살인자는 테바이에서 치욕스럽게 추방될 것이라고 말한 그는 스스로 한 약속을 이제 지켜야 했다. 그는 크레온에게 용서를 구했다. 그리고 유배를 가게 해 달라고 부탁했다. 이제 오이디푸스는 테바이를 떠나야 했다.

⑥ 만년

오이디푸스가 테바이를 떠날 생각을 하는 것은 그에 관한 가장 유명한 작품인 소포클레스의 비극 『오이디푸스 왕』(기원전 420?)의 결말 부분의 이야기이다. 행복의 정점에서 불행의 나락으로 떨어진 오이디푸스가 '유배'

를 떠날 것으로 끝맺음으로써 소포클레스는 오이디푸스 이야기를 '극적'으로 구성했다. 모든 진실이 밝혀지자 이오카스테가 자살하는 것은, 에우리피데스의 『페니키아의 여인들』(기원전 412~408)을 제외하면, 모든 그리스 작가들이 채택하는 이야기이지만, 오이디푸스의 만년에 관해서는 이야기가 서로 많이 다르다. 호메로스는 오이디푸스가 왕권을 지키다가 전쟁에서 죽는 것으로 기술하고 있고,[9] 소실된 또 다른 판본들은 오이디푸스의 두 아들이 아버지가 사람들의 기억에서 사라지도록 왕궁 안에 가뒀다고 말하기도 한다.[10]

소포클레스 이전에 오이디푸스를 다룬 아이스퀼로스는 3부작 『라이오스』, 『오이디푸스』, 『테바이를 공격한 7인』(기원전 467)을 썼지만 『라이오스』와 『오이디푸스』는 소실되고 3부인 『테바이를 공격한 7인』만이 남아 있다. 3부를 통해서 짐작할 수 있는 오이디푸스의 역할은 1부에 나오는 아버지 라이오스와 3부에 나오는 두 아들을 연결시켜 주는 중개자로서, 행복의 절정에서 불행의 나락으로 떨어지는 인간의 운명을 상징한다. 장님이 된 그는 두 아들을 만날 때마다 격노했다고 하지만 그의 종말에 대해서는 2부가 전승되지 않으므로 섣불리 말할 수 없다. 분명한 것은 소포클레스의 『오이디푸스 왕』이 불멸의 고전으로 명성을 날리면서, 후일 에우리피데스가 다시 고쳐 썼지만 오늘날까지 전승되지는 못한 『오이디푸스』(기원전 407)를 압도하고 비극 중의 비극으로 자리 잡는 바람에, 오이디푸스에 관한 이야기는 소포클레스의 『오이디푸스 왕』을 따라 기술하는 것이 일반적이다. 아이스퀼로스와는 달리 소포클레스는 신탁에 절대적인 가치를 부여함으로써 오이디푸스의 운명을 극적으로 구성해 작품의 밀도를 높였다. 소포클레스의 오이디푸스는 고대 그리스 문학에 나타난 여러 오이디푸스들 중 가장 널리 알려진 인물이다.

한편 오이디푸스가 풀어낸 스핑크스의 수수께끼는 라브다코스 가(家)의 운명을 요약하는 말이기도 하다는 것을 오이디푸스의 비극을 통해 확인할 수 있다. 모든 동물들은 인간들처럼 두 발, 세 발, 네 발 등으로 변하지 않고 항상 '동일한' 상태를 유지한다. 네 발 혹은 두 발 짐승과 물고기 등은 태어나면서부터 죽을 때까지 그다지 변화가 없다. 그러나 인간은 유년, 성년, 노년의 서로 상이한 성격의 상태가 연속된다. 어린 시절은 성년기와 다르다. 성년기는 유년기나 노년기와는 달리 글자 그대로 '두 발로 서는' 시기이다. 육체적으로나 정신적으로 늠름하다. 왕이나 전사도 '두 발로 설 때'는 행동으로써 '어떤' 역할을 할 수 있지만 세 발로 걷는 노년기에 접어들면 '말로써 돕는 역할밖에는 할 수가 없다. 사람은 '동일'하면서도 '상이'한 세 단계를 거치면서 변한다. 펠롭스가 라이오스에게 내린 저주는 라브다코스 혈통에서 새로운 생명이 태어나는 것을 금했다. 오이디푸스는 태어나지 말았어야 할 운명이었다. 버려져 죽었어야 할 운명인 오이디푸스는 기적적으로 살아나서 고향에서 멀리 떨어져 살다가 나중에 고향에 돌아와 왕권을 잡았지만, 왕권을 잡은 곳이 자신의 고향이라는 것을 모르는 '절름발이'의 '불안정한' 상태였다. 태어난 궁전으로 돌아와 어머니와 결혼하여 아이들까지 낳은 것도 의도적이지는 않았지만 몹시 '뒤틀린' 것이었다. 부모·부부·자식의 세 관계가 오이디푸스라는 한 존재 안에 뒤엉켜 있었다. 아버지를 죽이고 어머니와 동침함으로써 그는 아버지—아들의 순차적이고 연속적인 관계를 뒤섞어놓았고 아이들을 낳음으로써 자식—형제 관계 역시 뒤섞어놓았다. 그는 순차적으로 발전·변모해야 하는 인간의 세 단계를 뒤섞어놓았다. 스핑크스가 말한 두 발, 세 발, 네 발로 걷는 동물은 바로 오이디푸스 자신이기도 하다.

　오이디푸스 이야기는 거기서 끝나지 않는다. 라브다코스 혈통은 라이오스에서 끝났어야 했다. 오이디푸스에게 내려진 저주는 그가 태어나기 훨씬 이전에 용을 죽인 인간 카드모스와 조화의 여신 하르모니아의 결혼에서부터 비롯되었고, 그로부터 증오의 불씨가 혈통에 내재했던 것으로 추정된다. 오이디푸스 자신이 저지른 잘못은 없다. 다만 먼 옛날 카드모스가 테바이를 세울 때, 태어날 권리가 없는 스파르토이들이 카드모스의 후손들과 맺어 형성한 '절름발이'의 '뒤틀린' 라브다코스 혈통이 땅에서 태어난 스파르토이들을 위해 치러야 할 무거운 대가를 오이디푸스가 대신 치렀을 뿐이다.[11]

⑦ 유배와 죽음

'오이디푸스'를 불멸의 작품으로 만든 소포클레스의 현존하는 비극들 중 마지막 작품인 『콜로노스의 오이디푸스』는 소포클레스가 죽은 지 4년 뒤인 기원전 401년에 같은 이름의 손자에 의해서 처음으로 공연되었는데, 이 작품은 장님이 된 오이디푸스가 몇 년간 테바이에 머물다가 아들들의 요구에 따라 딸 안티고네와 함께 테바이를 떠나 '유배'의 방랑을 시작하는 것을 묘사한다. 오랜 방랑 생활 끝에 오이디푸스는 아테네 인근의 한 마을인 콜로노스(Kolonos)의 숲에 도착한다. 그는 이 숲이, '자비로운 여신들'이라고도 불리는 복수의 여신들인 에리뉘에스(Erinyes)의 숲이라는 것을 알자, 신탁이 말한 자기가 죽을 곳이라는 것을 알아차린다. 그러나 그곳은 사람이 머무를 수 없는 성소였다. 동네 사람들은 오이디푸스에게 떠나라고 윽박질렀다. 오이디푸스는 아테네의 왕 테세우스를 불러달라고 청했다. 죽음이 가까이 온 것을 느낀 오이디푸스는 자신이 묻힐 곳이 신의 축복과 가호를 받을 것임을 알고 있었기 때문에, 찾아온 테세우스에게 이 같은 내용을 일러준 다음에 머무르게 해달라고 청했다. 테세우스는 좋다고 했다. 크레온도 찾아와 테바이로 돌아가자고 했고, 에테오클레스와 전쟁을 하기 전 폴뤼네이케스도 찾아와 아버지의 축복을 간절히 요청했지만 거절한다. 오이디푸스는 이제 아무런 연고도 없고 뿌리도 없는 타향 사람에 지나지 않았다. 테세우스는 그를 보호했고 공식적인 체류자로 대접했다. 『오이디푸스 왕』이 나온 뒤 10여 년이 지나 쓰인 『콜로노스의 오이디푸스』는, 주인공의 실수가 '의도적인' 것이 아니었다는 점을 부각시키면서 라이오스를 죽이게 된 것도 '정당방위'로 설명하고, 근친상간도 오이디푸스가 아내로 맞이하게 된 여인이 자신의 어머니라는 사실을 전혀 몰랐기 때문에 정상을 참작해야 한다고 주장한다. 이 작품은 이전 작품인 『오이디푸스 왕』의 주인공을 옹호하고 주인공의 불행을 동정하면서, 그의 죽음이 지상의 축복으로 이어진다고 말함으로써 나락으로 굴러 떨어진 주인공의 불행을 보상하는 것으로 끝맺는다. 오이디푸스는 천둥이 요란하고 번개 빛으로 하늘이 번쩍이자 마지막 시간이 왔음을 알았다. 그는 테세우스를 데리고 사람들 눈에 띄지 않는 곳으로 갔다. 자신이 사라진 곳을 테세우스만 알게 하기 위해서였다. 테세우스는 비밀의 무덤을 혼자만 알고 있다가 왕권을 이어받는 후계자들에게만 그곳을 알려주었다. 전쟁의 위협에 처할 때마다 오이디푸스의 무덤은 아테네를 보호해 주는 은밀한 장소였다. 테바이에서 온 오이디푸스는 아테네의 거류자로 자리 잡고 난 후 제우스의 벼락을 맞고 사라진 듯하다. 그는 빛의 세계를 떠나 타향인 아테네의 땅속에 뿌리내렸다. 모진 고생 끝에 테세우스가 베풀어준 환대에 보답하기 위해 오이디푸스는 '평화와 화합 속의 구원'을 아테네에 주었다. 그것은 그 옛날 카드모스가 테바이를 창건했을 때 신들이 그에게 아내로 맺어준 조화의 여신 하르모니아가 상기시켰던 약속을 희미하게 반영하는 메아리 같았다.[12]

⑧ 자식들

오이디푸스는 테바이를 떠나기 전 두 아들에게 저주를 내렸다. 두 아들은 왕권 때문에 싸우지 않기 위해 서로 협정을 맺었다. 왕권을 1년씩 교대로 맡자는 것이었다. 먼저 형 에테오클레스가 왕권을 잡았다. 그러나 1년 후 그는 왕좌를 동생에게 넘겨주지 않았다. 화가 난 폴뤼네이케스는 아르고스의 왕인 장인 아드라스토스(Adrastos)를 설득해 군대를 이끌고 테바이를 공격한다. 아이스퀼로스의 오이디푸스 3부작 중 현존하는 마지막

3부 『테바이를 공격한 7인』은 폴뤼네이케스에게 왕권을 찾아주기 위해 아르고스인들이 테바이를 공격하는 이야기이다. 아르고스의 병력을 동원하는 일은 쉬운 일이 아니었다. 예언자 암피아라오스(Amphiaraos)의 동의를 얻어야만 가능했다. 암피아라오스는 테바이를 공격하는 원정이 참패할 것이며 자신도 죽게 되리라는 것을 잘 알고 있어 반대 입장을 분명히 밝혔다. 폴뤼네이케스는 가만히 있지 않았다. 그가 테바이를 떠나올 때 갖고 온, 신들이 하르모니아에게 결혼 선물로 준 목걸이와 드레스를 암피아라오스의 부인에게 선물하여 남편의 반대 입장을 철회시키도록 했다. 뇌물을 받은 부인의 말을 남편은 거절할 수가 없었다. 부인이 자신에게 요구하는 것은 언제나 들어주겠다고 맹세했기 때문이었다. 저주의 선물이며, 돌이킬 수 없는 맹세였다. 폴뤼네이케스를 포함한 아드라스토스, 칼뤼돈(Kalydon)의 튀데우스(Tydeus), 여자 사냥꾼 아탈란테(Atalante), 예언가 암피아라오스 등 일곱 명의 우두머리가 출정하여 테바이의 일곱 개 성문을 각각 공격했다. 그러나 전군이 대패하여 거의 죽고 말았다. 아드라스토스 왕만이 재빠른 말 덕분에 도망칠 수 있었다. 폴뤼네이케스와 에테오클레스는 일대일 대결 끝에 둘다 죽고 말았다.

이들이 죽자 왕이 된 크레온은 전사한 테바이 사람들과 특히 에테오클레스를 위한 명예로운 장례식을 거행하라고 말했고, 폴뤼네이케스를 포함한 적군의 시체는 묻지 말고 그대로 놓아두라고 명했다. 안티고네는 오빠 폴뤼네이케스의 시신을 매장하지도 않은 채 내버려둘 수 없어 시신 위에다 약간의 흙을 뿌렸다. 최소한의 종교적 의식이었다. 그러나 그것은 공권력에 대한 저항이었다. 죽은 사람을 매장해야 하는 관습의 불문율을 따른 안티고네는 왕의 명령에 저항한 것이었다. 왕의 명령을 거역한 안티코네는 사형 선고를 받고 라브다코스 가(家) 지하 무덤에 산 채로 갇혀 있다가 목매달아 자살하며, 그녀의 약혼자이자 크레온의 아들인 하이몬(Haimon)은 슬픔과 분노를 억누르지 못하고 안티고네의 시신 옆에서 스스로 목숨을 끊는다. 하이몬의 어머니 에우뤼디케(Eurydike) 역시 뒤따라 죽는다. 크레온은 자신의 과오를 뒤늦게 깨닫지만 이미 되돌릴 수 없었다. 신과 인간으로서 최초로 결혼한 여신 하르모니아와 인간 카드모스로부터 시작된 테바이 왕가의 혈통은 '흙에서' 태어난 스파르토이 혈통과 섞이면서, 결국 파란만장한 라브다코스 가문의 절뚝거리고 뒤틀린 여정으로 이렇게 막을 내리고 만다.

그러나 테바이의 시련은 아직 끝나지 않았다. 테바이를 공격한 7인의 아들들이 아드라스토스의 지도 아래 병력을 모아 두 번째 원정을 시도했던 것이다. '후계자들의 원정'이라고 불리는 이 전쟁은 병력은 적었지만 징조가 좋았다. 테바이는 드디어 아르고스 군대에 의해 함락되고 주민들은 도시를 떠난다. 이렇게 해서 테바이는 오랫동안 그리스의 도시 목록에서 자취를 감추었다. 그렇기 때문에『일리아스』에서 트로이 원정군에 참여한 선박 목록을 말할 때에도 테바이는 언급되지 않는다. 전승된 설화들에 따르면 '후계자들의 원정'은 대체로 트로이 원정이 시작되기 직전에 일어났던 것으로 추정된다.

⑨ 신화와 신화학

오이디푸스 신화는 일관성 있는 이야기 체계가 아니고 다양한 요소들이 뒤섞인 매우 오래된 설화로서 서사 시인과 비극 시인의 해석에 따라서 유연하게 변모할 수 있는 가변성을 가진다. 구전되어 내려온 다양한 이야기들을 시인들이 어떻게 소화하느냐 하는 것은 그들의 '글쓰기'의 몫이며, 이 '글쓰기'는 다음 세대의 작가들에 의해 재해석되고 수정되는 '다시 쓰기'로 이어진다. 오이디푸스에 관한 구전 설화와 글쓰기를 간단히 정리하면 다음과 같다.

신화는 이설(異說)을 전제로 한다. 구전되면서 이설이 붙고, 글쓰기를 통해서도 이설이 붙거나 재구성되어 변한다. 오이디푸스 신화는 '부은 발', 버려진 아이, 신탁, 아버지 살해, 스핑크스의 수수께끼, 어머니와의 동침, 역병, 탐문·조사 등의 신화소(神話素)와 에피소드들로 짜여 있지만 시간이 경과함에 따라 여러 이설들이 첨가되기 때문에, 유연하게 변하는 연속적인 신화적 이야기들을 결합해서 조직적인 체계로 재구성하는 것은 신화학의 몫이다. 오이디푸스 '신화'는 몇 가지 신화소와 이설들로 '신화'로서의 조건과 정체성을 획득하지만, 오이디푸스 '신화학'은 호메로스로부터 로마의 세네카는 물론 17세기 코르네유의 『오이디푸스』와 18세기 볼테르의 『오이디푸스』, 20세기 지드의 『오이디푸스』, 프로이트의 '오이디푸스', 알랭 로브그리예의 『고무지우개』, 미셸 뷔토르의 『시간표』 등과 최근의 여러 소설 등에까지 이르는 광범위한 변화와 그 유연성을 검토해야 하는, 일관성이 있을 수 없는 유동적인 작업이다. 구전되던 설화가 고대 그리스에서 문자로 기록되면서부터 구전 신화를 직접 듣기 어렵게 된 여건 속에서, 구전 신화와 글로 쓰인 신화를 함께 검토하면서 그 변모 과정을 점검해야 하는 신화학은 언제나 '글쓰기'의 움직임 속에서 문자로만 구성된다. '신화학(mythologie)'이라는 말은 플라톤이 최초로 사용한 말로, '신화 과학(science des mythes)'이라는 뜻으로도 사용된다. 신화학이라는 말은 앞에서 말한 연속적인 신화적 이야기들을 '결합하고 조직한 체계'라는 뜻과 함께 이중의 의미를 가진다. 그리스인들은 신화를 만들어냈을 뿐 아니라 '신화학' 또한 창출했다. '신화 과학'을 뜻하는 신화학의 두 번째 임무는 신화를 '이성'의 이름으로 검토하고 신화가 내포할지도 모르는 진실을 추출하는 일이다. 오이디푸스 신화는 기원전 750년경의 호메로스로부터 오늘날의 작가에 이르기까지 연속적인 오이디푸스 이야기들을 '결합하고 조직하는 체계'로서의 오이디푸스 신화학의 '단일 원리'인 동시에 '요소적 단위'이다. 그러나 오이디푸스 신화학은, 반복·수정되는 오이디푸스 이야기를 관찰하는 사람의 세계관에 따라 서로 다른 '신화학'으로 표출될 수 있기 때문에, 결코 스러지지 않는 신기루이자 유동하는 형태이다.

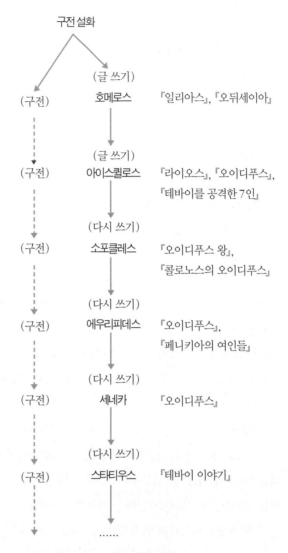

구전 설화

(글 쓰기)

(구전)   호메로스   『일리아스』, 『오뒤세이아』

(구전)   (글 쓰기)
             아이스퀼로스   『라이오스』, 『오이디푸스』,
                            『테바이를 공격한 7인』

(구전)   (다시 쓰기)
             소포클레스   『오이디푸스 왕』,
                            『콜로노스의 오이디푸스』

(구전)   (다시 쓰기)
             에우리피데스   『오이디푸스』,
                            『페니키아의 여인들』

(구전)   (다시 쓰기)
             세네카   『오이디푸스』

(구전)   (다시 쓰기)
             스타티우스   『테바이 이야기』

             ......

오이디푸스에 관한 구전 설화와 글 쓰기

4. 아트레우스 가(家)의 전설

아트레우스(Atreus) 가의 비극 역시 펠롭스의 저주로부터 시작된다. 아트레우스는 펠롭스와 히포다메이아(Hippodameia)의 아들로 탄탈로스(Tantalos) 혈통이자 간접적으로는 제우스의 혈통을 이어받았다. 탄탈로스는 지옥에서 받은 벌로 유명하다. 그는 신들의 통찰력을 시험해 보기 위해 신들을 초대하고는 아들 펠롭스를 죽여 음식으로 만들어 접대했다. 신들은 속아 넘어가지 않았다. 신들은 펠롭스의 육신을 다시 결합하여 그에게 생명을 되돌려주었다. 그리고 아들을 죽여 자신들을 시험한 벌로 탄탈로스를 지옥에 보내 영원한 목마름과 배고픔에 시달리게 했다. 마실 물과 먹을 과일이 코앞에 있지만 손을 뻗쳐 잡으려 하면 손이 닿지 않을 만큼 뒤로 물러서는 끔찍한 형벌이었다. 다시 살아난 펠롭스 역시 죄를 저질렀다. 그는 히포다메이아와 결혼하고 싶었지만 그러려면 그녀의 아버지 오이노마오스(Oinomaos)와 전차 경기를 해서 이겨야 했다. 패할 경우에는 목숨을 내놓아야 했다. 그런데 오이노마오스의 말은 대단한 말이었다. 운명을 피하기 위해 펠롭스는 오이노마오스의 마부 뮈르틸로스(Myrtilos)를 매수하여 오이노마오스의 전차가 경기 중에 부서지게끔 손보게 했다. 결국 전차 경기가 절정에 달했을 때 오이노마오스는 전차가 부서져 죽고 말았다. 그런데도 펠롭스는 마부 뮈르틸로스에게 약속한 금액을 지불하지 않으려고 그마저 바다에 빠뜨려 죽였다. 죽기 직전 뮈르틸로스는 펠롭스와 그의 후손들에게 저주를 내렸다.

아트레우스에게는 튀에스테스(Thyestes)라는 동생이 있었다. 그들에게는 라이오스가 사랑했던 배다른 막냇동생 크뤼시포스(Chrysippos)가 있었는데, 일설에 의하면 히포다메이아가 아트레우스와 튀에스테스를 시켜 평소 미워하던 배다른 아들 크뤼시포스를 죽이게 했다. 격노한 아버지 펠롭스는 두 아들을 저주하면서 추방했다.

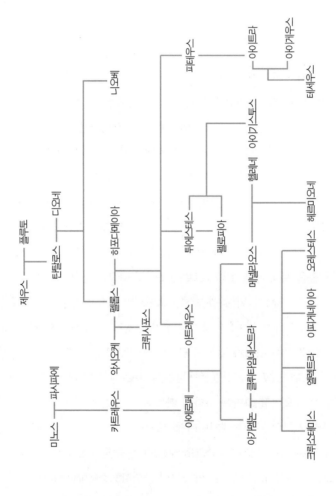

계보7 아트레우스 가(家) 계보

1) 아트레우스와 튀에스테스

추방당한 그들은 고향을 떠나 미케네의 스테넬로스(Sthenelos) 왕에게 피신했는데 왕은 그들에게 아르골리스 지역의 미데아 시를 맡겼다. 후일 스테넬로스의 아들 에우뤼스테우스(Eurystheus)가 죽자 미케네의 주민들은 펠롭스의 두 아들 중 한 명을 왕으로 뽑기로 했다. 아트레우스와 튀에스테스는 주민들 앞에서 왕권을 잡을 수 있는 자격을 제시해야 했다. 튀에스테스가 황금 양털을 가진 자를 왕으로 뽑자고 제의하자 아트레우스는 별 의심 없이 좋다고 했다. 아트레우스는 오래전에 양 떼 속에서 황금 털을 가진 양 한 마리를 찾아내어 그 털을 정성스럽게 보관하고 있었기 때문에 자격 대결에 자신이 있었다. 그러나 그는 자신의 아내인 아에로페(Aerope)가 튀에스테스와 몰래 만나고 있었고 황금 양털도 훔쳐 동생에게 주었다는 사실을 전혀 모르고 있었다. 결국 튀에스테스가 황금 양털을 주민들에게 제시하고 왕으로 선출되었다. 그러자 억울하고 분한 형은 동생을 찾아가 태양이 동쪽으로 지면 왕권을 내놓으라고 윽박질렀다. 그럴 리가 없었으므로 동생은 좋다고 했다. 그러나 기적이 일어났다. 태양이 동쪽으로 지는 것이었다. 왕권을 아트레우스에게 주라는 신들의 의사 표시였다. 결국 동생을 제압한 것은 아트레우스였다. 이때부터 아트레우스와 튀에스테스 양 가문의 증오는 줄기차게 계속되어 아트레우스 가의 비극의 밑바탕이 된다.

아트레우스는 보복을 시작했다. 튀에스테스 몰래 그의 세 아들을 죽인 다음 튀에스테스와 화해한다는 구실로 개최한 향연 석상에서 튀에스테스가 그것을 먹게 했다. 튀에스테스가 그것을 먹자 아트레우스는 그의 세 아들의 머리를 보여주고 그가 방금 먹은 고기가 이것이라고 말하면서 그를 추방했다. 튀에스테스는 시퀴온(Sikyon)으로 피신했고 복수만을 생각하고 살았다. 신탁을 얻어보았다. 방법은 하나밖에 없었다. 신탁대로 하기로 마음먹은 그는 야밤에 자기 정체를 숨기고 딸 펠로피아(Pelopia)를 강제로 범해 아이기스토스(Aigistos)라는 아들을 갖게 했다. 펠로피아는 자신을 범하는 남자가 누구인지 알기 위해 강제로 당할 때 남자의 검을 몰래 빼두었다. 그 후 달이 차서 아들을 낳자 내다 버렸다. 그리고 펠로피아는 그녀의 삼촌이자 튀에스테스의 형인 아트레우스와 결혼했다. 물론 아트레우스는 펠로피아가 누구의 딸인지 몰랐다. 아트레우스는 펠로피아가 버린 아들을 찾아오게 했다. 아이는 목동들이 염소 젖을 먹여 기르고 있었다. 아이의 이름 '아이기스토스'는 '염소'를 뜻하는 어간 'aig'에서 비롯되었다. 아트레우스는 어린 아이기스토스의 아버지가 누구인지도 모르고 아이를 키웠다. 아이가 자라 청년이 되자 아트레우스는 튀에스테스를 찾아 잡아 오라고 했다. 없애버릴 생각이었다. 아이기스토스가 튀에스테스를 찾아 데려오자 아트레우스는 튀에스테스를 죽이라고 명했다. 아이기스토스가 칼을 뽑아 들자 튀에스테스는 그 칼을 누구로부터 받았냐고 물었다. 청년은 어머니로부터 받았다고 말했다. 튀에스테스는 펠로피아를 불러달라고 간청했고 아이기스토스와 펠로피아에게 청년의 출생에 얽힌 비밀을 털어놓았다. 이야기를 들은 펠로피아는 그 칼로 가슴을 찔러 자결했고, 아이기스토스는 피로 물든 그 칼을 뽑아 아트레우스를 죽이고, 튀에스테스에게 미케네 왕국을 넘겨주었다.

2) 이피게네이아, 오레스테스, 엘렉트라

아트레우스에게는 아가멤논(Agamemnon)과 메넬라오스(Menelaos)라는 두 아들이 있었다. 이들의 영웅적 무훈과 비극은 아트레우스 가 전설의 후반부를 구성하며, 트로이 원정과 함께 시작된다. 아트레우스와 튀에스테스 형제의 다툼과 보복을 소재로 한 작품은 남아 있는 것이 없다. 아트레우스 가의 전반부 이야기는 신화 수집가들에 의해서 전승된 것이 전부이다. 후반부도 마찬가지지만, 트로이 원정에서 돌아온 아가멤논을 살해하는 아이기스토스의 복수와 이를 다시 앙갚음하는 아가멤논의 아들 오레스테스의 복수는 그리스 비극이 즐겨 다루는 소재였다. 그리스 정신의 최대 걸작으로 꼽히는 아이스퀼로스의 『아가멤논』, 『제주(祭酒)를 바치는 여인들』, 『자비로운 여신들(복수의 여신들)』로 구성된 오레스테스 3부작 『오레스테이아』(기원전 458)와 소포클레스의 『엘렉트라』(기원전 410년경), 에우리피데스의 『엘렉트라』(기원전 422~417?)는 모두 아트레우스 가의 비극을 소재로 한 작품들로 오늘날까지 전승되었다.

이 작품들의 골자는 다음과 같다. 아트레우스와 튀에스테스에 대한 펠롭스의 저주는 사라지기는커녕 더 큰 재앙을 몰고 오기 시작한다. 아가멤논은 튀에스테스의 아들을 추격한다. 그리고는 튄다레오스(Tyndareos)의 딸 클뤼타임네스트라(Klytaimnestra 또는 클뤼타이메스트라 Klytaimestra)와 결혼한 튀에스테스의 아들 탄탈로스(증조부와 이름이 같다)와 갓 태어난 그의 아이까지 죽이고 그의 아내 클뤼타임네스트라와 결혼한다. 이 결합은 매우 좋지 않은 징조였다. 아가멤논은 장인이자 스파르타의 왕인 튄다레오스의 지지를 받아, 자신의 아버지 아트레우스를 죽이고 근친상간을 범한 미케네의 왕 튀에스테스를 몰아내고 왕권을 잡았다. 그리고 아내 클뤼타임네스트라와의 사이에서 엘렉트라, 이피게네이아(Iphigeneia), 오레스테스를 낳았다.

한편 아가멤논의 동생 메넬라오스는 클뤼타임네스트라의 여동생 헬레네(Helene)와 결혼하고 싶어 했다. 헬레네는 표면상으로는 튄다레오스와 레다(Reda) 사이에서 태어난 것으로 알려져 있었지만 실제로는 백조로 변신한 제우스가 레다에 접근해 잉태시킨 알에서 태어난 자식이었다. 헬레네는 제우스의 딸답게 대단히 아름다워 그리스의 모든 왕자들이 결혼하고 싶어 했다. 오뒤세우스의 제안에 따라, 튄다레오스는 모든 청혼자들에게 앞으로 헬레네가 택하게 될 남자를 계속 지지하겠다는 맹세를 하라고 요구했다. 왕자들은 모두 동의했다. 헬레네는 모든 청혼자들 중에서 가장 부자인 메넬라오스를 남편으로 선택했다. 스파르타의 왕 메넬라오스와 헬레네는 스파르타에서 외동딸 헤르미오네(Hermione)를 낳으며 얼마 동안 행복하게 잘 살았다. 그러나 '파리스의 판결'에서 아프로디테는 자신을 '가장 아름다운 여신'으로 지목해주는 대가로 파리스에게 헬레네를 주겠다고 약속했고, 트로이 왕자 파리스가 헬레네를 트로이로 데려가자 메넬라오스는 이전의 청혼자들에게 서약을 상기시키면서 트로이 원정에 참여하라고 요구했다. 이제는 왕이 된 그들은 병사들을 이끌고 집결하여 원정군을 조직하고 그 총대장인 '왕 중 왕'에 아가멤논을 선출했다. 그러나 첫 원정은 실패했다. 트로이로 가는 항로를 잘못 잡아 엉뚱한 곳으로 갔기 때문이다. 고향으로 돌아온 그들은 8년 후 다시 군대를 모아 아울리스(Aulis)에 집결했다. 그러나 바람이 일지 않아 배들이 꼼짝없이 묶여 있었다. 예언자 칼카스(Kalchas)는 아르테미스 여신의 분노 때문이라고 일러주었다. 어느 날 사냥을 하던 아가멤논이 사슴을 활로 쏘아 잡으면서 아르테미스 여신도 이보다는 더 잘할 수 없을 것이라고 뽐낸 것이 원인인지, 또는 아트레우스가 자신의 양 떼 속에서 황금 털을 가진 양을 찾아내고도 그것을 여신에게 제물로 바치지 않은 것이 원인인지는 몰라도, 아무튼 여신이 제물을 요구하므로 아가멤논의 딸 이피게네이아를 바쳐야 한다는 것이었다. 아가멤논은 다른 핑계를 대어 딸을 오게 했다. 이윽고 제사가 거행되고 이피게네이아가 제단으로 올려져 희생되려는 순간 갑자기 아르테미스가 나타나 이피게네이아 대신 암사슴이 희생되게 하고는 그녀를 타우로이(Tauroi)족이 사는 곳(흑해 북쪽 오늘날의 크리미아 반도)으로 데려가 자기 신전의 여사제로 삼고, 타우로이족의 관습에 따라 이방인들을 제물로 바치는 일을 맡아보게 했다. 에우리피데스의 『아울리스의 이피게네이아』(기원전 408~406), 『타우리스의 이피게네이아』(기원전 413)는 이 소재를 다룬 비극 작품들이다.

이제 바람이 불어 함대가 출항할 수 있었다. 10년간 계속될 트로이 원정이 시작되었다. 그러나 클뤼타임네스트라는 딸을 잃은 슬픔과 남편 아가멤논에 대한 섭섭함을 참을 수 없었다. 10년 후 트로이 전쟁을 승리로 이끈 그리스 군은 귀향길에 올라 그리스 연안을 항해했다. 그러던 중 대부분의 함대가 에우보이아 남단 카페레우스(Kaphereus) 곶에서 침몰해 몇 명의 지도자들만 살아남아 고향에 돌아오는데, 왕이 오랫동안 자리를 비운 관계로 나라 꼴이 엉망이었다. 특히 남편들이 오랫동안 집을 비운 것을 견디지 못한 아내들에게 불행한 일이 많이 벌어졌다. 클뤼타임네스트라는 슬픔을 참으며 오랫동안 남편에게 충실했다. 그러나 견디다 못한 그녀는 결국 아이기스토스의 유혹에 넘어가고 말았다. 아가멤논이 무사히 살아 돌아왔을 때 그녀는 아가멤논이 트로이 프리아모스 왕의 딸 카산드라를 데려온 것을 알았고, 남편을 살해하기로 마음먹는다. 아이기스토스는 귀환을 환영하는 향연 석상에 자신의 부하들을 숨겨두었다가 아가멤논과 그의 부하들을 살해한다. 튀에스테스 후손이 마침내 아트레우스 가문을 결정적으로 제압한 것 같았다. 그러나 아가멤논의 자식들이 가만히 있지 않았다. 아버지 아가멤논이 살해되던 날 학살의 현장에서 도망친 오레스테스는 타향에서 자라 성년이 되고, 아폴론으로부터 아버지의 원수를 갚으라는 지시를 받는다. 누이 엘렉트라와 친구 퓔라데스(Pylades)의 도움을 받으며 미케네로 돌아온 오레스테스는 왕권을 뺏고 아버지를 죽인 아이기스토스를 처치하고, 아버지 살해에 가담한 자신의 어머니 클뤼타임네스트라마저 죽인다. 그러나 어머니를 죽인 후 오레스테스는 복수의 여신들인 에뤼니에스에게 시달린 끝에 미치고 말아 그리스 방방곡곡을 떠돌아다니게 되는데 친구 퓔라데스가 항상 곁에서 보살피고 지켜주었다. 마침내 아테네에 도착한 오레스테스는 아레이오스 파고스의 법정에 서서 신들의 판결을 기다렸다. 매우 결정하기 힘든 사안이어서 재판관들의 의견도 반반으로 엇갈렸다. 결국 재판을 주재한 아테나 여신이 무죄 쪽으로 표를 던져 오레스테스에게 무죄가 선고되었다. 그러나 타우리스에 가서 하늘에서 떨어졌다고 전해지는 아르테미스 상(像)을 갖고 오라는 점괘가 나와 오레스테스는 머나먼 타우리스까지 가야 했다. 그런데 타우리스로 떠난 오레스테스와 필라데스는 이방인들을 잡아 아르테미스 여신에게 제물로 바치는 야만족에게 잡혀 꼼짝없이 여신의 제물로 희생될 처지에 놓인다. 그런데 이곳의 여사제는 바로 아르테미스 여신이 살려준 오레스테스의 누이 이피게네이아였다. 오레스테스와 이피게네이아는 오랜 세월 떨어져 있었음에도 불구하고 극적으로 서로를 알아보고, 오레스테스는 이피게네이아가 모시던 아르테미스 상을 갖고 고향으로 돌아올 수 있었다. 미케네로 돌아온 오레스테스는 왕이 되어 오래 살았고 그의 친구 필라데스는 오레스테스의 누이 엘렉트라와 결혼했다. 펠롭스가 내린 저주도 사라지고, 마침내 아트레우스 가문이 결정적으로 튀에스테스 가의 혈통을 제압한 것이다.

5. 트로이 전쟁

스파르타 왕 메넬라오스의 아내 헬레네가 트로이의 왕자 파리스를 따라 트로이로 가게 된 것은 아프로디테 때문이었다. 왜 그렇게 되었을까? 트로이 전쟁은 왜 일어난 것일까?

1) 원인

① 테티스와 펠레우스의 결혼식
모든 것은 펠리온(Pelion) 산에서 거행된 바다의 여신 테티스(Thetis)와 프티아(Phthia)의 왕 펠레우스(Peleus)의 결혼식에서 비롯되었다. 제우스와 포세이돈은 물의 여신답게 유연하게 변신하는 테티스를 좋아했다. 그러나 제우스는 테티스와 결혼해서 아이를 낳으면 그 아이가 자신의 왕권을 빼앗을 것이라는 비밀을 알고 나서 테티스를 포기했고, 포세이돈도 마찬가지였다. 그래서 신들은 그를 인간과 결혼시키고자 했다. 테티스가 낳는 아이는 어떤 면에서나 그의 아버지를 능가하는 비길 데 없이 훌륭한 영웅이 될 것이었다. 제우스와 신들은 테살리아 지방 프티아의 왕 펠레우스를 테티스의 남편감으로 골랐다. 펠레우스는 테티스의 승낙을 얻어내기 위해 바닷가에 가 앉았다. 드디어 바다에서 테티스가 솟아올랐다. 펠레우스는 테티스에게 말을 걸며 다가가서 팔로 여신을 꼭 껴안았다. 놀란 여신은 갖가지 형태로 변하기 시작했다. 하지만 펠레우스는 신들이 귀띔해준 대로 꼭 껴안고 풀어주지 않았다. 그래야만 테티스가 유혹에 넘어온다는 것이었다. 여신은 갖가지 형태로 변하더니 나중에는 커다란 오징어로 변해 펠레우스에게 먹물을 쏘아대면서 도망가려고 했다. 마지막 시도였다. 하지만 펠레우스는 시꺼먼 물을 뒤집어쓰고도 깍지를 풀지 않았다. 마침내 테티스는 청혼을 받아들이고야 말았다.

결혼식이 열리게 되었다. 장소는 펠리온 산으로 정했다. 산은 신들과 인간들이 만날 수 있는 장소이자 반인반마(半人半馬)인 켄타우로스족이 사는 애매한 곳이기도 하다. 켄타우로스들 중에서 가장 나이가 많고 유명한 케이론(Cheiron)은, 잔인하고 야만적이며 초인적이기도 한 동료들보다 훨씬 현명하고 용기 있고 모든 미덕을 갖춘 인물로 거의 모든 영웅들을 길러낸 훌륭한 스승이다. 그는 사냥, 무술, 노래, 춤, 자신을 다스리는 법, 추리 등을 가르쳤다. 나중에 펠레우스와 테티스에게서 태어나는 아킬레우스(Achilleus)도 그에게 배운다.

드디어 결혼식이 열렸다. 신들은 펠레우스에게 여신을 아내로 주면서 자신들이 원하지 않는 모든 것을 인간들에게 슬쩍 넘겨주었다. 결혼식을 통해 신과 인간이 맺어지면서 신들은 자신들이 원하지 않는 노쇠, 세대 간의 갈등 등을 신부와 함께 인간에게 떠넘긴 것이다. 결혼 축하 속에 비극적인 요소가 숨어 있었다.[13] 뮤즈들이 결혼 축가를 불렀고 모든 신들이 선물을 갖고 왔다. 펠레우스는 물푸레나무로 만든 창과, 헤파이스토스가 만든 갑옷과, 바람처럼 빨라서 아무도 따라올 수 없는 명마 발리오스(Balios)와 크산토스(Xanthos)를 받았다. 이 말들은 미래의 위험을 예언하는 능력도 갖고 있어서, 헥토르를 물리친 아킬레우스에게 곧 다가올 그의 죽음을 예고하기도 한다. 그런데 노래와 춤이 흥겨운 펠리온 산에 초대받지 않은 손님, 불화와 질투와 증오의 여신 에리스(Eris)가 불쑥 나타났다. 에리스는 훌륭한 사랑의 선물이자 정열의 상징이기도 한 황금 사과를 하나 갖고 왔다. 에리스는 이 사과를 피로연장 한가운데로 던졌다. 사과에는 '가장 아름다운 님에게'라고 적혀 있었다. 피로연장에는 아테나, 헤라, 아프로디테가 있었다. 세 여신은 각각 그 사과는 자기 몫이라고 확신했다. 누가 사과를 갖게 될 것인지 신들과 인간들이 모두 궁금해했다.

② 파리스의 판결

신들은 결정할 수 없었다. 제우스도 답을 주기가 곤란했다. 세 여신들의 영역별 권한과 특권을 정하고 지휘하는 제우스지만, 어느 한 여신을 황금 사과의 주인으로 지목하면 최고 통치자로서의 공정함에 손상을 줄 우려가 있기 때문에 판결을 내릴 수 없었다. 평범한 인간에게 그 판결을 맡기는 것이 책임을 면하기에 안성맞춤이었다. 이번에도 신들은 결정의 부담을 떠맡기 싫어서 결정권을 인간들에게 떠넘겼다. 황금 사과의 주인을 결정할 인간으로 트로아스(트로이 일대)의 이데 산에 사는 파리스(Paris)가 선택되었다. 파리스가 있는 곳 역시 산이었다. 도시에서 멀리 떨어진 야생의 산은 예비 영웅들이 용기와 인내를 단련하고 목동과 양 떼와 고독을 벗 삼아 자기 억제 훈련을 할 수 있는 곳이다.[14]

파리스는 원래 트로이의 프리아모스 왕의 막내아들이었는데 어렸을 때는 알렉산드로스로 불렸다. 풍요하며 아름답고 강한 트로이의 왕 프리아모스와 왕비 헤카베(Hekabe) 사이에서 막내로 태어난 그의 팔자는 기구했다. 파리스를 낳기 직전 헤카베는 트로이 시에 불을 지르는 횃불을 낳는 꿈을 꾸었다. 왕비는 곧 예언가 또는 해몽 전문가인 친척에게 이 꿈이 무엇을 의미하는지 물었다. 그는 이 아이가 트로이의 멸망을 몰고 올 것이며 도시는 불바다가 되어 멸망할 거라고 했다. 왕과 왕비는 나라를 위해 아이를 없애기로 했다. 하지만 아이를 차마 직접 죽일 수는 없어 내다버리기로 했다. 프리아모스는 아이를 목동에게 주고 아무것도 먹이지 말고 인간들 세계에서 멀리 떨어진 야생의 장소이자 젊은 예비 영웅들이 용기와 인내를 단련하는 고독한 장소인 산에다 버리라고 일렀다.[15] 아이를 버리는 것은 손에 피를 묻히지 않고 저세상으로 보내는 방법이기는 하지만, 우연히 시련을 이겨내고 훌륭한 자질을 갖추고 살아날 때가 간혹 있다. 태어나자마자 맞닥뜨린 죽음의 관문을 당당하게 통과하는 것은 예외적인 존재나 선택된 자에게나 볼 수 있는 특별한 일이다. 버려진 파리스는 얼마 동안 곰의 젖을 먹고 자랐다. 그러다가 목동들이 아이를 발견하고 데려다 키웠는데 아이가 누구인지 알 수가 없었다. 그래서 목동들은 아이를 '보호받는 자'라는 뜻의 '알렉산드로스(Alexandros)'라고 불렀다. 아이의 부모가 지어준 파리스라는 이름을 그들이 알 리 없었다. 여러 해가 지났다. 어느 날 왕궁의 밀사가 왕의 가축들 중에서 가장 아름다운 황소를 데려가려고 왔다. 왕 내외가 버린 아이의 제사에 제물로 쓰기 위해서였다. 밀사는 가장 아름다운 소를 하나 골랐는데 마침 그 황소는 알렉산드로스가 가장 아꼈던 소로, 그는 황소를 따라가 구출해야겠다고 마음먹었다. 왕궁에선 고인의 명복을 비는 제사가 치러지는 한편 고인을 추모하는 놀이와 운동 경기도 함께 거행되었다. 알렉산드로스는 달리기, 권투, 레슬링, 원반 던지기 등에 참가하여 프리아모스 왕의 아들들과 트로이의 젊은 청년들을 모두 제압했다. 사람들은 깜짝 놀랐다. 이 강하고 멋진 젊은 목동이 누구인지 궁금해했다. 프리아모스의 아들 중 하나인 데이포보스(Deiphobos)는 경기에서 진 게 분해서 이 침입자를 죽이기로 마음먹고 제우스 신전에 피신한 파리스를 쫓아갔다. 신전에는 아폴론에게서 예언술을 배운 카산드라가 있었다. 하지만 아무도 그녀의 예언을 믿지 않아 그녀는 불행했다. 그녀는 추격해 달려온 데이포보스에게 이 미지의 청년은 자신들의 동생 파리스라고 일러주었다. 알렉산드로스는 버려질 때 입고 있던 배내옷을 보여주었다. 그것으로 충분했다. 왕비 헤카베는 미친 듯이 기뻐했고, 이제는 늙고 어진 왕이 된 프리아모스는 아이를 되찾아 대단히 흡족했다.

헤르메스가 세 여신들과 함께 파리스를 찾아 이데 산에 왔을 때, 파리스는 이미 왕가에서 제자리를 찾은 다음이었다. 그러나 목동으로 어린 시절을 보낸 경험 때문에 그는 가축 떼들을 돌보는 습관이 있었다. 자기 앞에 갑자기 전령의 신 헤르메스가 세 여신을 데리고 나타나자 파리스는 놀라는 한편 불안했다. 인간에게 여신이 알몸을 공개적으로 보인다는 것은 보는 사람을 대단히 고통스럽게 하는 일이었다. 인간은 신을 볼 권리가 없기 때문이었다. 신을 직접 본다는 것은 대단한 혜택이자 회복할 수 없는 위험이었다. 아테나 여신을 본 예언자 테이레시아스는 시력을 잃고 장님이 되었다. 그리고 하늘에서 내려온 아프로디테가 바로 이곳 이데 산에서 인간 앙키세스와 동침하여 아이네이아스를 잉태했는데, 다음 날 아침 앙키세스가 여신의 아름다운 모습을 보자 두려움에 떨면서, 자신은 이제 끝장난 인생이며 눈과 생식 능력이 모두 망가지게 될 것을 두려워하며 애원한 것은 유명한 이야기이다.

파리스는 불안하고 두려울 수밖에 없었다. 그러자 헤르메스가 파리스를 안심시키고 그가 할 일은 신들이 결정한 것이라고 말하면서, 그의 눈에 누가 가장 아름다운지만 말하면 된다고 일러주었다. 파리스는 매우 곤혹스러웠다. 세 여신의 아름다움은 서로 엇비슷한데, 여신들은 각각 솔깃한 약속을 하면서 자신을 뽑아달라고 부탁했기 때문이었다. 아테나 여신은 전쟁에서의 승리와 지혜를 약속했고, 헤라는 아시아 전역의 통치권을 주겠다고 했으며, 아프로디테는 세상에서 가장 아름다운 여인 헬레네를 주겠다고 약속했다. 고민하던 파리스는 아름다운 여인과의 행복한 기쁨을 누리고 싶어 결국 헬레네를 택하고, 황금 사과를 아프로디테에게 주었다. 일이 결정 난 것이다. 이로부터 신들과 인간들이 서로 맞물리고 얽혀 일이 벌어지게 된다.

앞에서도 말한 것처럼 헬레네는 튄다레오스의 딸이면서 실제로는 제우스의 딸이기도 하다. 그녀에게는 언니 클뤼타임네스트라와 남자 형제로 디오스쿠로이(제우스의 아들들)인 카스토르와 폴뤼데우케스가 있었다. 헬레네의 언니는 어두운 면이 강해 아트레우스 가문을 저주하고 복수한 반면, 헬레네는 언니와는 달리 아름답고 밝은 광채로 빛나고 있었다. 헬레네가 메넬라오스와 결혼해 잘 살고 있을 때 메넬라오스와 이미 알고 지내던 파리스가 찾아온 것은 모두 아프로디테의 각본에 의한 것이다. 황금 사과를 받을 때 파리스에게 한 약속을 지켜야 했기 때문이다. 사랑의 마법사 아프로디테가 헬레네로 하여금 젊은 파리스를 사랑하게 하여 트로이로 함께 떠나게 만드는 일은 어렵지 않았다. 멀리서 온 손님을 접대하는 일은 메넬라오스의 소관이라 그는 파리스를 정성껏 대접했다. 그러나 갑자기 친척이 세상을 떠나 장례식에 참석하러 멀리 가야했기 때문에 그는 부득이 집을 비워야 했다. 헬레네가 남편 대신 손님을 대접해야 했다. 헬레네가 파리스와 눈이 맞아 딸 헤르미오네도 남겨둔 채 트로이로 떠난 것은 황금 사과의 몫을 결정한 파리스의 판결 때문이었다.

2) 원정 준비

장례식에 다녀온 메넬라오스는 아내가 파리스와 떠났다는 사실을 알고 대단히 놀랄 수밖에 없었다. 그는 곧 형 아가멤논에게 헬레네와 파리스의 배신을 알렸다. 그리고 오뒤세우스를 시켜 그리스 전역에 헬레네의 옛 청혼자들이 맹세한 서약을 환기시켰다. 모두들 격분했다. 그러나 우선 적절한 대응을 취하자는 것이 중론이었다. 문제를 평화롭게 해결하기 위해서, 무력을 사용하기 전에 먼저 메넬라오스와 오뒤세우스가 트로이로 가서 사태를 원만하게 해결하여 상호 평화 관계가 유지되도록 하는 것이 바람직하다는 의견이었다. 오뒤세우스는 협상 사절의 임무를 띠고 트로이에 도착했다. 트로이에서도 문제를 평화롭게 해결하자는 인물들이 있었다. 특히 프리아모스의 아들 데이포보스가 그랬다. 그리스 사절이 참석한 가운데 트로이의 원로회가 열렸다. 원로회는 이 사안에는 왕권이 관여할 수 없다고 결론지었다. 원로회에 참석한 프리아모스 왕의 몇몇 친척들은 어떤 타협도 할 수 없으며 그리스 사절을 살려 보내선 안 된다는 주장을 펴기도 했다. 데이포보스가 그들을 보호하고 나서서 무사하긴 했지만, 그들은 아무 성과 없이 그리스로 돌아와 협상에 실패했음을 알릴 수밖에 없었다. 갈등이 심각한 국면으로 돌입했고 그리스로서는 무력을 동원할 수밖에 없었다. 그러나 트로이 원정이 적극적인 만장일치로 이루어진 것은 아니었다.

오뒤세우스조차도 슬슬 피했다. 아내 페넬로페(Penelope)가 최근 아들 텔레마코스(Telemachos)를 출산했기 때문에 때가 좋지 않았다. 원정을 떠나기 위해 배를 띄워야 한다는 소식을 받자 그는 일부러 미친 척 얼빠진 행동을 해서 원정에서 빠지려고까지 했다. 늙은 현자 네스토르가 오뒤세우스의 고향 이타케(Ithake) 섬까지 찾아갔을 때 오뒤세우스는 나귀와 황소가 끄는 쟁기를 뒤로 잡아당기면서 밭에다 밀 대신 조약돌을 뿌리고 있었다. 그 광경을 보고 모두가 놀라고 낙담했다. 그러나 네스토르는 속지 않았다. 그는 달려가서 오뒤세우스의 어린 아들을 데려와 쟁기 앞에 놓았다. 그러자 오뒤세우스는 정신이 든 듯 얼른 아이를 품에 안아 다치지 않게 했다. 들통이 난 것이다. 오뒤세우스는 꼼짝없이 참전해야 했다.

한편 아킬레우스의 늙은 아버지 펠레우스도 하나밖에 남지 않은 아들 아킬레우스가 전쟁에 나갈까 봐 전전긍긍이었다. 펠레우스는 테티스와의 사이에서 몇 명의 아이들을 낳았지만, 테티스가 아이들을 불사의 몸으로 만들려고 불에다 아이들을 담가 부패의 원인인 몸속 습기를 제거하려다 아이들이 그만 모두 죽고 말았다. 아킬레우스가 태어나자 펠레우스는 이번에는 꼭 아이를 구해야겠다고 마음먹고 테티스가 아이를 불길에 집어넣을 때 달려들어 낚아챘다. 하지만 아이의 발목뼈는 이미 불에 닿아 못쓰게 되었다. 펠레우스는 켄타우로스족의 케이론을 찾아가 죽은 켄타우로스의 시체에서 발목을 떼어내어 어린 아킬레우스의 발에 이식했다.[16] 아킬레우스가 어려서부터 사슴만큼 빨리 달릴 수 있었던 것은 이 때문이었다. 또 다른 이야기에 의하면, 테티스는 아킬레우스를 불에 담근 것이 아니라 지옥의 스튁스 강에 넣었다고 한다. 이승과 저승을 가르는 이 강물에 몸을 담그고 나온 사람은 뛰어난 용기와 미덕을 갖추게 되기 때문이다. 이때 테티스가 잡고 있던 발목을 제외한 아킬레우스의 온몸이 스튁스 강물에 단련되었다. 아킬레우스는 발이 매우 빠르고, 발목을 제외하면 부상당할 염려가 없는 전사가 되었다. 이렇게 정성 들여 키운 아킬레우스를 트로이 원정에 보내기 싫었던 펠레우스는 아킬레우스를 스퀴로스(Skyros) 섬으로 보내 여자 옷을 입고 그곳 왕의 딸들과 어울려 지내게 했다. 아직 사춘기가 오지 않은 그는 수염이 나지 않아 여자 옷을 입으면 젊은 여자 같아서 왕의 딸들과 어울려 놀아도 표나지 않았다.

그러던 어느 날 오뒤세우스가 아킬레우스를 찾아내기 위해 이곳에 왔다. 그는 이곳에는 남자가 없다고 들었지만, 수예와 재봉에 필요한 각종 물건들을 파는 행상 차림을 하고 안으로 들어가 보았다. 50명이나 되는 처녀들이 있었지만 아킬레우스는 눈에 띄지 않았다. 오뒤세우스는 등에 멘 바구니를 내려놓고 각종 옷감이며 자수에 필요한 물건들을 풀어 보

여주었다. 모든 처녀들이 달려들어 물건들을 좋아라 살펴보는데 한 처녀
만이 무관심한 표정으로 구석에 앉아 있었다. 그걸 본 오뒤세우스는 바구
니에서 단검을 하나 꺼냈다. 그러자 가만히 구석에 앉아 있던 처녀가 단검
으로 달려왔다. 그때 벽 뒤에서 전쟁 시작을 알리는 나팔 소리가 울려 퍼
졌다. 여자들만 사는 동네에 소동이 벌어졌다. 49명의 처녀들은 옷가지를
정신없이 챙겨 도망가는데, 단 한 명만이 단검을 손에 들고 나팔 소리가
나는 쪽으로 걸어 나갔다.

네스토르가 미친 척한 오뒤세우스의 정체를 밝혀냈듯이, 이번에는 오
뒤세우스가 위장한 아킬레우스의 정체를 밝혀냈다. 아킬레우스도 꼼짝
없이 트로이 원정에 참가할 수밖에 없었다. 일설에 의하면, 아킬레우스
는 스퀴로스 섬에 숨어 살 때 그곳의 왕 뤼코메데스(Lykomedes)의 딸
데이다미에(Deidamie)를 사랑해 퓌로스(Pyrrhos) 혹은 네오프톨레모스
(Neoptolemos)라는 아들을 두었다고 전해진다.

아킬레우스의 부모는 여신과 인간인 까닭에, 그는 테티스의 찬란하고
강력한 면모로 빛나는 동시에 인간의 면모도 갖고 있었다. 그는 죽지 않
는 신도 아니고 그렇다고 평범한 인간도 아니어서 비극적인 존재일 수밖
에 없었다. 그의 운명은 고대의 모든 그리스인들과 전사들에게 감동적인
전범(典範)이었고, 한정된 삶을 사는 인간이라는 존재의 고통과 기쁨, 삶
과 죽음이 얼룩지는 드라마를 보여준다. 아버지의 혈통에 따라 절반은 인
간이고 어머니의 신분에 따라 절반은 신인 그는 어느 쪽에도 속하지 못한
애매한 존재였다. 그가 어떤 길을 가더라도 자신의 중요한 부분을 포기하
지 않으면 안 되었다. 평범한 인간의 삶을 선택하면 신이 누릴 수 있는 불
멸의 영광을 포기해야 했고, 불멸의 영광을 선택하면 삶을 만끽하지도 못
한 채 인간의 몫인 생명을 포기해야만 했다. 아킬레우스가 늙은 아버지
펠레우스의 소망에 따라 프티아에서 가족들과 평화롭게 산다면 그는 늙
을 때까지 인간이 누릴 수 있는 행복을 두루 누리면서 오래 살 수 있겠지

만, 그의 삶은 평범함 속에 파묻혀 영웅이 누릴 수 있는 영광과 명성을 기대하기는 어렵다. 그러나 짧은 삶과 영원한 영광의 길을 택하려면 인간적인 행복과 삶의 모든 기쁨을 포기하고 멀리 떠나 죽음을 마다하지 않아야 한다. 그 길은 평범한 사람들이 누리는 안락과 풍요를 아랑곳하지 않는 선택된 극소수의 대열에 합류하는 영웅의 길이다. 결국 아킬레우스는 영광으로 빛나는 '아름다운 죽음'의 길을 택했다. 짧은 삶과 불멸의 영광으로 빛나는 이 길은, 오랜 세월과 세대교체에도 불구하고 사람들의 기억 속에 그의 이름과 모험 이야기를 영원히 살아 있게 했다.[17]

우여곡절 끝에 그리스 전역에서 전사들이 모여들었다. 아가멤논을 '왕 중 왕'으로 뽑고 원정에 나섰지만 첫 원정은 상륙 지점을 잘못 찾아 되돌아올 수밖에 없었다. 그들은 8년 후 병력을 다시 모아 아울리스 항에 집결했다.

3) 출정

그러나 바람이 불지 않아 배들이 꼼짝 못하게 되었고, 앞에서 이야기한 것처럼, 예언자 칼카스가 시키는 대로 아가멤논의 딸 이피게네이아를 제물로 바쳤다. 그러자 바람이 일어 그리스 군의 함대는 트로이로 향할 수 있었다.

호메로스의 『일리아스』 제2장에 열거된 원정군의 함대 목록과 프랑스어판 해설자 플라슬리에르(R. Flacelière)의 설명에 의하면 한 척당 50~120명이 탈 수 있는 배가 모두 1186척이나 동원되었다. 대략 10만 명이나 되는 대군이었다. 멀리 크레타 섬에서도 80척의 배들이 참전했으며, 그리스 군의 총대장이자 왕 중 왕인 아가멤논은 100척의 배를 동원하여 가장 많은 병력을 참전시켰다. 늙은 현자 네스토르는 90척의 배를 동원했고, 용맹스러운 지략가 오뒤세우스는 이타케 섬에서 12척의 배를 이끌고 참전했으며, 아내 헬레네를 뺏긴 메넬라오스는 60척의 배를 동원했다. 테살리아 지역에서 온 아킬레우스는 50척, 명궁(名弓) 필록테테스(Philoktetes)는 7척의 배와 50명의 명사수들을 이끌고 참전했다. 이 밖에도 『일리아스』 제2장에 열거된, 그리스 방방곡곡에서 병사들을 이끌고 참전한 많은 지휘관들의 이름과 배의 숫자는 그 지방의 명예를 높여주는 전거로 후일 종종 활용되었다.

그리스 함대의 항해는 순조로웠다. 그러나 렘노스(Lemnos) 섬에 기착했을 때 명궁 필록테테스가 뱀에 물렸는데, 그 상처가 점점 악화되어 지독한 악취를 풍겨 주위의 병사들을 괴롭혔다. 그는 그리스 군 전체에 짐이 되었다. 결국 그리스 군은 오뒤세우스의 제안에 따라 그를 버리고 떠나기로 결정한다. 그러나 사람도 별로 살지 않는 섬에 혼자 버려진 필록테테스는 그리스 군이 몇 년 후 트로이를 마지막으로 공략할 때 없어서는 안 되는 인물로 부각되고, 그리스 군의 운명이 그들이 매정하게 버렸던 가련한 필록테테스의 손에 달려 있게 되는 드라마가 펼쳐진다.

4) 트로이

그리스 군은 별로 큰 어려움 없이 트로이 벌판에 도착하여 진을 쳤다. 예언자 칼카스는 전쟁은 10년간 계속될 것이라고 말했다. 그 말대로 도착한 뒤 9년 동안은 지지부진이었다. 트로이는 그리스의 10만 대군에 대항하여 1만 명으로 추정되는 병력으로 싸웠지만, 『일리아스』 제2장의 '트로이 병력'을 해설한 학자들은 동맹군을 포함한 전체 병력은 최대 5만 명에 이르는 것으로 추정한다. 트로이 군의 총대장은 프리아모스 왕의 아들 헥토르(Hektor)였다.

트로이는 비옥하고 풍요로운 도시였다. 비교 신화학자 조르주 뒤메질(G. Dumézil)에 의하면 인도유럽인의 신들은 통치·전쟁·생산의 세 기능을 주관하여 사회 질서와 조직이 안정적으로 구성되도록 했다고 한다. 트로이는 그 비옥함과 풍요 덕분에 '생산'의 기능을 충분히 수행한 도시라 할 수 있다. 트로이는 스카만드로스(Skamandros) 강과 시모이스(Simois) 강이 만나는 기름진 들판에 트로스(Tros) 왕의 아들 일로스(Ilos)가 세운 도시로, 처음에는 그의 이름을 따라 '일리온(Ilion)'이라고 불렀다. 도시가 세워진 지 얼마 후 제우스는 일로스의 풍성한 제사와 정성 어린 기도에 응답하고, 자신의 총애와 보호를 입증하기 위해 아테나-팔라스 여신 상(像)을 그에게 보냈다. 일로스는 하늘에서 신비롭게 떨어진 여신 상을 자신의 막사 앞에서 발견하고는 그것을 잘 보존하고 숭배하기 위해 트로이에다 커다란 아테나 신전을 세웠다. '팔라디온(Palladion)'이라고 불리는 이 여신 상이 트로이에 있는 한, 트로이는 적의 침략에 함락되지 않는 신비로운 힘을 갖게 된다. 일로스는 아들 라오메돈(Laomedon)과 딸 테미스테(Themiste)를 낳는데 아들은 프리아모스의 아버지가 되고, 딸은 앙키세스를 낳아 아이네이아스의 할머니가 된다. 일로스는 프리아모스와 아이네이아스로 대표되는 트로이의 두 왕가의 시조가 된다. 프리아모스가 50명의 자식을 낳았다는 설도 있으나, 그는 헥토르, 파리스, 카산드라, 데이포보스 등 열아홉 명을 낳았다는 것이 통설이다. 프리아모스는 그리스 군에게 침략당해 결국 '멸망'하는 운명의 길을 걷고, 아이네이아스는 로마를 건국하는 시조로 '융성'하는 운명의 길을 간다.

일로스의 뒤를 이어 트로이의 왕권을 잡은 라오메돈은 아폴론과 포세이돈의 도움을 받아 튼튼한 성벽을 쌓아 올렸다. 그러나 그들에게 약속한 임금을 주지 않았다. 이것이 트로이에 재난을 자초한 첫 번째 약속 위반이었다. 분노한 포세이돈은 트로이 사람들을 잡아먹게끔 괴물을 보냈고, 라오메돈은 포세이돈의 분노를 가라앉히기 위해 그 괴물에게 자신의 딸 헤시오네(Hesione)를 제물로 바쳐야 했다. 때마침 헤라클레스가 트로아스를 지나던 참이라 라오메돈은 딸을 구해 달라고 청했다. 헤라클레스는 딸

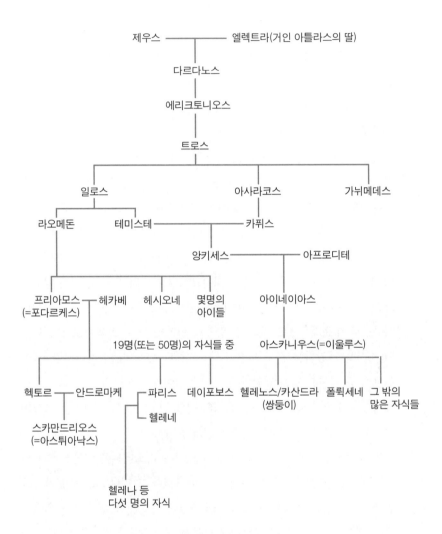

계보8 트로이 왕가 계보

을 구해 주는 대가로, 제우스가 트로스의 아름다운 아들 가뉘메데스를 납치한 대가로 트로스에게 준 불사의 말 한 쌍을 달라고 했다. 라오메돈은 좋다고 응답했지만 막상 헤라클레스가 딸을 구해 오자 약속한 말을 주지 않았다. 라오메돈의 두 번째 약속 위반이었다. 그러자 격노한 헤라클레스가 아이아스(Aias)의 아버지 텔라몬(Telamon)과 함께 트로이를 공격해 점령하고 라오메돈과 그의 아들들을 죽였다. 이때 처음으로 트로이가 파괴되었다. 이때 왕의 딸 헤시오네가 헤라클레스에게 간청해 어린 포다르케스(Podarkes)는 죽음을 면했다. 그는 자라서 프리아모스라는 이름으로 불렸고 헤라클레스는 그에게 트로이 왕국을 모두 넘겨주었다. 프리아모스 덕분에 트로이는 영토를 넓히고 번영했다. 그는 헤카베와 결혼하여 많은 자손들을 두었다. 그리스 군이 트로이를 공격할 때 그는 이미 너무 늙어 참전할 수 없어서, 아들 헥토르를 대장으로 삼고 자신은 회의만 주재했다. 그의 여러 자식들은 트로이 전쟁에서 맹활약을 하면서 그리스 군의 공격에 맞섰다. 그리스 군은 트로이의 서북쪽 해안과 스카만드로스 강 사이의 들판에 진을 쳤다. 그들은 자신들이 타고온 배들을 해안으로 끌어올려 질서 정연하게 정렬시켜 2차 방어벽 역할을 하게 하는 한편, 진지 최전방에 커다란 벽을 쌓고 그 앞에 도랑을 파놓아 몇 겹의 방어선을 구축했다.

5) 포위 공격

전쟁은 9년 동안 지루하게 계속되었다. 10년째에 접어들면서 아가멤논과 아킬레우스는 인근의 몇몇 도시들을 노략하며 전리품과 포로들을 거두어들였다. 특히 그들은 여자 포로 두 명을 데려왔는데 브리세이스(Briseis)는 아킬레우스 몫이었고 크뤼세이스(Chryseis)는 아가멤논에게 주어졌다. 딸 크뤼세이스를 빼앗긴 아버지 크뤼세스(Chryses)는 아폴론 신전의 사제였기 때문에 딸을 찾게 해달라고 아폴론에게 청원했다. 아폴론은 크뤼세이스를 납치해 간 벌로 그리스 군에 역병을 퍼뜨렸다. 그리스 군의 예언자 칼카스는 크뤼세이스를 아버지에게 돌려주어야 전염병이 사라질 것이라고 말했다. 아가멤논은 할 수 없이 크뤼세이스를 돌려보내고 그 대신 아킬레우스가 데리고 있던 브리세이스를 차지했다. 브리세이스를 어쩔 수 없이 '왕 중 왕'에게 빼앗긴 아킬레우스의 분노는 격렬했다. 그는 더 이상 전투에 나가지 않기로 결심했다. 트로이 군이 그리스 군을 공격해 큰 피해를 입혀도 아킬레우스는 꿈쩍도 하지 않았다. 아가멤논은 사절을 보내 아킬레우스의 마음을 돌리려고 했지만 허사였다. 아킬레우스는 막무가내로 심사가 뒤틀려 있었다. 트로이 군이 그리스 군의 방어망을 뚫고 들어와 정렬해 둔 그리스 군의 배에 불을 지르면서 공격해도 그는 전투에 나가지 않았다. 위험을 느낀 아킬레우스의 절친한 친구 파트로클로스 (Patroklos)는 참다못해 자기가 대신 전투에 나갈 테니 갑옷과 무기를 빌려 달라고 했다. 아킬레우스는 그렇게 했다. 트로이 군은 파트로클로스가 입은 아킬레우스의 갑옷과 무기를 보자 아킬레우스가 다시 전투에 참가한 것으로 생각했다. 파트로클로스는 맹활약을 해 사르페돈(Sarpedon)을 죽이고 트로이 성곽을 공격했지만 헥토르와 대결을 벌여 그만 아깝게 죽고 만다. 헥토르는 그가 입고 있던 아킬레우스의 갑옷을 벗겨 자신이 입는다. 절친한 친구를 잃은 아킬레우스는 복수심에 불탄다. 불행 중 다행인 것은 파트로클로스의 시신을 그리스 군이 되찾은 것이다. 아킬레우스는 그의 장례식을 성대하게 거행했다. 아킬레우스의 어머니 테티스는 헤파이스토스에게 부탁해 두었던 새 갑옷과 무기를 아들에게 갖다주었다. 아킬레우스는 그리스 군을 위해서가 아니라 오직 친구 파트로클로스의 복수를 위해, 헥토르를 죽이기 위해 전투에 참가하기로 마음먹는다. 테티스는 아들에게 그가 적을 죽이면 얼마 안 있어 그도 죽게 된다는 것을 알려주었다. 하지만 이미 안온하고 평안하게 오래 사는 대신 짧고 영광된 삶을 살기로 마음먹고 전쟁에 참가한 이상 그는 흔들리지 않았다.

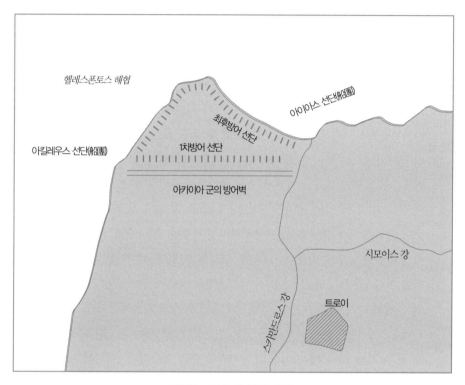

헬레스폰토스 해협

아이아스 선단(船船團)

최후방어 선단

아킬레우스 선단(船船團)

1차방어 선단

아카이아 군의 방어벽

시모이스 강

스카만드로스 강

트로이

지도7 그리스 군 병력 배치도

한편 아가멤논은 오뒤세우스의 중재로 브리세이스를 아킬레우스에게 돌려주고 두 사람은 서로 화해한다. 이제 아킬레우스가 전장에 뛰어들자 전쟁은 절정에 달했고 그리스 군과 트로이 군을 지원하는 신들도 양편으로 갈렸다. 그리스 군을 지원하는 신들은 파리스의 판결에서 아프로디테에게 패한 헤라와 아테나를 포함하여 포세이돈, 헤파이스토스, 헤르메스 등이고, 트로이 군을 지원하는 신들은 트로이의 왕자 파리스에게 헬레네를 준 아프로디테와 그의 연인 아레스를 포함하여 아폴론, 아르테미스, 레토 등이었다. 제우스가 신들은 전쟁에 개입하지 못하게 해도 별로 성과가 없었다. 아킬레우스의 참전으로 전투가 격렬해지자 전장에서 아레스와 아테나, 아르테미스와 헤라, 아폴론과 포세이돈, 레토와 헤르메스가 서로 충돌하기도 했다. 아킬레우스의 위세는 대단했다. 트로이 군은 프리아모스가 열어준 성문을 통해 힘겹게 성안으로 들어갈 수 있었다. 헥토르는 홀로 성 밖에 남아 아킬레우스를 기다렸고, 두 장수가 맞부딪치자 트로이 성곽을 세 바퀴나 도는 대추격전이 벌어졌다. 프리아모스의 가장 용감한 아들이자 트로이 군의 지휘관인 헥토르와, 짧은 삶과 불멸의 명예를 택한 아킬레우스의 운명을, 제우스는 '운명의 저울'에 달아보았다. 헥토르의 운명의 추가 훨씬 무거워 하데스의 왕국 쪽으로 기울어졌다. 그때 아킬레우스가 던진 창에 헥토르가 맞고 쓰러졌다. 헥토르는 아킬레우스 역시 곧 뒤따라 죽게 될 것이라고 말하면서 숨을 거두었다. 아킬레우스는 아랑곳하지 않고 헥토르의 시체를 전차에 매달고 트로이 성을 세 바퀴나 돌았다. 그리고 헥토르의 시신을 끌고 그리스 군 진영으로 돌아갔다. 헥토르의 아버지 프리아모스와 어머니 헤카베, 그리고 그의 아내 안드로마케의 슬픔과 비통함은 말할 수 없었다(그림 29). 특히 헥토르의 시신을 수습해 오지 못한 프리아모스 왕은 참담하기 그지없었다. 아킬레우스는 매일 날이 밝으면 전차에 헥토르의 시신을 매달고 파트로클로스의 무덤 주위를 세 번 돌고 막사로 돌아오곤 했다. 헥토르를 가엽게 여긴 아폴론은 시신이 상하지 않도록 보호했으며, 헥토르가 죽은 지 12일째 되는 날 아폴론은 신들을 모아놓고 아킬레우스의 잔인함을 비난하여 신들 사이에 커다란 언쟁을 불러일으켰다. 제우스는 테티스를 불러 아킬레우스를 설득해 프리아모스가 주는 몸값을 받고 헥토르의 시신을 넘겨주게 하라고 부탁했다. 아킬레우스는 흔쾌히 수락했다. 프리아모스는 시종을 대동하고 야밤에 은밀히 그리스 군의 아킬레우스 막사에 도착하여 아킬레우스로부터 따뜻한 대접을 받고, 그에게 헥토르의 장례를 치르는 11일 동안은 휴전하고 12일째 되는 날부터 전투를 재개하자고 부탁했다. 아킬레우스도 동의했다. 막사에서 하룻밤 자고 다음 날 아침에 떠나라고 권하는 아킬레우스의 청에 프리아모스는 잠자리에 들었는데, 헤르메스가 나타나 아들의 시신을 갖고 어서 빨리 적진을 벗어나 트로이 성으로 돌아가라고 질책하는 바람에 늦은 밤에 서둘러 막사를 떠났다. 동틀 무렵 왕의 일행이 성안에 들어서자 성은 울음과 탄식에 휩싸였다.

6) 함락

헥토르의 죽음으로 풍전등화가 된 트로이의 운명은 아마조네스(Amazones)의 여왕이 여전사들을 이끌고 트로이를 도우러 오지 않았다면 곧 꺼지고 말았을 것이다. 그러나 아마조네스의 여왕도 얼마 못 가서 아킬레우스에 의해 죽고 만다. 그러나 트로이는 버티고 있었다. 아킬레우스의 죽음도 임박하고 있었다. 그의 죽음에 대해서는 서로 다른 이야기가 전해진다. 소설적 상상력이 풍부한 한 이야기에 의하면, 프리아모스 왕이 헥토르의 시신을 찾으러 아킬레우스 막사에 갈 때 막내딸 폴뤽세네(Polyxene)를 데리고 갔는데, 이때 아킬레우스가 그녀에게 사랑을 느꼈다고 한다. 그 후 헤카베가 그의 사랑을 호의적으로 받아들이는 척하면서 아킬레우스에게 폴뤽세네와 결혼식을 올려야 하니 무장을 풀고 아폴론 신전으로 들어오라고 한다. 그가 들어서자 아폴론 상 뒤에 숨어 있던 파리스가 활로 아킬레우스의 발목을 쏘아 죽였다는 것이다. 그러나 가장 널리 알려진 설화에 의하면, 아킬레우스는 전장에서 아폴론의 도움을 받은 파리스가 쏜 화살에 발목을 맞고 죽었다고 한다. 발목이 그의 유일한 약점이었기 때문이다.

그리스 군은 아킬레우스의 시신을 찾아오기 위해 힘든 전투를 해야만 했다. 결국 텔라몬의 아들 아이아스와 오뒤세우스가 이 어려운 일을 해냈다. 두 장수는 자신들의 용맹의 대가로 아킬레우스의 무기를 서로 갖겠다고 우겼다. 결론이 나지 않자 포로로 잡힌 트로이 병사들에게 투표를 시켰다. 트로이 군에게 가장 무서운 대상은 누구였는지를 물어 그에게 무기를 주기 위해서였다. 아킬레우스 다음으로 용맹과 무술이 출중한 아이아스를 제치고 지략가 오뒤세우스가 뽑혔다. 오뒤세우스가 아킬레우스의 무기를 차지하자, 아이아스는 밤새 미쳐 날뛰었다. 그는 오뒤세우스와 그 부하들을 공격한다고 생각하고는 그리스 군의 식량인 가축들을 학살했다. 아침에 정신이 든 아이아스는 창피함을 참지 못해 자신의 검에 몸을 던져 죽고 말았다(그림 22, 23).

이제 헥토르도 죽고 아킬레우스와 아이아스도 죽어 전쟁이 막바지에 이르렀다. 예언자들은 갖가지 예언을 내놓으면서 트로이를 함락할 수 있는 방법을 제시했다. 그리스 군의 예언자 칼카스는, 렘노스 섬에 버리고 온 필록테테스가 헤라클레스의 활과 화살을 갖고 있는데, 이 활과 화살이 트로이 성 함락에 꼭 필요하다고 말해, 오뒤세우스가 렘노스 섬으로 가서 필록테테스를 데리고 와 치료해 주었다. 필록테테스는 헤라클레스의 무기로 파리스를 쏘아 죽였다.

한편 아폴론으로부터 예언술을 배운 프리아모스의 아들 헬레노스(Helenos)는 파리스가 죽자 파리스의 아내 헬레네와 결혼하고 싶어 했는데, 아버지 프리아모스가 헬레네를 자신에게 주지 않고 다른 아들인 데이포보스에게 주자 가족에 대해 원한을 품었다. 그는 일부러 산속에 들어가 있다가 그리스 군에 별 저항 없이 잡혀 트로이 함락에 필요한 비밀들을 순순히 털어놓았다. 개인적인 섭섭함과 분노를 이기지 못해 조국의 비밀을 적군에게 누설한 것이다. 그는 트로이 성안에 아테나 여신 상인 팔라디온이 있는 이상 트로이는 함락되지 않는다고 일러주었고, 아울러 아킬레우스의 아들 네오프톨레모스도 꼭 참전해야 한다고 예언했다.

헬레노스의 제보에 따라 오뒤세우스와 디오메데스(Diomedes)는 야음을 틈타 트로이 성안으로 잠입해서 트로이의 수호 신상인 팔라디온을 훔쳐 빠져나왔다. 그리고 스퀴로스 섬에 있는 네오프톨레모스를 데려오기 위해 오뒤세우스를 단장으로 한 사절단도 떠났다. 멀리서 아킬레우스의 아들이 도착하고 필요한 요건들이 충족되었는데도 트로이 성은 함락되지 않았다. 계략이 필요했다. 그리스 군은 오뒤세우스(또는 아테나 여신)의 제안으로 커다란 목마(木馬)를 만들기로 했다. 그리고 그 속에 그리스 군에서 가장 용맹스러운 병사들을 들어가 있게 했다. 그리스 군은 철수하는 척하면서 모두 배에 올라탄 다음 해안에 커다란 목마만을 남겨두었다(그림 28). 그리스 군의 함대들은 출항하여 트로이 평야 맞은편의 테네도스 (Tenedos) 섬에 정박했다. 트로이 군은 눈을 의심할 수밖에 없었다. 해안에 남아 있는 목마를 바다에 처넣을 것인가, 불태울 것인가, 아니면 성안으로 들일 것인가 등에 대해 의견이 서로 엇갈렸다. 그때 병사들이, 그리스 군이 자신을 버리고 떠났으며 자신은 오뒤세우스의 희생자라고 주장하는 시논(Sinon)이라는 그리스 군 병사를 데리고 나타났다. 그가 사실은 거짓말을 하고 있다는 것을 모르는 트로이 군은 그에게 목마에 대해 물어보았다. 그는, 목마는 팔라디온을 잃은 아테나 여신의 분노를 진정시키기 위한 속죄의 제물이며, 커다랗게 만든 이유는 트로이 군이 그것을 성안으로 갖고 들어가지 못하도록 하기 위해서라고 설명했다. 성벽의 일부를 허물어서라도 일단 목마가 성안으로 들어가면 트로이 군이 그리스 군보다

우세해질 것이며, 트로이는 함락되지 않을 것이라고 예언자 칼카스가 말했다고 전했다. 트로이 군은 대부분 시논의 말을 믿었다. 그러나 트로이의 아폴론 사제 라오코온(Laokoon)은 트로이 군에게 목마를 불태우라고 충고했다. 그러나 라오코온이 바닷가에서 포세이돈에게 제물을 바칠 때 바다에서 두 마리의 거대한 뱀이 나와 그와 그의 두 아들을 휘감아 목 졸라 죽였다(그림 6). 이 광경을 지켜본 트로이 군사들은 라오코온이 반대 의사를 표명했기 때문에 벌받은 것으로 생각하여 목마를 성안으로 들여야 한다고 판단했다. 라오코온처럼 예언자 카산드라는 목마를 들이면 트로이 성은 곧 함락된다고 말했지만 아무도 그녀의 말을 듣지 않았다. 아폴론이 내린 벌로 그녀의 말은 설득력을 잃었기 때문이었다.

트로이 군은 더 이상 주저하지 않았다. 성벽의 일부를 허물고 바퀴 위에 목마를 올려 트로이 성안으로 끌어들였다. 그리고 그리스 군이 떠난 것을 기뻐하는 잔치도 벌였다. 밤이 깊어지자 시논(또는 헬레네)이 횃불로 테네도스 섬 뒤에 숨어 있던 그리스 군에 신호를 보내 그리스 군 함대를 되돌아오게 하는 한편, 목마의 허리에 난 문을 열어 그리스 군의 정예들을 나오게 하였다. 그들은 성문들을 점령하고 배를 타고 되돌아온 그리스 군들과 함께 트로이 성을 맹렬히 공격했다. 트로이 사람들은 깊은 잠에 빠져 있다가 기습을 당해 별로 저항도 하지 못했다. 특히 트로이 궁전이 공격 목표가 되었다. 헬레네는 남편 데이포보스의 무기를 숨겨놓고, 첫 남편이었던 메넬라오스에게 문을 열어주었다. 메넬라오스는 데이포보스의 사지를 잘라 지독한 고통 속에 죽게 했다. 프리아모스는 적이 궁전에 침입한 것을 알자 무기를 들고 싸우려 하다가 헤카베가 만류해 제단 뒤로 숨는다. 하지만 결국 네오프톨레모스가 그를 끌어내어 죽인다. 신들을 어려워할 줄 모르는 오일레우스(Oileus)의 아들 아이아스는 무례하게도 아테나 신전 안에서 카산드라를 강간했다. 트로이 남자들은 학살되고 여자들과 어린아이들은 노예로 끌려가기 위해 그리스인들에게 할당되었다. 헥토르의 아내 안드로마케는 네오프톨레모스의 몫이 되었고, 그녀와 헥토르 사이에서 태어난 아들 아스튀아낙스(Astyanax)는 오뒤세우스가 높은 성벽에서 밀어 떨어뜨려 죽였다. 아가멤논은 그가 좋아한 카산드라를 차지했고, 나이 든 왕비 헤카베는 오뒤세우스의 몫이 되었지만, 그와 함께 그리스로 돌아가는 배에서 개로 변신해 바다로 뛰어들어 죽었다고 한다. 함락된 트로이는 이제 불타고 파괴될 수밖에 없었다.

7) 『일리아스』와 그 밖의 고대 작품들

트로이 전쟁을 소재로 한 고대 서사시들 중에서 현재까지 전승된 작품은 음유 시인 호메로스가 기원전 8세기에 오랫동안 구전된 설화들을 취사선택하여 엮어낸 『일리아스』이다. 이 작품은 처음에는 장(章)이 구분되어 있지 않았으나 나중에 알렉산드리아 학자들이 24장으로 나누었다. 고대 문학의 기념비라 할 수 있는 이 작품은 호메로스에 의해 고대 그리스어로 쓰이기는 했지만, 당대의 관습에 따라 청중들에게 들려줄 수 있도록 창작된 구전(口傳) 서사시이다. 그러나 『일리아스』는 트로이 전쟁 전반을 이야기하는 서사시는 아니다. 전쟁이 10년째로 접어든 상황에서, 아킬레우스가 아가멤논에게 브리세이스를 빼앗기면서 폭발한 분노 때문에 더 이상 전장에 나가지 않기로 작정한 이야기로부터 시작하는 이 작품은, 아킬레우스가 죽인 헥토르의 장례식이 끝나고 그의 무덤이 만들어지기까지 채 50일이 안 되는 기간 동안의 그리스 군과 트로이 군의 대치 상황과 4일간의 전투를 아킬레우스의 분노를 중심으로 그리고 있을 뿐이다. 트로이 1차 원정과 헥토르 사망 이후 그리스 군과 트로이 군의 전투, 그리고 트로이 성 함락에 관한 이야기는 『일리아스』에는 나와 있지 않고 오늘날까지 전승되지 못하고 소실된 여러 작품들에 나오는 내용이다. 물론 이러한 작품들도 『일리아스』와 마찬가지로 구전되어 내려온 설화들을 취사선택하여 꾸민 것들이다. 트로이 전쟁에 관한 다양한 전승 자료들은 오늘날 모두 소실되었지만 고대의 고전 연구가들의 '인용'과 '요약' 등에 의해서 그 대략적인 내용은 전해질 수 있었다.

『퀴프로스 사람의 노래』는 트로이 전쟁의 원인과 전쟁 초기 상황을 담고 있고, 밀레토스의 아르크티노스(Arktinos)가 쓴 『에티오피아 사람의 이야기』는 『일리아스』의 결말 부분부터 아킬레우스의 무기 분배 다툼까지를 다루고 있고, 레스케스(Lesches)의 『소(小)일리아스』는 아이아스의 죽음으로부터 그리스 군의 트로이 성 함락까지를, 밀레토스의 아르크티노스가 쓴 『일리온 함락』은 트로이 함락으로부터 프리아모스 왕의 딸 폴뤽세네가 아킬레우스의 무덤에서 참수당하는 장면과 불타는 트로이를 묘사하고 있고, 트로이젠의 아기아스(Agias)가 쓴 『귀환』은 오뒤세우스를 제외한 그리스 군 지도자들의 귀환 이야기를 담고 있는데, 오뒤세우스의 귀환 이야기로 유명한 것은 호메로스의 『오뒤세이아』이며, 퀴레네의 에우가몬(Eugamon)이 쓴 『텔레고니』는 그 속편이다. 이 작품들은 대체로 기원전 8세기 말부터 6세기 초까지 쓰인 것들이며, 비극으로 상연되어 오늘날까지 보존된 것은 에우리피데스의 『헤카베』(기원전 424)와 『트로이의 여인들』(기원전 415), 소포클레스의 『아이아스』와 『필록테테스』(기원전 442~409?)가 있다.

로마 시대의 베르길리우스와 오비디우스, 세네카 등도 자신들의 작품 속에서 부분적으로 트로이 전쟁 이야기를 담아냈다. 한편 아폴로도로스 같은 신화 수집 기록가들도 트로이 전쟁에 관한 여러 자료들을 기록하여 후세에 전하고 있다. 트로이 전쟁은 고대 말부터 많은 시인과 작가들에게 이야기 소재를 제공하는 영감의 보고로 자리 잡았다. 기원후 4~5세기에 쓰인 딕튀스(Diktys)의 『트로이 전쟁 이야기』와 다레스(Dares)의 『트로이 함락 이야기』는 트로이 전쟁에 몸소 참가한 사람들이 그리스어로 쓴 작품을 라틴어로 번역한 것으로 오랫동안 잘못 알려지기도 했다. 그만큼 그 작품들이 사람들을 감동시켰기 때문이다. 이 같은 대성공은 기독교가 지배하던 중세에도 그리스 신화와 트로이 전쟁 이야기를 전파시키는 데 크게 기여했다. 사실 트로이 전쟁 이야기의 걸작인 호메로스의 서사시 『일리아스』는 핵심 이야기가 비록 4일간의 전투로 제한되어 있기는 하지만 '이야기를 구조화시키고 줄거리와 행동의 통일성'을 부여하여 극적 효과를 극대화시켰기 때문에 그리스 고전기에 이미 학교에서 청소년들이 '암송'해야 할 시로 꼽혔고 더 나아가 '교육(파이데이아, paideia)'에 필요한 작품으로 평가받았기 때문에 트로이 전쟁 이야기가 고대가 끝나 가는 시점에 대성공을 거둔 것은 우연이거나 갑작스러운 일은 아니다.

8) 트로이 전쟁은 있었는가?

고대인들은 청동기 문화인 미케네 문명이 끝날 무렵인 기원전 1275~1190년 사이에 트로이 전쟁이 실제로 일어났다고 오랫동안 믿었다. 이러한 믿음은 고고학적 발굴을 통해 트로이 전쟁의 역사성을 증명하려는 노력으로 발전해서, 독일인 상인 하인리히 슐리만(Heinrich Schliemann, 1822~1890, 그림 24)에 의해 그 결실을 맺는 듯이 보였다. 호메로스의 『일리아스』와 『오뒤세이아』는 트로이를 발견하고자 열망했던 슐리만의 유일한 지침서였다. 그는 1869년 그리스의 열일곱 살 처녀 소피아(Sophia)와 재혼하여 이듬해 4월부터 히사를리크(Hissarlik) 언덕으로 떠나 폐허를 덮은 돌과 흙더미를 인부들과 함께 헤쳐 파 들어가는 위험한 작업을 열정적으로 해냈다. 소피아는 처음에는 발굴 작업에 참여하지 않았지만 1871년 5월 첫딸 안드로마케(Andromake)를 낳은 다음 해인 1872년에는 6개월 동안이나 남편의 발굴 작업에 참가했다. 슐리만이 '프리아모스의 보물'이라고 명명했던 발굴된 황금 장신구들을 소피아는 직접 몸에 걸쳐보기도 했다. 소피아는 남편의 열정을 존경하고 본받았다. 첫딸의 이름을 '안드로마케'로 짓고 7년 후 출산하는 아들의 이름도 '아가멤논'으로 지을 정도로 호메로스 서사시에 대한 그녀의 열정은 대단했다. 『일리아스』를 거의 외다시피 하는 슐리만을 따라 그녀 역시 『일리아스』를 외우며 남편과 함께 위험한 발굴 작업을 해낸 에피소드는 유명하다. 그들에게 호메로스의 『일리아스』 는 서사시이자, 발굴 안내서였다. 고고학이 별로 발달하지 못했고, 최초의 올림픽 경기가 열렸던 기원전 776년 이전의 역사에 대해 알지 못했던 당시 로서는 그것밖에는 의지할 것이 없었을 것이다. 슐리만은 발굴 현장에서 도 『일리아스』를 손에 들고 있었고, 아들 아가멤논을 낳았을 때에는 『일리 아스』를 아이의 이마에 올려놓기도 했다. 슐리만은 250여 개의 황금 유물 을 발굴하고 그것을 '프리아모스의 보물'이라고 이름 붙이면서[18] 자신이 발 굴한 곳이 『일리아스』의 트로이라고 확신했다. 그는 매일 발굴 일지를 적 었다. 그는 이제 상인에서 고고학자로 변신했다. 발굴에 필요한 돈을 많이 벌어놓았기 때문에 그는 발굴을 통해 자신의 열정을 불태울 수 있었다. 슐 리만은 호메로스가 서사시에서 이야기하는 과거가 역사적으로 실제로 있 었던 과거라고 굳게 믿었다. 그 시대가 미케네 문명기이든, 혹은 미케네 문명 이후의 '암흑시대'(혹은 '고대 그리스의 중세'라고도 부른다)이든 그것은 문제가 되지 않았다. 그는 『일리아스』의 세계를 역사적 사실로 믿었다.

그러나 그가 발굴한 히사를리크 언덕의 폐허가 된 옛 도시는 몇 개의 도시가 강압적인 힘에 의해 연속적으로 무너진 흔적이 뚜렷했다. 땅을 파 들어감에 따라 서로 다른 지층 여러 개가 포개져 있었다. 최근까지의 발 굴 성과에 따르면, 이 지대는 모두 아홉 개 층으로 되어 있는 것으로 판 명이 났는데, 슐리만은 1873년까지 완료한 발굴 작업과 죽기 얼마 전인 1890년에 시작한 새로운 발굴 작업으로 이미 일곱 개 층을 발견했다. 대 단한 성과가 아닐 수 없다. 그는 『일리아스』에서 그리스 군에 의해 함락되 고 약탈당한 후 불타버린 도시는 일곱 번째 지층의 하단부인 트로이 II라 고 믿었다.[19] 그가 죽은 다음 1893년부터 슐리만의 작업을 이어받은 빌헬름 되르펠트(Wilhelm Dörpfeld)는 아홉 개의 지층을 확인했다. 1930년대에는 신시내티 대학의 칼 블레전(Carl Blegen)이 트로이를 다시 발굴·조사했지만 아홉 개의 지층 분류는 바뀌지 않았다. 그리고 1988년부터 튀빙겐 대학의 만프레트 코르프만(Manfred Korfmann)이 신시내티 대학과 앙카라 대학 발굴단이 참여한 국제 학술팀을 이끌며 현대 과학 장비들을 총동원하여 트로이 일대를 대대적으로 조사·발굴했다. 아홉 개의 지층 분류는 흔들리지 않았지만, 각 지층의 추정 연대는 다소 수정되었다. 특히 트로이 VI의 재발견은 코르프만의 업적으로 평가된다. 슐리만으로부터 코르프만에 이르는 트로이 발굴 여정을 살펴보겠다.

트로이 I (기원전 2920~2450년경) : 초기 청동기 시대의 요새화 지역.

트로이 II (기원전 2600~2450년경) : 트로이 I 후기와 중복되는 지층, 슐리만이 '프리아모스의 보물'을 발굴한 지층으로, 그는 이 지층에 묻힌 것이 『일리아스』의 트로이라고 생각했다.

트로이 III (기원전 2450~2200년경) : 초기 및 중기 청동기 시대 지층.

트로이 IV (기원전 2200~1900년경) : 초기 및 중기 청동기 시대 지층.

트로이 V (기원전 1900~1700년경) : 초기 및 중기 청동기 시대 지층.

트로이 VI (기원전 1700~1250년경) : 되르펠트는 이 지층에 묻힌 것이 『일리아스』의 트로이라고 생각했다. 그러나 실제로는 전쟁이 아니라 지진에 의해서 붕괴된 직후 재건된 도시의 지층이었다. 코르프만은 이 지층 밖 저지대를 발굴하여 큰 성과를 거두었다.

트로이 VII (기원전 1250~1040년경) : 이 지층에 묻힌 도시는 대규모 화재로 크게 파손되었지만 생존자들은 계속 살았고, 1200년경 외부인으로부터 침략을 당한 다음에도 사람들은 계속 살았다.

트로이 VIII (기원전 700~85년경) : 그리스 시대의 도시.

트로이 IX (기원전 85~기원후 450년경): 로마 시대의 도시.

아홉 개의 지층 분류는 되르펠트 이후 흔들리지 않았지만 호메로스의 트로이가 어느 것인지에 대한 발굴자들의 생각은 많이 달랐다. 슐리만은 트로이 II에, 되르펠트는 트로이 VI에 호메로스의 도시가 묻혀 있다고 생각했다. 건축가이자 고고학자인 젊은 되르펠트는 슐리만으로부터 상당한 보수를 받고 함께 발굴 작업에 참여하면서, 슐리만이 『일리아스』의 트로이가 묻힌 지층이라고 지목한 트로이 II가 미케네 문명기와 약 1000년간의 간격이 있음을 1890년에 간파했다. 따라서 트로이 II의 도시는 미케네의 병사들이 침략해서 약탈한 도시가 될 수 없었다. 슐리만은 죽기 얼마 전에 되르펠트의 주장을 받아들였다. 어려운 일이었지만 그는 자기가 틀렸음을 인정했다. 그리고 새로운 탐사 계획을 세웠지만 죽음은 이미 너무나 가까이 와 있었다. 그는 트로이를 발견한 다음, 1874년에 미케네를 발굴해 세상을 놀라게 하고, 미케네의 왕릉에서 발견한 황금 가면을 '아가멤논의 가면'이라고 이름 붙였다(그림 25). 그는 이곳에 머물면서 1876년까지 미케네를 발굴했다. 그는 사업가에서 고대 그리스 문명의 유적을 발견해 낸 최고의 고고학자로 변신했으며 발굴 탐사 기록을 정리해 『트로이의 유물』, 『미케네』, 『트로이』, 『티륀스』 등 10여 권의 책으로 간행했다.

슐리만이 시작한 트로이 발굴은 되르펠트가 이어받아 계속 진행했다. 그는 트로이 VI의 도시가 기원전 1250년경 그리스 군이 공략한 『일리아스』의 도시라고 주장했지만 그의 주장은 미국의 칼 블레전이 1932년에 새롭게 탐사를 시작하면서 뒤집어졌다. 블레전은 트로이 VI은 그리스 군이 아니라 지진에 의해 파괴된 도시의 지층이라고 주장하고, 그리스인들에 의해 약탈·방화된 도시는 트로이 VII의 하층부인 트로이 VIIa에 묻혀 있다고 주장했다. 블레전의 이 주장은 지층에 대한 해석의 차이일 뿐, 『일리아스』의 트로이가 존재했다는 사실을 슐리만과 되르펠트에 이어 재확인한 것이다. 미케네 문명의 그리스 군이 기원전 1275~1190년에 일리온을 공격해서 부서진 폐허가 트로이 VIIa에 묻혀 있다는 블레전의 주장은 『일리아스』의 트로이 전쟁을 역사적 사건이라고 믿었던 오랜 전통을 계승한 것이었다.

그러나 트로이 VIIa의 도시와 미케네의 관계를 입증할 만한 물적 증거가 트로이 VIIa에서 충분히 발굴되지 않는 이상, 그리스 군 공격설은 고고학적으로 오랫동안 증명하기 어려운 사안이었다. 물론 『일리아스』에 거명되는 도시 이름들이 미케네 문명기의 도시 이름들과 일치하기는 하지만 그것이 전부일 뿐, 고고학의 발굴 결과와 선형 문자 B형으로 쓰인 서판(書板)에 기록된 미케네 문명과 호메로스의 묘사는 서로 닮지 않았다는 것이 1952년에 해독된 선형 문자 B형의 서판으로 입증되었다. 게다가 미케네 세계가 '이미' 붕괴된 다음에 트로이 VIIa의 도시가 화재 또는 외부의 공격으로 폐허가 되었다는 주장이 제기되면서 칼 블레전의 주장은 한동안 빛을 잃었다. 이미 파괴된 미케네의 지도자가 대군을 이끌고 원정을 떠난다는 것은 생각하기 어려운 일이기 때문이다. 한편 케임브리지 대학의 핀리(M. I. Finley)는 같은 해인 1952년에 호메로스의 트로이 전쟁을 청동기 시대의 그리스 역사로부터 분리해서 생각해야 한다는 주장을 전개함으로써, 호메로스의 서사시와 트로이 전쟁 설화를 문학과 전설의 영역으로 한정하는 획기적인 발상의 전환을 이끌어냈다. 『일리아스』는 역사적 사실을 말로 옮겨놓은 것이 아니라는 것이다. 핀리에 의하면,[20] 호메로스는 미케네 문명을 알지 못했으며, 만일 그의 서사시가 미케네와 관계가 있다면 그것은 그의 선배 음유 시인들이 앞선 여러 세대들의 이야기를 '전승'하면서 과거의 보잘것없는 사건과 주역들을 '훌륭하게 미화'시켜 영광스러운 영웅 세계로 '변모'시켰을 수 있다는 점에서 그렇다는 것이다. 그것은, 마치 기원후 778년 샤를마뉴(Charlemagne) 군의 후미에서 실제로 벌어졌던 소규모 접전이 12세기에 이르러 『롤랑의 노래』라는 불멸의 무훈시를 통해 '위대한 모험'으로 탈바꿈한 것과 마찬가지라는 것이다. 『롤랑의 노래』가 무훈시일 뿐 역사가 아니듯이, 『일리아스』도 서사시이지 결코 역사는 아니

라는 핀리의 주장은 유효했다. 그러므로『일리아스』의 세계는 시적 허구의
세계이기는 하지만, '호랑이 담배 피우던 시절'이나 아킬레우스의 말[馬]이
잠시 말[言]을 하는[21] 시대를 본받은 것이 아니라, 기원전 10세기와 9세기
의 역사적 상황을 모델로 삼았을 가능성이 높다는 그의 주장은 그러나 곧
설득력을 잃었다. 그 시기는 사료가 불충분한 중세·암흑기여서『일리아
스』가 그 시대를 반영했다는 증거가 박약했기 때문이다.

『일리아스』의 시적 허구의 세계는 디오메데스, 아이아스, 헥토르, 아킬
레우스 등이 오늘날의 장정 두 사람이 겨우 들어 올릴 수 있는 큰 바위를
가볍게 집어던지는, 지금까지 결코 보지 못했고 앞으로도 결코 볼 수 없
을 대단한 힘과 용기를 가진 '영웅들의 시대'를 펼쳐 보인다.『일리아스』가
그리는 사회상과 풍속은 미케네 문명기로부터 호메로스 직전 시대인 기
원전 9세기까지 음유 시인들이 '재구성한' 과거이며, 서사시의 주인공들은
한결같이 본받을 만한 가치가 있는 '영원한' 영웅들이다. 그것은 음유 시
인들이 그들이 살아가는 역사적 실제 현실에서는 찾아보기 어려운 아름답
고 고귀하며 영광스럽게 빛나는 과거의 이미지를 오랫동안 인위적으로 창
출하며 전승했기 때문이다.

그러나 트로이 전쟁이 실재한 역사적 사건이었느냐 하는 문제는 핀리
의 주장에 의해 덮어지지 않았다. 호메로스의 서사시와 역사성을 다시 관
계 맺으려는 집요한 호기심이 일어났기 때문이다. 이러한 움직임은 영국
의 BBC 방송의 치밀한 기획물로 방영되고 책으로 출간되어 역사와 전
설 사이에서 공방을 벌이는 '트로이 전쟁 이야기'를 다시 부각시켰다.[22] 한
편 트로이 전쟁의 실재성을 주장하는 견해로는 리프(W. Leaf)의 무역 전쟁
설이 있는데, 이에 따르면 교통의 요지였던 트로이는 사방에서 모여드는
상인들에게 시장 통행세를 부과하여 번영했으므로, 그리스인들은 이 관
세 장벽을 없애고 흑해와 자유롭게 금속 무역을 하기 위해 트로이를 침공
했다는 것이다.[23] 이 밖에 데니스 페이지(Denys Page)의 에게 해 패권설이

있는데, 페이지에 따르면 헬레스폰토스 해협의 입구라는 교통과 전략상의 요지에 위치한 트로이를 가운데에 두고 미케네와 히타이트 두 세력이 대립하고 있었는데, 트로이 일대를 지배하던 히타이트 제국의 힘이 반란을 진압하기 위해 동부로 이동하게 됨에 따라 트로이 지역에 힘의 공백이 생겼고, 이 틈을 이용하여 미케네가 해상 교통의 패권을 잡고자 트로이를 침략했으며, 에게 해 일대의 패권을 놓고 신구 세력 간에 다툼을 벌인 것이 트로이 전쟁이라는 것이다.[24]

코르프만은 히사를리크 언덕의 대규모 발굴 작업을 통해 일리온이 이 언덕에 자리 잡고 있었음을 다시 한 번 확인하면서, 슐리만이 발견했던 도시보다 훨씬 더 큰 규모였다는 사실을 밝혀냈다. 특히 그는 1988년부터 2003년까지 트로이 VI을 새롭게 발굴하면서 괄목할만한 성과를 거두어 『일리아스』의 트로이 전쟁 실재설의 가능성을 높였다. 그의 발굴 성과의 핵심은 다음과 같다.

첫째, 되르펠트가 『일리아스』의 트로이로 지목한 트로이 VI은, 코르프만의 탐사 결과 지진에 의해 붕괴된 직후 '재건'된 도시의 지층이었다. 되르펠트는 그가 탐사했던 지대 밖의 외곽도 발굴하기를 원했지만 실행에 옮기지는 못했다. 코르프만의 발굴은 아무도 발굴하지 않았던 이 외곽을 공략하면서 트로이 VI을 고지대 마을(acropolis)과 저지대 마을로 나눌 수 있었다. 그것은 당대 근동의 규범적인 도시 형태였다. 획기적 발굴이었다. 코르프만은 저지대 마을을 지구 물리학과 첨단 기자재를 동원해 미케네 상인들의 상업 거주지로 추정되는 가옥 여섯 채와 아울러 현지에서 제작된 대량의 미케네식 도기를 트로이 VI과 트로이 VIIa에서 발굴했을 뿐만 아니라 저지대 외곽에서 성벽과 도랑과 성문의 흔적을 확인했다. 특히 고지대 마을에서 450미터 떨어진 외곽 마을 밖에는 두 개의 방어용 도랑이 있었는데, 안의 도랑은 트로이 VI의 것으로 저지대 마을 전반을 둘러싸고 있었으나, 트로이 VII의 도랑은 그렇지 못했다. 저지대 마을과 연결되는 고지대 마을은 왕과 지배계급들이 살았던 성채 지역이었다. 저지대 마을은 모두 20헥타르(=200,000㎡)의 넓이에 대략 5,000명~10,000명의 주민이 살았던 것으로 추정됐다. 중요성이 새롭게 부각된 트로이 VI은 이제 외부인의 공격에 의해 붕괴된 것이 확실한 트로이 VIIa와 함께 혹은 각각 '프리아모스의 도시'로 추정되는 가능성을 갖게 되었다(그림 26, 27).

둘째, 저지대 마을의 주거 형태는 트로이 VI보다 트로이 VIIa가 더 조밀했다. 외부인으로부터 침략당해 붕괴된 트로이 VIIa에도 생존자들은 계속 그곳에서 살았으며 트로이 VIII은 물론 그리스 이민자들이 도래하는 호메로스의 기원전 8세기까지 사람들이 계속 거주하며 연속성을 유지했다는 사실이다. 이 발견은 기원전 1200년경 외부인의 침략 이후 사람들이 오랫동안 거주하지 않았다는 종래의 주장을 뒤집었다.

셋째, 트로이 VI의 재발견과 함께 트로이가 위치한 아나톨리아 지역, 고대 히타이트, 역사, 문화, 언어학 등의 축적된 연구들은 다음과 같은 성과들을 거두었다. 트로이 VI/트로이 VIIa가 아나톨리아 교역의 중요 거점이자 히타이트 왕권이 지배하는 도시였으며, 『일리아스』에서 트로이를 지지했던 아폴론은 아나톨리아에서 숭배하기 시작한 신이었다는 점이 그것이었다. 아울러 선형문자 B형으로 쓰인 서판을 추가 해독함으로써 미케네 문명 역시 후기 청동기인 기원전 1200년경부터 호메로스가 살았던 기원전 8세기까지 동일 언어를 사용했다는 연속성을 확인했으며, 기원전 1250~1150년경에 미케네의 그리스 군이 트로이를 공격했을 가능성이 높았을 것으로 추정했다. 트로이 멸망을 고대인들이 기원전 1184년경으로 오랫동안 생각했던 것과 비교하면 큰 괴리가 있지 않았다.

코르프만은 세상을 떠났지만 그는 자신이 발굴한 트로이 VI을 칼 블레전의 트로이 VIIa에 결부시킴으로써 블레전의 주장을 지지한 것으로 보인다. 그것은 트로이를 방문 경배한 페르시아의 크세르크세스 황제, 그리스의 알렉산드로스 대왕, 로마의 율리우스 카이사르, 아우구스투스 황제를 비롯한 고대인들로부터 슐리만까지의 '믿음'이 21세기 초반 첨단 학문과 장비를 동원한 발굴과 인접 학문들의 성과에 의해 '학문적'으로 증명되어 가는 과정이라 할 수 있다.[25]

하지만 코르프만의 대규모 발굴 초기에 케임브리지 대학의 커크(G. S. Kirk)는, 트로이 전쟁이 실제로 벌어졌다 하더라도 『일리아스』가 엮어지기까지는 대략 400년간의 전승이 필요했을 것이며, 따라서 역사적 사실과 시적 묘사는 (중복되는 점은 있지만) 결국은 서로 다른 것일 수밖에 없다고 말했다.[26] 미케네의 그리스 군이나 또 다른 외부인들이 공격한 트로이에서 쌍방 간에 영웅적인 전투가 실제로 치열하게 벌어졌든지 혹은 보잘것없는 전투밖에 벌어지지 않았든지 간에, '외부인에 의한 트로이 붕괴'라는 역사적 사실을 훌륭하게 미화하여 꾸미고 극적 긴장감을 부여했던 것은, 여러 세대에 걸친 음유 시인들의 상상력과 전승일 것이다. 각 세대의 음유 시인들은 당시 청중의 요구와 취향에 맞게 트로이 전쟁 설화를 끊임없이 변모시켰을 것이고, 그것들을 취사선택·재구성하여 글로 옮겨 적은 것이 호메로스의 『일리아스』라는 주장이 설득력을 가진다.[27]

6. 트로이로부터의 귀환

1) 호메로스의 문제

트로이 전쟁에서 승리한 그리스 군이 트로이에서 그리스로 돌아오는 이야기를 그린 작품으로는, 주인공 오뒤세우스를 중심으로 이야기가 전개되는 『오뒤세이아』와, 트로이젠의 아기아스가 그 밖의 영웅들의 귀환을 그린 『귀환』이 있다. 『귀환』은 오늘날까지 전승되지 못했기 때문에 『오뒤세이아』가 트로이로부터의 귀환을 그린 대표 작품으로 평가받는다.

『오뒤세이아』는 『일리아스』와 마찬가지로 원래 입으로 전승되던 서사시로, 글로 옮겨 적은 것은 『일리아스』보다 약 50년 후인 기원전 8세기 말이나 7세기 초로 추정된다. 『일리아스』의 짜임새와 일관성은 호메로스라는 한 음유 시인에 의해 기록되었다는 것을 설득시키기에 충분한 것이지만, 『오뒤세이아』의 부족한 짜임새와 다소 산만한 전개, 문체 변화 등은 한 사람이 기록했다고는 보기 어려운 여러 요소를 갖고 있다. 몇 명의 시인들이 서로 다른 부분을 기록한 다음 한 사람이 그것을 통합했을 가능성도 있다. 아울러 『일리아스』를 쓴 호메로스가 약 50년 후에 『오뒤세이아』를 또 쓸 수 있었겠느냐 하는 문제도 제기되었다. 이 문제를 두고 학자들 간에 의견이 오랫동안 엇갈렸다. 통상적으로 '호메로스의 문제'라고 부르는 것은 이 논의를 가리키는 것이다. 어떤 학자들은 호메로스가 젊었을 때 『일리아스』를 쓰고 나서 늙어서 『오뒤세이아』를 썼다고 주장하고, 어떤 학자들은 그것은 시간적으로도 어려울 뿐 아니라 두 작품 간의 차이가 워낙 커서 한 사람이 두 작품을 모두 썼다고 생각하기는 어렵다는 주장을 편다. 이 같은 문제에도 불구하고 오늘날은 편의상 『오뒤세이아』도 호메로스가 쓴 것으로 상정하는 것이 일반적인 추세이다.

『오뒤세이아』도 『일리아스』처럼 처음엔 파피루스 두루마리에 기록되었다가 작품의 평판이 날로 높아지자 지중해 도시들이 앞다투어 파피루스에 옮겨 써 갖고 있었다. 호메로스 서사시의 필사본을 소장하고 있는 것 자체가 그 도시의 문화적 자부심이었다. 12,100행의 『오뒤세이아』도 15,680행의 『일리아스』와 마찬가지로 기원전 3세기경 알렉산드리아의 문헌학자들에 의해서 24장(章)으로 나누어졌다. 이것은 그리스어의 알파벳이 알파(Α)에서 오메가(Ω)까지 24개의 글자로 구성되어 있어 호메로스의 서사시도 그에 따라 24개의 노래 또는 장으로 나눈 것이다.[28] 그러나 오늘날까지 전승되어 우리가 읽는 『오뒤세이아』와 『일리아스』의 텍스트는 알렉산드리아 시대의 것이 아니라 중세의 필사본이다. 알렉산드리아 시대의 필사본에는 덧붙인 시행과 보조 시행이 많기 때문이다.

소아시아 이오니아 지방의 음유 시인 호메로스에 대해서는 알려진 것이 거의 없다. 그의 『일리아스』와 『오뒤세이아』는 고대 그리스 사람들이 글을 익히고 아울러 용기와 지혜를 배우는 일종의 교과서였고, 오늘날의 역사학자, 고고학자, 언어학자들에게는 당시의 자료가 가득한 풍요롭고 귀중한 문화유산이다.

2) 『오뒤세이아』

트로이 전쟁의 지략가 오뒤세우스(Odysseus)의 이름은 '원한에 희생당한 자'라는 뜻을 담고 있다. 트로이를 떠나 항해하던 중 고향 이타케로 돌아가지 못하고 지중해 연안을 떠돌다가 포세이돈의 아들이자 외눈박이 거인인 폴뤼페모스를 장님으로 만들어 포세이돈의 '원한'을 사게 된 오뒤세우스는 그 원한 때문에 10년 동안이나 고향에 돌아가지 못하고 수난을 겪는다.

24개의 장으로 나누어진 『오뒤세이아』의 이야기 분할은 장(章)의 분할과 일치하지 않는다. 이야기는 오뒤세우스의 아들 '텔레마코스의 여행'으로 이루어진 1부와 오뒤세우스의 모험을 이야기하는 가장 중요한 2부 '알키노오스(Alkinoos)에게 들려준 이야기', 그리고 귀향 후 벌어지는 이야기를 다룬 3부 '오뒤세우스의 복수'로 나누어진다. 마지막 3부는 1부와 2부가 통합된 다음 덧붙인 것으로 추정된다. 이 같은 『오뒤세이아』의 구성에 따라 오뒤세우스의 '귀환'을 기술하는 것은 상당히 번거롭기 때문에, 여기에서는 트로이를 떠나는 시점부터 시간의 흐름에 따라 이야기를 정리하는 것이 적절할 것 같다.

오뒤세우스는 펠로폰네소스 반도 서쪽에 있는 이타케 섬의 왕 라에르테스(Laertes)의 아들로, 아버지가 늙고 왕 노릇에 지쳐 시골로 내려가자 아버지의 왕권을 이어받는다. 그도 한때는 다른 수많은 남자들처럼 헬레네에게 청혼했지만 나중엔 헬레네와 클뤼타임네스트라의 사촌인 페넬로페(Penelope)와 결혼하여 아들 텔레마코스를 얻는다. 아들이 태어난 지 얼마 되지 않아 어쩔 수 없이 트로이 원정에 참가하게 된 오뒤세우스는 정보 탐색과 전략 수립에 남다른 능력을 발휘하여 용맹스러운 지략가로 명성을 날린다. 그리고 목마를 만들어 마침내 트로이를 함락하는 데에도 큰 공헌을 하지만, 그의 진정한 영광은 10년간의 유랑 끝에 고향 이타케로 '귀환'하면서 얻어진다.

트로이를 함락하고 귀향길에 오른 그리스 군은 떠날 때에는 대부분 함께였지만 태풍이 그들을 흐트러놓아 제각각 고향으로 돌아갔다는 설도 있고, 그리스 본토를 눈앞에 두고 에우보이아의 카페레우스 곶에서 배들이 침몰해 상당수의 병사가 죽었다는 설도 있다. 고향으로 돌아간 지도자로는 현자 네스토르와 디오메데스, 아킬레우스의 아들 네오프톨레모스, 돌아온 뒤 곧 살해되는 아가멤논과 메넬라오스 등이다. 메넬라오스는 자신의 선단이 크레타 연안에서 좌초하자 이집트까지 밀려가 그곳에서 몇 년을 지내다가 헬레네와 함께 겨우 고향 땅을 밟을 수 있었다.

오뒤세우스의 선단은 열두 척의 배로 이루어져 있었다. 출항하자 곧 불어닥친 태풍으로 그의 선단은 그리스 군 함대에서 떨어져 트라케의 키코네스(Kikones)족이 사는 지역에 상륙했다. 오뒤세우스 일행은 도시를 약탈했다. 그러나 아폴론을 모시는 사제 마론(Maron)은 살려주었다. 사제는 감사의 표시로 그들에게 감미롭고도 독한 포도주가 담긴 단지 열두 개를 주었다. 키코네스족이 반격해 오자 오뒤세우스 일행은 배를 띄워야 했다. 그들은 북풍을 타고 고향 이타케로 가려고 했지만, 펠로폰네소스 남단의 말레아 곶을 지날 무렵 강한 북풍과 조류가 배를 밀어내는 바람에 남쪽의 퀴테라 섬을 지나치게 되었고, 아흐레 동안 표류하다가 아프리카 북쪽의 로토파고이족(族)이 사는 나라에 떠밀려 올라갔다. 그들은 오뒤세우스 일행을 친절히 맞았다. 주민들은 자기들이 즐겨 먹는 연꽃으로 음식을 만들어 오뒤세우스 일행을 대접했다. 일행 중 몇 사람이 그것을 먹었다. 그런데 그 연꽃은 사람의 기억을 지우는 마력을 갖고 있어서 그것을 먹은 사람들은 그곳을 떠나고 싶은 생각이 싹 사라져버렸다. 오뒤세우스는 그들을 강제로 끌어내야만 했다.

그 섬에서 겨우 빠져나온 그들은 배를 타고 북쪽으로 올라가 퀴클롭스(Kyklops)들이 사는 중부 이탈리아(카프리 섬으로 추정)에 닿는다. 퀴클롭스들은 이마에 둥근 외눈이 달린 거인들이다. 우라노스와 가이아 사이에서 태어나 제우스에게 천둥, 벼락, 번개를 만들어준 삼 형제도 퀴클롭스라고 불리지만 오뒤세우스 일행이 도착한 곳에 사는 퀴클롭스들과는 이름만 같을 뿐 서로 다른 존재들이다. 오뒤세우스는 열두 명의 부하와 함께 포도주 단지 하나를 갖고 동굴 속으로 들어갔다. 그 속에는 치즈와 우유 등 먹을 것이 그득했다. 그들은 자리를 잡고 앉았다. 그러나 곧 주인이 양 떼를 몰고 돌아왔다. 그는 포세이돈의 아들 폴뤼페모스(Polyphemos)로 그도 퀴클롭스였다. 그는 양 떼가 동굴 안으로 다 들어오자 바위로 동굴 입구를 막았다. 그리고 오뒤세우스의 부하 두 명을 맛있게 잡아먹었다. 오뒤세우스는 꾀를 내어 폴뤼페모스에게 포도주를 건넸다. 폴뤼페모스는 포도주가 처음이라 맛있게 마시면서 오뒤세우스에게 이름을 물었다. 오뒤세우스는 '아무도(Outis, Nobody)'라고 답했다. 퀴클롭스는 맛있는 것을 선물로 주어 고맙다며 그를 제일 나중에 잡아먹겠다고 빈정거렸다. 안 먹던 술을 잔뜩 먹은 그는 곧 잠이 들었다. 그 틈에 오뒤세우스는 올리브나무를 뾰족하게 깎아 불에 달구었다. 그러고는 붉게 달군 긴 말뚝을 동료들과 함께 움켜쥐고 폴뤼페모스의 눈을 힘껏 찔렀다 (그림 30). 장님이 된 그는 찢어질듯 외마디 소리를 질렀다. 그러자 다른 퀴클롭스들이 달려와서 누가 그랬냐고 물었다. 폴뤼페모스는 '아무도(안그랬어)'라고 대답했다. 그러자 그들은 돌아갔다. 다음 날 아침이 되자 그는 바위를 움직여 양 떼를 내보냈다. 오뒤세우스 일행은 양들의 배 밑에 숨어 무사히 동굴을 빠져나왔다(그림 4). 구사일생으로 거인의 거처에서 빠져나오기는 했지만 오뒤세우스는 폴뤼페모스의 아버지인 포세이돈의 '원한'을 사서 고향으로 돌아가지 못하게 하려는 포세이돈의 온갖 횡포에 시달려야 했다.

바다로 달려 나온 오뒤세우스 일행은 폴뤼페모스가 외치는 소리를 뒤로하고 다시 항해를 시작했다.

그들이 이번에 기착한 곳은 바람의 신 아이올로스(Aiolos)가 사는 섬이었다. 아이올로스는 그들을 환대했다. 그리고 오뒤세우스를 고향 이타케로 보내줄 수 있는 온화한 바람을 제외한 온갖 못된 바람을 가죽 부대에 가두어 오뒤세우스에게 주었다. 그러나 오뒤세우스가 잠든 사이 들뜬 부하들이 가죽 부대 안에 보물이 들어 있는 줄 알고 열어보고야 말았다. 그러자 온갖 못된 바람이 부대에서 빠져나와 함대를 반대쪽으로 끌고 가 아이올로스의 섬으로 돌려보냈다. 아이올로스는 돌아온 오뒤세우스 일행을 반기지 않았다. 신들이 오뒤세우스의 귀향길을 방해했기 때문에 아이올로스도 어쩔 수가 없었다. 오뒤세우스는 씁쓸하게 다시 배에 올랐고, 엿새 후 오늘날의 사르데냐 섬에 도착했다. 그곳에는 거인족인 라이스트뤼고네스(Laistrygones)족이 살고 있었다. 그 거인들은 오뒤세우스 일행을 학살했다. 오뒤세우스를 태운 배를 제외한 모든 배들이 부서져 가라앉았다. 오뒤세우스와 몇 명의 부하들만 간신히 탈출에 성공했다.

오뒤세우스는 이탈리아 해안을 따라 항해하다가 여자 마법사 키르케(Kirke)가 사는 아이아이에(Aiaie) 섬(오늘날의 키르케오 산 근처의 곳으로 추정)에 상륙했다. 키르케는 자신의 거처에 나타나는 모든 이방인을 동물로 바꿔버리곤 했다. 오뒤세우스의 앞에 가던 일행도 그만 그 마법에 걸려들고 말았다. 놀란 오뒤세우스는 동료들을 구할 생각에 몰두하고 있었는데, 그때 헤르메스가 나타나 오뒤세우스에게 마법에 걸리지 않는 신비한 약초

몰뤼를 주었다. 자신이 생긴 오뒤세우스는 키르케를 윽박질러 동료들을 원래 모습으로 돌려놓게 했다. 그러고 나서 키르케와 1년 동안 같이 살았다. 둘 사이에서 아들 텔레고노스(Telegonos)가 태어났다. 텔레고노스는 '멀리서 태어난 자'라는 뜻이다. 키르케는 오뒤세우스에게 고향으로 돌아가려면 죽은 사람들의 넋을 불러들이는 제사를 올려 예언자 테이레시아스의 넋에게 조언을 구해야 한다고 일러주었다. 오뒤세우스는 키르케가 일러준 대로 세계의 끝에 있는 대양의 흐름을 타고 북쪽으로 항해한 끝에 구름과 안개에 싸여 햇빛이 들지 않는 어둠의 세계에 도착했다. 그는 그곳에 구덩이를 판 후 술을 붓고 제물을 바쳤다. 그러자 죽은 자들의 넋이 몰려들었다. 마침내 테이레시아스의 넋이 나타나 오뒤세우스에게 앞일을 알려주었다. 고향에는 남의 나라 배를 타고 혼자서 돌아갈 것이고, 부인 페넬로페에게 청혼하는 자들을 모조리 죽일 것이며, 나중에 어깨에 노(櫓)를 메고 항해라고는 전혀 모르는 족속들을 찾아가 그곳에서 포세이돈에게 제물을 바쳐야 비로소 고향에 정착할 수 있을 것이라고, 또 바다에서 멀리 떨어진 곳에서 행복하게 오래 살다가 생을 마감할 것이라고 일러주었다. 오뒤세우스는 자신의 어머니와 트로이 전쟁의 영웅들과도 이야기를 나누고 다시 키르케에게 돌아왔다.[29] 키르케는 오뒤세우스에게 곧 겪게 될 항해의 위험에 대해 말해 주었다.

키르케와 헤어진 오뒤세우스 일행은 다시 바다로 나갔다. 곧 그들은 세이레네스들이 감미로운 노래로 선원들을 유혹하는 바다를 지나가야 했다. 오뒤세우스는 키르케가 조언해 준 대로 선원들의 귀를 밀랍으로 막고 자신은 돛대에 몸을 묶었다(그림 31). 덕분에 세이레네스들의 유혹에 넘어가지 않고 무사히 통과할 수 있었다. 그러나 그들은 곧 또 다른 위험에 직면했다. 하루에 세 번 엄청난 양의 바닷물과 그 위에 떠다니는 모든 것을 삼켜버리는 카뤼브디스(Karybdis)라는 괴물 근처를 지나가야 했던 것이다. 다행히 오뒤세우스 일행은 때를 잘 맞춰 통과하는 데엔 성공했지만, 근처에 있던 머리가 여섯 개 달린 스퀼레(Skylle)라는 또 다른 괴물에게 여섯 명의 선원이 잡혀먹히고 말았다.

그 후 남은 일행은 오늘날의 시칠리아에 해당하며 '태양의 섬'이라고도 불리는 트리나키에(Thrinakie) 섬에 도착했다. 태양의 소들이 풀을 뜯고 있었지만 성스러운 동물이라 손을 댈 수 없었다. 키르케와 테이레시아스가 어떤 경우에라도 태양의 섬에 있는 가축들에겐 손대면 안 된다고 일러주었기 때문이었다. 하지만 먹을 것이 전혀 없었다. 선원들은 참을 수가 없었다. 그들은 오뒤세우스가 잠든 틈을 타 소 한 마리를 잡아먹었다. 이것을 본 제우스는 크게 분노했다. 그들은 서둘러 배를 띄웠지만 태풍이 몰아닥쳤다. 제우스는 벼락으로 그들의 배를 산산이 부서뜨렸다. 모두 익사하고 오뒤세우스 혼자만 겨우 살아남아 부서진 배의 잔해 위에 몸을 실을 수 있었다.

그는 파도를 따라 9일 동안이나 표류했다. 10일째 되는 날 그는 탈진한 상태로 오늘날의 지브롤터 건너편 모로코 해안의 오귀기에(Ogygie) 섬에 도달했다. 그곳에는 '숨기는 아가씨'라는 뜻의 요정 칼륍소(Kalypso)가 살고 있었는데 그녀는 오뒤세우스를 사랑하여 극진히 보살폈다. 그러나 오뒤세우스의 소망은 오직 고향 이타케로 돌아가는 것뿐이었다. 여러 해가 흘렀다. 8년째 접어들자 마침내 오뒤세우스를 보호했던 아테나가 제우스를 설득했다. 제우스는 전령의 신 헤르메스를 칼륍소에게 보내 오뒤세우스를 풀어주라고 일렀다. 요정은 보내기 싫었지만 어쩔 수 없이 오뒤세우스가 뗏목을 만들도록 도와주었다. 뗏목을 완성한 오뒤세우스는 동쪽으로 뱃길을 잡았다. 그러나 포세이돈은 다시 태풍을 일으켜 오뒤세우스를 괴롭혔다. 고향이 멀지 않았다. 마지막 시련이었다. 뗏목이 부서졌다. 오뒤세우스는 부서진 잔해를 붙잡고 목숨을 부지한 채 표류했다.

걸친 옷이 파도에 모두 벗겨져 알몸인 채로 오뒤세우스는 파이아케스(Phaiakes) 사람들이 사는 코르퀴라(Korkyra) 섬의 해안에 올라섰다. 기진맥진한 그는 강 하구의 덤불숲에 누워 곯아떨어졌다. 다음 날 아침 그는 처녀들의 웃음소리에 잠이 깼다. 그곳 왕의 딸 나우시카아(Nausikaa)와 시녀들이 강가로 빨래하러 나왔다가 공놀이를 하고 있었다. 오뒤세우스는 나뭇가지로 벌거숭이 몸을 가리고 그녀들 앞에 나타났다. 그러자 처녀들이 놀라 도망쳤다. 나우시카아는 그대로 있었다. 오뒤세우스는 나우시카아에게 왕궁으로 가는 길을 물었고 그녀는 자세히 일러주었다. 그녀는 행인들이 수군거리는 게 귀찮아 오뒤세우스와는 다른 길로 왕궁에 도착했다. 파이아케스인들의 왕 알키노오스(Alkinoos)와 왕비는 오뒤세우스를 정중히 맞이했다. 그를 위해 향연도 열어주었다. 왕은 데모도코스(Demodokos)라는 음유 시인을 불러 노래를 부르도록 했다. 장님인 그는 사람들의 심금을 울리는 명창(名唱)으로 '아킬레우스와 오뒤세우스의 다툼'을 노래했고, '아레스와 아프로디테의 사랑'과 '트로이의 목마' 이야기를 노래로 읊었다. 오뒤세우스는 노래를 듣자 하염없이 눈물을 흘렸다. 왕은 그가 왜 우는지 몹시 궁금했다. 오뒤세우스는 결국 자기가 누군지 밝혔다. 그리고 트로이를 출발해서부터 겪은 고난과 모험을 모두 알키노오스 왕에게 이야기했다. 그의 이야기에 감동한 왕은 그에게 선물을 잔뜩 주고 뱃사람들에게 그를 고향 이타케로 데려다주라고 일렀다. 파이아케스인들의 배가 오뒤세우스를 태우고 쏜살같이 달렸다. 배 속에서 그는 잠이 들었다. 뱃사람들은 잠든 오뒤세우스를 포르퀴스(Phorkys) 항의 호젓한 곳에 내려놓고, 선물은 근처의 동굴 속에 넣어두고 돌아갔다.

오뒤세우스가 이타케를 떠난 후 20년이나 흘렀다. 트로이에서 10년을 보내고 바다에서 10년을 떠돌았다. 오랜 세월 동안 겪은 풍파 때문에 그의 모습은 매우 달라졌다. 아무도 그를 금세 알아볼 수 없을 것이었다. 그 역시 고향과 집안의 사정이 어떻게 변했는지 알 수 없었다. 그는 곧장 왕궁으로 가지 않기로 마음먹었다. 그는 우선 자신이 신임했던 돼지치기 에우마이오스(Eumaios)의 오두막을 찾아갔다. 일부러 거지 차림을 한 오뒤

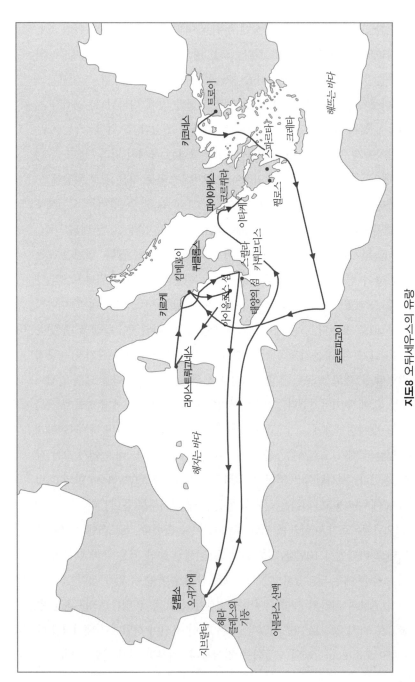

지도8 오디세우스의 유랑

『오디세이아』를 프랑스어로 번역한 빅토르 베라르(Victor Bérard, 1864~1931)는
오디세우스의 10년간의 방랑을 직접 탐사하여 그 여정을 위와 같이 제시하였다.

세우스는 여러 가지를 꼼꼼히 물어본 다음에야 자신의 신분을 밝혔다. 한편 아버지 오뒤세우스의 소식을 물으러 필로스(Pylos)와 스파르타에 가서 네스토르와 메넬라오스를 만나고 돌아온 텔레마코스는 오랜 이별 끝에 아버지와 재회했다. 오뒤세우스는 아들과 함께 궁전으로 가서 왕권을 되찾을 궁리를 했다. 그가 오랜 세월 왕궁을 비운 사이 인근 지역에서 온 108명이나 되는 젊은이들이 궁전에 자리 잡고 진수성찬으로 차려 먹으며 그의 재산을 축냈을 뿐만 아니라, 자신들 중에서 새 남편을 고르라고 페넬로페에게 성화였다. 왕비와 결혼하여 왕권을 잡기 위해서였다. 청혼자들의 집요한 요구에 시달린 페넬로페는 시아버지 라에르테스의 수의(壽衣)를 다 짤 때까지 기다려달라고 하면서 시간을 끌었다. 그녀는 낮에 짠 것을 밤에 풀면서 오랫동안 버텼지만, 결국 그 사실이 탄로 나고 말았다. 청혼자들은 더욱 거세게 왕비를 독촉하고 있었다.

오뒤세우스는 아들 텔레마코스의 도움을 받으며 거지 행색을 하고 궁전에 당도했다. 아무도 그를 알아보지 못했다. 그의 개 아르고스(Argos)만이 주인을 알아보고 꼬리를 흔들었지만 곧 죽고 말았다. 늙고 병들어 있었기 때문이었다. 오뒤세우스는 청혼자들 앞에 나타나 동냥을 하며 그들의 차림새를 관찰했다. 많은 청혼자들이 그에게 냉담했다. 특히 그들 중 가장 강력한 세력을 가진 안티노오스(Antinoos)가 못되게 굴었다. 페넬로페는 여행을 많이 한 거지가 궁전에 나타났다는 이야기를 듣고 행여나 남편 소식을 아는가 싶어 만나보려고 했지만 오뒤세우스는 저녁때 만나겠다고 미루었다. 저녁이 되자 텔레마코스는 아버지의 지시에 따라 궁전 안에 있는 모든 무기들을 숨겼다. 그리고 오뒤세우스는 페넬로페를 만났다. 그는 오뒤세우스를 잘 아는 크레타 섬 사람인 척했다. 그의 이야기가 앞뒤가 맞고 정확하다고 판단한 페넬로페는 그를 정중하게 대접하기로 마음먹고, 오뒤세우스의 유모 에우뤼클레이아(Eurykleia)에게 손님의 발을 따뜻하게 씻어주라고 일렀다. 큰 대야에 따뜻한 물을 가득 담아 오뒤세우스의 발을 닦으려는 순간 유모는 손님의 발목에 난 상처를 보고 깜짝 놀랐다. 어린 오뒤세우스를 길렀던 유모가 그의 몸 구석구석의 상처를 모를 리 없었다. 그것은 오뒤세우스가 어린 시절 외할아버지 아우톨뤼코스(Autolykos)와 외삼촌들을 따라 파르나소스 산으로 사냥을 갔다가 멧돼지 어금니에 찔린 상처였다. 하지만 에우뤼클레이아는 주인을 다시 만난 기쁨을 표현할 수 없었다. 오뒤세우스가 페넬로페가 눈치 채지 못하게 하라고 일렀기 때문이었다. 자리를 떴던 페넬로페는 거지 차림의 손님에게 돌아와 다음 날 청혼자들을 겨루게 하여 그중에 남편 오뒤세우스처럼 일렬로 세워진 열두 개 도끼 자루의 구멍을 단 하나의 화살로 관통할 수 있는 자가 있으면 그 사람과 결혼하겠다고 털어놓았다. 다음 날 모든 청혼자들이 나와 한 명씩 페넬로페가 내준 활시위를 잡아당겨 보려고 했지만 활은 요지부동이었다. 그 활은 보통 힘으로는 당길 수 없는 것으로 주인 오뒤세우스만이 다룰 수 있던 무기였다. 청혼자들의 우두머리 격인 안티노오스도 당기지 못했다. 마침내 오뒤세우스가 나서서 큰 활시위를 당겨 단 하나의 화살로 열두 개 도끼 자루의 구멍을 한 번에 꿰뚫었다. 그때 텔레마코스가 칼을 들고 오뒤세우스 옆에서 벌떡 일어섰다. 그러자 오뒤세우스는 입고 있던 남루한 옷을 벗어던지고 활로 안티노오스를 쏘아 죽였다. 청혼자들이 대항하려고 했지만 궁전 벽에 걸려 있던 무기는 모두 치워지고 없었다. 오뒤세우스는 그들을 무참히 학살했다. 청혼자들을 도와주었던 하녀들도 궁전 안뜰에서 처형했다.

페넬로페는 아들과 유모의 말에도 불구하고 남편 오뒤세우스가 눈앞에 있다는 것을 믿기 어려워했다. 그녀는 아직 마지막으로 확인할 게 있었다. 그녀는 하녀들을 불러 남편이 예전에 몸소 만든 침대를 준비하라고 일렀다. 페넬로페가 그렇게 지시한 것은 오뒤세우스를 시험해 보기 위해서였다. 페넬로페가 하녀들에게 침대를 준비하라고 말하는 것을 들은 오뒤세우스는 페넬로페의 의도를 몰라 화가 났다. 자신이 직접 부부용 침대를 움직이지 못하게 만든 장본인인데, 어느 누가 그 침대를 다른 곳으로 옮겨 놓았길래 지금 페넬로페가 그 침대를 준비하라고 하는가? 화가 난 오뒤세우스는 자신들의 침대는 그 어떤 힘센 사람도 움직일 수 없다는 것을 조목조목 페넬로페에게 이야기했다. 그 사실은 부부만의 비밀이었다. 오뒤세우스의 이야기를 다 듣고 난 페넬로페는 무릎이 떨리고 심장이 멈추는 것 같았다. 그녀는 울면서 오뒤세우스에게 달려가 두 팔로 그를 얼싸안았다. 오뒤세우스는 아내에게 예언자 테이레시아스가 일러준, 자신이 앞으로 해야 할 여행에 대해 이야기해 주었다. 그리고 그들은 예전의 행복을 다시 맛보기 위해 잠자리에 들었다. 다음 날 오뒤세우스는 시골에 가서 아버지 라에르테스와 감격스러운 재회를 했다. 그러나 희생당한 청혼자들의 부모들이 시골까지 몰려와 복수하려고 했다. 다행히 아테나 여신이 개입해서 사태는 원만히 해결되고, 이타케 섬에는 다시 평화가 찾아왔다.

호메로스의 『오뒤세이아』는 여기서 끝난다. 16장에서 시작되어 24장에서 끝나는 3부 '오뒤세우스의 복수'는 『일리아스』의 전투(『일리아스』, 2~22장)와 마찬가지로 4일 동안 일어난 사건이다. 4일 동안 벌어지는 사건을 기술하면서 곳곳에 과거의 이야기를 집어넣는 것은 『일리아스』의 특징이다. 트로이 전쟁을 소재로 하고 아킬레우스의 분노를 모티프로 전개한 『일리아스』의 이야기는 비극적인 반면, 고향으로 돌아가려는 오뒤세우스의 집념과 갖가지 위험을 극복하는 『오뒤세이아』의 이야기는 비장하고 감동적이다. 트로이 전쟁에서는 신들이 두 편으로 갈라져 전쟁에 가담했지만, 오뒤세우스의 귀환에 신들이 두드러지게 개입하는 것은, 오뒤세우스에 대한 포세이돈의 끈질긴 '원한'과 아테나 여신의 지속적인 보살핌, 그리고 제우스가 칼립소에게 오뒤세우스를 돌려보내라고 이르는 것뿐이며, 바람의 신 아이올로스와 마법사 키르케 등은 '경이로운' 동화적 에피소드의 인물들로 귀환 이야기의 재미를 돋우는 보조적 역할에 그친다.

『일리아스』처럼 오랫동안 전승된 구전 서사시인『오뒤세이아』역시 전승된 많은 설화들을 취사선택하여 재구성한 것으로, 특히 해양 민족인 그리스인들이 지중해 연안 곳곳을 무역 등의 이유로 왕래하면서 경험한 바다의 변화무쌍한 모습과 위험, 그리고 각 지역 주민들의 독특한 풍습에 관한 이야기들을 '오뒤세우스의 귀환'이라는 모티프를 중심으로 구성했다는 것이 통설이다.

3) 오뒤세우스의 영광

『일리아스』에 속편이 있듯이『오뒤세이아』에도 속편이 있다. 기원전 6세기 말에 퀴레네의 에우가몬(Eugamon)이 쓴『텔레고네이아(텔레고니아)』가 그것이다. 오뒤세우스의 마지막 여행을 이야기하는 이 작품은 오뒤세우스와 키르케 사이에서 태어난 텔레고노스가 페넬로페와 결혼하고, 아울러 키르케와 텔레마코스가 결혼하는 이야기로 끝맺는다. 이 밖에도 예언자 테이레시아스가 말한 오뒤세우스의 귀향 이후에 초점을 맞춘 이야기들도 있다. 그중에는 오뒤세우스가 그리스의 서북부 에페이로스(Epeiros) 지방에서 살다가 다시 이타케로 돌아가는 이야기가 있는가 하면, 아이톨리아에서 살다가 아이네이아스와 함께 로마 건국의 터전 마련에 참여한다는 이야기도 있다. 특히 이탈리아의 에트루리아인들은 오뒤세우스를 '방랑자'라는 뜻의 '나노스(Nanos)'라고 부르면서 자신들의 대중적인 민담에 오뒤세우스를 편입시켰다. 고대인들에게 오뒤세우스라는 인물은 아킬레우스만큼 매력적이었기 때문이었다. 아킬레우스가 짧은 삶과 '아름다운 죽음'을 통해 불멸의 영광을 얻었다면, 오뒤세우스는 '인간의 모든 지략'을 구사하면서 온갖 모험을 감행하고 고향과 아내 곁으로 돌아와 불멸의 영광을 얻는다. 오뒤세우스의 영광은 짧은 삶과 '아름다운 죽음'을 통해 얻어진 것이 아니라, 때로는 거짓말도 마다하지 않는 인간이면 누구에게나 필요한 실천적인 '지혜'를 적절하게 구사하면서 모든 역경을 이겨내고 자신을 기다리는 고향으로 마침내 '돌아가는' 인간적인 열정을 통해서 얻어진 것이다. 오뒤세우스는 유랑하면서 겪은 '바깥 세상'의 모든 험난함과, 고향과 아내를 되찾으려는 '내면세계'의 모든 열정을 함께 살면서 인간이 부딪칠 수 있는 모든 시련을 이겨냈다.

그의 이 같은 모험과 유랑과 집념은 로마의 베르길리우스의 『아이네이스』에 깊은 영향을 미쳤다. 그리고 3~4세기 교회의 성직자들이 오뒤세우스가 돛대에 스스로 몸을 묶고 세이레네스들의 유혹을 이겨내는 것을 종종 인용하면서 나무 '십자가'를 껴안고 있으면 쾌락의 유혹을 뿌리칠 수 있다고 설교한 것은, 오뒤세우스의 모험과 그의 집념이 기독교가 지배하던 중세에 '알레고리'로 빈번하게 활용되었음을 보여준다. 또한 유랑하는 오뒤세우스와 남편을 기다리는 페넬로페, 그리고 텔레마코스라는 세 인물의 관계가 제임스 조이스(James Joyce)의 『율리시즈』(1922)에서 레오폴드 블룸(Leopold Bloom, 오뒤세우스)이 더블린 시를 하루 종일 배회하는 것과 부인 몰리(Molly, 페넬로페)가 남편을 집에서 기다리고 있는 것, 그리고 스티븐(Stephen, 텔레마코스)이 '정신적인' 아버지를 찾아 나서는 것 등에 동일한 형태(isomorphisme)로 투사되고 있다는 것은 이미 널리 알려진 사실이다. 그리스 작가 카찬차키스(Nikos Kazantzakis)의 『오뒤세이아』(1938)는 외견상 호메로스의 『오뒤세이아』의 속편으로, 오뒤세우스를 절대를 찾아 나서는 여행자로 이야기함으로써 기원전 8세기의 오뒤세우스를 새롭게 해석한 작품이자, 옛 오뒤세우스의 영광을 20세기의 정신적 유랑의 맥락에서 되찾으려 노력한 작품으로 읽어야 할 것이다.

7. 아이네이아스의 모험

　로마인의 조상 아이네이아스의 유랑은 오뒤세우스의 유랑과 닮은꼴이다. 그러나 오뒤세우스는 트로이로부터 승전해 귀향하는 반면, 패전 영웅 아이네이아스는 불타오르는 고향 트로이를 탈출한다. 탈출은 미지의 세계를 향한 출발이다. 트로이를 탈출한 아이네이아스에 관해서는 여러 이야기가 전승된다. 라오코온이 죽고, 트로이가 함락되기 직전 그가 가족들과 함께 이데 산으로 피신해서 살다가 그곳에 새 도시를 건설했다는 이야기, 승전한 아킬레우스의 아들 네오프톨레모스가 그를 포로로 잡아갔다는 이야기, 그리고 여러 나라들을 떠돌다가 몇몇 도시들을 건설했다는 이야기 등이 전해지고 있다. 그러나 이와 같은 여러 이야기들 가운데 가장 영향력 있는 이야기는, 베르길리우스가 많은 전설들과 구전되어 내려온 자료들을 섭렵한 다음 이룩한 『아이네이스』이다. 베르길리우스 이전에 전승된 아이네이아스의 출생과 트로이 전쟁 때 펼친 그의 용맹을 간단히 먼저 살펴보겠다.

1) 출생

　사랑과 아름다움의 여신 아프로디테는 트로이 인근 이데 산에서 양떼를 몰던 멋진 청년 앙키세스에게 반해, 자신이 프뤼기아의 공주라며 다가가 사랑을 나눈 다음, 자신의 신분을 밝히며, "그대는 아들을 얻게 될 것이며, 그 아이가 트로이인들을 지배할 것이오[30]"라고 말했다. 얼마 후 아프로디테는 아이네이아스를 낳았다. 앙키세스는 카퓌스(Capys)의 아들이고 할아버지는 아사라코스(Assaracos), 증조할아버지는 트로스(Tros)로 다르다노스(Dardanos)의 후손이다. 다르다노스가 제우스와 아틀라스의 딸 엘렉트라의 아들이기 때문에, 그의 후손 앙키세스는 제우스의 혈통이므로, 아이네이아스는 여신의 아들인 동시에 또한 제우스의 후손이다. 하지만 아사라코스의 형 일로스(Ilos)의 아들 라오메돈과 손자 프리아모스로 이어지는 트로이 왕가의 혈통은 아니며 그들과 가까운 인척 관계였다. 아프로디테는 앙키세스에게 자신의 신분을 밝힌 뒤, 제우스에게 자신과 앙키세스의 관계를 숨기기 위해 아이의 출생을 비밀에 부치라고 이른 후, 아이를 산 속으로 보내 요정들이 키우게 했고, 켄타우로스 케이론에게 교육을 받게 했다. 앙키세스는 아이가 성장하자 트로이로 데리고 와 자신의 딸 히포다메이아(Hippodameia)와 사위 알카토오스(Alcathoos)에게 맡겨 좋은 교육과 무술 연마를 받게 했다. 얼마 후 아이네이아스는 트로이의 출중한 전사가 되었고, 프리아모스와 헤카베의 딸 크레우사(Kreousa)와 결혼해 아들 아스카니우스(Ascanius, 일명 이울루스 Iulus)를 얻는다.

2) 용맹스러운 전사

트로이 전쟁이 벌어졌을 때 아이네이아스는 그리스 군과 싸우며 용맹을 떨친다. 그는 전투 중에 디오메데스에게 부상을 당하지만, 아프로디테와 아폴론의 도움으로 위기를 넘긴다. 아이네이아스는 전투에 복귀하여 헥토르와 함께 그리스 군을 몰아세우며 퇴각시키기도 하는 용맹을 떨친다. 그는 헥토르 다음가는 트로이의 영웅이었다. 그리스 군에서 그를 처치할 영웅은 아킬레우스밖에 없었다. 그는 아킬레우스와 대결할 때 죽을 뻔했다. 포세이돈이 헤라에게 "아이네이아스는 죽음에서 벗어나야 하는 운명이오. 그는 다르다노스의 용맹스럽고 풍요로운 혈통을 지켜내야 하오. (…) 제우스는 이미 프리아모스 자손들을 멀리했소. 강력한 아이네이아스가 트로이인들을 지배할 것이고, 그의 아들과 아들의 아들들이 그렇게 할 것이오[31]"라고 말하자 헤라는 그를 구출해도 좋다고 말한다. 포세이돈은 곧 전투중인 아이네이아스에 다가가 적절한 순간에 그를 구름으로 감싸 그곳에서 빼낸다.

호메로스의 『일리아스』에 등장하는 아이네이아스의 운명은 여신의 아들답게 이미 특별했다. 또 다른 여신의 아들 아킬레우스와의 대결에서 죽어야 될 운명은 아니었다. 호메로스는 아이네이아스에 관해 더 이상은 기술하지 않았다. 그러나 앞에서도 언급했듯이 그에 관한 전설은 호메로스 이후에 여러 가지가 전승되었지만, 가장 영향력 있게 되살아난 것은 먼 훗날 로마의 시인 베르길리우스의 『아이네이스』를 통해서였다.

3) 베르길리우스

베르길리우스는 이탈리아 북부 만투아(Mantua, 오늘날의 만토바) 인근의 마을에서 기원전 70년 10월 태어났다. 그곳에서 초등교육까지 마친 그는 정치가와 법률가를 지망하며 로마로 가서 수사학을 공부했다. 그러나 내성적인 성격 때문에 꿈을 접고 문학과 철학으로 진로를 바꿨다. 그 후 공부에 전념하기 위해 네아폴리스(오늘날의 나폴리)로 내려가 시를 쓰는 공부에 몰두했다. 3년 집필 끝에 그가 처음으로 펴낸 작품은 『전원시』(기원전 41)로 그의 나이 29세 때였다. 첫 작품으로 좋은 평가를 받은 그는 7년을 공들여 『농경시』(기원전 37~29)를 썼다. 이 작품은 헤시오도스의 『일과 나날들』을 모델로 한 교훈시로 농사, 포도 재배, 목축 등 농부의 일상을 주제로 한 작품이다.

베르길리우스의 재능이 알려지기 시작했다. 언제 끝날지 모르는 로마의 내전을 옥타비아누스(후일 아우구스투스)가 악티움 해전 승리를 통해 종식시키고 돌아왔을 때, 베르길리우스는 『농경시』를 낭독했고, 이 때 주위로부터 로마를 찬미하는 민족 서사시를 써보라는 권고를 받았을 것으로 추측된다. 그는 『농경시』 이후 11년 동안 서사시 『아이네이스』를 심혈을 기울여 써 내려 갔다. 그는 마지막으로 작품을 보완하기 위해 서사시

앞부분의 무대가 되는 그리스와 소아시아를 여행하는 열정을 보였다. 그러나 귀국하는 길에 열병에 걸려 고통받다가 이탈리아 남단 브룬디시움 (Brundisium, 오늘날의 브린디시)에 도착한 직후 기원전 19년 9월 숨을 거둔다. 오랫동안 이 작품을 쓰면서 그는 기원전 23년에는 아우구스투스 앞에서 『아이네이스』 2, 4, 6권을 낭독해 그에게 큰 감명을 주기도 했다. 열병에 걸린 베르길리우스는 죽기 전에 친구 바리우스(Varius)에게 자신이 죽게 되면 『아이네이스』 원고를 불태우라고 말했고, 약속까지 받았다고 한다. 그러나 그가 죽자 아우구스투스는 바리우스와 툭카(Tucca)로 하여금 원고를 정리하여 간행하라고 명령한다. 이들은 50여 군데 미완성의 흔적이 있기는 했지만 손볼 곳이 별로 없는 베르길리우스의 원고를 그대로 간행했다. 『아이네이스』는 9,896행으로 짜여진 대서사시인데, 미완의 작품임을 증명이라도 하듯 몇 군데가 완전히 채워지지 않은 채 남아 있다. 하지만 미완성이라는 느낌은 거의 들지 않는 작품이다. 오늘날까지 『아이네이스』가 널리 읽히고 있는 것은 바리우스가 약속을 어긴 것과 아우구스투스의 배려 덕분이다.

로마의 민족 서사시를 이룩해낸 베르길리우스는 서사시의 주인공으로 아이네이아스를 선택하는 탁월한 안목을 보였다. 소설 형식 신화의 핵심은 주인공과 장소이다. 그는 전승된 여러 전설들 가운데에서, 호메로스가 『일리아스』에서 트로이인들을 지배할 것이라고 언급한 아이네이아스를 주목하고 선택한 것이다. 장소는 이 서사시가 로마 민족에 초점을 맞춘 이상 중흥의 발원지인 중부 이탈리아의 티베리스 강 주변과 라티움 (Latium)을 겨냥할 수밖에 없었을 것이다.

4) 『아이네이스』

12권으로 나뉜 『아이네이스』의 서사시를 순서대로 따라가 보겠다(라틴어 명칭에 상응하는 그리스어명이나 널리 통용되는 명칭은 괄호 속에 병기했다).

　[1권] 아이네아스(Aeneas, 아이네이아스) 함대가 시킬리아(시칠리아)를 떠나 이탈리아로 항해하는 모습을 하늘에서 바라 본 유노(Iuno, 헤라)는, 파리스의 판결로 인해 자존심이 상해 트로이인에 대한 증오가 사무쳤기 때문에, 트로이인들이 로마 민족을 창건하는 것을 방해하기로 마음먹고 바람의 신 아이올루스(Aeolus, 아이올로스)를 구슬려 바람을 일으키게 했다. 조용하던 바다가 순식간에 돌변해 태풍이 휘몰아치자 아이네아스의 배 한 척이 침몰하고 나머지들은 흩어져 버렸다. 바다의 제왕 넵투누스(Neptunus, 포세이돈)가 바다를 진정시키자, 아이네아스는 겨우 일곱 척의 배를 해안에 상륙시킬 수 있었다. 비너스(Venus, 아프로디테)가 아들을 측은하게 여겨 유피테르(Iuppiter, 제우스)에게 하소연하자, 유피테르는 그녀에게 아이네아스가 주도할 미래의 운명을 3년, 30년, 300년의 세 단계로 이야기하며 '끝없는 제국'을 그들에게 주었으며 로마가 마침내 그리스를 정복할 것이라면서 안심시켰다.

　아이네아스는 충복 아카테스(Achates)와 함께 자신들이 상륙한 곳을 살피기 위해 정찰에 나섰는데, 숲속에서 젊은 여자 사냥꾼을 만났다. 그녀는 디도(Dido)가 다스리는 도시가 인근에 있다고 알려주며, 디도에 관해서도 말해주었다. 디도는 포이니케(페니키아)인들 중에서 황금이 가장 많은 쉬카이우스(Sychaeus)와 결혼해 살았지만 황금욕에 눈이 먼 그녀의 오빠 퓌그말리온이 그녀의 남편을 은밀하게 살해했다. 그러나 남편의 환영이 디도의 꿈에 나타나 땅 속에 묻어둔 보물을 갖고 어서 도피하라고 일러 주었다. 충격에 빠진 디도는 사람들을 모아 튀로스(Tyros)를 탈출해 이곳에 와서 카르타고(Karthago)를 건설하고 여왕이 되었다고 일러주었다. 그 사냥꾼은 또한 태풍 때문에 헤어진 동료들도 무사할 것이라고 말한 뒤 사라져버렸다. 아이네아스는 그때서야 그 여자 사냥꾼이 자신의 어머니 비너스임을 알아차린다.

카르타고로 간 아이네아스는 디도가 건립해 봉헌한 거대한 유노 신전에 도달한다. 신전에서 그는 자신의 모습도 그려진 트로이 전쟁 그림들을 경탄하며 바라보았다. 트로이가 함락 된 지 6년밖에 안 되었는데 일리온의 전투가 온 세상에 이처럼 널리 알려져 유명해진 것이다. 아이네아스는 그 그림들의 '경건함'을 맛보며 낯선 곳의 공포심을 진정시킬 수 있었다. 그때 여왕 디도가 호위를 받으며 신전으로 들어와 태풍 때문에 아이네아스와 헤어져 카르타고의 다른 해안으로 밀려온 트로이 함선 측의 피난 요청을 듣고서는 흔쾌히 도움을 주겠다고 답변했다. 그때 아이네아스는 헤어졌던 12척의 함선과 동료들이 무사함을 알게 되었고, 앞으로 나와 디도에게 감사의 인사를 표했다. 20척으로 트로이를 출발한 함대가 이번 태풍으로 한 척을 잃은 것이다. 여왕은 트로이 유민들을 궁전으로 초대해서 만찬을 베풀었다. 아이네아스는 아스카니우스 편에 여왕에게 감사의 선물을 전했다. 이때 비너스가 아무도 눈치 채지 못하게 자신의 아들 쿠피도(Cupido, 에로스)를 아스카니우스로 변신시켜, 선물을 여왕에게 건네며 디도의 마음에 아이네아스에 대한 사랑이 불타게 만들었다. 디도가 유노를 섬기는 만큼, 비너스는 디도의 호의를 완전히 믿지 못하는 듯했다. 디도의 사랑만이 아이네아스를 온전히 카르타고에서 보호할 수 있다고 생각한 것이다. 사랑이 싹트기 시작한 디도는 트로이에 관해 많은 질문을 하며, 아이네아스에게 그리스 군의 계략과 전우들의 패망과 벌써 칠 년째인 유랑에 관해 처음부터 이야기 해달라고 요청했다.

[2권] 아이네아스의 이야기는 그리스 군이 해변에 거대한 목마를 놓아둔 채로 철수하던 날부터 시작되었다. 라오코온의 충고에도 불구하고 도성 안으로 목마를 들이고, 퇴각했던 그리스 함대가 되돌아와 트로이 성을 침공할 때, 집에서 잠을 자던 아이네아스의 꿈에 헥토르가 나타나 모든 것이 끝났으니 가정과 국가의 수호신상 페나테스(Penates)를 챙겨 어서 탈출하라고 이른다. 소수의 부하들을 데리고 그가 궁정에 도착했지만 불가

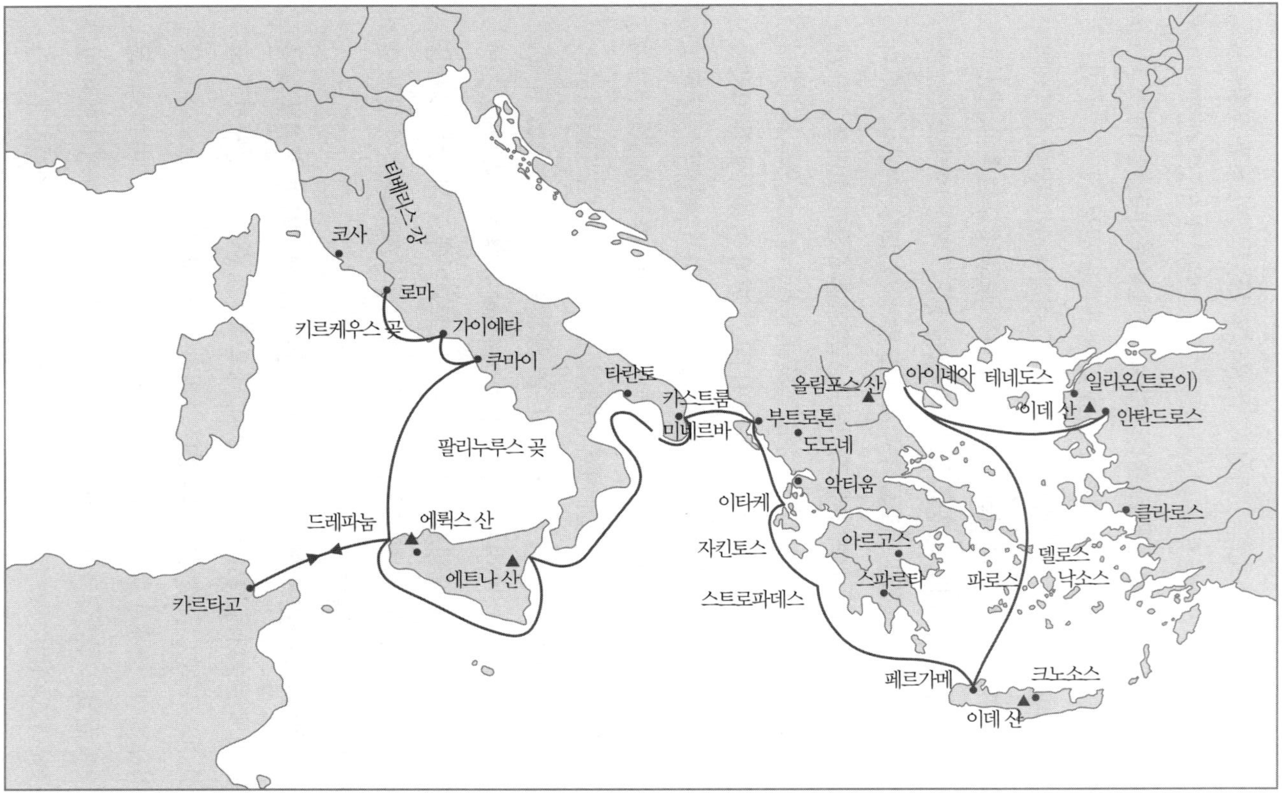

지도 9 아이네이아스의 유랑

항력이었다. 트로이 왕 프리아무스(프리아모스)는 무참히 살해되었다. 폐허가 된 도성 안에서 충격에 빠진 아이네아스는 헬레나(헬레네) 모습을 한 비너스로부터 모든 것은 신들의 뜻이니 탈출해야만 된다는 말을 들었다. 집으로 되돌아온 그는 아버지 앙키세스가 여기서 죽겠다며 완강히 거부하는 바람에 당황스러웠지만 신들이 보낸 기적의 징후에 마침내 노인은 뜻을 굽혔다. 아이네아스는 페나테스를 갖고 있는 아버지를 목말을 태우고, 한 손으로 아들의 손을 잡고 아내 크레우사를 뒤따르게 한 다음, 집안 사람들에게는 인근의 집결 장소에서 만나자고 약속하고서는 탈출을 시작했다(그림 32). 한참을 정신없이 달리던 그가 뒤돌아보니 아내가 오지 않는 것이다. 일단 집결 장소에 가서 아버지와 아들을 머물게 한 다음, 그는 도성으로 되돌아와 아내 이름을 부르며 찾았지만 허사였다. 그때 아내 크레우사의 환영이 나타나 남편에게 앞으로 긴 유랑을 하게 될 것이며, 티베리스 강이 흐르는 비옥한 땅에 그를 위한 왕국과 왕녀가 있다는 말을 하고 사라졌다. 밤이 끝날 무렵, 그는 슬픈 고통을 안고 집결 장소로 되돌아와 피난민들을 산 속으로 인도했다.

　[3권] 산 속으로 많은 사람들이 몰려들었다. 멀리 떠나야겠다고 생각한 아이네아스는 이다(Ida, 이데) 산기슭 안탄드로스(Antandros)에 기거하며 선박을 건조했다. 첫 기착지였던 트라케에서 정착할 요량이었지만 그곳의 배은망덕한 풍토에 실망해 다시 항해에 나서 델로스 섬에 도착했다. 아폴로(아폴론)에게 신탁을 물으니 옛 어머니를 찾아 가라고 일러주었다. 앙키세스는 옛 어머니라고 지칭한 그곳이 크레타라고 생각했다. 그들이 크레타에 도착했지만, 아이네아스의 꿈에 페나테스가 나타나 트로이인들의 조상 다르다누스(다르다노스)의 조국 이탈리아로 떠나라고 일렀다. 다시 항해에 나선 그들은 3일 동안 계속된 태풍과 괴조 하르퓌이아이(Harpyiae)와의 고투 끝에 북쪽으로 항해했다. 이타카(이타케)를 지나쳐 악티움에 상륙하여, 오랜만에 땅을 밟은 기쁨으로 운동 경기를 한 다음

해안을 따라 항해한 끝에 코르퀴라 섬 맞은편 포구에 정박한 뒤 브트로툼 (Buthrotum)으로 걸어갔다. 뜻밖에도 그들은 그곳에서 트로이 인척 안드로마케와 헬레누스(헬레노스)를 만났다. 자초지종을 들어보니, 아킬레우스의 아들 네오프톨레무스(네오프톨레모스)에 의해 이곳으로 끌려온 안드로마케는 그의 아들을 낳았지만, 그가 헤르미오네와 결혼하려고 그녀를 하인으로 끌려온 헬레누스에게 넘겼고 네오프톨레무스가 죽자 헬레누스는 이곳에 트로이 혈통의 왕국을 건설해 왕이 되었다는 것이다. 예언가인 헬레누스는 아이네아스의 목표인 이탈리아는 이곳 인근의 이탈리아가 아니라, 시킬리아를 돌아서 멀리 가야만 도달할 수 있으며, 흰 암퇘지가 30마리의 새끼와 함께 누워있는 것을 보게 되는 곳이 도시를 건설해도 좋은 곳이라고 일러주었다. 아이네아스 일행은 이탈리아 남단을 따라 항해를 계속했고, 시킬리아 남부의 포구에 기항했다. 밤새 아이트나(에트나) 화산의 굉음이 들렸다. 아침이 되자 누더기를 걸친 낯선 자가 나타나 퀴클롭스를 피해 도망치던 울릭세스(Ulixes, 오뒤세우스) 일행이 동료인 자신을 경황 중에 남겨두고 떠났다며, 자신의 운명을 그들의 처분에 맡기겠다고 했다. 트로이 유민들은 그를 받아들였다. 그때 폴뤼페모스가 갑자기 나타났다. 눈에서는 아직도 피가 흘러내리고 있었다. 아이네아스 일행들은 놀라서 즉시 먼 바다로 서둘러 빠져 나왔다. 그들은 시킬리아 연안을 떠나 항해하다가 드레파눔(Drepanum)에 정박했다. 이곳에서 아이네아스의 노쇠하고 지친 아버지 앙키세스가 세상을 떠났다. 효성이 지극한 아들에게 아버지의 죽음은 극심한 고통이자 시련이었다. 그곳을 출발한 일행들은 항해를 계속하다가 태풍을 만나 흩어져서 이곳 해안으로 오게 되었다고 말하며, 아이네아스는 이야기를 마쳤다.

[4권] 아이네아스에 대한 사랑이 디도를 사로잡았다. 죽은 남편에 대한 충절 때문에 디도는 고민했다. 그녀는 여동생 안나(Anna)에게 속마음을 털어 놓았다. 안나는 카르타고의 미래를 위해서도 둘의 결합은 좋을 것이

라며 디도의 사랑을 응원했다. 한편, 유노는 아이네아스를 카르타고에 묶어둘 생각이어서, 둘의 결합은 트로이인들의 영광이라고 비너스에게 말했다. 비너스는 유노의 계획에 동의하는 척 했지만, 속셈은 아들을 카르타고에서 안전하게 보호하려는 것이었다. 사냥 대회가 열렸다. 갑자기 구름이 몰려오더니 소나기가 쏟아졌다. 가까운 동굴로 디도와 아이네아스는 함께 피신했다. 동굴에 둘만 있게 되자 둘은 결합했다. 둘의 관계는 궁정 침실로 이어졌고, 디도는 이를 결혼이라 생각했다. 디도의 생각이 불행의 시작이었다. 소문이 퍼져 널리 이웃 나라까지 날개를 달았다. 디도에게 청혼했다가 거절당한 누미디아(Numidia)족의 왕 이아르바스(Iarbas)는 질투심에 불타올라 자신의 왕국에 100개의 거대한 신전을 지어 봉양해 온 유피테르에게 불만을 털어 놓았다. 유피테르는 아이네아스가 본분을 잊고 카르타고에 눌러앉아 도시 건설에 열중하는 것을 보고 놀랐다. 그는 메르쿠리우스(Mercurius, 헤르메스)를 불러 아이네아스에게 날아가 사명을 일깨우라고 명했다. 전령은 하늘을 날아가 아이네아스를 질책했다. 정신이 번쩍 돌아온 아이네아스는 은밀히 출발 준비를 하며 디도에게 알릴 기회를 찾고 있었지만 디도는 이미 알아차리고 있었다. 디도는 아이네아스에게 비난과 간청과 저주를 쏟아 부었다. 그러나 아이네아스는 카르타고에 자리 잡을 생각을 하지 않는다며 뜻을 굽히지 않았다. 트로이인들은 해안에서 공개적으로 출발 준비를 했다. 이를 바라본 디도는 동생 안나를 그에게 보내 출발을 늦추어 달라고 시켰으나 허사였다. 아이네아스는 고통스러운 연민을 느꼈다. 디도는 모든 것이 끝났다고 생각해 죽기로 결심했다. 여왕은 주문(呪文)으로 마음을 해방시킬 수 있다는 여사제를 오게 해 정념에서 벗어나겠다는 핑계를 대며 궁정 뜰에다 장작더미를 쌓게 하고 그 위에 아이네아스의 무구와 옷가지들과 같이 잠자던 침대를 올려놓게 했다. 밤이 깊어갔다. 디도는 모든 것을 되새겨 보았다. 죽음 외에는 출구가 없었다. 이날 밤, 아이네아스의 꿈에 메르쿠리우스가 나타나 동이

트기 전에 당장 떠나라고 일렀다. 뜬 눈으로 밤을 지샌 디도가 동이 트자 바다를 바라보았다. 트로이 함선들이 벌써 저 멀리 떠나가고 있었다. 여왕은 그들에게 심한 저주를 퍼부었다. 그녀는 작심하고, 주위의 사람들을 가능한 한 물리쳤다. 여왕은 끔찍한 의도에 제 정신이 아니었다. 파랗게 질린 디도는 장작더미로 기어 올라가 아이네아스에게서 선물로 받은 칼을 빼어들고 침대 위에 얼굴을 파묻고 비탄의 마지막 말을 쏟아 내더니, 칼 위로 몸을 덮쳤다. 비명 소리가 울려 퍼졌다. 궁정 밖에 있던 안나가 미친 듯 달려와 장작더미 위로 올라가 죽어가는 언니를 가슴에 안고 흐느꼈다.

[5권] 트로이 함대는 카르타고의 성벽에서 불길이 번쩍이는 것을 보며 멀어져 갔다. 태풍 조짐이 보였다. 함대는 트로이 동포 아케스테스(Acestes)가 왕인 시킬리아 연안으로 피신해 환대받았다. 앙키세스가 세상을 떠난 지 1년째 되는 날이었다. 아이네아스는 무덤에서 제사를 올린 뒤 9일간의 추모 운동 경기를 개최하겠다고 선언했다. 제사 때 거대한 뱀이 나타나 봉헌물을 먹어 치웠다. 모두들 길조라 생각했다. 운동 경기는 선박 경주를 비롯해 달리기, 활쏘기로 이어졌고, 아스카니우스가 참여한 젊은이들의 기마행렬 분열식이 펼쳐졌다. 한편, 트로이 여인들은 해변에 앉아 앞으로 해야 할 항해에 대한 생각으로 슬픔에 젖어 있었다. 트로이 유민들의 이탈리아행을 방해하려는 유노는 자신의 전령 겸 무지개 여신인 이리스(Iris)를 여인들에게 보내 시킬리아에 정착하고 싶으면 선박들을 불 태우라고 선동했다. 여인들은 선동에 휘몰려 선박에 불을 질렀다. 아스카니우스를 필두로 남자들이 달려갔으나 화재를 진압하기에는 역부족이었다. 그때 유피테르가 아이네아스의 청원을 듣고 장대 같은 소나기를 퍼부어 불을 꺼주었다. 네 척의 배가 소실되었다. 아이네아스는 이탈리아행을 포기해야할지 망설였다. 그때 나우테스(Nautes) 노인이 그를 위로하며, 여기에 남고 싶어 하는 지친 노약자들과 어머니들을 트로이 동포 아케스테스 왕에게 맡기고 떠나라고 조언했다. 이날 밤 아이네아스 앞에 죽

은 앙키세스가 나타나 나우테스의 조언을 따르라고 했다. 그리고 무녀 시빌라(Sibylla, 시뷜레)의 인도를 받아 지하 세계로 내려오면 후손들의 미래를 알려주겠다고 말하며 사라졌다. 아케스테스 왕은 남은 사람들을 받아들이고 그들의 왕이 되겠다고 응낙했다. 그들을 위해 도성 터를 마련하고 집을 지을 자리를 배분했으며, 비너스에게 신전을 봉헌했고, 앙키세스 묘에 사당을 지었다. 트로이 유민들은 이제 서로 작별해야 했다. 함대는 힘차게 출발했다. 그러나 비너스는 유노의 끈질긴 증오가 불안하여 넵투누스에게 안전 항해 보장을 요청했다. 바다의 신은 응낙했다. 그러나 한 사람은 일행을 위해 죽을 것이라고 했다. 순풍에 돛을 달고 함대는 바다를 미끄러지듯 달려 나갔다. 잠의 신이 슬며시 다가가 지휘선 키잡이 팔리누루스(Palinurus)를 바다로 밀었다. 7년 동안이나 함대를 인도했던 그가 키를 잡은 채로 바다에 빠져 죽었다. 아이네아스가 그를 대신했다.

[6권] 함대가 마침내 이탈리아 쿠마이(Cumae) 연안에 상륙했다. 신심이 깊은 아이네아스는 아폴로 신전과 시뷜라의 거처인 동굴을 찾아갔다. 예언녀를 만나기 위해서는 7마리 숫송아지와 7마리 암양을 제물로 바쳐야 했다. 그러자 시뷜라가 신기가 들어 아이네아스에게 앞으로 그에게 닥칠 전쟁들을 예언했다. 그는 놀라지 않았다. 그는 지하 세계 관문 아베르누스(Avernus) 임야를 관할하는 시뷜라에게 지하 세계로 가서 앙키세스를 만나게 해 달라고 요청했다. 시뷜라는 두 가지 조건을 달아 응낙했다. 프로세르피나(페르세포네)에게 바쳐진 황금 가지를 꺾어올 것과 방금 죽은 동포 한 명을 매장하고 장례를 치루라는 것이었다. 동굴을 나와 해안에 도착한 아이네아스는 나팔수 미세누스(Misenus)가 죽은 것을 알았다. 화장용 장작을 준비하려고 아이네아스와 전우들은 숲 속으로 들어갔다. 벌목을 하면서 아이네아스는 황금 가지를 볼 수 있게 해달라고 기도했다. 그때 어머니 비너스의 새인 비둘기 한 쌍이 높은 하늘에서 날아와 땅에 앉았다가 다시 날더니 색깔이 다른 나무 위에 앉았다. 아이네아스는 그 나

뭇가지들 사이에 황금빛이 반짝이는 것을 보았다. 그는 다가가 황금 가지를 꺾었다. 미세누스의 장례식이 끝나고, 지하의 신들에게 제물을 바친 다음, 시빌라와 아이네아스는 아베르누스 호수의 동굴을 통해 지하 세계로 내려갔다. 황량한 왕국 초입에는 야수들과 괴물들의 실체 없는 허상들이 있었다. 스튁스 강가로 가는 길에는 땅에 묻히지 못한 원혼들이 무리지어 있었다. 그들은 100년을 배회해야 한다고 했다. 아이네아스는 그 무리들 중에 최근에 바다에 빠져 죽은 키잡이 팔리누루스를 알아보았다. 여사제 시빌라는 묻히지 못한 자는 강을 건널 수 없다고 말했다. 뱃사공 카론(Charon)은 아이네아스와 시빌라에게 으름장을 놓으며 배에 태워줄 기세가 아니었다. 시빌라가 옷 안에 감추었던 황금 가지를 꺼내 보여주자 뱃사공은 곧 수그러들었다. 강을 건너자 세 개의 머리를 가진 괴견 케르베루스(Cerberus, 케르베로스)가 요란하게 짖어댔다. 시빌라가 수면제가 들어있는 과자를 던져주자 곧 잠에 곯아 떨어졌다. 아이네아스는 발걸음을 재촉했다. 갓난아이들의 울음소리, 무고하게 죽은 자들과 자살한 자들의 소리가 들려왔고, 비탄의 들판이 나타났다. 그곳에는 사랑의 잔인한 고통으로 죽은 파이드라. 파시파에 등이 보이더니 디도도 있었다. 아이네아스가 그녀에게 다가가 본의 아니게 그녀를 떠났으며, 신들의 엄명 때문이었다고 말했으나 화가 난 그녀는 그를 노려보면서 적의를 품은 채 숲속으로 도망가 버렸다. 비탄의 들판 끝에는 아드라투스, 데이포부스 등 전쟁터에서 죽은 그리스와 트로이 전사들이 모여 살고 있었다. 거기서 길이 둘로 갈라졌다. 왼쪽은 죄지은 자들이 기거하는 타르타루스(타르타로스)로 가는 길이었는데 채찍 소리와 끔찍한 비탄의 소리가 들려왔다. 그들은 오른쪽으로 방향을 틀어 길을 갔다. 프로세르피나 궁전 문 앞에서 아이네아스는 몸에 정화수를 뿌리고, 황금 가지를 문턱에다 꽂았다. 이제야 그들은 선택받은 자들만이 들어갈 수 있는 행복한 자들의 거처인 엘뤼시움(Elysium, 엘뤼시온, 샹젤리제)으로 들어갔다. 눈부신 들판이 펼쳐졌다.

그곳에는 오르페우스와 일로스와 트로이족의 조상 다르다누스(Dardanus, 다르다노스)가 있었다. 잠시 후 아이네아스는 드디어 아버지를 만났다. 앙키세스는 그곳의 레테(Lethe) 강변의 수많은 혼백들에 관해 말했다. 레테 강변에 모여 있는 혼백들은 두 번째로 몸을 받기 위해 모든 기억을 씻어 내고 망각의 물을 마신다며, 아무것도 기억하지 못한 채 지상으로 돌아간다고 말했다. 그들 중 어떤 혼백들이 아들의 후손으로 지상에 다시 나타나게 되는지 가르쳐 주기 위해 그는 아들을 언덕 위로 인도했다. 로마의 역사를 이끌어 나갈 알바 롱가(Alba Longa)의 초창기 왕들로부터 로물루스, 카이사르, 아우구스투스로 태어날 인물들을 한 명씩 손으로 가리키며 아들로 하여금 보게 하면서 아들의 후손들이 펼치는 빛나는 미래의 영광을 이야기 해주었다. 앙키세스는 아들의 마음에 다가올 명성에 대한 욕망의 불을 지른 것이다. 앙키세스는 곧 벌어지게 되는 전쟁들과 라티누스(Latinus)의 도성에 관해 대처 방법을 일러주며, 아들과 시뷜라를 지상으로 단번에 올라갈수 있게 해주는 상아의 문으로 내보냈다.

[7권] 지상으로 되돌아온 아이네아스는 전우들과 합류해, 해안을 따라 북쪽으로 올라가 티베리스(Tiberis) 강 하구를 거슬러 올라가 아름다운 기슭에 정박했다. 그곳은 라티누스 왕이 평화롭게 지배하는 라우렌툼(Laurentum)이었다. 연만한 그에게는 외동딸 라비니아(Lavinia)가 있었는데, 왕비 아마타(Amata)가 지지하는 인근 루툴리(Rutuli)족의 젊은 왕 투르누스(Turnus)와 약혼 상태였다. 그러나 왕은 신탁에 따라 딸을 외래인과 결혼시키려던 참이었다. 아이네아스 일행은 강가에서 식사하며, 드디어 '약속의 땅'에 도착한 것을 알게 되었다. 아이네아스는 곧 사절단을 편성하여 라티누스 왕에게 보내 이곳에 정착하기를 희망한다는 의사를 전달했다. 왕은 긍정적인 답변과 함께 외지에서 온 아이네아스를 신탁이 언급한 운명의 사윗감으로 생각하고, 그렇게 되기를 희망한다고 덧붙이며 많은 선물을 보냈다. 한편, 유노는 트로이인들이 목적지에 도달한 것을

알고 분노하여, 복수의 세 여신 중 알렉토(Allecto)를 불러 라티니족과 트로이족의 전쟁을 일으키라고 명했다. 알렉토는 왕비 아마타와 투르누스에게 분노의 불을 질렀다. 그러자 왕비는 딸을 숲 속에 숨기며 광기를 부렸고, 투르누스는 격렬한 분노심으로 무력에 호소하려 했다. 그때 사냥을 나갔던 이울루스(Iulus, 아스카니우스)가 멋모르고 시골 사람들이 아끼는 사슴을 활로 쏘았다. 그러자 시골 사람들이 몰려나왔고, 트로이인들도 몰려나와 서로 싸웠다. 소기의 목적을 달성한 알렉토는 지하 세계로 돌아갔다. 분노한 라티니족들은 라티누스 왕에게 트로이인들과 맺은 화친 관계를 단절하고, 전쟁을 선포하라고 압박했다. 절망한 왕은 어쩔 줄 몰라하며 궁전에 칩거했다. 그러자 유노 자신이 전쟁 개시를 알리는 전쟁의 문을 열어 젖혔다. 온 나라가 전쟁 준비에 몰두하며 무장했다. 트로이 군에 맞서 싸울 라티니 동맹군의 지역별 지휘관 13명 중에는 신들을 모독하고, 성격이 포악하여 에트루리아(Etruria) 왕 자리에서 추방당한 메젠티우스(Mezentius), 라비니아의 약혼자이자 동맹군 총대장 투르누스, 그리고 볼스키족의 처녀 전사 카밀라(Camilla)가 괄목할 만한 인물들이었다.

[8권] 투르누스가 라우렌툼 성채 정상에 전쟁 깃발을 내걸고, 참전을 독려하는 한편, 트로이 전쟁에 참전하여 큰 무공을 세우고 그리스로 귀환하였다가 이탈리아로 이주한 디오메데스에게 동맹군에 참여해 달라는 사절을 보냈다. 한편, 불안해하는 아이네아스의 꿈에 티베리스 강의 신이 나타나 신들이 예정한 장소에 잘 도착했다고 알리면서, 강가의 참나무 밑에 흰 암퇘지 한 마리가 30마리의 새끼를 낳고 누워 있는 것을 보게 될 것이라고 말했다. 강의 신은 그것이 아스카니우스가 30년 뒤 영광의 도시 알바(Alba)를 세운다는 것을 뜻한다고 말하며, 강물을 거슬러 올라가 라티니족과 끊임없이 전쟁을 하는 아르카디아(Arcadia)인들의 도시 팔란테움(Pallanteum)을 찾아가 에우안드루스(Euandrus) 왕에게 동맹을 요청해야 하고, 덧붙여 유노의 분노를 푸는 탄원도 올리라고 당부하며 물

속으로 사라졌다. 경건한 아이네아스는 잠에서 깨어나 두 척의 배에 전우들을 태우고 출발하려는데 강가에 흰 암퇘지와 새끼들을 발견하고서는, 유노에게 제물로 바쳤다. 그런 다음 초록 빛 숲들 사이의 강물을 거슬러 올라가 에우안드루스의 도시에 접근했다. 그때 왕은 도성 밖에서 카쿠스(Cacus)라는 반인(半人) 괴물을 퇴치해준 헤르쿨레스(Hercules, 헤라클레스)에게 경배 제사를 거행 중이었다. 왕과 그의 아들 팔라스(Pallas)는 아이네아스 일행을 호의적으로 맞았고, 아이네아스는 방문 목적을 말했다. 왕은 돕겠다고 말하며 일행을 경배 제사에 참석시켜 좋은 음식으로 허기를 가시게 했다. 의식이 끝나고 저녁이 되자 왕은 아이네아스를 궁전으로 안내하며 후일 로마가 세워질 당시에는 황량했던 일곱 개의 언덕들을 차례로 가리켜 가면서 설명해 주었다. 왕의 궁전은 검약하고 협소했다.

한편, 비너스는 라우렌툼의 전쟁 준비에 불안하여 남편 불카누스(헤파이스토스)를 매료시킨 다음 아들의 무기를 제작해 줄 것을 부탁했다. 그는 서둘러 대장간으로 가서 퀴클롭스 등과 함께 멋진 무기를 만들기 시작했다. 동이 트자 에우안드루스 왕은 아이네아스에게 메젠티우스를 추방한 에트루리아 동맹군은 막강한 군사력은 갖고 있지만 메젠티우스를 보호하고 있는 투르누스에 대적할 만한 지휘관이 없다면서, 그가 적임자이니 합류를 추진하겠다며, 자신의 기마 부대와 아들 필라스를 트로이 군에 합류시켰다. 연로한 왕은 아들을 전장으로 내보내며 가슴이 메어졌다. 아이네아스 부대는 도성 밖으로 나와 에트루리아 동맹군이 기다리고 있는 지점으로 향하면서, 잠시 숲 속에서 정지했다. 그때 비너스가 나타나 일행과 약간 거리를 둔 채 있던 아이네아스에게 불카누스가 제작한 방패를 포함한 경이로운 무구 일습을 가져다주었다. 특히 방패에는 쌍둥이에게 젖을 먹이는 암늑대로부터 악티움 해전에 이르기까지 로마의 중대한 역사의 단계가 형상화되어 있었다. 아이네아스는 방패를 들어 어깨에 멨다. 그것은 후손들의 명성과 운명을 어깨에 멘 것이었다.

[9권] 한편 유노는 이리스를 투르누스에게 보내 아이네아스가 지원군을 요청하기 위해 진지를 떠났으니 공격하기 좋은 때라고 전했다. 투르누스는 곧 군대를 이끌고 트로이 진지에 도착했으나 트로이 군은 꿈쩍하지 않았고 싸울 태세도 아니었다. 실망한 투르누스는 숨겨놓은 트로이 선단에 불을 질렀다. 그러나 트로이 선단을 지켜주라는 어머니 퀴벨레(Cybele) 여신의 부탁을 아들 유피테르가 들어주어 배들을 재빨리 바다의 요정으로 변신시켜 먼 바다로 보냈다. 대담한 투르누스는 동요하는 군사들을 안심시키며 트로이 진지 포위를 계속하면서 다음날 본격적인 전투를 하자고 했다. 밤이 되자 양군 모두 경계 태세에 들어갔다.

야밤에 트로이 진영의 젊은 두 전사는 술에 곯아떨어진 적진을 가로질러 이곳의 위급한 상황을 아이네아스에 알리겠다는 계획을 승인받고 돌진했다. 곯아떨어진 적들을 무수히 죽이고 적진을 벗어나려는 순간 기병 대원들에게 발각되어 그들은 장렬하게 전사했다.

동이 트자 쌍방 간의 전투가 치열했다. 아스카니우스도 활로 적을 무찌르며 첫 무공을 세웠다. 그러나 아폴로가 어린 그를 전장으로부터 멀리 있게 했다. 그때, 트로이 진지의 문을 담당하는 두 명의 전사가 용맹을 뽐내려고 문을 열어젖히고 적군들을 유인했다. 그들은 몰려드는 루툴리 군사들을 문 옆에서 처치했다. 투르누스도 들어와서 트로이 두 전사 중 한 명을 죽였다. 살아남은 다른 트로이 전사는 곧 문을 닫고 전사했다. 트로이 진지 안에 갇힌 투르누스는 미쳐 날뛰며 수많은 트로이 병사들을 살해했으나, 살육에 열중하느라 문을 열고 그의 군대를 진입시킬 생각은 못했다. 트로이 군에게는 천만다행이었다. 수많은 트로이 전사들을 대적해 싸우느라 힘이 쇠진한 투르누스는 진지를 가로질러가 티베리스 강으로 몸을 던져 전우들에게 돌아갔다.

[10권] 올림푸스(올림포스)에서 신들의 회의가 열렸다. 유피테르는 이번 전쟁에서 신들의 개입을 반대했다. 그러나 유노와 비너스가 서로 대립

했다. 유피테르는 루툴리족이나 트로이족을 차별하지 않고 관여하지도 않겠다고 선언하며 제각기 운명의 길을 찾아야 한다고 말했다. 한편 지상에서는 루툴리 군대가 트로이 진지를 포위하고 있는 동안, 아이네아스는 에트루리아 병력이 승선한 30척의 배를 이끌고 밤새 항해했다. 그때 아이네아스 앞에, 투르누스가 트로이 선단에 불을 질렀을 때 배들로부터 변신한 바다의 요정들이 나타나 트로이 진지의 위급 상황을 알렸다. 아이네아스 병력은 서둘러 상륙하여 전투태세를 갖추고 투르누스 군과 대치했다. 트로이 군에 참여한 아르카디아의 젊은 지휘관 팔라스는 용맹을 떨치며 무공을 세웠지만 투르누스와 일대일 대결에서 전사했다. 투르누스는 이때 팔라스가 메고 있던 칼 띠를 낚아채 자기 어깨에 착용했다. 팔라스의 죽음에 아이네아스는 제정신이 아니었다. 투르누스를 추격하며 수많은 적군을 쓰러뜨리고 적진을 교란했다. 그러자 포위당했던 트로이 진지로부터 병력들이 기세 좋게 몰려나와 총대장의 지휘 아래에 들어갔다.

한편 유노는 술수를 부려 투르누스를 전장 밖으로 빠져나오게 했다. 전선의 다른 한편에서는 메젠티우스가 트로이 군을 맹렬하게 공격했다. 그러나 그는 아이네아스에게 부상당하고 물러난 다음 잠시 후 다시 도전했지만 곧 전사했다.

[11권] 아이네아스는 그에게서 뺏은 전리품을 신들에게 바치는 한편 팔라스의 시신을 에우안드루스 왕에게 보내기 위해 사절단을 조직했다. 라티니족들은 전사자 매장을 위해 휴전을 요청했고 아이네아스는 이를 수락했다. 팔라스의 장례 행렬이 도착하자 에우안드루스 도성은 놀라움과 망연자실 속에 빠져들었다. 왕은 투르누스를 저주했다.

트로이 진영과 라티니족 진영에서는 각기 그들 방식으로 전사자들의 장례가 12일간 거행되었다. 그때 디오메데스에게 보낸 사절단이 라티누스 왕에게 돌아와 그가 트로이 군과 전쟁할 뜻이 없다는 것을 전했다. 라티누스 왕은 원로 회의를 열었다. 왕은 트로이 유민들에게 정착할 땅을 내주고 전투를 끝내자고 제안했고, 원로 드랑케스(Drances)는 전쟁의 폐해를 투르누스에게 돌리며 라비니아와 아이네아스의 결혼을 제안하고, 투르누스의 개인적 욕망과 도성의 안위를 혼동하지 말라고 요청했다. 투르누스는 힘이 있는 한 자신은 라티니족과 '자신의 장인' 라티누스 왕에게 삶을 바쳐 헌신하겠다며 아이네아스와 싸워 모두의 명예를 지키겠다고 응수했다. 그때 트로이 군이 도성으로 오고 있다는 소식이 전해지자 소란스러워져 회의는 아무 성과도 없이 끝났다. 투르누스는 방어 대책을 세웠다. 그는 처녀 전사 카밀라에게 자신은 보병을 이끌고 산속에 매복해 있다가 그리로 올 아이네아스 병력을 공격할 테니, 그녀는 자신의 기병대와 나머지 병력을 총지휘하며 도성 앞을 지키라고 명했다. 방어하는 카밀라의 병력은 공격하는 트로이 동맹군을 맞아 들판에서 치열한 전투를 벌였고, 카밀라는 혁혁한 무공을 세웠지만, 트로이 군의 한 전사가 자신을 노리고 있다는 것을 감지하지 못해 그가 던진 창을 맞고 쓰러졌다. 그녀는 숨을 거두면서 전우에게 투르누스에게 이 사실을 알리라고 말했다. 지휘관을 잃은 도성 앞의 라티니 동맹군은 트로이 군에 쫓겨 도성 안으로 들어갔고, 사태를 전달받은 투르누스는 최악의 국면을 모면하기 위해 매복을 풀고 들판으로 내려오자, 아이네아스는 아무 장애 없이 산을 거쳐 도성 앞에 도착했다.

[12권] 사태가 위급한 국면에 처한 것을 알게 된 투르누스는 아이네아스와 일대일 대결을 수락했다. 그것만이 그에게는 현 상황의 돌파구였다. 라티누스 왕은 맞대결을 말리며 신들의 뜻을 따르라고 설득했지만 허사였고, 왕비의 만류도 듣지 않았다. 그는 대결 준비를 시작했다. 이 방법을 희망했던 아이네아스 역시 준비했다. 그러나 일대일 대결에서 투르누스가 패할 것을 예견한 유노는 투르누스의 누이이자 물의 요정인 유투르나(Iuturna)에게 오라비를 죽음에서 구하거나 전쟁을 부추겨 협정을 파기시키라고 말했다. 대결 장소 준비에 이어 양 진영 최고 지도자인 라티누스

와 아이네아스가 무력 충돌을 하지 않겠다는 서약을 엄숙하게 선언했다. 그리고 나서 그들은 격식에 따라 제물을 올려놓고 의식을 진행했다. 그때 변신한 유투르나가 루툴리족 한가운데에서 일대일 대결의 부당함과 함께 투르누스에게 닥칠 위험을 강조하자 한 점쟁이가 트로이 사람들을 향해 창을 던졌다. 순간, 의식이 중단되고 일대 혼전이 벌어졌다. 무장을 하지 않은 아이네아스는 약속을 준수하여 일대일 대결을 해야 한다고 호소했다. 바로 그 순간 어디선가 화살이 날아와 그를 맞혔다. 아이네아스는 급히 치료를 받았지만, 의사 이아픽스(Iapyx)의 노력에도 불구하고 처치가 어려웠다. 그때 비너스가 신비의 약초를 가져와 남모르게 대야의 물에 뿌렸다. 의사가 그 물로 상처를 씻어내자 기적적으로 화살이 빠지면서 고통도 사라졌다(그림 33). 아이네아스는 다리가 불편했지만 곧 전장으로 돌아가 투르누스를 찾았다. 유투르나가 이번에는 투르누스의 마부로 변신해 전차의 방향을 바꾸어 아이네아스로부터 멀리 떨어지게 했다. 투르누스를 놓치자 아이네아스는 생각을 바꾸어 트로이 군으로 하여금 라티니 도성을 공격하게 했다. 그러자 왕비는 투르누스가 전사한 줄로 생각해서 자살했다. 라비니아와 라티누스 왕을 비롯한 온 도성이 참담했다.

투르누스는 마부가 누이인 것을 마침내 알아차렸고 전령으로부터 도성 안의 불행한 사태를 보고 받고서는 전차에서 뛰어내려 아이네아스 앞에 나타났다. 그때 유피테르가 두 사람의 운명을 저울로 달아보았다. 양 진영이 두 대장을 바라보고 있었다. 첫 대결에서 투르누스의 칼이 부러지자 부상당해 잘 뛰지 못하는 아이네아스가 열 바퀴나 돌며 그를 추격했다. 유투르나가 오라비에게 칼을 주었다.

한편 유피테르는 유노로부터 트로이족의 라티니 지역 정착에 동의를 얻고, 유노의 요구에 따라 두 종족은 종족의 고유성을 포기하고 모두 한 가지 말을 쓰는 라티니족이 된다는 것에 합의했다.

투르누스가 큰 돌을 아이네아스에게 던져 공격했지만 허사였다. 그러나 아이네아스가 투르누스에게 던진 창이 그의 넓적다리 한가운데를 뚫고 들어가자 그는 무릎을 꿇고 땅으로 무너졌다. 루툴리족들이 신음 소리를 내며 일어섰다. 투르누스는 손을 내밀며 목숨을 빼앗긴 자신의 육신을 늙은 아버지에게 돌려보내 달라고 간청하며 패배를 인정했다. 그러자 격앙된 아이네아스는 짐짓 손을 거두며 주저했다. 바로 그 순간 투르누스의 어깨 위에서 낯익은 칼 띠를 알아보았다. 팔라스의 칼 띠였다. 분노가 용솟음쳤다. 아이네아스는 투르누스 가슴팍 깊숙이 칼을 찔렀다. 그의 목숨은 신음소리를 내며 지하 세계의 망령들에게로 사라졌다.

베르길리우스의 『아이네이스』는 이렇게 끝난다. 아이네아스와 라비니아의 결혼과 그로부터 태어나는 아들 실비우스(Silvius)는 서사시 제6권에서 언급만 될 뿐이다. 전설에 따르면 아이네아스는 라비니아와 결혼 후 라비니움을 건설해 3년간 왕으로서 통치를 하다가 장대비가 쏟아지던 날 사라졌다고 한다. 그는 라티움 지역에 처음 상륙한 누미쿠스(Numicus) 강변에 묻히고 곧 신격화되어 '수호신'이 되었다고 한다.

서사시의 주인공 아이네아스의 특징은 신심 깊고 효성스러운 '경건함(pietas)'이다. 호메로스의 아킬레우스가 '발 빠른' 인물이고, 오뒤세우스가 '지략가'인 반면, 아이네아스는 수호신상 페나테스를 안은 아버지를 업고, 아들의 손을 잡고 트로이를 탈출하는 신심 깊고 효성스러운 경건함을 갖고 있는 인물이다. 아이네아스의 경건함에 가장 대비되는 서사시의 인물은 전반부에 등장하는 카르타고의 디도와 후반부에 등장하는 투르누스이다. 디도의 지나친 열정과 투르누스의 과격한 분노는 운명을 받아들이는 아이네아스의 경건함과 대치되면서, 아이네아스의 길을 막는 동시에 카르타고의 운명과 라티움의 운명을 요동치게 만든다. 물론 디도와 투르누스의 '격정'은 비너스와 유노 때문이다. 유피테르가 아이네아스에게 부여한 운명을 유노가 인정하지 않고 방해하면서 격한 모습을 보이는 것은 디도와 투르누스와 닮았다고 할 수 있다. 파리스의 판결이 유노에게 준 상처 때문이다.

불타는 트로이는 '잃어버린 낙원'이고, 아버지는 벗어나야 할 과거이며, 손을 잡고 가는 아들은 미래의 희망이다. 아이네아스는 그러므로 과거를 미래로 이행시키는 중개인이다. 새로운 트로이를 건설하려는 그의 욕망은 신들의 계시에 의해 점점 구체화되고, 지하 세계의 아버지를 만나고 온 다음부터는 그 욕망이 사명으로 바뀐다. 과거를 복원하려는 욕망으로부터 후손들의 새로운 세계를 열려는 사명은, 그가 지하 세계 여행 중 선택받은 자들의 샹젤리제와 레테 강변에서 다시 태어날 그의 후손들을 바라 본 이후, 마치 새로 태어나는 입문 의식처럼 그를 사로잡는다. 이때부터 모호하고 고통스러웠던 그의 유랑은 의미를 갖기 시작한다.

트로이를 출발해서 지하 세계의 아버지를 만나는 이야기는 『아이네이스』 1권부터 6권까지 전반부에서 펼쳐진다. 이 부분은 대체로 호메로스의 『오뒤세이아』를 모방한 것이라는 것이 중론이고, 후반부 7권부터 12권까지 전개되는 라티니족과 루툴리족에 대항하는 트로이 군의 전쟁이야기는 『일리아스』를 모방한 것이라는 것이 통설이다. 그러나 베르길리우스의 『아이네이스』는 호메로스를 모방만한 서사시가 아니다. 불카누스의 아이네아스 무기 제작, 유피테르의 운명의 저울, 올림푸스 신들의 회의, 파리스의 판결 후유증을 가진 유노의 끈질긴 방해 등 많은 모방에도 불구하고 베르길리우스의 공헌은 주인공 아이네아스를 '경건'한 인물로 특징지으면서 미래지향적인 인물로 그려냈다는 점에 있다. 새로운 미래를 위해 그가 '트로이 사람'이라는 이름을 버리고 '라티니 사람'으로 전환하는 것은 '사명'을 위해서는 개인과 종족의 이해관계를 넘어서는 인물로 부각되었기 때문이다. 호메로스의 서사시에서는 찾아보기 힘든 양상이다. 그것은 아마도 로마 민족의 서사시를 쓴다는 베르길리우스의 사명감과 자부심이 투영된 것이 아닌가 생각된다. 가령 카르타고의 디도와의 사랑이 좋은 예다. 개인적인 행복을 누리기에는 좋은 상황이었지만 신들이 그를 가만두지 않았다. "본의 아니게 떠날 수밖에 없었다"고 지하 세계에서 마주친 디도에게 말하듯이 그는 사명을 위해 사랑과 행복을 포기하는 사명 지향적 인물이다. 아버지를 만난 이후부터 특히 그렇다. 오뒤세우스가 칼륍소를 떠난 것은 아내를 만나려는 '귀향'이 목적인 반면, 아이네아스가 디도를 떠난 것은 '약속의 땅'을 찾아나서는 '미래'지향성을 반영한 것이다.

동쪽에서 서쪽으로 이동하는 아이네아스의 여행은 태양의 경로와 닮았다. 고향과 아버지로 형상화되는 '과거와의 단절'과 지하 세계 여행을 통한 '사명 의식', 그리고 후일 로마가 세워질 약속의 땅의 '새로운 미래'는 서사시 『아이네이스』여정의 세 단계를 요약하며, 각각 세 여인과의 관계와 결부된다. 고향의 아내 크레우사, 지하 세계로의 여행 이전의 마지막 시련이었던 카르타고의 디도, 그리고 약속의 땅에 자리 잡는 아이네아스의 배필 라비니아는 주인공 아이네아스의 과거와의 단절, 시련과 소명의식, 새로운 미래와 각각 맞물린다.

5) 신화로부터 역사로

아버지 아이네아스가 죽자 아들 아스카니우스는 '흰색'을 뜻하는 알바(Alba)라는 길쭉한(롱가, Longa) 곳에 알바 롱가를 건설해 30년을 통치하고 세상을 뜬다. 아스카니우스는 이울루스(Iulus)라는 이름으로 불리기도 했다. 카이사르와 그의 조카이자 양자인 옥타비아누스(후일, 아우구스투스)의 가문 이름 율리아는 시조 이울루스에서 유래한 것이다. 아스카니우스의 뒤를 이은 것은 실비우스(Silvius)다. 실비우스는 라비니아가 아스카니우스를 피해 숲에서 혼자 낳은 아들이라고 전해진다. 그는 아스카니우스가 죽자 나타나 왕위에 올라 29년 동안 알바 롱가를 통치했다. 그 다음 왕은 실비우스의 아들 실비우스 아이네아스(Silvius Aeneas)였다. 그 다음의 모든 왕들의 이름은 전승되지 않았다. 전승된 왕들은 카퓌스(Capys, 재위 기원전 10세기)와 프로카스(Procas, 재위 기원전 808~794)이다. 특히 프로카스의 아들 누미토르(Numitor)가 알바 롱가 왕위에 오르자(기원전 794) 권력욕에 눈이 먼 동생 아물리우스(Amulius)는 왕권을 빼앗고 형을 투옥시키며 아이들을 모두 죽인다. 하지만 조카 딸 레아 실비아(Rhea Silvia)만을 살려서 베스타(Vesta, 헤스티아)를 모시는 여사제로 삼는다. 후손 없는 처녀로 살게 한 것이다. 그런데 어느 날 실비아가 물을 뜨러 연못으로 가는 길에 무신 마르스(Mars, 아레스)에게 겁탈당한다. 조카가 임신한 것을 안 아물리우스는 실비아를 투옥시켰고, 하인을 시켜 조카가 낳은 쌍둥이를 티베리스 강에 버리게 했다. 하인은 바구니에 쌍둥이를 넣어 강물에 떠내려 보냈다. 그러나 강물이 줄어들면서 바구니는 팔라티누스(Palatinus) 언덕 기슭 마른 땅에 놓이게 되었다. 그때 목이 마른 암늑대 한 마리가 산에서 내려와 티베리스 강으로 목을 축이러 가다가 아기 울음소리를 듣고 다가가 젖꼭지를 물리고 혀로 아기들을 핥아 주었다(그림 34). 늑대는 로마에서 마르스에게 바쳐진 동물인 까닭에, 그것은 어린아이들을 보호하려는 신의 뜻이었다. 이 광경을 바라본 아물리우스의 목동 파우스툴루스(Faustulus)는 쌍둥이를 집으로 데려가 아내와 함께 키웠다. 쌍둥이는 무럭무럭 자라 힘과 용맹이 뛰어나 목동일 대신 사냥과 운동을 좋아했다. 그러던 어느 날 형제는 자신들을 길러준 목동으로부터 출생의 비밀을 듣게 된다.그들은 알바의 궁전을 공격해 아물리우스 왕을 죽이고 할아버지 누미토르(재위 기원전 754~735)에게 왕권을 넘겨준다. 쌍둥이 로물루스(Romulus)와 레무스(Remus)는 알바의 도성이 자신들과 목동들이 살기에는 협소하다고 생각해 고향을 떠나, 암늑대가 그들에게 젖을 물린 곳에 도시를 건설하기로 마음먹었다. 그러나 둘 중에 누가 도성 창건자가 되어 도성의 이름을 정할 것인가 하는 문제가 제기되자, 새들을 관찰해 '신들이 보내는 뜻'에 따라 결정하자고 했다. 레무스가 먼저 하늘에서 여섯 마리의 독수리를 보았고, 로물루스는 열두 마리를 보았다. 양측은 충돌했다. 먼저냐 다수냐가 문제였다. 결국 수를 앞세우는 로물루스 측이 이겨 도성 이름을 로물루스의 이름으로부터 '로마(Roma)'로 하기로 했다. 레무스는 부당하다고 생각해 패배를 인정하기 어려웠다. 로물루스가 도성의 성벽을 쌓으려고 쟁기로 도랑을 파고 있을 때, 레무스가 도발하려고 넘어들어 갔다. 그러한 행동을 신성 모독이라고 생각한 로물루스는 레무스를 죽였다. 이 대목은 도성 창건에 수반되는 인간의 희생 전통을 반영한 것이라고 생각할 수 있다. 로마가 기념하는 창건일은 기원전 753년 4월 21일이다.

라비니움 이후 기원전 12세기 중반에 세워진 것으로 전해지는 알바 롱가 왕권은 400년을 지속하고, 아이네아스의 후손 실비아와 무신 마르스가 결합해 낳은 로물루스가 로마를 건국한 것이다. 로물루스는 후일 키리누스(Quirinus)라는 수호신으로 신격화되어, 마르스, 유피테르와 함께 로마의 3대 신으로 꼽히며, 로마는 마르스의 도성으로 자처해 '마르스 광장'을 조성한다. 그리스인들이 혐오하던 무신 아레스가 로마에서는 국민들이 사랑하는 수호신 마르스로 변모한 것이다.

베르길리우스는 로마 건국과 트로이 멸망 시기의 넓은 시간적 공백을 메우기 위해 서사시 제1권에서 유피테르의 입을 빌려 로마 건국의 세 단계를 아이네아스의 라비니움 통치 3년, 그의 아들 아스카니우스의 알바 롱가 건설과 통치 30년, 이후 알바 롱가 왕권의 계승과 쌍둥이 출생까지 300년으로 설명한다. 로마 건국 기원전 753년을 기점으로, 알바 롱가 왕가 300년, 아스카니우스 통치 30년, 아이네아스 라비니움 통치 3년, 유랑으로부터 정착까지 7년을 거슬러 올라가면 트로이 멸망 시기는 기원전 1093년으로 추정된다. 기원전 3세기 후반의 에라토스테네스(Eratosthenes) 같은 학자를 비롯한 고대 역사가들의 트로이 멸망 시기에 관한 견해가 기원전 1184년부터 1124년까지 다양한 것에 비교해 볼 때

베르길리우스의 전설 거슬러 올라가기와 시간적 공백 메우기는 비교적 잘 짜였다고 할 수 있다. 알바 롱가 왕권의 지속 기간을 서사시에서는 300년이라고 한 반면, 전설상으로는 400~430년으로 추정하기 때문에 약간의 차이는 있을 수 있다.

베르길리우스에 의해 아이네아스는 로마 민족의 '시조'로 부상했고, 로물루스는 영원한 도시 로마를 '창건'한 전설상의 인물이자 역사적 인물이 되었다. 로물루스는 플루타르코스(Ploutarchos)에 의해 『영웅전』의 「로물루스」 편에서 기술되고 테세우스와 대비되기 때문이다. 한편 아우구스투스는 100년 이상 지속된 내전을 악티움 해전을 통해 종식시켜 로마를 '완성'한 역사상의 인물이다. 로마의 『아이네이스』 열풍은 대단했다. 로마의 '창건자'와 '완성자'의 뿌리이자 '시조'인 아이네아스의 모험을 그리스 신화의 맥락에서 펼쳐보였기 때문이다. 유피테르와 비너스의 지지를 받는 트로이 영웅 아이네아스의 먼 후손 로물루스에 의해 건국된 '로마'는 이제 아테네에 버금가는 전설상의 도시가 되어 로마 시민의 자긍심을 높였기 때문이다. 그의 서사시는 한마디로 말해서 신화와 역사를 연결하는 공헌을 했다. 트로이 패망을 로마의 역사로 연결했기 때문이다.

민족서사시 『아이네이스』는 로마의 학교에서 배워 읽히는 작품이 되었고 각종 주석과 논의의 대상이 되어 후세 문인들의 전범이 되었다. 베르길리우스는 문학적 기교의 탁월한 재능을 넘어 신비스러운 능력을 가진 예언자(vates) 또는 마법사로 평가되어, 그의 서사시를 아무 데나 열어 한 시행을 골라 미래를 점치는 방식이 널리 유행되기도 했다. 그리스 신화로부터 이끌어낸 베르길리우스의 서사시 영향은 후세의 문학 작품에 깊은 영향을 미쳤다. 작가 미상의 『아이네아스 이야기』(1160년경)는 투르누스의 죽음부터 서로 사랑하는 사이가 된 아이네아스와 라비니아의 결혼까지를 다룬 작품이다. 베르길리우스는 특히 단테(Dante)에게 큰 영향을 미쳤다. 단테의 『신곡』(1321)은 사후 세계인 지옥, 연옥, 천국의 여행담이다. 작품

속에 베르길리우스가 나타나 단테를 구해주고 인도해 지옥과 연옥을 안내한 후 사라지고, 베아트리체가 나타나 그를 천국으로 안내한다. 『신곡』은 『아이네이스』 제6권의 지하 세계 여행에 기초를 두었다. 폴 스카롱(Paul Scarron)의 『변장한 베르길리우스』(1648~1653)는 『신곡』과는 정반대로 친근한 일상 세계 속으로 영웅 아이네아스를 옮겨와 수다와 익살과 방자함을 보여준다. 당대 익살풍의 변장극 유행을 반영한 것이다. 베를리오즈(Berlioz)의 오페라 『트로이인들』(1864)은 특히 제2부에서 아이네아스와 디도의 일화와 사랑을 담아냈다. 베를리오즈는 디도의 사랑과 비극을 깊은 연민의 노래로 표명했다. 사랑 때문에 자결한 디도의 죽음 역시 후세에 여러 소재로 부상했다. 아우구스티누스(Augustinus)는 그의 『고백록』(400년경) 1권에서 젊은 시절 그가 디도의 죽음을 슬퍼했다고 고백했다.

그러나 베르길리우스의 디도 이야기와는 다른 전설과 작품도 있다. 이 전설에는 아이네아스가 등장하지 않는다. 페니키아어로 '새 도시'란 뜻의 카르타고는 로마보다 약 50년 앞선 기원전 814년에 창건되었고 아이네아스는 기원전 12세기 인물이어서 서로 만날 수 없었던 것이다. 이 전설에서 처녀 때 이름 엘리사(Elissa)로 불리던 디도(Dido, 페니키아어로 '처녀'를 뜻한다)가 자살한 것은 전 남편 쉬카이우스에 대한 충절과 그녀에게 끊임없이 청혼하며 수락하지 않으면 침략하겠다고 위협하는 이아르바스로부터 도망치기 위한 것이었다. 지금은 소실된 나이비우스(Naevius)의 서사시(기원전 210~207?)가 대표적인 작품으로, 프랑수아 드 부아로베르(François de Boisrobert)의 『진실한 디도, 혹은 정숙한 디도』(1642)가 이 계열 작품이다. 베르길리우스가 서사시에서 아이네아스와 디도가 만나는 것으로 설정한 것은 두 인물의 시간적 괴리에도 불구하고 이 전설을 변용한 것이라는 주장이 설득력을 가진다.

사랑과 사명감 사이에서 갈등하는 베르길리우스의 아이네아스와 디도의 관계를 계승한 작품으로는 에티엔 조델(Etienne Jodelle)의 『희생당한 디도』(1555년경)와 알렉상드르 아르디(Alexandre Hardy)의 『희생당한 디도』(1603)가 있다. 영국 작곡가 퍼셀(Purcell)을 위해 네이엄 테이트(Nahum Tate)가 쓴 오페라 극본 『디도와 아이네아스』(1695) 역시 이 계열이다. 한편, 쥘 르메트르(Jules Lemaître)는 그의 『옛 서적들의 여백에 부쳐』(1905)라는 작품에서, 동생 안나(Anna)에 의해 되살아난 디도가 회복하면서 현실적인 조용한 행복을 준비하는 평범한 여인으로 디도를 담아내고 있다. 그것은 실패한 사랑의 고통을 극복하는 일상인의 모습이기도 하다. 아프리카 시인으로 세네갈의 대통령을 역임한 레오폴드 세다르 생고르(Léopold Sédar Senghor)는 『카르타고 찬가』(1975)에서, 카르타고 창건자 디도와 포에니 전쟁 때 로마를 위협한 카르타고의 영웅 한니발(Hannibal)을 예찬했다. 페니키아에서 건너온 디도를 한니발과 같은 아프리카인으로 찬양하고 있는 것은 생고르가 북아프리카 '민족주의'를 강조한 것이다. 그것은 지중해를 사이에 두고 로마와 패권 다툼을 벌인 포에니 전쟁 때 카르타고의 패배를 의미하는 버림받은 디도의 불행을 보상하는 '찬가'라 할 수 있다.

베르길리우스의 서사시 이후부터 작품의 소재가 되어 온 아이네아스와 디도의 만남은 결국 두 민족의 만남과 두 문명의 만남을 상징하기 때문에 여러 각도의 해석이 지중해 주변 지역에서 나올 수 있게 해준다.[32]

8. 헤라클레스의 모험

트로이 전쟁이나 오뒤세우스의 귀환 설화는 서사시로 꾸며져 입에서 입으로 오랜 세월 전승되는 동안 일관성 있는 '이야기' 체계를 갖춘 반면, 그리스 신화 중에서 가장 유명한 헤라클레스의 모험 설화는 매우 다양한 내용들이 독립적으로 병치(竝置)되어 있는 복합 이야기 군(群)을 형성한다.

헤라클레스는 도리아인들이 시조로 섬기는 영웅이다. 그러나 그에 관한 전설은 도리아인들의 것이 아니다. 오히려 다른 영웅 신화들처럼 헤라클레스 설화는 미케네 문명과 관계가 깊다. 헤라클레스 설화의 대중적 인기는 대단한 것이어서 이미 고대에 여러 지역으로 전파되어 헤라클레스가 여러 지역의 영웅으로 이식(移植)되기도 했다. 가령 페니키아인들의 영웅 멜카르트(Melkart)에 관한 설화는 이식된 것이지만 나중에는 오히려 헤라클레스 모험 설화에 어떤 내용들을 제공함으로써 헤라클레스 설화를 풍요롭게 만든다. 따라서 헤라클레스 이야기들의 갈래를 구분하여 원류를 따져본다는 것은 생각하기 힘들 정도로 어려운 일이다. 그러니까 헤라클레스 설화는 너무 성공적이고 인기가 있어서 오히려 그 성공에 스스로 희생당했다고도 말할 수 있겠다. 여러 지역으로 이식·파생된 설화들이 거꾸로 원래의 이야기에 영향을 미쳤기 때문이다.

1) 출생

헤라클레스는 어머니 알크메네(Alkmene)와 제우스 사이에서 태어났다. 알크메네는 정숙한 여자였다. 그의 남편 암피트뤼온(Amphitryon)처럼 알크메네도 페르세우스의 후손이었기 때문에 아르고스가 고향이다. 그러나 암피트뤼온은 우연히 장인 엘렉트뤼온(Elektryon)을 죽게 하는 바람에 테바이로 피신해서 지낼 수밖에 없었다. 테바이에 머무르는 동안 그는 테바이 군대를 이끌고 전쟁터에 나가 있었다. 이 틈을 이용해 제우스가 암피트뤼온의 모습을 하고 알크메네 앞에 나타나 알크메네와 하룻밤을 동침했다. 그러나 이 하룻밤은 보통 때의 하룻밤보다 세 배나 더 긴 밤이었다. 제우스가 밤을 늘렸기 때문이었다. 이때 알크메네가 제우스로부터 잉태한 아들이 헤라클레스였다. 조금 후 전장에서 돌아온 암피트뤼온은 아내가 자신을 별로 반가워하지 않는 것이 이상하게 느껴졌다. 게다가 전투에서

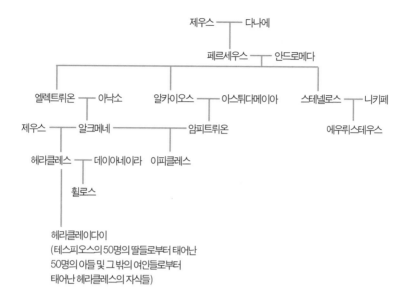

계보 9 헤라클레스 계보

승리한 사실을 아내가 벌써 알고 있을 뿐만 아니라 아내에게 주려던 전리품 목걸이를 아내가 이미 목에 걸고 있는 것을 보고 놀라지 않을 수가 없었다. 이때 제우스가 나서서 알크메네의 무고함을 밝히고 부부를 화해시켰다. 이날 밤 알크메네는 남편 암피트뤼온으로부터 또 다른 아들을 잉태했다. 열 달 후 두 아들이 같이 태어났다. 제우스의 아들 헤라클레스가 먼저 세상에 나왔고 암피트뤼온의 아들 이피클레스(Iphikles)가 뒤따랐다. 그러니까 헤라클레스는 인간과 신의 결합으로 테바이에서 태어난 아르고스 출신 영웅이다. 그러나 헤라클레스는 태어나면서부터 헤라의 노여움을 사게 되었다. 제우스의 부주의 때문이었다. 헤라클레스가 세상에 나오기 직전, 아들을 갖게 된다는 기쁨에 넘쳐 제우스는 '곧 태어나게 될 페르세우스의 후손이 아르고스를 지배할 것'이라고 신들 앞에서 공언했다. 이 말을 들은 헤라는 질투심에 불타 헤라클레스의 출산을 늦추는 한편 헤라클레스의 오촌 에우뤼스테우스(Eurystheus)의 출산을 세 달이나 앞당겼다. 헤라가 출산을 주관한다는 것을 제우스가 깜박 잊고 공언했기 때문이다. 페르세우스의 후손 에우뤼스테우스는 헤라클레스보다 앞서 일곱 달 만에 세상에 태어남으로써 아르고스의 지배권을 차지했고 헤라클레스는 평생 그를 섬겨야 했다.

헤라클레스의 아버지 제우스는 헤라클레스의 고조부가 되기도 한다. 제우스와 다나에(Danae) 사이에서 태어난 페르세우스의 손녀가 알크메네이기 때문이다. 미케네와 티륀스(Tiryns)의 왕이 된 헤라클레스의 증조부 페르세우스는 '태양'의 영웅을, 알크메네의 아버지 엘렉트뤼온은 '번쩍이는 자'를 뜻하며, 알크메네, 이피클레스의 이름도 모두 '힘'에 관계되는 뜻을 내포한다. '헤라클레스'라는 이름은 '헤라의 영광' 또는 '헤라를 섬기는 자'라는 뜻이지만, 그는 가족의 계보에 따라 '태양'의 밝은 빛의 영웅이자 '힘'의 영웅이다.

2) 소년기와 청년기

헤라는 남편이 인간 알크메네와 동침해서 아들을 얻은 것이 몹시 못마땅했다. 헤라클레스를 오촌보다 늦게 세상에 나오게 한것만으로는 성이 차지 않아 헤라는 두 마리의 큰 뱀을 여덟 달 된 헤라클레스의 방에 집어넣었다. 아이를 아예 없애버릴 작정이었다. 그러나 어린 헤라클레스는 주위 사람들이 손을 쓰기도 전에 요람에서 벌떡 일어나 두 마리의 뱀을 목 졸라 죽였다. 어린 헤라클레스는 대부분의 그리스 영웅들처럼 켄타우로스에게서 교육을 받았다. 어느 날 음악을 가르치는 리노스(Linos) 선생이 헤라클레스에게 기초를 가르치면서 이것저것 고쳐주려고 하자 성미 급한 헤라클레스는 자신의 힘이 얼마나 센지도 모르고 버럭 성을 내고는 들고 있던 리라(또는 앉아 있던 나무 의자)로 그만 선생의 머리를 내리쳐서 죽게 했다. 아들이 이런 큰일을 저지르자 아버지 암피트뤼온은 아들을 테바이에서 남쪽으로 조금 떨어진 키타이론(Kithairon) 산으로 보내 가축들을 돌보며 목동들과 함께 살게 했다. 이번에도 역시 산이었다. 다른 영웅들처럼 그도 산에서 심신을 단련하고 힘쓰는 법을 터득했다. 열여덟 살이 되자 헤라클레스의 완력과 체력은 보통 대단한 것이 아니었다. 아버지와 테스피오스(Thespios) 왕의 가축들을 잡아먹던 키타이론의 사자를 잡아 죽인 것도 이때이다. 그의 첫 번째 공적이었다. 사자를 추격하는 동안 그는 테스피오스 왕의 궁전에서 기거했다. 테스피오스 왕에게는 50명의 딸이 있었다. 왕은 매일 밤 사냥에서 돌아온 헤라클레스에게 자신의 딸을 한 명씩 들여보내 동침시켰다. 영웅의 자손을 얻기 위해서였다. 사냥에서 돌아온 그는 매일 밤 다른 딸들이 들어왔음에도 불구하고 워낙 피곤해서 항상 같은 여인과 함께 잔 것으로 생각했다. 50명의 딸들은 모두 아들을 낳았다. 이 50명의 자손들은 후일 사르디니아를 정복한다.

키타이론의 사자를 처치한 헤라클레스는 테바이 시를 못살게 굴며 조공을 요구한 오르코메노스(Orchomenos)의 사람들을 물리쳤다. 이 전쟁에서 헤라클레스와 함께 싸우던 아버지 암피트뤼온이 전사했다. 테바이 왕 크레온은 감사의 표시로 자신의 장녀 메가라(Megara)를 헤라클레스에게 주어 결혼시켰다. 메가라는 세 명의 아들을 낳았다. 그러나 헤라클레스는 끈질기게 자신을 괴롭히는 헤라 때문에 광기에 사로잡혀 아이들을 모두 죽이게 되었다. 정신이 돌아온 그는 자신이 저지른 끔찍한 만행에 소름 끼쳐 하며 속죄하기 위해 델포이로 가 아폴론의 무녀 퓌티아에게 신탁을 물었다. 신탁은 그에게 원래의 이름인 '알키데스(Alkides)'를 버리고 '헤라의 영광'이라는 뜻의 '헤라클레스'를 쓰라고 일렀고, 헤라가 그 보다 앞서 태어나게 해서 티륀스의 왕이 된 오촌 에우뤼스테우스만을 섬기며 살아야 속죄할 수 있다는 것도 알려주었다.

3) 열두 가지 과업

헤라클레스는 에우뤼스테우스만을 섬기기 위해 아내 메가라를 포기해야 했다. 에우뤼스테우스는 12년 동안 헤라클레스에게 보통 인간으로는 도저히 해낼 수 없는 일 열두 가지를 연속적으로 시켰다.

① 네메아의 사자

에우뤼스테우스가 헤라클레스에게 제일 먼저 시킨 일은 미케네에서 멀지 않은 네메아(Nemea)에 있는 사자를 처치하라는 것이었다. 괴물 에키드나와 오르트로스(Orthros) 사이에서 태어난 네메아의 사자는 몸집이 거대하고 화살을 맞아도 끄떡없어 사냥꾼들도 잡지 못한 사나운 짐승으로 네메아 계곡을 엉망으로 만들어놓았다. 헤라클레스가 활을 쏘고 몽둥이로 때려도 보았으나 헛일이었다. 그래서 두 팔로 사자의 목을 한껏 조이니까 그제야 죽었다. 헤라클레스는 사자의 가죽을 벗겨 튜닉(무릎까지 내려오는 옷)을 만들어 입고, 사자 머리는 투구로 만들어 쓰고 다녔다. 이후로 화살로도 뚫지 못한 사자 가죽 옷과 사자 머리 투구는 헤라클레스에게 없어서는 안 되는 그의 표장(標章)이 되었다. 게다가 몽둥이를 든 모습은 예술 작품에 자주 등장하는 헤라클레스의 통상적인 모습이다. 에우뤼스테우스는 사자 가죽을 보자 너무 놀라서, 헤라클레스에게 앞으로 도시에 들어오지 말고 노획물은 성문 앞에 놓아두라고 일렀다.

② 레르네의 휘드라

두 번째 노역은 힘 못지않게 계략도 중요했다. 레르네(Lerne)는 아르고스에서 멀지 않은 곳이다. 휘드라(Hydra)는 튀폰과 에키드나 사이에서 태어난 '물 뱀'이란 뜻의 괴물로 레르네의 늪에서 살고 있었다. 이 괴물은 아홉 개의 뱀 머리에 개의 몸뚱이를 하고 있었는데, 머리 하나를 잘라내면

지도 10 헤라클레스의 열두 가지 과업

과업	지역
1. 사자 처치	네메아
2. 휘드라 퇴치	레르네
3. 멧돼지 포획	에뤼만토스 산
4. 사슴 포획	케뤼네이아
5. 사나운 새들 퇴치	스튐팔로스 호수
6. 가축 우리 청소	엘리스
7. 황소 포획	크레타
8. 식인마 퇴치	트라케
9. 휘폴리테의 허리띠	아마조네스 지역
10. 게뤼오네스의 황소	극서 지역
11. 헤스페리데스의 사과	극서 지역
12. 케르베로스의 포획	지하 세계

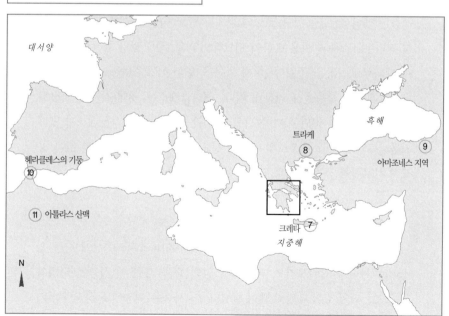

그 자리에서 둘이 자라나 퇴치하기가 매우 어려웠다. 혼자서는 이 괴물을 퇴치하기 어렵다고 생각한 헤라클레스는 동생 이피클레스의 아들 이올라오스(Iolaos)를 데리고 갔다. 헤라클레스가 괴물의 머리를 하나씩 자르면 조카 이올라오스는 그 상처를 즉시 불로 지졌다. 그 상처에서 머리가 다시 자라나지 못하도록 하기 위해서였다. 그렇게 해서 마침내 괴물을 퇴치한 헤라클레스는 자신의 화살들을 괴물의 피 속에다 담가 휘드라의 치명적인 독을 화살에 먹였다.

그의 활과 화살은 아폴론이 준 것이고, 칼은 헤르메스가 주었고, 갑옷은 헤파이스토스가 만들어준 것인데, 일설에는 이 무기들은 모두 아테나 여신이 준 것이라고도 한다.

③ 에뤼만토스의 멧돼지

세 번째 임무는 아르카디아 지방의 에뤼만토스(Erymanthos) 산에 사는 멧돼지를 산 채로 잡아오는 일이었다. 그런데 멧돼지를 쫓는 중에 헤라클레스는 켄타우로스족인 폴로스의 환대를 받고 술을 마시게 되었고, 우연히 켄타우로스족과 싸움이 붙어 휘드라의 피로 독을 먹인 화살로 열댓 명의 켄타우로스족을 죽였다. 이때 죽음을 면한 네소스(Nessos)가 나중에 헤라클레스의 죽음을 초래하게 된다. 헤라클레스는 멧돼지를 눈 속으로 몰아 기진맥진하게 만든 다음 그물을 씌워 생포했다. 헤라클레스가 멧돼지를 갖고 에우뤼스테우스의 궁정에 당도하자 그 짐승을 바라본 왕은 공포에 사로잡혀 궁전 안으로 달려가 큰 독에 몸을 숨겼다.

④ 케뤼네이아의 사슴

에우뤼스테우스는 헤라클레스에게 케뤼네이아(Keryneia) 산에 사는 성스러운 사슴을 잡아오라고 지시했다. 금빛 뿔을 가진 이 사슴은 다리가 청동으로 되어 있어 대단히 빨리 달렸다. 이 사슴은 예전에 요정 타위게테

(Taygete)가 아르테미스 여신에게 바친 것이었다. 헤라클레스는 1년을 꼬박 추격한 끝에 활을 쏘아 상처를 입힌 다음에야 잡을 수가 있었다.

⑤ 스튐팔로스 호수의 새들

아르카디아 지방의 스튐팔로스(Stymphalos) 호수 주변에는 울창한 숲이 있었는데 곡물을 먹고 여행객들을 해치는 사나운 새들이 많이 살고 있어 인근 지역의 피해가 대단히 컸다. 헤라클레스는 아테나 여신이 준 (일설에는 자신이 만들었다고도 함) 캐스터네츠를 쳐서 새들을 놀라게 해 날게한 다음 활을 쏘아 처치했다.

⑥ 아우게이아스의 가축 우리 청소

엘리스(Elis)의 아우게이아스(Augeias) 왕은 태양신 헬리오스의 아들로 많은 가축들을 갖고 있었지만 청소를 하지 않아 분뇨가 우리를 가득 메우고 있었다. 에우뤼스테우스는 헤라클레스에게 이 가축 우리 청소를 시켰다. 헤라클레스는 엘리스 근처를 흐르는 알페이오스(Alpheios) 강과 페네이오스(Peneios) 강의 물줄기를 가축 우리로 끌어들여 오물들을 말끔히 씻어내고 나서 물줄기를 다시 원래대로 돌려놓았다.

⑦ 크레타의 황소

여섯 번째 과업까지는 모두 펠로폰네소스 반도 안에서 벌어진 일이었지만 나머지 여섯 가지 과업은 모두 펠로폰네소스 반도 밖에서 이뤄낸 일이다. 전설의 범위가 넓어진 것이다. 일곱 번째 과업은 크레타에 가서 포세이돈이 미노스 왕에게 주었던 전설적인 황소를 잡아오는 일이었다. 미노스 왕은 포세이돈에게 이 황소를 제물로 바치겠다고 약속했지만 워낙 멋진 놈이어서 아까워 제물로 바치지 않고 있었다. 게다가 왕비 파시파에가 정욕을 품고 관계를 맺었다는 이 황소는, 약속을 지키지 않는 미노스 왕을 벌하기 위해 포세이돈이 미치게 하는 바람에 크레타 섬을 귀찮게 하는 난폭한 놈이었다. 헤라클레스는 황소를 잡아 제압한 뒤, 헤엄치는 황소 등에 타고 바다를 건너 그리스로 돌아왔다. 황소를 에우뤼스테우스에게 바치자 왕은 이 황소를 헤라에게 바쳤다. 그러나 여신은 황소를 별로 탐탁하게 생각하지 않아 다시 풀어주었다. 그러자 황소는 펠로폰네소스 반도에 많은 피해를 입히고 아티카 지역으로 가서 또 난폭하게 굴었다. 이때 아티카의 영웅 테세우스가 마라톤 평야 근처에서 이 황소를 잡아 더 이상 피해를 끼치지 못하게 했다.

⑧ 디오메데스의 식인마(食人馬)

트라케 지역에 사는 디오메데스(Diomedes) 왕은 자신의 암말들에게 사람 고기만 먹여 키우고 있었다. 이 말들은 트라케 해안에 나타나는 이방인들을 공격하는 못된 짐승들이었다. 헤라클레스는 자신을 쫓아온 지원병들과 함께 이 말들을 물리치고 디오메데스 왕을 잡아 그가 기르던 말들의 먹이가 되게 했다.

⑨ 아마조네스의 여왕 히폴뤼테의 허리띠

에우뤼스테우스의 딸 아드메테(Admete)는 아마조네스의 여왕 히폴뤼테(Hippolyte)의 허리띠를 갖고 싶어 했다. 아마조네스(Amazones)란 소아시아 북쪽 깊숙한 곳에 사는 여전사(女戰士)들로서, 독신으로 사냥을 즐기는 아르테미스 여신을 숭배하는 한편 아름다움과 사랑의 여신 아프로디테를 혐오하며 살았다. 무신 아레스의 후손인 그들은 전투 때 활을 쏘기 좋게끔 오른쪽 유방(mazos)을 잘라내는 관습이 있었기 때문에, 그로부터 '유방이 없는 여인들'을 뜻하는 '아마조네스(Amazones)'라는 명칭이 유래했다. 헤라클레스는 이들을 찾아가서 여왕에게 허리띠를 달라고 했다. 여왕 히폴뤼테는 선선히 허리띠를 내주었다. 그러나 이를 지켜본 헤라가 아마조네스로 변신해 헤라클레스가 여왕을 납치하려 한다는 헛소문을 퍼뜨렸다. 달려온 여전사들과 싸움이 벌어졌다. 헤라클레스는 여왕이 배신한 것으로 생각하여 여왕을 죽였다.

⑩ 게뤼오네우스의 황소

에우뤼스테우스는 헤라클레스를 점점 더 멀리 떨어진 곳으로 보내 힘든 일을 시켰다. 이번에는 세상의 서쪽 끝에 있어 석양이 질 때 '붉게 물드는 섬'인 에뤼테이아(Erytheia) 섬에 살고 있는 머리와 몸통이 셋인 거인 게뤼오네우스(Geryoneus) 왕의 황소들을 잡아오라는 것이었다. 게뤼오네우스는 포세이돈과 메두사 사이에서 태어난 크뤼사오르(Chrysaor)의 아들로 많은 소들을 섬에서 기르고 있었는데, 용 한 마리와 머리가 둘인 개 한 마리가 소들을 지키고 있었다. 먼 길이었다. 오케아노스 강을 건너야만 에뤼테이아 섬에 갈 수 있기 때문에 강을 건너는 것이 문제였다. (고대인들은 오케아노스 강이 땅덩어리를 둥글게 에워싸고 있다고 생각했다.) 헤라클레스는 활로 태양 헬리오스를 위협해 태양이 매일 저녁 동쪽으로 가기 위해 올라타는 황금 쟁반에 태워달라고 해서 게뤼오네우스의 소들이 있는 섬에 도착했다. 그는 용과 개를 죽이고 황소들을 태양 쟁반에 싣고 육지로 올라와 지브롤터 해협 양쪽에 두 개의 '헤라클레스 기둥'을 세웠다. 그러고는 이베리아 반도 남단으로부터 황소 떼를 몰고 그리스로 돌아가는 대장정(大長征)에 오른다. 오늘날 프랑스의 프로방스에 도달했을 때 헤라클레스는 리구리아(Liguria)인들의 공격을 받았다. 마침 화살도 동이 나 위험하기 짝이 없었는데, 제우스가 그를 도와 바위 비를 내리게 해 죽음을 면할 수 있었다. 오늘날 프로방스의 크로(Crau)에 널려 있는 커다란 바위들은 그때의 바위들이라고 전해진다. 헤라클레스는 이탈리아로 남하하면서 앞으로 로마가 건국될 지역에 이르러 카쿠스(Kakus)라는 괴물 강도를 처치해서 그곳의 왕으로부터 환대를 받았고, 시칠리아 섬에서는 에뤽스(Eryx) 왕과 격투를 벌여 그를 죽였다. 긴 여행 끝에 그리스로 돌아온 헤라클레스는 황소들을 에우뤼스테우스에게 갖다주었고, 그는 이 소들을 헤라에게 제물로 바쳤다.

⑪ 헤스페리데스 정원의 황금 사과

헤스페리데스(Hesperides)는 '석양의 요정들'이다. 헤라는 대지의 여신 가이아로부터 결혼 선물로 받은 황금 사과를 아름답게 생각해 아틀라스 산맥 근처에 있는 자신의 정원에 심고 헤스페리데스를 시켜 용의 도움을 받으며 지키게 했다. 에우뤼스테우스가 이번에 시킨 일은 그 황금 사과를 따 갖고 오라는 것이었다. 그런데 거인 아틀라스만이 그 정원에 들어갈 수 있었다. 프로메테우스의 동생 아틀라스는 제우스에 대항해서 싸운 기간테스들에게 가담한 벌로 어깨로 천체(天體)를 떠받치고 있어야만 했다. 헤라클레스는 아틀라스를 찾아가 황금 사과를 따 달라고 부탁했다. 아틀라스는 좋다고 했고, 자기 대신 천체를 받치고 있으라고 했다. 헤스페리데스 정원에서 황금 사과를 따온 아틀라스는 몸이 홀가분해진 자유를 만끽하기 위해 자기가 에우뤼스테우스에게 직접 사과를 갖다주겠다고 제안했다. 헤라클레스는 짐짓 좋다고 하면서 어깨에 쿠션을 놓을 동안 천체를 잠시 들고 있으라고 했다. 아틀라스가 천체를 받아 드는 순간 헤라클레스는 사과를 갖고 줄행랑을 쳤다. 에우뤼스테우스에게 돌아온 헤라클레스는 황금 사과를 왕에게 주었으나 왕은 그것을 갖고 어찌할 바를 몰라 그에게 돌려주었다. 헤라클레스는 그것을 아테나 여신에게 바쳤고, 여신은 그것을 다시 헤스페리데스 정원에 갖다 놓았다. 그 사과는 신들의 율법상 그 정원을 벗어날 수 없었다. '불멸'의 상징인 이 사과가 인간 세상으로 들어가는 것을 신들이 용납하지 않았기 때문이다.

⑫ 저승의 개 케르베로스

에우뤼스테우스의 요청은 점점 지독해졌다. 이번에는 저승의 왕 하데스의 궁전 입구를 지키는, 머리가 셋 달린 괴견(怪犬) 케르베로스(Kerberos)를 데려오라는 것이었다. 이번에야말로 헤라클레스가 영원히 돌아오지 못하게 할 속셈이었다. 헤라클레스는 저승으로 내려가기 위해 먼저 엘레우시스(Eleusis) 비교(秘敎)에 입문해야 했다. 그리고 펠로폰네소스 반도 남쪽 끝의 타이나론(Tainaron) 곳에 있는 지옥의 문을 통해 지하 세계로 내려갔다. 죽은 자들의 넋을 저승으로 인도하는 헤르메스가 제우스의 명령에 따라 헤라클레스를 안내했다. 저승에서 그는 고인이 된 명사들을 만났다. 특히 얼마 전에 죽은 칼뤼돈(Kalydon)의 영웅 멜레아그로스가 여동생 데이아네이라(Deianeira)를 부탁했다. 헤라클레스는 지상에 올라가면 그녀와 결혼하겠다고 약속했다. 그리고 하데스 왕을 만났다. 하데스는 무기를 사용하지 않고 괴견 케르베로스를 제압할 수 있으면 데려가도 좋다고 허락했다. 머리가 셋 달린 이 개에게 헤라클레스는 약간의 상처를 입었지만 제압하는 데 성공했다. 지하 세계에 내려간 김에 그는 그곳에 갇혀 있던 테세우스를 구해 주었다. 죽지 않고 지상 세계에 다시 올라온 헤라클레스는 에우뤼스테우스에게 괴견을 갖다주었으나 끔찍하게 생긴 개의 모습에 질려 받으려고 하지 않았다. 헤라클레스는 그 개를 다시 지하 세계에 데려다주었다. 그는 지하 세계를 다녀옴으로써 이제 죽음까지 제압한 것이다.

4) 그 밖의 모험

오촌 에우뤼스테우스 밑에서 열두 가지 과업을 끝마친 헤라클레스는 비로소 자신의 세 아들을 죽인 죄를 씻어낼 수 있게 되어 테바이로 돌아갔다. 이제부터 그는 난폭한 괴물이나 짐승들을 죽여 없애는 일보다는 전사(戰士)로서 활동하게 된다. 그런데 그 설화들은 서로 내용이 매우 달라, '열두 가지 과업'처럼 체계 잡힌 이야기를 구성하지 못한다. 그중 한두 가지만 소개하기로 한다.

헤라클레스는 오이칼리아(Oichalia)의 왕 에우뤼토스(Eurytos)가 주최한 활 쏘기 대회에 참가했다. 우승자는 왕의 딸 이올레(Iole)를 차지할 수 있었다. 마침내 헤라클레스가 우승했지만 불행했던 결혼 전력(前歷) 때문에 왕의 딸을 차지하지 못했다. 헤라클레스의 무용(武勇)을 존경하던 왕의 아들 이피토스(Iphitos)가 아버지를 설득하려 했지만 헛일이었다. 화가 난 헤라클레스는 오이칼리아를 떠났다. 이때 왕의 말(또는 소) 몇 마리가 없어졌다. 이것은 이피토스의 동생 뤼코스(Lykos)가 저지른 짓으로 나중에 판명되지만, 당장은 헤라클레스가 거북했다. 이피토스는 헤라클레스를 뒤쫓아와 그것들을 찾아달라고 부탁했다. 헤라클레스는 처음에는 그것들을 찾으려고 별 생각 없이 이피토스를 데리고 다녔지만 이피토스가 자신을 의심하는 것 같아 그를 성벽에서 떨어뜨려 죽였다.

뜻밖의 살인을 하게 된 헤라클레스는 델포이로 가서 무녀 퓌티아에게 신탁을 물었다. 무녀는 그에게 속죄를 하기 위해서는 1년간 노예로 일하고 그 대금을 에우뤼토스 왕에게 갖다주어야 한다고 말했다. 헤라클레스는 헤르메스의 주선으로 뤼디아(Lydia)의 트몰로스(Tmolos) 왕의 미망인 옴팔레(Omphale)의 노예로 팔려 갔다. 옴팔레를 섬기면서 헤라클레스는 좋은 일을 많이 했다. 인근의 도둑과 강도를 처치하고 옴팔레와 맞서던 이웃 도시도 제압했다. 옴팔레가 헤라클레스의 아내가 되어 아이까지 낳았다는 설도 있다. 헤라클레스는 옴팔레를 섬기면서 많이 변했다. 술에 진탕 취하고, 억제하지 않고 쾌락에 빠져들기도 했다. 사자 가죽을 걸치고 다니던 그가 여왕 옆에선 모직 옷을 걸친 온순한 모습으로 변해, 데릴라 앞의 삼손과도 같은 타락한 영웅의 모습을 보여준다. 옴팔레 밑에서의 노예 생활을 끝내고 그리스로 돌아가는 길에 헤라클레스는 트로이에서 라오메돈의 딸 헤시오네를 괴물로부터 구해 주었다. 그런데 라오메돈이 대가로 약속한 말을 주지 않자 그리스에서 군대를 일으켜 트로이를 공격해 라오메돈과 그 아들들을 모조리 죽이고 프리아모스만 살려주었다. 또 트로이에서 그리스로 돌아오는 길에 아테나 여신의 요청을 받고 기간토마키아에 참전하여 올림포스 신들과 함께 기간테스들을 무찌른다. 이밖에도 헤라클레스는 스파르타, 필로스 등을 공격하고, 남편 아드메토스(Admetos)의 삶을 연장시키기 위해 자진해서 저승으로 간 알케스티스(Alkestis)를 찾으러 또다시 지하 세계로 내려가기도 하는 등 많은 모험을 감행한다.

지하 세계에서 멜레아그로스와 약속한 대로 헤라클레스는 그의 누이동생 데이아네이라와 결혼하여 그의 고향 칼뤼돈에서 얼마 동안 살았다. 그러나 우연한 사고로 장인의 친척을 죽게 하는 바람에 부득이 그곳을 떠나야 했다. 그는 아내와 아들 휠로스(Hyllos)를 데리고 여행길에 올랐다가 에베노스 강을 건너게 되었다. 강가에는 켄타우로스족인 네소스가 살고 있었다. 그는 헤라클레스가 에뤼만토스의 멧돼지를 추격할 때 죽이게 된 켄타우로스족 중에서 유일하게 살아남은 자였다. 그러나 헤라클레스는 강을 건네주는 네소스가 그자인 줄은 몰랐다. 먼저 헤라클레스와 어린 휠로스가 강을 건넜다. 그 다음에 그의 아내가 네소스의 도움을 받으며 뒤따라 강을 건너려 할 때 갑자기 네소스가 그의 아내를 겁탈하려고 했다. 헤라클레스는 휘드라의 독이 발라져 있는 화살로 네소스를 쏘아 맞혔다. 헤라클레스가 오기 전 네소스는 피를 흘리며 죽어가면서 젊은 데이아네이라에게 자신의 상처에서 나는 피를 조금 거두어 두었다가 후일 사랑의 미약(媚藥)으로 쓰라고 말했다. 순진한 데이아네이라는 남편의 사랑이 식을 경우를 대비해서 그의 피를 조금 거두어 두었다.

헤라클레스의 마지막 전쟁은 궁술 대회 때 딸을 내주지 않은 에우뤼토스에 대한 복수전이었다. 헤라클레스는 군대를 일으켜 오이칼리아로 쳐들어갔다. 치열한 전투 끝에 헤라클레스는 에우뤼토스 왕과 그의 아들들을 모두 죽이고 딸 이올레를 포로로 잡아 왔다.

5) 죽음과 신격화

전쟁에서 승리하고 테살리아로 돌아온 헤라클레스는 오이타(Oita) 산에 서 제우스에게 제사를 올리려고 했다. 헤라클레스는 데이아네이라에게 전 령을 보내 제사 때 입을 새 옷을 보내라고 했다. 마침 데이아네이라는 헤 라클레스가 포로 이올레에게 마음이 쏠리고 있다고 생각하여 질투심에 불 타던 참이었다. 그녀는 네소스가 사랑의 미약으로 쓰라고 일러준 피를 남 편에게 보낼 옷에 발랐다. 헤라클레스가 새 옷을 받아 입자 즉시 독이 효 과를 발휘했다. 그것은 미약이 아니었다. 헤라클레스의 독화살을 맞고 죽 은 자의 피는 휘드라의 독으로 가득 차 있었다. 헤라클레스는 살갗이 지 독히 아파 옷을 벗으려고 했지만 소용이 없었다. 옷이 살갗에 딱 달라붙 어 옷을 잡아당기면 살점이 뚝뚝 떨어졌다. 쓰러진 헤라클레스는 트라키 스의 집으로 옮겨졌다. 자초지종을 전해 들은 데이아네이라는 스스로 목 숨을 끊었다. 헤라클레스는 이올레를 아들 휠로스에게 맡기면서 성년이 되면 그녀와 결혼하라고 일렀다. 그리고 오이타 산으로 되돌아와 장작더 미를 쌓게 했다. 온몸의 살갗이 너무 아파 차라리 불에 타 죽기로 마음먹 은 것이다. 그가 장작더미 한가운데로 갔지만 아무도 불을 놓으려고 하지 않았다. 헤라클레스는 필록테테스에게 자신의 활과 독이 든 화살을 유품 으로 주면서 장작더미에 불을 지르게 했다. 불이 타올랐다. 그때 제우스 의 천둥소리가 요란하더니 구름이 몰려와 불길에 휩싸인 헤라클레스를 데 리고 하늘로 올라갔다. 헤라클레스가 불사의 신이 되는 광경이었다. 사실 헤라클레스는 벌써 신들의 반열에 있었다. 헤스페리데스 정원의 황금 사 과를 가져온 것이나, 지옥으로 내려가 괴견 케르베로스를 데려온 것이나,

기간토마키아 때 올림포스 신들을 도운 것은 모두 그의 불멸의 지위를 이미 충분히 보여주는 이야기들이었다. 올림포스로 올라간 헤라클레스는 불멸의 어머니 헤라의 품에서 다시 태어나는 의식을 치른 다음 드디어 헤라와 화해했다. 헤라는 하나뿐인 자신의 딸이자 불멸의 청춘의 여신인 헤베(Hebe)와 헤라클레스를 결혼시켰다.

헤라클레스는 모두 70명의 아들들을 남겼다. '헤라클레이다이(Herakleidai)'라고 불리는 헤라클레스의 후손들은 훗날 아르골리스로 돌아와 펠로폰네소스 반도를 장악했다. 헤라클레스를 자신들의 시조로 떠받드는 도리아인들은 헤라클레스의 후손인 자신들이 펠로폰네소스 반도에서 도리아인의 통치를 시작했다고 주장했다. 도리아인의 지배 영역은 북쪽으로는 아이톨리아와 에페이로스(Epeiros)까지, 남쪽으로는 크레타 섬까지, 그리고 서쪽으로는 시칠리아 섬과 이탈리아 중남부를 지칭하는 '대(大)그리스(Magna Graecia)'까지 확장되었다.

9. 테세우스의 모험

테세우스(Theseus)에 관한 설화는 어떤 의미에서는 헤라클레스 설화의 복사판이나 다름없다. 테세우스는 아테네의 영웅이자 헤라클레스와 동시대 사람이다. 아테네 사람들은 테세우스를 항상 친근하게 생각했다. 헤라클레스가 도리아인의 영웅으로서 주로 펠로폰네소스에서 중요한 과업을 이룩했다면, 테세우스는 아테네와 아티카의 영웅으로서 이 지역이 그의 활동 무대였다.

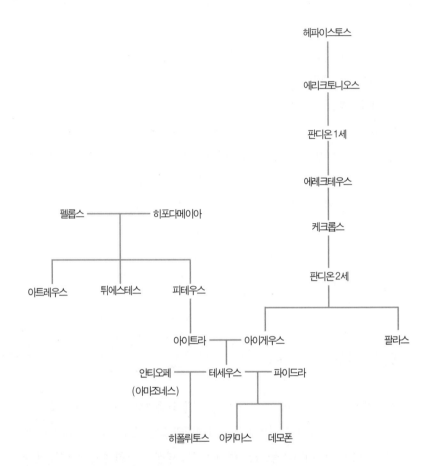

계보 10 테세우스 가(家) 계보

1) 출생

테세우스는 아테네 왕가 출신이다. 그의 아버지 아이게우스(Aigeus)는 에레크테우스(Erechtheus)의 후손이고 그의 어머니 아이트라(Aithra)는 트로이젠의 피테우스(Pittheus) 왕의 딸이자 펠롭스의 손녀였다. 피테우스는 아트레우스 및 튀에스테스와 형제로, 현명한 통치자였으며 이름난 예언자였다. 아들이 없던 아테네의 왕 아이게우스는 델포이로 가서 신탁을 얻어 자손에 관한 궁금증을 풀어보려고 했다. 항상 그렇듯이 신탁의 말은 애매모호했다. 아테네로 돌아갈 때까지 포도주 부대의 마개를 열지 말라고 했기 때문이었다. 궁금증이 풀리지 않은 왕은 친구이자 예언자인 피테우스를 찾아갔다. 그는 아이게우스로부터 신탁의 내용을 전해 듣고 그가 훌륭한 아들을 갖게 되리라는 것을 알았다. 그는 아이게우스에게 간곡히 포도주를 권해 취하게 만든 다음, 자신의 딸 아이트라를 들여보내 잠자리를 같이하게 했다. 아이게우스는 아테네를 향해 떠나기 전에 자초지종을 전해 듣고 아이트라가 임신했다는 것을 알았다. 그는 아이트라를 데리고 큰 바위가 있는 곳으로 가 바위를 쳐들고 그 밑에 칼 한 자루와 신발을 넣은 다음, 뱃속의 아이가 커서 이 바위를 들 수 있을 정도의 젊은이가 되면 이 신발을 신기고 칼을 채워 아테네로 보내라고 말한 뒤 트로이젠을 떠났다. 달이 차서 공주는 아들을 낳았다. 어린 테세우스는 트로이젠에서 외할아버지로부터 훌륭한 교육을 받으며 자랐다. 용맹과 지혜가 출중한 테세우스는 열여섯이 되던 해 어머니로부터 자신의 출생에 얽힌 비밀을 들었다. 그리고 큰 바위를 쳐들어 아버지에게 자신을 증명해 줄 칼과 신발을 꺼냈다.

2) 아테네의 아버지에게로: 첫 번째 위업

테세우스는 트로이젠을 떠나 아테네로 향했다. 주위 사람들은 바닷길로 가는 것이 육로로 가는 것보다 덜 위험하다고 충고했지만 테세우스는 듣지 않았다. 코린토스 협곡에는 강도들이 들끓었는데, 육로로 가려면 그곳을 통과해야만 했다. 테세우스는 위험에 부딪히면서 자신의 역량을 시험해 보고 싶었다. 헤라클레스 같은 영웅이 되는 것이 어린 시절부터의 꿈이었다. 그가 일곱 살 때, 헤라클레스가 그 유명한 사자 가죽 옷을 입고 외할아버지 피테우스의 손님으로 나타난 적이 있었는데, 헤라클레스가 사자 가죽 옷을 벗어 땅에 놓자 어린아이들이 진짜 사자인 줄로 알고 모두 무서워 도망쳤으나 테세우스만이 혼자서 도끼를 들고 그 사자 가죽 쪽으로 달려갔다는 이야기도 전해진다.

테세우스는 에피다우로스(Epidauros) 근처에서 여행자들의 머리를 쳐서 죽이는, 헤파이스토스의 아들이자 강도인 페리페테스(Periphetes)를 만나 그를 죽이고 그가 갖고 다니던 몽둥이를 빼앗아 자신의 표장(標章)으로 삼았다.

코린토스 협곡에 이르렀을 땐 시니스(Sinis)라는 강도를 만났다. 그는 극악무도한 무법자로, 지나가는 여행자를 붙잡아 소나무 한쪽 가지를 휘어잡고 있게 하고는 자신이 잡고 있던 다른 쪽 가지를 갑자기 놓아서 땅에 처박혀 죽게 하거나, 아니면 가까이 있는 두 나무를 땅까지 휘게 한 다음 그 사이에 여행자의 두 팔과 다리를 각각 다른 나무에 묶고는 휘어진 두 나무를 다시 수직으로 돌아가게 해서 여행자를 찢어 죽이는 나쁜 놈이었다. 테세우스는 그를 제압한 다음 똑같은 방식으로 처치했다.

코린토스 협곡을 지나 크롬뮈온(Krommyon)에 도착한 테세우스는 이 일대를 어지럽히는 괴물 암돼지 파이아(Phaia)를 잡아 죽였다. 이 암돼지는 튀폰과 에키드나 사이에서 태어난 딸로 사람을 잡아먹으며 이 지역을

**지도 11 아테네로 가는
테세우스의 모험**

파업	지역
1. 에피다우로스	강도 페리페테스 처치
2. 코린토스 협곡	강도 시니스 처치
3. 크롬위온	암퇘지 파이아 퇴치
4. 메가라	악당 스키론 처치
5. 엘레우시스	악당 케르퀴온 처치
6. 엘레우시스 인근	악당 프로크루스테스 처치

지도 안 지명:
코린토스 ·
미케네 ·
메가라 ·
엘레우시스 · ⑤
⑥ · 아테네
③ ④
스키론
아이기나
⑤
⑥
②
에피다우로스 · ①
티륀스 ·
트로이젠 ·

황폐하게 만들고 있었다. 일설에 따르면 파이아는 암퇘지라는 별명을 가진 그곳의 타락한 여자였다고도 한다.

메가라(Megara)에는 스키론(Skiron)이라는 악당이 있었다. 그는 바다가 내려다보이는 바위 위에 앉아 나그네에게 자기의 발을 씻게 했다. 나그네가 몸을 구부리고 앉아 발을 씻어주면 스키론은 나그네를 걷어차 바다에 떨어지게 하여 해안에 살고 있는 큰 거북의 밥이 되게 했다. 스키론에게 일부러 붙잡힌 테세우스는 그가 시키는 대로 하는 체하다가 다리를 세게 잡아당겨 그를 바다에 처넣어 거북의 밥이 되게 했다. 테세우스는 가해자들에게 피해자들이 당한 것과 똑같은 고통을 되돌려주어 벌했다.

엘레우시스에는 고약한 악당 케르퀴온(Kerkyon)이 사람들을 괴롭히고 있었다. 케르퀴온은 포세이돈의 아들로 행인들을 붙잡아 레슬링을 하자고 강요하고서는 자신이 이기면 그들을 죽여버리는 나쁜 놈이었다. 테세우스는 그와 레슬링을 하여 단번에 상대를 위로 번쩍 쳐들었다가 내팽개쳐 죽게 했다.

엘레우시스에서 조금 떨어진 곳에서 여인숙을 운영하면서 나그네를 괴롭히는 악당 프로크루스테스(Prokroustes)도 마찬가지였다. '늘어나게 하는 자'라는 뜻의 프로크루스테스는 자신의 여인숙에 들어오는 손님을 붙잡아 침대 길이에 알맞게 다리를 자르거나 억지로 늘렸다. 테세우스는 키가 큰 이 악당을 붙잡아 그의 침대에 눕히고는 침대 길이에 맞게 목을 잘라 죽였다(그림 36). 트로이젠을 떠나 아테네로 가면서 테세우스는 못된 강도와 악당들을 처치하면서 자신의 역량을 과시해 명성을 얻었다.

테세우스는 드디어 아테네에 도착했지만 그곳은 혼란스러웠다. 마법사 메데이아가 아이게우스 왕에게 아들을 하나 낳아주어 아이게우스가 그녀의 말에 이리저리 흔들렸기 때문이다. 그러나 그 아들은 적법한 후계자가 아니었다. 아이게우스 왕의 동생 팔라스(Pallas)도 이 틈을 노려 자신의 아들 50명과 함께 왕권을 뺏을 궁리를 하고 있었다. 이때 테세우스가 나타난 것이다. 그의 정체를 알아차린 마법사 메데이아는 아이게우스를 설득하여 그를 독살하려고 했다. 그러나 연회장에서 테세우스가 독이 든 술잔을 마시려 하는 순간 아이게우스는 테세우스의 허리에 찬 칼을 보자 그가 자신의 아들임을 간파하고, 테세우스가 손에 든 술잔을 엎어버렸다. 음모가 탄로 난 메데이아는 곧 추방당했다. 왕권의 적법한 후계자가 된 테세우스는 왕권을 노리던 팔라스의 아들이자 자신의 사촌인 50명의 팔란티다이(Pallantidai)를 무찔러야 했다. 또 헤라클레스가 크레타 섬에서 잡아왔다가 풀어준 사나운 마라톤의 황소가 아티카 주민들에게 막대한 피해를 주자 테세우스는 맨손으로 황소를 때려잡아 아폴론에게 제물로 바쳤다. 그의 인기는 날로 높아만 갔다.

3) 크레타 섬의 모험: 미노타우로스를 처치하다

이 무렵 크레타의 왕 미노스의 특사들이 아테네로 찾아와 조공을 강요했다. 헤라클레스가 잡아간 크레타의 황소를 찾으러 왔다가 소에 받혀 죽은 아들 안드로게오스(Androgeos)의 원혼을 달래기 위해 미노스는 군대를 이끌고 와 아티카를 황폐케 하면서 전쟁에서 이긴 대가로 9년(또는 매년)마다 제물을 바치라고 강요했다. 사람의 몸에 황소 머리를 가진 괴물 미노타우로스의 먹이로 주기 위해서였다. 그 후로 아테네에선 일곱 명의 청년과 일곱 명의 처녀를 바쳐왔는데, 이번이 3번째였다. 테세우스는 이 무거운 멍에로부터 조국을 구하기 위해, 제물로 바쳐지는 젊은이들 틈에 섞여 직접 크레타에 가기로 마음먹었다. 출발에 앞서, 그는 델포이 신탁에 따라, 여행길의 무사함을 기원하기 위해 아프로디테에게 염소를 바쳤다. 테세우스는 젊은이들과 함께 검은 돛을 올린 배를 타고 떠났다. 만일 승리하고 돌아올 경우엔 흰 돛을 올리겠다고 아버지에게 약속했다.

'미노스의 황소'라는 뜻의 미노타우로스(Minotauros)는 미노스 왕의 아내 파시파에와 포세이돈이 보낸 황소 사이에서 태어난 괴물로, '지상의 헤파이스토스'라는 명성을 얻은 발명가 다이달로스(Daidalos)가 설계한 복잡하고도 어두운 라뷔린토스(Labyrinthos)라는 미로(迷路)에 갇혀 있었다. 라뷔린토스란 미로는 너무 복잡해서 일단 들어가면 되돌아 나올 수 없었다. 그러나 테세우스에게는 행운이 따랐다. 아프로디테에게 제물을 올린 효과가 있었다. 아프로디테가 미노스의 딸 아리아드네(Ariadne)로 하여금 테세우스를 사랑하게 했기 때문이었다. 아리아드네는 테세우스에게 한눈에 반했다. 그녀는 테세우스가 라뷔린토스에서 무사히 빠져나올 수 있도록 도와주고 싶었다. 그녀는 다이달로스에게서 실 타래의 끝을 입구에 매어놓고 실을 풀며 들어갔다가 나올 때는 실을 되감으며 나오는 방법이 있다는 것을 알아냈다. 그녀는 테세우스에게 결혼을 약속받고 실 타래와 칼을 주었다. 테세우스는 실을 풀며 들어가 칼로 괴물을 죽였다. 그는 실 타래에 실을 되감으며 라뷔린토스 입구로 나올 수 있었다. 그러고는 그곳에서 기다리던 아리아드네와 같이 도망쳤다. 항구로 돌아온 그들은 아테네의 배를 타고 바닷길에 올랐다가 저녁 무렵 낙소스(Naxos) 섬에 도착했다.

그런데 아리아드네는 이 섬의 바닷가에서 깜빡 잠이 들고, 그 사실을 모르는 테세우스의 일행은 다시 아테네로 떠나버렸다. 혼자 남게 된 아리아드네는 때마침 그곳을 지나던 디오뉘소스가 발견하고 사랑하게 되어 결혼했다는 설도 있고, 디오뉘소스가 아니라 디오뉘소스의 사제와 결혼했다는 설도 있으며, 테세우스에게 버림받은 아리아드네가 자살했다는 설도 있다. 아무튼 테세우스는 아리아드네를 잃은 슬픔에 젖어, 아티카 해안이 바라보이는 곳까지 들어섰음에도 불구하고 흰 돛으로 바꾸어 달 생각을 하지 못했다. 아들이 돌아오기를 눈이 빠지게 기다리던 아이게우스 왕은 돌아오는 배가 검은 돛을 달고 있는 것을 보고 아들이 죽었다고 생각하여 바다에 몸을 던져 죽고 말았다. 이때부터 그 바다를 '아이게우스

(에게) 해'로 부르게 되었다.

4) 왕위 계승: 아테네의 왕이 되다

아버지 아이게우스의 장례식을 마친 테세우스는 아테네의 왕이 되었다. 그때까지 아티카의 여러 마을에 흩어져 살던 주민들은 아테네 시로 흡수·통합되었다. 마을에 있던 지방 정청(政廳)을 없애고 아테네로 통합하여 새로운 회의체를 개설했으며, 지방 귀족들은 '쉬노이키스모스(Synoikismos)'라는 집주(集住) 제도에 따라 아테네에 모여 살게 했다. 귀족들이 집주 제도에 거부 반응을 보이자 테세우스는 왕정을 폐지하고 처음으로 민주정을 시행했으며, 통합된 군(軍) 지휘권만을 장악하고 국법을 옹호하는 역할을 했다고 한다.

테세우스는 여왕의 허리띠를 찾으러 가는 헤라클레스와 함께 흑해 연안에 사는 아마조네스족을 찾아가서 여왕 히폴뤼테(일설에 의하면 여왕의 동생인 안티오페(Antiope)라고도 함)를 납치해 데려와 결혼했는데, 아마조네스들은 이 납치에 보복하기 위해 아티카까지 내려와 아테네 병사들과 전투를 벌였으나 패하고 평화 협정을 맺었다. 이 전투에서 테세우스의 아내 히폴뤼테(또는 안티오페)는 남편을 도와 싸우다 죽었다고 한다. 그녀는 죽기 얼마 전 테세우스의 아들 히폴뤼토스(Hippolytos)를 낳았다. 테세우스는 얼마 후 크레타의 왕 미노스의 딸이자 아리아드네의 여동생인 파이드라(Phaidra)와 재혼했다. 그런데 그녀는 전처가 낳은 멋진 히폴뤼토스를 열렬히 사랑했다. 그러나 히폴뤼토스는 아마조네스인 어머니의 피를 이어받아서 그런지 사랑을 싫어했기 때문에, 여자를 멀리하고 사냥을 즐기며 아르테미스 여신을 추종하고 아프로디테를 혐오했다. 파이드라는 히폴뤼토스에게 자신의 사랑을 끊임없이 표현했지만 그가 전혀 호응하지 않자 더럭 겁이 났다. 히폴뤼토스가 남편 테세우스에게 자기를 비난하는 말을 할까 봐 걱정이 된 파이드라는 오히려 히폴뤼토스가 자기를 겁탈하려 했다고 테세우스에게 말했다. 분노에 찬 테세우스는 아들에게 자초지종을 물어볼 생각도 하지 않고 아들에게 포세이돈의 저주가 내릴 거라고 외쳤다. 일설에 의하면 테세우스는 포세이돈의 아들이라는 이야기도 있고, 또 다른 설에 의하면 포세이돈이 테세우스의 소원 한 가지를 들어주기로 했다고도 한다. 테세우스의 요청을 들은 포세이돈은 때마침 바닷가에서 전차를 몰던 히폴뤼토스에게 바다 괴물을 보냈다. 갑작스러운 괴물의 출현에 전차의 말들이 놀라는 바람에 히폴뤼토스는 전차에서 떨어져 끌려가다가 바위에 부딪혀 죽고 말았다. 이 소식을 들은 파이드라는 양심의 가책을 못 이겨 스스로 목숨을 끊었다.

5) 친구 페이리토오스와 테세우스의 만년

그리스 북부에 사는 라피테스(Lapithes)족의 페이리토오스(Peirithoos)는 테세우스의 명성을 질투해서 그에게 도전할 생각으로 마라톤에 있는 테세우스의 황소들을 모두 훔치고 그의 반응을 기다렸다. 마침내 테세우스가 전투 준비를 하고 나타났다. 그러나 막상 서로 마주 바라보게 된 두 사람은 상대방의 늠름한 기세에 매료되어 변치 않는 우정을 맺었다.

테세우스와 페이리토오스는 두 사람이 모두 혼자가 되면 서로 도와서 알맞은 아내를 얻자고 약속했다. 파이드라를 잃고 홀로된 테세우스는 페이리토오스와 함께 스파르타에 가서 레다의 딸 헬레네를 납치해 왔다. 헬레네는 당시 열두 살밖에 되지 않았지만 이미 미인으로 소문이 자자했다. 테세우스와 페이리토오스는 헬레네를 두고 제비뽑기를 했다. 헬레네는 테세우스의 몫이 되었다. 테세우스는 어린 헬레네를 어머니 아이트라에게 맡기면서 결혼할 수 있는 나이가 될 때까지 보살펴달라고 했다. 이제 페이리토오스의 아내감을 고를 차례였다. 그는 하데스 왕의 아내 페르세포네와 결혼하고 싶어 했다. 두 사람이 지하 세계로 내려가자 하데스는 그들을 정중히 접대하면서 의자를 내놓았다. 그런데 의자에 앉자 몸이 달라붙어 떨어지지 않았다. 한참 후에야 괴견 케르베로스를 찾으러 지하 세계로 내려온 헤라클레스 덕분에 테세우스만 지상 세계로 올라와 다시 햇빛을 볼 수 있었다.

테세우스가 지하 세계로 여행을 떠났을 때, 헬레네의 오빠들인 디오스쿠로이 형제 카스토르와 폴뤼데우케스가 군대를 이끌고 와 헬레네를 숨겨 놓은 곳을 부수고 헬레네를 데려가고 말았다. 게다가 테세우스의 친척 메네스테우스(Menestheus)가 민중을 선동하여 테세우스로부터 민심을 돌려놓았다. 지하 세계에서 돌아온 테세우스는 놀라지 않을 수 없었다. 왕권을 되찾으려고 해봤지만 헛일이었다. 그는 파이드라와의 사이에서 낳은 두 아들 아카마스(Akamas)와 데모폰(Demophon)을 에우보이아로 피신시키고 자신은 스퀴로스(Skyros) 섬에서 살다가 죽었다.

테세우스의 왕권을 가로챈 메네스테우스는 아테네 군대를 이끌고 트로이 원정에 참전했다가 죽고 말았다. 테세우스의 두 아들은 전쟁에서 살아남아 무사히 귀국해 아버지의 뒤를 이었다. 기원전 490년에 벌어진 마라톤 전투에서 아테네 병사들은 테세우스의 망령이 나타나 선봉에서 페르시아 군대를 무찌르는 것을 보았다고 한다. 몇 년 후 테세우스의 유해는 장엄한 의식 속에 아테네로 돌아왔다. 아테네 시는 그의 유해가 머무를 웅장한 사당 테세이온(Theseion)을 짓고 그를 위한 축제를 매년 열었다. 마라톤 전투에서 승리한 것은 테세우스의 도움이라고 믿었기 때문이다.

6) 전설의 진실

테세우스에 관한 전설이 가장 체계적으로 기술된 것은 기원후 1세기 플루타르코스(Ploutarchos)의 『영웅전』에 수록된 「테세우스」 편이며, 그

밖에 아폴로도로스(Apollodoros), 파우사니아스(Pausanias), 디오도로스(Diodoros) 등도 기록을 남기고 있다. 파란만장한 테세우스의 생애에 관한 전설은, 오랜 세월 전승되면서 흥미를 돋우기 위해 재미있는 에피소드가 첨가되어 재구성된 것이다. 테세우스 전설 중에서 오늘날 가장 주목받는 것은 크레타 모험 이야기와 집주(集住) 제도에 바탕한 아테네 민주정을 시작한 이야기이다.

아테네가 미노타우로스의 제물이 될 남녀들을 각각 일곱 명씩 크레타의 미노스 왕에게 바쳤다는 에피소드는 아테네와 미노아 문명 간의 관계를 우의적으로 표현하는 대목이다. 기원전 5세기의 역사가 투퀴디데스(Thoukydides)에 의하면, 기원전 16세기에 크레타의 미노아 문명은 일종의 해상 제국을 형성하여 에게 해 일대의 패권을 장악했다고 한다. 실제로 미노아 문명은 기원전 18~16세기에 가장 번성했던 것으로 확인되었다. 당시 '미노아'라는 이름을 가진 해안 도시가 지중해 일대에 아홉 개나 있었다고 하는 것으로 보아, 아테네의 인신 공희설(說)은 해상 제국 크레타에 대한 아테네의 예속을 의미한다고 볼 수 있다. 그러나 미노아 해상 제국설을 부인하는 학자들도 있다. 미노아 문명이 전성기에 에게 해 일대에 문화적 영향을 크게 미친 것은 사실이지만 그것이 정치적 지배를 의미하는 것은 아니라는 주장이다. 그러나 미노아 문명 전성기에 실제로 경제가 크게 발달했던 만큼, 에게 해 일대의 해상 무역권을 장악한 미노아에게 아테네가 정치적으로는 아니더라도 경제적으로 예속될 수는 있었을 것이다. 인신 공희는 미노아 문명에 예속된 경제·문화적 상황을 '동화' 식으로 구성한 것으로 생각할 수 있겠다. 그렇다면 테세우스의 미노타우로스 퇴치는 상황의 반전을 의미한다고 보아야 할 것이다. 기원전 1500년경 크레타 인근의 테라(Thera) 혹은 산토리니(Santorini) 섬의 화산 폭발과 그로 인한 미노아 궁전 파괴와, 이 틈을 노린 미케네인의 크레타 침입(기원전 1450년경) 때문에 기원전 1370년경에는 미노아의 크노소스 궁이 완전히 파괴되었다는 것이 최근의 연구로 확인되었다.

테세우스의 미노타우로스 퇴치는 인신 공희가 중단되는 계기로서 에게 해 패권을 상실하는 미노아 문명의 몰락과 미케네인의 크레타 침입을 암시하는 에피소드라고 생각할 수 있다. 따라서 테세우스 설화에서 미노타우로스 퇴치는 아테네 번영의 시작과 연계된다. 그것은 아테네로 돌아온 테세우스가 왕위를 계승하고 집주 제도를 정착시켜 도시 국가의 기틀을 만들었다는 이야기에도 잘 나타나 있다. 하지만 미노아 문명은 기원전 1370년경에 몰락했고 아테네의 민주정은 기원전 5세기에 완성된 것이다. 시간적으로 너무나 큰 격차가 있다. 이 지나친 격차는 미노타우로스를 퇴치하고 미노아 문명으로부터 해방된 자주적인 아테네를 건설한 테세우스의 신화적 공로가 너무나 찬란해, 역사상 아테네 최대의 자랑인 민주정마저 테세우스의 공으로 돌리려는 열렬한 테세우스 숭배 열기를 반영한 것으로 이해해야 좋을 것이며, 참주 정치를 편 페이시스트라토스(Peisistratos, 기원전 600~528년경) 시대의 애국주의 고조와 맥을 같이한다고 생각할 수 있다.

한편 테세우스가 퇴치하는 미노타우로스는 풍요와 다산을 기원했던 미노아 문명의 황소 숭배를 반영하는 동시에, 보다 넓은 시각에서 보면 세상의 부패와 악을 상징적으로 표현한 것이다. 헤라클레스가 처치한 많은 괴물들 역시 마찬가지다. 헤라클레스와 테세우스가 다 같이 '빛'의 영웅인 이유는 그 때문이다. 하늘과 땅이 열린 이후 세계의 질서가 밝게 자리 잡기 위해서는 어두운 악을 제거하는 치안 유지자가 필요한 것이다. 그들은 솎아내야 할 악의 뿌리를 뽑아냄으로써 평화가 꽃필 수 있는 토양을 마련했다고 할 수 있다.

미노타우로스는 전설 속의 괴물이었지만 그 괴물이 갇혀 있었다고 믿었던, 다이달로스가 설계했다고 전해지는 라뷔린토스는 1900년 3월부터 6년간 발굴 작업을 해 크레타의 크노소스 궁을 찾아낸 영국인 에번스

(Arthur J. Evans, 1851~1941)에 의해 확인되었다(그림 39, 40, 41, 42). 크노소스 궁전 지하에서 발견된 라뷔린토스는 테세우스 설화의 미로처럼 살아서는 못 나오는 죽음의 미궁은 아니었지만, 테세우스 설화의 라뷔린토스가 공허한 상상의 산물은 아니었다는 것을 충분히 입증했다. 에번스의 크노소스 발굴은 슐리만의 트로이 발굴보다도 많은 관심을 끌었다. 미노타우로스가 갇혀 있었고 라뷔린토스가 실재했다는 것보다도, 그리고 미노아의 찬란한 문명이 실재했다는 것보다도 지식인들의 관심을 사로잡았던 것은, 소로 변신한 제우스의 등에 업혀 크레타로 간 에우로페가 제우스와 관계하여 낳은 아들 미노스가 기원전 2500년경에 그곳에서 미노아 문명을 일구어냈다는 사실이었다. 문명의 창건에서 항상 동양에 우선권을 주었던 유럽의 지식인들로서는, 40세기 이상 크레타 섬에서 숨 쉬고 있는 문명을 발견함으로써 동양의 거대한 문명들과 겨룰 수 있는 유럽의 기원을 찾아낸 셈이었다. 지식인들뿐만 아니라 모든 유럽인들은 이제 미노스의 어머니 에우로페(유럽)에게서 자신들의 자랑스러운 기원을 찾아낼 수 있게 되었다.[33]

10. 그 밖의 영웅들

지금까지 살펴본 영웅 설화들은 주로 '소설' 형식 신화에 속한 것들로 오랜 세월 동안 전설의 짜임새가 잘 다듬어진 것들이다. 그러나 크레타를 문명화시킨 에우로페의 아들 미노스, 헤라클레스의 조상이며 신과 영웅들의 중간쯤에 해당하는 페르세우스(Perseus), 사랑(Eros)의 동반자 프쉬케(Psyche), 꾀의 영웅 시쉬포스(Sisyphos), 명마 페가소스를 타고 용맹을 떨친 벨레로폰테스(Bellerophontes), 칼뤼돈의 영웅 멜레아그로스 등도 이름난 영웅들로 오래된 전설들을 남기고 있다. 이들에 관한 설화에도 물론 많은 이설이 형성되어 있지만 '소설' 형식 신화의 범주로 분류되지는 못한다. 이들에 관해 고대 그리스인들이 남긴 문학 작품이 많지 않고, 있다 하더라도 단편적인 기술에 지나지 않거나 소실되어 전승되지 못했기 때문이다. 이들에 관한 중요 에피소드를 간단히 소개하겠다. 영웅이라고 할 수는 없지만 오비디우스에 의해 유명해진 나르키소스(Narkissos)의 에피소드를 여기에 덧붙이겠다.

1) 미노스

페니키아의 아게노르(Agenor)의 딸 에우로페는 아름다웠다. 제우스는 그녀를 유혹하기 위해 흰 황소로 변신해 바닷가에서 친구들과 놀고 있던 그녀에게 다가가 그녀 앞에 엎드렸다. 그녀는 흰 소를 어루만지다가 등에 올라탔다. 흰 황소는 그때 냉큼 바닷속으로 뛰어들어 크레타 섬까지 헤엄쳐 갔다(그림 37). 제우스와 에우로페가 사랑을 처음 나눈 곳은 크레타의 이데(Ide) 산이라는 설과 섬 깊숙한 곳에 있는 고르튀스(Gortys)의 플라타너스(Platanus) 나무 아래였다고 한다. 플라타너스 잎사귀가 무성한 것은 이들의 사랑을 기념하기 위해서라고 한다(그림 38). 에우로페는 제우스와의 관계로부터 세 아들 미노스, 사르페돈(Sarpedon), 라다만튀스(Rhadamantys)를 낳았다.

제우스는 에우로페를 크레타의 왕 아스테리온(Asterion)과 결혼시켰다. 아스테리온은 대홍수 뒤에 살아남은 데우칼리온의 후손이다. 데우칼리온의 아들 헬렌(Hellen)에게는 도로스(Doros)라는 아들이 있었는데, 도로스의 아들 텍타모스(Tektamos)는 크레타로 건너와서 크레테우스(Kretheus)의 딸과 결혼했다. 이로부터 태어난 아들이 아스테리온이다. 아스테리온은 에우로페의 세 아들들을 양자로 받아들여 자기 아들처럼 키웠다. 아스테리온이 죽자, 미노스는 왕권을 혼자서 차지하겠다고 했다.

두 형제들은 이를 못마땅하게 여겼다. 그러자 미노스는 신들이 자신에게 왕권을 갖게 했다고 말하면서, 그 사실을 증명하기 위해 자신이 신들에게 요구하는 것은 다 이루어질 것이라고 장담했다. 그는 포세이돈에게 제사를 올릴 때 바다에서 황소를 나오게 해주면 그것을 포세이돈에게 바치겠다고 약속했다. 그러자 포세이돈이 황소를 보내주었다. 미노스는 아무 저항도 받지 않고 왕권을 차지할 수 있었다. 그러나 미노스는 이 황소가 너무 훌륭했으므로, 포세이돈에게 제물로 바치지 않고 종자를 퍼뜨리기 위해 자신의 소들 사이로 들여보냈다. 그러자 화가 난 포세이돈은 이황소를 성나게 만들었고 미노스의 아내 파시파에(Pasiphae)로 하여금 이 황소에게 욕정을 품게 했다. 이 관계로부터 사람의 몸에 황소 머리를 가진 괴물 미노타우로스가 태어나게 되었다. 결국 미노스의 요청 또는 에우뤼스테우스의 명령으로 헤라클레스가 이 황소를 제압해서 그리스로 데려갔다.

미노스는 자신의 왕국을 지혜롭게 정의와 자비로 다스렸으며 제우스로부터 영감을 받아 훌륭한 법을 제정해 크레타를 제일 먼저 문명화시켰다. 미노스는 자신의 왕권을 행사할 때 탈로스(Talos)라는 보좌관의 도움을 받았다. 탈로스는 때로는 인간으로 때로는 로봇으로 소개되는 특이한 인물이었다. 일설에 의하면, 탈로스가 청동 시대에 속하는 인물로, 헤파이스토스가 만들어 미노스에게 선물했다는 것이다. 또 다른 설에 의하면, 그는 크레타의 시조인 크레스(Kres)의 아들이라고도 한다. 청동 거인 탈로스는 미노스로부터 크레타를 수호하라는 명령을 받들어 외부 침입자들을 격퇴하는 임무를 맡았다. 탈로스는 매일 크레타 섬을 세 번씩 순찰하며 섬에 다가오는 낯선 자들을 공격해 물리쳤다. 탈로스는 허락 없이 크레타로 접근하는 자들에게 절벽 위에서 큰 바위를 던져 그들의 배를 침몰시켰고, 그들이 상륙했을 경우에는 자신의 몸을 불에 달군 뒤에 그들을 자신의 금속 몸에 껴안아 타 죽게 만들었다.

인간 로봇인 탈로스에게는 목으로부터 발뒤꿈치까지 흐르는 단 하나의 핏줄이 있을 뿐이었고, 발뒤꿈치에는 출혈을 막아주는 청동 못이 있었다. 아르고 호 원정대가 크레타에 상륙하려고 할 때, 탈로스는 그들을 쫓아 내려고 했다. 그러자 원정 대원들과 함께 있던 메데이아가 나서 탈로스를 감언이설로 그를 불사(不死)의 몸으로 만들어주겠다고 꾀었다. 메데이아는 마법의 의식을 올린다는 핑계로 탈로스의 치명적인 발뒤꿈치 청동 못을 뽑아버렸다. 그러자 로봇 탈로스는 피를 쏟으며 그 자리에서 죽고 말았다.

미노스는 통치를 잘 하면서도 바람둥이였다. 그의 아내 파시파에는 헬리오스와 페르세이스(Perseis)의 딸로 아름답기도 했지만 욕정이 대단했다. 그녀는 마법을 구사하는 천부적인 재능을 가진 집안 출신이었다. 그녀의 언니는 마법으로 유명한 키르케였고 조카는 메데이아였다. 미노스와 그녀 사이에서 데우칼리온(Deukalion), 글라우코스(Glaukos), 안드로게오스(Androgeus), 카트레우스(Katreus)의 네 아들과 아리아드네, 파이드라(Phaidra), 크세노디케(Xenodike), 아칼레(Akalle)의 네 딸이 태어났다. 8명의 자식들 중 가장 유명한 인물은 아리아드네이다.

미노스는 바람을 피워 이 밖에도 여러 명의 자식들을 낳았다. 요정 파리아(Paria)는 그로부터 아들 넷을 낳았고, 또 다른 요정 덱시테아(Dexithea)도 아들 하나를 낳았다. 미노스는 여신 아르테미스의 친구로 숲 속에서 사냥을 즐기며 자신의 정결을 지키고 있는 브리토마르티스(Britomartis)를 몹시 사랑했다. 미노스는 아홉 달 동안 크레타의 산들을 누비며 그녀를 쫓아 다녔다. 그가 그녀를 잡아채려는 순간 그녀는 절벽 위에서 바다로 몸을 던졌는데 어부들이 쳐놓은 그물망에 걸려 다행히 목숨은 구할 수 있었다. 이로부터 그녀는 '그물망 사냥꾼'이라는 뜻의 딕틴나(Dictynna)라 불렸다고 한다.

미노스의 숱한 애정 행각은 여자들에게만 국한된 것이 아니었다. 남성간의 사랑도 그에게서 유래했다고 한다. 일설에 의하면 미소년 가뉘메데스(Ganymedes)를 납치한 것도 제우스가 아니라 미노스라고 한다. 또 다른 설에 의하면 미노스는 테세우스와 연인 관계였는데, 아리아드네 납치 이후 그와 화해하고 그에게 자신의 둘째 딸 파이드라를 아내로 주었다고도 한다.

미노스의 바람기는 파시파에를 화나게 했다. 그녀는 미노스에게 저주의 마법을 걸어 그가 여자와 관계하려 하면 그의 몸에서 뱀과 전갈이 나와 여자를 죽게 만들었다. 그즈음 아테네로부터 에레크테우스(Erechtheus)의 딸 프로크리스(Prokris) 공주가 왔다. 그녀는 매우 아름답기도 했지만 활달한 성격이어서 남자들에게 선망의 대상이었다. 프로크리스가 미노스에게로 온 것은 자신의 혼외정사가 남편에게 발각되어 피신하기 위해서였다. 미노스가 그녀를 내버려둘 리 없었다. 외로운 마음을 달래려고 그녀는 미노스의 사랑을 받아들였다. 미노스와 잠자리에 들기 전에 그녀는 그를 저주의 마법에서 풀어주기 위해 키르케로부터 얻어 온 약초를 먹게 해서 그의 병을 낫게 해주었다. 미노스는 감사의 표시로 그녀에게 백발백중 명중하는 창과 목표물을 절대 놓치지 않는 사냥개를 선물로 주었다. 일설에 따르면 파시파에의 분노는 여기에서 그치지 않고 바람둥이 남편 미노스에게 복수하기 위해 포세이돈이 보내준 황소와 관계를 맺으려는 계획도 품었다고 한다. 여러 설에 따라 동기는 다르지만 파시파에는 포세이돈이 보낸 이 멋진 황소에게 자연을 거스르는 억제할 수 없는 욕정을 느낀 것은 사실이었다. 그녀는 기괴한 이 욕망을 해소하기 위해 당대 최고의 기술자 다이달로스에게 도움을 요청했다.

다이달로스는 아테네 사람이었다. 그는 신들의 세계에서 헤파이스토스와 아테나가 뽐낸 재능을 인간 세상에서 펼쳐 보인 예술가이자, 건축가, 기계 발명가로 모든 종류의 기술(테크네techne)를 구사할 줄 알았다. 일설에 의하면, 첫 올림픽 경기가 열렸던 기원전 776년부터 2차 페르시아 전쟁이 일어난 기원전 480년까지의 예술 작품들은 그가 만들었다고 한다. 그는 에레크테우스의 후손으로, 그의 아버지 혹은 할아버지는 '지혜로운 사람'을 뜻하는 메티온(Metion) 혹은 '손재주가 좋은'을 뜻하는 에우팔라모스(Eupalamos)였으며, 그의 어머니는 알키페(Alkipe)라는 설과 '계획을 세우는 여인'이라는 뜻의 프라시메데(Phrasimede) 혹은 '지혜(메티스 metis)를 사랑하는 여인'을 뜻하는 메티아두사(Metiadousa)였다고 한다. 이와 같은 다이달로스의 부모 이름들은 모두 다이달로스가 총명함과 기술력을 융합한 가문 출신이라는 것을 말해준다. 그는 특히 목공과 석공 일에서 발군의 실력을 발휘해 타의 추종을 불허했다. 그는 청동 거인과 이름이 같은 누이의 아들 탈로스(Talos)를 제자로 키웠다. 그의 조카는 손재간이 좋아 12세의 나이에 삼촌과 맞먹을 정도의 재능을 뽐냈다. 탈로스가 뱀의 턱뼈에서 영감을 받아 쇠톱을 만들어내자 다이달로스는 시기심에 불타올라 조카를 아크로폴리스 절벽에서 떨어뜨려 죽게 했다. 그는 곧 아레이오스 파고스 법정에 소환되어 살인죄로 추방 명령을 받았다. 그가 아테네를 떠나 크레타로 온 것은 이와 같은 사연 때문이었다. 그는 미노스 왕을 섬기며 궁전 건축가이자 조각가로 일했다. 그는 왕가를 위해 조각을 하고 크레타 장인들에게 자신의 기술을 가르쳤다. 그는 왕의 딸 아드리아드네에게 호메로스가 경탄해 마지않는 크노소스 궁전의 '무도회장'을 지어주었다.

파시파에가 그에게 부끄럽고도 망측한 욕정을 털어놓자 그는 그녀를 측은히 여기면서도 자신의 솜씨를 뽐내고도 싶었다. 그는 왕비의 청을 들어주기로 마음먹었다. 왕비의 탈선에 공모한 것이나 다름없었다. 그는 나무를 다듬어 아름다운 암소를 만들고 그 위에 갓 잡은 암소의 싱싱한 가죽을 벗겨 입히고 밑에는 바퀴를 달았다. 그는 이 나무 암소를 끌고 그 황소가 풀을 뜯어 먹고 있는 들판으로 가서, 파시파에로 하여금 가짜 암소 속으로 기어 들어가 기다리게 했다. 아름다운 가짜 암소에게 곧 그 황소가 달려들었다. 진짜 암소에게서처럼 격렬하게 욕정을 풀었다. 안에 있던 파시파에는 드디어 주체할 수 없는 욕정을 만족시킬 수 있었다. 이 결합으로부터 아홉 달이 지나 파시파에는 사람의 몸에 황소 머리를 가진 괴수 미노타우로스를 낳았다.

아테네 원정을 마치고 크노소스로 돌아온 미노스는 대경실색했다. 그가 오랫동안 왕궁을 비운 사이에 왕비의 몸에서 태어난 괴물을 백성들의 눈에 띄지 않게 감춰둬야 했다. 그는 다이달로스에게 격노했지만 당장에 그의 도움이 필요했기에 참을 수밖에 없었다. 다이달로스는 미노스의 요청에 따라 크노소스 궁전 지하에 수많은 미로로 된 라뷔린토스를 짓고 그 한가운데에 괴물을 가두었다. 라뷔린토스는 미로 하나하나에 벽이 가로막고 있어서 한 번 들어가면 살아나올 수 없는 미궁이었다. 아무도 출구를 찾을 수 없었다. 다이달로스 자신도 라뷔린토스 공사를 마무리하고 밖으로 나올 때 몹시 애를 먹었다고 했다.

미노스는 테세우스가 미노타우로스의 먹잇감으로 바쳐지는 제물들 틈에 섞여 들어와 자신의 딸 아리아드네의 도움을 받아 미노타우로스를 죽이고 딸과 함께 도주한 것을 알고 격분했는데, 라뷔린토스로부터 무사히 빠져나올 수 있는 방법을 딸에게 가르쳐준 장본인이 다이달로스라는 사실을 알고는 경악해 당장 다이달로스를 라뷔린토스에 가두었다. 분이 덜 풀린 미노스는 이에 그치지 않고 다이달로스와 자신의 시녀 사이에서 태어난 이카로스(Ikaros)도 함께 투옥했다. 시련이 찾아 온 것이었다. 다이달로스는 꾀를 내어 크기가 다른 깃털들을 꾸준히 주워 모아 새 날개 모양을 만들어 자신의 등과 아들의 등에 밀랍으로 붙였다. 그는 아들 이카로스에게 너무 높이 날면 태양열 때문에 밀랍이 녹을 테니 위험하고, 너무 낮게 날면 바다의 습기 때문에 날개가 무거워져 위험하니 사고를 예방하기 위해 중간 높이로 하늘을 날라고 당부했다. 그리고 다이달로스가 먼저 솟아오르고 아들이 뒤따랐다. 두 부자는 새처럼 허공을 날라 크레타 섬을 멀리 했다. 탈출에 성공한 것이다. 그러나 아들은 하늘을 난다는 전대미문의 쾌감에 사로잡혀 점점 높이 솟구쳐 올랐다. 타오르는 태양에 가까워질수록 그의 날개를 고정시킨 밀랍은 점점 녹아들어 이카로스는 사모스(Samos) 섬과 스포라데스(Sporades) 군도 사이의 바다에 떨어져 죽고 말았다. 그때부터 이 바다는 이카로스 해로 불리게 되었고, 스포라데스 군도 중 한 섬의 주민들이 그의 시신을 수습해 땅에 묻어 주었다고 해서 그 섬 이름이 이카리아(Icaria)라고 불리게 되었다.

다이달로스는 날개 덕분에 지중해 서쪽 연안에 도착할 수 있었다. 로마의 문호 베르길리우스는 그가 남부 이탈리아의 쿠마이(Cumae)에 도착했다고 하지만, 대부분의 설에 따르면 다이달로스가 도착한 곳은 코칼로스(Kokalos) 왕이 지배하는 시칠리아의 카미코스(Kamikos)였다. 다이달로스는 크레타에서처럼 군주를 섬기며 일했다. 그의 재능이 그곳 주민들의 생활 여건들을 눈에 띄게 개선시켰다. 암벽 위에다가 요새를 짓고 왕궁에 이르는 도로를 좁게 만들어 침입자들을 쉽사리 물리칠 수 있게 했고, 저수지를 만들어 강물의 흐름을 조절했다. 증기탕을 만들어 환자 치료를 위해 쓰게 했다. 그는 시칠리아에서도 건축가와 기술자로서 자신의 재능을 유감없이 펼쳤다. 그가 하는 일에는 지혜(metis)와 기술(techne)이 언제나 잘 융합되었다. 크레타에서 그가 한 일이 비인도적 의도를 구체화시킨 것이라면 시칠리아에서의 작업은 코칼로스의 백성들을 위한 것이었다.

한편 미노스 왕은 다이달로스가 탈출하자 복수할 계획을 세웠다. 다이달로스가 시칠리아에 있다는 정보를 입수하자 그는 선단을 조직해 시칠리아에 상륙했다. 그는 섬을 샅샅이 뒤지면서 천재적 재능을 가진 그를 찾아내기 위해서, 그곳 사람들에게 소라 껍질에 실을 꿰면 큰 상을 내리겠다고 제안했다. 다이달로스만이 그 해결책을 내놓을 수 있기 때문이었다. 코칼로스 왕은 큰 상이라는 제안에 군침이 돌아 미노스의 저의가 무엇인지도 모르고 소라 껍질과 실타래를 받아들고 다이달로스에게 가져가 실을 꿰라고 말했다. 다이달로스는 소라 껍질 윗부분에 작은 구멍을 뚫고 개미 한 마리의 허리에 실을 묶어 소라 껍질 안으로 밀어 넣었다. 개미는 또 다른 라뷔린토스인 미로를 실을 끌며 다른 쪽으로 빠져나왔다. 소라 껍질에 실을 꿴 것이다. 미노스는 실을 꿴 소라 껍질을 넘겨받자 다이달로스가 궁전 어딘가에 있다는 것을 알아차리고 왕에게 그를 넘기라고 요구했다. 만약 넘기지 않으면 군대를 동원해 왕도를 공격하겠다고 위협했다. 코칼로스는 그렇게 하겠다고 응낙하면서 그를 저녁 향연에 초대했다. 그러자 미노스는 향연장에 가기 앞서 목욕을 하려고 했다. 통상적인 절차였다. 미노스는 궁전의 목욕탕에 들어갔다. 코칼로스의 아름다운 딸들이 다이달로스가 일러준 지침에 따라 목욕 시중을 들었다. 미노스가 욕조에 들어가자 코칼로스의 딸들이 끓는 물을 갑자기 부어 넣었다. 영웅 미노스는 그렇게 죽고 말았다.

선단에서 미노스를 기다리던 크레타 병사들은 갑작스러운 왕의 죽음에 갈피를 못 잡고 있을 때 코칼로스의 부하들이 크레타의 배를 모두 불태워버렸다. 고향으로 돌아갈 수 없게 된 크레타인들은 카미코스 인근에 미노스라는 도시를 세우고 시칠리아에 정착했다. 미노스의 죽음에 놀란 크노소스 정권은 선단을 조직해 카미코스를 공략했지만, 다이달로스가 지어놓은 요새 때문에 공격도 제대로 못하고 퇴각했다. 그러나 폭풍우를 만나 선단은 사방으로 흩어져버렸고, 살아남은 자들은 크레타로 돌아가지 못하고 뭍사람이 되어버렸다. 아버지의 죽음으로 미노스의 큰아들 데우칼리온이 왕위에 올랐지만 팽창일로에 있는 아테네 세력과 화평을 맺을 수밖에 없었다. 데우칼리온은 아테네의 왕이 된 테세우스에게 동생 파이드라를 결혼시키며 아테네와 평화를 유지하려고 했다. 미노스의 해양 제국이 서서히 막을 내린 것이다.

아테네 출신 다이달로스의 지혜와 기술이 크레타 왕이 구사하는 야만의 힘을 제압한 것이다. 그것은 해상 지배권을 장악했던 크레타에 대한 아테네의 승리이기도 했다. 그것은 미케네보다 훨씬 앞서 문명화한 미노아 문명이 쇠퇴하고 올림포스 신들이 지배하는 아테네의 통치를 받게 된다는 것을 말한다. 미노스라는 인물은 기원전 2500년 전부터 에게 해 전역을 통치했던 크레타의 해양 지배권을 의인화한 것으로 볼 수 있다. 그가 페니키아로부터 '황소' 등에 업혀 온 에우로페의 아들이었다는 것은 페니키아에 자리 잡았던 가나안(Canaan) 지역의 '천둥과 번개의 신' 바알(Baal) 숭배로부터 크레타가 영향을 받았다는 것을 시사해준다. 제우스처럼 '천둥과 번개'의 신 바알은 기후와 풍년의 신으로 다산의 상징인 황소로 표상되었다(그림 39). 바알 숭배는 가나안 지역에서 다산과 풍년을 기원하는 성적 결합 의식을 동반했다. 신전 창기들이 '거룩한 혼례'라는 이름으로 치르는 매음 의식은 단순히 쾌락을 위한 것이 아니라 풍요와 다산을 기원하는 종교 의식이기도 했다. 바람둥이 미노스의 애정행각과 왕비 파시파에의 욕정은 풍년과 다산을 기원했던 농경사회의 종교 의식으로부터 '성적 결합'만을 이야깃거리로 반영한 것으로 보인다. 가나안보다 문명화된 크레타의 농경사회 여건이 발전하고 성숙했기 때문일 것이다.

미노스 왕권의 쇠퇴는 황소를 즐겨 표현했던 미노아 문명의 소멸을 뜻하는 것이고, 천둥과 번개의 제우스를 필두로 하는 올림포스 12신들을 섬기는 아테네 문명이 크레타를 정복하고 에게 해 뿐만 아니라 지중해 서안으로 확장해나간다는 것을 알리는 징후이기도 하다.

2) 페르세우스

아르고스의 왕 아크리시오스(Akrisios)는, 딸이 낳은 손자가 자신을 살해할 것이라는 예언이 두려워 딸 다나에(Danae)를 청동 문이 달린 탑에 가두었는데, 다나에의 미모에 반한 제우스가 황금 빗물로 변신해 지붕 틈으로 흘러 들어가 다나에와 관계를 맺었고 그로부터 페르세우스가 태어났다. 다나에는 얼마 동안 아이를 몰래 키웠지만 사실을 알게 된 왕은 딸과 아이를 상자에 넣어서 바다에 던졌다. 파도 위를 떠다니던 모자(母子)는 세리포스(Seriphos) 섬에 도착해서 어부의 도움을 받으며 살았는데, 어부의 형이자 그 섬의 왕인 폴뤼덱테스(Polydektes)가 다나에에게 반해 청혼하게 된다. 하지만 청년이 된 페르세우스는 어머니의 결혼을 반대하고 이에 화가 난 왕은 페르세우스를 제거하고자 고르곤(Gorgon) 세 자매 중 하나인 메두사(Medousa)의 머리를 잘라오라고 했다. 메두사를 바라보는 자는 누구나 돌로 변하기 때문에 그 머리를 자르는 것은 불가능했다. 그러나 헤르메스와 아테나가 나타나 페르세우스를 도왔다. 아테나는 그에게 청동으로 된 방패를 주었고, 헤르메스는 메두사의 목을 자를 날카로운 도끼를 주었다. 그리고 메두사가 살고 있는 곳을 알려주고, 메두사를 처치하는 데 필요한 날개 달린 신발과 머리에 쓰면 남에게 모습이 보이지 않는 황금 투구와 메두사의 머리를 넣을 자루를 손에 넣는 방법도 가르쳐주었다. 페르세우스는 신들이 가르쳐준 대로 했다. 먼저 아프리카의 산속에서 사는 세 노파 그라이아이(Graiai)를 찾아가서 마법의 도구를 가진 요정들이 사는 곳을 알아낸 다음, 요정들을 찾아가서 아테나 여신이 일러준 것들을 손에 넣었다. 페르세우스는 날개 달린 신발을 신고 청동 방패를 깨끗이 닦아 거울처럼 만들어 들고 메두사를 찾아갔다. 그는 잠이 든 고르곤 자매에게 조심스럽게 접근해 메두사를 직접 바라보지 않고 방패를 비춰 메두사의 목을 벨 수 있었다. 돌아오는 길에 페르세우스는 거인 아틀라스를 만났다. 페르세우스가 제우스의 아들인 것을 안 아틀라스는 제우스와의 전쟁에서 패한 원한 때문에 페르세우스를 냉대했다. 화가 난 페르세우스는 자루에 넣어둔 메두사의 머리를 꺼내 아틀라스에게 보여주었다. 그 순간 아틀라스는 거대한 산이 되었다. 다시 날개 달린 신발을 신고 하늘을 날던 페르세우스는 멀리서 아름다운 처녀가 바위 위에 알몸으로 묶여 있는 것을 보았다. 안드로메다(Andromeda)였다. 에티오피아 왕의 딸인 그녀는 어머니가 포세이돈의 딸들을 모욕하는 바람에 바다 괴물의 제물로 바쳐져 있던 참이었다. 그녀를 구해 주면 결혼을 허락해 주겠다는 그녀 부모의 말을 들은 페르세우스는 괴물을 퇴치하고 안드로메다를 데리고 세리포스 섬으로 돌아갔다. 그는 메두사의 머리를 자루에서 꺼내 어머니 다나에를 괴롭힌 왕과 그 일당들을 돌로 만들었다. 그러고 나서 날개 달린 신발과 자루와 투구를 헤르메스에게 주고, 아테나 여신에게는 메두사의 머리를 주어 여신의 방패 한가운데에 달고 다니게 했다. 이제 페르세우스는 조국 아르고스로 돌아가기로 작정했다. 이 소식을 전해 들은 아크리시오스 왕은 옛 신탁을 떠올리고는 라리사(Larissa)로 피신했다. 그러나 운명은 피할 수 없었다. 그가 라리사에서 열린 운동 경기를 구경하던 중 페르세우스가 던진 원반에 우연히 맞아 죽고 말았기 때문이었다. 페르세우스는 외할아버지의 아르고스 왕권을 차지하기가 싫어 어머니 다나에의 사촌이 지배하는 티륀스의 왕권과 맞바꾸어 티륀스의 왕이 되었다. 미케네 성벽을 쌓은 것도 바로 페르세우스라고 전해진다.

3) 프쉬케

프쉬케(Psyche)는 '영혼'을 뜻하는 명사다. 동시에 그것은 로마의 문인 아풀레이우스(Apuleius, 기원후 125~170년)의 『변신 혹은 황금 나귀』의 여러 에피소드들 중 하나에 등장하는 여주인공 이름이기도 하다. 『변신 혹은 황금 나귀』는 루시우스(Lucius)라는 그리스 청년이 겪은 모험을 이야기하는 11장으로 구성된 일종의 소설이다.

루시우스는 사업차 테살리아를 여행하다 마법에 열중하는 부부의 집에 묵게 되었다. 호기심에 사로잡힌 그는 하녀를 꾀어 마법의 약을 입수할 수 있었다. 그러나 하녀가 상자를 잘못 골라 그가 바른 연고는 그를 나귀로 변신시켜 버렸다. 루시우스는 이제 나귀가 되어 마구간에서 자신의 말

[馬]과 나란히 있게 되었다. 이때부터 희한한 이야기들이 루시우스 주변에서 펼쳐진다. 강도들이 그를 소굴로 데려갔다. 그들은 결혼식을 앞둔 신부를 납치했다. 몸값을 노린 것이다. 강도들은 늙은 하녀로 하여금 신부를 지키게 했다. 젊은 신부를 진정시키기 위해 늙은 하녀는 다음과 같은 프쉬케 이야기를 세 장에 걸쳐 들려준다.

왕의 딸 프쉬케에게는 두 언니가 있었다. 셋 다 아름다웠지만, 그중에서도 프쉬케는 인간 이상의 아름다움을 지니고 있어 널리 찬탄의 대상이 되었다. 그러나 언니들은 남편감들이 나타나 결혼했지만, 프쉬케와 결혼하려는 사람은 아무도 없었다. 그녀의 아름다움이 사람들에게 두려움마저 주었기 때문이다. 도저히 딸을 결혼시킬 수 없겠다고 낙심한 아버지는 신탁을 구했고, 그녀를 신부로 단장하여 암벽에 버리면 무서운 괴물이 나타나 그녀를 차지하리라는 답이 내렸다. 부모는 절망에 빠졌지만 어쩔 수 없이 딸을 신탁이 지정한 산꼭대기로 데려가 그녀를 혼자 버려두고 돌아왔다.

홀로 남겨진 프쉬케는 슬퍼하고 있었는데, 문득 바람이 그녀를 공중으로 들어 올렸고, 그녀는 부드러운 바람결에 실려 깊은 골짜기의 아늑한 풀밭 위에 닿았다. 너무나 지친 그녀는 풀밭에 누운 채 잠이 들었다. 깨어보니 그녀는 황금과 상아로 지은 호화로운 궁전의 정원에 있었다. 그녀는 열린 방들로 들어갔고, 음성들이 그녀를 안내하며 자신들은 그녀를 위한 노예라고 알려주었다. 그렇게 경이로운 일들이 계속 이어지는 가운데 낮이 지나고 밤이 되었다. 프쉬케는 누군가 곁에 있는 것을 느꼈다. 그것이 신탁이 말한 남편이었다. 비록 그의 얼굴은 보이지 않았지만, 그녀가 두려워했던 괴물은 아닌 듯 했다. 남편은 그녀에게 자신이 누구인지 가르쳐주지 않았고, 만일 그녀가 그를 보면 영영 그를 잃게 되리라고 경고했다.

이런 생활이 얼마간 계속되었다. 낮이면 프쉬케는 음성들로 가득 찬 궁전에 혼자 있었고, 밤이면 남편이 찾아왔다. 그녀는 매우 행복했다. 그러나 그녀는 가족이 그리워졌고 자신이 죽은 줄로만 알고 있을 부모를 생각하며 비탄에 빠졌다. 그녀는 남편에게 잠시만이라도 그들에게 다녀오게 해달라고 간청했다. 그것이 얼마나 위험한 일인가를 거듭 들으면서도 간청을 계속한 끝에 그녀는 마침내 승낙을 얻어낼 수 있었다.

다시금 바람이 그녀를 실어다가 전에 버려졌던 바위산 꼭대기에 내려놓았고, 그녀는 별로 힘들이지 않고 집으로 돌아갔다. 모두들 기뻐했고 멀리 시집가 있던 언니들도 그녀를 만나러 돌아왔다. 그러나 언니들은 그녀의 행복한 모습과 자신들에게 가져온 선물들을 보고 질투심에 사로잡혔다. 그녀들은 동생의 마음속에 의심을 불어넣기 시작했고, 그녀가 남편을 단 한 번도 본 적이 없다는 사실을 고백하게 만들었다. 그녀들은 동생에게 몰래 등불을 숨겨 두었다가 밤에 남편이 잠든 동안 불빛을 비추어보라고 꾀었다.

프쉬케는 집으로 돌아가 언니들이 시킨 대로 했고, 자기 곁에 너무나 아름다운 소년이 잠들어 있는 것을 발견했다. 그녀는 감동한 나머지 등불을 든 손이 떨려 뜨거운 기름 한 방울을 그에게 떨어뜨리고 말았다. 기름에 덴 소년 에로스(사랑)는 잠에서 깨어 프쉬케에게 경고했던 대로 곧장 달아나 그의 어머니 아프로디테 궁전으로 가서 다시는 오지 않았다. 신탁이 말한 잔인한 괴물이란 다름 아닌 에로스였다

에로스(사랑)의 보호를 받지 못하게 된 가련한 프쉬케는 그녀의 아름다움에 불같은 질투심에 사로잡힌 아프로디테의 추적을 당하며 에로스를 찾기 위해 온 세상을 헤매게 되었다. 어떤 신도 그녀를 맞아주려 하지 않았다. 마침내 그녀는 아프로디테에게 붙잡혀 그녀의 궁전에 갇혔고, 여신은 온갖 힘든 일들로 그녀를 괴롭혔다. 수많은 각종 씨앗들 더미 속에서 낟알들을 가려내는 일, 사나운 야생 양들의 등에서 자라는 황금 양털을 거두어들이는 일, 심지어 지하 세계 경계에 있는 스튁스 강의 물을 퍼오는 일까지 시켰다. 아프로디테는 프쉬케가 불가능한 일까지 모두 해내자 분

을 참지 못하고 프쉬케에게 지하 세계로 내려가서 페르세포네로부터 젊음의 화장수 한 병을 얻어 오라고 명령했다. 프쉬케는 여러 장애들을 극복하고 지하 세계로 내려가 페르세포네로부터 고귀한 물을 얻었다. 그러나 절대로 그 물병을 열어보면 안 된다는 조건이 있었다. 그러나 프쉬케는 돌아오던 중 불행히도 호기심을 이겨내지 못하고 금지된 병을 열어보았고 그 벌로 마침내 깊은 잠에 빠져버렸다. 그녀에게 이제 에로스를 되찾을 희망은 없어 보였다.

한편 에로스 역시 낙심해 있었다. 그는 어머니가 가둔 방에서 꼼짝없이 갇혀 지내면서 프쉬케를 잊을 수가 없었다. 마침내 그는 갇힌 방에서 힘들게 탈출해 프쉬케를 찾아 나섰다. 마법의 잠에 빠진 그녀를 보자 그는 그녀에게로 날아가 자신의 화살을 쏘아 깨우고는 올림포스로 다시 날아가 제우스에게 이 인간 여자와 결혼하게 해줄 것을 요청했다. 제우스는 기꺼이 이를 허락했고 프쉬케는 아프로디테와 화해했다. 결혼식을 올린 프쉬케는 불멸의 여인이 되어 신들의 대열에 합류했고 에로스와의 사이에서 '관능'이라고 불리는 딸을 낳았다.

프쉬케 이야기는 서구 세계에 대단한 반향을 불러 일으켰다. 이상적 사랑(에로스)을 추구하는 영혼(프쉬케)은 적절치 않은 호기심을 억제하면서 수많은 시련을 거친 다음에야 비로소 그것을 획득할 수 있다는 것을 말해주는 이 이야기는 동화와 철학적 신화로서의 매력을 모두 갖고 있었기 때문이다.

프쉬케와 에로스의 이야기는 로마 문인 아풀레이오스가 지어낸 이야기로는 볼 수 없다. 헬레니즘 시대인 기원전 4세기에 만들어진 조형물에 이미 프쉬케와 에로스가 함께 나타나기 때문이다. 아마도 아풀레이오스는 전승된 이야기를 자신의 작품에서 적절하게 활용한 것으로 보인다.

4) 시쉬포스

아이올로스(Aiolos)의 아들로 코린토스를 세운 시쉬포스(Sisyphos)는 꾀로 유명했다. 꾀에 있어서 그를 이길 존재는 없었다. 그는 꾀의 영웅이었다. 그가 두 번이나 죽음을 모면할 수 있었던 것도 그의 꾀 덕분이었다. 시쉬포스는 상업과 전령의 신 헤르메스(Hermes)의 아들 아우톨뤼코스(Autolykos)를 능가하는 꾀를 구사했다. 아버지 헤르메스로부터 남의 것을 가로채는 재주를 물려받은 아우톨뤼코스는 남의 가축을 훔쳐 자기 것으로 만드는 솜씨가 뛰어났다. 그가 시쉬포스에게 다녀갈 때마다 시쉬포스의 가축이 눈에 띄게 줄어들었다. 시쉬포스는 확실한 증거를 잡기 위해 가축들의 발굽 하나하나에 자신의 이름을 새겨 놓았다. 다시 가축 몇 마리가 사라지자 시쉬포스는 아우톨뤼코스에게 가서 가축들의 발굽을 하나하나 들어보았고 아우톨뤼코스는 자신의 잘못을 인정할 수밖에 없었다. 그는 시쉬포스의 꾀에 경탄했다. 그는 시쉬포스에게서 훌륭한 자손을 얻기 위해 결혼을 앞둔 자신의 딸 안티클레이아(Antikleia)를 시쉬포스의 침실로 들여보냈다. 이타케의 왕 라에르테스(Laertes)와 결혼한 안티클레이아는 열 달 후 오뒤세우스를 낳았다. 아우톨뤼코스와 시쉬포스의 혈통에서 태어난 오뒤세우스는 그리스 최고의 지략가가 된다. 시쉬포스가 꾀를 써 두 번이나 죽음을 모면한 이야기는 다음과 같다.

제우스가 강의 신 아소포스(Asopos)의 딸 아이기나(Aigina)를 납치해 오이오네 섬으로 데려가던 중 코린토스에 들렀다. 때마침 아소포스가 사라진 딸의 행방을 탐문하려고 시쉬포스를 찾아왔다. 시쉬포스는 그에게 코린토스에 샘을 하나 만들어주면 딸이 있는 곳을 알려 주겠다고 말했다. 아소포스는 곧 코린토스에 샘물을 솟게 해주었다. 이 샘이 코린토스에 있는 페이레네(Peirene) 샘이라고 한다(그림 43). 일설에 의하면 아소포스의 딸 이름이 페이레네였다고도 한다. 아소포스는 시쉬포스가 가르쳐

준 곳으로 지체 없이 달려갔지만 아이기나와 사랑을 속삭이던 제우스가 벼락을 내리쳐 도망을 칠 수밖에 없었다. 이때부터 아소포스 강의 바닥에서는 숯이 발견되었다고 한다. 제우스는 밀고자를 알아차렸다. 제우스는 분을 삭이지 못해 하데스에게 부탁하여 시쉬포스에게 죽음의 신 타나토스(Thanatos)를 보내게 했다. 쉬시포스는 타나토스가 나타나자 죽기 전의 마지막 소원이라며 무화과가 먹고 싶다고 했다. 타나토스는 시쉬포스 꾀에 속아 무화과를 따주려고 나무에 올라갔다가 시쉬포스가 미리 쳐놓은 그물에 걸려 꼼짝 할 수 없게 되었다. 시쉬포스는 타나토스를 쇠사슬로 묶어놓았다. 타나토스가 움직이지 못하게 되자 지상에서는 아무도 죽지 않게 되었다. 삶과 죽음의 자연 법칙이 깨진 지상에서 인구는 날로 증가했다. 보다 못한 제우스는 마침내 아레스를 보내 타나토스를 풀어주게 했다.

이제 타나토스가 제일 먼저 해야 할 일은 시쉬포스를 하데스에게 데려가는 일이었다. 그러나 시쉬포스는 이번에도 타나토스를 속였다. 시쉬포스는 타나토스가 곧 자신을 데려갈 것을 알고 아내에게 자신이 죽으면 장례를 치르지 말라고 은밀히 일러두었다. 하데스 앞에 끌려간 시쉬포스는 장례도 치르지 않은 아내의 행동이 괘씸하다고 불평하면서, 그것은 지하세계의 하데스와 페르세포네에 대한 도전이라고 덧붙이고 아내를 벌하고 돌아오겠다고 강력하게 주장해서 지상에 다녀오겠다는 허락을 받아냈다. 그러나 다시 햇빛을 보게 되자 시쉬포스는 지하 왕국으로 돌아가겠다는 약속은 까마득하게 잊어버리고 태평하게 살며 노년을 맞았다.

시쉬포스가 죽을 나이가 되었을 때 신들은 그가 또다시 지상 세계로 돌아가려는 술책을 부리지나 않을까 걱정했다. 궁리 끝에 신들은 그가 꾀를 부릴 수 있는 빌미를 차단하기 위해 그를 지하 세계로 데려오는 대신 그에게 벌을 내리기로 결정했다. 시쉬포스는 이제 산 꼭대기까지 밀어 올리면 다시 굴러 떨어지는 큰 바위를 정상까지 끊임없이 밀어 올려야만 되는 벌을 받아들일 수밖에 없었다.

5) 벨레로폰테스

벨레로폰테스(Bellerophontes)는 코린토스 왕가의 후손이다. 시쉬포스의 아들 글라우코스(Glaukos)는 메가라 왕 니소스(Nisos)의 딸 에우뤼노메(Eurynome)와 결혼해 벨레로폰테스를 얻는다. 그러나 벨레로폰테스의 실제 아버지는 포세이돈이다. 시쉬포스가 자신의 은신처를 아소포스에게 누설한 것을 괘씸하게 여긴 제우스는 시쉬포스에게 후손이 태어나지 못하게 했다. 그래서 제우스는 글라우코스가 첫날밤을 보내기 전에 포세이돈으로 하여금 에우뤼노메와 동침하도록 했다. 이날 밤 벨레로폰테스가 잉태되었다. 이런 사실을 모르고 에우뤼노메와 신혼 첫날밤을 보낸 글라우코스는 벨레로폰테스를 자신의 아들로 알았다. 포세이돈은 아들 벨레로폰테스에게 명마 페가소스(Pegasos)를 선물했다. 페가소스는 날개가 달려 하늘을 날아다닐 수 있었다.

벨레로폰테스의 모험은 헤라클레스의 모험과 공통점이 많다. 벨레로폰테스의 모험은 그가 우연히 한 사람을 죽이면서 시작된다. 그가 화살을 잘못 쏘아 자신의 어린 동생 페이렌(Peiren)을 죽였다고도 하고, 벨레로스(Belleros)라는 자를 죽였다고도 한다. 벨레로폰테스라는 이름은 '벨레로스를 죽인 자'를 뜻한다. 이 살인 때문에 청년 벨레로폰테스는 코린토스를 떠나야 했다. 그는 티륀스(Tiryns)의 왕 프로이토스(Proitos)를 찾아가 살인죄를 씻었다. 그런데 왕비 스테네보이아(Steneboia) 혹은 안테이아(Anteia)는 이 청년의 남성적 매력에 사로잡혀 그에게 밀회를 요구했지만, 그가 거절하자 수치심을 못 이겨 그에게 복수하려고 남편에게 그가 자신을 겁탈하려고 했다고 모함했다. 아내의 말을 믿은 프로이토스는 난처했다. 자신의 집에 피신해 있는 손님을 벌하는 것은 관례에 어긋나기 때

문이었다. 궁리 끝에 왕은 벨레로폰테스를 장인인 뤼키아(Lykia) 왕 이오
바테스(Iobates)에게 보내 장인으로 하여금 그를 죽이도록 했다.

그러나 이오바테스도 프로이토스처럼 난처했다. 자신과 같은 식탁에서
음식을 먹고 있는 손님을 어떻게 죽일 수 있는가? 그는 궁리 끝에 자신의
나라를 황폐케 하는 괴물 키마이라(Chimaira)를 처치해 줄 것을 벨레로폰
테스에게 부탁했다. 왕은 이 괴물을 사람이 퇴치할 수는 없기 때문에 벨
레르폰테스가 죽을 수밖에 없다고 판단했다.

튀폰과 에키드나(Echidna)의 딸인 키마이라는 머리와 가슴은 사자이
고 등에는 염소머리가 있으며, 꼬리는 뱀인 잡종 괴물로 난폭하기 그지
없었다. 키마이라의 입은 불을 내뿜어 가까이 있는 것은 모두 불태워버
렸다. 그러나 벨레로폰테스에게는 날개 달린 페가소스가 있었다. 허공을
높이 나는 페가소스를 타고 벨레로폰테스는 화살을 쏘아 키마이라를 처
치했다. 벨레로폰테스가 살아 돌아오자 이오바테스는 위험하기 이를 데
없는 세 가지 일을 더 해내라고 요청하면서 그가 결코 살아 돌아오지 못
할 것이라고 확신했다.

우선, 그는 제우스 혹은 아레스의 아들 솔뤼모스(Solymos)의 후손으로
소아시아에 사는 호전적인 솔뤼모이(Solymoi) 족을 없애달라고 요청했다.
솔뤼모이 족은 절대로 패하지 않는 전사들이었다. 그러나 벨레로폰테스
는 이번에도 페가소스를 타고 하늘에서 화살을 쏘아 그들을 섬멸시켰다.
그러자 이번에는 아마조네스를 처치해달라고 요청했고 그가 어렵지 않게
이 일을 해내자 이오바테스는 꾀를 짜내 자신의 최정예 전사들을 매복시
켜 놓고 돌아오는 벨레로폰테스를 죽이려고 했다. 그러나 벨레로폰테스
는 그들을 모두 처치해버렸다.

이오바테스는 마침내 벨레로폰테스의 용맹을 경탄하게 되었고 그가 신
의 아들임을 알아차리고 프로이토스의 요청을 포기했다. 게다가 그는 벨
레로폰테스에게 자신의 딸 필로노에를 아내로 주었고, 죽으면서 왕국

도 넘겨주었다. 벨레로폰테스는 간교한 스테네보이아에게 복수를 해야 했다. 그는 티륀스로 돌아가 프로이토스 왕비를 위협하자 그녀는 겁에 질린 나머지 페가소스를 타고 도주하려 했다. 그러나 말이 그녀를 떨어뜨려 그녀는 바다에 빠져 익사하고 말았다.

벨레로폰테스의 말년은 끔찍했다. 지상의 모든 부귀와 영예를 누린 그는 자신이 이룩한 위업으로 인해 자만심이 극에 이르러 스스로 불사의 몸이 되고자 했다. 그래서 그는 페가소스를 올라타고 올림포스를 향해 올라가려고 했다. 이와 같은 오만함을 참을 수 없었던 제우스는 등에를 보내 페가소스를 물게 했고 벌레에 쏘인 말이 고통스러운 몸부림을 치자 벨레로폰테스는 말에서 지상으로 떨어져 그대로 죽었다고도 하고, 떨어지면서 크게 다쳐 다리를 저는 앞 못 보는 장님이 되어 모든 사람들로부터 버림받은 채 가련하게 유랑하다가 죽었다고도 한다.

6) 멜레아그로스

멜레아그로스(Meleagros)는 아이톨리아의 칼뤼돈의 왕 오이네우스(Oineus)와 레다의 여동생 알타이아(Althaia) 사이에서 태어났다. 어느 해 여름 오이네우스는 수확에 대해 감사하며 올림포스 신들에게 제사를 올렸는데 실수로 아르테미스 여신에게 제물을 바치는 것을 잊었다. 화가 난 아르테미스는 보통 사냥꾼 몇 명으로는 도저히 잡을 수 없는 멧돼지를 칼뤼돈으로 보내 오이네우스의 농사를 망치게 했다. 멜레아그로스는 여러 지역의 영웅들을 불러모아, 멧돼지를 죽이는 영웅에게 멧돼지 가죽을 상으로 주겠다고 약속했다. 스파르타의 디오스쿠로이 형제들을 비롯해 영웅들이 속속 모여들었다. 칼뤼돈에서는 멜레아그로스와 그의 형제들이 참가했고, 이웃 도시 플레우론(Pleuron)에서는 멜레아그로스의 외삼촌인 플렉시포스(Plexippos)와 아게노르(Agenor), 아르카디아에서는 여장부 아탈란테(Atalante)가 참가했다. 왕은 9일 동안 향연을 베풀었다. 10일째 되는 날 사냥이 시작되었다. 몇몇 사냥꾼이 다치거나 죽었다. 여장부 아탈란테가 활을 쏘아 처음으로 멧돼지에게 상처를 입혔다. 뒤이어 멜레아그로스의 외삼촌들이 던진 창에 멧돼지가 맞았다. 끝으로 멜레아그로스가 던진 창이 급소를 찔러 멧돼지가 쓰러졌다. 멧돼지 가죽은 멜레아그로스의 몫이었다. 그러나 멜라아그로스는 멧돼지에게 처음으로 상처를 입힌 사람은 아탈란테이므로 그녀에게 멧돼지 가죽을 주어야 한다고 말했다. 그가 그렇게 말한 것은 은근히 아탈란테를 좋아했기 때문이라는 설도 있다. 그러자 그의 외삼촌들이 발끈했다. 자신들도 멧돼지에 상당한 타격을 입혔는데 여자에게 가죽을 빼앗기는 것은 수치라고 생각했기 때문이었다. 싸움이 붙었다. 멜레아그로스 편인 아이톨리아인들과 외삼촌들 편인 쿠레테스(Kouretes)인들이 싸움에 가세했다. 이 와중에 멜레아그로스가 외삼촌들을 죽였다. 멜레아그로스의 어머니 알타이아는 아들이 자신의 남동생들을 죽였다는 소식을 듣고 분노하여 지하 세계의 왕인 하데스에게 아들을 죽게 해달라고 청원했다. 이 사실을 전해 들은 멜레아그로스 역시 화가 나서 자신의 거처에 틀어박혀 나오지 않았다. 쿠레테스인들은 군대까지 끌고 와 칼뤼돈을 공격했다. 멜레아그로스가 없는 아이톨리아인들은 쿠레테스 사람들한테 밀릴 수밖에 없었다. 이제 칼뤼돈이 위기에 처했다. 도시의 원로들이 멜레아그로스에게 전투에 참가해 달라고 간곡히 요청했지만 요지부동이었다. 아버지 오이네우스 왕도 사정하고 어머니 알타이아도 간절히 전투에 나갈 것을 권유했지만 허사였다. 침략군이 지른 불에 도시가 타오르기 시작했다. 마지막으로 멜레아그로스의 아내 클레오파트라(Kleopatra)가 애원했다. 당장 나가서 싸우지 않으면 자신과 아이들은 모두 적군의 노예로 끌려가게 될 것이라고 말했다. 멜레아그로스는 그때서야 정신이 돌아온 듯 무장을 하고 전투에 나갔다. 그러자 적군이 혼비백산하여 전열이 흐트러졌다. 칼뤼돈 군은 멜레아그로스의 참전

덕분에 마침내 쿠레테스 군을 무찌를 수 있었다. 그러나 멜레아그로스는 승리의 영광도 제대로 누리지 못하고 쓰러져 아내의 품에 안겨 죽었다. 지하 세계의 하데스가 알타이아의 요청을 들어주었기 때문이었다. 멜레아그로스는 자신이 어머니의 저주로 인해 죽는다는 것을 알고 있었다. 알타이아는 자기가 저지른 일을 후회한 나머지 스스로 목숨을 끊었고 구슬프게 울던 그의 누이들은 아르테미스가 새로 변신케 하였다.

에우리피데스나 소포클레스 등의 작가들은 소실된 작품 속에서 멜레아그로스의 죽음에 대해서 앞의 이야기와는 다른 설화를 다음과 같이 전하고 있다.

멜레아그로스가 태어났을 때, 운명의 세 여신들이 알타이아의 침실에 나타났다. 이들 중 두 여신은 아이의 용기와 영광을 예언했지만 세 번째 여신은 그때 난로 속에 있던 장작이 모두 타버리면 멜레아그로스도 죽을 것이라고 예언했다. 알타이아는 놀라서 그 장작을 꺼내 불을 끄고 소중하게 보관해 두었다. 그러나 먼 훗날 멜레아그로스가 자기 남동생들을 죽였다는 소식을 들은 알타이아는 곧 그 장작을 꺼내 불 속에 던졌다. 장작이 다 타자, 아들 멜레아그로스도 곧 죽고 말았다.

멜레아그로스의 죽음에 관한 이 같은 이야기는 멜레아그로스의 생명을 장작불에 연관시킨 것으로 민담이나 동화풍의 마술적 전개 방식이지만, 앞의 이야기는 하데스에게 요청한 알타이아의 저주로 인해 멜레아그로스가 죽게 되기 때문에 민담 형식보다는 사건의 합리적 처리에 신경을 쓴 흔적이 역력하다. 멜레아그로스의 이야기가 어떤 맥락에서 전개되느냐에 따라 앞의 '합리적' 전개 방식을 택할 수도 있고, 민담 형식을 택할 수도 있겠다. 앞의 방식은 『일리아스』 9장에서 아킬레우스에게 참전해 달라고 간절히 요청하는 아킬레우스의 스승 포이닉스(Phoinix)가 아킬레우스를 설득하기 위해 인용한 것이어서 이야기의 서술이 합리성에 근거할 수밖에 없다.

그리스의 많은 영웅 설화들 중에 멜레아그로스의 전설이 종종 인용되는 것은 그의 멧돼지 사냥이 영웅적인 공적이기 때문이 아니다. 다만 그의 설화가 『일리아스』에서는 서사시의 구도 속에서 '설득'의 목적으로 활용되기도 하고, 그 밖의 작품에서는 '경이로운 민담'의 재료로서도 인용되기 때문에, 설화와 전설의 유연한 가변성과 변모를 설명하기에 안성맞춤이기 때문이다.[34]

7) 나르키소스

나르키소스(Narkissos)는 대단히 아름다운 젊은이로 사랑을 경멸했다. 그의 전설은 오비디우스의 『변신 이야기』에 의해 널리 알려졌으며, 뒤이어 등장한 다른 이설들은 오비디우스의 것을 변용한 것들에 지나지 않는다. 나르키소스는 케피소스(Kephisos) 강의 신과 요정 리리오페(Liliope)의 아들이다. 그가 태어났을 때 예언자 테이레시아스는 그의 부모에게 그가 자기 자신을 바라보지만 않으면 오래 살리라고 예언했다. 나르키소스가 16세가 되자 많은 처녀들과 요정들이 그를 연모했다. 하지만 그는 무관심하기만 했다. 에코(Echo)도 그를 사랑했지만 그는 여전히 관심을 보이지 않았다. 에코에게 문제가 있었기 때문이었다. 그녀는 자신의 끊임없는 수다로 인해 슬픈 운명을 감내할 수밖에 없는 상황이었다.

제우스가 한창 요정들과 바람을 피울 때, 그는 에코로 하여금 질투심 많은 그의 아내 헤라를 끊임없는 수다로 꼼짝 못하게 잡아놓도록 시켰다. 그러나 헤라는 마침내 그 계략을 간파하고는 화가 치밀어 에코로 하여금 그녀가 듣는 마지막 말만 반복하도록 하는 벌을 내렸다. 가엾은 에코는 나르키소스를 사랑하면서도 사랑을 고백할 수가 없었다. 에코는 나르키소스가 하는 말의 마지막 소리만을 반복할 수밖에 없었기 때문이다. 화가 난 나르키소스는 야릇하게 행동하는 요정 에코를 피해 멀리 달아나버렸고 절망에 빠진 에코는 숲속에 몸을 숨긴 채 살며 스스로를 소진시켜 몸은 점점 여위어갔고 마침내 그녀로부터는 목소리만 남게 되었다. 아름다운 에코의 소리는 들려왔지만 아무도 그녀를 보지 못하게 되었다.

한편, 나르키소스에게 무시당한 여러 요정들은 과도한 행복이나 오만을 즐기는 자들을 벌하거나 복수하는 네메시스(Nemesis) 여신에게 요청하여 나르키소스로 하여금 사랑에 빠지게 하여 정열의 대상을 소유할 수는 없게 해달라고 요청했다. 그녀들은 나르키소스를 자신들과 같은 처지로 만들고 싶었다. 나르키소스는 자기도 모르는 사이 복수의 여신에 이끌려, 몹시 더운 어느 날 사냥을 마친 다음 목을 축이기 위해 맑은 샘에 몸을 기울였다. 그때 나르키소스는 물에 비친 아름다운 젊은이 모습(이미지image)을 보고 처음으로 사랑에 빠져 들었다. 나르키소스는 그 젊은이의 모습이 자신의 그림자라는 것을 알지 못했기 때문에 팔을 물에 집어넣어 그 모습을 포옹하고 입을 맞추려 했다. 그것이 자기 자신을 욕망하는 것이라는 것도 모른 채 덧없는 그림자를 잡으려고 한 것은 부질없는 일이었다. 자신보다 앞서 스스로를 소진시켰던 에코처럼 이제 나르키소스는 불가능한 추구에 스스로를 소진시켰다. 그는 덧없는 자신의 열정을 채울 수 없어 절망에 빠져들었고 세상에 무관심해진 그는 자신의 모습(이미지)만을 바라다보며 죽어갔다. 심지어 그는 지하 세계로 내려가는 길에 스뷕스 강물에서조차 자신의 모습을 보고 싶어 했다. 그가 죽은 샘물 근처에 한 송이 꽃이 피어났으며, 사람들은 그 꽃을 젊은이의 이름을 따라 나르키소스(수선화)라고 불렀다.

6

그리스 신화의 변모

Introduction to Greek Mythology

1. 신화의 유연성과 최초의 형태

　모든 그리스 신화는 이설(異說)이 끊임없이 첨가되면서 변모했다. 셀 수 없을 만큼 많은 이설이 오랜 세월 첨가되면서 각 신화들의 원래 모습은 퇴색되고 점차 새로운 이야기로 끊임없이 변모해 나갔다. 앞 장의 끝 부분에서 살펴본 멜레아그로스 설화를 봐도 그렇다. 호메로스의『일리아스』 9장에서 포이닉스는, 아킬레우스가 참전하도록 설득하기 위해 멜레아그로스 설화를 적절하게 바꿔서 활용하고 있다. 입에서 입으로 전승되는 설화는 상황과 여건에 맞게 매번 유연하게 변하기 때문에, 신화의 내용들을 최초의 상태로 '재구성'하기는 매우 힘들다. 신화는 '이야기'로서 처음부터 끊임없는 개편 작업의 대상이었다. 가령 음유 시인들이 여러 마을을 돌면서 영웅들의 이야기를 낭송할 때 청중의 기호와 여건에 따라 이야기를 적당히 바꾸어 들려주었다는 것은 잘 알려진 사실이다. 그리스 신화들은 끊임없이 변해 왔고 오늘날에도 변하고 있기 때문에, 신화들이 항상 동일한 의미와 진실을 표현하기를 기대하는 것은 무리이다.

그리스 신화는 그 '이야기'가 형성된 이후 고대 그리스에서 대체로 세 번의 큰 변모를 거친다. 먼저 구전되던 설화를 서사시로 표현한 시대가 있었고, 그 다음에 비극으로 표현한 시대가 뒤따랐으며, 세 번째로는 설화를 철학적 또는 궤변적으로 표현한 시대가 있었다. 그러나 그 어떤 시대에도 신화의 '최초의 형태'를 찾아내기는 어려웠다. 정도의 차이는 있지만, 그리스 신화는 여러 가지 착상의 복합물이다. 끊임없이 이설이 첨가되었기 때문이다. 그런 까닭에 신화에 대한 성찰은 이미 오래전에 시작되었으며 끊임없이 그 앞 세대의 성찰을 수정해 왔다. 고대 그리스인들은 오래전에 신화를 만들어냈을 뿐만 아니라 매우 일찍부터 신화에 대해 성찰하기 시작했다.

그리스 신화는, 입으로만 전승되어 민속학자들에 의해 채집·수록되는 신화와는 다르다. 처음에는 입으로만 전승되던 그리스 신화의 이야기들을, 문자가 생겨남에 따라 음유 시인들이 그 내용을 적절히 취사선택하고 재구성하여 서사시로 기록했다. 또 시간이 지남에 따라 전승된 설화에 대해 성찰하기 시작했고, 이에 따라 설화를 문학 작품으로 만드는 일도 활발히 전개되었다. 비극 시대의 시인들이 이 일을 해냈다. 비극 시인들에 의해서 작품화된 신화는 '공연'을 통해 대중들에게 가까이 다가갔고, 철학자들에게는 사유의 좋은 대상이었다. 고대 그리스 철학자들은 그들의 문화유산인 신화에 관해 성찰하지 않을 수 없었다. 입에서 입으로 전승되던 신화는 이제 '글쓰기'의 형태로 서사시 시대, 비극 시대, 철학 시대를 살아가게 되었고 많은 이설이 첨가되면서 끊임없이 변해 나갔다. 기원전 8세기부터 시작된 서사시로부터 기원전 3세기에 시작된 철학 시대에 이르기까지 그리스 신화의 변모를 자세히 기술하는 것은 한 장(章)으로는 소화할 수 없는 방대한 작업이므로, 이 장에서는 그리스 신화가 변모해 온 큰 흐름만을 개략적으로 서술하도록 하겠다.

2. 서사시 시대

기원전 8세기경부터 글로 쓰이기 시작한 서사시는 그리스 신화학이 출범하는 데 결정적인 역할을 했다. 여러 지방에 흩어져 있던 산만한 설화들을 집대성하여 모든 그리스인들에게 통용될 수 있는 조직된 이야기 체계를 이룩했기 때문이다. 특히 호메로스와 헤시오도스는 신들의 계보를 확정 짓는 공헌을 했을 뿐만 아니라 여러 신들의 특징과 관할 영역 및 속성을 정의했고, 신들에게 인간적인 외양을 부여함으로써 신들의 형상을 묘사하기도 했다. 물론 호메로스 이전에도 신화들은 존재했지만 처음으로 성공적인 체계를 마련한 것은 서사시에 의해서이다. 세밀한 연구·분석에 의하면, 서사시는 처음에는 테살리아 지방의 아이올리아어(語)로 시작해서 에우보이아의 이오니아어로 표현되었는데, 그 후로 이오니아어가 서사시 발전의 충추적 역할을 했다고 한다. 호메로스의 『일리아스』에는 앞에서 언급한 멜레아그로스에 관한 설화 등 여러 전설들이 차용되어 '트로이 전쟁' 이야기의 전개 과정에서 종종 활용되었다. 『오뒤세이아』에서도 마찬가지였다. 아가멤논의 죽음과 오레스테스의 복수 이야기가 『오뒤세이아』의 여러 곳에서 활용되지만, 거론하는 에피소드는 이야기의 맥락에 따라 용도가 다르다. 가령 아가멤논의 망령은 하데스의 왕국으로 내려간 청혼자들에게, 자기는 아내 클뤼타임네스트라의 배신 때문에 죽게 되었다고 말하면서 오뒤세우스의 아내 페넬로페의 정절을 높이 평가하며 오뒤세우스의 운명을 부러워한다.[1] 클뤼타임네스트라의 부도덕함을 거론한 것은 아내로서 페넬로페가 지닌 덕을 찬양하기 위해서였다. 아가멤논의 망령은 자신이 아내의 부도덕함 때문에 살해당한 이야기를 '현재'의 이야기 상황에 알맞게 조정한 것이다. 이야기는 항상 '상황' 속에서 전개되기 때문에 상황이 바뀌면 이야기의 맥락도 바뀔 수밖에 없다. 따라서 상황을 떠난 신화의 내용들을 '재구성'하기는 어렵다. 최초의 서사 시인 호메로스가 활용하는 설화들은 이미 호메로스의 문맥과 작품의 상황 속에서 조정되고 개편된 것이기 때문에, 최초의 서사시 속에 표현된 설화들이 '최초의 형태'라고 생각하면 곤란하다. 포이닉스가 아킬레우스를 설득하기 위해 활용한 멜레아그로스 설화 역시 '최초의 형태'가 아니다. '트로이 전쟁' 설화도 마찬가지이다. 『일리아스』와 그 밖의 소실된 작품들이 전하는 '트로이 전쟁' 설화는 오랜 세월 동안 음유 시인들이 시대와 상황에 맞게 변화·조정·개편한 이야기들의 총체이다.

1) 역사적 사건에서 서사시로

물론 '외부인에 의한 트로이 붕괴'라는 역사적 사건은 앞에서 언급한 것처럼 실제로 일어났다. 슐리만으로부터 비롯한 트로이 발굴사가 그것을 입증해 왔다. 히사를리크 언덕의 도시는 외부의 힘에 의해 붕괴된 흔적이 선명했다. 외부의 침략에 의한 트로이의 붕괴는 역사적 사실에서 점차 이야깃거리로 발전하여, 과장되고 미화되면서 줄거리를 갖게 되었다. 그것이 신화의 '역사적 핵(核)'이자 '최초의 형태'로서 수많은 이야기로 번식하게 되는 '줄기 세포'인 셈이다. 이 줄기 세포 또는 핵을 분열시킨 것은 음유 시인들의 상상력과 청중의 호응이었다. '트로이 전쟁 이야기'는 작은 '역사적 핵' 또는 '줄기 세포'로부터 차츰차츰 자라나서 마침내는 트로이의 문화와 그리스의 문화의 총체가 투영되는 '작품'으로 발전하여, 온갖 종류의 상상력에 의해 갖가지 에피소드가 섬세하게 짜 넣어진 방대한 이야기 체계로 구축되었다. 전쟁의 원인으로 멀게는 파리스의 심판과 가까이로는 헬레네의 납치 이야기가 활용되었고, 그 밖의 여러 요인들이 이야기 전개에 필요한 정서적이며 극적인 합리성을 위해 짜 맞추어졌다. 트로이가 그리스 군의 포위 공격에 오래 버틸 수 있었던 이유와 트로이 함락에 필요한 몇 가지 선행 조건 등이 프리아모스의 아들 헬레노스의 입을 통해 누설되고, 그 말을 들은 그리스 군이 목마(木馬)를 만들어 트로이의 성안으로 진입시키는 것은 동화나 민담의 이야기 전개 방식을 그대로 원용한 것이다. 사건과 이야기의 문제점을 음유 서사 시인이 스스로 제기하고 그것을 동화나 민담의 방식으로 해결하는 것은 '트로이 전쟁' 이야기에서만 활용된 것이 아니라 올림포스의 신들에 관한 에피소드와 헤라클레스 설화 같은 영웅 신화에서도 종종 활용되었다. 활용된 동화나 민담의 방식들은 설화의 외관상 공통된 특징을 만들어낸다. 가령 테세우스에게 결과적으로 버림받아 낙소스 해안에 남겨진 아리아드네와, 코린토스에서 이아손에게 버림받은 메데이아의 주제는 동일하다. 외지에서 적(敵)으로 잠입한 영웅을 사랑하여 아버지와 가족을 배신하면서까지 그를 돕지만 끝내는 버림받고 마는 동화나 민담 방식의 이러한 이야기는 다른 신화에서도 종종 활용되는 주제이다. 이 밖에도, 용이나 괴물이 동굴이나 정원에서 소중한 것을 지키는 역할을 하는 이야기도 동화나 민담에서 차용한 주제이다. 헤라클레스가 찾아오는 헤스페리데스의 황금 사과와 이아손이 고생 끝에 쟁취해 온 황금 양털은 모두 용이 지키고 있었다. 버려진 아이가 염소 등의 젖을 먹고 자라는 이야기도 신화에서 즐겨 사용하는 동화나 민담의 주제이다. 아폴론의 아들이자 의술의 영웅 아스클레피오스는 염소 젖을 먹고 자랐고 헤라클레스의 아들 텔레포스(Telephos)는 암사슴의 젖을 먹고 자랐다. 아이네이아스의 후손으로 로마의 건국 영웅이자 쌍둥이 형제 로물루스(Romulus)와 레무스(Remus)는 암늑대의 젖을 먹고 자란 것으로 이야기된다. 민담이나 동화의 주제들이 신화에 살을 붙이고 극적인 요소를 만들어주면서 내용을 풍부하게 해줄 뿐만 아니라 재미까지 곁들인다. 처음에는 보잘것없던 어떤 핵(核)이 오랜 세월 동안 분열함에 따라 '최초의 형태'와는 전혀 다른 모습으로 변하게 된다. 트로이 전쟁의 '역사적 핵' 또는 '최초의 형태'인 '외부인에 의한 트로이 붕괴'라는 평범한 역사적 사실이 위대한 인류 문화 유산인 『일리아스』로 발전·변모한 것은 좋은 본보기이다.

2) 지리적 소재에서 모험 이야기로

신화의 최초 형태가 역사적인 사실이나 여건으로만 조성되는 것은 아니다. 지리적 소재도 신화의 최초 형태 역할을 할 수 있다. 황금 양털을 찾아 떠나는 아르고 호 원정대의 모험 이야기는 지중해 일대의 아테나 신전들을 순방하는 지리적 배경이 최초의 뼈대 역할을 하고, 여기에 동화와 민담에서 빌려온 각종 주제와 에피소드들이 덧붙어 원정대의 '모험 이야기'로 자리 잡아 '소설 형식 영웅 신화'의 손꼽히는 걸작으로 발전하게 된 것이다. 로마인의 시조이자 아프로디테의 아들 아이네이아스의 유랑도 지중해 연안의 아프로디테 신전들을 순회하는 지리적 여행이 최초의 핵 역할을 한 것으로 볼 수 있다. '황금 양털'을 찾아 나선다는 주제는 민담적인 요소로 이야기를 재미있게 끌고 가는 모티프로서 아르고 호 원정의 최초 형태를 감싸 숨기고 있다.

트로이 전쟁을 승리로 이끈 그리스 군의 '귀환'을 다루는 『오뒤세이아』를 비롯한 많은 서사시들도, 지중해와 에게 해 일대를 배로 누볐던 여러 지역의 뱃사람들의 경험과 목격담들이 '최초의 형태' 역할을 한 것으로 알려져 있다. 트로이로부터 귀환하는 그리스 병사들의 이야기는 이러한 최초의 형태를 바탕으로 엮어진 것인데, 오뒤세우스를 모방한 인물들이 폭풍에 떠밀려 이탈리아 중부에 상륙한 다음 트로이라는 이름의 도시들을 건설하는 것으로 이야기는 확장된다. 이탈리아의 베네치아로부터 라티움에 이르기까지 여러 곳의 '트로이'라는 지명은 바로 그것을 입증해 준다는 것이다. 뱃사람들의 바다 이야기가 모여 최초의 핵을 이루고, 그것이 '귀환' 이야기로 발전하고, '귀환' 이야기는 다시 같은 이름의 여러 도시들을 창건한 신화로까지 발전한 것이다. 역사적으로 실제로 그 도시들이 트로이인들이 이주한 곳인지, 아니면 그리스인들이 식민지를 건설한 곳인지는 확실하지 않지만, 장구한 세월이 지난 지금 오직 '신화'만이 트로이라는 여러 도시들이 존재했음을 입증하거나 그 도시들에 관해 상징적인 해석을 내릴 수 있는 유일한 단서가 된다.

3) 문화적 특이성에서 영웅 신화로

신화의 최초 형태로 작용할 수 있는 세 번째 조건은 문화적인 특이성이다. 가령 헤라클레스는 테바이에서 태어났지만 부모의 태생에 따라 아르고스가 고향이었다. 헤라클레스는 헤라의 질투와 복수심 때문에 오랫동안 에우뤼스테우스를 섬기며 노역을 했고 '헤라의 영광'을 위한 모험을 감행했는데, 헤라는 제우스의 아내이자 올림포스의 신으로 자리 잡기 훨씬 이전에는 아르고스 지방의 토착 여신으로 '야수의 여신'이었다. 대부분의 서사시들이 미케네 문명기의 펠로폰네소스를 무대로 삼고 있기 때문에, '헤라의 영광'이자 '헤라를 섬기는 자'라는 뜻의 이름을 가진 영웅 헤라클레스가 펠로폰네소스에 있는 야수들을 퇴치하는 일을 주요 과업으로 맡았던 것은 헤라클레스 설화에 아르고스의 문화적 특성에 따라 헤라 여신 숭배가 반영된 것으로 생각할 수 있다. 여신을 위해 야수를 퇴치하는 신화의 최초 형태이자 핵에, 민담적인 요소가 가미되고 지리적인 요소가 첨가되면서 지역 설화는 그리스 제일의 영웅 신화로 발전한다. 신화의 최초의 상태 또는 핵이 신화로서 자리 잡기 이전의 상태를 '신화의 선사 시대'라고 부른다.

4) 서사시의 인물과 인간상

일관성 있는 '이야기' 체계로 점진적으로 변하기 이전이라 해도, 신화적 인물들은 이미 생동감 있는 이미지를 보여주고 있다는 점에 주목해야 한다. 가령 트로이 전쟁 이야기가 체계 잡히기 이전에도 헬레네, 아킬레우스, 아가멤논, 네스토르 등은 개별적인 신화적 인물로 존재했지만, 그들은 트로이 전쟁이라는 큰 맥락의 이야기 체계로 들어와 자리 잡음으로써 각각의 인물들이 갖는 인간상이 보다 선명하게 부각된다. 무훈시나 소설류로 발전하는 신화는 '세계에 대한 성찰'을 담고 있고, 독특한 경험을 표현하며, 그 속의 인물들은 각자의 세계관과 그에 따른 경험을 드러낸다. 트로이 전쟁의 영웅 아킬레우스는 짧은 삶과 불멸의 영광을 선택한 전사로 강렬한 인상을 남기는 신화적 인물로서, 아가멤논이나 헥토르와는 다른 '인간상'을 트로이 전쟁이라는 큰 맥락 속에서 잘 부각시킨다. 큰 사건 앞에서는 여러 인물들의 이미지가 뚜렷이 비교되고 특징이 선명하게 그려지기 때문이다. 아킬레우스는 스스로의 선택에 의해 자신의 삶과 존재의 의미를 한정시켰다. 안락하고 긴 삶 대신 젊어서 죽어야 하는 운명을 선택한 이상, 그리스 군의 총대장이자 왕 중 왕인 아가멤논의 전횡(專橫)에 물러서지 않고 자존심을 갖고 강하게 반발하며 전투를 거부하여 그리스 군을 위험하게 만든다. 그는 전사로서 강렬한 성격의 소유자이지만, 젊은이다운 애정도 갖고 있었다. 처음에는 아가멤논에게 반발하여 전투에 참가하지 않았지만, 친구 파트로클로스가 죽자 복수하려는 마음이 끓어올라 영원한 우정을 지키기 위해 전투에 참가했다는 사실이 그의 양면성을 잘 드러내 준다. 그는 파트로클로스를 죽인 트로이의 명장 헥토르를 무참히 죽이지만, 헥토르의 아버지 프리아모스 왕이 찾아와 시체를 돌려달라고 간청하자 프리아모스의 청을 들어주고 환대한 것 역시 전사로서의 강렬함과 젊은이로서의 애정을 동시에 갖춘 그의 모습을 잘 표현해 주고 있다. 아킬레우스는 전사로서, 그리고 한 인간으로서 훌륭한 '능력'과 따뜻한 '애정'을 동시에 갖고 있었기 때문에, 고대인들로부터 오랫동안 사랑받았다. 전설적인 인물 아킬레우스를 사랑한 고대인들은 그의 묘지까지

만들었으며, 그를 귀감으로 삼았던 알렉산드로스 대왕과 로마의 카이사르는 그의 묘지까지 찾아가 술잔을 올리며 참배했다고 한다. 신화나 전설에 등장하는 인물(personnage)의 행동과 정서를 통해 인물의 이미지가 부각되고, 그 이미지가 이상적이고 보편적인 인간상(personne)에 더 부합할수록 오랜 세월 동안 잊히지 않고 많은 사람들의 사랑을 받게 된다.

호메로스의 서사시에 등장하는 인물들은 평범하고 일상적인 인물들이 아니다. 영웅들만이 서사시의 중요 등장인물이다. 그 세계는 한마디로 '훌륭한' 인물들의 세계로, 그들은 평범한 사람들의 본보기가 될 수 있는 인물들이다. 그들은 서로 가까운 혈연관계로 맺어져 신들을 조상으로 모시면서 전쟁을 하고 공훈을 세운다. 그들은 손님과 주인으로 만나 같은 지붕 아래서 먹고 자고 선물을 주고받음으로써 친분 관계를 맺는데, 서로 간의 우의는 자신들의 세대뿐 아니라 다음 세대의 후손에까지 이어져 지역과 세대를 넘어 집안끼리 좋은 관계를 돈독히 유지하게 된다. 그들이 맺는 교분과 그들의 활동은 평범한 인간들이 귀감으로 삼아 본받고 따라야 할 전범이었다.

기원전 16세기부터 12세기까지 펼쳐진 청동기의 미케네 문명기는 신화 속 '영웅들의 시대'의 역사적 배경에 해당한다. 미케네 문명에 대한 기록으로는 선형 문자 A형과 선형 문자 B형으로 쓰인 서판들이 있는데, A형으로 쓰인 서판은 아직까지 해독하지 못했다. 물론 미케네 문명기가 모두가 영웅이었던 시대는 아니다. 그럼에도 불구하고 이 시대를 '영웅들의 시대'라고 부르는 것은, '암흑시대'가 끝나는 기원전 750년경에 쓰인 호메로스의 서사시가 '암흑시대'의 지난날을 '영웅들'로 꾸며냈기 때문이며, 영웅들의 모험을 노래한 서사시가 이 시대에 관한 기록의 전부이기 때문이다. 영국의 핀리(M. I. Finley) 같은 역사가들은 이 시대의 세계를 '오뒤세우스의 세계'라고 부르기도 했다. 그에 의하면 이 시대의 영웅-왕은 제의(祭儀)의 주관자로서 신들의 세계와 인간의 세계를 연결하는 고리 역할을 했다고 한다. 이것도 서사시의 내용에 근거한 설명이다. 서사시의 내용이 모두 상상력의 산물인 것만은 아니다. 신화의 최초 형태인 역사적 사건이나 지리적 소재, 그리고 문화적 특이성이 반영되고 발전된 것이 서사시이기 때문에, 여러 도시의 이름이나 풍습과 관행 등에 관한 언급은 신화시대 또는 '영웅시대'라고 불리는 역사 이전 시대의 민속을 연구하는 데 없어서는 안 될 중요한 자료가 된다.

'영웅들의 시대'를 담아내는 호메로스의 서사시는 인물들의 내면세계보다는 '행동'에 역점을 두고 전개되기 때문에 인물들의 심리는 주로 행동에서 비롯된다. 서사 시인은 인물에 대해 도덕적 평가를 거의 내리지 않는다. 호메로스가 영웅들의 행동에 관해 유일하게 논평한 것은 오일레우스의 아들 아이아스의 경우뿐이다. 텔라몬의 아들 아이아스와 이름이 같은 그는 거만하고 잔인하며 싸움을 좋아하고 신들에게 불경한 태도를 보이는 것으로 악명이 높았는데, 특히 아테나 여신을 모독했기 때문에 트로이로부터 귀환하던 중 카페레우스 곶에서 아테나 여신이 보낸 폭풍을 만나 죽고 말았다.

반면에 오뒤세우스는 오랫동안 별다른 거부감 없이 받아들여졌다. 그의 계략과 배신과 거짓말은 그의 전공(戰功)에 관계되기 때문에 지탄의 대상이 되지 않았다. 그는 서사시 시대가 끝나고 한참이 지난 후인 기원전 6세기 말부터 비로소 소피스트들에 의해서 논의의 대상이 되기 시작했다. 이때 전설상의 여러 영웅들이 논평의 대상이 되었는데 특히 오뒤세우스는 뜨거운 논쟁의 대상이었다. 그가 거짓 증언과 험담으로 팔라메데스(Palamedes)를 죽게 했기 때문이었다. 오뒤세우스는 트로이 원정에 참가하지 않으려고 잔꾀를 부려 미친 척했으나 그만 팔라메데스에게 들통이 나버려 꼼짝없이 원정에 참가할 수밖에 없었다. 그래서 오뒤세우스는 팔라메데스에게 앙심을 품었다. 많은 전훈을 세운 오뒤세우스는 혁혁한 공훈을 세운 팔라메데스가 트로이 군과 내통하고 있다고 모략해 죽게 만들었다. 소피스트들의 논쟁이 뜨거울 수밖에 없었다. 신화는 이 같은 논의에 수많은 예들을 제공했다.

신화는 거기서 끝나지 않았다. 호메로스의 서사시는 당시 정신 교육의 훌륭한 보고(寶庫)가 되었다. 고대 그리스의 학교에서 학생들은 아주 어려서부터 호메로스의 서사시를 배워서 암송했다. 선생들은 호메로스의 서사시로부터 행동 규범을 끌어내어 학생들을 선도했다. 오랜 세월 동안 여러 세대에 걸쳐 호메로스는 훌륭한 선생이었다. 그는 고대 그리스의 교육 '파이데이아(paideia)'의 핵심이었다. 이오니아 출신이라는 것 말고는 생애에 관해 알려진 것이 거의 없었지만 호메로스는 신처럼 숭배되었다. 플라톤도 그를 그리스의 진정한 교육자라고 평가했다. 낭송 전문가들은 연회 석상에서 호메로스의 서사시 중 영웅들이 활약하는 멋진 대목들을 골라 낭송했다. 플라톤은 시인들에 대해서 찬양과 비난이라는 이중적인 태도를 취한 것으로 유명하다.[2] 그는 호메로스를 높이 평가했지만, 신화의 전통을 비난하고 신화를 본보기로 드는 교육 방법을 비난했다. 플라톤은 신화와 시가 사고를 타락시킨다고 생각했다. 시인들이 말하는 진실이란 정념과 정서에 호소하는 까닭에 이성의 통제를 받을 수 없으므로 시인은 '이상적인 도시'에서 추방되어야 한다고 말하기도 했다. 그러나 플라톤의 노력은 허사였다. 게다가 플라톤 자신 역시 논리 전개에 허점이 생기면 스스로 만들어낸 신화에 의존하곤 했다. 당대는 물론 고대가 종말을 고할 때까지 위대한 시인들의 작품들을 읽으며 신화에 입문하는 것이 청소년들에게 통상적으로 권장하는 제일의 교양 과정이었기 때문이다.

5) 주요 작품들

(가) 트로이 전쟁 군(群)

호메로스의 『일리아스』와 『오뒤세이아』에 관계되는 서사시로는 기원전

7~6세기에 쓰인 트로이 전쟁 이야기 군(群)이 있는데, 이것들은 『일리아스』와 『오뒤세이아』에 나타난 이야기의 전후(前後)를 보완한 것들이다. 이 작품들은 오늘날까지 전승되지 못하고 소실되었지만 이 작품들을 요약한 문헌을 통해 그 내용을 알 수 있다. 앞에서도 언급한 이 작품들의 대강을 살펴보겠다.

① 『퀴프로스 사람의 노래』

이 작품은 퀴프로스 섬 출신의 시인이 쓴 것으로 알려져 있으며 『일리아스』 '이전의 사건'을 열두 마당으로 노래하고 있다. 이 작품은 트로이 원정의 기원으로서, 테티스와 펠레우스의 결혼식 피로연에서 빚어진 세 여신의 불화, 파리스의 심판, 헬레네의 납치를 꼽고 있으며, 원정대의 조직과 출발, 아울리스에서 행해진 이피게네이아의 희생, 9년 동안의 전쟁과 크뤼세이스의 납치까지 기술하고 있다. 『일리아스』는 크뤼세이스를 돌려달라는 아폴론의 사제 크뤼세스의 간청으로 이야기가 시작된다.

② 『에티오피아 사람의 이야기』

기원전 7세기경에 밀레토스의 아르크티노스(Arktinos)가 쓴 작품으로 다섯 마당의 노래로 구성되어 있으며 헥토르의 장례식과, 트로이 군을 도우러 오는 아마조네스와, 아킬레우스의 아마조네스 여왕 살해, 에티오피아 사람 멤논(Memnon)의 도착과 아킬레우스의 죽음과 그가 남긴 무기를 차지하려는 싸움 등을 노래하고 있다.

③ 『소(小)일리아스』

기원전 7세기 경에 레스케스(Lesches)가 쓴 이 작품은 네 마당의 노래로 되어 있는데 아킬레우스의 무기 분배로부터 트로이 성으로 목마(木馬)가 들어가는 사건을 이야기하고 있다.

④『일리온 함락』

밀레토스의 아르크티노스가 쓴 것으로 추정되는 이 작품은 트로이 함락에 관한 두 마당의 노래로 구성되어 있다. 아킬레우스를 죽게 만든 프리아모스의 딸 폴뤽세네(Polyxene)가 아킬레우스의 무덤 앞에서 살해되고 트로이가 화염에 휩싸이는 것을 이야기하고 있다.

⑤『귀환』

트로이젠의 아기아스(Agias)가 쓴 이 작품은 오뒤세우스 이외의 그리스군 지휘관들이 트로이에서 귀국하는 이야기를 그리고 있다.

⑥『텔레고네이아(텔레고니아)』

기원전 6세기 말에 퀴레네의 에우가몬(Eugamon)이 쓴 이 작품은 호메로스의『오뒤세이아』의 속편으로, 두 마당의 노래 속에 오뒤세우스와 그의 가족들의 여생을 이야기하고 있다. 이야기는 오뒤세우스와 키르케 사이에서 태어난 텔레고노스가 페넬로페와 결혼하고, 오뒤세우스와 페넬로페 사이에서 태어난 텔레마코스가 키르케와 결혼하는 것으로 끝이 난다.

(나) 테바이 전설 군(群)

오늘날까지 전승되지는 못하고 소실된 작품들로 테바이 전설을 담아내고 있는 작품들이다.

①『오이디푸스 이야기』

오이디푸스에 관한 이야기만을 기술하고 있다. 작가는 알려져 있지 않다.

② 『테바이 이야기』

파우사니아스(Pausanias)에 의하면 『일리아스』와 『오뒤세이아』 이후 가장 훌륭한 서사시였기 때문에 호메로스 작품인 것으로 추정되기도 했다고 한다. 오이디푸스의 두 아들이 서로 적이 되어 싸우는 이야기와 테바이를 공격한 아르고스 군대가 패한 이야기를 담고 있다.

③ 『후계자들』

7인의 지휘관들의 아들들이 테바이를 다시 공격해 도시를 함락시킨 이야기를 기술하고 있다.

(다) 헤라클레스 전설 군(群)

헤라클레스에 관한 전설도 일련의 서사시들의 소재가 되었지만 작품들은 모두 소실되어 보전된 것이 없다

① 『오이칼리아 함락』

궁술 대회에서 우승을 했음에도 불구하고 왕이 약속한 딸을 주지 않자 앙심을 품은 헤라클레스가 오이칼리아를 공격하는 이야기이다. 고대인들은 이 작품이 너무 훌륭해 호메로스의 작품으로 추정하기도 했다. 도시를 함락시킨 헤라클레스는 왕의 딸 이올레를 포로로 데려오지만 아내 데이아네이라의 질투심을 불러일으켜 결국 죽음을 자초하고 만다.

② 『메로피스』

헤라클레스가 코스(Kos) 섬의 원주민 메롭스(Merops)인들을 무찌르는 이야기이다.

③『헤라클레스 이야기』

헤라클레스의 모험을 다룬 서사시로는 여러 작품들이 있었다. 그중 가장 유명한 것은, 카미로스(Kamiros)의 피산드로스(Pisandros)의 작품과 역사가 헤로도토스의 삼촌인 할리카르나소스의 파뉘아시스(Panyassis)의 작품이다. 테바이와 오이디푸스, 헤라클레스의 전설을 다룬 서사시들은『일리아스』와『오뒤세이아』와는 그 양상과 구조가 매우 다르다. 호메로스의 서사시들이 '행동'의 일관성과 통일성을 중심으로 조직되어 있는 반면, 이 서사시들에 나오는 사건들은 매우 다양하여 이야기의 일관성과 집중도가 떨어진다. 그러나 이 작품들에는 호메로스의 서사시보다 '환상적이고 경이로운' 장면들이 종종 선보인다. 가령『퀴프로스 사람의 노래』에 등장하는 륑케우스(Lynkeus)는 천리안과 투시력을 갖고 있어 단번에 펠로폰네소스를 바라볼 수 있는가 하면 떡갈나무 판자 뒤에 있는 것도 볼 수 있었다. 인간으로서는 할 수 없는 능력을 부여받은 '경이로운' 모습이었다. 그러나 호메로스의 영웅 아킬레우스의 '빠른 발'은 인간의 한계를 넘어서지는 못했다.

6) 그 밖의 작품들

①『호메로스의 찬가』

서사시가 주류를 이루고 있던 시대에 '찬가' 형식으로 올림포스의 신들과 그 밖의 여러 신들과 영웅들을 노래한 작품들이다. 각 편마다 길이가 서로 다르고 쓰인 시기도 기원전 7세기부터 5세기까지로 다양하며 편의상 호메로스가 쓴 것으로 말한다. 찬가들은 아폴론, 데메테르, 아프로디테, 헤르메스, 디오뉘소스, 판, 아스클레피오스, 디오스쿠로이 형제, 헤라클레스, 무사이(뮤즈), 태양, 달 등의 탄생과 권한을 노래하며 그들에 얽힌 각종 에피소드들을 이야기한다. 찬가들은 신들과 영웅들에 관한 전설은 물론, 전설이 제사나 축제 등의 의식(儀式)과 맺는 관계를 이야기하는 소중한 자료이기도 하다. 가령 「데메테르 찬가」는 데메테르에 관한 전설뿐만 아니라 엘레우시스의 신전 건축은 물론, 트리프톨레모스에게 반드시 지켜야 할 의식에 대한 계시(啓示)를 이야기하는 등 '엘레우시스 비교(秘敎)'의 창시에 관한 매우 소중한 문헌이다. '찬가'는 또한 헤르메스가 태어나자마자 소 떼를 훔치고 리라를 만드는 등의 에피소드들도 소개하며, 샘물과 섬들이 '말하는' 경이로운 이야기도 전하고 있다.

② 계보 1: 『신들의 탄생』

기원전 7세기에 헤시오도스가 남긴 『신들의 탄생』은 신들의 탄생 설화이면서 신들의 찬가이고 신들의 계보이다. 헤시오도스의 이 작품은 이야기의 맥이 끊기는 경우가 있지만 본질적으로 신들의 계보를 서술하는 작품으로, 천지 창조에서부터 프로메테우스 신화, 제우스가 치르는 전쟁 등을 소상히 기록하고 있다. 구전된 신화와 신들의 계보를 헤시오도스가 잘 정리한 것이다. 그는 따로따로 떨어진 각각의 설화들을 체계 있게 정리해서, 서열화된 조직이며 하나의 전체인 '신화학(mythologie)'이 되게 하였다. 헤시오도스는, 카오스로부터 에레보스와 뉙스가 태어나고 그들로부터 창공 아이테르와 빛 헤메라가 태어나는 한편 대지의 여신 가이아로부터 하늘 우라노스와 산들과 바다 폰토스가 태어난다는 천지 창조 이야기, 티탄들과 퀴클롭스 등의 괴물들의 출생과 티탄 형제자매들이 서로 결합하여 세계의 질서가 잡혀가는 과정, 제우스가 태어나 아버지 크로노스를 몰아내고 세계의 지배권을 차지하여 올림포스 신들의 영역을 분할하는 이야기를 기술하고 있다. 헤시오도스의 천지 창조의 특징과 핵심은, 영원하게 지속될 제우스의 세계 지배권 쟁취와 질서 확립에 역점을 두고 그 단계별 발전을 기술하고 있다는 점이다. 헤시오도스는 최고 통치자로서의 제우스의 힘과 지혜 등을 설명하고 제우스가 '안정된 질서'인 테미스와 결합함으로써 세계의 규칙성과 영속성을 확립했다고 역설했다. 헤시오도스는 신들과 인간들의 첫 관계를 언급하기 위해 여신과 인간 남자와의 결합으로부터 영웅들이 태어난 예를 들고, 아울러 제우스가 인간 여성들과 결합하여 디오뉘소스와 헤라클레스를 낳았다고 기술하면서 이들은 죽은 다음에 신들의 반열에 들어섰다고 말한다.

③ 계보 2: 『여인 열전』

기원전 6세기에 쓰인 이 시(詩)는 형식상 헤시오도스의 『신들의 탄생』의 후속편이어서 헤시오도스가 쓴 것으로 추정하지만, 오늘날은 부분만 남아 있어 이 작품에 대해 총체적인 판단을 내리기는 어렵다. 『신들의 탄생』과 비교해서 관찰해 보면, 『신들의 탄생』이 신들의 조직과 계보에 관한 기술인 반면, 『여인 열전』은 그리스인들의 혈통과 가문을 체계적으로 정리한 계보임을 알 수 있다. 고대 그리스인들은 자기가 태어난 곳에 강한 집착을 보였다. 그들은 『일리아스』에서 열거하는 원정대의 '선박 명단'에 자신들의 도시가 거명된 것에도 강한 자부심을 느꼈고, 아르고 호 원정대에 자기 고향의 선조들이 참가했는지 여부에 많은 관심을 쏟았다. 상고기(上古期, 아르카익기)에 쓰인 이 작품은 혈통과 가문에 대한 그리스인들의 관심사를 반영한 좋은 본보기라고 생각된다.

④ 상고기의 서정시

신화는 서사시와 찬가와 계보만을 수놓은 것이 아니다. 상고기의 서정시에서도 신화는 매우 중요한 역할을 했다. 트로이 전쟁 이야기 같은 당대의 인기 있는 서사시가 운율이 다른 서정시로 바뀌기도 했는데, 그 과정에서 신화가 활용되었다. 시칠리아 출신의 스테시코레스(Stesichores, 기원전 632~556)는 '트로이 함락', '헬레네' 등에 관한 서사시를 서정시로 바꾼 시인으로 유명하다. 특히 그는 『개영시(改詠詩)』에서 파리스가 트로이로 데려간 헬레네는 환영(幻影)일 뿐이라고 말해 헬레네 숭배의 전통이 남아 있던 스파르타 사람들에게 호감을 사기도 했으며, 그의 『오레스테아』는 아이스퀼로스의 비극 『오레스테이아』에도 상당한 영향을 미쳤다.

서사시를 고쳐 쓴 것이 아니라 독창적인 서정시로 괄목할 만한 작품을 남긴 시인은 테바이 출신의 핀다로스(Pindaros, 기원전 518~438)이다. 핀다로스의 서정시는 범(汎)그리스 운동 경기에서 승리한 선수를 찬양하기 위해 옛 영웅들의 공훈 이야기를 끌어와 인간 행위의 여러 모습을 설명하고, 승리자와 승리자를 칭송하는 자를 다 같이 신화의 탈시간적이고 탈공간적 차원으로 이행시킨 것으로 유명하다. 따라서 그의 시는 '과거'를 칭송하는 서사시와 다르다. 그의 시는 '현재'의 '승리'에 관한 서정시이다. 그는 시집 『올림픽 찬가』의 첫 장에서 올림피아의 전차 경주에서 펠롭스가 오이노마오스(Oinomaos)를 이긴 것은 포세이돈이 그에게 황금 전차와 날개 달린 말을 주었기 때문이며, 성공하기 위해서는 인간의 노력과 신의 도움이 함께해야 한다고 말한다. 또 성공을 통해서만 인간은 익명성으로부터 벗어날 수 있다고 말한다. 핀다로스는 승리의 상황에 따라 신화를 선택했다. 가령 테티스와 결혼하기 전에 테티스와 싸워야 했던 펠레우스의 이야기는 싸움을 통해서 승리하는 인물을 칭송하는 시(詩)에 사용하였다. 게다가 핀다로스는 필요에 따라 신화를 과감히 수정하였다. 펠롭스가 전차 경주에서 오이노마오스를 이긴 것은 그가 오이노마오스의 마부를 매수해서 경주 때 전차의 차축이 부서지게끔 준비했기 때문인데, 핀다로스는 이에 대해서는 조금도 언급하지 않고 포세이돈이 펠롭스에게 도움을 베풀었기 때문이라고만 설명했다. 핀다로스는 '승리'를 칭송하는 시 형식이 요구하는 규칙과 강제성에 따라 신화를 수정하기도 했는데, 그 때문에 전승된 신화가 그의 작품 속에 온전히 투영되지는 못했다. 그러나 맥락에 따른 신화의 유연한 가변성을 효과적으로 활용한 핀다로스는 신화가 상황과 맥락에 따라 얼마든지 조정되고 재해석될 수 있다는 것을 잘 알고 실천한 시인이라고 할 수 있다. 핀다로스는 신화의 생명력인 유연함을 활용하여 평범한 운동선수의 승리를 신화적 영웅의 위상으로 끌어올려 불멸의 영광과 보편성을 획득하게 했다.

3. 비극 시대

1) 비극의 출현과 신화

고대 그리스의 비극은 기원전 6세기 후반 페이시스트라토스가 귀족들을 아테네에서 몰아내고 참주(僭主, Tyrannos) 정치를 시작하면서부터 출현하였다. 그는 대중을 선동하고 대중의 지지를 얻기 위해 귀족들이 소유했던 토지를 평민들에게 나누어 주는 한편, 민중들 깊숙이 침투한 디오뉘소스 신앙에 호응하는 디오뉘소스 연극 축제를 개최하여(기원전 535년) 연극 경연 대회를 열었다. 이 대회에서 테스피스(Thespis)가 첫 우승을 차지했는데, 그의 연극은 배우 한 명이 영웅으로 분장하여 합창단인 코로스(Choros)와 대화하는 형식이었기 때문에 비극은 디오뉘소스를 위해 부르는 합창과 유사했다. 비극은 대체로 신화에서 차용한 독립된 에피소드에 대한 일종의 성찰로, 본질적으로 서정적이었다. 따라서 비극에서는 서정적인 합창과 대화가 서로 어우러졌다. 서사시가 행동 지향적이었다면 비극은 정태적인 서정성을 보여주었다. 현존하는 최초의 비극 작품인 아이스퀼로스의『페르시아인들』(기원전 472)로부터 현존하는 마지막 비극 작품인 소포클레스의『콜로노스의 오이디푸스』(기원전 401)에 이르기까지 비극 작품들은 주제를 모두 신화에서 차용했다. 인류의 고전이자 서구 문학의 메마르지 않는 원천인 그리스 비극은, 신화를 때로는 수정하고 재해석하는 등 전승된 신화를 비극의 맥락에 맞게 유연하게 수용했다. 전설과 설화의 이야기들이 유연한 가변성을 갖고 있었기 때문이다.

2) 비극 작가와 작품들

① 아이스퀼로스(기원전 525~456)

진정한 그리스 비극의 출발은 테스피스가 아니라 아이스퀼로스의 작품을 꼽는 것이 일반적이다. 그는 아테네에서 태어나 페르시아가 아테네를 침공했을 때 벌어진 마라톤 전투(기원전 490년)에 직접 참전하여 용맹을 떨치기도 했으며, 당대의 사회·정치적인 문제에 깊은 관심을 표명했던 작가였다. 그때는 시와 비극의 창작과 사회·정치 활동을 동시에 수행할 수 있었다.

아이스퀼로스가 비극의 진정한 창시자로 평가받는 것은 두 번째 배우를 등장시켜 몇 가지 역할을 연기하게 했기 때문이다. 테스피스의 비극이 단 한 명의 배우와 합창과의 단조로운 관계였다면, 아이스퀼로스의 비극은 두 번째 배우를 등장시킨 2인극으로 본격적인 비극의 기반을 형성했다. 물론 그리스 비극에서 반드시 등장하는 서정적인 합창은 변함없이 같은 역할을 담당했다. 비극은 등장인물들과 코로스가 벌이는 이중창(duo)의 양상을 띠었다. 아이스퀼로스 비극의 특징은 '도덕적 목표'가 뚜렷하다는 점이다. 그는 신들이 영웅들에게 부과하는 시련들과 등장인물들 간의 상호 충돌을 보여주면서 '정의'가 어느 편에 서야 하는지를 묻는다. 이런 비극들로 그는 연극 경연 대회에서 열세 번이나 우승했다.

그는 모두 73편의 작품을 썼지만, 다음의 7편만이 온전히 전승되었다. 『페르시아인들』(기원전 472), 『테바이를 공격한 7인』(기원전 467), 『탄원하는 여인들』(기원전 463?), 『결박된 프로메테우스』(연대 미상), 3부작『오레스테이아』(기원전 458)의『아가멤논』, 『제주를 바치는 여인들』, 『자비로운 여신들』.

② 소포클레스(기원전 497~405)

아테네의 콜로노스 군(群)에서 태어난 그는 페리클레스(Perikles)와 함께 아테네를 이끌었던 지도적인 정치가이자 장군이었다. 그는 비극 시인으로 명성을 날리면서도 여러 차례 장군으로 참전하여 전쟁을 이끌기도 했고, 아테네가 위기에 처했을 때에는 국가 위원으로 선출되어 나랏일을 맡기도 했다.

소포클레스는 비극에 세 번째 배우를 등장시켰고 코로스의 인원을 열다섯 명으로까지 늘려서 무대를 화려하게 꾸몄다. 소포클레스는 아이스퀼로스의 서정적 명상보다는 '행동'을 선호했다. 합창은 자체적인 시(詩) 역할을 했고, 비극의 전개에서는 '인간'이 중심이 되었다. 소포클레스는 투쟁과 고통 속에서 몸부림치는 '인간'의 위대함을 잘 묘사하였으며, 인간의 운명을 다스리는 신들에게 인간이 실수를 범했을 경우에도 '인간'의 존엄성을 높이 생각했다. 이런 작품들로 그는 비극 경연 대회에서 스물네 번이나 우승했다. 그의 작품의 공연 연도에 대해서는 논의가 분분하다. 소포클레스는 모두 123편의 작품을 썼지만 다음의 7편만이 오늘날까지 전승되었다. 『아이아스』(연대 미상), 『트라키스의 여인들』(연대 미상), 『안티고네』(기원전 441), 『오이디푸스 왕』(기원전 420?), 『엘렉트라』(연대 미상), 『필록테테스』(기원전 409), 『콜로노스의 오이디푸스』(기원전 401, 그의 손자에 의해 공연).

③ 에우리피데스(기원전 484~406)

아테네에서 태어난 그의 사회적 활동에 대해 알려진 것은 거의 없다. 그는 당대의 모든 지식인들과 교류한 것으로만 알려져 있다. 에우리피데스는 비극에 있어서 소포클레스의 라이벌이었다. 다른 비극 작가들처럼 그도 신화에서 주제를 차용해서 비극을 썼지만, 내용을 '인간화'시켰다. 높게만 보이던 영웅들이 평범한 인간의 가치와 정념을 갖고 몸소 살아가도록 한 것이다. 또 비극에 '합리주의'를 도입하여 신들에 대해 비판적인 거리를 두었고, 심리 묘사에 역점을 둠으로써 삶에 관해 비관적인 견해를 표명했다. 소포클레스의 비극이 '고독한 영웅'의 처절한 고통을 그린 것이라면, 에우리피데스는 박해당하는 주인공의 순수함과 잔혹함, 맹목적인 정념 등을 통해 감동적인 '정념의 비극'을 보여준다. 경연 대회에서는 네 번 우승했다. 그는 모두 92편의 작품을 썼으나 다음의 18편만이 오늘날까지 전승되었다. 이 중에는 작품의 공연 시기가 확실하지 않은 것들도 있다. 『알케스테스』(기원전 438), 『메데이아』(기원전 431), 『헤라클레스의 후손들』(기원전 430~427), 『히폴뤼토스』(기원전 428), 『안드로마케』(기원전 425), 『헤카베』(기원전 424?), 『탄원하는 여인들』(기원전 423), 『미친 헤라클레스』(기원전 417~415), 『이온』(기원전 418~414), 『트로이의 여인들』(기원전 415), 『엘렉트라』(기원전 413), 『타우리스의 이피게네이아』(기원전 413), 『헬레네』(기원전 412), 『페니키아의 여인들』(기원전 410), 『오레스테스』(기원전 408), 『아울리스의 이피게네이아』(사후 공연), 『바코스의 여신도들』(사후 공연), 사튀로스 극 『퀴클롭스』.

테스피스의 비극은 배우 한 명이 등장인물 한 명의 역할을 맡는 1인극이어서 배우가 곧 화자(話者)이자 비극 작가였고 등장인물이었다. 그러나 등장인물 한 명으로는 사건을 만들어 끌고 갈 수가 없었다. 등장인물이 최소한 두 명은 필요했다. 아이스퀼로스는 처음으로 배우를 두 명으로 늘렸다. 소포클레스는 세 명으로 늘렸고 에우리피데스는 소포클레스와 같은 수의 배우를 등장시켰다. 테스피스의 비극을 제외하면, 두세 명의 배우들은 여러 등장인물의 역할을 맡았다. 물론 한 장면(scene)에 아이스퀼로스의 비극에서는 두 명, 소포클레스와 에우리피데스의 비극에서는 세명만이 등장하여 코로스와 함께 줄거리를 엮어나갔다. 코로스는 1인극에서는 매우 중요한 역할을 맡았지만 배우가 두 명으로 늘어난 아이스퀼로스의 비극부터는 코로스의 역할이 축소되고 대화가 연극의 중심이 되었으며, 배우의 수를 세 명으로 늘린 소포클레스의 비극부터는 무대 배경도 도입되고 상연 시간도 늘어났다. 그러나 코로스는 언제나 비극에서 가장 중요한 요소였다. 코로스는 '등장인물', '사건' 또는 '행위(action)'와 함께 비극의 3대 구성 요소 중의 하나로서, 진행 중인 사건과 밀접하게 관계되는 사람들을 대변하기 때문에 상당수의 대사를 차지하는 것이 일반적이었다. 가령 『테바이를 공격한 7인』의 경우, 성이 함락될 위기에 직면한 테바이의 아낙네들이 코로스를 맡아, 조국의 멸망과 약탈되는 나라의 처참한 광경을 미리 환기시키며 조국의 위기를 두려워한다. 코로스는 이해 당사자들의 입장에서 '행위'를 논평하고 의문을 제기하면서 비극을 이끌어 간다.[3]

3) 비극의 주제

신화에서 주제들을 빌려온 그리스 비극이 가장 선호했던 이야기들은 '트로이 전쟁'과 '테바이의 라브다코스 가(家) 설화'였다. 특히 현존하는 비극 작품들만 살펴볼 경우, 라브다코스 가 설화가 단연 많은 작품들의 주제가 되었다. 아이스퀼로스의 『테바이를 공격한 7인』을 비롯되어, 소포클레스의 『안티고네』, 『오이디푸스 왕』, 『콜로노스의 오이디푸스』, 에우리피데스의 『페니키아의 여인들』이 라브다코스 가 설화를 활용한 작품들이다. 그 다음으로 인기 있던 것은 아트레우스 가(家) 설화였다. 아이스퀼로스의 오레스테이아 3부작, 소포클레스의 『엘렉트라』, 에우리피데스의 『엘렉트라』, 『타우리스의 이피게네이아』, 『오레스테스』가 아트레우스 가의 설화에서 주제를 빌려온 작품들이다. 트로이 전쟁 이야기에서 소재를 빌려온 작품으로는, 소포클레스의 『아이아스』와 『필록테테스』, 에우리피데스의 『안드로마케』, 『헤카베』, 『트로이의 여인들』, 『헬레네』, 『아울리스의 이피게네이아』가 있다. 아테네의 신화를 활용한 작품들로는 에우리피데스의『헤라클레스의 후손들』, 『히폴뤼토스』, 『탄원하는 여인들』, 『이온』이 있고, 코린토스와 테살리아의 신화는 에우리피데스의『메데이아』와『알케스테스』에 차용되었다. 헤라클레스의 모험에서 소재를 차용한 작품으로는 소포클레스의『트라키스의 여인들』과 에우리피데스의『미친 헤라클레스』가 있으며, 다나이데스(Danaides)에 관한 아르고스 전설을 차용한 작품으로는 아이스퀼로스의『탄원하는 여인들』이 있다. 그러나 민중들 깊숙이 파고든 대중의 신이자 고난의 신, 술의 신이기도 하며 대중 예술인 '비극'의 창시자로 알려진 디오뉘소스를 소재로 한 작품은 에우리피데스의『바코스의 여신도들』한 편뿐이며, 주요 등장인물이 모두 신들인 작품은 아이스퀼로스의『결박된 프로메데우스』한 편으로, 이 작품에서는 '암소 뿔을 단 처녀' 이오(Io) 혼자 인간들을 대변할 뿐이다.

비극 작가들은 신화에서 모든 것을 빌려왔지만 선배 작가들의 서사시처럼 전승된 신화의 어떤 '사건'들은 그대로 수용·반복하면서도 어떤 내용들은 과감하게 수정하기도 했다. 트로이 전쟁은 서사시에서처럼 비극에서도 실제로 일어났던 '사건'으로 수용되었고, 오이디푸스는 근친상간과 아버지 살해의 죄에서 벗어날 수 없는 인물로 그려졌다. 그러나 '남편 헤라클레스를 죽게 한 여인'으로만 이야기되던 데이아네이라를, 소포클레스는『트라키스의 여인들』에서 '잘해 보려고 하다가 잘못을 저지르고 너무 늦게서야 깨달은', 운명의 본의 아닌 희생자로 그려내고 있다. 소포클레스는 데이아네이라를 재해석한 것이다. 에우리피데스도 전통적인 설화를 재해석하거나 수정했다. 그는 '결혼을 모르는 여인'을 뜻하는 엘렉트라를 남편 있는 여인으로 등장시키고, 아이기스토스(Aigistos)를 친절한 주인으로 변모시켰으며, 클뤼타임네스트라는 회한에 가득 차서 모정으로 괴로워하는 인물로 변화시켜, 관객의 동정심이 오레스테스와 엘렉트라로부터 클뤼타임네스트라와 아이기스토스로 옮겨 가게 만들었다. 에우리피데스는 엘렉트라와 오레스테스 설화를 자신의 견해에 따라 유연하게 소화하고 해석해서 수정·개편한 것이다.

4) 비극과 신화

① 서사시와 비극

구전된 이야기들을 취사선택해서 서사시의 줄거리를 엮어냈던 음유 시인들이 전승된 설화를 그대로 답습하지는 않았던 것처럼, 비극 시인들 역시 자신들이 쓰고자 하는 비극의 구도에 맞게 설화들을 때때로 수정하고 개편했다. 호메로스가 수많은 '구슬'들인 구전 설화들을 '아킬레우스의 분노'라는 모티프를 중심으로 꿰어냄으로써 『일리아스』라는 '보배'로 만들었듯이, 비극 시인들도 설화를 비극의 형식에 맞춰 극적 효과를 극대화시키거나 자신들의 견해를 표명하기 위해, 서사 시인이 이야기했던 내용과는 다르게 전승들을 고쳐 쓰고 조정·재편하였다. 고대 그리스의 서사시가 신화들을 '이야기'하는 형식이라면, 비극은 무대에서 '보여주는' 형식이다. 호메로스는 영웅들의 갈등과 전쟁을 '이야기'함으로써 그 사건들을 다시 '신화로 만들었지만', 비극 시인들은 신화를 '행위'로 바꾸어 '보여주었다'. 무대의 광경을 지켜보는 사람들은 '청중(auditeur)'이자 '관객(spectateur)'이었다. 무대에서 벌어지는 신화의 현실과 관객의 현실 사이에는 분명히 경계가 있었다. 그것은 서사시를 낭송하는 음유 시인과 청중의 거리감과 같은 것이었다. 착용한 의상이나 사용하는 언어를 통해 영웅들은 보통 사람들과는 다르다는 것을 비극 공연을 통해 보여주었다. 드라마가 보여주려는 '환영'이 깨지지 않게 비극 시인이 배려한 것이다. 호메로스의 서사시가 모티프를 중심으로 일관된 이야기를 끌고 갔듯이, 비극도 행위나 사건이 일관성을 갖도록 하기 위해서 차용한 신화의 내용이 '단 하루에' 벌어지도록 꾸며서 공연했다. 비극은 무대에서 벌어지는 '행위' 또는 '사건'에 관계되는 '모든 과거'가 중요했다. 그 과거는 현재를 설명하고 미래를 예상하는 것이었다. 그러나 에우리피데스의 비극은 달랐다. 신들도 인간들처럼 변덕을 부리고 우연이 끼어들어 사건을 바꾸는 에우리피데스의 비극에서, '과거'는 서막인 프롤로그나 코로스의 대위법(對位法, contrepoint)으로만 나타난다. '과거'의 위치와 역할이 대폭 축소된 것이다.[4]

② 비극의 발전과 변모

최초의 비극은 '디튀람보스(dithyrambos)'라고 불리는 '디오뉘소스 찬가' 또는 '디오뉘소스에게 바치는 합창 서정시'의 선창자(先唱者)로부터 유래했다. 종교 의식의 일환으로 거행되던 이 합창은 종교적 서정성을 띠고 있었는데 합창단원들은 '가면'을 쓰고 노래를 불렀다. 테스피스의 1인극이 한 명의 등장인물과 합창의 대화 형식으로 꾸며진 것은 디튀람보스의 선창자와 합창의 역할을 발전시킨 것이다.

서정적 코로스와 등장인물들을 통해서 설화의 독립된 에피소드에 관해 처음으로 성찰한 작가는 아이스퀼로스였다. 특히 『결박된 프로메테우스』는 그의 『해방된 프로메테우스』, 『불을 나르는 프로메테우스』와 함께 프로메테우스 3부작 중 첫 번째 작품으로, 신화에 대한 아이스퀼로스의 재해석과 성찰을 보여주는 중요한 작품이다. 헤시오도스는 그의 『신들의 탄생』을 통해서 제우스를 세계의 최고 통치자로 꼽고 프로메테우스는 다른 티탄들처럼 패배한 것으로 이야기했지만, 아이스퀼로스는 이러한 헤시오도스의 설명에 '이의'를 제기하고 '재해석'하려 했다. 아이스퀼로스는 티탄들과 기간테스와의 전쟁에서 승리한 제우스의 권좌는 그가 몰아낸 자들에게 적절한 자리를 부여하지 않는 한 결정적일 수 없으며, 그렇게 하지 않으면 그도 역시 우라노스와 크로노스처럼 권좌에서 쫓겨나게 될 위험이 있다고 말한다. 따라서 제우스는 군림만 할 것이 아니라 그가 몰아낸 자들과 '화해'해야 한다. 그의 프로메테우스 3부작은 제우스가 통치권을 항구적이고 안정적으로 행사하기 위해서는 어떻게 해야 하는가에 대한 '신학적인' 문제 제기와 그 '성찰에 관한 드라마'이다. 프로메테우스는 불을 훔쳐 인간들에게 줌으로써 최초로 신들과 인간들을 중재했을 뿐만 아니라, 최초의 신 가이아와 제우스를 중재하기도 했다. 프로메테우스는 최초의 신인 가이아의 예언, 즉 제우스가 테티스와 결혼해 아들을 낳으면 그 아들이 아버지를 권좌에서 쫓아내고 말 것이라는 예언을 제우스에게 알려주고 닥쳐올 운명을 피하게 하려고 테티스와의 결혼을 포기하게 했다. 중재자 프로메테우스의 조언에 따라 제우스는 크로노스와 티탄들을 타르타로스에서 꺼내 엘뤼시온(Elysion) 들판(프랑스어의 '샹젤리제') 또는 행복의 섬에서 살게 했다. 천지 창조의 암울한 투쟁이 비로소 끝난 것이다. 아이스퀼로스는 성찰을 통해 신들을 '인간화'시켰다. 아이스퀼로스는 세계의 안정과 통치권의 평화라는 '희망'과 '이상'을 프로메테우스 신화를 통해 표명했다. 프로메테우스는 인간들에게 '불'을 갖다주어 세계를 안정시켰고 제우스에게는 테티스와의 결혼을 피하게 함으로써 그의 통치권이 평화롭게 유지될 수 있게 하였다.

헤시오도스에게 있어서 프로메테우스는 인간과 신을 영원히 갈라놓았을 뿐만 아니라 이 세계에 일종의 '원죄'를 가져다주었고, 인간 조건을 심각하게 퇴락시킨 장본인이었다. 그러나 아이스퀼로스는 그의 생각에 찬성하지 않았다. 아이스퀼로스는 프로메테우스를 세계의 구원자로 생각했다. 그는 프로메테우스가 세계의 '안정'과 통치권의 '평화'에 크게 기여했다고 생각했기 때문이다. 아이스퀼로스는 오랫동안 전승된 기존의 프로메테우스 신화를 수정하고 조정하면서 자신이 성찰한 바를 표명하였다. 신화가 제공하는 '시적인 세계'는, 그것을 받아들이는 사람의 내면적인 성찰에 따라 얼마든지 '자기 식으로' 고쳐 전할 수 있는 세계이다. 말하자면 많은 사람들이 부르는 노래를 '자기 식으로' 고쳐 부르는 것과 마찬가지다. 아이스퀼로스의 프로메테우스 신화 수정은 단순한 이설의 첨가가 아니라 프로메테우스 '신화학'의 새로운 국면으로 평가해야 할 것이다.

비극 시인들은 영웅들을 무대에 올릴 때에도 전승된 설화를 달리 해석했다. 전승된 '이야기'를 무대에 올리는 방식에는 비극 시인들의 '해석'과 '성찰'이 전제되었고, 따라서 전승된 설화의 수정은 불가피했다. 서사 시인들은 '이야기'를 들려주기 때문에 '이야기'의 맥락을 따라 줄거리를 전개할 수 있었다. '진실임 직함(vraisemblance)'의 여부에 신경 쓰지 않아도 되었기 때문에 주인공이 받아들이기 어려운 상황에 처했어도 그 이야기를 받아들일 수 있었다. 그러나 무대에 올려 '보여'주어야 하는 비극 작가들은 달랐다. 세 비극 작가가 모두 작품화한 필록테테스의 설화를 예로 들어보겠다.

헤라클레스가 고통을 못 이겨 스스로 목숨을 끊으려고 했을 때 오이타(Oeta) 산의 장작더미에 아무도 불을 지피려고 하지 않자 필록테테스가 불을 지펴주었다. 그 대가로 그는 헤라클레스의 활과 화살을 받았다. 그는 헤라클레스의 후계자였다. 호메로스의 『일리아스』 2장에 등장하는 그는 아트레우스 가(家)의 형제들 및 다른 원정대원들과 함께 트로이를 향해 떠났는데, 렘노스 섬에 원정대가 기착했을 때 그만 뱀에 물리고 말았다. 상처가 악화되자 필록테테스는 고통을 견디지 못해 고함을 질러댔고 상처에서는 고약한 냄새가 풍겨 나왔다. 그는 그리스 원정대에게 대단히 거북한 존재가 되고 말았다. 원정대는 궁리 끝에 오뒤세우스의 제안에 따라 그를 렘노스 섬에 버려두고 떠나기로 결정했다. '불행한' 그는 섬에서 누워 지낼 수밖에 없었다. 그러나 원정대의 지도자들은 머지않아 그의 도움을 요청하러 찾아갈 수밖에 없게 되었다. 프리아모스 왕의 아들이자 예언자인 헬레노스가 난공불락의 트로이를 함락시키기 위해서는 몇 가지 조건이 필요하다고 비밀을 누설했을 때, 그 조건 중에는 헤라클레스의 활과 화살이 들어 있었다. 그들이 렘노스 섬에 버려둔 필록테테스가 헤라클레스의 활과 화살을 갖고 있는 이상 그에게 도움을 청할 수밖에 없었다. 트로이 전쟁의 마지막을 이야기한 레스케스와 아르크티노스의 서사시들은 오뒤세우스가 스퀴로스 섬으로 가서 아킬레우스의 아들 네오프톨레모스를 데려오고, 디오메데스가 렘노스 섬으로 가서 필록테테스를 별 어려움 없이 데려온 것으로 전하고 있다. 이야기의 진행상 서사시는 필록테테스의 어려운 상황을 거의 고려하지 않았다. 그러나 그리스 원정대의 버림을 받고 여러 해 동안 사람도 별로 살지 않는 섬에서 혼자 연명했던 필록테테스가 트로이 함락의 열쇠를 쥐고 있는 지금, 그렇게 쉽사리 그리스 군의 요청을 수락하고 트로이로 갔을까 하는 의문이 제기된다. 버림받았던 그가 돌파구 없는 그리스 군의 운명을 송두리째 쥐게 된 지금, 매정하게 자신을 버렸던 그리스 군의 요청을 거절하지 않았을까?

비극은 서사시가 문제 삼지 않았던 이야기에서 뜻밖의 '소재'를 찾아내어, 그것을 영혼과 의지의 갈등 차원으로 확장하여 무대에 올렸다. (아이스퀼로스, 소포클레스, 에우리피데스가 모두 필록테테스 설화를 작품화했지만 오늘날은 소포클레스의 작품만 보존되어 있다.) 세 비극 시인 모두 오뒤세우스가 아가멤논의 명을 받고 필록테테스에게 간 것으로 그렸다. 오뒤세우스는 그를 버리고 떠나게 했던 장본인이었다. 이제 그의 희생자였던 필록테테스와 그가 마주하게 되었다. 동료였다가 이제는 앙숙이 된 두 사람의 만남을 처리하는 비극 작가들의 시각은 서로 달랐다. 아이스퀼로스는 필록테테스에게 생겼을 법한 '갈등'에 개의치 않았다. 필록테테스는 오뒤세우스를 따라 순순히 트로이로 갔다. 그러나 에우리피데스는 달랐다. 그는 렘노스 섬으로 그리스 군의 사절과 거의 동시에 트로이 군의 사절도 찾아오게 했다. 오뒤세우스와 트로이 사절이 쟁점의 대상이자 심판관인 필록테테스를 앞에 두고 긴 설전을 벌인다. 한편 소포클레스는 아킬레우스의 아들 네오프톨레모스를 등장시켜 필록테테스의 갈등을 전혀 다른 시각으로 접근했다. 정의와 명예를 사랑하고 동정심이 많은 젊은 기백의 시각으로 필록테테스에 접근하는 드라마의 폭은 넓었다. 애국심과 국가의 이익, 성실성, 연민의 정이 차례로 논의되었다. 그래도 필록테테스는 자신의 활과 화살을 내주지 않을 생각이었다. 그러나 헤라클레스가 나타나 옛 동지인 필록테테스에게 트로이로 가서 생애를 뜻있게 보내라고 권고하자 마음을 바꾼다. 필록테테스 설화를 주제로 다룬 비극 중 유일하게 보존된 소포클레스의 작품은 '인간적인' 시각으로 필록테테스 설화를 해석했다. 소포클레스는 필록테테스의 내면세계를 인간적인 시각으로 설명함으로써 전승된 설화를 변형시키는 비극 작가들의 좋은 본보기를 보여주었다.

신화는 역사적 사실도 아니며 완전한 허구도 아니기 때문에 유연한 가변성을 가진다. 하지만 신화는 시인의 철학이나 도덕 또는 작가의 세계관을 피력하게 해주는 전통적인 소재에 지나지 않는다고 생각하면 곤란하다. 신화라는 소재가 비극 작가에 의해서 변모·수정되었다 해도, 그리고 등장인물의 내면세계가 아무리 '인간화'되었다 해도, 신화가 무대에서 공연될 때에는 그 최초의 특징인 '위대한' 분위기를 유지하고 있을 뿐만 아니라 '보편적인' 정념과 고통을 표현하기 때문에, 모든 것이 '위대'하여 '본보기'가 되는 '특별한' 세계로 나타난다. 가령 오이디푸스는 저주받는 한 인물을 대변할 뿐만 아니라, 운명의 수레바퀴 속에서 무고하게 희생당한 잊을 수 없는 인물의 본보기로 기억된다. 또한 오이디푸스는 세계의 질서와 부딪치는 개인의 무력함을 보여주는 인물인 동시에 내면적인 면밀한 자기 검토를 보여주는 본보기이기도 하다. 스스로 왕좌를 내놓고 두 눈을 멀게 한 오이디푸스는 가족과 조국을 떠나 안티고네의 도움을 받으며 유랑하다가 마침내 무릇 반항이 아닌 신에 대한 순종을 통해 내면의 평화를 얻는다. 소포클레스의 『콜로노스의 오이디푸스』 역시 자기 성찰의 본보기를 보여주는 비극으로, 오이디푸스의 만년에 관한 전승 설화를 과감하게 수정해서 만든 것이다. 소포클레스는, 여러 가지 이설은 많지만 통일되지 못한 오이디푸스에 관한 설화들을 일관성 있게 꿰어 불멸의 신화적 인물 오이디푸스를 탄생시킨 것이다. 그것은 호메로스가 트로이 전쟁에 관한 각종 이야기를 불멸의 서사시로 탈바꿈시킨 것과 같은 맥락의 작업이다.

　구전된 설화들이 극적인 구성을 통해 보편적인 가치를 가진 작품으로 변모된 것은 인위적인 '문학적' 작업을 통해서였다. 시인들의 도덕과 '인본주의적' 시각이 설화들에 깊이를 주어 '불멸'의 작품으로 전환시켰다. 주목받지 못했던 전설의 인물들이 시인들에 의해 새롭게 인식되어 작품의 중요 인물로 부각되는 것도 시인들의 '문학적' 작업 덕분이다. 바람이 불지 않아 출항하지 못하던 트로이 원정군이 아르테미스 여신의 분노를 가라앉히기 위하여 제물로 바쳤던 이피게네이아의 경우도 그렇다. 필록테테스와 마찬가지로 이피게네이아도 설화나 서사시에서 빛을 보지 못했던 인물이었으나 비극 시인들에 의해서 새롭게 인식되어 작품으로 태어난 인물이다. 그로부터 이피게네이아는 연속적인 이야기 군(群)의 중심으로 자리 잡아 여러 역할을 맡게 된다. 멀리 흑해 연안의 타우리스(또는 타우리케)에서 여사제로 있는가 하면, 스파르타의 아르테미스 숭배 의식에서도 한 역할을 하고, 라티움의 네미(Nemi) 숲에서는 디아나(Diana, 아르테미스) 여신의 여사제 역할을 맡기도 한다.

　신화의 확장과 발전은 계속적이고 일방적인 것이 아니다. 각 신화는 각각 고유의 핵(核)에서 시작해 서사시 시대, 비극 시대를 거쳐 철학 시대로 이행하지만, 각 단계는 앞 단계에 대한 반응과 성찰로부터 비롯되기 때문에, 신화가 연속적으로 발전했다고 보기는 어렵고 각 시대에 따라 '변모'했다고 생각하는 것이 타당할 것이다.

　비극 시인들은 서사 시인들이 주목하지 못했던 것을 조명함으로써 신화의 인물들을 새롭게 부각시켜 인간 조건과 투쟁하는 위대한 '본보기' 인간상을 창출했다. 서사 시인들은 서사시의 조건에 부합하도록 신화를 수용했고, 비극 시인들은 비극의 조건에 알맞도록 신화를 변모시켰다. 호메로스의 서사시는 특히 영웅의 '미덕'과 '위대함'을 강조했지만, 비극은 영웅의 버림받은 고통(『필록테테스』)과 희생(『이피게네이아』)뿐만 아니라, 영웅의 과오와 한계를 극명하게 보여주기도 했다. 비극은 자식을 죽이는 헤라클레스를 보여주는가 하면(에우리피데스의 『미친 헤라클레스』), 오이디푸스의 전락을 통해 겸손의 중요성을 보여주기도 했다(소포클레스의 『오이디푸스 왕』).

비극의 청중은 주로 아테네 시민이었다. 그리스 비극은 아테네를 수도로 하는 아티카 지방에서만 공연되었기 때문에 '아티카 비극'이라고도 한다. 서사시가 음유 시인들에 의해서 왕의 궁전이나 참주들과 지방 귀족의 향연 석상에서 낭송되었다면, 비극은 대중들의 호응을 얻으려는 참주들의 뜻에 따라 많은 시민들을 상대로 하는 시민 예술이었다. 비극은 서사시와 시각이 다를 수밖에 없었다. 비극은 '시민의 눈으로 바라본 신화'라는 유명한 말도 있다. 모든 비극 작품이 다 그런 것은 아니지만 시민들 앞에서 공연되는 비극은 당대의 정치적 문제에 영향을 받지 않을 수 없었다. 불의에 희생당한 자들을 주저하지 않고 도우려는 데모폰(Demophon)이나 테세우스 같은 아테네의 지도자들을 등장시켜 아테네의 '좋은 상황'을 보여주는가 하면(에우리피데스의 『헤라클레스의 후손들』, 『탄원하는 여인들』, 『미친 헤라클레스』), 오레스테스의 무죄를 선고한 아레이오스 파고스 법정과 같은 아테네의 제도를 찬양하기도 한다(아이스퀼로스의 『자비로운 여신들』). 아테네 출신의 비극 작가들은 아테네와 앙숙인 스파르타를 부정적인 시각으로 보여주기도 했다. 에우리피데스가 『안드로마케』에서, 스파르타의 왕을 약속을 어기고 추한 협박을 일삼는 인물로 담아내고, 스파르타 사람들을 '인간들 중에서 가장 추잡한 것들'[5]로 설명한 것은 아테네 시민들의 생각을 반영한 작가의 시각일 수밖에 없다. 시민들 앞에서 공연되는 비극은 영웅의 인간상을 새롭게 부각시키면서 그 인간상을 아테네 시민의 가치 척도에 맞게 수정하고 변형시킨 것이다. 따라서 시민 예술인 비극에서는 개인과 집단의 문제가 핵심일 수밖에 없었다. 아이스 퀼로스의 『테바이를 공격한 7인』과 에우리피데스의 『페니키아의 여인들』에서 오이디푸스의 두 아들 에테오클레스와 폴뤼네이케스가 테바이를 두고 전투를 벌일 때, 테바이의 존립 자체가 위태롭게 되자 에테오클레스는 신들에게 테바이만은 무사하게 해달라고 간청하며 애국심을 고취한다. 한편 페르시아 전쟁을 경험한 아이스퀼로스는 트로이 전쟁을 당대의 정치 상황에 따라, 상호 환대의 관행을 위반하고 자신을 환대한 주인의 부인을 납치한 자를 벌하려는 '정당한' 전쟁이라고 평가한 반면, 펠로폰네소스 전쟁을 경험한 에우리피데스는 무고한 희생과 재앙을 유발한 터무니없고 '부당한' 전쟁으로 해석했다(『헤카베』, 『트로이의 여인들』, 『아울리스의 이피게네이아』).[6]

신화에서 소재를 빌려와 비극으로 작품화하는 과정에서 주인공인 영웅을 가장 인간화시킨 작가는 에우리피데스였다. 과거의 전설에서 빛나던 모습과 현재의 일상생활에서의 모습 사이에 차이를 느끼지 못할 정도로 영웅을 평범한 인간과 닮게 했을 뿐만 아니라, 육체적으로 '쇠약'해질 수 있는 모습까지 보여주었다. 게다가 에우리피데스는 비극의 소재가 된 신화 자체를 문제 삼기까지 했다. 『트로이의 여인들』에서 헤카베는 '파리스의 심판'이 있음 직한 이야기냐고 비판하는가 하면, 『미친 헤라클레스』에서 헤라클레스는 신들의 탈선한 사랑을 '시인들의 한심한 발상의 산물'로 돌렸다. 하지만 전설을 인위적인 상상력의 산물로 돌리려던 에우리피데스도 기원(起原) 신화에는 남다른 중요성을 부여했다. 그의 비극 아홉 편은 숭배 의식의 제창으로 막을 내린다. 가령 『타우리스의 이피게네이아』의 마지막 부분은 타우리스의 아르테미스 숭배 의식과 오레스테스가 이피게네이아 덕분에 피할 수 있었던 희생을 기념하는 의식을 제정할 것을 아테나가 권고하는 장면으로 끝난다. 그것은 숭배 의식이 이야기 체계인 신화보다 우선한다는 생각을 표현한 것으로, 현실에 남아 있는 의식을 설명하는 기원 설화만이 신화와 현재 사이의 넓고 깊은 거리감을 메워줄 수 있을 것이라는 에우리피데스의 생각이 우회적으로 표현된 것이라고 할 수 있다.

5) 그 밖의 작품들

① 헬레니즘 시대의 시(기원전 3~2세기)

비극 시대가 끝나고 철학 시대가 시작되는 무렵인 기원전 3세기부터 헬레니즘 시대의 시(詩)에 신화들이 많이 차용되었다. 로도스의 아폴로니오스(Apollonios, 기원전 3세기)는 황금 양털을 찾아 나선 이아손의 모험을 그린 서사시 『아르고 호 원정대』를 썼고, 칼리마코스(Kallimachos, 기원전 305~240)는 그리스 여러 지방의 관행과 민속의 출처를 이야기하는 『시원(始原)』을 썼으며, 테오크리토스(Theokritos, 기원전 300년경 출생)는 도시 환경과 전원의 목가적 생활 사이의 단절을 강조한 『전원시』를 썼다. 이들은 모두 널리 알려진 신화보다는 지역 설화에 관심을 가졌으며, 영웅들의 공적보다는 기원 설화를 즐겨 다루었고, 익명의 구전 설화보다는 선배들이 글로 남긴 문헌에 더 의존했다. 헬레니즘 시대의 시와 상고기의 시는 신화 차용에서 큰 차이가 있었다. 헬레니즘 시대의 시는 더 이상 신화에 이상적인 의미를 부여하지 않았고, 본보기가 되는 세계를 신화에서 찾지도 않았다. 헬레니즘 시대의 시에서 신화는 '흔적'을 통해서만 해독될 수 있는 '과거'에 지나지 않았으며, 있는 그대로의 세계를 이해하는 방법 중 하나였다. 다시 말하면, 신화는 이제 기원 신화 이상의 역할을 하지 못했다.[7]

② 아티카의 웅변가들(기원전 5~4세기)

아티카의 웅변가들 역시 신화를 나름대로 빈번히 사용했다. 소피스트인 고르기아스(Gorgias)와 그의 제자인 웅변가 이소크라테스(Isokrates)는 헬레네의 무고함을 옹호했고 팔라메데스의 명분을 변호했다. 그들은 신화를 논의의 쟁점 또는 본보기로서 '역사'와 같은 위상에서 활용하였다. 신화는 연설 속에서 '칭송'할 때 유용하게 인용되기도 했고, '외교 정책의 논거'로 활용되기도 했다. 이소크라테스는 그리스의 다른 도시들보다 아테네가 우월함을 강조하기 위해, 아르고스와 테바이 사람들보다 아테네 사람들이 우월함을 입증하는 설화를 인용했다. 그들은 '소유'와 '동맹'의 논리를 전개할 때에도 신화에 의존했으며, 특히 '본보기'를 들 때에는 항상 전승된 신화를 인용하곤 했다. 서사 시인들이나 비극 시인들과 마찬가지로 아티카의 웅변가들은 자신들의 의도와 담론의 맥락에 알맞게 적절히 신화를 변형시켰다.[8]

③ 역사가 및 지리학자들

그리스 최초의 역사가는 기원전 5세기 밀레토스의 헤카타이오스(Hekataios)였다. 그의 『계보학』은 신화시대의 지역 계보와 연대기를 체계화한 첫 산문 작품이다. 서사시와는 달리 비판 정신이 깃들어 있는 『계보학』은 설화의 '경이로운' 요소를 배제하지 않고 있으며 신들과 인간 여성의 결합도 인정하고 있다. '계보'와 '혈통'에 대한 고대 그리스인들의 관심은 고전기에도 대단했는데, 헤카타이오스의 『계보학』은 각 도시의 창건과 관계되는 설화들을 정리하여 '역사'의 이름으로 수용하였다. 한편 헤카타이오스와 함께 그리스의 첫 역사가로 인정받는 헤로도토스(기원전 485?~420?)는 신화를 명백히 거부하면서도 통상적으로 『역사』로 불리는 아홉 권의 저작에서 신화를 종종 거론하였다. 그는 그리스인과 페르시아인들의 적대감의 근원을 캐기 위해 전설상의 납치 사건들도 인용하며, 헬레네 납치에 관한 이집트 전설도 제시했다. 그러나 헤로도토스의 신화 인용은 그저 인용일 뿐 그는 결코 신화 자체에 빠져들지 않았다. 이 점에서 그는 헤카타이오스와 다르다. 페르시아 전쟁을 경험한 그는 당대의 세계 전역을 두루 여행했으며 진정한 '역사학'을 창시한 인물로 평가받는다. 한편 투퀴디데스(Thoukydides, 기원전 460~396)는 아테네와 스파르타의 전쟁에 대한 이야기를 여덟 권의 기록으로 남겼는데, 때로는 '트로이 전쟁'의 신화시대까지 거슬러 올라가기도 했다. 투퀴디데스는 자신의 저작에 신화를 차용해 활용했지만, 자신이 분석하는 '정치·경제의 모델'에 부합하도록 신화들을 굴절시키고 서사 시인들이 덧붙인 장식을 과감하게 제거했다. 가령 그는 아가멤논이 그리스 군의 총대장이 될 수 있었던 것은 그의 조상 펠롭스가 아시아에서 많은 재산을 갖고 왔기 때문이라고 설명한다. 그리고 테세우스는 아티카의 분할에 종지부를 찍고 아테네를 창건한 인물로만 부각시켰다.[9]

이 밖에 헬레니즘 시대인 기원전 200년경 로마인들이 그리스를 침입한 이후, 시칠리아 출신 역사가 디오도로스(Diodoros, 기원전 1세기)는 40권으로 된 『역사 자료집』을 통하여 세계 역사를 기술하면서 '태고'의 이야기와 그리스와 그 밖의 지역에서 구전된 많은 설화들을 수록하였다. 그의 저술 중 처음 여섯 권은 트로이 전쟁 이전의 사건을 기록하고 있는 만큼 신화 시대의 이야기를 많이 수집해 놓고 있다. 그의 저술은 상당 부분 소실되었지만 보존된 부분은 그리스 신화의 소중한 자료로 평가받고 있다. 로마의 웅변가이면서 역사가인 할리카르나소스의 디오뉘시오스(Dionysios, 기원전 1세기)는 20권짜리 『고대 로마사』를 통해 로마의 건국자는 그리스인들이라는 것을 입증하려고 했다. 그리스인의 이탈리아 이주와, 트로이에서 시작된 아이네이아스의 유랑과 로물루스에 의한 로마 건국 등을 자세히 기록하고 있다.

그리스의 영웅과 로마의 영웅을 나란히 짝 지어 기술한 『영웅전』으로 유명한 플루타르코스(Ploutarchos, 기원후 46?~120?)는 역사와 신화의 차이를 잘 알면서도, 아테네의 창시자 테세우스와 로마의 아버지 로물루스에 관한 오래된 설화를 독자들이 '너그럽게' 받아주길 기대하면서 이야기했다. 그는 그 밖의 영웅들에 관한 전설도 과감하게 수용했고, 때로는 '이설'들까지 곁들이는 여유도 보였다. 한편 지리학자이며 역사학자인 스트라본(Strabon, 기원전 64?~기원후23?)은 오늘날까지 전승된 『지리학』 17권을 통해 스페인에서 아프리카까지 사람들이 사는 모든 곳을 기술했다. 스트라본은 신화를 소홀히 다루지 않았다. 그는 호메로스를 지리학의 창시자로 생각했을 뿐만 아니라 여러 지역 사람들의 혈통에 관심을 쏟으며 그들의 신화를 주의 깊게 살폈다. 지리학자 파우사니아스(Pausanias, 기원후 2세기)는 소아시아 출신으로 10권으로 된 『그리스 기행』을 남겼다. 아티카를 출발하여 그리스 곳곳을 발길 따라 여행하면서 기록한 이 저술은 델포이와 포키스에서 끝난다. 각 지역 주민들의 신화적 계보를 기술하고 그들의 전설, 기념물, 예술품을 소개한 저술로 오랫동안 그리스 여행 안내서 역할을 했다.[10]

④ 신화 수집가들

가장 괄목할 만한 신화집들은 헬레니즘 시대와 로마 제국 초기에 쓰여졌다. 어떤 신화집들은 위대한 작가들의 작품을 해설하기 위해 만들어졌으며, 어떤 신화집들은 신화를 자세히 해설하기 위해 만들어졌지만 대부분 오늘날까지 전승되지 못했다. 그러나 『일리아스』와 『오뒤세이아』에 대한 상세한 신화 주석들이 기원후 4세기에 『호메로스 신화집』으로 집대성되기도 했다. 프뤼기아 출신의 다레스(Dares)와 크레타 출신의 딕튀스(Diktys)는 '트로이 전쟁' 이야기를 다시 쓰기도 했다.

이 시기에는 주제별 신화집도 많이 쓰여졌다. 가장 오래된 것은 파르테니우스(Parthenius, 기원전 1세기)의 『사랑 이야기』지만, 대부분은 기원후 2세기와 3세기에 쓰여졌다. 『우화집』, 별로 변신한 이야기들을 모아놓은 『천문학』, 『변신』 등이 이 시기의 신화집들이다. 현대적 개념의 신화 개론서의 효시라고 할 수 있는 『자료집』도 이때 간행되었다. 이 책은 오랫동안 기원전 2세기의 아폴로도로스(Apollodoros)의 작품으로 알려져 왔지만 실제로는 기원후 2세기에 간행된 신화집으로 판명되었다. 아폴로도로스에 관해서는 알려진 것이 없다. 보존된 3권의 『자료집』은 그리스인들의 가장 오래된 이야기를 담고 있다. 이 책은 신들과 영웅들에 대한 믿음의 내력과, 지역·강·종족·도시 등의 이름의 유래 등 가장 먼 옛날로 거슬러 올라가는 모든 것들을 기술했다. 천지 창조로부터 영웅 시대와 트로이 전쟁에 이르기까지 저자는 계보를 따르면서 중요한 영웅들을 강조하고, 신화 세계의 조직적이고 일관성 있는 모습을 보여주려고 했다. 한편 기원후 6세기 말에 로마 교황청이 신화들을 수집해 신화집을 만들기도 했으며, 코논(Conon)이라는 사람이 도시 창건, 사랑, 사건 등의 주제로 나누어 신화를 재편성했으며, 풀겐티우스(Fulgentius)라는 신부가 세 권으로 된 『신화 수첩』을 쓰기도 했다. 주인공 이름을 알파벳순으로 정렬한 체계적인 '신화 사전'도 이때 이미 만들어졌지만 지금은 사전의 첫 부분만 남아 있다.[11]

4. 철학 시대

1) 소피스트

비극이 아테네 시민들의 호응을 받으며 성공하던 기원전 5세기는 그리스 철학이 개화하던 계몽기이기도 했다. 이 시기의 철학과 지식인 사회를 주도한 사람들은 소피스트(sophist)들이었다. '지혜'와 '현명', 그리고 '재주'와 '능력'을 뜻하기도 하는 'sophos'와 'sophia'에서 '소피스트'라는 말이 나왔다. 소피스트들은 전문 지식인이었기 때문에 대체로 선생으로서 가르치거나 작가로서 글을 썼다. 앞에서 언급한 고르기아스(Gorgias, 기원전 480?~375)는 소피스트로서 아테네에서 수사학(修辭學)을 가르쳤으며 당대의 지식인들에게 큰 영향을 미쳤다. 소피스트들은 트로이 전쟁의 원인이 되었던 헬레네의 무고함을 옹호했고, 오뒤세우스를 트로이 원정에 끌어들인 팔라메데스의 명분을 변호했다. 그들은 신화를 논의할 수 있는 본보기로서 '역사'처럼 사용하고 해석했다. 그들은 연설 중에 자신들의 주장이 타당함을 입증하기 위해 신화를 끌어들이기도 했다. 그들은 신화의 이야기를 조정·개편하며 끌고 나갔던 서사 시인들이나, 신화의 소재를 차용해 '작품'의 상황에 맞게 변형시킨 비극 시인들과 크게 다르지 않았다. 소피스트들에게 신화는 '역사'처럼 해석과 인용의 대상이었다. 태동하기 시작한 합리주의의 논리에 신화는 전거와 증빙 자료로 활용되었다. 소피스트들은 자신들의 여러 주장을 논리적으로 전개하기 위해 신화들을 문맥에 맞게 인용하고 과감하게 해석했다.

2) 플라톤(기원전 429~347년)

플라톤은 철학의 로고스(logos)에 시인의 거짓인 뮈토스(mythos)를 극명하게 대립시켰지만, 자신의 철학에서 신화를 배제하지는 않았다. 그것은 역설이었다. 그는 소크라테스의 제자들 중에서 가장 유명한 철학자로 고대 철학에서 가장 중요한 학파인 '아카데미'를 창설했으며, 한 편의 소크라테스 옹호론과 스물다섯 편의 대화편 및 진위여부가 논란거리인 편지 등을 남겼다. 그중 신화가 중요한 자리를 차지하고 있는 대화편은『프로타고라스』,『고르기아스』,『파이돈』,『향연』,『파이드로스』,『국가』,『티마이오스』,『크리티아스』이다. 플라톤에게 신화는 생동하는 현실에 관한 감각적 이미지를 부여하는 유익한 유희였다. 플라톤은 자신의 논리 전개가 수월치 않을 때에는 신화를 철학적 담론의 대상으로 삼기도 했다. 세계와 세계의 창조에 관한 철학적 담론을 전개할 때 합리적이지 못한 것들을 '개념'으로만 설명하기는 불가능했기 때문이다. 신화가 필요한 것은 플라톤이 대상으로 삼은 독자와 청중에게도 마찬가지였다. 모든 인간의 내면에 있는 비합리적인 요인들은 정념에 호소하고 주술을 통해야만 비로소 이해되었기 때문이다. 이성에 한계가 있는 인간은 사실임 직한 담론밖에는 이해할 능력이 없기 때문에 논리 전개와 수용에 신화의 도움이 필요했다. 플라톤은 논리 전개상 필요하다면 '새로운 신화'를 만들어 사용하기까지 했다. 그러나 그럴 때면 항상 다른 사람들에게서 빌려온 것처럼 말했다. 『파이드로스』에서 마치 고대 이집트인들이 지어낸 것처럼 언급한, 진정한 사고를 죽이는 '글'을 비판하고 생동하는 '말'을 중시하는 퇴트(토트, Thoth) 신화가 그런 경우이다. 플라톤은 『티마이오스』에서는 우주의 시원을 설명하기 위해 창세 신화를 거론했고, 『프로타고라스』에서는 프로메테우스 신화를 인용하여 인류와 문명의 시원을 설명했으며, 『향연』에서는 사랑의 본질을 설명하기 위해 신화상의 '계보'를 여러 차례 활용했다. 『파이드로스』에서는 헤시오도스의 『신들의 탄생』을 언급하면서 에로스를 태초의 힘 중 하나라고 말했다. 플라톤은 『고르기아스』, 『파이돈』, 『국가』, 『파이드로스』에서 인간의 영혼이 육체에 강생(降生)하기 이전과 이후에 그 운명이 '저세상'에 있다고 말했다. 『크리티아스』에서는 전승된 영웅 신화의 모험 이야기와 비슷한 영웅담들을 지어내어 이야기하고 있다. 플라톤이 자신의 저술에서 신화를 인용하거나 스스로 신화를 지어낸 것은 자신의 철학적 논지를 굳히기 위해서지만, 지어낸 신화들과 전승된 신화의 모티프가 서로 다른 것은 아니다. 인간의 맹목적인 희망을 이야기하는 프로메테우스 신화, 하늘까지 사다리를 타고 오르려는 기간테스의 욕심, 지하세계의 신화 등을 『향연』, 『고르기아스』, 『프로타고라스』 등에서 언급한 것은 인간의 끊임없는 욕망과 갈등에 관한 예증이자 교훈으로 활용하기 위해서였고, 제우스 신화를 통해서는 인간을 정치적 동물로 파악해 정의와

타인의 존중을 통해 인간은 사회생활을 보다 잘 영위할 수 있다고 주장했다. 그는 『국가』에서, 땅에서 태어났다는 아테네인의 신화를 수정·와해시켜 인간의 종족 신화와 결합시키기도 했다. 땅에서 태어난 아테네 시민은 모두가 평등하다는 생각이 아테네의 민주정을 정당화했지만, 플라톤은 시민의 불평등을 강조했다. 모든 시민은 서로 형제지만, 통치할 능력이 있는 사람은 신이 '황금'을 섞어 만들었고, 사회의 중추적 인물은 '은'을 섞어 만들었으며, 농부나 장인은 철이나 청동을 섞어 만들었다고 말했다. 플라톤은 스스로 만든 에르(Er) 신화를 통해 신화의 '변신' 주제와 만나기도 했지만 그 변신의 의미는 달랐다. 인간이 변신한다고 해보았자 근본이 바뀌는 것은 아니라는 것을 입증하기 위해 변신 이야기를 사용했을 뿐이다. 가령 음악가 타뮈리스(Thamyris)는 변신해도 노래하는 '꾀꼬리'이며, 익살꾼 테르시테스(Thersites)는 변신해 보았자 재주 부리는 '원숭이'라는 것이다. '겉'만 바뀔 뿐 '속'은 동일하다는 주장을 펴기 위해 신화를 활용한 것이다.

플라톤은 이 밖에도 『법률』에서 전승 신화의 '황금시대'를 언급하며 "크로노스 시대의 전설을 본받아 모방해야 하며 우리 속에 내재된 불멸의 원칙에 순종해야 한다"[12]고 말하기도 했고, 가능한 한 영혼을 건전하게 유지하고 덕과 지혜를 실천해야 한다는 철학적 주장을 뒷받침하기 위하여 '저 세상'에 관한 신화를 활용하기도 했다.

신화에 관한 플라톤의 생각을 총체적으로 잘 반영한 것은 그의 '아틀란티스(Atlantis) 신화'이며 이에 대해선 오랫동안 많은 논의가 있었다. 아틀란티스 신화는 『티마이오스』에서 크리티아스가 그의 할아버지로부터 전해 들었다고 주장하는 '옛이야기'이다. 플라톤은 이 신화의 전승 경로까지 언급했는데, 옛날에 아테네인들과 아틀란티스인들이 벌인 전쟁 이야기가 아테네가 지배하던 이집트의 사이스(Sais)라는 도시의 사제들에 의해서 보존되다가 아테네의 통치자 솔론(Solon)이 그 이야기를 전해 듣고, 그것을 크

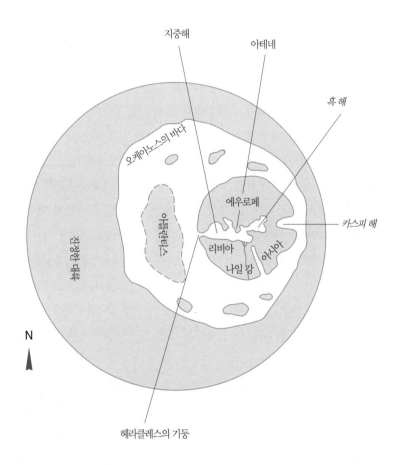

지중해

아테네

흑해

오케아노스의 바다

에우로페

카스피 해

아틀란티스

리비아

아시아

진정한 대륙

나일 강

N

헤라클레스의 기둥

지도 12 플라톤의 『티마이오스』와 『크리티아스』에 표명된 세계와 '아틀란티스'

리티아스의 할아버지 앞에서 이야기했다는 것이다. 물론 태곳적 이야기로 시간적 배경은 신들이 세계를 분할할 때였다. 그 내용은 본보기가 되는 두 도시 국가에 관한 것이었다. 그중 한 도시는 이 세계의 밖 오케아노스의 영역에 있는 아틀란티스로, 포세이돈의 속성을 가진 나라로서 많은 섬들로 구성된 해상 제국의 전형이었으며 이질적인 이미지를 가진 동시에, 팽창하며 세계를 제패하려는 페르시아의 이미지이기도 했다. 반면 다른 한 도시인 옛 아테네는 모든 다른 도시 국가들보다 훨씬 비옥한 땅을 갖고 있었으며 한결같이 동일한 이미지를 구현한 나라였다. 그것은 플라톤 자신이 검토하고 수정한 아테네였다. 사회적 신분의 분할과 교육 제도가 자신이 피력한 '이상 국가'와 너무나 닮은 나라였다. 신화 속의 아틀란티스와 옛 아테네의 대립은 현실 세계에서 반복되는 아테네와 페르시아 간의 전쟁을 투영한 것이었으며, 그것은 결국 아테네의 승리로 막을 내린다. 옛 아테네의 이 같은 성공은 이상적 도시 국가가 다른 모든 국가들보다 우월하다는 것을 입증하는 이야기이기도 하다.[13]

플라톤 이후 기원전 4세기부터 그리스는 점점 더 철학의 영향을 깊이 받았다. 오랫동안 전승된 신화가 지식 사회의 발전에서 멀리 떨어져 있을 수 없었다. 이미 기원전 5세기부터 소피스트들이 신화를 적극 활용했고, 플라톤 역시 신화를 자신의 철학적 주장에 종종 사용했다. 그러나 이제부터 철학자들은 선배들과는 다른 새로운 방식으로 신화를 거론하고 신화를 탐색했다. 그들은 '신화 과학'을 뜻하는 '신화학'을 세우려고 처음으로 시도했다. 그리스인들은 신화 속 일련의 이야기들을 체계적으로 일관성 있게 조직한 '신화학'을 이미 오래전에 만들어낸 바 있다. 플라톤 이후의 철학자들은 때로는 신화의 밑바탕에 있을 수 있는 진실을 도출하거나, 때로는 이성이나 도덕의 이름으로 신화를 비판하는 '학문으로서의 신화학'을 모색했다. 그것은 이중의 의미를 갖는 '신화학'의 두 번째 뜻이다. 신화를 철학에서 활용한 플라톤은 '신화학'이라는 말을 처음으로 사용했다. 플라톤 이후 학문으로서의 신화학을 모색하는 과정은 철학자들이 신화를 어떻게 수용하고 해석했느냐 하는 문제에서 시작했다. 그러나 플라톤이 '신화학'이라는 말을 사용했음에도 불구하고 그들의 시도와 모색은 당시로는 '학문'의 모양새를 전혀 갖추지 못했다.[14] 그들의 신화 해석에 대해 간단히 살펴보자.

3) 역사적 해석

그리스 최초의 역사가들인 헤카타이오스와 헤로도토스는 이미 오래전에 신화로부터 경이롭고 아름답게 치장된 부분을 제거하여 '사실'을 도출하려는 신화의 합리화를 시도했지만 단편적인 노력에 그치고 말았다. 그 후 헬레니즘 시대의 철학자들 중 특히 회의주의자들이 신화의 합리화 작업을 시작했다고 할 수 있다. 회의주의자들은 신화의 '경이로움'에 현혹되지는 않았지만 끊임없이 신화 속에 침투하는 '초자연적인' 것에 관심을 집중했다. 그들은 신화 속의 초자연적인 것들이 어떻게 태동할 수 있었는지를 침착하게 면밀히 관찰했다. 그 결과 신화들은 '평범한 사건'을 왜곡·변형시킨 이야기일 뿐이라는 생각을 하게 되었다. 가령 페르세우스가 안드로메다를 위협하는 '괴물'을 죽이고 그녀를 구출했다는 전설은, 바닷가에서 자신의 연인을 괴롭히는 해적들을 처치한 젊은이의 이야기라고 설명했다. 해적들이 타고 온 배의 이름이 '괴물' 또는 '고래'여서 이 같은 전설이 태어나게 되었다는 것이다. 그리고 헤라클레스가 죽인, 끊임없이 머리가 다시 생겨나는 레르네의 휘드라는 아마도 레르네 근교에 있는 악취 나는 늪과 그곳으로 흘러 들어가는 수많은 개울일 것이라고 설명했다. 늪을 말려서 악취를 없앨 임무를 띤 영웅에게 그 개울들은 일을 매우 힘들고 어렵게 만드는 원흉이었을 것이며, 그것이 시간이 경과함에 따라 부풀려져서 '레르네의 휘드라' 이야기로 변했을 것이라는 설명이다. 기원전 4세기 말의 팔라이파토스(Palaiphatos)라는 작가는 이처럼 신화를 합리적으로 해석하는 작업을 했다. 그러나 신화를 이렇게 해석하는 방법은 지적 유희일 뿐이다. 전설은 결코 그같이 태어나지 않는다. 전설이 현실에서 일어난 '사실'을 변형·왜곡시킨 것이라는 생각은 전설을 빈약하게 만든다. 그러나 이 같은 합리적 해석은 먼 훗날 18세기의 프랑스 철학자 퐁트넬의『신탁의 역사』(1687)에 다시 등장한다.[15]

당시에 팔라이파토스와 비슷한 방법으로 신화를 해석한 사람으로는 메세니아 출신의 철학자 에우에메로스(Euemeros, 기원전 340~260)가 있다. 그는 신들과 영웅들의 진정한 성격을 설명하는 일종의 '장편 소설'을 썼는데, 이 작품은 디오도로스에 의해 『신성사(神聖史)』로 알려졌다. 에우에메로스는 통치를 잘하고 덕을 베푼 왕들을 백성들이 감사의 표시로 신격화시킴으로써 신들이 비롯되었다고 말한다. 군주를 숭배하던 당대의 관행에 영향을 받은 에우에메로스는 "신으로 숭앙받는 모든 존재들은 원래 인간들이었으며, 특히 인간들 중에서 가장 위대한 자들인 왕들이 그러했다. 왕들은 백성들을 잘 보살폈기에 죽은 다음에 신의 영광을 누린 것이다"[16]라고 말했다. 한마디로 신이란 신격화된 인간이라는 것이다. 그 역시 이런 방식으로 신화의 '경이로운 겉모습'을 제거하고 신화를 합리적으로 설명했다. 대단한 성공을 거둔 그의 『신성사』는 산문으로 풀어쓴 철학적 신화 소설이어서 엔니우스(Ennius)가 라틴어 시로 고쳐 쓰기도 했지만 두 작품 모두 소실되었다.

에피쿠로스 학파 철학자들은 인간 세상의 일에 신들이 개입한다는 것을 부정해 왔기 때문에 에우에메로스의 신화 해석에서 명분 있는 합리성을 찾게 되었다. 그들은 트리프톨레모스는 첫 번째로 밀의 씨를 뿌린 사람이었기 때문에 영원한 영광을 누릴 수 있었으며, 헤파이스토스는 첫 번째 대장장이였기 때문에 신으로 대접받을 수 있었다고 설명했다. 이제 전설의 세계는 인간 세상의 일로 축소되고, 경이로움은 세계로부터 추방당하고 만다. 이러한 입장은 때때로 자명한 사실과 상응할 때 더욱 매력적인 신화 해석이 될 수 있다. 가령 아가멤논 전설의 경우, 아가멤논이 미케네를 실제로 통치했고 그로부터 아르골리스 지역에는 아가멤논 숭배 의식이 존재했다는 것을 인정하는 경우, 전설과 사실이 서로 부합하게 되어 신화의 합리적 설명은 빛을 발하게 된다. 스파르타에는 메넬라오스 숭배 의식과 헬레네 숭배 의식이 존재했다는 것도 마찬가지이다. 에우에메로스

식의 신화 해석은 신화를 확인할 수 있는 현실적 사실로 일반화시키는 작업이다. 신화가 역사적 사실을 변형시킨 것에 지나지 않는다는 것을 인정하게 되면, 이제 옥석(玉石)을 가리고 이성으로 신화를 합리화시키는 작업은 역사가의 몫이다.[17]

그러자면 역사가는 먼저 신화를 선별해야 했다. 자연의 법칙에 어긋나는 모든 신화의 내용들은 과감하게 배척했다. 말[言]을 할 줄 아는 말[馬]이라든가, 오뒤세우스의 동료들이 돼지로 변했다든가, 바람을 가둔 가죽 부대 등 해결책을 찾을 수 없는 이야기들은 논의에서 제외했고, 아울러 알렉산드로스 대왕과 아마조네스 여왕이 만났다든가 하는 믿을 수 없는 증언에 입각한 설화들과, 이미 통설로 인정된 설화의 내용을 부인하는 설화, 가령 헬레네에게 구혼한 일이 전혀 없는 아킬레우스가 헬레네에 구혼하러 가는 것처럼 이야기하는 아라이노스(Arainos)의 전설과 같은 지역설화들도 제외했다. 에우에메로스의 방법을 채택한 역사가는 현실과 상반되는, 가령 칼리스토의 무덤이 아르카디아 지역에 존재하는데도 불구하고 칼리스토가 별로 변했다는 등의 설화들도 거부했다. 그리고 신화 연대기에 부합하지 않는, 가령 헤라클레스가 올림포스 신들 편에 가담하여 기간테스와 싸웠다는 전설 같은 것도 수용하지 않았다. 기간테스는 신화 연대기상 최초의 시대에 속했고 헤라클레스는 트로이 전쟁 직전의 세대였기 때문이었다.

그러나 한편으로는, 역사적으로 사실임 직한 신화는 모두 수용했다. 오뒤세우스의 방랑기에 나오는 시칠리아와 이탈리아에 관한 묘사는 '상상력'의 소산이 아니라 이 지역의 환경과 부합한다는 주장을 폈으며, 사실임 직하지 않은 것이나 인간의 경험에 부합하지 못하는 내용들은 거부했다. 에우에메로스 추종자들은 신화의 '역사적 핵(核)'을 중시했다. 그들은 신화의 '경이로운' 요소들을 합리적 차원으로 환원하려 했다.

가령 팔라이파토스는 노인을 끓여 젊게 만든다는 메데이아 전설이 나타나게 된 경위를 다음과 같이 설명했다. 메데이아는 정열적인 붉은색과 검은색의 식물성 염료를 처음으로 만들어냈다. 흰머리의 노인도 메데이아의 염색약 덕분에 검붉은 젊은 머리를 가질 수 있었다. 또한 메데이아는 땀을 내게 하는 증기탕을 처음으로 만들어냈기 때문에 그녀의 집에는 항상 큰 솥을 끓이는 모습이 보였다. 그런데 그녀는 항상 눈에 띄지 않는 곳에서 일했기 때문에 사람들은 그녀가 사람들을 솥에 넣고 끓이는 것으로 생각했다. 이올코스의 왕 펠리아스는 연약한 노인이었기 때문에 증기탕에서 땀을 내다가 죽었다. 그로부터 메데이아가 그를 솥에 넣어 끓였다는 전설이 생겨났다는 것이다.[18]

에우에메로스의 방법은 신화를 다르게 읽을 수도 있다는 가능성을 배제했다. 그의 방법은 다신교의 숭배 의식이 갖는 종교성을 빈약하게 만들었다. 헬레네가 실제로 존재했기 때문에 헬레네 숭배 의식이 생겨난 것이 아니라, 헬레네 숭배 의식이 오히려 헬레네라는 인물을 생겨나게 했을 수 있다는 가능성을 에우에메로스의 방법은 고려하지 않았다. 에우에메로스의 방법은 기독교인들이 다신교를 공격하기에 안성맞춤인 이론이었다. 다신교도의 입으로부터 그들의 신들은 인간에 지나지 않는다는 고백을 직접 듣게 된 기독교인들에게 에우에메로스의 방법은 뜻하지 않는 횡재였다. 신화를 역사적으로 수용하여 합리적으로 설명하려는 방법은, 신화의 생명력과 본질을 제거함으로써 신화의 존재 이유마저 말살했다. 신화를 합리화하려는 시각이 아무리 솔깃한 매력을 갖는다 하더라도 그것은 결국 신화적 사고를 부정하는 입장이다.[19]

4) 철학적 비판

역사적 시각은 신화를 합리화하는 것으로 만족했지만, 철학적 시각은 전승 신화를 비판했다. 기원전 6세기의 소아시아 출신 철학자로 엘레아

학파를 창시한 크세노파네스(Xenophanes)는 도덕의 이름으로 신화를 비난했다. 그는 "호메로스와 헤시오도스는 도둑질, 간음, 협잡 등 인간 사회에서 비난받는 모든 것을 신들이 하게 했다"[20]고 말하면서 호메로스와 헤시오도스가 입각한 비도덕적인 신인동형론(神人同形論)을 특히 공격했다. 신화에 대해 가장 신랄하고 체계적인 비판을 가한 철학자는 플라톤이었다. 그는 자신의 철학을 전개하기 위해서 신화를 활용하고 신화를 만들기까지 했음에도 불구하고, 『국가』에서 '진리'의 이름으로 신화를 매도했다. 그는 신화는 '허구'이고, 시인은 외양만 그럴듯한 것을 만들어내는 전문적인 마법사일 뿐이며, 호메로스와 헤시오도스가 이야기하는 신화는 거짓으로, 신들과 영웅들을 잘못 그려내고 있다고 비판했다. 본질적으로 완벽한 신들은, 서로 대결하고 변신하고 인간의 과오와 악의 시원(始原)이 될 이유가 없음에도 불구하고 호메로스와 헤시오도스는 신들을 왜곡해서 그려냈다는 것이다. 플라톤은 특히 젊은이들의 교육에 좋지 않은 영향을 준다는 이유로 신화를 배척했다.[21] 아울러 하데스에 대한 호메로스의 묘사도 비난했다. 국가를 위해 목숨을 바칠 각오가 되어 있는 사람들의 용기를 약화시키고 죽음의 공포를 유발할 수 있다는 이유였다. 플라톤 이후 에피쿠로스(Epikouros, 기원전 341~271)도 신화는 '파멸의 함정'이라면서 모든 신화를 배척했다. 유스티노스(Justinos, 기원후 100~165) 같은 초기 기독교 옹호론자들은 이 같은 비기독교도들에 의한 신화 비판을 원용하면서 '시인들의 우화'는 사람을 현혹시켜 방황하게 하는 못된 '발상'이라고 비난했다.[22]

5) 비유적 해석

신화의 문자적 의미가 수용되지 못하고 '불경한 미친 짓'으로 비난받기 시작하면서, 신화를 다르게 읽는 방법을 통해 신화를 비판으로부터 보호하려는 시도가 있었다. 기원전 6세기의 테아게네스(Theagenes)는 '비유적인' 해석을 통해 호메로스를 수용한 최초의 철학자로서 크세노파네스와 같은 시대의 인물이었다. 그는 호메로스의 서사시 뒤에 숨어 있거나 함축된 것을 도출하면서, 시인은 문자적 의미 이외에 다른 것을 말하려고 했다고 주장했다. 그의 방법은 에피쿠로스 학파를 제외한 거의 모든 철학파들이 원용했다. 비유적 해석 방법은 신화의 마땅치 못한 겉모습 뒤에서 철학적으로 수용할 수 있는 의미를 발견하게 했고, 철학의 논리 전개에 전통의 무게를 더함으로써 권위를 갖게 했다. 비유적 해석 방법은 신화의 온갖 결점을 수많은 미덕으로 탈바꿈시켰다. 터무니없는 문자적 의미는 독자로 하여금 숨은 뜻을 찾도록 유도하는 겉모습으로 인식되었다.[23]

특히 스토아 학파의 철학자들은 신화 속에서 세계의 본질에 대한 설명을 찾으려고 했다. 그들에게 신화는 합리적 진리를 상징적이고 우회적으로 표현한 형태로 생각되었기 때문이었다. 제우스는 티탄을 제압한 정복자가 아니라 최초의 궁극적인 동인(動因)인 이성의 추상적인 형태로서 스스로 존재하는 즉자(卽自)이며, 제우스에 관한 여러 에피소드들은 보편적 생성의 변증법적 단계라는 것이다. 스토아 철학은 그로부터 점점 더 유일신론을 향해 성찰을 계속하게 되고, 제우스는 다른 여러 신들을 매개로 하여 핵심적인 자리를 차지하게 된다. 게다가 신들의 이름에 관한 어원을 동원하여 철학적 논리 전개에 활용했다. 제우스는 빛이며 그의 반려자 헤라는 공기여서, 빛과 공기의 결합은 생명의 근본이라는 식이다. 스토아 철학자들에게 신화는 거대한 '암호 체계'였고 그것을 해독하는 것은 철학자의 몫이었다. 철학은 바로 이 점에서, 신화들로부터 숨은 진리를 찾아내려는 신비주의자들과 만난다. 모든 사람들이 친숙해질 수 있었던 신화는 이제 사정이 뒤바뀌어, 비유적 해석을 통해 소수의 선택된 입문자(入門者)들에게만 열려 있는 신비주의 이야기로 변했다.[24]

그러나 세월이 지남에 따라, 무덤의 기념물에까지 신화적 존재들이 '알레고리'로 등장하게 된다. 죽은 사람의 초상화 옆에 세이레네스들과 뮤즈의 형상을 그려넣거나, 달 셀레네가 영원히 잠들게 한 젊고 아름다운 목동 엔뒤미온(Endymion)의 모습을 그려넣었다. 이런 그림들은 내세에 대한 믿음을 표현하는 것들이었다. 뮤즈는 축복받고 죽은 자들이 사는 세계의 조화로움을 상징하고, 세이레네스는 축복받고 죽은 자들을 신성한 노래로 매료시키는 존재로 해석되었다. 바다 한가운데서 뱃사람들을 홀리던 고약한 세이레네스가 희망의 전달자로 변한 것이다. 한편 엔뒤미온은 육체에서 해방된 영혼의 안식처가 달이라는 것을 환기시켜 준다. 엔뒤미온을 열렬히 사랑한 셀레네는 그와 결합한 후 제우스에게 부탁하여 엔뒤미온의 소원 하나를 들어주게 했다. 엔뒤미온은 영원한 잠을 자게 해달라고 했고 그 소원은 곧 이루어져 엔뒤미온은 젊음을 유지한 채 영원히 잘 수 있었다. 그의 사랑 이야기는 죽음의 고통 없이 영원한 축복의 세계로 옮겨 가는 인간이 누릴 수 있는 가장 경이로운 행복의 상징이다.[25]

신화를 알레고리로 받아들여 해석하는 방법은 다양하다. 거대한 암호인 신화를 풀어나가는 방법이 획일적일 수는 없다. 신화를 알레고리로서 해석함으로써 '물질 세계의 비밀'을 풀어내거나 '교훈적인 이야기'를 얻을 수도 있고, '보이지 않는 세계의 신비'를 풀어낼 수도 있다. 알레고리로서 신화를 소화하는 방법 몇 가지를 정리하면 다음과 같다.[26]

첫째, 가장 오래된 방법으로 물질적 알레고리로 신화를 해석하는 것이다. 테아게네스가 생각해 낸 이 방법에 의하면, 신들의 전쟁은 우주에서 일어난 물질의 충돌을 상징한다. 아폴론은 '불'이고, 포세이돈은 '물'이라는 것이다. 철학자 아낙사고라스(Anaxagoras)의 제자인 메트로도로스(Metrodoros)는 『일리아스』의 영웅들을 자연의 실체와 체계적으로 상응시켰다. 아킬레우스는 태양이며 아가멤논은 창공, 헬레네는 땅이며 데메테르는 간(肝), 디오뉘소스는 비장(脾臟), 아폴론은 담즙이라면서, 호메로스의 서사시를 자신의 과학 이론에 맞춰 알레고리로 해석했다. 기원전 4세기의 이 같은 신화 읽기는 대중의 인기를 끌었다.

둘째, 신화의 경이로운 요소를 제거하면서 신화를 의미 있게 해석하려는 또 다른 해석 방법은, 신들과 영웅들의 이름의 '어원'에 의존하여 그들의 진정한 의미를 검토하는 것이다. 이러한 방법은 특히 스토아 철학자들이 즐겨 사용했다. 어원을 지나치게 확장하여 언어유희에 가까울 정도로 신들의 이름을 해석한 예로는 아폴론을 태양으로 생각한 것이다. '아폴론(Apollon)'의 'pollon'은 꽃가루를 뜻하는 'pollen'처럼, 불의 발현의 '많은 부분'을 가리키는데, 앞의 'a—'가 부정(否定)을 뜻하는 접두사이므로, '많은 부분'이 아닌 '하나밖에 없는' 불의 발현은 태양일 수밖에 없다는 해석이다.

셋째, 신화를 교훈적인 이야기로 받아들이는 방법이다. 헤라클레이토스(Herakleitos, 기원후 1세기경)[27]라는 인물이 쓴 것으로 추정되는 『호메로스의 알레고리』는 헤라클레스를 천하장사가 아니라, 훌륭한 스토아 철학자들이 모두 한목소리로 인정하는 것처럼 '경이로운 하늘나라의 학문에 입문하고 철학을 빛낸 현인'으로 묘사하면서, 그의 모험과 공훈은 '정념에 대한 이성의 승리'라고 설명했다. 헤라클레스가 잡은 멧돼지는 인간들에게 익숙한 '무절제'를 뜻하며, 사자는 인간을 악으로 유인하는 '본능적 성향'을 비유한 것이며, 헤라클레스가 억센 황소를 꼼짝 못하게 한 것은 인간 마음 속의 비이성적 충동을 제압한 것이라고 설명했다.

넷째, 신플라톤주의자들은 가장 비도덕적인 신화조차 '정신적인' 해석을 통해 수용했다. 플로티노스(Plotinos, 기원후 205~270)는 그의 제자 포르퓌리오스(Porphyrios, 기원후 234~305)가 정리하여 후세에 남긴 『아홉 개의 강론(講論)』에서, 크로노스의 우라노스 거세는 유일자(唯一者)가 생성의 기능을 '지능(Intelligence)'에 넘김으로써 스스로 변함없이 존재하는 것을 의미한다고 말하고, 아레스와 아프로디테의 혼외정사에 대해서도 형이상학인 의미를 부여하여, 아프로디테가 육체적으로 결합한 남편 헤파이스토스와 아레스는 우주의 상호 보완적인 두 원칙을 상징하고, 이들과 결합하는 아프로디테는 질서와 아름다움을 상징한다고 주장했다. 즉 아레스는 우주의 상반된 것을 각각 분리시키는 역할을 하는 반면, 헤파이스토스는 예술의 규칙에 따라 끊임없이 전체적인 통합을 수행한다는 것이다. 아레스에게 아프로디테가 필요했던 것은 상반된 것들이 조화롭게 '질서'를 갖추도록 하는 데 있었으며, 헤파이스토스에게 아프로디테가 있어야 했던 것은 전체적인 통합을 아름답게 꾸미기 위해서였다는 것이다.

다섯째, 포르퓌리오스의 절충주의 방식이다. 포르퓌리오스는 그의 『요정들의 동굴』에서 오뒤세우스의 고향 이타케의 동굴을 언급한 『오뒤세이아』의 13장, 361~371행에 대해 길게 설명하면서 신화의 허구 뒤에 숨겨진 신성한 모습을 찾으려고 노력했다. 포르퓌리오스는 알레고리의 물질적 해석을 수용함으로써 동굴은 물질로부터 생겨난 자연의 작품으로 대지와 한몸을 이루는 것이라고 설명한 다음, 그의 스승 플로티노스에게서 물려받은 정신적인 해석을 덧붙여, 동굴은 보이지 않는 모든 힘을 상징한다고 말했다. 왜냐하면 동굴은 어두워서 힘의 실체가 보이지 않기 때문이라는 것이다. 동굴 속에 사는 요정들은 곧 강생(降生)할 영혼을 뜻하며, 동굴 옆에 있는 올리브나무는 아테나 여신의 나무이므로 지혜를 상징한다고 설명했다. 게다가 그는 교훈적인 이야기까지 도출해 냈다. 우리는 오뒤세우스가 파이아케스인들로부터 받은 값진 선물을 동굴 안에 넣어두고 거지로 변장한 것을 본받아, 밖에서 얻은 모든 재산을 동굴에 넣어두고, 스스로 벌거숭이가 되어 거지처럼 누더기를 걸치고 불필요한 모든 것을 버려야 한다고 주장했다.

여섯째, 기독교인들의 도덕적 해석 방법이다. 기독교인들은 고대 그리스 문화를 배척하지 않았다. 그들은 고대 시인들을 참고하고, 신화를 알레고리로 폭넓게 수용하면서 기독교 교리에 유용한 것은 채택했다. 알렉산드리아의 클레멘스(Clemens, 기원후 150~211?)는 원래 이교도였다가 기독교로 개종한 작가였다. 그는 세이레네스들이 쾌락의 유혹을 상징한다고 생각했다. 그는 자신의 몸을 돛대에 묶어 세이레네스의 유혹을 이겨낸 오뒤세우스는 십자가를 꼭 껴안고 파멸의 길을 극복한 기독교인의 모습이라고 설명했다. 어떤 기독교인들은 그리스 신화가 『성서』를 표절한 것이라고까지 주장했다. 그리스의 시인들은 모세에게서 빌려온 모든 것을 변질시켰다고 말하면서, 그들은 「창세기」의 노아가 데우칼리온이 되었고, 올림포스 산 위에 오사(Ossa) 산을 쌓고 오사산 위에 펠리온(Pelion) 산을 쌓아 올렸던 포세이돈의 아들들인 알로아다이(Aloadai)는 바벨탑을 쌓아 올린 사람들을 모방한 것이라고 주장했다.

이상의 여섯 가지 해석 방법들은 터무니없는 내용들을 제시하고 있어 우습다는 생각이 들지 모르지만 실제로는 웃을 일이 아니다. 신화 과학의 근대적인 창시자들의 방법 역시 고전기 이후 그리스 철학자들의 알레고리 해석 방법과 크게 다르지 않기 때문이다. 18세기의 돔 페르네티(Dom Pernety)는 그의 『동일한 원칙으로 풀어본 이집트와 그리스의 신화』(1758)에서, 아프로디테와 아레스가 몰래 만나다가 헤파이스토스에게 발각되는 장면을, 레몬의 주황색(아프로디테)과 쇠(아레스)가 결합하여 생긴 녹이 대장장이 헤파이스토스에게 발견되는 장면의 알레고리라고 해석하기도 했다. 이 책의 제8장에서 살펴보겠지만, 19세기 독일의 유명한 신화학자 막스 뮐러(Max Müller)와 영국의 신화학자 제임스 프레이저(James Frazer)가 그리스 신화를 '자연현상'이나 '식물의 순환 과정'으로 읽어낸 것도, 결국은 고전기 이후 알레고리 해석 방법의 연장이자 마지막 변형에 지나지 않는다고 할 수 있다.

7

그리스 신화와
유럽의 문학 · 예술 전통

Introduction to Greek Mythology

1. 그리스 신화에서 그리스·로마 신화로

알렉산드로스 대왕이 세상을 떠난 기원전 323년부터 시작된 헬레니즘 시대는 그리스 문화가 지중해 연안의 여러 곳으로 전파·확장되고 알렉산드리아가 문화의 중심지로 자리 잡았던 시대로 '알렉산드리아 시대'라고도 부른다. 에피쿠로스 학파, 스토아 학파, 회의주의 학파 등은 모두 헬레니즘 시대의 철학 유파들이다.

그러나 그리스 문화는 헬레니즘 시대보다 훨씬 이전인 기원전 9세기 무렵부터 그리스인들이 그리스 본토에서 동쪽으로 이주해 소아시아의 에게해 연안 이오니아에 정착함으로써 전파되기 시작했다. 또한 이 지역은 동방 문화와 접촉해 그 문화를 그리스 본토로 들여오는 역할도 했다. 호메로스와 탈레스, 크세노파네스, 헤라클레이토스, 헤카타이오스 등 그리스 문화를 빛낸 많은 인물들이 이곳에서 태어났다. 이 지역을 그리스 본토와 구별하기 위해 '아시아의 그리스'로 부르기도 한다.

그리스인들은 서쪽으로도 진출하였다. 기원전 750년경부터 시칠리아와 이탈리아의 남부, 그리고 아프리카 북단의 퀴레네와 카르타고, 현재의 프랑스 남부 및 스페인의 지중해 연안으로 이주하여 그리스 문화를 전파했는데 특히 시칠리아와 이탈리아의 나폴리 이남 지역을 '대(大)그리스' 또는 '서(西)그리스'로 불렀다. 피타고라스, 엠페도클레스, 고르기아스 등이 이 지역에서 활동하면서 그리스 문화를 빛냈다. 기원전 7세기 말부터 이탈리아 중부를 지배하던 에트루리아인들과 기원전 5세기부터 공화정을 통해 통치하던 로마인들은 이탈리아 남부 그리스 도시들의 화려한 번영과 빛나는 문화와 일찍부터 접촉해 왔고 그것을 부러워할 수밖에 없었다.

기원전 270년 로마인들은 오랜 세월 동안 수많은 전쟁을 치른 끝에 마침내 이탈리아 전역을 통치하게 되었으며 점차 그리스 문명에 동화되어 갔다. 그러나 팽창하는 로마의 세력은 대단했다. 기원전 215년부터 로마인들은 마케도니아를 공격해 전쟁을 벌였고, 205년 마케도니아 평화 협정을 맺었으나 기원전 200년에 다시 전쟁을 일으켜 그리스 정복의 꿈을 불태웠다. 로마인들이 그리스 땅으로 들어서기 시작했다. 기원전 2세기 중반부터 그리스는 로마 제국의 지배를 받게 되었고, 이때부터 그리스 역사는 로마사의 일부가 되었다. 기원전 1세기에 이르러 로마는 내전의 소용돌이에 휘말리게 되었고, 이집트의 클레오파트라 여왕이 로마의 옥타비아누스(Octavianus)와 안토니우스(Antonius) 사이에 벌어진 내전에서 안토니우스와 연합해 옥타비아누스를 공격했지만 기원전 30년 악티움(Actium) 해전에서 패함으로써, 이집트는 로마에 점령당하고 그리스 역시 완전히 로마에 합병되었다. 옥타비아누스는 기원전 27년 원로원으로부터 '아우구스투스(Augustus)'[1]라는 칭호를 부여받으면서 고대 세계의 대부분을 점령한 로마 제국을 공식적으로 통치하기 시작했다.

기원전 2세기 중반부터 실제로 로마인들이 지배하기 시작했지만 그리스에는 큰 변화가 없었다. 오히려 오래전부터 이탈리아 반도에서 그리스 문화를 접촉하며 존중해 오던 로마인들이 그리스의 신화와 종교를 자기 것으로 만들기 시작했다. 특히 로마 작가들이 앞장섰다. 플라우투스(Plautus, 기원전 254~184)의 『암피트리온』(기원전 206?)을 필두로, 카툴루스(Catullus, 기원전 87~54?)의 『펠레우스와 테티스의 결혼』, 베르길리우스(Vergilius, 기원전 70~19)의 『전원시』(기원전 41), 『아이네이스』(기원전 29~19), 오비디우스(Ovidius, 기원전 43~기원후 17)의 『변신 이야기』(기원후 1~8), 세네카(Seneca, 기원후 4~65)의 『파이드라』, 『튀에스테스』, 『오이디푸스』 등 여러 편의 비극 작품들, 스타티우스(Statius, 기원후 40?~96)의 『테바이 이야기』, 『아킬레우스』, 아풀레이우스(Apuleius, 기원후 125~170)의 『변신 혹은 황금 나귀』 등은 그리스 신화를 로마의 언어로 다시 쓰거나 계승한 작품들이다. 그리스 신화를 계승한 소설 형식의 라틴어 작품으로 유명한 것은 베르길리우스의 『아이네이스』이며, 라틴어로 다시 쓴 그리스 신화집으로 오늘날까지 널리 읽히는 것은 오비디우스의 『변신 이야기』이다. 『아이네이스』는 『일리아스』의 '전투'와 『오뒤세이아』의 '유랑'을 본받아 결합시켜 영웅 아이네이아스의 '모험'을 이야기한다. 『아이네이스』는 아이네이아스의 '모험' 이야기를 통해 그리스 신화를 라틴어로 계승한 로마 문학 작품이다. 바꾸어 말하면 아이네이아스의 이야기는 그리스 신화를 기반으로 한 라틴어 상상력의 산물이다.

로마에서 기원전 30년부터 웅변가와 역사가로 활동하던 할리카르나소스 출신의 디오뉘시오스(Dionysios)는 『고대 로마사』를 통해 '로마의 창시자는 그리스인'이라는 것을 널리 유포함으로써 그리스 문화가 로마 제국에 잘 수용되어 계승되었다는 것을 입증하였다.

라틴의 도시 국가에서 세계 제국으로 성장하던 로마는 오히려 아테네보다도 그리스 문명을 세계에 더 널리 전파시켰다. 기원전 2세기 중반에 이미 그리스에 발을 들여놓은 로마인들은 그리스 문화를 로마 문화로 수용했고, 로마인들이 새롭게 수용한 헬레니즘 문화는 세계로 퍼져나가 로마 시대 말기에 이르면 새로운 문화인 비잔틴-로마 문화를 만들어낸다. 로마인들의 모델은 그리스였다. 그리스의 문학과 예술의 밑바탕인 신화는 비판이나 거부감 없이 수용되었다. 다만 신들과 영웅들의 이름이 라틴어로 바뀌었을 뿐, 로마 작가들이 신화를 소재로 쓴 문학 작품들은 그리스 신화의 연장선 상에서 이설(異說)로 자연스럽게 자리 잡았다. 가령 라틴어로 쓰인 세네카의 『오이디푸스』는 소포클레스의 『오이디푸스 왕』과 『콜로노스의 오이디푸스』와 함께 오이디푸스 신화의 이설로 자리 잡으면서 오이디푸스 신화학의 한자리를 차지한다. 그리스가 로마의 문학과 예술의 모델인 만큼, 언어가 달랐을 뿐 문화의 단절이나 충돌은 없었다. 라틴어 문학이 활발했지만, 로마 제정기에 헬레니즘의 2차 부흥기가 시작되면서, 한동안 침체기를 겪었던 그리스의 웅장한 예술이 기원후 2세기경에 다시 황금기를 맞기 시작한다. 그리고 로마의 웅변가이자 정치가인 키케로(Cicero, 기원전 106~43)에 의해 재발견된 플라톤의 사상과 헬레니즘 시대의 철학이 이즈음 지중해 연안에 되살아났다. 그것은 아우구스투스 이후 200여 년간 지속된 팍스 로마나(Pax Romana, 로마의 평화)의 폭넓은 관용과 유연한 사고방식이 그리스 문화의 모든 것을 계승하고 수용한 결과였다.

그리스를 합병했지만 로마 제국은 그리스의 계승자였다. 베르길리우스의 『아이네이스』는 『일리아스』와 『오뒤세이아』를 계승한 로마판으로 로마 건국의 시조 아이네이아스(Aineias)가 아버지 앙키세스 쪽으로는 제우스의 후손 다르다노스(Dardanos) 혈통이고, 어머니 아프로디테는 올림포스 여신인 까닭에 그리스의 정통 올림포스 혈통을 이어받은 것으로 이야기하고 있어 그리스 신화를 계승하고 연장한 로마 건국 신화로 자리 잡아 로마인의 자긍심을 고양시켰다.

그리스인들이 모시고 제사 지내는 신들을 로마인들도 역시 숭배했지만, 이제 신들은 로마의 공동체 생활의 규범에 맞게 '의식(儀式)' 중심의 경

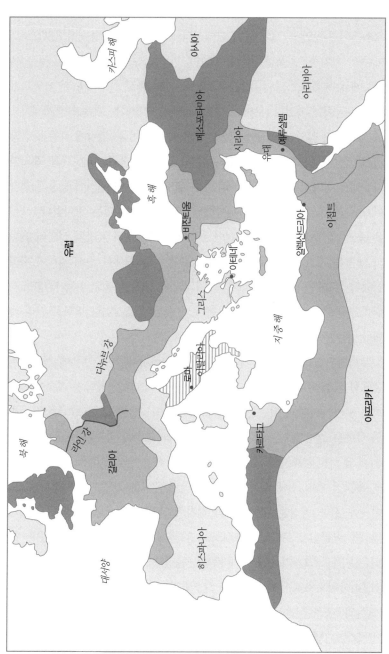

카스피 해

유럽

북 해

라인 강

갈리아

대서양

히스파니아

다뉴브 강

흑 해

비잔티움

그리스

이탈리아

로마

아테네

사르디니아

카르타고

지중 해

아시아

메소포타미아

시리아

유대

알렉산드리아

예루살렘

이집트

아라비아

아프리카

지도 13 로마제국

배 형식으로 수용되었다. 로마인들은 그리스인들처럼 다신교를 믿었지만 교조적이지 않았고, 도시 국가 안에서의 공동체 생활을 중시하고 '팍스 로마나'의 기치 아래 폭넓은 관용을 베풀면서 그리스 종교의 모든 것을 유연하게 수용했다. 그들은 시간이 지남에 따라 확장 일로에 있던 기독교까지 받아들이게 되었다. 로마는 적어도 3세기 말까지는 기독교를 체계적으로 박해하지 않았다. 공공질서를 혼란스럽게 하거나, 명령에 복종하지 않는 등 공동체 생활을 어지럽힌 부분을 질책하는 정도였다. 물론 종교의 자유에는 한계가 있었다. 로마의 사회 제도와 시민의 권리에 공동체 생활이 요구하는 일정한 제약이 뒤따랐던 것은 어쩔 수 없는 일이었다. 그들은 종교 '의례'를 통해 초자연적인 무서운 힘으로부터 국가와 시민의 안전과 행복을 지키려 했다. 모든 공공 행위에 신들에 대한 경배 의식이 자리 잡았다. 로마의 다신교는 한마디로 '의식'을 중시한 종교였다. 명칭만 라틴어로 바뀐 그리스의 신들은 이제 로마 곳곳에 조각이나 벽화로 자리 잡거나, 복제품으로서 장식되었다.

로마의 그리스 계승은 그리스의 빛나는 신화 문화를 후세에 전승하는 중요한 징검다리였다. 로마 제국의 철학 역시 그리스 철학의 계승이었다. 특히 로마에서 가르치던 플로티노스(Plotinos, 기원후 205~270)는 플라톤의 영향을 깊이 받아, 자신의 제자 포르퓌리오스가 정리한 『아홉 개의 강론』에서 플라톤 철학을 설명했다. 그는 신화를 '알레고리'로 파악해 신화의 문자적 의미 뒤에 있는 정신적 함의를 탐색한 것으로 유명하다. 그의 이른바 '신(新)플라톤주의'는 그의 제자 포르퓌리오스와, 아테네에서 아카데미를 이끌던 프로클로스(Proklos, 기원후 418~485)에게 계승되었다. 특히 프로클로스는 기독교 시대가 막을 올린 고대 말기의 철학자로 플라톤의 『티마이오스』와 『파르메니데스』, 『국가』에 관한 해설서를 썼고, 『신학 개론』과 『플라톤 신학』 등의 저술을 남겼다.

서기 303년의 기독교 대박해 이후, 로마 황제 콘스탄티누스 1세는 기원후 312년 기독교를 로마 제국의 공식 종교로 인정했으며, 313년에는 밀라노 칙령으로 종교의 자유를 인정했다. 황제 자신도 323년 기독교로 개종했다. 로마 황제 테오도시우스 1세가 기독교의 유일신을 제외한 모든 신들의 경배를 법으로 금지한 것은 380년이었다.

　신화 문화와 다신교가 막을 내리고 기독교 시대로 막 접어든 이 시기에 아테네에서 아카데미를 이끌던 프로클로스 중심의 신플라톤주의자들은 플라톤을 '신학자'로 생각하여, 그의 저술이 형식은 달라도 오르페우스의 '성스러운 글'처럼 진리를 알려주는 성스러운 글의 범주에 들어가는 것으로 생각했다. 게다가 신플라톤주의자들은 오르페우스 신화가 헤시오도스의 전통적인 천지 창조와는 전혀 다른 인간 중심의 가치관을 반영한 것으로 생각했고, 사라져가는 그리스·로마의 다신교 전통 중에서 오르페우스 신앙이 새로 부상하는 기독교의 주장과 모순되지 않고 상호 부합하는 부분을 갖고 있다고 생각했다. 물론 이 같은 생각이 신플라톤주의자들의 고의적인 접목이나 의도적인 변형에서 비롯된 것은 아니다. 인간의 신성에 관한 언급이 오르페우스 신앙의 문헌과 『구약 성서』의 「창세기」에서 다 같이 발견되는 이유는, 아리안족의 다신교 신앙과 셈족의 유일신 신앙이 지역적으로 멀리 떨어져 있었음에도 불구하고 시간의 흐름에 따라 서로 교류하고 영향을 주고받은 끝에 동일한 사고가 형성되었기 때문이 아닐까 생각된다. 신흥 종교인 기독교가 융성하고 있었음에도 불구하고, 그리고 서기 330년에 로마 제국의 수도를 콘스탄티노플(오늘날의 이스탄불)로 옮기면서 '새로운 제국'이 시작되었음에도 불구하고 로마의 전통 문화는 더 이상 확산되지는 않았지만 생명력은 손상되지 않고 남아 있었다.

　기독교 세력이 커짐에 따라 새로운 예술 형식들이 나타났다. 건축 분야에서는, 사원 밖에 제단을 설치하던 과거의 관행과는 달리 건물 내부에 들어갈 수 있는 새로운 형태의 교회당이 등장했다. 마을의 모습도 변할 수밖에 없었다. 회화 분야에서는 지하 묘지의 벽화가 수수해지기 시작했고, 그리스 신화의 장면 대신 『성서』에 나오는 장면을 그린 그림이 석관묘를 장식하기 시작했다.

　로마 제국은 서기 395년 테오도시우스 1세가 죽자 동·서 로마 제국으로 분할되었다. 광활한 로마 제국을 결속시켜 준 것은 그리스에서 비롯된 헬레니즘 문화와 예술이었지만, 기독교 문화가 싹트기 시작하면서 더 이상 확장되지는 못했다. 서기 476년 게르만족의 용병 대장 오도아케르(Odoacer)가 서로마 제국의 마지막 황제인 로물루스 아우구스툴루스를 폐위시키자 서로마 제국은 멸망하고 여러 왕국으로 분할되었다. 그러나 동로마 제국은 서기 1453년 오스만 제국에게 점령당할 때까지 비잔틴 제국으로 남아 있었다.

2. 비잔틴 제국에서의 그리스 신화

　동로마 제국은 넓었다. 이집트, 페니키아, 아나톨리아, 트라케, 마케도니아, 그리스는 모두 투르크(터키)족이 세운 이슬람 국가인 오스만 제국에게 1453년 점령당할 때까지 로마 제국으로 자처했다. 서기 330년 콘스탄티누스 1세가 제국의 수도를 기원전 7세기 중반에 그리스인들이 세운 비잔티움으로 옮기면서 그곳을 '콘스탄티노플'이라고 불렀고, 그로부터 동로마 제국을 '비잔틴 제국'이라고도 부른다. 비잔틴 제국은 오스만 제국에게 점령당할 때까지 게르만족, 아랍족, 투르크족을 비롯한 이민족의 공격으로부터 유럽을 지켰다. 고대 여러 민족들의 후예인 비잔틴 사람들은 그리스어를 사용했고, 로마의 행정·법률 전통뿐만 아니라 고대 그리스의 문학과 철학도 잘 보존했다. 비잔틴 제국에서는 기독교와 고대 그리스 문화와 로마의 관습이 함께 번영해 '고대'와 근대 유럽 문명을 잇는 교두보 역할을 했다. 기독교가 밀도 높게 전파된 비잔틴 사회에서는 시장에서 생

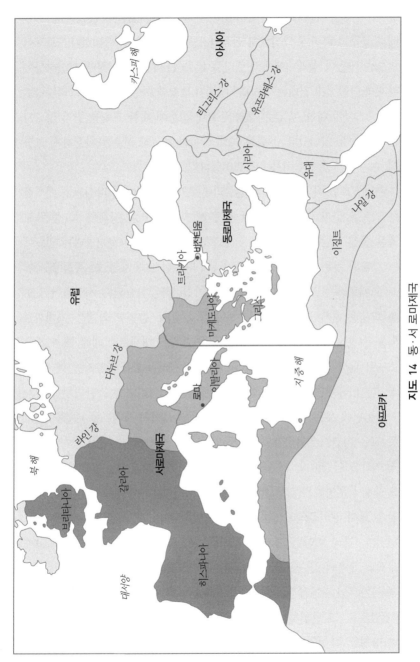

지도 14 동·서 로마제국

선 한 마리를 사려고 해도 '삼위일체'를 거론하지 않을 수 없었지만, 그럼에도 불구하고 고대 그리스의 신화와 문화는 충실히 보존되었다.[2] 트로이의 노인네들이 헬레네에게 건넸다는 말을 11세기 초 궁정에서 신하들이 황제의 연인에게 건네는가 하면, 13세기 벽화에 아킬레우스를 그려넣기도 했다. 고대에 대한 이 같은 집착은 고대 작품에 대한 교육을 받지 않고서는 불가능한 일이었다. 교육은 고대 작품의 보존과 전수를 확실하게 보장해 주는 훌륭한 방법이자 원동력이었다.

서기 529년 아테네에 있던 신플라톤주의 '아카데미'가 다신교를 배척하는 기독교 국가의 정책에 의해 폐쇄되었지만, 이러한 정책이 초·중등 교육은 물론 고등 교육의 방향을 종교적인 차원에서 바꾸어보려는 의도에서 시행된 것은 아니었다. 몇몇 기록에 따르면 11세기의 초·중등 교육에서 호메로스는 고대 그리스에서처럼 가장 널리 학습되는 시인이어서 보통 학생은 하루에 30행을 암송해야 했고, 아주 총명한 학생은 50행까지 외울 수 있었다고 한다. 한편 고등 교육 기관은 대체로 아테네, 에페소스, 스뮈르네(오늘날의 이즈미르), 페르가몬, 비잔티움에도 있었지만, 항상 중심지는 아테네였다. 학교(School)라는 이름의 기관과 콘스탄티누스가 서기 330년에 세운 대학(University)이 비잔틴 사회의 엘리트를 배출하는 고등 교육 기관으로서 '고대의 전통'을 비잔틴 세계에 전수·보존하는 중추적 역할을 담당했다. 대학의 비종교적인 교육에 대응하는 종교 교육은 수도원에서 운영하는 각종 학교에서 이루어졌다. 특히 수도원의 금욕적 생활은 고대 신비주의와 밀착되어 전통 철학과는 뗄 수 없는 관계를 맺고 있었다. 결국 비잔틴 제국 내의 모든 교육 기관과 수도원에서조차 고대 문화의 교육과 전승이 이루어진 것이다. 그것은 귀중한 고대 문헌의 전승과 불가분의 관계를 맺었다. 각급 학교는 교육에 필요한 텍스트를 소장하고 있었고, 그 문헌들을 읽고 상세히 설명하여 전승시킬 수 있는 후학들을 양성할 수 있었다.

고대 문화는 이런 교육 구조를 통해 유지되었지만 기독교화된 사회에서 고대 문화는 어쩔 수 없이 쇠퇴의 길을 가야 했다. 고대의 풍속과 종교는 현실적으로 사라질 수밖에 없었고, 고대 신화에 대한 해석도 비잔틴 사고방식에 부응하기 위해 기독교의 알레고리와 이교(異敎)의 알레고리를 결합해야만 했다. 특히 교회의 성직자들이 이러한 문제에 봉착했다.

비잔틴 지식인들은 신화를 해석하는 모든 종류의 방법을 알고 있었다. 에우스타티우스(Eustathius, 1115~1195?) 같은 수사학(修辭學) 교수들은 그리스인들이 터득한 정신적·물질적·역사적·상징적 해석 방법을 잘 알고 있었다. 에우스타티우스는 호메로스의 『일리아스』와 『오뒤세이아』를 물질적·도덕적·역사적으로 해석한 학자로 유명하다. 『일리아스』에는 제우스가 올림포스의 신들을 모이게 한 다음, 전쟁 중인 트로이 군이나 그리스 군을 절대로 지원하지 말라고 명령하면서, 자신의 명령을 어길 경우 신들을 혼내 주겠다고 으름장을 놓는 장면이 나온다. 제우스는 자기가 모든 신들의 힘을 모두 합친 것보다도 강하다고 호언하면서, '황금 사슬'을 하늘에 매달고 신들이 모두 달라붙어 힘껏 당겨도 자신은 꿈쩍도 하지 않을 것이라고 장담한다.³ 에우스타티우스는 이 장면에 나오는 '황금 사슬'의 알레고리를 다음과 같이 해석한다.

'황금 사슬'은 우주를 구성하는 물, 불, 공기, 흙의 4원소의 연결 관계와 매일매일의 연결 사슬을 뜻하고, '황금'은 '태양의 찬란함'을 함축하거나 '소중함'을 암시하는 표현이라는 것이다. 또 '황금 사슬'은 행성대(行星帶)의 알레고리이며, 가장 높은 곳에 있는 행성이 크로노스(사투르누스, 토성)라는 것이다. 에우스타티우스는, 스토아 철학자들은 제우스의 으름장을 붉게 달구는 힘으로만 설명했지만 사실은 제우스가 창공이고 황금 사슬은 태양이어서, 모든 습한 것을 아래로부터 위로 끌어올리는 불의 기운 때문에 제우스는 결코 아래로 끌려 내려가지 않는다고 덧붙였다. 에우스타티우스는 재미있는 해석을 하나 더 덧붙였다. 즉 제우스의 협박은 한 사람의 권력에 모든 것이 달려 있는 절대 군주제를 상징한다는 것이다. 이 같은 정치적 관점은 앞의 해석들보다 훨씬 무리 없는 설명이다.

에우스타티우스 외에도 체체스(Tzetzes, 1110~1185년) 같은 비잔틴 학자들이 호메로스의 텍스트를 '알레고리'의 관점에서 해석했다. 유럽 전역에서 기독교가 위세를 떨친 12세기 초에도 비잔틴 제국 내에서는 『일리아스』와 『오뒤세이아』의 텍스트의 보존에 관해서는 물론 호메로스의 서사시에 언급되는 신화 해석에 관해서 열띤 견해들이 피력되고 있었다. 한편 그리스를 비롯한 여러 민족의 이교[4]를 신학으로 정리하면서 이교 신학과 기독교 신학을 결합시키려고 한 프셀루스(Psellus, 1018~1078) 같은 훌륭한 철학자도 있었다. 그리스 신화는 모세에서 모든 것을 표절·변용시킨 것이라는 이론을 수용한 프셀루스는 기독교 신학과 이교 신학을 융합하려 한 것으로 유명하다. 프셀루스는 스토아 철학과 신플라톤주의에 입각해서 그리스 신화를 비유(알레고리)적으로 해석했다. 가령 그는 오이디푸스에게 스핑크스가 던진 수수께끼를 수(數)의 조화에 근거하여 풀이했다. 4라는 숫자는 짝수로 나누어질 수 있는 까닭에 불완전하여 사람이 동물에 가장 가까운 유년기에 해당하며, 2라는 숫자는 성숙기에 접어든 인간의 애매한 경향을 표현하고, 3이라는 숫자는 헤시오도스와 피타고라스 파 사람들이 말하는 것처럼 탁월함과 신성함을 뜻하기 때문에, 사물과 존재의 본질을 깨우치는 순수한 지혜를 갖게 되는 인간의 노년기에 해당한다고 설명했다.

프셀루스의 주장을 계승해서 극단적으로 발전시킨 비잔틴 철학자는 플레톤(George Gemistus Plethon, 1355? ~1452년)이었다. 플레톤은 철학은 신학이라고 생각했다. 그는 "사람들은 신성에 대해서 각자 다른 생각을 할 수 있다. 우리는 피타고라스와 플라톤이 설파한 가장 훌륭한 이론들을 배워왔고, 그 이론이 그 어느 것보다 정확하고 훌륭하기 때문에 민족적인 호응을 받고 있다"[5]고 말하면서, 그리스 전통에 뿌리를 두고 있는 민

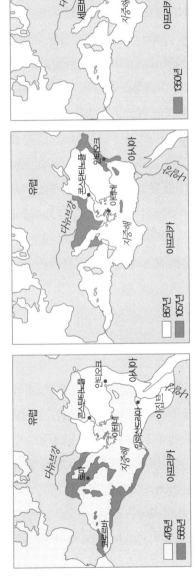

14세기 후반 비잔틴 제국은 이 시기에 세르비아인과 오스만 투르크족의 침입으로 거의 모든 영토를 잃었다. 1350년에 이르면, 콘스탄티노플과 그리스 일부만을 통치했다.

제2의 전성기 867년부터 1057년까지 마케도니아 왕조가 통치하던 시기에 제국은 잠시나마 번영을 누렸다. 국경지대에서 이슬람교도를 몰아냈으며 소아시아 동부와 불가리아를 정복했다.

6세기 유스티아누스 1세 통치 때, 비잔틴 제국은 영토를 최대로 확장했으며 제국은 전성기를 누렸다. 당시 제국은 이탈리아, 북아프리카, 에스파냐까지 다스렸다.

지도 15 비잔틴 제국의 전성기와 쇠퇴기의 영토

족적 신학이 곧 철학이라고 주장했다. 그는 이 우주가 제우스에서 비롯되었으며, 제우스의 아들 포세이돈이 만물의 창조를 주관하고, 헤라는 존재를 번식시키며, 그 밖의 아래 신들은 휴식, 움직임 등과 같은 존재의 여러 법칙들을 주관한다고 설명하는 등 그의 플라톤주의는 기독교를 부정하기에 이른다. 플레톤은 스파르타 인근 타위게토스(Taygetos) 산 지맥에 요새처럼 자리 잡은 비잔틴 도시 미스트라스(Mistras)에 비밀 결사까지 만들어 신플라톤주의를 가르쳤고 신화를 포함한 고대 그리스 전통 문화를 전수했다(그림 44). 그것은 그리스 사상가들의 관행을 모방한 것이었다. 플레톤은 오스만 제국의 투르크족이 쳐들어오기 직전인 1452년 5월 26일 세상을 떴다. 콘스탄티노플에서는 그의 『법률론』이 불경하고 반(反)기독교적이라면서 그 원고를 불태웠다. 그러나 고대 그리스를 찬미하고 플레톤을 깊이 존경했던 르네상스 이탈리아의 석학들은 투르크인들이 점령했던 미스트라를 탈환하고 그의 유해를 1475년 이탈리아의 도시 리미니(Rimini)로 옮겨 산프란체스코 성당에 안치했다. 그의 유해가 이탈리아로 옮겨진 것은 그의 사상의 '르네상스(재생)'가 확실하게 보장된 것이나 다름없었다.

3. 라틴어권의 중세

비잔틴 제국에서 그리스 전통 문화의 귀중한 문헌이 전수되고, 기독교와 융합된 신화 해석이기는 했지만 그 같은 신화 해석이 지식인들 사이에서 유포되었던 것은 고대 그리스의 문학과 철학이 잘 보존되었다는 증거였다. 비록 사라진 문화였지만 고대 문화는 비잔틴 문화를 통해 르네상스 유럽과 연결될 수 있었다. 그러나 서(西)고트족을 비롯한 게르만족이 410년 로마를 점령·약탈한 이후 서로마 제국은 몰락의 길에 들어선다. 마침내 게르만족의 용병 대장 오도아케르가 476년에 서로마 제국의 마지막 황제 로물루스 아우구스툴루스를 몰아낸 다음 제국을 여러 왕국으로 분할하였다. 이때부터 시작된 라틴어권 문화는 이탈리아, 독일, 프랑스, 스페인과 아프리카 북단까지 펼쳐졌다. 중세의 시작이었다. 기독교가 위세를 떨쳤던 중세가 언제 끝난 것으로 봐야 하는지에 대해서는 학자들 간에 의견이 엇갈리지만, 르네상스가 시작되는 14세기 말이 통상적인 시대 구분선이다. 대략 천 년 동안 지속된 라틴어권의 중세는 그리스어를 쓰던 비잔틴 제국에서처럼 그리스의 문학 작품이나 철학을 가르치거나 전승할 수 없었다.

중세 초기 오늘날의 프랑스, 스페인, 이탈리아에서 라틴어는 현지 주민들의 지방 언어와 동화되면서 속어 라틴으로 변해 오늘날의 프랑스어, 스페인어, 이탈리아어의 모태가 되었다. 따라서 언어 자체가 그리스의 고대 문화와 작품을 소화하는 데 큰 장벽이었다. 그러나 그리스·로마 신화는 중세 천 년의 굴절과 변모를 통해서도 사라지지 않고 살아남을 수 있었다. 신화의 의미가 퇴색하고 본래의 의미를 상실했어도 '알레고리'로 존속할 수 있었기 때문이었다. 가령 피렌체의 종탑에는 수도사의 옷을 입은 유피테르(제우스의 라틴어 이름)가 한 손에는 성배(聖杯)를 들고 다른 손엔 십자가를 들고 있는 모습이 보인다(그림 35). 어떻게 된 영문일까? 중세에 널리 유포된 점성술에 따르면 각 별자리는 지상의 한 지역을 관할했는데, 유피테르(목성)는 서유럽을 관장했기 때문에 자연스럽게 이 지역 기독교도들의 우두머리로 재현된 것이다. 유피테르의 도움을 청하려면 유피테르처럼 옷을 입고 기도해야 했다. '수도사처럼 겸허하고 검소하게' 옷을 입고 기독교도들이 하는 것을 따라 하는 것이 당대의 풍습이었다. 중세 때 여러 가지 영향을 받아 변질된 이 같은 예들은 그리스 신들이 변화의 물결 속에서도 살아남았음을 보여주는 증거이다. 그리스·로마 신화가 중세에도 사라지지 않고 존속할 수 있었던 몇 가지 양태들을 간단히 살펴보기로 하자.[6]

1) 민간전승

신화가 민간전승으로 존속했다. 기독교가 출현했다고 해서 농촌에 남아 있던 신앙을 무력화시킬 수는 없었다. 미신적인 형태를 파문(破門)으로 벌해 보아도 별 성과가 없었다. 교황 그레고리우스(590~604)도 그들의 관성(慣性)을 인정할 수밖에 없었다. 미신을 퇴치하는 유일한 방법은 옛 신전 자리에 교회를 짓고, 기념물 위에 십자가를 세워놓는 것뿐이었다. 한편 기독교의 중요 인물들이 이교 신화의 인물에 동화·중첩되는 경우도 있었다. 특히 성자(聖者)들이 그리스·로마 신화의 신들과 동일시되었는데, 크리스토포로스(Christophoros, 250년 순교)라는 성자는 그 이름이 '그리스도를 옮긴다'는 뜻으로, 아기 예수를 어깨에 태워 강을 건네주었다는 전설에서 비롯되었는데, 그로부터 여행자의 수호자가 되어, 그리스 신화 속의 여행자의 수호신 헤르메스(라틴어 이름은 메르쿠리우스)의 후계자로 생각되었다. 그러나 그리스의 신들을 대체한 것은 무엇보다도 악마들이었다. 혼합과 변모를 통해 그리스 신들이 살아남은 것이다. '사탄'과 함께 동물들 위에 올라타고 있는 마녀들의 집회 속에 아르테미스(라틴어 이름은 디아나)의 잔재가 있는 것을 발견한 기독교 공의회(公儀會)는 이를 이단으로 규정하기도 했다. 사냥을 즐기는 순결한 처녀 신 아르테미스가 동물 위에 걸터앉은 '마녀'로 변신한 것이다. 민간전승을 통한 신화의 혼합과 변모는 상상하기 힘들 정도였지만, 그리스 신화는 그렇게 존속했다.

2) 예술

고대의 신전과 성소의 유적지와 그 잔해들은 새로운 기독교 건축에 활용되었다. 석관(石棺)은 제단으로 변모했고, 신전의 각종 물품들은 기독교 의식에 필요한 도구로 재활용되었다. 성자들의 유물이나 유골을 넣는

함(函)을 만드는 조각가들은 이교의 유물함을 본받아 기술은 물론 양식과 문양까지 그대로 가져다 썼다. 물론 함에 그려지는 장식에도 이교의 주제와 기독교의 주제가 혼합되었다. 프랑스 남부 아를르(Arles)의 조각가들은 기독교인들의 석관 덮개에 에로스와 프쉬케, 디오스쿠로이 형제를 장식했다. 로마네스크 양식의 작품들은 대지와 대양, 마차에 올라탄 달과 태양을 그리스도의 죽음과 부활을 재현하는 알레고리로 활용했다. 켄타우로스 케이론에게 교육받는 아킬레우스와 마법사 키르케가 재현되기도 했고, 켄타우로스 네소스에게 납치되는 데이아네이라도 재현되었다. 12세기 말의 수도원 분수에서 뜻하지 않은 이교 장식이 발견되기도 했다. 분수의 수반(水盤) 둘레에 새겨진 30여 개의 머리 부조(浮彫) 장식 중에는 유피테르, 넵투누스(포세이돈), 테티스, 바코스(디오뉘소스) 등이 있었다. 고딕 양식들은 아폴론의 여사제 시뷜라(시뷜레)를 제외하고는 그리스의 신화를 거의 활용하지 않았다. 그러나 프랑스의 오세르(Auxerre) 성당 정면 현관의 바닥에 잠든 에로스가 재현되기도 했다.

3) 고전 교양

그리스 신화는 초기 기독교 교회들이 채택한 고전 교양에서 중요한 부분을 차지했다. 그러나 그리스 신화를 잘 아는 교회의 성직자들은 여러 신들과 밀접한 관계를 맺는 이교 문학과 예술을 교육하는 것을 대단히 어려워했다. 성직자들은 젊은이들이 그리스·로마 전통을 따르는 학교에서 교육받는 것을 허용했지만 신화를 최대한 알레고리로만 활용하여 신화의 해로운 효과를 방지했다. 가령 『오뒤세이아』의 여러 장면도 '알레고리'로 활용하여 기독교 정신에 부합하도록 유도했다. 4세기의 성직자들은 오뒤세우스가 험난한 바다 여행에서 만나는 큰 파도와 암초는 각각 거짓된 세상과 육체의 알레고리이며, 정신적인 인내와 십자가에 의지해야만 이겨낼 수 있다고 풀이했다. 그리고 오뒤세우스가 동료들의 귀를 밀랍으로 막아 세이레네스들의 노래를 듣지 못하게 한 것은, 진정한 기독교인은 이단자들의 거짓 선전에 조금도 귀를 기울여서는 안 된다는 것을 보여준 알레고리라고 설명하기도 했다.

외세의 침입에 의해 고대 문화를 교육하던 학교들이 파괴되자 7세기까지 고전 교양 교육은 쇠퇴기를 맞는다. 그러나 고대 문화의 원류는 소멸되지 않았다. 고전 열기가 '다신교' 풍조와 함께 갑자기 다시 솟아나기도 했다. 8세기 후반의 카롤링거 왕조 때 고전에 대한 관심이 되살아났고, 12세기 프랑스의 샤르트르와 오를레앙이 고전 연구의 중심지가 되기도 했다. 특히 12세기는 오비디우스의 신화집 『변신 이야기』가 대단한 인기를 끌면서 신화적 암시가 풍요로운 진리의 보고(寶庫)로 수용되었다. 한편 트로이 전쟁에 관한 전설도 인기가 있어서 크레타 출신 딕튀스(Diktys, 기원후 2세기 또는 3세기)가 쓴 것으로 추정되는 『트로이 전쟁 이야기』와 아나톨리아 중서부 프뤼기아 출신의 다레스(Dares)가 쓴 것으로 추정되는 『트로이 함락 이야기』가 대단한 성공을 거두어 중세의 오랜 세월 동안 그리스 신화의 전승을 용이하게 하였다. 이 작품들이 얼마나 인기가 좋았던지, 이 작품들은 트로이 전쟁의 양 진영에 작가가 실제로 참전하여 목격한 사실들을 그리스어로 쓴 것을 다시 라틴어로 번역한 것이라고 오랫동안 믿어지기도 했다. 물론 있을 수 없는 일이었지만, 트로이 전쟁 이야기가 널리 오랫동안 재미있게 읽힌 증거였다. 딕튀스와 다레스의 공헌은 대단한 것이었다. 트로이 전설과 아르고 호의 모험과 오뒤세우스의 죽음까지 모두 포괄하는 『트로이 이야기』를 1165년경 브누아 드 생트모르(Benoît de Sainte-Maure)가 쓴 것도 중세에 오랫동안 사라지지 않고 존속한 그리스 신화와 딕튀스와 다레스 작품의 인기 때문이었다. 이 여파는 1450년경에 자크 미예(밀레)(Jacques Millet)가 쓴 3만 행으로 된 희곡 『위대한 트로이 패망 이야기』가 대단한 성공을 거두게 했고, 그 여파는 다시 16세기 직전까지 계속되었다.

4) 신화 해석

기독교가 맹위를 떨친 중세의 오랜 세월에도 고대 그리스의 신들은 고전 교양과 조형 예술을 통해 살아남았는데, 그것은 신들의 기원과 성격에 관해 고대에 이미 이루어놓은 해석 덕분이었다. 중세에 구사된 신화해석들은 고대 그리스인들이 이미 닦아놓은 스토아 철학에서 영향을 받은 에우에메로스의 방법과 물질적 해석 및 도덕적 해석 방법에 근거했다. 신플라톤주의의 영향은 르네상스기에 이르러서야 그리스어 습득과 함께 뒤늦게 나타났다. 이유는 간단했다. 중세 때 활용된 라틴어 작품들은 대부분 스토아 철학의 영향을 받았기 때문이며, 신플라톤주의는 라틴어밖에 모르는 중세 학자들은 접근하기 어려운 그리스어로 쓰여졌기 때문이다.

① 저술

다신교를 직접 경험한 펠릭스(Felix), 아르노베(Arnobe) 등 여러 명의 라틴어 저술을 통해서도 중세는 고대의 신들에 대한 지식을 얻을 수 있었다. 그러나 이들은 그리스·로마의 신들을 스토아 철학의 영향을 받은 몇 가지 해석을 통해 수용했기 때문에 신화를 바라보는 시각이 넓고 유연할 수는 없었다.

a. 역사적 해석과 에우에메로스의 방법

에우에메로스(Euemeros, 기원전 340~260)의 신화 해석 방법은 로마 시인 엔니우스(Ennius, 기원전 239~169)에 의해 전파되었다. 앞에서도 언급했지만, 이 시각에 따르면 신들은 백성들이 훌륭한 왕과 귀족들을 신격화시킴으로써 비롯되었다는 것이다. 기독교 옹호론자들이나 교회의 성직자들은 이 방법을 이용해 다신교를 공박해 그들 종교의 허구성을 지적했지만, 이교의 신들을 신격화된 인간들로 생각한 이상 그들의 실제 존재를 인정하는 꼴이 되었고 그로부터 그들을 '역사' 속으로 끌어들이는 결과를 초래하였다. 이 시각은 기독교를 옹호하고 이교를 배척하는 데에는 유익했지만, 실증적인 측면에서는 취약할 수밖에 없었다. 그러나 7세기에 이르러 세비야의 성(聖) 이시도루스(Isiodorus, 560?~636년)는 『기원(起原)』에서 에우에메로스를 흥미롭게 활용하여 세계의 역사를 i)우주의 창조에서 대홍수, ii)대홍수에서 아브라함, iii)아브라함에서 다윗, iv)다윗에서 바빌론 억류, v)바빌론 억류에서 그리스도의 탄생, vi)그리스도의 탄생에서 오늘날까지의 여섯 시기로 구분한 다음, 각각의 시기에 신화상의 인물들과 왕조를 배치했다. 그는 신화상의 도시 건립자, 영웅, 예술가들에게 권위와 독립성을 부여했다. 그는 그들을 『성서』의 족장, 예언자, 사사(士師)들과 같은 대열에 합류시켰다. 인류에게 공헌했기 때문에 당연히 기억해야 한다는 주장이었다. 이시도루스 이후, 세계사를 쓸 때면 고대의 왕이나 영웅들을 열거하면서, 인간으로부터 신이 되었다는 그리스의 신들을 첨가하지 않을 수 없었다. 이시도루스를 모방한 많은 계승자들 가운데 가장 주목할 만한 사람은 아도 드 비엔(Ado de Vienne)이다. 그는 『연대기』에서 모세와 「출애굽기」를 언급한 다음, 바로 그 시기에 인간을 흙으로 빚어 만든 프로메테우스가 살았으며, 그의 동생 아틀라스는 위대한 점성술사였고, 아틀라스의 손자인 메르쿠리우스(헤르메스)는 유능한 학자였기 때문에 당대의 사람들이 그들을 신들의 반열에 들게 했다고 설명했다.

이러한 추세는 계속되었다. 1160년경 트루아 성당의 주임 사제 페트루스 코메스토르(Petrus Comestor)가 신의 백성의 역사를 기술한 『스콜라 신학 이야기』는 『역사로 기술한 성경』(1294)이라는 제목으로 번역되어 유럽 전역으로 보급되었는데, 이시도루스 이후 가장 치밀하게 체계화시킨 에우에메로스 식 해석을 선보였다. 그는 특히 이교의 역사와 기독교의 역사는 동일한 기반에 입각하고 있음을 설명하고, 이교의 신격화된 위대한 천재들의 공헌을 인정했다. 자라투스트라(조로아스터)는 마법을 창시했고, 이시스(Isis)는 이집트인들에게 알파벳과 글쓰기를 가르쳤으며, 미네르바(아테나)는 여러 종류의 기술과 특히 길쌈을 가르쳤고, 지혜로 이름난 프로메테우스는 인간을 창조했다고 설명했다. 이 같은 훌륭한 인물들은『성서』의 족장들처럼 존경받아야 마땅하며, 그들은 인류의 안내자이자 스승들이었다고 풀이했다.

에우에메로스의 신화 해석 방법이 이교를 비난하는 데 활용된 것이 아니라 이교의 신들을 신격화된 역사적 인물로 인정하는 데 활용되어 그들을 성자 열전에 합류시킨 것이다. 페트루스 코메스토르 이후에도 이 같은 신화 해석 방법을 수정할 수 있는 대안은 나타나지 않았다. 1244년에 뱅상 드 보베(Vincent de Beauvais)는『역사적 관찰』에서 우상(偶像) 숭배의 기원을 설명하면서 코메스토르의 주장이나 이시도루스의 주장을 그대로 답습했다. 게다가 민중들은 '신화적 과거'를 자신들의 것으로 만들고 싶어 했다. 그들의 욕구를 채워주기 위해 사제들은 고대에서 그들의 조상과 혈통의 뿌리를 찾으려고 했다. 로마인들이 자신들의 조상을 트로이의 아이네이아스라고 믿었듯이, 고대에서 자신들의 뿌리를 찾으려고 했던 시도들 중에 가장 유명한 것은 16세기의 롱사르(Pierre de Ronsard)가 쓴『프랑시아드(La Franciade)』이다. 롱사르는 프랑크족이 트로이의 프랑쿠스(Francus)의 후손이라는 주장을 펼쳤지만 신화적 연대기의 '장치'가 미비해 성공하지 못했다.

b. 물질적 해석

12세기 서양의 지식인들에게 우주 생성에 관한 자료는『티마이오스』에 관한 해설' 등을 비롯한 몇 가지 문헌밖에 없었다. 그들은 그리스 문화의 계승자이자 로마의 철학자인 보이티우스(Boetius, 480~525)로부터 우주와 인체를 연결 지어 생각하는 대우주론(macrocosme)과 소우주론(microcosme)을 이어받아 한층 더 발전시켰다. 게다가 이교의 신들이 삼라만상을 관장한다는 신플라톤주의에 입각한 신화 해석 방법도 12세기의 지식인들에게 영향을 미쳤다. 그들은 다양한 신화 해석 방법을 종합해 모든 물질적 존재를 그 특성에 따라 별자리와 관련지었다. 신들과 별들의 관계는 고대 말기에 성립되었는데 별자리와 행성에 관한 신화는 점진적으로 불규칙하게 형성되었다. 이 과정을 촉진시킨 것은 삼라만상은 암호 체계이며 모든 것은 알레고리라는 스토아 철학의 주장과, 페르시아의 태양 숭배와 바빌론의 별자리 숭배에 기반을 둔 동양 종교의 영향이었다. 그리스의 신들은 별들에 흡수됨으로써 생존을 보장받았다. 지상에서 지배권을 상실한 신들은 이제 하늘나라의 주인들로 자리를 바꿔 앉았다. 인간들은 하늘에 있는 그들을 두려워하지 않을 수 없었고, 수시로 그들의 도움을 청할 수 있었다. 점성술의 위세는 곧 자연과학에 영향을 미치게 되었다. 광물학, 식물학, 동물학, 생리학 및 의학 등이 점성술과 관계를 맺었다. 기원후 2세기의 아테네의 점성술사 안티오코스(Antiochos)가 만든 별자리의 상응 관계 일람표는 다음과 같다.

행성의 움직임이 이 세상의 삶과 육체에 연결되어 있다는 점성술을, 중세 교회의 사제들은 위험을 무릅쓰고 기독교인 교육에 활용했다. 기독교가 다른 종교들보다 열등하지 않다는 자신감을 표명하고 아울러 자신들의 기독교를 더 깊이 이해하기 위해서는 신성한 자연법칙과 『성서』를 잘 읽을 수 있어야 하는데, 그러기 위해서는 박물학과 천문학 – 점성학을 알아야 했기 때문이었다. 이 전통은 특히 샤르트르의 학자들에 의해서 발전되었는데, 신의 섭리인 대우주와 자연인 소우주의 상호 관계와 대화에 이교 신화의 온갖 인물들이 알레고리로 등장하게 되었다. 게다가 12세기부터 아랍의 영향으로 점성술에 대한 관심이 고조되면서 하늘에 있는 신들에게 기도하는 법과 기도문이 전파되었고, 유피테르(목성), 비너스(금성),

황도(黃道) 12궁	계절	인생 주기	원소	방위	특질	몸의 상태	체액	기질	색
양자리 황소자리 쌍둥이자리	봄	유년기	공기	남	따뜻하고 축축함	액체성	피	다혈질	빨강
게자리 사자자리 처녀자리	여름	청년기	불	동	따뜻하고 건조함	기체성	(황) 담즙	신경질	노랑
천칭자리 전갈자리 궁수자리	가을	장년기	흙	북	차갑고 건조함	밀집	흑담즙	우울	검정
염소자리 물병자리 물고기자리	겨울	노년기	물	서	차갑고 습함	견고	점액	냉정	하양

사투르누스(토성) 등은 각각 원래의 신성을 갖고 있는 것으로 생각되었다. 가령 금성(비너스)은 관능적인 매혹과 사랑의 별로 항상 관심의 대상이었으며, 토성(사투르누스)은 제우스의 아버지 크로노스와 같은 존재로 무기력, 불행, 노쇠 같은 부정적인 이미지를 상징했다.

c. 도덕적 해석

고대의 신들에게서 정신적 의미를 찾아내고, 그들의 모험과 에피소드에서 교훈을 찾아내는 도덕적 해석 방법은 이미 고대에 호메로스의 서사시에 대한 논평으로 시작되었는데, 코르누투스(Lucius Cornutus) 같은 스토아 철학자들에 의해서 체계화되었다. 기독교 옹호론자들과 교회의 성직자들은 이 방법을『성서』에 적용하는 한편 그리스 신화에도 적용했다. 6세기의 로마 교황 그레고리우스 1세(540~604)의『모랄리아』는『성서』의 알레고리를 기술한 것으로, 풀겐티우스(Fabius Fulgentius, 467~533)가『신화론』에서 기술한 이교의 알레고리와 짝을 이룬다. 그리스 신화에 나오는 바다의 노인 프로테우스에게서 '진실'의 알레고리를 찾아내고 헤라클레스를 통해 '미덕'을 설명하는 도덕적 해석주의자들에게, 신화는 온통 '도덕철학' 일색이 된다. 그들은 이교의 신화들이 기독교의 진리를 예시해 주는 것으로 이해했다. 게다가 12세기부터는 이교의 신들이 평범한 사람들은 접근하기 어려운 비밀스러운 가르침을 숨기고 있다는 주장이 대두되면서, 오비디우스는 '신학자'이자 '윤리학자'로 생각되기도 했다. 이러한 추세는 14세기 초까지 지속되어 이름이 알려지지 않은 어떤 저자는 『도덕론자 오비디우스』를 간행하여, 오비디우스의 『변신 이야기』에 있는 '모든 것이 가르침'이라고 주장했다. 예를 들어 공작(孔雀)은 잘난 체하는 오만한 자이며, 디아나는 삼위일체이고, 사냥꾼 악타이온은 예수 그리스도이며, 태양의 아들 파에톤(Phaethon)은 사탄 루시퍼(Lucifer)를 예시한다는 것이다. 그는 『변신 이야기』에서 기독교의 도덕과 『성서』의 말씀을 찾아낸 것이다.

이 시기에 알레고리와 관행적인 도덕의 시각으로 훌륭하고도 놀라운 문학 작품을 창작한 사람은 단테(1265~1321)였다. 도덕적 해석법을 적용한 것 중 가장 과장되고 체계적인 주장은 15세기 중반에 존 라이드월(John Ridewall)이 쓴 『은유적 풀겐티우스』로, 제목이 시사하는 것처럼 6세기의 풀겐티우스가 발표한 견해를 한층 더 쇄신하고 발전시켰다. 그는 그리스의 신들을 각각의 미덕과 짝 지었다. 가령 사투르누스는 신중함의 알레고리이며, 신중함은 기억력, 총명, 선견지명으로 이루어지므로 사투르누스의 자식들인 유노(헤라)는 기억력, 넵투누스(포세이돈)는 총명함, 플루톤(하데스)은 선견지명, 유피테르(제우스)는 신중함과 지혜와 총명함을 종합하는 자비심을 뜻한다고 주장했다. 이 밖에, 아폴론은 진리, 다나에는 수치심, 페르세우스는 용기의 알레고리라고 설명했다. 그는 각각의 설명에 키케로, 아우구스티누스 등 권위 있는 학자들을 인용해 자신의 주장을 뒷받침했다.

그리스의 신들은 역사적·물질적·도덕적 해석에 의해 기독교 사회에서도 소멸되지 않고 살아남았다. 물론 신화에 대한 이 세 가지 해석 방법은 배타적인 것은 아니었다. 동일한 신화, 동일한 인물에 세 가지 해석 방법이 동시에 적용될 때도 있었다. 이시도루스의 추종자인 아이(Pierre d'Ailly)는 그의 '우주론'에서 신들을 때로는 별들과 동일시하고 때로는 통치자들로 생각하기도 했다. 그리고 단테는 그의 『향연』에서 미덕을 상징하던 행성들을 학문들과 짝 지었다. 달은 문법, 수성(메르쿠리오스)은 변증법, 금성(비너스)은 수사학, 목성(유피테르)은 기하학과 상응시켰다. 움직이지 않는 고정된 별들에게는 자연학, 형이상학, 도덕, 신학을 상응시키면서 서로 간의 유사성을 설명했다.

② 삽화

한편 신화의 등장인물들에 관한 재현도 중세의 긴 세월 동안 도저히 원형을 알아볼 수 없을 정도로 많은 변화를 겪었다. 조형적인 모델을 본받는 그림과 텍스트의 단순한 삽화가 모두 변했다. 조형적인 모델을 재현한 것들 중에서 특이한 것은 신들을 별들로 그려낸 것들인데, 그 같은 발상은 특히 아랍으로부터 영향을 받았다. 별 그림 이외의 조형 작품들은 비잔틴 예술에서나 찾아볼 수 있을 뿐이다. 텍스트용 단순 삽화들은 신화를 알레고리로 설명한 개론서들에 들어 있었다. 개론서들의 전반부는 신화를 기술하는 데 할당되고 후반부는 신화의 교훈적 설명에 할애되었다. 삽화로 그려진 그림들은 대체로 조잡해서 신들을 구별하기 어려웠다. 화가들이 참조할 수 있는 책자가 한 가지밖에 없었기 때문이었다.

그리스 신화에 대한 중세의 문헌적·조형적 해석은 긴 세월 동안 그리스·로마 신화의 형태를 깊이 훼손하고 변질시켰다. 불성실한 필사본, 표현 대체, 위장이나 부주의한 재구성 등으로 고대 신화는 고통받았으며,

오해와 오류와 오역이 고대 신화의 훼손을 한층 더 심화시켰다. 고전적 형태를 박탈당한 신들은 이제 누더기를 걸친, 이름뿐인 개념이 되고 말았다. 르네상스기가 되어야 비로소 신들의 고전적 형태가 되살아날 것이었다.

4. 그리스 신화의 소생: 르네상스

통상적으로 14세기 말에 이탈리아에서 시작되었다고 보는 르네상스는 중세와 급격히 단절되면서 도래한 것이 아니라, '중요한 변화'가 일어나면서 서서히 시작되었다. 학자들에 따라서는 이미 12세기부터 중요한 변화가 일어났다고 주장하는 사람도 있고, 중요한 변화가 이미 과거에 몇 번에 걸쳐 일어났기 때문에 르네상스는 그러한 변화의 반복 과정 중 하나라고 말하는 학자도 있다. 중요한 것은 르네상스가 중세 문화의 유산을 이어받는 가운데 '변화'를 모색했다는 점이다. 그리스의 신들에 대해서도 마찬가지였다. 중세 때 제기되었던 그리스 신들에 대한 다양한 해석들을 르네상스는 수용하고 발전시켰다. 그리스어를 습득한 르네상스 학자들은 중세에는 번역할 수 없었던 원전들을 번역하고 해설하는 작업을 통해서 그리스 신들의 옛 모습을 되찾아주었고, 잊었던 고대의 많은 조형 예술 작품을 발견해 설명했다. 많은 문인들은 물론 역사가들과 철학자들도 모두 이러한 작업에 몰두했다. 문예 부흥이 시작된 것이다.

1) 인문주의

'르네상스(renaissance)'라는 말은 '다시 태어나다'라는 뜻의 라틴어 '레나스코르(renascor)'에서 비롯되었다. 특히 14세기 이탈리아의 학자와 예술가들은 고대 그리스와 로마의 문학과 예술에 탐닉하면서, 고대 문화를 모방하여 자신들의 문화를 일궈내려고 했다. 아랍인들은 고대의 과학에 관심을 갖고 그것을 흡수했지만, 이탈리아를 비롯한 프랑스, 독일, 스페인, 영국 등으로 확산된 고대 모방 열기는 '문예'를 중심으로 펼쳐졌기 때문에 유럽의 르네상스는 고대 문화의 부활을 뜻한다. 고대 문헌을 직접 읽을 수 있게 된 르네상스기의 지식인들은 '신께 기도하고 영혼을 구원하라'는 중세 기독교와 사상가들의 교훈을 받아들이지 않고, '유일신' 대신 '인간'에 더 많은 관심을 쏟았다. 지식인들은 기독교 중심의 중세 '신학'보다 고대 그리스·로마의 문학과 예술이 인간의 여러 문제를 더 깊이 있게 이해하게 해준다고 믿었다. 신학보다는 '인간'을 이해하기 위해 문학과 예술에 열중했던 지식인들을 인문주의자라는 뜻인 프랑스어로는 '위마니스트(humaniste)', 영어로는 '휴머니스트(humanist)'라고 부른다. 최초의 인문주의자는 이탈리아의 페트라르카(Francesco Petrarca, 1304~1374)와 보카치오(Giovanni Boccacio, 1313~1375)였다. 언어의 정확한 사용을 목표로 했던 수사학과 기독교 중심의 신학 및 자연과학이 중세 교육 과정의 핵심이었다면, 그리스·로마의 시를 직접 읽고 공부하는 문법과 역사와 윤리 등 '인간' 연구 중심의 교육이 르네상스기 교육 과정의 핵심이 되었다. 인문주의자들이 교육을 선도했기 때문에 가능한 일이었다. 이런 교육을 통해 고대의 신들이 자연스럽게 부각되었다. 중세에 굴절되고 훼손되었던 신들이 점차 제 모습을 찾아가기는 했지만 신화 해석 방법은 여전히 중세의 전통을 이어받았다. 따라서 에우에메로스의 방법에서 비롯된 역사적 해석 방법은 새로운 여건 속에서도 여전히 인기 있었고, 현상 세계의 물질과 신들의 상호 관계에 입각한 물질적 해석의 새로운 방법인 연금술이 부각되었으며, 비잔틴 제국에서 빛을 보았던 신플라톤주의를 계승한 도덕적이면서도 형이상학적인 해석 방법이 다시 부상했다.[7]

2) 중세 전통의 여파

알레고리에 역점을 둔 이 같은 그리스 신화 해석 방법들은, 때마침 일어난 인쇄술의 발달 덕분에 그때까지는 도저히 생각할 수 없었던 정도로 널리 전파되었다. 그러나 역설적으로 인쇄술의 발달은 그리스 신들의 제 모습 찾기를 더디게 만들기도 했다. 인쇄술이 활성화된 초기에는 중세에 널리 읽히던 신화집들과 개론서들이 인쇄되었기 때문이었다. 보카치오의 『신들의 계보』는 중세 전통을 계승한 저작으로서 15세기 초반에 널리 활용된 신화 자료집의 하나였다. 이 책은 1473년과 1532년 사이에 8판이나 찍을 만큼 널리 보급되었다. 비잔틴 사람들이 활용하던 정통 그리스 신화집이자 아폴로도로스의 저술로 알려졌던 『자료집』은 1555년에 간행되었다. 1549년부터는 신화 텍스트와 알레고리론과 각종 점성술이 혼합된 여러 종류의 신화집과 개론서들이 등장했다. 이 시기에 이탈리아를 비롯한 유럽 전역에 오비디우스의 『변신 이야기』가 범람했는데 14세기 초에 간행된 『도덕론자 오비디우스』의 시각으로 해설된 것이었다. 16세기 전반기에 활용된 신화집의 저자들은 대체로 중세에 이미 읽히던 저자들이거나 중세 작가들이었다.

3) 고대와의 만남

중세 전통의 여파가 16세기 전반까지 지속되었지만 부인할 수 없는 새로운 현상은 벌써부터 시작되고 있었다. 르네상스기 이후부터 고대 문화유산이 발굴되기 시작했고 그리스어 원전을 직접 읽을 수 있게 된 것이다. 서로마 제국이 멸망한 476년 이후 대략 천 년이 흐른 후부터, 폐허화된 로마에서 고대의 유물을 찾아내려는 고대 유물 애호가들의 지칠 줄 모르는 열기는 계속되었다. 인문주의자들과 예술가, 군주들이 옛 로마를 찾아

나섰다. 불타 넘어진 건물의 잔해 위에 네로 황제가 세운 거대한 '황금 궁전'이 16세기 초에 발굴되자 수많은 사람들이 열광했다. 특히 거대한 두 마리의 뱀에 휘감겨 죽어가는 사제 라오코온과 그의 두 아들을 현실감 넘치게 표현한 「라오코온 군상」은 미켈란젤로를 비롯한 당대의 예술가들로부터 '걸작'이라는 평을 받았고 보는 사람에게 '불멸의 향기가 배어나오는' 것 같은 감동을 주었다. 고대와의 직접적인 만남은 이 밖에도 수많은 고대 유물을 통해 이루어졌고 그 수집 열기 역시 대단했다. 고대를 찬미하며 모방하려는 인문주의자들은 열광했다. 중세를 통해 간접적으로 바라보던 고대가 아니라, 문화유산을 눈으로 확인하고 원전을 직접 읽을 수 있는 고대가 되살아났기 때문이다.

① 텍스트
인문주의자들의 그리스어 습득과 인쇄술의 대두는 중세에는 거의 접근할 수 없었던 고전들을 번역하고 간행할 수 있게 해주었다. 르네상스기의 독자들은 더 이상 그리스 신화와 서사시에서 도덕적 가르침을 읽어내려고 하지 않았기 때문에, 그리스 고전들을 해설하는 인문주의자들은 독자들의 기대에 부응하기 위해 각별한 노력을 기울여야 했다. 유럽의 지식인들이 원어 또는 번역을 통해 읽은 가장 중요한 고전들은 다음과 같다.

a. 호메로스
트로이 전쟁 영웅들의 모험과 인간상은 호메로스를 통해 직접 수용된 것이 아니라 오비디우스, 베르길리우스, 스타티우스(Statius, 45~96), 딕튀스, 다레스를 통해서 간접적으로 수용되었다. 중세의 『일리아스』는 15,680행의 원전을 1,100행의 라틴어 운문으로 줄인 요약본이었다. 『일리아스』가 원래 모습으로 제대로 읽히기 시작한 것은 이탈리아의 인문주의자 폴리치아노(Angelo Poliziano, 1454~1494)가 『일리아스』를 라틴어로 번역하고 해설한 다음부터이지만, 결국 24장으로 된 이 작품 중 5장을 넘어서지 못했고 해석에 있어서도 도덕적 가르침만을 찾으려고 했다. 이러한 경향은 1488년에 피렌체에서 디미트리오스 칼콘딜레스(Dimitrios Chalcondyles, 1424~1511)가, 헤로도토스가 쓴 것으로 추정되는 호메로스의 생애와 플루타르코스가 쓴 것으로 추정되는 작품 해석을 함께 수록해 간행한 호메로스의 번역본에서도 계속되었고, 그 후에 간행된 번역본들도 점점 호메로스의 작품을 '알레고리'의 시각으로 해설한 것이 많아졌다. 이러한 추세는 1531년에 간행된 포르퓌리오스(Porphyrios, 234~305)의 『요정들의 동굴』이 간행될 때 극에 달했다. 1542년에 간행된 에우스타티우스의 호메로스 작품 해설과 1544년에 간행된, 헤라클레이토스가 쓴 것으로 추정되는 『호메로스의 알레고리』도 마찬가지였다. 1583년에 도덕적 해설을 덧붙이지 않고 호메로스의 텍스트만 간행한 장 드 스퐁드(Jean de Sponde, 1557~1595)만이 호메로스의 작품을 도덕적 알레고리로 해석하려는 추세에 동조하지 않았다.

에우에메로스의 해석 방법에 따라 호메로스를 역사적 관점으로 해설한 저술도 간행되었다. 트로이의 왕 프리아모스의 친구이자 참모인 안테노르(Antenor)는 평화주의자였기 때문에 트로이가 함락되었을 때도 무사히 살아남아 아들들과 함께 트라케로 떠났고, 그곳에서 다시 이탈리아 북부로 가 베네티족의 조상이 되었다는 전설이 있는데, 피뇨리아(Lorenzo Pignoria)는 자신의 『안테노르』(1625)에서 이 이야기를 들어 안테노르가 북부 이탈리아의 파도바 시를 세웠다고 주장했다. 그리고 제우스는 에티오피아의 왕이었고, 헤라는 시리아의 여왕이었으며, 아폴론은 아시리아의 왕자였다는 프란체스코 비안키니(Francesco Bianchini)의 주장은, 신들은 신격화된 인간들이라는 에우에메로스의 역사적 신화 해석의 관점을 충실히 적용한 것이었다. 호메로스를 해석하는 세 번째 시각은 호메로스의 작품과 『구약 성서』 및 『신약 성서』의 평행 관계를 밝히는 작업이었다. 페르소나(J. B. Persona), 베르그만(Nicolas Bergmann) 같은 사람들은, 호메로스의 작품 속에서 기독교 교리의 흔적을 찾아내 호메로스를 기독교 철학자로 만들기도 했다. 자크 위그(Jacques Hugues)는 트로이 함락이 바빌론과 로마의 예수살렘 점령을 모두 뜻한다고 해석하기도 했다. 그로부터 눈먼 예언가 테이레시아스는 아브라함을, 트로이의 함락을 예언한 카산드라는 선지자 예레미아와 동일시했다.

호메로스를 해석한 또 다른 관점은 제임스 듀포트(James Duport)가 주장한 이집트 영향론이다. 호메로스가 자신의 작품에서 피력하는 도덕론은 그가 이집트에서 진행한 『구약 성서』 연구로부터 비롯되었다는 주장이다. 듀포트는 아폴론보다는 그리스도가, 핀다로스보다는 다윗이, 세네카보다는 바울이, 호메로스보다는 솔로몬이 훌륭하다는 것을 입증해 보이고 싶어 했으며, 독자들에게는 호메로스, 아리스토텔레스, 키케로를 찬미하기 이전에 먼저 기독교인이 되라고 권고했다. 그는 호메로스가 『오뒤세이아』에서 파이아케스인들의 왕 알키노오스의 정원을 묘사할 때 '에덴동산'을 생각하며 기술했을 것이고, 기간테스와 티탄들이 올림포스 신들과 맞서 싸운 이야기도 『성서』의 바벨탑 이야기에서 비롯된 것이라고 주장했다.

b. 베르길리우스의 『아이네이스』

호메로스의 『일리아스』와 『오뒤세이아』를 잘 알지 못했던 중세 사람들도 이 작품들이 베르길리우스의 『아이네이스』의 시원이었음은 알고 있었다. 트로이의 영웅 아이네이아스(아이네아스)가 트로이 함락 후 오랜 방랑 끝에 이탈리아 반도로 들어가 로마 건국의 초석을 마련한다는 줄거리의 서사시 『아이네이스』에는 잊혔던 지혜들이 숨겨져 있다고 중세 사람들은 믿었고, 그로부터 『아이네이스』는 『성서』만큼 경건한 알레고리로 가득하다는 해설과 함께 르네상스로 전승되었다. 그런 이유로 베르길리우스의 작품은 여러 학자들의 해설이 곁들여져 르네상스 시기에 다시 간행되었다.

르네상스기에 가장 흥미롭고 가장 영향력 있었던 베르길리우스 해설자는 크리스토포로 란디노(Cristoforo Landino)였다. 마르실리오 피치노(Marsilio Ficino, 1433~1499)가 이끄는 피렌체의 플라톤 아카데미 회원이었던 그는 1487~1488년에 베르길리우스의『아이네이스』를 간행하면서 소개의 글 끝에 베르길리우스 시의 내재적 의미를 밝혀줄 수 있는 플라톤의 알레고리를 덧붙이기도 했지만, 해설은 6권을 넘어서지 못했다. 란디노가 채택한 방법은 피렌체의 기독교적 플라톤주의에 입각한, 도덕적이면서도 형이상학적인 알레고리 해석 방법이었다. 그러나 그의 방법이 완전히 독창적이라고 말하기는 어렵다. 1427년에 이미 필렐포(Francesco Filelfo)는 베르길리우스가 호메로스의『오뒤세이아』를 모방하여『아이네이스』를 쓴 것은 행정관들을 계도하기 위한 것이었다고 천명했기 때문이었다. 한편 지롤라모 발비(Girolamo Balbi)는 베르길리우스에 관한 자신의 책을 교황에게 헌정하면서, 현세의 정신적 지도자들이 투르크(터키)인들을 무찔러 유럽의 나라들을 구해야 한다고 말했다. 그는 자신의 주장을 뒷받침하기 위해 고전 작가들과 특히 베르길리우스 작품의 구절들을 많이 인용하면서 도덕적이고도 심리적인 교훈을 도출하였다. 알레고리 해석 방법은 점점 기독교적으로 발전했는데 조반니 파브리니(Giovanni Fabrini)의 방대한『아이네이스』주석본이 좋은 본보기였다. 가령 저승의 개 케르베로스의 머리가 세 개인 것을 파브리니는 다음과 같이 장황하게 설명했다. 즉 베르길리우스가 케르베로스에게 머리가 세 개나 달리게 한 것은 몸에 자연적으로 꼭 필요한 것이 무엇인가를 보여주기 위함이며, 그 것은 각각 배고픔, 목마름, 잠이라고 했다. 이 셋이 충족되지 않으면 이성도 힘을 발휘하지 못하며, 케르베로스에게 뼈다귀 하나를 주어 잠들게 한 것도 자연적인 욕구를 충족시키는 일은 나쁘지 않다는 것을 가르치기 위해서라고 했다. 이 같은 파브리니의 설명은 그의 선배 란디노의 해석 방법의 연장선 상에 있는 것이라 할 수 있다.

c. 오비디우스의 『변신 이야기』

이 신화집은 중세의 몇 가지 해설과 함께 르네상스기에 알려졌다. 『변신 이야기』는 이미 중세에도 알레고리 해석 방법의 대상이었다. 1470년 이후 오비디우스의 모든 작품은 거의 매년마다 간행될 정도로 인기가 있었다. 처음에는 알레고리의 관점보다는 신화의 내용을 설명하는 방법이 채택되기도 했지만, 16세기 초반에 페트루스 라비니우스(Petrus Lavinius)가 다시 알레고리의 관점으로 오비디우스의 작품을 해설했다. 1555년 비텐베르크에서 간행된 오비디우스의 신화집 해설판에서 게오르그 슐러(Georg Schuler)는 모든 종류의 알레고리 해석 방법을 함께 구사하였다. 그중 점성술 해석으로는, 가령 남녀 양성을 가진 헤르마프로디토스가 비너스(금성)와 메르쿠리오스(수성)의 자식인 것은, 수성이 상승할 때는 그 위력이 대단하여 다른 행성의 성(性)을 바꾸어놓기 때문이라고 설명했다. 에우에메로스의 해석 방법으로는, 가령 프로메테우스는 천문학자로 독수리자리를 연구하러 코카서스 산으로 갔다고 설명했다. 물질적 해석으로는, 가령 세멜레는 포도가 자라기 좋은 습기 있고 비옥한 땅이며, 제우스는 과일을 무르익게 하는 열기인 까닭에, 세멜레와 제우스는 포도주를 연상시키는 바코스의 부모라고 설명했다. 욕망을 강조한 심리적 해석 중 특히 도덕적 해석으로는, 가령 용의 이빨을 땅에 뿌려 태어난 전사들이 서로 싸우고 죽였다는 전설은, 상속권을 박탈당한 아들들이 아버지 드라콘(Dracon) 왕에게 저항하는 군사적 음모를 꾸미다가 결국은 그들 사이의 내분이 일어난 실제 역사에 그 기원이 있다고 설명했다. 슐러의 이 같은 해석에 동조한 사람들은 1571년 베네치아에서 『변신 이야기』를 간행해 도덕적 설명을 가한 호롤로지오(Horologio)와 초파니(Ciofani)

등 여러 명이 있다. 이 밖에 1614년 파리에서 『변신 이야기』를 번역·간행한 니콜라 르누아르(Nicolas Renouard)는 도덕적 해설 방향을 유지하면서도 『변신 이야기』 속에서 철학의 대(大)원칙들, 가령 플라톤의 형상, 피타고라스의 조화, 헤라클레이토스의 불, 크뤼시포스(Chrysippos, 기원전 281~205)의 수(數), 아리스토텔레스의 엔텔레케이아[8] 등을 찾아냈다. 그는 철학적 배경 뒤에는 모세의 영향이 있다며, 그 증거로 프로메테우스는 신의 섭리를 상징하고 아울러 천문학자일 수 있다고 말했다. 또 인류의 네 가지 종(種), 즉 황금 종, 은 종, 청동 종, 철 종의 신화는 다니엘의 예언에서 비롯된 것이며, 바벨탑을 세운 것은 기간테스이고, 데우칼리온은 노아라고 주장했다. 심지어 신화의 인물들을 현실에까지 적용시켜 알레고리로 활용하기도 했다. 메두사는 프랑스의 프로테스탄트 교도[9]에 해당되며, 페르세우스는 나바르 공(公) 앙리(Henri de Navarre)[10]와 동일시될 수 있다는 식이다. 그리고 이카로스 신화는 잘못된 자신의 이론 때문에 명성이 땅에 떨어지는 오만한 천문학자의 이야기라고 주장했다. 이러한 르누아르의 주장은 오래가지 못하고 후배들에 의해 약화되었다.

② 신화 수집가와 골동품 수집가

그리스·로마의 신화가 수록된 고전 작품을 번역하고 해설하여 출판하는 사람들은 고대의 소생과 함께 새로 나타난 전문가들인 신화 수집가와 최초의 고고학자라고 할 수 있는 골동품 수집가들의 도움을 받아야 했다. 신화 수집가들은 고대의 신화들을 수집했을 뿐 아니라 신화를 해석하기도 했다. 골동품 수집가들도 자신들이 수집한 옛 유물들을 해석하기 위해서는 고대의 문헌을 참조해야 했다. 16세기 초부터 본격적으로 일기 시작한 고대 열풍에 따라, 로마의 폐허는 고전학자와 골동품 수집가들의 산책로이자 탐색로가 되었다. 전문가들 사이의 교류는 고대에 대한 지식의 폭을 넓혔고 신화 해석의 범위를 확장시켰다.

a. 신화 수집가

고대 신화를 연구하고 설명하는 전문적인 신화 수집가들은 르네상스기에 새로 생긴 전문 직종 종사자들이었다. 그들이 쓴 개론서들은 예술가와 문인들과 지식인들에게 널리 읽혔다. 신화들을 수집하고 편집하기 위해서 그들은 중세의 문헌과 최근에 발견된 고전적 해석 등을 전거로 활용했다. 전통의 무게와 힘은 대단했다. 에우에메로스 식 해석 방법과 윤리 및 도덕적 관점, 그리고 상징적 시각은 이미 고대로부터 오랫동안 전승되어 온 신화 해석 방법으로 신화의 겉모습 뒤에서 숨은 뜻을 찾아내려는 줄기찬 시도들이었는데, 르네상스기에도 이러한 해석의 전통은 계속되었다.

페트라르카와 함께 최초의 인문주의자로 꼽히는 보카치오는 1336년 퀴프로스의 왕에게 「이교 신들의 계보」와 「신화의 숨겨진 의미에 관한 설명」을 헌정했고 『신들의 계보』 편찬에 여생을 바치기도 했다. 보카치오는 한 신화가 몇 가지 의미를 가진다고 생각했다. 가령 메두사의 머리를 자르고 날개 달린 신발로 허공을 가로지르는 페르세우스 신화는 문자 그대로 실제로 일어났던 사건일 수도 있고, 도덕적으로 보면 악을 몰아낸 다음 덕(德)을 향해 매진하는 현인의 승리의 상징일 수도 있고, 비유적으로 보면 이 세상의 군주를 제압하고 하나님 아버지께로 올라가는 그리스도의 상징일 수도 있다고 생각했다.

1548년부터 1568년까지 이탈리아에서는 신화 개론서 세 권이 출간되어 대성공을 거두었다. 지랄디(Giraldi), 콘티(Conti), 카르타리(Cartari) 등 세 명의 집필가가 거둔 성공은 너무나 엄청나서 더 이상 같은 종류의 신화 개론서들이 간행될 필요가 없을 정도였다. 하지만 이런 대성공의 겉모습은 화려했으나, 앞선 시대의 신화집에서 크게 발전하지는 못했다. 본질적으로 새로운 설명이 없었기 때문이다. 그들은 과거의 관점과 해석 방법을 답습할 뿐이었다. 대부분의 신화 수집가들은 신화들을 있는 그대로 읽지 않고 숨은 뜻을 찾기 위해 알레고리의 관점에 의존했는데, 프랑스의 라블레(François Rabelais, 1483~1553)는 이러한 추세를 못마땅하게 생각했다. 그리고 「창세기」 30장 9~11절을 만년에 해설하던 루터(Martin Luther, 1483~1546)는 '알레고리'에 때때로 의존하면서도 '알레고리'의 해악(害惡)을 비난했다. 그는 오비디우스의 『변신 이야기』를 '알레고리'의 관점에서 해석함으로써 마리아를 계수나무로, 아폴론을 그리스도로 생각한 것은 터무니없는 일이며, 이러한 관점은 문학을 사랑하는 경험 없는 젊은 이들이 알레고리의 유희에 빠져들게 할 수 있는 폐단이라고 꼬집었다. 루터를 지지하는 그의 한 측근은 알레고리는 거부하면서도 수사학 범주의 알레고리는 채택했는데, 그것은 에우에메로스 식 해석 방법의 한 형태나 다름없었다. 가령 외눈박이 거인 퀴클롭스를 구멍이 하나 뚫린 방패를 사용한 원시인의 일종이라고 설명하는 따위이다. 터무니없는 알레고리 해석을 단호하게 거부하는 이 같은 관점에는 칼뱅(Jean Calvin, 1509~1564)도 동조했다. 칼뱅은 자연스러운 의미가 아니면 알레고리를 사용해서는 안 된다고 주장했다. 한편 에라스무스(Desiderius Erasmus, 1469~1536)는 알레고리는 『성서』를 설명할 때만 활용될 수 있으며, 시인들이 이야기하는 모든 신화들을 기독교적인 알레고리로 해석해서는 안 된다고 주장했다. 신중하고도 타협적인 관점이었다. 많은 학자들이 에라스무스의 견해에 동조했다. 특히 17세기 프로테스탄트들은 유추(類推)는 존중하면서도 비(非)문자적 의미 해석에 대해서는 불신을 드러냈다. 알레고리 일색의 신화 해석 방법에 대한 비판이 고개를 들기 시작한 것이다. 이러한 불신에 프랜시스 베이컨(Francis Bacon, 1561~1626)도 동조했다. 베이컨은 그의 『학문의 진보』(1605)에서 『성서』에서 '자연 철학'을 찾아내려는 파라켈수스(Paracelsus, 1493~1541)를 비롯한 모든 사람들을 비난하면서, 먼저 우화가 있고 해석이 뒤따르는 것이지, 도덕이 먼저 있고 우화가 뒤따르는 것은 아니라고 말했다. 그는 호메로스를 비롯한 시인들이 전승한 우화가 내재적인 의미를 갖고 있다고는 생각하지 않는다는 것을 분명히 천명했다.

b. 골동품 수집가

고(古)미술품과 기념물에 대한 체계적인 검토를 전문으로 하는 골동품 수집가들은 호메로스, 베르길리우스, 오비디우스 등의 작품에서 기독교의 도덕이나 물질적 해석을 찾아내려는 알레고리 해석 방법에 대한 불신을 더욱 강화시켰다. 그러나 땅속에서 발견된 옛 유물들은 설명이 필요했으며, 그러기 위해서 골동품 수집가들은 신화 수집가들의 작업이나 원전을 참조해야만 했다.

역사적인 장소에 대한 향수는 알렉산드로스 대왕 시절부터 있어왔다. 알렉산드로스 대왕은 트로이의 폐허를 방문하고 아킬레우스의 무덤에 헌주(獻酒)하기도 했다. 그러나 골동품 수집가들이 본격적으로 움직이기 시작한 것은 15세기부터였다. 골동품 수집가라는 직종이 부각되기 시작한 것은 폼포니오 레토(Pomponio Leto)가 골동품 수집가 아카데미를 세우면서부터이다. 그리스와 로마의 고미술품을 설명하기 위해 사람들이 모여들었다. 그러나 아직은 초보적인 형태였다. 골동품 수집가가 고고학자의 면모를 갖추기 시작한 것은 16세기와 17세기에 이르러서였다. 이때부터 골동품 수집은 하나의 '분야'로서 확고한 위치를 차지했다. 특히 1719년에 베르나르 드 몽포콩(Bernard de Montfaucon)이 열다섯 권으로 된 『그림으로 설명하고 재현한 고대』를 간행하면서 골동품 수집과 고고학에 대한 관심은 절정에 달했다. 골동품 및 고대 유물의 전문가들은 이제 전문 영역별로 세분화되어 화폐 및 메달, 도상(圖像), 조각 및 부조(浮彫), 비문(碑文), 보석 세공 등을 담당하는 전문가들이 양성되었다.

③ 해석

그리스어 및 라틴어 원전을 번역하고 해설하는 신화 수집가와 골동품 수집가들은 고대의 신화에 대해서 해석하지 않을 수 없었고, 그 해석들은 대체로 역사, 연금술, 철학적 해석법과 밀접한 상관관계를 맺고 있었다. 그러나 르네상스기의 신화 해석 방법들은 모두 그리스·로마 신화를 성사(聖史)와 기독교 신학으로 통합하려고 했다. 호메로스, 베르길리우스, 오비디우스 등의 작품을 알레고리 관점에서 해석하려 했던 모든 사람들은 신화 속에서 성사나 기독교 교리의 흔적을 찾아내야 한다는 생각에 사로잡혀 있었다. 그들은 성스러운 신비의 힘이 신화들 속에 분산되어 있다고 생각했기 때문이다. 그들은 이교의 잔해 속에 기독교의 정신이 훼손된 채로 들어 있다고 생각했기 때문에, 가능한 한 이교의 신화를 면밀히 관찰하고 '알레고리'의 시각을 통해 기독교의 교훈을 도출하려고 했다. 이러한 해석의 추세는 16세기 시인들에게도 영향을 미쳤다. 르네상스기의 대표적인 프랑스 시인 피에르 드 롱사르(Pierre de Ronsard, 1524~1585)는 시 창작법을 언급하는 대목에서, 뮤즈, 아폴로, 메르쿠리우스 등은 하느님의 또 다른 이름에 지나지 않는다고 말하고 있다.

그대가 어떤 훌륭한 작품을 계획하면, 그대는 먼저 종교적이어야 하고 하느님을 두려워해야 하며 하느님의 이름으로, 혹은 하느님의 장엄한 어떤 효과를 표현해 줄 수 있는 다른 이름들을 사용해서 하느님을 거론하고 경외해야 한다. (…) 왜냐하면 뮤즈, 아폴로, 메르쿠리우스, 팔라스, 비너스와 그 밖의 신들은 옛날 사람들이 하느님의 전능하심을 표현하기 위해 하느님의 신비로운 장엄함의 어떤 양상들에게 지어준 이름 외에 아무것도 아니기 때문이다. 출발이 하느님으로부터 비롯되지 않으면, 어떤 것도 훌륭하거나 완전할 수 없다는 것을 깨우쳐야 한다. 그런 후에나 훌륭한 시인들의 작품을 열심히 읽고 가능한 한 많이 암송해야 한다.[11]

기독교 정신이나 성사로 그리스·로마 신화를 통합하려는 당대의 해석 방향에 거의 모든 사람들이 동조하고 있었기 때문에, 그들은 자신들이 신화에 대해 갖는 생각이 '텍스트' 자체에서 비롯된 것인지, 또는 그들이 존경하는 대상에서 비롯된 것인지, 아니면 순전히 자신들의 상상력에서 비롯되었는지에 대해 스스로 점검해 볼 수 있는 거리와 여유를 거의 갖지 못했다.

a. 역사적 해석: 에우에메로스의 방법

오랜 전통을 가진 에우에메로스의 방법은 16세기초부터 교회의 사제들을 통해 활용되었다. 그리스 신화는 결국 『성서』에서 이야기를 차용하여 변형·왜곡한 것이라는 생각이 그것이었다. 그들은 신들의 이름의 어원을 조사하고 『성서』의 인물들과 신들의 생애를 면밀히 비교·검토하여 이교의 교리와 경배 의식 뒤에는 『구약 성서』와 『신약 성서』가 숨어 있다고 결론지었다. 이 같은 에우에메로스 식 해석을 일관성 있게 성취해 낸 사람은 벨기에인 장 르메르(Jean Lemaire)였다. 영국에서는 리처드 린츠(Richard Lynche)가 영국의 기원이 트로이에서 비롯되었다는 그럴듯한 주장을 펴기도 했고, 요한 베르텔스(Johann Bertels)는 룩셈부르크인의 기원을 고대에서 찾기도 했다. 월터 롤리(Walter Raleigh)는 『세계의 역사』를 통해, 모세로부터는 입에서 입으로 전승된 이야기 체계와 글로 전승된 체계의 두 전통이 비롯되었기 때문에, 그리스 신화와 『성서』는 체계적으로 관계를 맺을 수밖에 없다고 주장했다. 구체적으로 아담은 사투르누스와 동일하고, 누이와 결혼한 카인은 유피테르에 상응하며, 이브는 레아와 동일하다고 주장했다. 휴 샌퍼드(Hugh Sanford)는 『성서』의 이름과 그리스 신화에 나오는 이름의 음성학적 기원을 조사하여 『성서』의 인물과 이교 신들의 상응 관계를 설명하기도 했다. 이러한 추세는 르네상스기 동안 줄곧 지속된 일종의 '강박 관념'으로서, 계몽주의 시대에 가서야 비로소 사라지게 된다.

그러나 이러한 추세에도 불구하고, 기독교에서 말하는 성스러운 '빛'으로 가득 찬 인간이 무지한 '어둠'의 세계로 빠져드는 이유는 무엇일까 하는 의구심과, 몇몇 기독교 의식은 이교에서 비롯된 게 아닌가 하는 문제도 제기되었다. 조반니 카살리오(Giovanni Casalio)를 비롯한 여러 사람들이 다양한 시각으로 이러한 문제에 대답하려 했고, 마침내 17세기 말부터 기독교 이외의 종교에 대한 연구가 다양해지면서 발전의 기미가 보였다. 그 연구들로부터 대부분의 종교는 서로 공통점이 많으며, 모든 종교는 원시적인 희망과 두려움에서 비롯되었다는 설명을 얻기도 했다. 물론 기독교가 계속해서 제일 중요한 자리를 차지하고 있었지만 기독교 옹호론은 주춤해졌다. 유명한 베르나르 드 퐁트넬(Bernard de Fontenelle, 1657~1757)의 『신탁의 역사』 등 많은 저술들이 이때 간행되었다. 피에르다니엘 위에(Pierre-Daniel Huet, 1630~1721)는 기독교의 도덕과 신앙과 의식의 대부분이 세계의 다른 여러 나라에도 존재한다는 것을 발견했다. 그러나 그의 발견이 인류학의 발전에 큰 공헌을 할 수 있었음에도 불구하고, 기독교에 대한 확신에 발목을 잡힌 그는 15세기 피치노의 신플라톤주의 또는 기독교적 플라톤주의로 후퇴하고 말았다.

b. 물질적 해석: 연금술

비잔틴 문명과 중세 아랍으로부터 전수된 연금술은 신화와 밀접한 관계를 맺고 있었는데, 르네상스기에 이집트 연금술을 다룬 저작들이 유행하면서 다시 소생하였다. 알베르 르 그랑(Albert Le Grand)은 퓌라와 데우칼리온 신화를 들어 '돌'의 기원을 설명했고, 페트루스 롬바르두스(Petrus Lombardus)는 베르길리우스의 『아이네이스』와 오비디우스의 『변신 이야기』, 그리고 프로테우스, 파에톤, 라뷔린토스, 메데이아와 이아손이 뿌리는 용의 이빨 등을 내세워 연금술을 설명했다. 아르고 호가 찾아 나섰던 황금 양털은 모든 것을 금으로 바꾸는 최고의 마법이나 경지를 상징하는 것으로 읽히고 해설되기도 했다. 마이어(Michael Maier)는 신들뿐만 아니라 축제와 의식(儀式)과 관습도 연금술의 시각에서 해석하려고 했다. 게다가 그는, 세상의 물리를 깨우친 사람은 자신이 터득한 것을 남에게 전수하면 죽음을 면하기 어려웠기 때문에 그것을 상징을 사용하여 기록함으로써 극소수의 사람들만 깨우칠 수 있도록 했다고도 주장했다.

c. 도덕 및 형이상학적 해석: 철학

르네상스기에 이탈리아와 그 밖의 유럽 지역에 가장 중요한 지적 영향력을 지속적으로 행사한 사람은 피렌체의 신플라톤주의자 마르실리오 피치노(Marsilio Ficino, 1433~1499)였다. 피치노는 1456년에 그리스어를 익히고, 의학과 신학을 공부했다. 그는 코시모 데 메디치(Cosimo de Medici)의 후원을 받아 플라톤 아카데미를 세울 수 있었다. 피치노는 헤르메스 트리스메기스토스(Hermes Trismegistos)[12]의 계시록 『포이만드레스』(1463), 플라톤의 대화편들, 플로티노스의 『아홉 개의 강론』과 신플라톤주의 강론들을 라틴어로 번역했다. 피치노는 번역과 해설서 이외에도 『쾌락론』(1457), 『기독교에 대하여』(1474)와 특히 『플라톤 신학─영혼의 불멸성에 관하여』(1469~1474년에 집필하고 1482년에야 간행됨), 『플라톤의 「향연」 해설』 등의 저술을 남겼다. 피치노는 잠재적 범신론을 비난하면서 아우구스티누스가 지적했던 것처럼 플라톤주의자들은 기독교도들과 별다른 차이가 없다고 생각했다.

피치노는 자라투스트라로부터 헤르메스 트리스메기스토스, 오르페우스, 피타고라스, 플라톤과 아리스토텔레스를 거치면서 만들어진 플라톤 신학은 기독교 신학과 방향이 같을 뿐만 아니라 기독교 신학의 전개에 유용하다고 주장했다. 그는 자신의 신학 체계 속에서 육체, 품격, 영혼, 천사, 신(神)의 5단계를 설정하고, 상승하기도 하고 하강하기도 하지만 영혼은 세 번째에 자리 잡는다고 생각했다. 그리고 자라투스트라의 교리에 따라, 세계를 지배하는 세 가지 원칙은 신, 지혜, 영혼이며, 신의 특성은 통일성, 지혜의 특성은 질서, 영혼의 특성은 움직임이라고 말하면서, 우주의 각 영역의 영혼은 이중의 힘을 갖는데, 그 하나는 앎이고 다른 하나는 각 영역의 활성화와 지향성이라고 주장했다. 가령 공기의 영역에서는 유피테르(제우스)가 공기의 인식력을 발휘하고, 유노(헤라)가 공기의 활성화와 지향성을 주관하며, 물의 영역에서는 오케아노스가 물의 인식력을 관장하고 테튀스가 물의 활성화와 지향을 결정한다고 말했다. 올림포스 신들이 『플라톤 신학』의 체계에 따라 자신들의 관할 영역에 다시 등장한 것이다. 피치노에게 유일자(唯一者)는 아폴론이었다. 플라톤이 『크라튈로스』에서 언급한 처럼, 아폴론이라는 이름은 다양성과는 거리가 먼 '단순한' 것을 의미하는 'apolys'나 'aployn'에서 비롯되었다고 피치노는 생각했기 때문이었다. 그리고 피치노는 우주의 열두 영역의 각 '영혼'은 황도(黃道) 12궁의 별자리에 해당하고, 그 별자리는 각각의 신성을 가진다고 말했다. 그 상응 관계는 다음과 같다. 양자리-팔라스, 황소자리-비너스, 쌍둥이자리-페부스, 게자리-메르쿠리우스, 사자자리-유피데르, 처녀자리-케레스(데메테르), 천칭자리-불카누스, 전갈자리-마르스, 궁수자리-베스타(헤스티아), 염소자리-디아나, 물병자리-유노, 물고기자리-넵투누스.

이러한 주장들을 기술하고 있는 피치노의 『플라톤 신학』은 아테네의 신플라톤 학파의 주장을 계승하고 있으며, 그리스 신화의 표면적인 의미 밑에 숨어 있는 의미를 탐색하는 '알레고리'의 전통과 기독교의 『성서』 해석 전통을 이어받고 있다고 할 수 있다.

피치노 이후 이교 철학과 기독교 신학을 조화롭게 연결하려고 한 많은 사람들 중에 특히 키사모스(Kisamos)의 주교인 아고스티노 스테우코(Agostino Steuco)가 눈길을 끈다. 그는 아담의 유산을 가장 잘 보전한 사람들은 히브리인이므로 히브리어에서 파생된 언어를 가진 바빌론, 아시리아, 이집트, 페니키아 등이 다른 민족들보다 그 가르침을 잘 이어받았으며, 비교적 나중에 형성된 그리스인들은 그들보다 오래된 문명을 가진 이들 민족으로부터 영향을 받아 자신들의 신화와 신학과 철학을 일구어 냈다고 생각했다. 호메로스와 헤시오도스에게 가르침을 준 선배들이 분명 있었겠지만 그 선배들의 저술은 소실되어 남아 있지 않으며, 헤르메스 트리스메기스토스도 10만 권 넘게 책을 썼지만 남아 있는 것은 한 줌밖에 되지 않기 때문에, 이러한 저술들이 발굴되면 최초의 원시 신학에 담긴 순수한 진리를 밝혀낼 수 있을 거라고 스테우코는 생각했다. 또한 그는 헤르메스 트리스메기스토스의 메시지가 대홍수 이후 훼손되었지만, 모세에 의해서 보완되고 새로운 기독교의 깨우침에 의해 복원되었다고 생각했다. 이러한 행운에도 불구하고, '완벽한 신학'의 흔적을 세상의 모든 문헌과 작품들 속에서 찾아내는 것이야말로 기독교의 진리를 확정하는 데 유익하다고 그는 생각했다. 스테우코의 시도는 콘벤지오(Convenzio)에 의해 계승되었고, 1577년 피렌체의 철학 교수 프란체스코 데 비에리(Francesco de Vieri)는 기독교와 헤르메스 트리스메기스토스, 피타고라스, 소크라테스, 플라톤, 아리스토텔레스 사이에 믿을 수 없을 정도의 유사성이 있음을 목록으로 작성해 밝히기도 했다.

플라톤에 대한 찬양 일색과 지지는 마침내 1594년 조반니 바티스타 크리스포(Giovanni Battista Crispo)에 의해 비난으로 변했다. 그는 가톨릭 교회만이 옳으며, 플라톤과 아리스토텔레스를 읽는 사람들은 이단으로 끌려갈 위험이 있다고 주장했다. 얼마 후 신학자 조르주 파카르(Georges Pacard)는 1606년에 파리에서 간행한 『자연 신학』을 통해 이교도들이 기독교의 신과 신의 섭리로부터 얻어낸 깨우침들을 상세히 풀어썼는데, 그는 아리스토텔레스의 유물론적 실재론만이 비난의 대상이 될 수 있다고 주장했다. 이러한 견해는 갈란티(Galanti)와 알루아(Pierre Halloix) 등에 의해서 다시 반복되었는데, 특히 알루아는 모세가 플라톤의 스승이라는 생각을 표명하면서, 소크라테스의 죽음을 맞아 영혼 불멸론을 전개한 『파이돈』에 그리스도의 도래가 예고되어 있다고 주장했다. 이러한 견해들은 케임브리지의 플라톤주의자들에게 영향을 미쳤는데, 특히 존 스펜서(John Spencer)와 존 마셤(John Marsham)은 모세가 이집트의 영향을 받았다는 전통적인 주장에 처음으로 이의를 제기함으로써 당대의 탁월한 신학자들로부터 강력한 비난을 받았다. 그러나 한편으로는 신화를 알레고리로 해석하는 것이 가능한 것은 모든 인간들이 계시된 동일한 진리를 다 같이 공유하기 때문이라는 가장 전통적인 통설을 계승하고 발전시켰다.

그러나 신대륙의 발견은 신화 해석에 대한 생각을 송두리째 바꾸는 계기가 되었다. 아메리카의 발견은 그리스·로마 신화와 아메리카 원주민 신화의 대비(對比)를 가능하게 했고, 그로부터 '이성'의 모태인 그리스 신화와 '야생'의 신화는 다 같이 인간이 가진 근원적인 '비합리성'을 반영하는 것으로 인식됨으로써, 모든 것을 합리적인 언어로 표명하려 했던 고대 그리스 문화 한복판에도 비합리적인 것이 존재했음을 알려주는 계기가 되었다. 신화의 표면적 의미 뒤에 있으리라고 생각했던 숨은 뜻을 찾으려는 '알레고리'의 관점은 신화의 '비합리성'이 부각됨에 따라 빛을 잃게 되었다. 신화의 비합리성에 대한 인식은 이후의 모든 신화 연구가 그때까지의 알레고리 해석에서 본격적으로 벗어나게 하는 출발점이 되었다.

그것은 역사적 전환이었다. 그리스·로마의 고대 세계로부터 비잔틴 시대, 그리고 라틴어권의 중세와 르네상스기까지 여러 형태로 줄기차게 구사되었던 신화의 알레고리 해석 방법은 장구한 세월 동안 그리스 신화의 '생존'을 가능하게 했다. 시대 상황의 변화와 그에 따른 독자의 새로운 문화적 욕구에 부응하기 위해 알레고리 해석 방법은 신화를 당대의 철학과 이념, 종교에 알맞게 끊임없이 재해석하여 당대의 문화적 맥락에 적용시켜 왔다. 그것은 문화적 통합이자 문화적 동화 현상이었다. 그러나 신대륙 발견 이후 '알레고리'의 유효성이 약화되자 신화의 알레고리 해석이 추구했던 문화적 통합 또는 동화 현상도 이제 막을 내리게 되었다. 문화적 동화 현상이 빛을 잃게 되자 더 이상 철학 체계의 우월성이나, 이념과 종교의 우월성을 거론할 수 없게 되었다.

5. 그리스 신화와 서구의 상상력

르네상스는 고대의 소생과 함께 서구의 근대를 열었다. 중세의 신학으로부터 인문학으로 관심이 이행되면서, 인문주의자들은 신학보다는 문학과 철학이 인간의 문제를 더 잘 이해할 수 있게 해준다고 생각하여 고대 그리스·로마의 문학과 예술을 모델로 삼아 본받으면서 플레야드 문학 운동 등을 전개했다. 중세에 다루지 못했던 '인간'의 문제가 부각되면서 문학은 물론 예술의 영역에까지 고대 열풍이 불기 시작했다. 그리스·로마의 문학과 예술이 이교 문화이기는 했지만, 각각의 신들이 우의적으로 관장하고 표현하는 것들이 너무나도 인간적인 사안들이라 중세의 유일신일변도 문화에 오랫동안 익숙했던 지식인들은 '인간' 이해의 관점에서 그것들을 수용할 수밖에 없었다. 그러나 수용된 것은 중세를 거치면서 변질된 그리스 신화가 아니라, 고대의 원전과 조형 예술을 만나면서 복원된 본래의 그리스 신화였다. 그들은 그것을 신앙 차원에서 '종교적'으로 수용한 것이 아니라, 인간의 이해와 인문주의에 바탕을 두고 '지적'으로 수용했다. 인간의 문제가 유일신의 섭리나 신비를 이해하는 것보다 더 중요하고 흥미롭다고 생각한 보카치오와 페트라르카를 비롯한 인문주의자들은 인간의 문제에 관심을 표명하는 것이 지식인의 의무라고 생각했다. 그들은 고대의 문학을 모방하여 작품을 썼다.

가령 롱사르는 핀다로스가 운동 경기에서 승리한 선수를 찬양하는 『올림픽 승리의 찬가』와 『퓌티아 경기 승리의 노래』를 모방했다. 핀다로스는 운동 경기에서 승리한 선수들을 신들이나 영웅들에 견주어 찬양하면서,

우승자는 초인적인 신화의 주인공들과 나란히 설 수 있다고 치켜세웠다. 롱사르는 궁정에서 녹(祿)을 받는 궁정 시인이었기 때문에 왕이나 귀족들의 대소사에 시를 써서 올려야 했다. 롱사르는 핀다로스의 '승리의 노래'를 프랑스어로 옮겨 쓰면서, 운동 선수들의 이름을 귀족이나 왕의 이름으로 바꾸어놓았다. 운동 경기에서 승리함으로써 선수들이 이름을 얻고 영웅의 대열에 동참하는 것처럼, 롱사르는 시를 통해 왕과 귀족들의 업적을 칭송하는 것은 물론, 신이나 영웅들의 영광스러운 대열에 그들이 어깨를 나란히 하고 설 수 있는 것처럼 치켜세웠다. 핀다로스의 기법을 그대로 따른 롱사르의 오드 「미셸 드 로피탈에게」는 찬양시의 굴레를 벗어나지 못함에도 불구하고, 역사적인 시간과 공간을 탈피한 신화적 구도 덕분에 현실적인 직접성을 넘어선 고귀하고 신성하며 숭고한 분위기를 자아낸다. 신화의 탈공간적·탈시간적 속성이 귀족과 왕들을 현실로부터 끌어내어 상상으로만 존재하는 신성하고 숭고한 모습을 그들에게 부여했기 때문이다. 현실의 직접성이나 사실성과는 정반대로 탈공간적이고 탈시간적인 신성하고 숭고한 세계는 언어에 의해 상상으로만 존재하는 까닭에, 그리고 현실 세계를 보완하고 현실 세계에 대응하여 존재하는 까닭에 '대세계(對世界, contre-monde)'라고 부른다. 대세계는 '꿀과 우유가 흐르는 곳'이며 '모든 것이 평화와 아름다움, 호사스러움과 고요함과 즐거움뿐인' 곳이다. '이야기'에 의해 만들어지는 대세계는 현실의 고난과 궁핍을 보상해 주는 넓은 의미의 종교적 공간이며 '낙원'이기도 하다. 유럽 문화권에서 '낙원'이라는 대세계는 셈족인 히브리인들의 종교와 아리안족인 그리스인들의 신화에 의해 형성되었다.[13] 셈족의 유일신 숭배와 아리안족의 다신교 전통은 고대로부터 중세와 르네상스기에 이르기까지 '이야기'를 통해 대세계인 낙원을 줄기차게 형성해 왔다. 신화와 종교는 근본적으로 이야기에 근거하기 때문이다. 롱사르가 핀다로스의 신화 사용법을 모방한 것은 궁정 시인으로서 귀족들과 왕을 칭송하기 위해서였지만, 그가 그리스 문학에서 모방한 대세계는 찬양시 영역에만 머물러 있지 않았다. 그의 시 창작 방법은 그가 주도하던 플레야드 파 시인들에게 영향을 주었고, 그들은 모두 그리스 문학을 열심히 모방했다. 롱사르와 그의 동지 뒤 벨레 (Joachim du Bellay)는 고대 그리스 문학의 위대함 앞에서 자신들이 해야 할 일은 프랑스어를 정화하여 올바르게 사용하게끔 하는 일 외에 아무것도 없다고 한탄하기도 했다. 그들이 표현하고 싶은 모든 것을 그리스 문학이 이미 다 담아냈다고 생각했기 때문이다.

비잔틴 세계에서는 고대 그리스 문화의 흔적이 비교적 제대로 보전되었지만, 라틴어권에서는 중세 천 년을 거치면서 그리스 신화가 원래의 형태를 알아볼 수 없을 정도로 훼손되고 변질되었다. 하지만 '알레고리'의 힘 덕분에 소멸되지는 않고 살아남을 수 있었다. 제우스가 수도승의 옷을 입고 한 손에는 십자가를, 다른 한 손에는 성배를 든 모습이 그러한 예들 중 하나였다.

소멸되지 않은 신화의 편린들이 르네상스기에 원래의 모습을 되찾고 그것이 문학 작품에 활용됨으로써, 신화는 새로운 문화 환경에서 문학적 효과를 발휘하게 되었다. 핀다로스가 신화를 사용하며 운동선수의 승리를 소리 높여 노래하거나, 에우리피데스가 비극 작품 속에서 신들과 영웅들을 충분히 인간화시켰다 해도 그것은 모두 고대 그리스 이교 문화의 맥락에 알맞게 창출된 것이었다. 따라서 시대 상황이 '인간' 이해의 방향으로 바뀐 르네상스기에는 고대 작품을 모방해 신화를 활용하더라도 당대의 상황에 알맞게 활용해야만 했다. 중세의 종교적 전통이 뚜렷하게 남아 있고 기독교 신학이 강한 영향력을 발휘하던 이 시기에 인간 이해의 새로운 시각이 부각된 것은 새로운 시대를 여는 분명한 징후이자 새로운 가치관의 대두였지만, 그리스 신화의 전통이 기독교 전통을 외면한 채로 수용된 것은 결코 아니었다. 오히려 약화되었던 그리스 신화 전통이 기독교 전통 속에서 다시 부각된 것이라고 보는 것이 정확할 것이다. 앞에서 인용한 롱사르의 글에서 "뮤즈, 아폴로, 메르쿠리우스, 팔라스, 비너스와 그 밖의 신들은 옛날 사람들이 하느님의 전능하심을 표현하기 위해 하느님의 신비스러운 장엄함의 어떤 양상들에게 지어준 이름 외에 아무것도" 아니라는 구절은 르네상스기의 그리스 신화 수용 및 해석의 좋은 본보기지만, 그렇다고 신화의 문학적 효과가 하느님의 경배와 기독교 신앙의 고취를 유도하는 것은 아니었다. 다만 숭고하고 신성한 문학적 효과를 발휘하기 위해 그리스 신화를 활용한 것이었다. 현실의 직접성과 사실성을 벗어나 탈공간적이며 탈시간적인 대세계로 향하기 위해서 기독교의 하느님을 인용하기만 하고 『성서』의 일화들을 이야기하기만 한다면 중세 문학과 다를 것이 없었다. 다시 소생한 그리스 신화를 인간의 이해와 표현을 위해 하느님의 장엄한 전지전능함 아래 활용한 것은, 이교로의 방향 전환도 아니고 그렇다고 하느님의 경배와 기독교 정신의 고취도 아니었다. 그것은 오히려 오랫동안 고대의 신들 밑에서, 그리고 중세의 유일신 밑에서 한 번도 인간의 진정한 가치를 인정받지 못했던 인간의 잠재된 신성과 존엄성과 숭고함을 깨우치는 계기가 되었다. 문학 작품을 통해 독자는 고대의 신들이 등장하는 숭고하고도 모범적인 신성한 세계로 끌려 들어가 작가가 만들어낸 대세계 속에서 현실에서 오염된 자신의 심성을 정화하여, '악을 씻어내고 고귀한 미덕으로 재무장한' 다음, 현실 세계로 되돌아올 수 있었다. 종교적 분위기로 감싸지 않고도 독자의 영혼을 고양시키면서 인간의 신성한 존엄성을 의식하게 한 르네상스기의 문학 작품들은 근대적 인간을 드러내는 데 크게 공헌했다고 말할 수도 있지만, 아리안족의 고대 그리스 이교 문화와 셈족의 기독교 전통을 다 같이 수용하면서 인간의 상상력의 폭을 넓히고 자유롭게 하는 데 크게 공헌했다고도 말할 수 있다. 바꾸어 말하면, 그것은 고대와 중세적 인간상으로부터의 탈피이자 개인의 자유와 권리를 부르짖는 근대적 인간의 탄생이기도 하다. 르네상스는 그런 의미에서 '인간'의 다시 태어남을 의미하기도 한다.

르네상스기에는 인쇄술의 발명과 종교 개혁, 신대륙 발견 등 역사적인 전환을 이룩한 일들이 일어났지만, 이러한 것들조차 고대가 다시 태어남에 따라 인문주의가 융성하고 그에 따라 인간의 위상이 새롭게 인식되면서 인간의 자유와 상상력이 크게 향상된 것만큼 중요하다고 할 수는 없다. 기독교 전통과 함께 고대 그리스 문화를 모방·활용하는 문학·예술 전통이 19세기 말까지 약 300년 동안 유럽을 지배하며 근대 문화를 이끈다. 그것은 16세기에 고대가 재발견되고 그 문화가 다시 태어남으로써만 가능했다. 유일신 문화인 헤브라이즘이 중세 천 년을 지배한 후 이교 문화인 헬레니즘이 다시 소생함으로써 획일적인 기독교의 도덕과 상상력의 단조로움을 특히 문학과 예술의 영역에서 극복하고, 인간 중심적인 사고를 통해 상상력의 지평을 넓힘으로써, 이제 개인들도 작가들이 이야기로 꾸미는 대세계를 통해 신들만이 누렸던 혜택받은 세계를 누릴 수 있게 되었다. 그리스의 신들은 숭고하고 신성한 '다양한' 이야기들을 들려주었다. 인간의 삶이 본래 단조롭고 획일적이지 않기 때문에 다양한 신들의 이야기는 인간의 다양한 삶을 이해하고 표현하는 데 유익했다. 문인들은 물론 르네상스기의 미켈란젤로, 라파엘로, 레오나르도 다 빈치 등도 기독교 전통과 고대 그리스·로마 신화가 들려주는 다양한 '이야기'를 소재로 삼아 많은 명작들을 남겼다.

르네상스는 역사적으로 중요한 많은 문학·예술 작품들을 남겼다. 르네상스기 이후의 학자들은 인문주의자들의 사상과 연구 방법을 모방했다. 16세기 이후의 작가들은 페트라르카, 보카치오, 롱사르, 뒤 벨레 같은 르네상스 작가의 작품을 모방하고 발전시켰다. 그뿐 아니라 르네상스는 회화·조각·건축 분야의 발전에도 막대한 영향을 미쳤다. 수백 년 동안 화가들은 피렌체를 찾아가 조토와 마사초의 프레스코화를 보고 감탄했으며, 조각가들은 미켈란젤로의 작품으로부터 영감을 얻었다.

문학과 예술은 저절로 생기지 않는다. 인간의 의식이 항상 무엇무엇에 대한 의식이듯이, 인간의 상상력은 무엇무엇을 모방하는 것에서 비롯된다. 아무것도 없는 무(無)의 상태에서 상상력이 꽃필 수는 없다. 무엇무엇을 모델로 삼아 그것을 수용·변용하면서 가꾸어나가는 것이 창조의 첫걸음이다. 호메로스의 『일리아스』를 비롯한 고대 문학이 그전에 구전되어온 이야기들을 재구성하고 변용하였듯이, 후일의 문학은 앞의 문학을 변용함으로써 만들어진다. 따라서 문학의 자생적 발전은 물려받은 문화유산의 깊이와 넓이에 비례해 성취된다. 르네상스기의 문학과 예술은 뒤따라오는 시대의 문화유산으로 자리 잡아 19세기 말까지 모방과 변용의 대상이 되어 근대 유럽 문화의 젖줄이 된다.

19세기 말까지 유럽에서 지속되는, 그리스 신화와 기독교 전통이 '함께' 어우러진 문학·예술적 변용은 르네상스로부터 비롯된 것이다. 신화와 종교가 어우러진 것이다. 이것은 신화와 종교가 근본적으로 이야기에 근거하기 때문에 가능했던 일이다. 이야기의 구도 속에서 그리스 신화와 『성서』의 많은 일화들이 서로 배척하지 않고 함께 문학·예술적으로 변용되어 새로운 이야기를 만들어낸다. 문학과 예술의 자생적 토양이 비옥해지면, 이야기는 저절로 반복된다. 이렇게 되면 이름뿐인 그리스 신화와 기독교가 아니다. 어떤 형태로든지 반복되지 않는 신화와 종교는 생명력이 없다. 그러한 신화와 종교는 폐기되거나 시효가 지나 사전 속에서나 찾아볼 수 있을 뿐이다. 전통은 반복에서 비롯된다. 반복 없는 계승과 전통은 불가능하다.[14]

그리스 신화와 『성서』의 문학·예술적 변용은 19세기 말까지 유럽 전역에서 활발히 이루어졌지만 20세기 초부터는 상당히 약화되었다. 20세기 초의 1차 세계 대전과 볼셰비키 혁명 같은 역사적 사건들이 세계를 뒤흔들어놓음으로써 문학과 예술의 관심과 방향이 변했기 때문이다.

그러나 지금도 유럽에 가면 어디에나 성당이 있고, 제우스, 아폴론, 헤르메스, 아프로디테, 아틀라스 등 그리스의 신들이 공원이나 분수, 오래된 건물의 장식으로 줄줄이 서 있다. 기독교를 뜻하는 성당과 고대 그리스·로마의 문화를 대변하는 주인공들이 유럽의 곳곳에 오늘도 평화롭게 서 있다.

기독교가 유럽을 벗어나 세계 종교로 확산되었듯이, 그리스·로마 신화도 문학·예술의 변용을 거치면서 세계로 퍼져나갔다. 유럽의 문화를 이해하려면 기독교와 함께 그리스·로마 신화를 알아야 한다. 유럽 문화의 두 젖줄 중 하나인 그리스 신화를 모른다면 유럽 곳곳에 서 있는 조각들은 돌덩어리에 지나지 않는다. 세계 곳곳에서 '올림픽' 경기가 열리고 '성화'가 봉송되며, '아폴로' 계획에 따라 우주 탐사가 진행된다. 굳이 정신분석학이 아니더라도 오이디푸스 신화와 오이디푸스 콤플렉스는 널리 알려진 이야기가 되었고, 에로스와 프쉬케는 모르는 사람이 없을 정도가 되었다. 그리스 신화는 수없는 반복을 거치면서 21세기 디지털 시대에도 세계 곳곳에서 갖가지 형태로 인용되고 활용된다. 그리스 신화는 이제 기독교 전통과 함께 세계로 확산되는 서구의 상상력의 모태이다.

8

그리스 신화 연구의
발전

Introduction to Greek Mythology

1. 르네상스로부터 계몽주의 시대로

앞 장에서도 언급한 것처럼 그리스·로마 신화는 기독교 전통과 함께 르네상스기 이후 유럽의 문학과 예술 전반에 거의 항상 등장하면서 문화의 자생적인 여건을 풍요롭게 하였다. 있는 그대로의 자연을 미화하고 상상력을 고양시키는 시인들과 예술가들은 물론, 일반인들도 그리스 신화를 아는 것이 교양의 척도이자 사회적 신분의 징표로 생각될 정도로 지식인 사회에서 그리스 신화는 빼놓을 수 없는 것이 되었다. 그러나 신화에 대한 해석은 16세기까지도 알레고리의 관점을 벗어나지 못했다. 그래서 16세기의 신화 개론서들이 제시하는 신화 해석은 다의적이지 못하고 일의적(一義的)이었다. 그리스 신화는 기독교 정신과 『성서』를 차용하고 변형한 것이라는 생각이 '알레고리' 관점에 입각한 신화 해석의 주류였고, 이러한 경향은 17세기 말까지 지속되었다. 이 시기까지 거의 모든 고대 학자들과 신학자들은 신화들이 『성서』의 위장일 뿐이라고 생각했다. 아리안족에서 유래한 신화와 문화를 '알레고리'를 통해 셈족에서 유래한 기독교 문화에 통합하려고 한 것이다.

온 세상을 기독교적인 시각으로 바라보려 했던 이러한 경향은 그러나 신대륙의 발견으로 시작된 새로운 인식들에 의해 바뀔 수밖에 없었다. 처음에는 유럽 중심적인 기독교 정신이 남아메리카의 신화를 통합했다. 선교사들은 사제들이 사용하던 신화 해석 원칙을 원주민의 신화와 풍속에 적용하여 원주민의 다신교를 고대의 다신교와 비교하고, 그로부터 인디언의 식인 풍습이 고대 그리스의 디오뉘소스 추종자들인 마이나데스로부터 비롯되었다고 주장하면서, 인디언들의 이질적인 문화를 기독교의 시각으로 흡수·통합했다. 원주민들의 이질성을 수용하지 않았던 것이다. 그러나 이러한 기독교 중심주의는 17세기에 일본, 중국, 인도차이나 사람들의 민속과 종교가 알려지자 수정되지 않을 수 없었다. 더 이상 기독교의 시각으로 이들의 종교와 풍습을 통합할 수 없었기 때문이었다. 그로부터 모든 종교들 속에 숨겨진 '자연 종교'의 문제가 강렬하게 제기되었다. 이번에는 유럽 바깥 지역에서 속속 발견되는 여러 종교들에 관한 새로운 정보들을 기독교적인 알레고리가 아니라 '시적' 표현으로 수용하면서, 지상의 삶의 모든 양상에 관한 인간 중심적 '치장'이 바로 신화라고 생각하게 되었다. 기독교적 해석으로부터의 급속한 '환속'이었다. 유럽 바깥의 이질적인 종교들과 만남으로써 유발된 신화 해석의 방향 전환이었다.

신화를 더 이상 종교적 알레고리로 생각하지 않고, 범속한 세계의 인간 중심적 치장으로 받아들이자, 신화는 이제 '합리적 사고'의 매개체로 변신하게 되었다. 이제 카시러(Ernst Cassirer)의 말대로 '고대의 신화'가 '논리를 이해하기 쉽게' 전달하는 역할을 수행한다고 믿게 된 것이다. 역사적인 대발견에 의해 신화를 바라보는 시각이 넓어지자, 신화를 더 이상 종교적으로 해석하지 않고 합리적 사고의 매개체로 바라보게 된 것이다. 대전환이 아닐 수 없었다.[1] 가령 조르다노 브루노(Giordano Bruno)는, 디아나(아르테미스)가 자신이 숲 속에서 목욕하는 것을 우연히 보게 된 사냥꾼 악타이온을 사슴으로 바꾸어 사냥개들에게 물어뜯겨 죽게 한 에피소드를 자유롭게 변환해서 '자연 인식의 본보기'라고 해석했다. 고대 신화를 '합리적 사고'의 매개체로 수용한 것이다. 영국의 철학자 프랜시스 베이컨(Francis Bacon, 1561~1621)도 거의 같은 주장을 피력했다. 베이컨은 그의 『선조들의 지혜』(1609)에서 신화에는 합리적 핵(核)이 있다고 말했다. 즉 신화의 밑바닥에는 사실이나 과학적인 바탕이 숨어 있다는 것이다. 따라서 그는 이교의 신들 역시 자연 철학의 원칙과 정치 및 윤리의 원칙이 의인화된 것이라고 해석했다. 그는 근대에 와서야 과학적으로 자리 잡은 자연 인식은 경험적 인식의 형태로 이미 신화시대부터 존재해 왔고, 오르페우스가 켜는 리라의 아름답고 섬세한 선율은 자연을 폭력 없이 제압하는 것이라고 설명했다. 그리고 프로메테우스를 예를 들어, 프로메테우스가 벌을 받은 것은 불을 훔쳐서가 아니라 아테나의 순결을 범하려고 했기 때문이라며, 인간은 신성한 것과 인간적인 것을 구별할 줄 알아야 하는데 그렇지 못하면 이단의 종교와 잘못된 철학을 갖게 된다고 말했다. 그는 이런 예들을 들어 철학과 신학은 엄격히 분리되어야 하며 과학적 방법이 필요함을 역설했다. 과학 기술의 측면에선 다이달로스의 이야기가 자연과 과학 기술의 관계를 잘 보여준 교훈으로 생각하여, 과학 기술은 활용하기에 따라 '좋은' 측면도 있지만 반대로 '나쁜' 결과도 초래할 수 있다고 말했다. 베이컨은 『선조들의 지혜』에서 고대 신화와 『구약 성서』 사이에는 역사적 관계가 있고, 대부분의 고대 전설에는 처음부터 알레고리와 비밀이 숨겨져 있다고 생각했다. 그는 신화를 단순한 허구로 생각하지도 않았고, 르네상스기에 그랬던 것처럼 기독교와 『성서』의 알레고리로 받아들이지도 않았다. 그는 신화를 '자율적인 인식의 한 형태'로 생각했으며, 특히 무엇보다도 '선조들의 학식과 지혜'로 받아들였다. 그의 귀납적인 방법은 물론 엄밀하게 체계 잡힌 것은 아니었지만, 신화에 관해 논리적으로 사고할 것을 요청하고 있는 것은 분명했다.

베이컨으로부터 상당한 영향을 받은 이탈리아 철학자 잠바티스타 비코 (Giambattista Vico, 1668~1744)는 알레고리의 관점으로 신화를 해석하려는 방법을 배척하면서, 신화의 언어와 표현의 논리성을 이해하기 위해서 '내용'과 '형태'를 구별하는 것은 적절치 않다고 주장했다. 그는 신화를 역사의 한 시기에 성취된 인식 형이상학(gnoséolgie)적인 기능을 수행하는 창조 행위로 이해했으며, 신화는 진실을 숨기고 있는 알레고리가 아니라 인간의 '세계 내 존재'의 어려움을 극복시켜 주는 언어의 고유한 형태라고 생각했다. 『새로운 학문』(1744)에서 비코는 신화를 인류의 초기 언어 형태의 측면에서 관찰하여, 신화의 본질을 언어 발전의 한 단계인 '시적 표현'으로 설명했다. 그는 신화란 자신들의 지식을 시의 형태로 표현한 성숙하지 못한 초기 인류의 창조물이라고 주장했다. 그리고 신화가 신학적 시인들의 '지혜'로 수용된 까닭에 신화의 열쇠는 근본적으로 표현 양식에 있다고 생각했다. 비코는 '시적 표현'의 기능을 수사학의 네 가지 문채(文彩)인 은유, 환유(換喩)², 제유(提喩)³, 아이러니와 비교하면서, 다양성 속에서 유사점을 찾아내는 이 어법들의 공통점은 다 같이 환상 또는 상상력으로부터 비롯되었다는 점이라고 말했다. 그는 신화의 본질은 다양하게 모습을 드러내는 온갖 현상들에 대한 도상(圖像)적 재현에 형태를 부여해서 하늘은 유피테르, 바다는 넵투누스 등으로 부르게 되었다고 주장하며, '환상'의 특징은 형이상학과 상투성의 중복에 있다고 말했다.

비코의 공헌은, 모든 언어적 이미지가 작가의 능란한 착상에서 비롯되었다기보다는 인류 초기의 표현 양식에서 유래했다고 주장한 점이다. 바꾸어 말하면 비코의 공헌은 '환상'이 가진 문화 창조의 힘을 강조한 것인데, 신화에 관한 그의 언급은 이러한 자신의 주장을 예시한 것에 지나지 않는다. 비코는 자신이 주장한 초기 인류의 '시적 논리'를 역사 철학의 관점에서 활용하여, 신들에 관한 이야기는 무섭고 두려운 자연에 맞서는 미숙한 초기 인류의 투쟁을 반영하는 것이라고 설명했다. 자연의 가공할 강력한 힘이 두려웠던 원시인들은 조금이라도 자연을 약화시키고자 자신들을 자연에 투사하면서 자신들보다 훨씬 강한 신을 생각해 내어, 천둥·번개는 유피테르가 주관하고, 바다의 폭풍은 넵투누스가 일으킨다고 생각했다는 것이다. 원시인들은 '환상'을 통해 폭풍의 힘과 천둥·번개의 위력을 초인적인 힘의 징후라고 생각했고, 이 같은 원시인들의 발상은 그들의 행동에 영향을 미쳐, 신들을 공경하고 율법에 순응하면서 정서적으로 안정을 찾을 수 있게 했다고 비코는 설명했다. '상상'의 신을 통해 생겨난 종교의 힘은 모든 종교에 존재하는 유피테르의 형상을 통하여 인간 사회에 질서를 주었고, 언어와 전통을 확립시키면서 문명을 형성했다. 그로부터 신들의 계보가 생겨났고 이 계보는 다시 자연 철학의 시각으로 해석되기도 했다. 즉 신들은 자연에서 비롯된 정치·윤리·철학의 원칙들이 의인화된 것이라고 비코는 주장했다. 이처럼 비코는 신화를 '환상' 또는 '상상력의 산물'로 생각하고, 로고스(logos)가 더 이상 말을 하지 못하고 침묵을 지킬 때 비로소 뮈토스가 말한다고 주장함으로써 신화에 관한 현대적 개념을 논의하는 데 큰 공헌을 했다. 비코의 영향력은 철학자들보다는 고고학자들에게 더 컸다. 헤겔이 비코의 『새로운 학문』을 읽었는지는 확실하지 않지만 이 책이 독일의 관념론에 이르는 가교 역할을 했고, 크로체(Benedetto Croce) 역시 비코의 영향력을 높이 평가하여 그에 동조했다. 20세기까지도 비코는 카시러에게 강한 영향을 미쳤으며, 카시러는 정신과학을 창안하기에 이른다.

2. 계몽주의 시대

계몽주의 시대에는 전반적으로 신화에 대한 양면적인 태도가 뚜렷이 표명되었다. 계몽주의는 신화에 대해 비판적인 태도를 취하면서도 신화 쪽으로 어쩔 수 없이 끌려 들어갔다. 계몽주의는 단선적(單線的)인 역사관을 갖고 있었기 때문에 신화를 '출처와 기원'의 시각에서 관찰했을 뿐, 신화의 기능과 지향성에 관심을 갖지는 못했다. 따라서 신화가 옛 사람들의 이야기를 변형·치장하여 신격화한 것이라고 주장하는 에우에메로스 식 해석은 계몽주의 시대에 오랫동안 지속되었다.

신화를 역사적 시각으로 환원하려는 바니에(Abbé Banier)의 노력은 특히 독일에 상당한 영향을 미쳤다. 그는 신화 속의 인물들은 실재했던 왕과 영웅들이 신격화된 것이라고 믿었다. 바니에는 15세기부터 17세기까지 성행한, 그리스 신화와 동방 신화 사이의 유사·평행 관계론을 받아들였다. 신화를 역사적 관점에서 해석한 그는, 시인들을 인류 초기의 '역사가'들로 받아들였다. 바니에는 그의 동시대인들처럼 신화는 인식의 옛 형태라는 생각을 버리지 않았기 때문에 신화를 암울한 우상 숭배로 받아들였고 그리스의 종교를 미신으로 생각했다. 그는 신화를 인간 정신의 '오류'와 '착란'으로 보았다. 그는 발전하는 인식 중 가장 초보적이며 전(前)이성적인 보잘것없는 형태가 바로 신화라고 생각한 것이다.

신화에 대한 이 같은 생각들은 18세기 말에 이르러 이신론(理神論)에 의해 거부된다. 1756년 니콜라 프레레(Nicolas Fréret)는 신화에 대한 에우에메로스 식 합리화를 비난하고, 신화는 허구의 우화(fable)여서 분석할 수 없다고 생각했다. 18세기에 프랑스에서 간행된 유명한 『백과전서』(1751~1772)가 신화의 형성에 대한 에우에메로스 식 해석과 형이상학적 시각을 소개하면서도 프레레의 '우화론'의 상당 부분을 소개한 것은 신화에 대한 당대의 시각을 반영하는 좋은 본보기이다. 교회의 사제들이 그리스 신화를 미신이나 우상 숭배, 또는 다신교로 생각케 함으로써 자신들의 종교적 입지와 권위를 강화하려고 했지만, 신화를 우화로 보는 프레레의 생각은 『백과전서』 외에도 볼테르의 『철학 사전』(1764)과 올바크(P.-

H. Holbach)의 『자연의 체계』(1770)에서도 다시 활용되었다. 프랑스 계몽주의의 대표적 업적이자 합리주의의 표현인 『백과전서』는 신화의 자율성을 인정하지 않았지만, 신화가 예술의 무궁무진한 보고라는 것은 부인하지 않았다. 모든 지식을 재편성하려는 초기 계몽주의는, 예술가와 학자, 교양인들이 분류·정리함으로써 신화를 유용한 지식으로 활용할 수 있다고 생각했다. 술저(J. G. Sulzer)가 신화는 시(詩)의 보고(寶庫)라고 생각한 것도 같은 맥락이었다. 전반적으로 볼 때 18세기는 신화 연구와 해석에서 거의 성과를 내지 못한 시기였다.

미학적 원칙을 도덕적 원칙 아래 종속시킨 칸트에게도 신화가 차지할 자리는 없었다. 칸트는 낙원이 풍요로운 약속의 땅이라는 루소의 생각을 통박했다. 그는 '낙원에서의 삶'이란 근대적 인간에게 끊임없이 발전적 생각을 품게 하는 '이성'의 산물에 지나지 않는다고 주장했다. 인류 최초의 자연 상태로 돌아가는 길은 역사적으로 이미 봉쇄되었고 윤리적으로도 자제해야 한다고 칸트는 주장했다. 문명이 발전함에 따라 개인들은 본능적 욕구를 억제할 수밖에 없으므로, 문명의 요청과 인간적 욕구 사이의 갈등은 자연스럽게 해소될 것으로 칸트는 생각했다. 칸트는 '낙원 밖으로의 추방'이란 자연의 의존으로부터 자유를 획득하는 데 필요한 인간적 행위인 해방을 신화적으로 표현한 것에 지나지 않는다고 말했다. 도덕의 성격과 체계에는 시간상의 선행성이 필요했다. 자기의식과 자연에 대한 지배라는 시초(始初)의 역사로서의 낙원 추방 이야기 뒤에는, 근원적인 악(惡)이 인간성의 밑바닥에 존재한다는 생각이 있었다고 주장함으로써, 그는 태초의 타락과 원죄에 관한 『성서』 이야기의 신화적 성격을 무력화시켰다.

한편 인종학은 신화에 대한 전통적인 생각을 바꾸어놓는 서곡이 되었다. 전승된 여러 종교의 원시적 형태를 비교하면서, 인종학 또는 민족지학(民族誌學)은 전통적인 좁은 테두리를 벗어나 지평을 넓힐 수 있었다.

18세기 초에는 북아메리카 인디언들의 종교에 관한 기술을 바탕으로, 종교의 역사적 평가에 필요한 기초 작업을 마칠 수 있었다. 유럽 바깥에 사는 민족의 낙후와 성숙 부진을 설명하는 두 유형의 이론이 대두된 것이 바로 좋은 증거였다. 인간의 이성은 항상 보다 나은 완성을 향해 끊임없이 발전한다는 주장과, 지리와 기후 조건에 따라 민족들 간에 균등하지 못한 문화적 여건이 형성될 수밖에 없다는 이론이 그것이었다. 그러나 18세기 후반의 프랑스 사회는 민족지학자들의 견해를 따르지 않았다. 그 대신 루소가 제시하는 '자연인(自然人)'에 대한 경건한 이미지가 강한 설득력을 가졌다.

그러나 비교 신화학의 선구자 퐁트넬(Bernard de Fontenelle, 1657~1757)은 민족학적 자료를 설명하면서 그리스 신화와 인디언 신화의 유사성을 입증했다. 퐁트넬에 앞서 1724년에 조제프 라피토(Joseph François Lafitau)가 아메리카 인디언과 고대 그리스의 신화와 풍속을 비교해 그 유사성을 제시했지만, 퐁트넬은 그와는 다른 방식으로 지역과 풍속이 완전히 다른 두 민족의 신화가 다 같이 '인간 정신의 오류 이야기'라고 주장했다. 퐁트넬은 그의 「우화의 기원」(1724)에서 아메리카 인디언의 우화와 그리스인들의 우화가 놀라울 정도로 유사하다고 말하면서, 따라서 그리스인들도 상당 기간 동안 아메리카 인디언들과 마찬가지로 미개인들이었다고 결론 맺고 있다. 퐁트넬은 '신화란 옛사람들의 공상과 몽상과 터무니없는 이야기들의 집합체'라고 생각했기 때문이다. 그러나 그는 터무니없는 이야기들 속에는 인류 초기의 철학이 담겨 있다고 생각했고, 그리스 신화는 시초의 이야기를 들려주기 때문에, 신화적 상상력은 단순한 과장이나 신인 동형화(神人同形化) 및 허구의 유희와는 다르다고 주장했다. 퐁트넬은 그리스 신화가 이집트와 페니키아 신화에서 빌려온 것이라고 말하고, 종교와 이성이 그리스 신화를 사라지게 하지만, 시(詩)와 회화가 신화를 살리고 있다고 말하는 등 몇몇 부분에서 계몽주의 시대의 전형적인 신화관을 피력하고 있다. 그럼에도 불구하고 신화에 관한 그의 생각은 대단히 혁신적인 것이었다. 신화와 신학의 근본적인 '차이'를 처음으로 밝힌 퐁트넬의 공로는 인정받아야 마땅하다.

신화 해석과 병행해서 18세기에 성취된 또 다른 성과는 신화의 기원에 관한 설명이었다. 정치가이자 종교사학자인 샤를 드 브로스(Charles de Brosses)는 『물신(物神) 숭배에 관하여』(1760)를 통해 고대 그리스·로마의 자연 숭배와 서아프리카 지역의 물신 숭배를 비교하여 고대 그리스 종교에 원시적인 요소가 존재한다는 것을 처음으로 입증하려고 했다. 그는 에우에메로스의 신화 해석 방법과 종교사의 설명 원칙으로서의 알레고리를 비판하면서, 신화 같은 원시 종교의 기본적인 내용들이 힘을 발휘한 것은 사람들의 '무지'와 '두려움' 때문이었다고 주장했다. 그의 견해는 계몽주의 시대의 합리적 취향에 부합하는 주장이었을 뿐만 아니라 먼 훗날 프로이트의 주장과도 일맥상통하는 시각이었다. 드 브로스는 물신 숭배가 종교 현상의 가장 기본적인 형태라고 생각했다. 종교학의 관점에서 볼 때, 오늘날에도 여전히 이 같은 견해가 피력되고 있는 것은 흥미로운 일이다. 아무리 문명화된 민족이라 해도 유치하고 미개한 물신 숭배를 경험하고 나서야 문명화된 만큼, 물신 숭배는 결과적으로 종교 현상 진화론의 측면에서 필요한 개념이며, 이성의 시기에 도달하기에 앞서 거쳐야 하는 유아기의 경험이라고 말해도 좋은 것이었다. 아울러 드 브로스는 영국 철학자 흄(David Hume, 1711~1776)의 주장을 빌려, 자연현상을 의인화시킨 것이 종교 현상의 원시적 형태라고 설명하면서, 신화 체계는 자연현상에 따라 신들의 영역과 역할을 나눈 것에서 비롯되었다고 주장함으로써 상당한 설득력을 얻었다.

흄은 종교학에 관한 저서인 『종교의 자연사』(1757)와 『자연 종교에 관한 대화』(1779)를 통해, 사실에 근거한 종교의 기원을 인간성을 통해 설명함으로써 종교에 관한 학문적 연구의 신기원을 열었다. 자연 종교의 기원에 관해 이신론(理神論)이라는 허구적 논리에 근거한 계몽주의의 합리적 신앙과 유일신론을 거부한 흄은, 다신교 속에서 모든 종교의 최초 형태를 찾아냈으며 고대 신화는 다신교의 직접적인 반영이라고 생각했다. 흄은 다신교를 생사가 걸린 공포감을 완전히 막아주는 체계라고 해석했다. 불확실한 세계에서 살아가는 개인의 삶은 희망과 공포로 점철되기 때문에, 인류 최초의 종교는 미래에 대한 고통스러운 공포로부터 발생했다고 흄은 생각했다. 그는 다신교의 원리가 인간의 정신에 있기 때문에 다신교의 구체적인 형태는 관습적으로 알레고리를 통해 설명될 수 있으며, 원시인들은 불가사의한 자연현상들을 신들이 좌지우지하고 자연의 여러 영역을 관장한다고 믿은 것이라고 설명했다.

흄의 생각은 특히 독일의 작가이며 철학자인 헤르더(J. G. von Herder, 1744~1803)에게 깊은 영향을 미쳤다. 헤르더 역시 그리스 신화는 자연현상의 알레고리화에서 비롯되었다고 생각했다. 그가 이렇게 믿은 데에는 흄의 영향도 있었지만, 프랑스 낭트로 가는 뱃길에서 태풍을 만나 자연의 원초적인 위력과 공포감을 직접 경험했기 때문이다.

한편 헤르더의 영향과 비코의 영향을 함께 받은 고전 문헌학자 크리스티안 고틀롭 하이네(Christian Gottlob Heyne)는 신화 속에 자연현상에 대한 고대인들의 생각과 태초의 지식이 담겨 있다고 말하면서, 신화는 철학의 유아기에 해당한다고 주장했다. 역사학과 철학이 태동하기 전의 고대에서 신화는 가장 적절하고 유일한 교육 형태였으며, 아울러 초기 인류의 표현과 재현 형식이었다고 주장했다. 그는 신화가 우주에 관한 철학을 담고 있으며 어떤 의미에서는 신화를 만들어낸 것은 철학자들이라고 생각했다. 그러나 신화는 인류 초기에 활용되었기 때문에, 개념적인 언어는 아니라고 생각했고, 원시인들은 자연 뒤에 있는 막강한 힘을 의인화해 알레고리로 표현했다고 믿었다. 먼 훗날 신화는 처음에 생겨났던 토양에서 멀리 벗어나 시적 창조의 대상이 되었다고 그는 주장했고, 그런 까닭에 오늘날에는 더 이상 신화의 최초 형태를 알아볼 수 없고 다만 그 근사치만을 거론할 수 있다고 주장함으로써 신화에 관한 현대적 개념의 기반을 마련했다. 그는 또한 모든 신화에는 지형학적 설명이 뒤따라야 하며 고고학적 발견은 문헌 자료와 똑같은 중요성을 가진다고 말했다. 게다가 하이네는 신화가 자연 발생적인 시가 아니라 예술적 산물이라고 말함으로써 신화를 상징적으로 해석할 수 있는 가능성을 암시하기도 했다. 특히 그는 1777년 호메로스에 관해 강의하면서, 호메로스의 위대한 시적 공헌은 서사시에 천지 창조와 신들의 탄생 이야기를 집어넣어 그것들을 태초에 정말로 일어난 사건으로 서술할 줄 알았다는 점이라고 평가하면서, 호메로스는 선배 시인들의 작품을 통해 자신의 상상력과 시를 풍요롭게 할 수 있었을 것이라고 말했다. 아울러 그는, 적절하고 정확한 말로는 도저히 담아낼 수 없는 신들의 세계를 마치 신의 숨결에서 나온 듯한 상상력으로 생생하게 그려낸 호메로스의 신화를 '시적 황홀'을 일으키는 언어적 현상이라고 정의했다. 따라서 신화 분석은 수사학(修辭學)과 깊은 관계를 맺게 된다고 한 그의 주장은 널리 수용되어 18세기 말부터 대단한 영향력을 발휘하면서 『구약 성서』와 『신약 성서』의 해석에 체계적으로 활용되었다. 그의 신화 개념은 19세기 후반에 이르러 광범위한 호응을 얻어 다시 살아나게 된다.

3. 19세기: 근대적 연구의 시작

1) 비교 신화학의 태동

① 프리드리히 크로이저[4]
하이네의 연구를 통해 신화를 독립된 인식과 분석의 대상으로 생각하

여 비교 신화학을 창시한 사람은 프리드리히 크로이저(Friedrich Creuser, 1771~1858)였다. 그는 자신의 『고대인들, 특히 그리스인들의 상징 체계와 신화』(1810~1812)를 통해 산스크리트어로 쓰인 신화의 중요성을 강조하고, 그리스 신화는 원시 상징 언어 체계인 산스크리트어의 신화를 변형시킨 것이라고 주장함으로써 본격적인 비교 신화학을 탄생시켰다. 그리스 신화가 막연한 추론과 가설의 구습으로부터 벗어나, 신화 밖의 영역과 결부되어 본격적으로 독립된 연구와 분석의 대상이 된 것이다. 고대 인도 브라만교의 성전(聖典)을 기록한 산스크리트어와 같은 인도유럽어족(語族)은 동일한 기원을 가진다고 생각한 크로이저는, 브라만교의 성전인 베다(Veda)의 신화와 그 밖의 다른 아리안족의 신화들은 다 같이 '자연현상'과 결부된 표현을 담고 있다는 놀라운 사실을 발견해 냈다. 크로이저는 고대 '동양'의 상징 체계가 그리스 신화에 이입되어, 하늘과 땅, 대우주와 소우주의 상응·유추 관계가 그리스 신화에 나타난다고 생각했으며, 그리스의 신들은 인도의 베다에 나타난 신화처럼 자연의 영역과 자연의 힘을 의인화시켜 인간의 정신과 관계 맺도록 한 것이라고 믿었다. 따라서 그는 제우스, 헤라, 데메테르 등도 인간의 형상을 한 신들로 자연현상들을 상징한다고 생각했다. 그리스 신들의 이름의 상징적 연원이 그리스어와 마찬가지로 인도유럽어족에 속한 산스크리트어에서 비롯되었다고 믿었기 때문이다. 그의 주장은 폭넓은 지지를 받았지만, 비판 역시 대단했다. 문헌학자 고트프리트 헤르만(Gottfried Hermann)은 크로이저의 해석을 '신비스러운 생각'이라고 공박했다. 그러나 헤겔을 비롯한 관념론 철학자들에게 크로이저는 찬미의 대상이었다. 산스크리트어를 통한 크로이저의 그리스 신화 해석 방법은 프리드리히 막스 뮐러(Friedrich Max Müller, 1823~1900)에게 계승되어 그의 『비교 신화학』(1856)을 통해 본격적인 비교 신화학의 면모를 과시하게 된다.

② 막스 뮐러[5]

오늘날 막스 뮐러의 신화 해석은 웃음을 자아낼 정도로 논리 전개에 무리가 있지만 당시로서는 신화 해석 방법상의 일대 혁신이었으며, 근대 신화 이론은 그로부터 비롯되었다고 할 수 있다. 시인인 아버지의 재능을 물려받은 뮐러는 젊은 나이에 고대 인도의 신화를 번역하고 산스크리트어에 심취해 프랑스에 유학한 다음, 베다를 번역하기 위해 1846년 스물셋의 나이에 영국으로 건너가 정착한다. 그는 1849년에 베다 번역본 첫 권을 출간했는데, 이 번역은 세상을 놀라게 하면서 뮐러로 하여금 학문적 명성을 떨치게 했고, 그의 인도유럽어 비교 문헌학 연구는 프랑스 학술원 상(償)이라는 영광을 안겨준다. 그는 이 때문에 옥스퍼드 대학의 비교 문헌학 강의를 맡게 되며, 이듬해인 1850년엔 옥스퍼드 대학의 조교수로 임명되고 1854년에는 정교수에 임명되어 1900년에 세상을 뜰 때까지 옥스퍼드에서 산다. 베다 번역의 나머지 세 권은 1854년, 1856년, 1862년에 각각 간행된다. 1856년에 뮐러는 『비교 신화학』을 간행하여 신화학의 학문적 기반을 확실하게 했다. 이 책은 프랑스 학자 르낭(Ernest Renan)의 지도 아래 1859년 프랑스어로 번역되어, 뮐러의 학문적 명성이 영국은 물론 프랑스와 독일에까지 알려지는 계기가 되었다. 뮐러는 이 밖에도 『고대 산스크리트 문학사』(1859)와 『언어 과학 강의』(1861), 『산스크리트어 문법』(1866)을 간행하며, 1867년부터 1875년까지 『어느 독일인 연구실 잡기(雜記)』를 간행한다. 1878년에는 『종교의 기원과 발전에 관한 강의』, 1889년에는 『자연 종교』, 1897년에는 『신화 과학 논고』를 간행하는 등 왕성한 저술 활동을 하여, 열아홉 권의 『전집』(1898~1903)으로 결실을 맺는다.

그의 신화론의 핵심은 언어에 대한 성찰에서 출발한다. 뮐러는 "신화는 언어의 고유한 필요로부터 유래한 필연적인 것이다. 언어에는 사고와 무관한 형태가 있다. 언어와 사고가 결코 완전히 일치하지 않기 때문에 언어가 사고에 드리우는 사라질 수 없는 어두운 그림자가 신화이다"[6]라고 말하면서, 원시인들은 '자연현상'에 깊은 영향을 받았지만, 자연현상을 개념으로 표현할 수 있는 능력이 불완전했기 때문에, 자연현상에 '이름'을 붙였고 그 이름들은 점차 의인화되어 마침내 우주의 삶은 '드라마'로 펼쳐지게 되었다고 그는 말했다. 빛을 찬미하고, 태양을 모든 생명과 활동의 근원으로 생각하여 경외했던 원시 아리안족들은 태양의 자연현상들, 가령 새벽과 황혼을 적절히 개념적으로 표현할 능력이 없었기 때문에, 새벽을 좋아하는 태양이 새벽을 추격한다는 구체적인 말로 표현했고, 점차 세월이 흘러 이 같은 옛 표현이 더 이상 이해되지 않자 이러한 표현들은 실제로는 '언어의 질병'인 신화에 자리를 내주게 되었다고 뮐러는 설명했다.

그는 '빛'이라는 뜻이 어간에 내재되어 있는 제우스(Zeus)가 티탄들과 싸우는 것은 매일같이 벌어지는 어둠에 대한 빛의 승리라고 설명하고, 흉측한 기간테스는 불확실한 밤안개를 형상화한 것이며, 튀폰은 태풍을, 제우스 머리에서 태어난 아테나는 동이 틀 때 보이는 순결한 빛을, 그리고 제우스의 머리를 도끼로 깨서 아테나가 태어나는 것을 도와준 대장장이 헤파이스토스는 대장간에서 달군 붉은 강철 원판처럼 솟아오르는 붉은 태양을 형상화한 것이라면서, 그리스의 여러 신들을 태양을 중심으로 벌어지는 자연현상에 결부시켜 해석했다. 영웅 헤라클레스도 태양 중심의 천체에 연계시켜, 그가 성취한 '열두 가지' 과업은 태양을 중심으로 운행되는 1년의 '12단계'인 황도(黃道) '12궁'이라고 설명했다. 이런 식으로 석연치 못한 어원(語原) 풀이를 감행하면서, 뮐러는 그리스 신화 전체를 '날씨'에 관한 고대인들의 방대한 명상 체계로 점차 축소시켰다. 고대 언어인 산스크리트어를 중요시하는 언어학자 뮐러에게는 모든 것이 자명했다. 아폴론에게 쫓기다가 월계수로 변한 '다프네(Daphne)'의 이름은 '새벽'을 뜻하는 산스크리트어 'Ahanâ(프랑스어의 'aube')'를 그리스어로 옮겨 적은 것에 불과하고, 다프네가 월계수로 변하는 것은 그리스어가 발전함에 따라 다프네가 월계수라는 뜻을 갖게 되었기 때문이라고 설명했다. 모든 언어는 이전 세대의 언어에 내포된 유산을 물려받아 모방하고 변형시켜 나간다는 대전제 아래에서 전개된 뮐러의 '언어의 질병으로서의 신화' 이론은 영국에서 대단한 성공을 거두면서 오랫동안 많은 추종자들을 낳았다. 그중 유명한 사람이 조지 콕스(Geoge W. Cox)였다.

콕스의 신화집은 후일 프랑스 상징주의 시인 말라르메(Stéphane Mallarmé)가 프랑스에는 마땅한 신화집이 없다고 생각해, 『고대의 신들』이라는 제목으로 1880년에 간행했다. 뮐러의 '태양 중심' 자연주의 신화론(naturalisme mythologique)이 그대로 펼쳐지는 말라르메의 『고대의 신들』에는 그러나 뮐러의 이름은 언급조차 되지 않았다. 최근 프랑스에서 다시 간행된 뮐러의 『비교 신화학』을 해설한 피에르 브뤼넬(Pierre Brunel)은 「서문」에서, "놀라울 정도로 학식과 감수성을 겸비한 학자에 대한 첫 번째 부당한 행위"[7]라고 이를 꼬집었다. 그러나 당시 뮐러의 학문적 견해를 '뮐러 자신보다도 더 확고하게 지킨' 프랑스의 폴 드샤름(Paul Decharme)은 『고대 그리스의 신화』(1884)를 펴내 뮐러의 태양 중심 신화론을 널리 유포시켰다. 이 책은 특히 19세기 말 프랑스 시인들에게 영향을 미쳐, 랭보와 클로델, 아폴리네르가 누구보다도 깊은 영향을 받았다고 브뤼넬은 지적하고 있다.[8] 말라르메는 뮐러의 영향을 알았는지 몰랐는지 불분명하지만 그가 번안한 『고대의 신들』만 보면, 열렬한 막스 뮐러 추종자였던 것 같다. 그의 시적 계승자 폴 발레리(Paul Valéry, 1871~1945) 역시 뮐러의 신화론의 영향을 받아 「신화에 관한 짧은 편지」(1928)[9]를 쓴 것으로 밝혀졌다.[10] 그리고 20세기 후반의 이브 본느푸아(Yves Bonnefoy)도 막스 뮐러는 자신에게 중요하다고 말하는 것을 볼 때,[11] 막스 뮐러의 태양 중심 신화론이 여러 경로를 통해 프랑스 시인들에게 많은 영향을 끼친 것으로 생각할 수 있다.

그러나 막스 뮐러의 자연주의 신화론은 영국의 인류학자 에드워드 타일러(Edward Tylor)의 『원시 문화』(1871), 앤드루 랭(Andrew Lang)의 『신화학』(1886)과 제임스 프레이저의『황금 가지』(1890~1915)에 의해 신랄한 비판을 받는다. 신화 속의 이름들은 처음부터 자연현상에 붙여진 말에서 비롯된 것이 아니라 매우 늦게 생겨났기 때문에 신화를 '언어의 질병'으로 볼 수 없다는 것이다. 두 얼굴의 신이자, 하늘의 문을 지키며 1년의 흐름을 '시작'하는 로마의 신 야누스(Janus)는 피타고라스 파의 영향을 받아 기원전 1세기 이후 숙고 끝에 '만들어진' 것으로 판명되었고, 이집트의 태양신 이시스(Isis)와 오시리스(Osiris) 역시 '원시적인' 산물이 아니라 사제들의 오랜 숙고 끝에 나온 것이기 때문에 자연현상에 붙여진 '언어의 질병'과는 거리가 멀다는 것이었다. 게다가 뮐러가 제시한 어원의 신빙성이 떨어짐에 따라 그의 주장은 더욱 약화되었다. 결국 인도유럽 종족의 역사 속에서 산스크리트어와 시(詩)가 차지하는 비중에 대한 연구가 진전되고, 신화의 기능이 아직 사라지지 않은 사회와 종족에 대한 연구가 발전함에 따라, 고대 원시인들의 언어의 질병으로서 신화가 발생했다는 이론은 급격히 쇠퇴할 수밖에 없었다. 그러나 고대 신화들을 신화의 틀 밖으로 끌어내 다른 영역과 비교함으로써 신화의 형성에 미치는 '언어유희' 현상의 중요성을 부각시킨 뮐러의 공로는 인정해야 한다는 것이 통설이다.

③ 제임스 프레이저[12]

제임스 조지 프레이저(James G. Frazer, 1854~1941)는 1854년 1월 1일, 글래스고에서 약방을 경영하는 아버지 밑에서 태어났다. 아버지의 희망에 따라 법대에 들어가 1881년에 공부를 마쳤지만 법조계에 발을 들여놓지 않았다. 이미 10년 전에 타일러의『원시 문화』를 읽고 민족학에 심취해 있었기 때문이었다. 1887년부터 그는 인류학 논문들을 발표하기 시작했다. 법학보다는 인문학과 민족지학이 그의 관심 영역이었다. 1887년에 그는 「금기(禁忌, Taboo)」와 「토테미즘(Totemism)」을 집필해『브리태니커 백과사전』에 수록했다. 그것은 아마추어의 글이 아니라 해당 분야의 모든 것을 읽은 전문가의 글이었다. 그에게 이 글을 청탁한 사람은 그보다 여덟 살 많은 로버트슨 스미스(W. Robertson Smith, 1846~1894)로 케임브리지 대학에서 아랍어를 가르치던 교수였다. 그는 『셈족 종교 강의』(1889)를 집 필했으며 『브리태니커 백과사전』 편집인이자, 케임브리지에서 프레이저를 만나 결정적인 영향을 미친 셈족 종교의 전문가였다. 프레이저가 백과사 전에 글을 수록할 당시 그는 이미 원시 종교와 풍속에 관해 몇 년 동안의 연구를 마친 다음이었다.

프레이저는 오래전부터 파우사니아스의 그리스 여행기 간행을 준비해 오던 중, 1890년에 비교 종교학적 인류학을 다룬 『황금 가지―비교 종 교학 연구』 두 권을 간행했다. 이 책은 민족지학적 현지 작업을 바탕으 로 쓴 것이 아니라 로마 시대의 신화와 역사를 중심으로 프레이저가 자신 의 초기 주장들을 개진한 것이었다. 프레이저는 1900년에 세 권으로 증 보된 『황금 가지』 제2판을 간행하고 초판 간행 후 20년이 지난 1911년 부터 자신의 초기 주장들을 수정하고 보완한 『황금 가지』 최종본 12권 (1911~1915)을 간행하였다. 그의 대표작이자 세계 민족지학에서 가장 유 명한 작품이었다. '황금 가지'라는 제목은 베르길리우스의 『아이네이스』 6권에서 주인공 아이네이아스가 지옥으로 내려가기 전에 잘라 가진 '황금 나뭇가지'에서 비롯한 것이다. 지옥으로 내려가는 아이네이아스에게 '황금 가지'는 하데스의 왕국으로 들어갈 수 있는 일종의 '통행증'이었다. 지옥 의 강 스튁스의 뱃사공이 배를 태워주지 않았을 때에도 시빌라가 황금 가 지를 보여주자 기세 좋던 뱃사공은 수그러들면서 그를 태워주었다. 프레 이저가 『황금 가지』 1장 「숲의 왕」에서 이야기하는 네미(Nemi) 사당의 나 뭇가지는 베르길리우스의 작품에 등장하는 아이네이아스의 '황금 가지'의 상징적 대체물 또는 등가물로 설명된다.

프레이저는 20세기 초반까지 활동했지만 비교 신화학의 영역에서는 19세기 학자로 분류되기도 한다. 프레이저는 막스 뮐러의 방법을 비판했지만 자신도 역시 신화를 자연현상과 연관시켜 설명하였다. 뮐러의 태양 중심 신화 해석을, 프레이저는 지상에서 매년 일어나는 식물의 발아와 소멸을 설명하는 것으로 대체하였다. 프레이저는 식물이 변하는 모습이 사람들로 하여금 변화의 원인에 대해 생각하게 했고, 그로부터 사람들은 생명체의 탄생과 죽음을 신들의 성장과 노쇠의 결과로 생각하게 되었다고 설명했다. 막스 뮐러처럼 프레이저도 끊임없이 '비교'에 의존했지만, 프레이저는 비교의 범위를 더 확장했다. 프레이저는 수많은 신화들을 관찰하여 그것들을 항상 식물의 발아와 소멸이라는 하나의 주제로 환원했다. 가령 이집트와 소아시아 사람들은 매년 식물이 소생하고 소멸하는 과정을 죽었다가 부활하는 오시리스, 아도니스 등의 이야기로 형상화했다는 것이다.

이 같은 견해를 표명하기까지 그는, 전설을 만들며 살아가는 기능이 아직 남아 있는 미개 사회를 직접 탐사하고, 신화가 눈앞에서 생성되는 모습을 현장에서 확인하면서, 인간 정신의 양태는 종족이나 민족의 경계를 넘어 동일하다는 확신을 갖게 되었다. 그렇기 때문에 오늘날의 폴리네시아 미개 부락의 신화를 매개로 그리스 신화나 로마의 신화를 설명할 수 있다고 믿었다. 뮐러의 산스크리트어 의존에서 크게 발전한 '비교 방법'을 창안한 것이다. 프레이저는 그리스 신화와 폴리네시아 신화는 다 같이 인간 정신 속에 숨어 있는 욕구를 반영한다고 설명했다. 가령 불멸에 대한 믿음과 죽음의 거부는 인간의 본질적인 속성이라고 생각한 프레이저는, 원시인들에게 죽음은 항상 외부로부터 저주의 힘이 침입해 일어나는, 따라서 피할 수 있는 '사건'으로 인식되었다고 주장했다. 그로부터 저주의 힘이 침입하는 것을 차단·예방하고, 생명력을 증진하기 위한 '의례(儀禮)'가 창출되었다는 것이다. 프레이저는 이를 입증하기 위한 핵심 이야기를 로마 시대에 거행되던 의례를 중심으로 『황금 가지』 1장 「숲의 왕」에서 이야기하고 있다.

「숲의 왕」이야기는 다음과 같다. 로마 시대에 네미 호수 근처에 디아나 (아르테미스)를 모시는 사당이 있었다. 이 사당의 사제는 '숲의 왕'으로 불렸다. 현재의 사제를 죽이는 자는 '숲의 왕'이 될 수 있었다. 현재의 '왕'을 죽이고 새로운 '왕'이 되려면 도망 나온 노예만 들어갈 수 있는 사당 안에 있는 아무도 손댈 수 없는 나무의 가지 하나를 '먼저' 잘라내야 한다. 그러면 현재의 왕과 일대일 대결을 벌여 그를 죽일 수 있었다. 도망 나온 노예는 그곳에서 살인의 대가로 짧고 덧없는 '왕'의 사유를 누리지만, 자신도 얼마 못 가 죽음의 위험에 직면하게 된다. 로마인들은, 네미의 사당에서 잘라낸 운명의 나뭇가지는, 아이네이아스가 지옥으로의 여행을 감행하기 직전 여사제 시빌라(Sibylla, 시뷜레)가 당부한 대로 잘라 가진 황금가지의 상징적 대체물 또는 등가물이라고 생각했다. 노예의 도주는 오레스테스의 도피를 재현한 것이고, 사제와의 대결은 타우리스의 아르테미스에게 사람을 제물로 바쳤던 인신공희의 잔존물이라고 프레이저는 설명한다.[13] 그러나 프레이저의 생각은 점차 발전해서, 숲의 왕은 떡갈나무와 천둥·번개의 신인 제우스를 상징한 것이며, 그를 폭력으로 죽이는 것은, 숲의 왕이 육체적으로 쇠약해지면 노쇠와 질병이 왕의 활기 있는 정신을 감퇴시키고, 그로부터 그가 돌보던 자연 전체의 생명력이 위태롭게 될 수 있다는 우려 때문이라고 설명했다. 쇠약한 사제는 모두에게 위험하기 때문에 젊고 씩씩한 남자가 그를 쓰러뜨리고 그 자리를 대신해야 한다는 것이다.

프레이저는 왕에게 부과되는 시련들에 관한 전설들과 디오뉘소스의 지시에 의해 찢겨 죽는 뤼쿠르고스 왕 등의 희생 전설들, 튀에스테스와 펠롭스의 인육 잔치 등을 인용하면서, 이러한 전설 속에는 실제적인 '의식(儀式)'의 편린들이 남아 있다고 주장했다. 원시 사회를 지배하던 왕은 모든 자연과 인간의 생성과 소멸을 총괄하는 마법사로 생각되었기 때문에, 흉년이 계속되고 질병이 퍼져 백성들이 위태롭게 되면 마법사인 왕이 희생을 감수할 수밖에 없었다는 것이다.

이런 식의 설명은 다른 신화들을 해석하는 데에도 적용되었다. 그리스 신화에 종종 등장하는 버려진 아이에 관한 전설에 상응하는 신화가 아메리카와 아프리카에서는 특히 '첫아들'을 금기시하는 이야기로 존재했는데, 이것은 첫아들이 자라면 아버지의 삶을 위협하고 아버지가 부족의 왕일 경우에는 마을 전체를 위태롭게 한다고 생각했기 때문이라는 것이다. 이것이 바로 이야기의 내용들은 약간씩 서로 다르지만 '버려진 아이'와 '맏아들 금기' 전설들의 핵심이며, 세월이 흐르면서 그 이야기들의 의미가 실종되거나 이야기 자체가 변형되어 신화라는 형태 속에서 옛 사회의 흔적으로 남아 있게 되었다는 것이다.

신탁의 뜻과는 달리, 결국 태어나게 된 오이디푸스는 죽을 운명이었지만 우연히 살아남아 생부(生父)뿐만 아니라 테바이 시(市) 전체의 존립에 위협적인 인물이 된다는 오이디푸스 전설과, 테살리아의 한 지역이 흉년으로 기아에 허덕이자 그곳의 왕 아타마스가 첫 부인에게서 얻은 프릭소스와 헬레 남매를 제물로 바쳐 기아로부터 해방되려고 했으나, 제우스가 보낸 황금 털을 가진 양이 남매를 태우고 멀리 날아가 버리고, 아타마스 왕은 후일 광기에 사로잡혀 다른 부인으로부터 낳은 첫 아들을 죽이고 왕비는 둘째 아들과 함께 바다에 몸을 던진다는 아타마스 왕가의 전설, 그리고 아타마스 왕의 후대인 역사 시대에 이르러 왕의 맏아들에겐 도시 최고 공관(公館)의 출입을 금했고 이를 어기면 사형에 처했다는 관행 등은 모두 핵심에 있어서 서로 일치하며, 그것은 고대 그리스의 여러 지역에 이 핵심에 상응하는 희생 의식이 존재했음을 시사하는 것이라고 프레이저는 주장했다. 고대 그리스라고 해서 인간 정신의 역사에서 예외일 수는 없다는 설명이다. 이처럼 신화는 실재했던 의식들을 설명하기 위해 생겨났다는 견해가 프레이저의 기본 입장이다. 이 견해는 케임브리지 대학에서 프레이저를 중심으로 형성된 의례(儀禮) 학파의 주장이기도 하다.

그리스 신화가 어떤 기적에 의해서 저절로 형성된 것은 아니다. 뮐러가 언어 질병설로 그리스 신화의 기원을 설명하려고 했던 것처럼, 프레이저의 의례설도 그러한 의도 아래 제기된 이론이다. 의례 학파의 업적은 괄목할 만했다. 폴리네시아 '원시 사회'에서 전설과 의식의 상호 관계를 조사했을 뿐만 아니라 '문명화된' 지역에서도 전설의 잔존 형태를 면밀히 조사·분석함으로써, 통과 의례, 입문 의식, 장례 의식, 기우제, 풍년 기원제 등의 중요한 몇몇 의례들을 중심으로 전설들이 형성되었다는 것을 밝혀냈다. 그것은 전설의 범주를 규정할 수 있는 연구 성과이자 발전이었다. 전설의 분류는 이미 전설의 기원을 상당 부분 설명할 수 있는 진정한 초석이었다. 그러나 의례 이론이 전적으로 만족할 만한 것은 못 되었다. 프레이저의 비교 방법은 매우 상이한 영역들을 근접시키는 작업을 중요시했기 때문에, '인간 정신의 동일한 현상'을 설명하기 위해 서로 멀리 떨어진 사회들을 무리하게 유추하여 근접시키는 기교를 부리게 되었고, 그로부터 추출된 상호 유사성은 매우 형식적이고 우연에 불과한 것들이 많았다.

가령 남아메리카의 수리남의 섬에 있는, 두 얼굴이 조각된 기둥은 로마의 야누스(Janus)에 대해서 어떤 설명도 해주지 못했다. 두 얼굴을 가졌다는 겉모습만 비슷할 뿐 서로 내용상 공통되는 부분을 발견할 수 없었다. 그리고 신화들을 서로 근접시켜서 도출해 내는 민족적인 주제라 하더라도 넓은 의미의 공통성은 구체적인 내용이 거의 없는 도식적인 형태에 불과한 경우가 많아서, 그리스 신화의 핵심을 놓치는 경우가 많았다. 가령 스핑크스가 오이디푸스에게 던지는 수수께끼는 왕권을 넘겨주기 전에 부과하는 시련의 한 형태라는 것은 분명 발전된 연구 성과이기는 하지만, 시련의 형태가 민족과 지역에 따라 다양한 만큼, 그리스인들에게 스핑크스의 질문과 오이디푸스의 대답이 무엇을 의미했는지에 대한, 즉 전설의 개별적 의미와 내용에 대한 설명은 부족하다고 할 수 있다. 공통의 주제를 발견하고 설명하려는 데 집착한 나머지, 개별 신화의 특색과 고유성을 놓친 것이다.

2) 역사 신화학의 태동[14]

하이네의 괴팅겐 대학 후계자이기도 한 카를 오트프리트 뮐러(Karl Otfried Müller, 1797~1840)는 신화의 민족적 특성을 강조한 헤르더의 영향을 받아 집필한 『과학적 신화론 서설』(1825)에서, 그리스 신화에 국한한다면, 신화는 일련의 이질적인 여러 요소들로부터 형성되어 발전하는 유기체라고 천명하면서, 그리스 신화의 기원과 계보를 작성하여 그 역사를 기술했다. 가령 페르세우스 신화의 경우에, 그는 신화 기록가 아폴로도로스와 기원전 5세기 아테네의 산문가 페레퀴데스(Pherekydes)의 텍스트를 참조하면서 페르세우스 신화의 태동 배경이 되는 지리·역사적 환경을 재구성하여 페르세우스 신화의 시원(始原)을 도출하려고 노력했다. 그리스 신화는 기원전 2000년경 그리스인들의 이주와 함께 원주민들의 제례 의식과 밀접한 관계를 맺으면서 형성된 것으로 그는 추정했다. 예를 들어 아테나 여신의 도움으로 메두사의 머리를 자르는 페르세우스 전설은, 페르세우스의 할아버지 아크리시오스(Akrisios)가 묻혀 있는 아르고스에서 거행되던 아크리아 아테나(Akria Athena, 정상의 아테나) 숭배 의례로부터 비롯되었을 것으로 생각했다.

카를 오트프리트 뮐러는 신화 연구사에서 중요한 자리를 차지한다. 그는 호메로스와 헤시오도스가 그리스 신화의 절대적인 시작을 의미하는 것이 아니라, 그리스 신화 전개상의 출발점 역할을 한다는 것을 이해하고 설명한 사람들 중 한 명이며, 또한 그리스 신화가 의례와 밀접하게 연관되어 있을 뿐만 아니라 고대 그리스의 구체적 현실인 정치·사회·종교적 상황과도 뗄 수 없는 관계를 맺고 있다고 주장했기 때문이다.

4. 20세기: 신화 연구의 발전

19세기 말부터 20세기 초까지 고대 그리스의 신화와 종교 연구에 일대 전환기가 온다. 그것은 특히 프레이저의 의례설 때문이었다. 식물의 발아와 소멸에 관한 신화를, 풍요를 기원하는 의례와 근접시켜 설명한 프레이저의 이론에 자극받은 케임브리지 대학의 제인 해리슨(Jane Harrison), 쿡(A. B. Cook) 등과 같은 학자들은 신화와 의례의 관계를 보다 다양하게 설명함으로써 의례학파 또는 케임브리지 학파를 형성했다. 그들은 신화와 의례의 상호 관계가 고대 그리스 종교의 중요한 두 축(軸)이며, 의례에 의해 전설이 발생한다고 주장했다. 그러나 이러한 일방적인 관계는 연구가 진전됨에 따라 수정·보완되었다. 신화로부터 의례가 발생하는 경우도 발견되었고, 신화와 의례가 서로 영향을 미치는 경우도 조사되었다. 그러나 모든 신화가 의례와 관계되는 것은 아니며, 의례가 신화 이해의 열쇠가 되는 것도 아니라는 것 또한 밝혀졌다. 의례와 전혀 관계없는 신화들도 많이 있으며, 반대로 신화들과 어떤 관계도 맺지 않는 많은 의례들도 존재하기 때문이다. 이와 함께, 앞에서도 언급했듯이 의례설에 입각한 신화 해석은 의례와 신화의 관계 설정에 몰두한 나머지 신화의 개별적인 특성을 파악하지 못하는 약점도 지적되었다.

1) 새로운 비교 신화학: 조르주 뒤메질[15]

프레이저와 케임브리지 학파의 비교 신화학은 가능한 한 멀리 떨어진 신화들을 근접시켜 비교했지만, 프랑스의 조르주 뒤메질(Georges Dumézil, 1898~1986)은 가능한 한 같은 언어권의 신화들을 근접시키는 비교 방법을 택했다. 이 점에서 뒤메질의 방법은 프레이저 및 케임브리지 학파와는 크게 달랐다. 그는 인도유럽어를 사용하는 지역의 신화들만 비교함으로써 지역 연구의 중요성을 부각시키면서 프레이저의 방법을 보완·쇄신하는 '새로운 비교 신화학'을 탄생시켰다.

1898년 3월 4일 파리에서 태어난 뒤메질은 장교인 아버지를 따라 여러 지방을 옮겨 다니면서 공부한 다음 파리의 명문 루이 르 그랑 고등학교를 졸업하고, 1916년 파리 고등 사범학교에 합격한다. 이듬해 1차 세계 대전이 터지자 군에 입대해서 전투에 참가하기도 한 그는 1919년 제대 후 교수 자격 시험에 합격하여, 보베의 고등학교에 근무하지만, 외국으로 나가기를 희망하여 1921년 바르샤바 대학 강사에 임명된다. 폴란드 생활은 그를 만족시키지 못했지만, 그는 박사 학위 논문인 인도유럽인의 『불사(不死)의 축제』를 준비하며 인도의 넥타(necta)와 게르만의 맥주 제조를 비교·유추해 설명하는 작업에 몰입해 객지 생활의 어려움을 극복한다. 1924년 박사 학위를 취득한 후, 그는 터키로 가서 이스탄불 문과 대학에서 종교사 정교수 직을 맡는다. 그곳에서 뒤메질은 6년 동안(1925~1931년) '생애 최고의 해들'을 보내면서 코카서스 지역의 언어를 익혀 자신의 인도유럽인 지역 연구에 활용한다. 1931년 그는 터키를 떠나 스웨덴의 웁살라 대학으로 자리를 옮겼다가 1933년 프랑스로 돌아와 사회과학 대학원의 인도유럽인 비교 종교학 책임교수로 임명되었고, 1949년 석학의 전당인 콜레주 드 프랑스(Collège de France)의 교수로 선임되어 1968년까지 봉직한다. 1978년 10월에는 방대한 인도유럽인의 신화와 종교를 연구하여 학문적으로 크게 공헌한 것을 인정받아 프랑스 아카데미 회원으로 선출된다. 고대 인도유럽어 문헌을 거의 섭렵한 박학함과 인도에서 아이슬란드에 이르는 그의 방대한 시야는, 박사 학위 논문 이후 간행한 『켄타우로스의 문제—인도유럽인 비교 신화학 연구』(1929)를 필두로, 『우라노스—바루나』(1934), 『게르만족의 신화와 신들』(1939), 『유피테르—마르스—키리누스』 4권(1941~1948), 『로키』(1948), 『인도유럽인의 신들』(1952), 『인도유럽인에 있어서 전사(戰士)의 역할』(1956), 유명한『인도유럽인의 3등분 이념 체제』(1958),『로마의 초기 종교』(1966), 그리고 인도유럽어 서사시를 통해 그들의 역할 3등분 체제를 밝힌 대표작『신화와 서사시』 3권(1968~1973),『신화학 소묘』 4권 (1982~1995) 등 1986년 그가 88세의 나이로 타계하기까지 30여 권의 저술을 통해 펼쳐진다. 그러나 그는 학파를 남기지 않았다. 그는 학파를 좋아하지 않았다. 그는 인도유럽인에 국한된 범위 내에서 언어적으로는 부인할 수 없는 친족 관계를 형성하는 문명들의 신화들을 서로 근접시킴으로써 설득력 있고 결정적인 내용들을 발견하려고 했다. 물론 약간의 장애와 예외들은 각오하고 있었다. 그는 인도의 베다는 물론 웨일스 전설이나 게르만 전설이 모두 인도유럽인에서 파생된 언어들로 전승되었기 때문에, 각 민족의 신화들 역시 공통의 옛 신앙과 의례에 기원을 두고 발전·파생된 산물이라고 생각했다. 지역에 따라 다르게 파생된 이설(異說)들을 통해, 뒤메질은 인도유럽인 공통의 신앙과 의례 체계를 발견하려고 노력했다. 그는 방대한 자료를 통해 새롭고 설득력 있는 결과들을 도출해 낼 수 있었다. 뒤메질이 연구 초기에 입증한 것은 모든 인도유럽인들에게는 불사(不死)의 음료를 만들어 마시는 전통이 존재한다는 것이었다. '신들의 음식'을 중심으로 형성된 이 전통은 인도의 베다, 이란의『아베스타』, 헤시오도스의『신들의 탄생』 등이 증언하고 있는데, 뒤메질은 특히 그리스의 경우 판도라의 '상자' 또는 '단지'가 게르만족의 양조(釀造) '통'에 해당한다고 생각했다. 각 민족은 자신들의 상상력과 환경에 따라 최초의 소재를 수정했기 때문에 여러 민족의 각기 다른 이설들을 통해서 인도유럽인 공통의 의례와 사고방식을 추출할 수 있다고 뒤메질은 주장했다. 그는 이같은 초기 연구 성과를 계속 추진·확대·발전시켜 그 유명한 '세 기능 이념 체계'를 1937년부터 제기했고, 이 주장은『유피테르—마르스—키리누스』를 통해 확고히 자리 잡아 뒤메질의 업적 중 가장 주목할 만한 공헌으로 인정받게 되었다. 그 골자는 다음과 같다.

고대 인도의 사회·계급 체제를 고대 로마의 종교 구조와 근접시켜 살펴본 뒤메질은 인도유럽인 고유의 이념 체계가 존재한다고 믿게 되었다. 그는 고대 인도의 세 가지 계급인 사제, 전사(戰士), 농민을 고대 로마 종교의 세 제관(祭官)인, 유피테르를 섬기는 제관, 무신(武神) 마르스(아레스)를 모시는 제관, 농업의 신 키리누스(Quirinus)를 받드는 제관에 근접시킴으로써, 인도와 로마의 계급과 제관의 구조[16]가 상응하는 것을 간파했다. 인도 사회는 세 가지 계급 체계로 나누어져 있지만, 로마의 신앙 체계는 세 명의 신들에게 올리는 제례를 중심으로 조직되어 있기 때문이었다. 물론 두 구조가 완전히 똑같이 유사·균형 관계를 맺는 것은 아니지만, 성스러운 것을 관리하고, 용맹스러운 역할을 하며, 경제적인 생산 활동에 종사하는 '기능' 측면에서는 상응 관계를 맺기 때문에 똑같이 3등분 구조라고 생각해도 무리가 없는 것이었다. 이러한 기능 분담 체계가 인도−이란은 물론 스칸디나비아까지 이를 정도로 인도유럽인 신화에 광범위하게 나타나는 것을 확인한 뒤메질은, 이를 '세 기능 이념 체계(Idéologie des trois fonctions)'라고 불렀다. 인도유럽인 신화에서 이러한 역할 3등분 체계는 피상적인 '체계'가 아니라 인도유럽인의 모든 구성원들이 공유했던 세계관을 표명한 것이었다. 다음의 도표는 로마, 인도, 스칸디나비아의 민족 신화에 나타나는 '세 기능 이념 체계'이다. (I)은 최고 통치권의 기능을, ⓐ항은 마법적인 성격을 부각시킨 것이고, ⓑ항은 재판관의 성격을 형상화한 것이다. (II)는 전사의 기능을, (III)은 농업 생산 및 경제적 풍요를 관장하는 신이다.

각 지역의 신들은 이름만 서로 다를 뿐, 질서 있고 균형 잡힌 논리적 사유 체계를 반영한다. 각 신들은 다른 신들과의 관계 속에서 자신들의 기능을 수행한다. 이러한 계급 관계는 단선적(單線的)인 것이 아니다. 통치자와 전사, 농부의 관계는 계급으로 얽혀 있지만, 종교 및 재판을 관할하는 최고 통치자라고 해서 전쟁을 수행하는 전사를 무조건 제압하고 명령

	로마	인도	스칸디나비아
Ⓘⓐ	유피테르(Jupiter)	바루나(Varuna)	오딘(Odin)
Ⓘⓑ	디우스(Dius)	미트라(Mitra)	티르(Tyr)
Ⅱ	마르스(Mars)	인드라(Indra)	토르(Thor)
Ⅲ	키리누스(Quirinus)	나사티아(Nāsatya)	프레이르(Freyr)

할 수 있는 것이 아니다. 전사는 통치자를 혐오하고 무시할 수도 있기 때
문이다. 전사의 무력과 폭력은 통치자에게는 불안한 요인일 수밖에 없다.
대립적인 두 기능은 서로 보완하게 되어 실제적인 동맹 관계를 맺게 된다.
하지만 세 번째 '생산' 기능에 대해선 통치자(사제)와 전사 모두 대립적
이다. 토지와 가축의 다산성, 양식(糧食)과 물질적 번영을 관장하는 세 번
째 기능은 보기에는 보잘것없어도, 통치자와 전사의 존재 기반이 된다.
세 번째 기능은 통치권 및 전쟁의 기능과 대립과 상보 관계를 맺으며 균
형을 이룬다. 통치, 전쟁, 생산의 세 기능 체계는 아무렇게나 생겨난 것이
아니다. 그것은 통치하고 싸워야 하는 사회의 최선책이자 인도유럽인의
세계관이 반영된 것이다. 인도유럽인들은 결국 지체 높은 두 가지 기능인
'통치'와 '전쟁'에 없어선 안 될 '생산'을 최우선으로 생각하게 되었다. 뒤메
질은 인도유럽인의 세 기능 이념 체계를 각각 면밀히 비교·설명하였다.
특히 스칸디나비아 신화 속의 영웅 스타카드르(Stakadr)와 그리스의 헤
라클레스를 비교하여 영웅들이 범하는 '죄'와 '속죄', 그리고 죽음에 이르
는 길을 자세하게 비교·검토하여 『전사의 행운과 불행』(1969)을 그려내기
도 했다. 뒤메질은 두 영웅을 단순하게 비교하는 데 그치지 않았다. 그는
정념에 불타던 만년의 두 영웅들이 젊은 여인을 사랑해 결국은 죽게 되는
과정과, 죽음의 순간 젊은 지기(知己)의 도움을 받아 목숨을 끊게 되는 과
정이 서로 닮은 관계라는 것을 상세하게 밝혀냈다. 광범위하고 다양한 인
도유럽인 영웅 신화의 유사 구조를 밝혀낸 것이다. 하지만 뒤메질이 인도

유럽인 신화의 공통적 양태에만 천착한 것은 아니다. 그는 각 민족 신화에서 세 기능의 신들과 영웅들이 사회적 여건에 맞춰 구체적으로 어떻게 행동하고 어떻게 운신했는지를 놓치지 않았다. 그는 인도유럽인의 광범위한 체계에 알맞은 공통성을 포착하면서도 개별성을 간과하지 않았다.

그러나 그의 탐색 작업은 그리스 신화 쪽에는 취약한 편이다. 그가 그리스·로마의 신들과 영웅을 거론하며 '세 기능 이념 체계'를 확립하긴 했지만 그의 탐색 영역에서 그리스 신화의 몫은 크지 않았다. 그것은 그리스 신화가 방대한 인도유럽인 신화 체계의 구조를 밝히는 데 큰 역할을 하지 못했다는 뜻이다. 그리스 신화 특유의 복잡한 다양성 때문에 다른 지역 신화와 일관성 있게 상응되기 어려웠기 때문이다. 바꾸어 말하면, 인도유럽인의 신화 전통은 그리스 신화의 모든 내용들을 설명하기에 불충분하다는 뜻이다. 그리스 신화는 이미 오래전에 에게 해 연안으로부터 지나치게 많은 영향을 받으면서 형성되었기 때문에 복합적인 성격이 두드러져서, 그리스 신화의 바탕 자체가 인도유럽인 신화의 성격에 잘 부합하지 않는 측면이 있다. 인도유럽인들이 그리스로 들어오기 이전의 에게 해 연안 토착 신화의 영향이 그리스 신화에 침잠되어 있기 때문이다. 그리스 신화에는 셈족은 물론 이집트에서 들어온 요소들이 섞여 있어 그 기원이 몹시 복잡하고 다양해서 풀어나가기 어렵다. 뒤메질의 '새로운 비교 신화학'은 프레이저의 비교 신화학이 고려하지 못했던 개별 신화들의 특성을 인도유럽인의 '세 기능 이념 체계' 속에서 밝혀내고 있지만, 그리스 신화의 영역에서는 큰 성과를 거두기가 어려웠다. 그리스 신화 속의 불확실한 기원의 편린들을 재구성하여 도출할 수 있는, 역사적 발전과 변모에 대한 논의는 근거 없는 추정으로 판단되고 결국은 확실성이 전혀 없는 그럴듯한 도식에 그쳤기 때문이다.

2) 정신 분석학과 신화: 지그문트 프로이트[17]

20세기에 들어서면서부터 다른 영역의 학자들도 신화에 대해 큰 관심을 갖기 시작했다. 그 대표적 인물이 바로 지그문트 프로이트(Sigmund Freud, 1856~1939)였다. 프로이트는 1900년에 간행한 『꿈의 해석』을 통해 소포클레스의 『오이디푸스 왕』의 충격적인 인상을 설명하면서 신화에 관심을 쏟았다. 그는 오이디푸스 신화가 우리에게 충격을 주는 이유는 우리가 한때 잠재적으로 오이디푸스였기 때문이라고 주장했다. 즉 우리가 『오이디푸스 왕』을 보고 놀라는 것은, 우리가 처음으로 성적 충동을 느낀 대상이 어머니였고, 처음으로 증오한 것이 아버지였기 때문이라는 것이다. 프로이트에게 그리스 신화는 인간의 보편적 욕망을 표현하는 것이었다. 그에게 신화는 무의식 속의 충동과 갈등을 표현하는 것이었다. 터무니없는 꿈이 개인의 무의식 세계에서 현실의 충동을 변형시키고 도치한 결과이듯이, 터무니없고 야릇하게 보이는 신화는 무의식이 현실의 충동을 '검열'한 결과라는 것이다. 신화 역시 꿈처럼 현실의 충동적인 내용을 무의식 속에서 축약과 도치 등의 작용을 통해 '이동'시키고 '변형'시킨 것이라는 주장이다. 프로이트에 의하면 신화는 결국 '승화(sublimation)'의 표현이고 '상징'이며, 고대인들의 동경과 공포, 그리고 그들의 의식적인 도덕이 강제로 억압했던 모든 것이 나타나는, 고대인들의 '무의식' 세계의 표현이라는 것이다. 프로이트와 그의 제자들은 신화 속에 등장하는 수많은 비도덕적 행위들, 근친상간, 살인 등이 그것을 입증한다고 주장했다. 신화는 그들의 정신 분석 이론을 만족시켜 주는 좋은 자료였다. 도덕적인 금기가 확립되기 훨씬 이전에 일어난 이러한 비도덕적 행위들은, 그럼에도 불구하고 인간의 욕망이 숨어 있는 모습으로서 결국은 나중에 형체를 갖게 된다는 것이다. 신화 발생의 기원을 이처럼 설명한 프로이트의 주장은 대단한 호응을 얻었다. 고대 그리스 신화의 기원이 밝혀질 듯했다. 신화를 풀이하고 신화의 최초의 뜻을 끌어내기 위해, 신화 연구가는 이제 정신 분석학적 방법에 의존했다. 그것은 신화 속에 숨어 있는 고대인들의 억압된 무의식 속 욕망을 찾아내는 일이었다. 정신 분석학은 고대 신화에 생명력을 불어넣어 신화를 현대의 관심사가 되게 했다. 대단한 공헌이었다. 프로이트 덕분에 오이디푸스가 온 세상에 알려져 '오이디푸스 콤플렉스'는 모르는 사람이 없게 되었고, 그로부터 '엘렉트라(Elektra) 콤플렉스'가 생겨나기도 했다.[18] 정신 분석학을 통해 신화가 특별히 주목받아야 하는 영역으로 부상함에 따라, 신화는 인간 영혼의 여러 면모들에 대해 잘 정돈된 '정형'을 제시해 줄 수 있었다. 안티고네와 오레스테스 등의 이야기도 마찬가지였다. 인간 영혼의 양식화 작업에 그리스 신화는 큰 역할을 했다. 얼마 후 융(C. G. Jung)에 의해 많은 그리스 신화들은, 의식되지 못했던 인간 내면의 깊은 곳을 설명해 주는 원형(原型, Archétype)으로 부상하기도 했다.

프로이트는 몇몇 신화만을 해석했을 뿐이다. 그는 뱀 머리를 갖고 있으며 자신을 바라보는 사람을 돌로 만들어버리는 메두사는, 여성의 성기가 불러일으키는 거세 공포를 상징한다고 설명했다. 그리고 명문가의 갓난아이가 아버지에 의해 버려지고, 보잘것없는 신분의 사람이 그 아이를 데려다 키운다는 그리스 신화의 이야기들은, 유년 시절에 아버지를 과대평가해 마치 왕처럼 생각하던 아이가 자라서 아버지에 대해 비판적 시각을 갖게 되고 그로부터 아버지의 위상이 전도(顚倒)되는 '어린아이의 가족 소설'과 같은 것이라고 해석했다.[19] 이 같은 프로이트 주장에 영향을 받은 오토 랑크(Otto Rank, 1884~1939)는 『영웅 탄생 신화』(1909)에서 프로이트의 견해를 수용·확장하여, 길가메시, 모세, 예수, 헤라클레스, 오이디푸스, 파리스, 페르세우스, 로물루스, 트리스탄, 지그프리트 등은 한결같이 태어나자마자 죽음의 위험에 직면했으며, 하층민이나 동물에 의해 구출되고, 성인이 되어 자신이 훌륭한 가문의 자손임을 깨우쳐 부모를 감격스럽게 다시 만나고, 마침내 최고의 자리를 차지하게 된다고 설명했다. 한편 카를 구스타프 융(Carl Gustaf Jung, 1875~1961)은 카를 케레니(Karl Kerényi)와 함께[20] 원형(原型) 이론을 널리 유포시켰다. 가령 '어머니 대지'와 '신성한 어린아이' 같은 원형은 거의 모든 신화에 등장하는 모티프로서 인류의 보편적 집단 무의식의 산물이라는 것이다. 이 원형들은 꿈과 같아서, 의식의 통제가 느슨해졌을 때 나타나기 때문에 개략적이거나 은유적인 설명만을 할 수 있을 뿐 그 정체를 선명하게 밝히기는 어려운 것이었다. 이 같은 신화 해석 이론은 독자의 상상력 역할을 중요시했기 때문에 상당한 인기를 끌기도 했다. 특히 조지프 캠벨(Joseph Cambell, 1904~1987)은 『천의 얼굴을 가진 영웅』(1949)에서 세계의 모든 영웅 신화는 각기 다른 민족의 서로 다른 이야기에도 불구하고 집단 무의식이라는 '깊이'에 있어서는 하나의 같은 이야기이며, '단일 신화(monomyth)'라는 주장을 펴며[21] 대중적 명성을 얻었다. 이후 저술한 『신의 가면』(1962~1969)에서, 그는 더한층 나아가 세계의 모든 민족은 내면의 깊이에 있어서 결국 하나이며 같다는 주장을 펴며 '신화의 힘'을 강조했다. 영화 『별들의 전쟁』의 신화 고문을 맡기도 했던 융 계열 캠벨의 이러한 주장은 합리적 논증이 결여된 '독단적' 견해라는 비판과 함께 신화에 관한 대중적 관심을 되살렸다는 평가를 아울러 받았다.[22]

한편 비교적 최근의 정신 분석학자인 앙드레 그린(André Green)은 테세우스 신화를 정신 분석학적으로 해석했다.[23] 그는 테세우스를 오이디푸스에 근접시켜 설명했다. 늙은 오이디푸스를 만나러 간 테세우스가 묘사된 소포클레스의 『콜로노스의 오이디푸스』에 주로 의존하면서, 그린은 테세우스 전설과 오이디푸스 전설을 대조하여 닮은꼴과 어긋남을 지적하고, 테세우스의 모험 이야기 속에 아버지 살해의 내용이 이동·살포·전환되었다고 주장했다. 그가 크레타 섬에서 아테네로 돌아올 때 배의 깃발을 바꾸어 달지 않아 아버지가 스스로 목숨을 끊은 것도 일종의 아버지 살해이며, 오이디푸스처럼 어머니를 차지하지 않고 왕권을 포기한 것은 자기 승화(sublimation)이며, 아테네와 인근 지역을 통합한 것은 자신과 어머니의 분화(分化) 이후 어머니의 육체를 재생하려는 시도라고 주장했다. 이 같은 그린의 해석은 정신 분석학의 도움을 받아 그리스 신화의 기원을 탐색하려던 열기를 식히는 계기가 되었으며, 그로부터 점차 신화 연구가 정신 분석학과 일정한 거리를 두게 되었고, 오늘날은 거의 정신 분석학의 도움을 받지 않는 상태가 되었다.

앙드레 그린 이후에도 콜드웰(R. S. Caldwell),[24] 샤를 스갈(Charles Segal),[25] 필립 슬레이터(Philip Slater)[26] 등이 그리스 신화를 정신 분석학적인 시각으로 분석하고 설명하여 흥미로운 주장들을 전개했지만, 대체로 이러한 견해들은 그리스 신화의 기원을 밝혀주는 의견이라기보다는 신화를 매체로 자신들의 정신 분석학 이론을 설명하는 기회로 삼는 듯한 '무리한' 논리 전개가 많다. 따라서 신화 연구에 있어, 프로이트와 융, 랑크의 공헌을 제외하고는 정신 분석학의 입지는 대체로 좁아지고 말았다.

3) 역사 신화학의 발전: 로마 학파[27]

신화가 태동한 배경을 설명함으로써 신화의 기원을 탐색하려고 했던 카를 오트프리트 뮐러 이후에도 신화의 핵(核)을 탐색하려는 열렬한 시도는 많은 현대 신화학자들에 의해 계속되었다. 신화의 발달을 통시적(通時的)으로 검토하려는 대표적인 학자들은, 특히 로마 학파를 형성한 안젤로 브렐리크(Angelo Brelich, 1913~1977)를 비롯해 사바투치(D. Sabbatucci), 피칼루가(G. Piccaluga), 브릴란테(C. Brillante) 같은 학자들이었다. 그런데 이들은 처음부터 그리스 신화들의 기원을 탐색한 것은 아니었다. 이들은 먼저 신화들의 발전과 변모에 관심을 집중하였다. 그러나 이들은 점차 개별 신화의 이설들이 전승된 시기와 전파된 범위를 정하고, 그로부터 첨

가된 많은 이설들 속에서 신화의 진면목을 밝혀줄 최초의 핵(核)을 찾고
자 했다. 이들의 기본 입장은 그리스 신화는 하루아침에 저절로 발생한
것이 아니라, 몇 단계의 층을 거쳐 형성된 것이라는 생각이었다. 신화들은
여러 영역으로부터 발생할 수 있기 때문에, 서로 다른 여러 층을 확인하고
그것들을 역사적 · 지리적 · 사회적 맥락에 맞게 위치시켜야 한다고 생각한
것이다. 로마 학파의 학자들에게 있어 신화를 설명한다는 것은, 신화가
어떤 층에 속하는가를, 다시 말해 신화가 인류 역사의 어떤 시점에서 형성
되었는가를 밝히는 것이었다. 브렐리크와 그의 제자들은, 신화 형성의 기
반은 수렵과 채취에 의존한 구석기 시대의 생활환경이었으며, 동물의 가
축화와 농업이 자리를 잡으면서 신화가 본격적으로 형성되기 시작했다고
생각했다. 이 시기는 대체로 신석기 시대인 기원전 4500년경으로 추정되
었다. 신화의 두 번째 단계는 원시 사회로부터 진보된 문명으로 이행하면
서 형성되었는데, 그리스의 경우에는 기원전 16세부터 12세기에 이르는
미케네 문명기에 해당한다. 이들은 특히 기원전 8세기 초 도시의 등장이
그리스 신화의 조직과 구성에 중대한 수정을 야기했다고 주장했다. 이들
은 그리스 신화에 사냥에 관한 이야기가 많이 등장하는 것은 구석기 시대
의 수렵 생활에서 비롯된 것이라고 생각했는데, 수렵에 관계된 신화라 해
도 보다 오래된 층의 것과 비교적 최신의 층의 것을 구별했다.

포세이돈의 아들로 태어나 바다 위를 걷기도 하고, 야수들을 모두 몰아
내는 무서운 힘을 가진 오리온이, 사냥과 숲의 처녀 신 아르테미스를 강
간하려다 오히려 아르테미스가 보낸 전갈에 물려 죽어 별이 되었다는 전
설은, 수렵으로만 삶을 유지할 수 있었던 사회의 생각을 반영한 것이라고
이들은 생각했다. 왜냐하면 오리온이 모든 야수들을 몰아낸 것은 수렵 자
원을 보호하기 위해 꼭 필요한 만큼의 동물만 죽여야 하는 수렵 사회 규
칙을 위반한 것이기 때문이다. 그러나 사냥에 관해 말하는 많은 그리스
신화는 사냥 이야기를 '옛날 옛적에' 일어난 일로 언급하면서 신화적 사실

로 다루고 있는 것으로 보아, 그 신화들은 이미 농경 사회로 진입한 후에 생겨났음을 알 수 있다. 가령 아도니스 신화는 분명히 곡식을 '재배'하던 시대에 속한다는 것이다. 그들은 목축이나 곡식 이외의 식물을 경작하고 있음을 언급하는 전설, 그리고 농업의 우월성을 확인하는 신화들은 모두 이 시기에 형성된 것이며, 왕권 등의 제도를 언급하는 신화들은 미케네 문명기에 형성된 것이라고 주장했다. 물론 철기 시대 초기(기원전 11세기)에 근동 지역에서 그리스로 유입된 신화들도 있음을 로마 학파는 인정했다. 그리고 델포이의 신탁을 언급하는 에피소드들은 델포이가 범(汎)그리스적인 명성을 얻고 나서부터 형성된 것으로 생각했다.

이 같은 로마 학파의 신화 해석은 종종 가설에 지나치게 많은 중요성을 부여했기 때문에 장피에르 베르낭(Jean-Pierre Vernant) 같은 구조주의 신화학자들로부터 비난받았다. 즉 신석기 시대에서부터 기원전 5세기까지의 그리스를 가볍게 넘나들면서 수렵기에서 농경기로의 이행을 지적하는 것은, 스스로 만들어낸 과정이 사실과 역사적 증거에 입각하고 있다고 믿는 거짓 실증주의라는 것이다.

신화의 기원과 최초의 핵에 대한 꿈은 상당히 많은 학자들을 사로잡았다. 그러나 시간이 지날수록 점점 더 많은 사람들이 최초의 핵에 대한 위험한 가설에서 벗어나 확실한 사실에 입각하여 신화 수용의 역사를 쓰기 시작했다. 그것은 신화 발달사가 아니었다. 그것은 일정한 시기에 일정한 사람들에게 신화가 갖는 의미를 재구성하는 작업이었다. 시대의 변천에 따라 각 시대는 신화의 어떤 부분은 유효하게 받아들이고 어떤 부분들은 배척하기 때문에, 신화가 갖는 의미도 시대에 따라 변모·발전한다. 따라서 신화가 당대의 상황과 어떤 관계를 맺고 있느냐 하는 문제를 검토해야 했다. 상황의 구체적 여건은 신화에 이념적인 내용을 부여하여 신화를 단번에 유효하게 만들기도 한다.

한편 이와는 반대로 신화는 현재의 상황에 권위를 부여해 현 상황의 의미를 선명하게 보여주기도 한다. 가령 헬레니즘 시대의 군주 아탈레(Attale)는 뮈시아의 갈라테스(Galates)를 제압한 승리를 기념하기 위해 기간테스와의 전쟁(기간토마키아), 아마조네스들을 격퇴한 아테네인들의 승리, 마라톤에서 페르시아 군대를 무찌른 아테네인들의 공적들을 기념물에 새겨 아테네에 세웠다. 그것은 야만인들의 침입에 대한 헬레니즘의 승리, 무질서에 대한 질서의 승리를 의미하는 것이었다. 기간테스들, 아마조네스, 페르시아인들은 모두 그가 제압한 갈라테스와 마찬가지로 야만과 무질서를 상징하는 의미로 수용된 것이다.

4) 구조주의 신화학

역사 신화학은 통시적인 구도 아래 신화의 여러 이설들을 단계별로 서열화하고, 그것들을 에피소드로 분할하여 각각 독립적으로 해석하거나 의미를 부여했지만, 공시적(共時的) 구도로 신화를 관찰하는 구조주의는 여러 이설들을 모두 같은 층위에 놓고 부분보다는 '전체'를, 각 요소들보다는 각 요소들의 '관계'를 중요시했다. 구조주의 신화학자들은 언어학적 모델을 원용하며 프로프와 그레마스 또는 클로드 브레몽의 방법에 의존하는 학자들과, 레비스트로스의 구조주의 인류학으로부터 영향을 받은 장피에르 베르낭을 중심으로 한 파리 학파 학자들로 크게 나뉜다.

① 이야기의 분석과 구조주의 신화학
첫 번째 경향의 구조주의 신화학은 대체로 '이야기 분석'에 집중하는데 이러한 방법은 특히 블라디미르 프로프(Vladimir Propp, 1895~1970)의 『민담 형태론』(1927)에서 많은 영향을 받았다. 프로프는 이 책에서 러시아의 다양한 민담들 속에 독특한 구조가 숨어 있다는 것을 발견해 냈다. 특히 구출 동화들 속에서 프로프는 다음과 같은 31개의 '기능'(학자들에 따라서는 '동기소(動機素, motifèmes)'라고 부르기도 한다)을 찾아냈다.

1)가족 중 한 사람이 부재중이다. 2)주인공에게 금지가 부과된다. 3)금지가 위반된다. 4)악한이 탐문을 시도한다. 5)악한이 희생자에 대한 정보를 입수한다. 6)악한은 희생자나 그의 재산을 차지하기 위하여 그를 속이려 든다. 7)희생자가 속임수에 넘어가 그의 적을 돕게 된다. 8)악한이 가족 중의 한 사람에게 해를 끼치거나 상처를 입힌다(또는 가족 중의 한 사람이 어떤 것을 결핍하고 있거나 갖기를 원한다). 9)불운이나 결핍이 알려진다. 주인공에게 요청이나 명령이 주어진다. 그가 가도록 허락되거나 급히 보내진다. 10)탐색자가 대항 행동에 동의하거나 그것을 결정한다. 11)주인공이 집을 떠난다. 12)주인공이 시험되고 심문받고 공격받는데, 이에 대비해 주인공에게 주술적 작용물이나 원조자를 얻는 방법을 준비시킨다. 13)주인공이 미래의 증여자의 행동에 반응한다. 14)주인공이 주술적 작용물을 사용할 수 있게 된다. 15)주인공이 탐색 대상이 있는 곳으로 옮겨지거나 인도된다. 16)주인공과 악한이 직접 싸운다. 17)주인공이 표지(標識)를 받는다. 18)악한이 퇴치된다. 19)최초의 불행이나 결핍이 해소된다. 20)주인공이 귀환한다. 21)주인공이 추격당한다. 22)주인공이 추격으로부터 구출된다. 23)주인공이 아무도 모르게 집이나 다른 나라에 도착한다. 24)가짜 주인공이 거짓된 주장을 한다. 25)주인공에게 어려운 임무가 부과된다. 26)임무가 성취된다. 27)주인공이 인지된다. 28)가짜 주인공 혹은 악한의 정체가 드러난다. 29)주인공에게 새로운 모습이 주어진다. 30)가짜 주인공 혹은 악한은 벌을 받는다. 31)주인공이 결혼하고 왕좌에 오른다.

이상의 31개 기능이 모든 구출 동화들 속에 반드시 모두 존재하는 것은 아니다. 그러나 어느 동화에서나 상당수 기능들의 연속된 질서가 일정하게 나타난다. 그리고 프로프는 기능들을 수행하는 등장인물들의 일정한 '행동 범위' 혹은 '역할'을 다음의 일곱 가지 유형으로 분류했다.

증여자, 원조자, 악한, 주인공, 가짜 주인공, 위임자, 찾는 인물.

실제의 모든 동화에서는 31개의 기능과 7명의 인물들 중 몇 가지는 생략되더라도 기능의 배열 순서는 그대로 유지된다. 바꾸어 말하면, 프로프의 민담 구조는 이야기의 선조성(線條性, linéarité)을 구성할 뿐만 아니라 이야기의 통합 축(axe syntagmatique) 또는 통합 관계를 형성하는 것이다.

『북아메리카 인디언 민담의 형태론』(1964)을 쓴 앨런 던데스(Alan Dundes)는 프로프의 방법을 아메리카 인디언들의 신화에 적용하여 민담 형태론을 신화 형태론으로 이행시켰다. 그리스 신화 학자들도 이를 본받아 프로프의 방법을 그리스 신화에 적용해 상당수의 신화들 속에 민담과 동일한 형태가 존재하는 것을 확인했다. 알랭 모로(Alain Moreau)[28]는 프로프의 31개 기능이 이아손과 메데이아 신화에 고스란히 존재하는 것을 확인했고, 발터 부어커트(Walter Burkert)[29]는 프로프의 방법을 원용해 칼리스토, 다나에, 이오, 안티오페 같은 여자 주인공들은 모두 위대한 영웅을 낳은 여인들이고, 이 여인들의 이야기는 '젊은 처녀의 비극'의 좋은 본보기라고 설명했다. 이 이야기들은 모두 격리, 고립, 강간, 고난, 구원의 다섯 가지 배열이 고정된 순서에 따라 전개되는 동일한 도식을 갖고 있다는 것이다.

프로프의 방법을 원용한 이 같은 해석은 신화들의 상이한 구조를 찾아냄으로써 그리스 신화 유형론(類型論, typologie)의 초안을 만들 수 있었다. 가령 발터 부어커트는 아르고 호의 모험과 헤라클레스의 과업을 '탐색 신화'로, 우라노스와 크로노스의 대결, 제우스의 크로노스 거세, 티탄, 튀폰, 기간테스와의 싸움, 아폴론의 왕뱀 퓌톤과의 싸움 등은 '전투 신화'

로, 그리스 영웅들과 아마조네스들의 싸움, 오이디푸스와 스핑크스의 대결은 '양성(兩性) 대립 신화'로(스핑크스가 여성으로부터 남성으로 성(性)이 바뀐 것은 훨씬 훗날의 일이다). 탄탈로스, 이피게네이아, 아트레우스 가(家)의 신화는 '희생 또는 식인 풍습 신화'로, 지략이 뛰어난 프로메테우스나 헤르메스 같은 주인공을 이야기하는 신화는 '책략가 혹은 장난꾸러기(Trickster) 신화'로 분류하여 그리스 신화의 유형 확립에 공헌했다.

한편 알지르다스 줄리앵 그레마스(Algirdas Julien Greimas)의 『구조 의미론』(1966)과 클로드 브레몽(Claude Brémond)의 『이야기의 논리』(1973)는 행동자(actant) 분석을 통해 이야기의 복잡성을 단순화하고 이야기의 의미를 공리화하는 데 공헌했다. 그레마스는 프로프의 31개 기능을 검토·성찰하여 프로프의 구조보다 더 넓은 이야기 영역에 적용될 수 있는 여섯 가지 '행동자 모델'의 관계를 다음과 같이 설정했다.

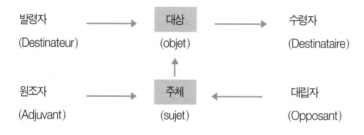

행동자란 연기자가 아니라 이야기 속에서 담당하는 역할에 따라 정해지는 인물이며, 이야기 체계의 '구축된' 단위이다. 이 같은 '행동자 모델'을 원용하여 신화의 복잡한 이야기를 단순화시켜 그 의미를 공리화한 신화학자는 스위스 로잔 대학의 클로드 칼람(Claude Calame, 1943~)이다. 그는 호메로스의 『오뒤세이아』에 등장하는 퀴클롭스 신화를 분석하여, '야만'과 '문명'의 대립과 '문명'의 승리로 그 의미를 공리화했다. 사회 제도와

식량 재배를 알지 못한 채 야생 염소들만 사는 작은 섬에서 사람을 잡아먹는 외눈박이 퀴클롭스인 폴뤼페모스는 '야만'의 표상이며, 폴뤼페모스에 대항하는 오뒤세우스와 그의 부하들은 '문명'의 표상으로 이야기 속에서 서로 대립하다가 결국에는 '문명'이 승리하고, 퀴클롭스가 유일하게 문명과 맺은 관계라고 할 수 있는 양 떼들도 오뒤세우스에게 넘겨짐으로써 야만과 문명의 대립은 끝난다고 칼람은 설명했다.[30]

② 클로드 레비스트로스의 공헌

20세기 후반 롤랑 바르트(Roland Barthes)로부터 미셸 푸코(Michel Foucault)에 이르는 프랑스의 인문학계는 물론 세계의 모든 지식인들에게 크게 영향을 미친 클로드 레비스트로스(Claude Lévi-Strauss, 1908~2009)는 통시적인 시각과 단절된 공시적 시각을 인류학에서 신화학에까지 적용하면서 '구조주의 혁명'을 일으켰다.

그는 1908년 유대계 프랑스인의 아들로 태어나, 파리에서 고등학교를 마친 후 1927년 법과 대학에 입학하는데 소르본의 철학 강의도 같이 듣는다. 법과 대학을 졸업한 그는 1931년에 철학 교수 자격 시험에 합격하고 1932년부터 고등학교에서 교편을 잡지만, 로버트 로위(Robert H. Lowie)의 『원시 사회』를 읽은 것이 '계시'가 되어 개념적인 철학의 닫힌 세계에서 벗어나 '새로운 숨결'이 느껴지는 넓은 대지로 나가게 된다. 민족지학(民族誌學)의 열정에 불타던 그는 1935년부터 브라질 상파울로 대학의 사회학과 교수로 부임했는데, 민족학에 관한 전문적인 교육을 받지 않았음에도 불구하고 주말과 방학을 이용해 아마존 강 유역에 살고 있는 원주민들을 찾아가 답사하면서 '민족학의 세례'를 받는다. 후일 『슬픈 열대』(1955)에서 그가 많이 이야기하는 보로로(Bororo)족 현지 연구는 이때의 경험을 기술한 것이다. 1939년 귀국한 레비스트로스는 파리의 인류 박물관에 브라질에서 수집한 것들을 전시했다. 2차 세계 대전이 터지자 그는 유럽의 학자들을 영입하려는 록펠러 재단의 후원에 따라 1941년 미국으로 건너가 뉴욕에 자리 잡고 신(新)사회연구원에서 강의를 시작한다. 이때 프랑스에서 건너온 앙드레 브르통 등 많은 지식인들을 만난다. 특히 러시아 출신의 구조주의 언어학자 로만 야콥슨(Roman Jakobson, 1896~1982)과 깊이 있는 대화를 나눈 것이 구조주의 확립의 결정적인 계기가 된다. 야콥슨은 레비스트로스가 전혀 알지 못했던 언어학에서는 이미 자리 잡은 구조주의의 실체를 일깨워줌으로써 그에게 또 다른 '계시'를 주었다. 7년간의 미국 생활 끝에 프랑스로 돌아와 1948년에는 파리의 인류 박물관 부관장 직을 맡는다. 같은 해 소르본에서 『친족의 기본 구조』로 박사 학위를 취득하며, 이 논문은 이듬해 출판되어 영미권 전문가들의 관심을 끌고, 프랑스의 시몬 드 보봐르, 조르주 바타유 등의 호평을 받는다. 구조주의 방법을 혼인과 친족 관계 분석에 적용한 이 저서를 통해 그는 인류학자로서 확고히 자리 잡는다. 1950년 그는 뒤메질의 지원을 받아 파리 고등연구원 종교학부 주임 교수로 선출된다. 1952년에는 『인종과 역사』를 간행하고, 사회과학 국제위원회 사무총장에 선출되지만, 하버드 대학 교수직 제의는 사양한다. 1955년 플롱(Plon) 출판사의 청탁을 받아 브라질 원주민들의 생활상과 자신의 답사 여행을 중심으로 사상적 편력 등을 기술한 『슬픈 열대』를 간행하여 독서계의 화제가 된다. 공쿠르 상 심사위원들은 이 책이 픽션이 아니어서 상을 수여할 수 없음을 매우 안타깝게 생각했다. 같은 해 그는 유명한 논문 「신화의 구조적 연구」를 발표하고 1958년에는 이 논문을 수록한 『구조 인류학』을 간행한다. 이듬해에는 콜레주 드 프랑스의 사회 인류학 교수로 선출된다. 1962년에는 『오늘날의 토테미즘』과 『야생의 사고』를 출간한다. 그리고 1964년 『신화론』 제1권 『날 것과 익힌 것』의 간행을 시작으로 제2권 『벌꿀에서 잿더미까지』(1967), 제3권 『식사 예절의 기원』(1968), 제4권이자 마지막 권인 『벌거벗은 인간』(1971)을 잇달아 출간한다. 브라질 원주민의 신화와 북미 인디언의 신화

900여 개를 분석한 네 권의 『신화론』을 통해 레비스트로스는 감각적인 것 (le sensible)을 관념적인 것(l'intelligible)으로 통합하려는 취지 아래 인간의 심층에 존재하는 문화 형성의 원리인 '구조적 무의식'의 존재를 확인하려 했다. 구조적 무의식이란 동질성과 이질성의 관계를 통해 상징과 의미를 만들어내는 것으로 그는 이것이 모든 인간의 심층에 내재한다고 생각했다. 신화 역시 그에게는 '하나의 대립적 체계를 가진 구조'로 인식되었고 '변환 혹은 치환 그룹이 어떻게 형성되는가에 따라 다양한 신화로 나타날 뿐'이라고 생각했는데, 이것은 다양한 현상들 속에 숨어 있는 일반적인 이원적 무의식 구조를 신화를 통해 설명한 것으로 이해된다.

1973년 그는 명예의 전당인 프랑스 한림원 회원으로 선출되고, 『구조인류학』 제2권을 출간한다. 1975년에는 『가면의 길』을 간행하고, 1981년에는 한국을 방문하는 등 1980년대 중반까지 저술 활동과 아울러 전 세계를 여행하며 강연과 조사 활동을 계속했다. 1988년에는 80세 기념 대담집 『가까이 그리고 멀리서』를 통해 자신의 지적 편력과 삶의 여정을 소상히 밝혔다. 1993년 자전적 에세이 『보고, 듣고, 읽기』를 끝으로 더 이상의 저술 활동은 하지 않고 있다.

대담에서 밝힌 바에 의하면, 모든 인간의 문화를 관류하는 보편적인 '구조'에 대한 그의 관심은 청년 시절부터 시작되었고 마르크스의 저작을 읽으면서 경험적 사건을 넘어서는 일반화의 중요성을 깨우쳤다고 한다. 그리고 프로이트를 통해 표면 뒤에 숨어 있는 인간의 영혼과 무의식의 중요성을 터득했고, 지질학을 통해 수시로 변하는 현상 뒤에 숨어 있는 불변의 것에 대한 관심을 갖게 되었다고 한다. 그가 이와 같은 문제의식을 학문적으로 선명하게 갖게 된 것은 에밀 뒤르켐(Emile Durkheim, 1858~1917)과 그의 제자 마르셀 모스(Marcel Mauss, 1872~1950)를 통해서였다. 여러 가지로 분할되고 차별화되면서도 하나로 연결된 '전체적인 사회적 사실'을 분석 대상으로 제시한 뒤르켐과, 정치·경제·사회·종교

등 모든 차원이 기능적으로 서로 관계를 맺고 있다고 생각한 모스를 통해, 레비스트로스는 '내부적으로 짜여진 보다 근본적인 실체'를 연구 대상으로 삼게 되었다. 그러나 그가 이 실체를 '구조'로 부른 것은, 야콥슨을 통해 '언어는 그 자체에 독립된 상관 구조를 갖고 있다'는 구조주의 언어학을 터득하고 나서부터였다. 그는 구조주의 언어학의 기본 틀을 인류학과 신화 분석에 적용하면서, 전통적이고 통시적인 방법들과 '단절'하였다.

그는 우선 신화의 여러 이설들 중 몇 가지만을 선호하거나, 신화의 기원과 최초의 핵(核)을 탐색하는 통시적인 방법과 단절했다. 그는 신화를 '모든 이설들의 총체'라고 정의하고, 한 신화의 알려진 모든 이설들을 교체 가능한 일련의 그룹으로 정돈할 수 있음을 입증했다. 그리고 방대한 『신화론』을 통해, 신화를 개별적으로 연구해야 한다는 견해와도 단절했다. 신화는 하나의 '전체'를 형성하거나 '상호 관계' 속에 존재하기 때문에, 각 신화의 의미는 변환 그룹 속에서 다른 신화들과 맺는 관계에서 차지하는 '위치'에 따라 결정된다고 생각했기 때문이다. 그가 세 번째로 단절한 것은 신화 속에서 원시적 정신의 표현과 철학적 사유의 초보적 형태를 찾아내려는 시각이었다. 그는 세계의 모든 신화들은 서로 닮았다고 생각했기 때문에, 신화 속에 내재하는 보편적인 신화적 사고 체계를 도출하려고 했으며, 그 체계는 실증적 사고가 입각하고 있는 논리만큼 엄격한 논리를, 대립적 체계를 가진 구조 속에서 보여준다는 것을 입증함으로써, 신화의 다양한 현상 속에 숨어 있는 보편적인 이원적 무의식 구조를 설명하려고 했다. 그는 1955년에 영어로 발표한 유명한 논문 「신화의 구조적 연구」(『구조 인류학』에 「신화의 구조」라는 제목으로 재수록)에서 자신의 구조 분석 방법을 오이디푸스 신화에 적용했고, 1967년부터 발표한 네 권의 『신화론』의 신화 분석 역시 이 방법에 의거하고 있다. 그가 오이디푸스 신화를 구체적으로 어떻게 분석했는지 검토해 보자.

a. 오이디푸스 이야기와 신화의 논리적 구조

레비스트로스는 오이디푸스 신화를 테바이의 시조가 되는 카드모스로부터 시작하여 안티고네에 이르는 테바이 전설 전체 속에 위치시켜, 구체적인 이야기의 모든 사건과 장애들을 제한된 수의 이원적 대립 항(項)으로 축소시켰다.[31] 그는 먼저 테바이 신화를 통합체인 텍스트로 생각하여, 신화를 구성하는 단위인 신화소(神話素, mythème)들로 토막토막 잘라냈다.(신화소는 '카드모스는 제우스에게 유괴된 누이동생 에우로페를 찾아 나선다'처럼 신화를 구성하는 하나의 이야기 문장을 말한다.) 그리고 나서 그는 신화소들 중 동일한 논리 구조를 가진 신화소들을 시간상의 연결 관계를 고려하지 않고 한 뭉치씩 묶어 다음과 같이 네 뭉치로 나누었다.

(1)	(2)	(3)	(4)
카드모스는 제우스에게 유괴당한 누이동생 에우로페를 찾아나선다.		카드모스가 용을 죽인다.	
	스파르토이 형제 전사들이 서로를 죽인다.		라브다코스(라이오스의 아버지) = '절름발이'(?)
			라이오스(오이디푸스의 아버지) = '왼손잡이'(?)
	오이디푸스가 아버지 라이오스를 죽인다.	오이디푸스는 스핑크스를 무찌른다.	오이디푸스 = '부은 발'(?)
오이디푸스가 어머니 이오카스테와 결혼한다.	에테오클레스가 동생 폴뤼네이케스를 죽인다.		
안티고네는 명령을 어기면서 오빠 폴뤼네이케스를 매장한다.			

묶음 (1)이, 자신의 '누이동생'을 찾아 나서는 카드모스, 자신의 '어머니'와 결혼하는 오이디푸스, 죽음을 무릅쓰고 자신의 '오빠'를 매장하는 안티고네, 이 세 신화소들로 구성된 까닭은, 세 신화소들이 모두 친족 간의 '지나치게 강한' 애정을 뜻하는 '과도한 혈연관계'라는 논리 구조를 갖기 때문이다. 프로프의 이야기 분석이 31개의 기능들의 연속으로 이루어진 통합 관계(relation syntagmatique)에 집중되어 있다면, 레비스트로스의 신화 분석은 통합체로서의 텍스트-신화를 신화소들로 나누어 신화소들의 계열 관계(relation paradigmatique)에 집중한 것이다. 묶음 (2)는, 카드모스가 땅에 뿌린 용의 이빨들로부터 태어난 스파르토이 형제 전사들이 서로를 '죽이는' 행위, 오이디푸스가 아버지를 '죽이는' 행위, 에테오클레스가 동생을 '죽이는' 행위로 이루어져 있다. 이 세 신화소들은 (1)의 논리 구조와 정반대인 친족 간의 '지나치게 부족한' 애정을 뜻하는 '소원한 혈연관계'라는 논리 구조를 가진다. 묶음 (3)에서 카드모스가 용을 죽인 것과 오이디푸스가 스핑크스를 무찌른 것은, 인간이 남녀의 결합에서 태어나 생존하기 위해서는 흙에서 태어난 동물인 용과 스핑크스를 죽일 수밖에 없음을 가리키며, 이는 '인간은 흙에서 태어났다'는 미개인들의 오랜 믿음을 부인하는 것이다. 묶음 (4)는, 라브다코스 가(家) 3대의 세 이름의 뜻인 '절름발이', '왼손잡이', '부은 발'은 '모두 똑바로 걷기가 어려운' 것을 가리키는 것으로, 인간이 흙에서 태어나 출현했을 때 제대로 걷지 못했다는 아메리카 인디언 신화의 보편성을 인정한다면, 인간이 흙에서 태어났다는 미개인들의 믿음과 그 지속성이 표현된 신화소들이다. 그러니까 묶음 (4)는(인간이 남녀 관계로 태어났다면 그 후손들은 모두 근친상간을 저지른 것이 되므로) 인간은 흙에서 태어났다는 미개인들의 오랜 믿음을 나타내면서, 인간은 현실적으로는 남녀의 결합에서 태어났다는 (3)의 논리 구조와 대립 관계를 맺는다. 묶음 (1)과 (2)의 '혈연'관계가 대립 관계이듯이, 묶음 (3)과 (4)는 '인간의 출생'에 관해서 대립 관계를 맺는다. 각 묶음은 다른 묶음과의 대립 '관계'를 통해 고유한 의미와 가치를 갖는다. 연쇄적인 통합 관계가 아닌 계열 관계에 의거한 분석이기 때문이다. 레비스트로스의 이 같은 분석을 통해, 오이디푸스 신화는 식물이 땅에서 스스로 자라듯이 "인간이 땅에서 스스로 태어났다는 사회는 있을 수 없고, 그리고 현실적으로 우리 각자는 한 남자와 한 여자의 결합에서 태어난다는 사실의 인식으로 넘어가는 것을 공언하는 사회도 존재할 수 없음을 뜻한다."[32] 이 모순은 극복될 수 없다. 그러나 오이디푸스 신화는 상호 모순적인 두 관계, 즉 인간은 스스로 태어나는가 아니면 남녀 사이에서 태어나는가 하는 문제, 더 단순화시키면, 동일한 것으로부터 동일한 것이 태어나는가 아니면 다른 것으로부터 태어나는가라는 상호 모순적인 두 관계를 혈연관계의 '과잉'과 '소원'이라는 상호 모순적인 대립 관계와 대응시킴으로써, 출생의 기원의 모순이 '구조적'으로 혈연관계의 모순과 '동일'하다는 것을 알려주고, 출생의 모순을 구조적으로 동일한 다른 모순에 의해 대체함으로써 출생의 기원의 모순으로부터 빠져나오게 하는 일종의 '논리적 도구'이다. 즉 '혈연관계의 과잉과 소원의 대립 관계는, 땅에서 탈출하고자 하는 노력(인간이 흙에서 태어남의 부정)이 그 실패(인간이 흙에서 태어남)와 대립하는 관계와 같다는 것이다.' 이것을 공식화하면 다음과 같다.(≃는 동형(同形, isomorphisme)을 나타낸다.)

$$\frac{\text{과도한 혈연관계}}{\text{소원한 혈연관계}} \quad \simeq \quad \frac{\text{인간이 흙에서 태어남}}{\text{인간이 흙에서 태어남의 부정}}$$

오이디푸스 신화는 대립 관계들을 매개함으로써 실제 삶에서 그 대립들을 수용하도록 해주는 일종의 '논리적 도구'가 된다.

신화를 모든 이설들의 총체로 생각한 레비스트로스는, 신화의 진정한 기원을 통시적으로 찾으려 하거나 특별한 이설에 중요성을 부여하는 방법 때문에 신화학은 오랫동안 정체되어 있었다고 설명하면서, 프로이트의 오이디푸스 해석도 오이디푸스 신화 전체(신화학)의 일부를 구성하는 이야기들 중 하나로 수용해야 한다고 말했다. 그는 프로이트의 오이디푸스 해석은 인간의 흙에서 태어남/양성(兩性)으로부터 출생이라는 대립적 관계의 문제가 아니라, 한 개체가 어째서 두 개체로부터 태어나야 하는가? 우리가 어머니와 함께 아버지를 갖는 것은 어찌된 일인가? 하는 의문을 제기하는 것으로, 오이디푸스에 관한 많은 변형 이야기들 가운데 소포클레스의 작품 바로 다음에 위치시킬 수 있는 중요성을 가진다고 말했다. 그는 신화의 진정한 핵(核)이나 원본(原本) 같은 것은 존재할 수 없고 모든 이설들은 변형된 복사본에 지나지 않는다고 생각했다.

그러나 레비스트로스의 신화 분석 방법은 민족지학(民族誌學)의 맥락과 유리된 것은 아니었다. 그가 1958년에 발표한 논문 「아스디왈의 무훈(武勳) 이야기」를 통해서 그는 신화의 민족지학적 맥락을 충실히 고려하였다.[33]

b. 「아스디왈의 무훈 이야기」와 민족지학적 맥락

레비스트로스는 말리노프스키(Bronislaw Malinowski, 1884~1942)를 본받아 신화 분석에서 민족지학적 맥락을 소홀히 하지 않았다. 그는 캐나다 서부 브리티시컬럼비아의 트심시안(Tsimshian) 인디언의 신화인 '아스디왈의 무훈 이야기'를 분석한 논문을 통해 몇 가지 서로 다른 의미 층위들을 분석하여, 서로 다른 일련의 코드(code)를 통하여 항상 동일한 메시지를 전달하는 신화적 사유 체계의 일관성을 입증했다. 한편 그는 신화적 사유가 현실과 맺는 관계의 복잡성도 설명했는데, 특히 신화의 지리적 배경과 경제적 측면을 통해 신화는 인디언들의 현실을 충실히 반영했다고 주장했다. 부계 사회의 산물인 아스디왈 신화는 남편의 가족과 동거하는 결혼에 대한 이야기로 시작되지만, 남편이 처가에서 사는 결혼 이야기를 한 다음, 다시 남편의 가족과 함께 사는 결혼 이야기로 막을 내림으로써 부계 사회의 풍속을 강조하고 있다고 그는 설명했다. 그러나 이와는 반대로 주인공의 현실 속 순례를 중단시킨 두 번의 초자연적 여행은 현실과는 완전히 유리된 것이라고 설명했다. 레비스트로스는 아스디왈 신화의 분석을 통해, 신화는 어떤 면에서는 현실의 생생한 소재들을 활용하지만, 또 다른 층위에서는 현실을 상상력의 세계와 혼합하고, 세 번째 층위에서는 체계 또는 비체계적으로 현실의 소재들을 전도(顚倒)시킨다고 주장했다.

③ 파리 학파

레비스트로스의 오이디푸스 신화 해석에 관해 논의하면서, 장피에르 베르낭(Jean-Pierre Vernant, 1914~2007)을 중심으로 형성된 파리 학파의 그리스 신화 연구가들은 레비스트로스로부터 많은 영향을 받았다. 첫 번째 영향은, 그들도 역시 신화를 모든 이설들의 총체라고 인정하고, 그것들을 잘 배열하여 '숨겨진 체계'가 드러나도록 해야 한다고 생각했다는 점에서 잘 나타난다. 파리 학파의 일원인 스위스의 필립 보르조(Philippe Borgeaud, 1946~)는 뤼카이온(Lykaion) 신화를 다음과 같이 검토·분석했다.

아르카디아의 왕 뤼카이온은 많은 여인들로부터 50명의 아들을 얻었다. 뤼카이온은 신앙심이 대단히 깊었다. 그래서 종종 신들이 그를 찾아오기도 했다. 그러나 아들들은 아버지를 찾아온 손님들이 정말로 신인지 궁금했다. 아들들은 어린아이를 하나 죽여 그 인육을 잔칫상에 차려진 제사 음식에 섞었다. 그러자 신들은 대단히 격노하여 뇌우(雷雨)를 불러 벼락을 내려 그 아들들을 죽였다. 다른 이설도 있다. 즉 뤼카이온과 그의 아들들은 처음부터 불경했다는 것이다. 그래서 제우스는 그들이 얼마나 불경한지 보기 위해 농부 차림으로 뤼카이온을 찾아갔고, 뤼카이온은 그를 맞아들이면서 그가 정말 신인지 알고 싶어 어린아이의 인육을 그에게 먹게 했는데, 이를 알아차린 제우스가 격노하여 식탁을 뒤엎고 벼락으로 뤼카이온과 그의 아들들을 죽였다는 것이다. 또 다른 설에 의하면 아이들만 벼락에 맞아 죽고 뤼카이온은 늑대로 변했다고도 한다. 보르조는 뤼카이온과 그의 자식들이 받은 징벌의 여러 이설들을 대조했다. 아들들만 벼락에 맞아 죽었건, 아들과 아버지가 모두 벼락에 맞아 죽었건, 그리고 아버지가 늑대로 변했건 간에, 모든 이설들이 언급하는 징벌은 벼락과 늑대를 통해 신과 인간 사이의 차별화된 거리를 확실하게 하기 때문에, 징벌로서의 벼락과 늑대는 구조적으로 등가(等價)라고 설명했다. 신의 절대적 권위가, 벼락으로 상징화된 신의 현현을 통해 드러났기 때문이라는 것이다.[34]

파리 학파가 레비스트로스로부터 받은 두 번째 영향은, 신화의 각 요소들을 개별적으로 고려하지 않고 그 신화가 전체성 속에서 차지하는 자리에 중점을 두는 것이었다. 가령 몇몇 그리스 신화에 등장하는 식인 풍습의 진정한 의미는 매번 그것이 위치한 맥락 속에서 검토되어야 한다는 것이다. 따라서 개별 신화는 다른 신화 군(群)에 연계될 수밖에 없었다. 바꾸어 말하면, 어떤 개별 신화에 관한 해석이든지 그리스 신화 전체에 대한 해석과 맞물려야만 했다. 그러자면 먼저 등장인물과 행동 또는 주제의 유사성에 따라 신화들을 '묶음'으로 나눠야 했다. 파리 학파의 일원인 영국의 리처드 벅스턴(Richard Buxton, 1948~)은 뤼카이온 신화를 신들에게 인육을 접대한 탄탈로스와 관련지었을 뿐만 아니라, 제물을 신들에게 바치면서 지켜야 하는 규칙을 어김으로써 결국은 인간들에게 문명이 도래하게 한 프로메테우스와도 연계시켰다.[35]

파리 학파의 세 번째 주장은, 신화가 사회·문화적 맥락 속에서 파악되었을 때에만 신화는 의미를 가진다는 것이다. 이들은 신화를 잘 이해하기 위해서 당대의 경제·기술적 배경은 물론 신앙 및 종교 의식 행위, 지리적 환경, 사회 구조 및 사회 제도를 모두 함께 고려했다. 마르셀 데티엔

(Marcel Detienne, 1935~2019)이 '그리스의 향료 신화학'이라는 부제가 달린 『아도니스의 화원』(1972)에서, 아버지와 정을 통한 뮈르라(Myrra, 또는 스뮈르나(Smyrna))에게서 태어난 아도니스의 신화를 분석하며, 살충제나 방부제가 없던 시절 그리스인들이 방부제나 방향제로 쓰이던 뮈르라(몰약)와 향료들에 대해서 어떤 생각을 했는지 그리고 다른 식물들과는 어떻게 차별했는지 검토했을 뿐만 아니라, 식물학자, 의사, 철학자들의 기록을 통해 종교 의식에서 사용하던 향료를 결혼한 부부가 일상생활에서 에로틱한 용도로 사용하던 점을 지적하면서 향료에 관한 당대의 용례를 자세하게 조사 · 검토한 것은 신화를 사회 문화적 맥락 속에서 연구한 좋은 본보기라고 할 수 있다. 데티엔은 이 밖에도 그리스 신화에 나타나는 식인 풍습을 설명하기 위해, 그리스인의 사고 체계 속에 식인 풍습이 차지하는 자리를 미리 규정했다. 식인 풍습은 그리스의 도시 국가가 단호하게 배척하는 야만적인 행위이며 도시가 창건되기 이전 혹은 도시 밖의 야만인들이나 행하는 짐승 같은 행위로 규정했다.

파리 학파의 구성원들은 신화는 현실의 단순한 모사(模寫)가 아니라는 것을 잘 알고 있었다. 그들은 현실이 신화에서 종종 완전히 반대되는 양상으로 나타난다는 것을 인정했다. 데티엔은 「오르페우스 신앙의 디오뉘소스와 삶고 구운 고기」에서, 티탄들이 어린 디오뉘소스를 죽여 심장만 빼고 토막토막 잘라 솥에 넣어 삶고, 꼬치에 끼워 구워 먹은 이야기가 바로 육식을 철저히 금하는 오르페우스 신앙에서 나왔다는 사실을 지적하고, 어린 디오뉘소스를 삶고 구운 것은 날고기를 먹는 통음난무의 디오뉘소스를 전도시켰을 뿐만 아니라, 구운 고기로부터 삶은 고기로 이행되는 통상적인 제사 음식의 순서도 뒤바꾸어 놓았다고 설명했다.[36] 한편 신화를 구조적으로 설명하려는 데티엔과는 달리, '삶고 굽기'는 그리스 신화에서 불사(不死)와 회춘의 의식을 상징하는 것이라고 설명하는 학자도 있다. 메데이아의 계략에 따라 펠리아스의 딸들이 늙은 아버지를 토막토막 잘

라 솥에 넣고 끓인 것은 아버지를 다시 젊게 하려는 효심에서 비롯된 것
이며, 테티스가 아들 아킬레우스를 불에다 넣은 것도 그를 불사의 몸으로
만들려고 했기 때문이라는 것이다.[37]

그러나 파리 학파의 학자들은 각자의 관심사에 따라 구조 분석의 층위
와 목적이 서로 다르다. 파리 학파에서 주도적인 위치를 차지하는 장피에
르 베르낭은 이야기의 모든 요소들을 고려하고 특히 이야기 구조에 특별
한 관심을 쏟으면서 개별 텍스트의 해석을 깊게 끌고 갔다. 그는 종종 비
극에서 활용된 신화들을 분석했고, 헤시오도스의 작품을 주의 깊게 관찰
했다. 그는 헤시오도스의 『신들의 탄생』과 『일과 나날들』을 통해 프로메테
우스 신화를 면밀히 관찰하면서 두 작품이 서로 보완하는 관계이면서도
신들과 짐승들 사이에 자리 잡은 '인간의 위상'을, 신들에게 바치는 제물,
음식을 익히는 불, 기술, 아내로서의 여인과 출산하는 여인, 양식으로서의
곡식과 곡식 재배의 농업 등을 통해 잘 규정하고 있다고 설명했다. 그는
프로메테우스 신화 속에 언급된 제사 절차, 불의 사용, 결혼, 경작 방법
등에 은밀하고도 다양하게 투영되어 있는 '사회·문화적 맥락'을 찾아내고
확인하는 성과를 거두었다.[38] 베르낭은 신화를 '전반적인 사회적 사실'로
인식하고 신화를 통해 그리스인들의 고유한 정신세계의 특성을 밝히려고
했다.

한편 마르셀 데티엔은 신화학 자체에 관심이 많았다. 그는 신화 구조를
분석하기 위해서 시간과 공간에 구애받지 않고 이야기들을 재편성해 총체
적으로 검토했다. 그가 『아도니스의 화원』에서 에피소드와 등장인물의 다
양성에 전혀 개의치 않고, 아도니스 신화를 성적(性的) 유혹을 언급하는
많은 신화들과 연계시킨 것은 좋은 본보기이다. 아프로디테 덕분에 매혹
적인 젊은 남자로 변신한 레스보스(Lesbos) 섬의 늙고 가난한 뱃사공 파
온(Phaon) 이야기와, 아레스의 동거녀 민타(Mintha)가 본처 또는 그의 어
머니에게 벌을 받고 박하로 변한 이야기, 제우스와 헤라를 갈라놓으려고

했던 요정 이웅크스(Iunx)가 헤라의 벌을 받아 딱따구리로 변한 이야기, 제우스의 아내 헤라를 유혹하려 했던 익시온(Ixion) 이야기 등을 데티엔은 아버지를 유혹하고 벌을 받아 나무로 변해 아도니스를 낳게 된 뮈르라 이야기와 대조했다. 물론 그가 성적 유혹이 언급되는 신화들을 고를 때 임의적으로 선별했다는 비난을 피할 수는 없다. 구조적인 분석을 위한 비교 검토의 대상을 고를 때 같은 범주에 속한 신화라도 배제될 수밖에 없는 신화들이 있기 때문이다. 이렇게 선별된 신화들은 연쇄적으로 서로 관계되는 논리적 맥락을 구축하기 때문에 겉보기에는 화려한 의미─관계를 보여주지만 미리 짠 구도에 따라 준비되었기 때문에 위험한 구석이 없는 것은 아니다.

피에르 비달나케(Pierre Vidal-Naquet, 1930~2006)는 그리스 신화 자체보다는 신화적 소재를 당대의 사회적 맥락 속에서 검토하는 데 주력했다. 그는 사유 형태와 사회 형태를 근접·소통시켜 상호 관계를 찾아내려고 했다. 퓔로스에서 추방되어 아티카에 자리 잡고 시민권을 얻게 된 멜란토스(Melanthos)가 테바이 왕 크산토스(Xanthos)를 무찌르고 아테네의 왕이 된 이야기와, 정규적인 집단 사냥에 참가하지 못하고 밤에 혼자서 그물을 갖고 사냥하는 젊은 '밤 사냥꾼' 이야기를 검토하면서, 비달나케는 신화적 소재를 통해 스파르타와 아테네의 젊은이들(18~20세)이 받은 예비 전사 교육 같은 사회 제도의 기원을 설명했다.[39] 그는 신화를 작품화한『오뒤세이아』,『오레스테이아』,『필록테테스』,『콜로노스의 오이디푸스』등을 검토할 때 상고기(上古期)와 아테네 민주정 시대를 구별하면서 그리스 사회를 논의했는데, 특히 소외된 계층을 통해 그리스 사회를 검토한 것은 베르낭과는 차별화된 그만의 시각이라고 할 수 있다. 그리스 사회의 제례, 농업, 결혼 등의 역할을 설명할 때, 그는 이러한 것들을 누릴 수 없는 바다의 외로운 유랑자인 오뒤세우스를 거론함으로써 그것들의 부재(不在)를 통해 그것들의 중요성을 역설했고, 전쟁을 논의하려고 할 때는 군대의 핵심인

정규 보병보다는 젊은 예비 전사들을 통해서 기술했으며, 『콜로노스의 오이디푸스』에 등장하는 오이디푸스 같은 소외된 사람들을 통해서 도시의 이미지를 논의하였다.[40]

레비스트로스의 구조 분석 방법과 그로부터 영향을 받은 많은 추종자들에게 가해진 비판은, 그들이 신화가 갖는 개별적 성격과 형태를 생각하지 않는다는 점과, 신화의 고유한 시간성을 무시하거나 무효화시킨다는 점, 신화의 풍요로움을 몇 개의 논리적 관계로 축소·환원시켜 버린다는 점이다.[41] 그러나 구조 분석을 비판하는 영국의 커크(G. S. Kirk)[42] 같은 학자도 구조 분석 방법의 영향을 받아 퀴클롭스 신화를 '자연'과 '문화'의 대립으로 설명하는, 전적으로 구조주의적인 해석을 시도할 정도로 구조주의적 해석은 현대 신화학에 큰 영향을 미쳤다.

최근 몇몇 영미 학자들이 신화라는 이야기 속에 내재된 이데올로기(ideology) 탐색이라는 기치를 내걸고 있다[43]. 이들은 헤라클레스 신화를 예를 들어 분석하여 헤라클레스의 모험을 피할 수 없는 강제적 과업과 자신의 명예를 위한 자발성 모험으로 구분하여 모험이 갖는 의미와 가치를 통해 당대의 '이데올로기'를 재구성하려고 했다. 이와 같은 작업은 헤라클레스 신화 속에 내재된 사회·문화적 맥락이나 당대의 시대정신을 도출하는 것과 실제로 다르지 않은 작업이며 파리 학파의 취지로부터 발전된 연구 작업도 아니다. '강제성'과 '자발성'의 대립적 시각으로 헤라클레스의 모험을 설명하고 아울러 고대 그리스 사회의 '자유'를 논의하는 것은 구조주의적 해석의 테두리에서 벗어나는 연구라고 말하기는 어렵다.[44]

5) 종합적 해석의 시도

이제 신화 연구 방법론들이 대립하던 시간들은 흘러 지나갔다. 통시적인 역사 신화학의 야망과 탐색이 학자들의 열정을 더 이상 유발하지도 않고, 공시적인 구조주의 신화학의 신화 분석 방법이 지적 호기심을 충족시키지도 못하게 되었다. 오늘날 발표되는 여러 논문들의 제목도 훨씬 신중해졌다. 신화의 '구조'라는 말 대신 신화의 '해석', '접근', '용례(用例)' 등의 표현이 등장한 것이다. 신화의 구조 분석이나 기원 탐색이 더 이상 신화 연구의 만능열쇠가 되지 못한다는 것을 인정하게 됨에 따라, 이제는 여러 방법들을 동시에 동원하는 것이 유용하다고 판단되었다. 가령 오이디푸스 신화는 레비스트로스의 구조주의 신화학과 프로이트의 정신 분석학의 시금석으로 활용되었지만, 이제 잔 브레머(Jan Bremmer, 1944~)에 의해 종합적 또는 절충식 신화 해석에 다음과 같이 활용되었다.[45]

브레머는 먼저 로마 학파의 방법에 따라 오이디푸스 신화에서 여러 층위를 구별했다. 델포이의 신탁은 델포이가 유명해지기 시작한 기원전 8세기 이후에야 신화에 도입된 것으로 생각되고, 빨래터에 가던 코린토스 왕비에 의해 오이디푸스가 발견된 것은[46] 상류층 아낙네들이 규방에 갇혀 지내기 이전 시대의 이야기로 차별화했다. 그리고 브레머는 독일의 로베르트(C. Robert)의 방식에 따라[47] 오이디푸스 신화에서 기본적인 주제와 부수적인 주제를 나누었는데, 예를 들어 오이디푸스의 '부은 발' 주제는 부수적인 것으로 생각했다. 이 신화의 어떤 변이형(이설)에도 '부은 발'이 등장하지 않기 때문이다. 그것은 이름의 뜻에 관심이 많았던 그리스인들이 '부은 발'을 뜻하는 '오이디푸스(Oidipous)'라는 이름을 합리화시키기 위해 집어넣은 이야기일 수도 있다는 것이다. 이와 마찬가지로, 변이형에 따라 유동적인 범주에 속하는 이야기는 시인이나 작가가 자유롭게 선택한 결과로 보았다. 그러나 스핑크스의 주제는 헤시오도스의 『신들의 탄생』(326행)에서부터 존재했던 것으로 오이디푸스 신화의 핵심에 속한다고 설명했다.

브레머가 두 번째로 사용한 방법은 구조 분석이었다. 그는 오이디푸스의 모든 이설들을 관찰했다. 가장 널리 알려진 이야기에 의하면 오이디푸스는 태어나자 곧 키타이론(Kithairon) 산에 버려졌고 한 목동에 의해 거두어진 것으로 전해졌지만, 또 다른 전승에 의하면 작은 상자에 넣어져 바다에 버려졌다가 코린토스의 왕비에 의해 거두어졌다는 것이다. 버려진 곳이 산과 바다라는 차이는 있지만 구조적으로 동일하다는 것이 브레머의 의견이다. 이 두 장소는 모두 도시를 둘러싼 들판과는 반대되는 곳으로, 신화에서 종종 아이를 버리는 장소로 등장하며(트로이의 왕자 파리스는 산에 버려졌고, 페르세우스는 바다에 던져졌다), 의식(儀式)에서는 오염된 존재나 물건을 산으로 옮기거나 바다에 버리는 것이 통상적인 관행이었기 때문이라는 것이다.

또한 브레머는 비교 신화학의 방법도 동원했다. 스핑크스가 여성의 모습을 한 것은 그리스 신화의 대부분의 괴물이 여성의 모습으로 그려진 것과 같은 맥락이며, 오이디푸스가 자기가 태어난 곳에서 멀리 떨어진 곳에서 양육된 것은 인도유럽인들이 명문가나 귀족의 자식들을 집에서 멀리 떨어진 다른 곳에서 양육하던 옛 관행이 반영된 것이라고 설명했다. 그리고 오이디푸스가 이오카스테와 결혼한 것은 왕권이 왕의 미망인과 결혼하는 사람에게로 이양되는 제도와 관행을 반영한 것이며, 이 같은 양태는 오뒤세우스의 아내 페넬로페의 청혼자들과, 멀리 뤼디아(Lydia)와 페르시아의 신화에서도 확인할 수 있다는 것이다. 게다가 브레머는 레비스트로스가 『신화론』의 제1권 『날 것과 익힌 것』에서 기술한, 어머니를 욕보이고 아버지를 살해하는 제리기기아투고(Geriguiguiatugo)라는 보로로족의 젊은이를, 크레타에서 아테네로 돌아올 때 돛을 바꿔 달지 않았기 때문에 아버지 아이게우스를 죽게 한 테세우스와 함께 거론하면서, 아버지 살해는 사회를 존속시키기 위해 아들이 아버지를 대신하면서 아버지를 사라지게 하는 보편적인 사회 제도의 원칙을 상징적으로 표현한 것이기 때문에, 스핑크스와의 대결이 왕권 획득의 시험이듯이 부친 살해는 통과 의례에 속한다고 해석했다.

「아스디왈의 무훈 이야기」를 통해 레비스트로스가 신화의 민족지학적 맥락을 고려했듯이, 브레머 역시 근친상간과 부친 살해가 식인 풍습과 마찬가지로 그리스인들에게 대단한 금기였다고 설명하면서 오이디푸스 신화는 그러한 민족지학적 맥락을 반영한 것이라고 설명했다. 그리고 라이오스가 삼거리에서 살해된 것도, 그리스인들이 삼거리를 불길한 장소로 생각하는 관습이 있었기 때문이라고 덧붙였다. 철학자 플라톤도 부모를 죽인 자의 시신을 삼거리에다 갖다 놓으라고 했고, 마녀들의 여신 헤카테(Hekate) 숭배 의식도 삼거리에서 열렸다는 것이다.

브레머는 정신 분석학의 성과도 활용하였다. 오이디푸스 신화가 본질적으로 통치권과 왕권에 관한 신화라는 것을 인정하면, 이 신화는 성년이 되는 젊은이들에게 오이디푸스처럼 행동하지 말 것과 자신들의 아버지를 몰아내서는 안 된다는 것을 깨우쳐주는 경고의 메시지로도 읽을 수 있다는 것이다. 게다가 브레머는 어머니와 동침하고 싶고 아버지를 죽이고 싶은 오이디푸스 콤플렉스는 이미 고대부터 존재했다고 역사적으로 설명한다. 그는 소포클레스의 『오이디푸스 왕』(기원전 420?)에서 이오카스테가 비탄에 빠진 오이디푸스에게 "많은 사람들이 꿈속에서 자기 어머니와 동침한다"(981~982행)고 말한 대목을 지적하면서, 오이디푸스 콤플렉스의 등장은 그리스의 상고기가 끝날 무렵(기원전 6세기 말)에 등장한 상류 사회 여인들의 칩거 관습의 발전과 때를 같이한다고 설명했다. 남편의 손님이 집에 오면 아내는 남편과 같이 식사도 할 수 없었기 때문에 여인들은 자식을 돌보는 일밖에 할 일이 없었고 따라서 아들과 어머니의 관계는 가까워질 수밖에 없었다는 것이다. 이러한 현상은 프로이트가 관찰한 19세기 유럽의 부르주아 가정에서도 마찬가지였는데, 상류 사회에서 여성의 생활이 다시 제한되면서 오이디푸스 콤플렉스가 나타났다는 것이다.

잔 브레머는 오이디푸스 신화를, 버려진 아이, 왕자의 성년, 부친 살해와 근친상간 등 몇 가지 신화적 모티프들이 조립되어 인위적인 통일성을 가진 것으로 보았다.[48] 그의 종합적 또는 절충식 신화 해석 방법은 그가 생각한 오이디푸스 신화와 이론적으로 배치되지 않는다. 신화를 '다양한 모티프들의 조립'으로 생각하면 신화 해석 방법 역시 여러 가지를 절충해서 사용할 수 있기 때문이다.

이러한 신화 개념이 다른 신화로 확장될 경우 신화는 열려진 총체로서 보다 유연하고 보다 풍요로워질 수 있다. 그리스 신화의 유연성은 고대와 중세의 장구한 세월 동안 여러 상황에 적응하며 살아남을 수 있었던 원동력이 되었고, 신화 해석가들과 비평가들이 다양하고 자유롭게 접근할 수 있게 해주었다. 이제 그 유연성은 오늘날 신화 연구의 '유행'과 다양하고 '유려한 결실'의 동인(動因)이 되었다. 그리스 신화를 '이야기'하는 것은 물론, 단순한 도식으로 그리스 신화를 축소할 수도 있고, 자신의 상상의 날개를 마음껏 펼치며 몽상하거나 다시 쓸 수도 있다. 그리스 신화는 이 모든 것을 허용한다.

■주석

제1장 그리스 신화의 성격과 특징

1 Mircea Eliade, *Aspects du mythe*(Gallimard, coll. Idées, 1963).
2 Jean-Pierre Vernant, "Grèce, Le Problème mythologique" in *Dictionnaire des mythologies*, 2 vols., Y. Bonnefoy, dir.(Flammarion, 1981).
3 Claude Calame, *Thésée et l'imaginaire athénien*(Payot, 1990).
4 Bronislaw Malinowski, *Myth in Primitive Psychology*(Kegan Paul, 1926).
5 Georges Dumézil, *Heur et malheur du guerrier*(PUF, 1969).

제3장 그리스의 창세 신화

1 호메로스, 『일리아스』, 14장, 201행과 245~246행.
2 호메로스, 『일리아스』, 14장, 206~207행.
3 아리스토텔레스, 『동물의 생성에 관하여』, 1장 2절, Reynal Sorel, *Les Cosmogonies grecques* (PUF, 1994), 33쪽에서 재인용.
4 헤시오도스, 『신들의 탄생』, 201~206행.
5 같은 책, 371~374행.
6 Reynal Sorel, *Orphée et l'Orphisme*(PUF, 1995), 3쪽 및 13쪽.
7 같은 책, 3쪽 이하에 기술된 것을 정리 · 요약한 것임.
8 W. Jaeger, *A la Naissance de la théologie*(Cerf, 1966), 97쪽. 앞의 주 **6**에서 언급한 R. Sorel의 책, 122쪽에서 재인용.
9 헤시오도스는 인간들을 '종족'의 관점 아래 다섯 가지로 분류했지만, 오비디우스는 그의 『변신 이야기』에서 인간들을 '시대'의 관점 아래 황금 시대, 은 시대, 청동 시대, 철 시대의 네 시대로 분류했다. 오비디우스는 헤시오도스의 네 번째 종족인 '영웅 종족'에 해당하는 영웅 시대를 시대 구분에서 제외하고 있다.
한편 대홍수는 청동 종족을 말살하기 위해 일으킨 것이라는 앞의 언급은 아폴로도로스의 작품으로 잘못 알려진 『자료집』에 나오는 이야기이다. 오비디우스의 『변신

이야기』는 '부패한 인간들'을 없애려고 대홍수가 일어났다고 말한다. 신화 작가마다 이야기 서술 방식과 어휘는 물론 관점도 달라지는 것은 신화의 유연한 가변성으로 이해해야 할 것이다.

제4장 올림포스의 신들

1 호메로스, 『일리아스』, 8장, 5~27행.

2 올림피아는 올림픽 경기의 발상지로도 유명하다. 그리스 전역을 대상으로 4년마다 운동 경기와 음악 및 문학 경연 대회가 '제우스'를 위해 열렸다. 고대의 이 대회는 로마 황제 테오도시우스 1세가 기원후 380년 기독교를 국가 종교로 선포하고 기독교의 신을 제외한 모든 신들의 경배를 법으로 금지한 이후, 394년에 폐지되었다. 국제 스포츠 경기인 근대 올림픽은 1893년 쿠베르탱 남작에 의해 새롭게 제창되어 1896년부터 4년마다 개최된다.

3 헤로도토스, 『역사』, II, 171.

4 아리스토텔레스가 썼으나 소실된 글의 한 대목. Pierre Lévêque et Louis Séchan, *Les Grandes Divinités de la Grèce*(Armand Colin, 1990), 147쪽에서 재인용.

5 Lévêque et Séchan, 앞의 책, 149~154쪽.

6 Lévêque et Séchan, 앞의 책, 183쪽.

7 호메로스, 『일리아스』, 14장, 213~252행

8 뮈르라나무는 아라비아와 아프리카에 분포하는 몰약(沒藥) 나무이다. 몰약은 방향제 및 방부제로 쓰이거나, 향수나 구강 소독제 및 건위제(健胃劑)로 쓰였는데, 고대에는 매우 귀하고 유용한 약용 식물이었다.

9 시와 음악의 신 아폴론은 조화의 신이기도 하다. 시와 음악으로 인간들과 신들의 마음을 평안하고 행복하게 해주기 때문이다. 그는 헤르메스로부터 얻은 리라를 연주했다. 또 햇빛의 신인 그는 인간과 신들의 마음을 밝게 해줄 뿐만 아니라, 대지의 꽃과 과일들이 만발하게도 했다. 때문에 아폴론은 여름의 신이기도 했다. 북풍이 불어오는 휘페르보레이오스에서 머물다 돌아올 때면 그는 따뜻한 햇볕을 가져다주었다.

10 호메로스, 『일리아스』, 5장, 840~879행.

11 같은 책, 1장, 590~594행과 18장, 394~400행. 플라슬리에르(Robert Flacelière)의 플레야드 판 『일리아스』, 948쪽의 주(註).

12 퀴벨레는 원래 양성(兩性)의 신이었으나 거세되어 여신으로 변모했고, 잘려나간 생식기로부터 아몬드 나무가 자라 꽃이 피었다. 강의 신의 딸 나나(Nana)가 그 꽃을 따 가슴에 넣었다. 그러자 꽃은 사라지고 나나는 임신했다. 나나는 아들 아티스(Attis)를 낳았지만 버렸다. 아티스는 죽을 운명이었지만 숫염소가 돌보았다. 아티

스는 무럭무럭 자라 미모의 젊은 청년이 되었다. 퀴벨레는 아티스를 사랑했다. 그러나 아티스는 다른 여성을 사랑했고, 질투심에 불탄 퀴벨레는 아티스를 미치게 만들었다. 아티스는 광기에 사로잡혀 스스로 거세하고 죽었다. 그러나 아티스는 소나무가 되었다. 또 다른 설에 의하면 거세했으나 죽지는 않은 아티스를 퀴벨레가 자신를 섬기는 추종자로 삼았다고 한다. 퀴벨레 숭배 의식에는 광란의 통음난무가 수반되었는데 이때 신도들이 스스로 거세를 하기도 했다. 갈로스(Gallos) 또는 갈루스(Gallus)라고 불리는 퀴벨레 사제들은 거세된 남자들이었다. 로마가 기원전 205년 2차 포에니 전쟁 끝 무렵에 시민들의 종교적 불안감과 여론을 진정시키려고, 원로원 의결을 거쳐 사절단이 프뤼기아로 가서 '어머니 여신' 퀴벨레를 상징하는 '검은 바위'를 가져와, 팔라티누스 언덕에 신전을 짓고 경배 의식을 거행했다. 그때부터 퀴벨레는 로마인에게 '위대한 어머니(Magna Mater)'로 불렸다. 로마 시민은 법에 의해 퀴벨레 사제가 될 수 없었으며 기원후 4세기 이후 퀴벨레 숭배 의식은 중단되었다. Ph. Borgeaud, *La Mère des Dieux, De Cybèle à la Vierge Marie*(Seuil, 1996), 56~64쪽, 89~92쪽.

13 Cicero, *La Nature des Dieux*, III, 58. Reynal Sorel, *Orphée et l'Orphisme* (PUF, 1995), 86쪽에서 재인용.

14 앞에서 말한 것처럼, '풍요의 뿔'은 어린 제우스에게 젖을 먹인 염소의 뿔에서 비롯됐다는 전설도 있다.

제5장 그리스의 영웅 신화

1 아폴로니오스, 『아르고 호 원정대』, 1장, 16~17행.
2 핀다로스, 『제4회 퓌틱 경기』, 156~166행.
3 트로이 전쟁이 기원전 1275~1190년 사이에 일어났다고 믿었던 고대인들은 아르고 호의 모험을 트로이 전쟁 직전 세대에 일어난 사실로 생각하기도 했다.
4 Ariane Eissen, *Les Mythes Grecs*(Belin, 1993), 80~82쪽.
5 Pierre Grimal, *La Mythologie Grecque* (PUF, 1992), 104~105쪽.
6 Jean-Pierre Vernant, *L'Univers, les Dieux, les Hommes* (Seuil, 1999), 195쪽.
7 '오이디푸스(Oidipous)'라는 이름은 '부풀어 오르다'란 뜻의 '오이도스(oidos)'와 '발'이라는 뜻의 '푸스(pous)'가 합쳐진 것이다.
8 Christian Biet, dir., *Oedipe*(Ed. Autrement, 1997), 59쪽.
9 호메로스, 『일리아스』, 23장, 679행 및 『오뒤세이아』, 11장, 271~280행.
10 로마 작가 스타티우스(Status), 『테바이 이야기』(기원후 90?) 등.
11 Jean-Pierre Vernant, 앞의 책, 208~211쪽.
12 같은 책, 214쪽.

13 같은 책, 98쪽.

14 같은 책, 100쪽.

15 같은 책, 101쪽.

16 같은 책, 111~112쪽.

17 같은 책, 112~114쪽.

18 '프리아모스의 보물'은 오랫동안 행방이 묘연했다. 슐리만이 베를린 박물관으로 보낸 보물이 제2차 세계대전 당시 베를린을 점령했던 소련군이 러시아로 가져갔다는 소문만 무성했다. 러시아 정부는 '프리아모스의 보물'이 모스크바의 푸시킨 박물관에 소장되어 있다고 1993년 공식발표 했다. 그리고 이 유물들의 도록을 러시아어로 만들어 간행했고, 이것을 영어로 옮긴 *The Gold of Troy : Searching for Homer's fabled city* (New York : Harry N. Abrams, 1996)가 간행되었다.

19 Hervé Duchêne, *L'or de Troie ou le rêve de Schliemann* (Gallimard, 1995), 104~109쪽.

20 Moses I. Finley, *On a perdu la Guerre de Troie* (Les Belles Lettres, 1993), 31~44쪽.

21 호메로스, 『일리아스』, 19장, 418행.

22 Michael Wood, *In Search of Trojan War* (BBC Worldwide, 1996). 한국어 판: 『트로이, 잊혀진 신화』, 남경태 옮김 (중앙 M&B, 2002).

23 W. Leaf, *Homer and History* (London, 1915).

24 Denys Page, *History and the Homeric Iliad* (Berkeley and Los Angeles, 1959).

25 코르프만의 발굴 내용과 그 성과를 자세히 기록한 저술로는 그의 동료 Joachim Latacz가 독일어로 쓴 것을 영어로 번역해 이듬해 간행한 *Troy and Homer, Toward a Solution of an old mystery* (Oxford University Press, 2004)가 있고, 트로이 발굴 전문 학술지로는 2012년까지 19권을 간행한 *Studia Troica*가 있다.

26 커크는 『일리아스』에 대한 방대한 주석서 *The Iliad: A Commentary*, 6 vols. (Cambridge University Press, 1985~1993)를 편찬했다. 이 책은 고고학적으로나 역사적으로 흥미로운 내용을 많이 담고 있다. 커크는 트로이 전쟁의 역사적 실재성에 관한 글(제2권(1990), 36~50쪽에 수록된 "History and Fiction in the Iliad")을 통해 그동안의 논의에 대한 요약을 하면서 이와 같은 견해를 표명했다.

27 Suzanne Saïd, *Homère et l'Odyssée* (Belin, 1998), 68~69쪽, 71~72쪽.

28 『오뒤세이아』의 경우, 장(章) 분할은 이야기의 분할과 일치하지 않는 경우가 종종 있다. 『오뒤세이아』의 구성에 관해서는 많은 논의가 뒤따를 수 있다.

29 호메로스, 『오뒤세이아』, 11장, 14~640행. 오뒤세우스는 강을 건너 하데스의 왕국에 들어가지는 않았다. 그가 구덩이를 판 다음 술을 붓고 제물을 바친 곳은 강 앞

의 큰 바위 밑이다. 게다가 그는 그 자리에 머물러 있으면서 테이레시아스를 필두로 몰려드는 망령들과 대화를 나누지만 하데스의 왕국에 들어가지는 않았다. 지하 왕국의 왕비 페르세포네가 행여 고르곤의 머리를 자신들에게 보내지 않을까 두려워 그는 곧 그 자리를 떠나 배로 돌아온다. 오뒤세우스의 망령과의 대화는 '초혼(招魂, nékyia, nekuia)'이라 불리는 것이 적절하다. Catherine Salles, *Quand les Dieux parlaient aux hommes* (Tallandier, 2003), 224~5쪽 및 Mark Morford, Robert J. Lenardon, Michael Sham, *Classical Mythology*, tenth edition (Oxford University Press, 2014), 364쪽, 531쪽.

30 『호메로스의 찬가』, 「아프로디테 찬가」 I편.

31 『일리아스』 20장, 302~308행

32 Arianne Eissen, *Les Mythes grecs* (Belin, 1993), 276~277쪽.

33 Alexandre Farnoux, *Cnossos* (Gallimard, 1993), 122~123쪽.

34 Jan Bremmer, "La Plasticité du mythe: Méléagre dans la Poésie homérique" in Claude Calame, dir., *Métamorphoses du mythe en Grèce Antique* (Labor et Fides, 1988), 37~56쪽.

제6장 그리스 신화의 변모

1 호메로스, 『오뒤세이아』 24장, 191~204행.

2 Platon, *Oeuvres Complètes*, Tome V, 1ère Partie, *Ion-Ménxène-Euthydème* (Les Belles Lettres, 1989), 14~17쪽.

3 Jacqueline de Romilly, *La Tragédie grecque* (PUF, 1986), 27~33쪽.

4 Suzanne Saïd, *Approches de la mythologie grecque* (Nathan, coll. 128, 1993), 46~47쪽.

5 에우리피데스, 『안드로마케』, 445~447행.

6 Suzanne Saïd, 앞의 책, 49~50쪽.

7 같은 책, 53~54쪽.

8 같은 책, 56쪽.

9 같은 책, 59쪽.

10 같은 책, 60~63쪽.

11 같은 책, 64쪽.

12 플라톤, 『법률』, 4권. Suzanne Saïd, 앞의 책, 68쪽에서 재인용.

13 같은 책, 66~69쪽.

14 신화학의 '이중의 의미'에 대해서는 앞에서 길게 설명했는데, 특히 오이디푸스 신화를 통해 '신화학'의 첫 번째 뜻을 풀이했다.

15 Pierre Grimal, *La Mythologie grecque* (PUF, 1992), 116쪽.

16 Suzanne Saïd, 앞의 책, 70쪽에서 재인용.

17 Pierre Grimal, 앞의 책, 117쪽 및 Suzanne Saïd, 앞의 책, 71쪽.

18 Suzanne Saïd, 앞의 책, 72쪽.

19 Pierre Grimal, 앞의 책, 117~118쪽.

20 Suzanne Saïd, 앞의 책, 73쪽.

21 플라톤, 『국가』, 2권 및 3권.

22 Suzanne Saïd, 앞의 책, 73~74쪽.

23 같은 책, 74~75쪽.

24 Pierre Grimal, 앞의 책, 114~115쪽.

25 같은 책, 115쪽.

26 Suzanne Saïd, 앞의 책, 75~78쪽에 의거했다.

27 에페소스 출신의 유명한 철학자 헤라클레이토스(기원전 576?~480?)와는 이름만 같을 뿐 전혀 관계가 없다.

제7장 그리스 신화와 유럽의 문학 · 예술 전통

1 '성스럽고 존엄하다'는 뜻의 이 말은 로마의 첫 황제인 옥타비아누스를 지칭하는 말로 사용되다가, 점차 로마 황제들의 칭호로 사용되었다.

2 비잔틴 제국의 고대 그리스 신화·문화 보존에 관한 다음의 언급은 Luc Brisson 의 *Introduction à la philosophie du mythe*, vol. I, *Sauver les mythes* (J. Vrin, 1996)의 147~170쪽에 의거했다.

3 호메로스, 『일리아스』, 8장, 17~27행.

4 이교(異敎)를 가리키는 영어 'pagan'과 불어 'païen'은 라틴어 'paganus'에서 비롯되었다. 'paganus'는 '시골'과 '촌락'에 관계되는 것을 뜻했고, 그로부터 '시골 사람'이나 '촌사람'을 가리켰다. 시간이 지남에 따라 이 말은 전문가가 아닌 '비전문가'와 '문외한', 군인이 아닌 '평민'을 뜻하게 되었고, 기독교가 확장 일로에 있던 당시에 농촌이 기독교에 부응하지 않자, 이 말은 전통적인 고대 종교를 좇은 '농부', 고대 그리스와 로마의 종교를 믿는 모든 사람들을 가리키게 되었다. 이로부터 '이교'라는 말은 기독교와는 '다른' 고대 종교를 가리키는 말로 확장되었는데, 고대 그리스와 그 바깥의 비기독교적인 고대 종교를 '이교'라고 부르는 것은 기독교 중심적인 시각이라 무리일 수 있다.

5 플레톤, 『법률론』(파리, 1858), 256쪽. Luc Brisson, 앞의 책, 169쪽에서 재인용.

6 중세와 르네상스기에 그리스·로마 신화가 살아남아서 다시 소생한 과정을 상세히 기술한 유명한 저서로는 Jean Seznec의 *La Surivance des Dieux antiques: essai* *sur le rôle de la tradition mythologique dans l'humanisme et dans l'art de la Renaissance* (Flammarion, 1993)가 있다. 본문의 내용은 Luc Brisson의 앞의 책, 171~183쪽과 함께 이 책에 의거했다.

7 르네상스기의 신화 해석에 관한 본문의 내용은 Luc Brisson, 앞의 책, 185~220쪽과 Jean Seznec, 앞의 책에 의거했다.

8 아리스토텔레스 철학에서, 완성의 극(極)에 도달한 모든 리얼리티를 지칭하는 용어.

9 가톨릭이 주류인 16세기 프랑스에서 종교의 자유를 주장하며 신·구교 갈등을 유발하고 종교 전쟁으로까지 확대되게 했다.

10 프로테스탄트였던 그는 앙리 4세로 즉위하면서 가톨릭으로 개종하고 낭트 칙령(1598)으로 종교의 자유를 인정했다.

11 피에르 드 롱사르, 『프랑스 시법 개요』, 『전집』 제2권, 1175쪽.

12 이집트 알렉산드리아의 신플라톤 학파의 그리스인들이 이집트 신 토트(Thot)에게 붙인 이름으로, 토트 신과 동일시되는 헤르메스를 가리킨다.

13 Maurice Olender, *Les langues du Paradis, Aryens et Sémites: un couple providentiel* (Seuil, 1989).

14 졸저, 『프랑스 시의 배경과 전개—전통문화의 변용과 생성』(연세대학교 출판부, 2002), 5쪽 및 제1장(13~23쪽).

제8장 그리스 신화 연구의 발전

1 다음에 언급하는 르네상스기 및 계몽주의 시대의 여러 가지 신화 해석들은 Christoph Jamme의 *Introduction à la philosophie du mythe*, vol. II, *Époque moderne et contemporaine* (J. Vrin, 1995), 9~73쪽에 의거했다.

2 표현을 간략하게 하기 위한 어법으로, '베토벤(=베토벤의 음악)을 듣다', '한잔(=한 잔의 술) 하다' 등과 같은 것이다.

3 환유의 한 형태로 부분을 통해 표현 내용을 간략히 하는 어법으로, '한지붕 밑에 살다', '한솥밥을 먹다' 등과 같은 것들이다.

4 다음의 언급은, Christoph Jamme의 앞의 책, 67~110쪽과 Suzanne Saïd의 앞의 책, 80~87쪽에 의거했다.

5 다음의 언급은 앞의 주 **4**에서 언급한 책들 외에 Pierre Grimal의 앞의 책, 119~120쪽과, Max Müller의 *Mythologie Comparée*, édition établie, présentée et annotée par Pierre Brunel (Robert Laffont, 2002)에 의거했다.

6 Max Müller, *Essais sur l'histoire des religions*, éd. Didier(1872). Christoph Jamme, 앞의 책, 100쪽에서 재인용.

7 Max Müller, *Mythologie Comparée* (Robert Laffont, 2002), III쪽.

8 같은 책, IV쪽.

9 발레리의 플레야드 판『전집』, 1권, 961~967쪽.

10 Christoph Jamme, 앞의 책, 101쪽의 주 **1**).

11 Max Müller, 앞의 책, IV쪽.

12 다음 언급은 앞의 주 **5**에서 제시한 책들 이외에 James Frazer의 *Le Rameau d'or*, 4 vols.(Robert Laffont, 1981~1984)에 의거했다.

13 James Frazer, *Le Rameau d'or*, vol. 1 (Robert Laffont, 1981), 20~21쪽.

14 다음의 언급은 Christoph Jamme의 앞의 책, 93~97쪽과 Suzanne Saïd의 앞의 책, 82~83쪽에 의거했다.

15 다음의 기술은 앞의 주 **5**에서 언급한 책들 외에 Georges Dumézil의 *Mythe et épopée*, 3 vols.(Gallimard, 1995)와 Michel Poitevin의 *Dumézil* (Ellipses, 2002)에 의거하였다.

16 뒤메질의 '구조'는 체계 또는 망(網)이라는 뜻에 가깝다. 후술하는 레비스트로스의 '구조'와 다르다. 학자들에 따라 '구조'라는 말은 서로 다른 뜻을 가진다.

17 다음의 언급은 앞의 주 **5**에서 제시한 문헌 외에 Sigmund Freud, *L'Interprétation des rêves* (PUF, 1980)와 Pierre Kaufmann, *L'Apport Freudien* (Bordas, 1993)에 의거했다.

18 그러나 '엘렉트라 콤플렉스'라는 용어는 이제 더 이상 사용되지 않는다. 딸이 엄마를 미워하고 아빠를 좋아하는 경우에도 아들의 경우처럼 '오이디푸스 콤플렉스' 또는 약칭해서 '오이디푸스'라고 부른다. 아들 딸의 경우를 구별하지 않고, 동성 부모를 미워하고 이성 부모를 좋아하는 경향을 하나의 용어로 단순하게 통일시킨 것이다.

19 Sigmund Freud, *Moïse et le Monothéisme* (Gallimard, 1948).

20 C. G. Jung et K. Kerenyi, *Introduction à l'essence de la mythologie* (PBP, 1980).

21 캠벨은 이 책에서 모든 영웅은 모험에의 소명을 받아, 초자연적인 조력을 받기도 하며 첫 관문을 통과하는 '출발'에 이어, 시련의 길을 승리했을 경우, 그 보상으로 여신을 만나거나, 아버지의 인정을 받거나, 신격화되거나, 궁극의 선물을 받는 '입문'을 거쳐, 불가사의한 탈출로 관문을 통과해 드디어 '귀환'하여 삶 앞에서의 자유로움을 얻게 된다는 '단일 신화'를 제시했다.

22 Robert A. Segal, *Theorizing about myth* (University of Massachusetts Press, 1999), 135~141쪽.

23 André Green, "Thésée et Oedipe, une interprétation psychanalytique de la Théseide", in *Il mito Greco* (Edizioni dell'Atheneo & Bizzarri, 1977), 137~191쪽.

24 Richard S. Caldwell, *The Origins of the Gods: A Psychoanalytic Study of Greek*

Theogonic Myth (Oxford University Press, 1988).

25 Charles Segal, "Penthée et Hippolyte sur le divan et sur la grille: lecture psychanalytique et lecture structuraliste de la tragédie" in *La Musique du Sphinx*, 152~182쪽.

26 Philip Slater, *The Glory of Hera: Greek Mythology and the Greek Family* (Beacon Press, 1971).

27 다음의 언급은 앞의 주 **4**에서 제시한 자료들에 의거했다.

28 Alain Moreau, *Le Mythe de Jason et Médée* (Les Belles Lettres, 1994), 251~270쪽.

29 Walter Burkert, *Structure and History in Greek Mythology and Ritual* (University of California Press, 1979), 5~10쪽.

30 Claude Calame, "Mythe grec et Structures narratives: le mythe des Cyclopes dans l'Odyssée", in *Il Mito Greco* (Edizioni dell'Ateneo & Bizzarri, 1977), 369~392쪽.

31 다음의 설명은 레비스트로스의 『구조 인류학(*Anthropologie Structurale*)』(Plon, 1958), 227~255쪽에 수록된 「신화의 구조(La Structure des Mythes)」에 의거했다.

32 같은 책, 239쪽.

33 다음의 설명은 그의 『구조 인류학』 제2권(Plon, 1973), 175~233쪽에 수록된 「아스디왈의 무훈 이야기(Le Geste d'Asdiwal)」에 의거했다.

34 Philippe Borgeaud, *Recherches sur le dieu Pan* (Institut Suisse de Rome, 1979).

35 Richard Buxton, "Wolves and Werewolves in Greek Thought" in *Interpretations of Greek Mythology*, Jan Bremmer ed. (Routledge, 1994), 60~79쪽.

36 Marcel Detienne, *Dionysos mis à mort* (Gallimard, 1998), 163~207쪽.

37 Reynal Sorel, *Orphée et l'Orphisme* (PUF, 1995), 73쪽.

38 Jean-Pierre Vernant, *Mythe et Société en Grèce ancienne* (Maspéro, 1974), 177~194쪽.

39 Pierre Vidal-Naquet, *Le Chasseur Noir* (Maspéro, 1981), 151~174쪽.

40 Jean-Pierre Vernant et Pierre Vidal-Naquet, *Mythe et Tragédie en Grèce ancienne*, 2 vols. (Maspéro-La Découverte, 1972~1986).

41 Walter Burkert, *Structure and History in Greek Mythology and Ritual* (University of California Press, 1979), 10~14쪽; Fritz Graf, *Greek Mythology: An Introduction* (Johns Hopkins University Press, 1993), 43~50쪽.

42 G. S. Kirk, *Myth, Its Meaning and Function in Ancient and Other Cultures* (Cambridge University Press, 1970), 162~171쪽.

43 B. Lincoln, *Theorizing Myth: Narrative, Ideology and Scholarship* (University of Chicago Press, 1999). E. Csapo, *Theories of Myhology* (Blackwell, 2005).

44 John Leavitt, Présentation. *Le mythe aujourd'hui*, in *Le Mythe aujourd'hui, Anthropologie et Sociétés*, 2005 volume 29 numéro 2.

45 Jan Bremmer, "Oedipus and the Greek Oedipus Complex" in *Interpretations of Greek Mythology*, Jan Bremmer ed.(Routledge, 1994), 41~59쪽.

46 일설에 의하면, 어린 오이디푸스는 키타이론 산이 아니라 상자에 담겨 바다에 버려졌는데, 운 좋게도 코린토스 왕비에게 발견되었다고 한다.

47 C. Robert, *Oedipus*, 2 vols.(Berlin, 1915).

48 Jan Bremmer, 앞의 논문, 53쪽.

■참고문헌

1. 그리스 · 로마의 주요 작품들

Apollonios de Rhodos, *Argonautiques*, 3 vols., Les Belles Lettres, 2002.

Aristophane, *Théâtre complet*, Gallimard, Bibliothèque de la Pléiade, 1997.

Diodore de Sicile, *Mythologie des Grecs, Bibliothèque historique*, Livre IV, Les Belles Lettres, 1997.

Diodore de Sicile, *Naissance des dieux et des hommes, Bibliothèque Historique*, Livres I et II, Les Belles Lettres, 1991.

Hésiode, *Les Travaux et les Jours*, Arléa, 1995.

Hésiode, *Théogonie, La naissance des dieux*, Rivages poche, 1993.

Homère, *Hymnes*, Arléa, 1993.

Homère, *Iliade, Odyssée*, Gallimard, Bibliothèque de la Pléiade, 1955.

Homère, *L'Odyssée illustrée*, Albin Michel, 1981.

Ovide, *Les Métamorphoses*, Gallimard, Folio classique, 1992.

Ovide, *Les Métamorphoses*, GF-Flammarion, 1966.

Pindare, *Olympiques*, Les Belles Lettres, 1999.

Platon, *Oeuvres complètes*, 2 vols., Gallimard, Bibliothèque de la Pléiade, 1950.

Tragiques grecques, *Eschyle, Sophocle, Théâtre complet*, Gallimard, Bibliothèque de la Pléiade, 1967.

Tragiques grecques, *Euripide, Théâtre complet*, Gallimard, Bibliothèque de la Pléiade, 1962.

Virgile, *L'Enéide*, GF-Flammarion, 1965.

Virgile, *Les Bucoliques, Les Géorgiques*, GF-Flammarion, 1967.

Virgile, *Oeuvres Complètes*, Gaillmard, Bibliothèque de la Pléiade, 2015.

베르길리우스, 『아이네이스』, 천병희 옮김, 숲, 2004.
소포클레스, 『소포크레스 비극 전집』, 천병희 옮김, 숲, 2008.
아이스퀼로스, 『아이스퀼로스 비극 전집』, 천병희 옮김, 숲, 2008.
에우리피데스, 『에우리피데스 비극』, 천병희 옮김, 단국대학교 출판부, 1999.
오비디우스, 『변신 이야기』, 김명복 옮김, 솔, 1993.
호메로스, 『오뒤세이아』, 천병희 옮김, 단국대학교 출판부, 1996.
호메로스, 『일리아스』, 천병희 옮김, 단국대학교 출판부, 1996.

2. 서지(書誌)

Ellinger (Pierre), *Vingt ans de recherches sur les mythes dans le domaine de l'Antiquité grecque,* in *Revue des Études anciennes,* No. 86, 1984, 7~30쪽.

Reid(Jane Davidson), *The Oxford Guide to Classical Mythology in the Arts, 1300-1900s,* 2 vols., Oxford University Press, 1993.

3. 사전

Belfiore (Jean-Claude), *Dictionnaire de mythologie grecque et romaine,* Larousse, 2003.

Bonnefoy (Yves), dir., *Dictionnaire des mythologies et des religions des sociétés traditionnelles et du monde antique,* 2 vols., Flammarion, 1981.

Brunel (Pierre), dir., *Dictionnaire des mythes littéraires,* Éd. du Rocher, 1988.

Brunel (Pierre), dir., *Dictionnaire des mythes féminins,* Éd. du Rocher, 2002.

Hornblower (Simon) and Spawforth (Antony), *The Oxford Classical Dictionary,* fourth edition, Oxford University Press, 2012.

Howatson (M. C.),dir., *Dictionnaire de l'Antiquité: Mythologie, Littérature, Civilisastion,* Robert Laffont, 1993.

Martin (René), dir., *Dictionnaire culturel de la mythologie gréco-romaine,* Nathan, 1992.

Grimal (Pierre), *Dictionnaire de la mythologie grecque et romaine,* PUF, 1951 ; dernière éd., 1991.

Lexicon Iconographicum Mythologiae Classicae (LIMC), 8 vols.+ 2 vols. *d'indices,* Artemis Verlag, 1981~1999.

Mossé (Claude), *Dictionnaire de la civilisation grecque,* Éd. Complexe, 1992.

Richer (Edmond), *Dictionnaire des oeuvres et thèmes des littératures grecque et latine*, Hachette,1995.

4. 개론서

Auregan (Pierre) et Palayret (Guy), *L'héritage de la pensée grecque et latine*, Ellipses, 1997.

Bernal (Martin), *Black Athena, The Afroasiatic Roots of Classcical Civilization*, vol. I, *The fabrication of Ancient Greece 1785-1985*, Rutgers University Press, 1988; vol. II, *The Archaeological and Documentary Evidence*, Rutgers University Press, 1991.

Bernand (André), *Sorciers grecs*, Fayard, 1991; rééd., Hachette, coll. Pluriel, 1996.

Borgeaud (Philippe), *Aux Origines de l'Histoire des Religions*, Seuil, 2004.

Borgeaud (Philippe), *Exercices de Mythologie*, Labor et Fides, 2004.

Braunstein (Florence) et Pépin (Jean-Français), *Les grands mythes fondateurs*, Ellipses, 1995.

Bremmer (Jan), edited, *Interpretations of Greek Mythology*, Routledge, 1994.

Bruit-Zaidman (Louise) et Schmitt-Pantel (Pauline), *La Religion grecque dans les cités à l'époque classique*, Armand Colin, 1999.

Bruit-Zaidman (Louise), *Le Commerce des dieux, Eusebeia. Essai sur la piété en Grèce ancienne*, La Découverte, 2001.

Buffière (Félix), *Les Mythes d'Homère et la pensée grecque*, Les Belles Lettres, 1973.

Burkert (Walter), *Les Cultes à Mystères dans l'Antiquité*, Les Belles Lettres, 1992.

Burkert (Walter), *Structure and History in Greek Mythology and Ritual*, University of California Press, 1979.

Buxton (Richard), *La Grèce de l'imaginaire, les contextes de la mythologie*, La Découverte, 1996.

Buxton (Richard), *The Complete World of Greek Mythology*, Thames & Hudson, 2004.

Calame (Claude), dir., *Métamorphoses du mythe en Grèce antique*, Labor et Fides, 1988.

Calame (Claude), *Poétique des mythes dans la Grèce antique*, Hachette, 2000.

Calasso (Robert), *Les Noces de Cadmos et d'Harmonie*, Gallimard, 1991.

Campbell (Joseph), *Les Héros sont éternels*, traduit de l'américain par H. Crès, Seghers, 1978.

Chuvin (Pierre), *La Mythologie grecque: du premier homme à l'apothéose d'Héraclès*, Fayard,1992.

Commelein et Maréchaux, *Mythologie grecque et romaine*, Dunod, 1995.

Csapo, *Theories of Mythology*, Blackwell, 2005.

De Romilly (Jacqueline), *Pourquoi la Grèce?*, Le livre de Poche, 1995.

Deforge (Bernard), *Le Commencement est un dieu: un itinéraire mythologique*, Les Belles Lettres, 1990.

Delcourt (Marie), *Légendes et Cultes des Héros en Grèce*, 2e édition, PUF, 1992.

Delcourt (Marie), *Les Grands Sanctuaires de la Grèce*, PUF, 1947.

Desautels (Jacques), *Dieux et Mythes de la Grèce ancienne*, Les Presses de l'Université Laval, 1988.

Detienne (Marcel) et Vernant (Jean-Pierre), *Les Ruses de l'intelligence. La mètis des Grecs*, Flammarion, 1974.

Detienne (Marcel), *L'Invention de la mythologie*, Gallimard, 1981.

Dodds (Eric Robertson), *Les Grecs et l'irrationnel*, Aubier-Montaigne, 1965 ; rééd., Flammarion, 1995.

Dowden (Ken), *The Uses of Greek Mythology*, Routledge, 1992.

Duchêne (Hervé), dir., *Le Voyage en Grèce, Anthologie du Moyen Age à l'époque contemporaine*, Robert Laffont, 2003.

Edmunds (Lowell), edited, *Approaches to Greek Myth*, The Johns Hopkins University, 1991.

Eissen (Ariane), *Les Mythes grecs*, Belin, 1993.

Eliade (Mircea), *Aspects du mythe*, Gallimard, 1963.

Finley (Moses I.), *Mythe, Mémoire, Histoire: les Usages du passé*, Flammarion, 1981.

Frontisi-Ducroux (Françoise), *L'ABCdaire de la mythologie grecque et romaine*, Flammarion,1999.

Gantz (Timothy), *Early Greek Myth: A Guide to Literary and Artistic Sources*, 2 vols., The Johns Hopkins University Press, 1993.

Graf (Fritz), *Greek Mythology: An Introduction*, The Johns Hopkins University Press, 1993.

Graves (Robert), *Les Mythes grecs*, Fayard, 1981.

Grimal (Pierre), *La Mythologie grecque*, PUF, Que sais-je?, 1963.

Guirand (Félix) et Schmidt (Joël), *Mythes et Mythologie*, Larousse, 1996.

Hamilton (Edith), *La Mythologie, ses dieux, ses héros, ses légendes*, Marabout, 1978.

Impelluso (Lucia), *Dieux et Héros de l'Antiquité*, Hazan, coll. Guide des arts, 2003.

Jerphagnon (Lucien), *Les Dieux ne sont jamais loin*, Desclée de Brouwer, 2002.

Jost (Madeleine), *Sanctuaires et cultes d'Arcadie*, Vrin, 1985.

Kerenyi (Carl), *The Gods of the Greeks*, Thames & Hudson, 1951.

Kirk (G. S.), *Myth, Its Meanings and Functions in Ancient and Other Cultures*, Cambridge University Press, 1970.

Lacarrière (Jacques), *Au cœur des mythologies*, Ed. du Félin, 1994.

Lefkowitz (Mary R.), *Women in Greek Myth*, The Johns Hopkins University Press, 1990.

Lehmann (Yves), dir., *Religions de l'Antiquité*, PUF, 1999.

Lévêque (Pierre), *Bêtes, dieux et hommes: l'imaginaire des premières religions*, Messidor, 1985.

Lévêque (Pierre), *Dans les pas des Dieux grecs*, Tallandier, 2003

Loraux (Nicole), *Les Enfants d'Athéna: idées athéniennes sur la citoyenneté et la division des sexes*, Maspéro, 1981.

Morford (Mark), Lenardon (Robert J.), Sham (Michael), *Classical Mythology*, tenth edition, Oxford University Press, 2014.

Otto (Walter Friedrich), *Essais sur le mythe*, T.E.R., 1987.

Otto (Walter Friedrich), *Les dieux de la Grèce: la figure du divin au miroir de l'esprit grec*, Payot, 1981.

Powell (Barry B.), *Classical myth*, eighth edition, Pearson, 2015.

Ramnoux (Clémence), *La Nuit et les enfants de la Nuit dans la tradition grecque*, Flammarion, 1986.

Reinach (Salomon), *Cultes, Mythes et Religions*, Robert Laffont, 1996.

Robert (Fernand), *La Religion grecque*, PUF, Que sais-je?, 1996.

Rudhardt (Jean), *Du mythe, de la religion grecque et de la compréhension d'autrui*, Droz, 1981.

Saïd (Suzanne), *Approches de la mythologie grecque*, Nathan Université, 1994.

Salles (Catherine), *Quand Les Dieux parlaient aux hommes, Introduction aux Mythologies grecque et romaine*, Tallandier, 2003.

Schuré (Édouard), *Les Grands Initiés*, Le Livre de Poche, 1982.

Séchan (Louis) et Lévêque (Pierre), *Les Grandes Divinités de la Grèce*, A. Colin, 1990.

Segal (Robert A.), *Theorizing about myth*, University of Massachusetts Press, 1999.

Sham (Michael), *Now Playing : Studying Classical Mythology Through Film*, Oxford University Press, 2014.

Sorel (Reynal), *Critique de la raison mythologique*, PUF, 2000.

Sorel (Reynal), *Les Cosmogonies grecques*, PUF, Que sais-je?, 1994.

Vernant (Jean-Pierre), *L'Univers, les Dieux, les Hommes*, Seuil, 1999.

Vernant (Jean-Pierre), *Mythe et pensée chez les Grecs*, Maspéro, 1974, La Découverte, 1996.

Vernant (Jean-Pierre), *Mythe et religion en Grèce ancienne*, La Découverte, 1986.

Veyne (Paul), *Les Grecs ont-ils cru à leurs mythes?*, Seuil, 1983.

Vian (Francis), *La Guerre des Géants: le mythe avant l'époque hellénistique*, Klincksieck, 1952.

Vidal-Naquet (Pierre), *Le Chasseur noir: formes de pensée et formes de société dans le monde*, La Découverte, 1991.

강성열, 『고대 근동의 신화와 종교』, 살림지식총서, 살림, 2006.

김남일, 『야웨와 바알』, 살림지식총서, 살림, 2003.

베로니카 이온스, 『이집트 신화』, 심재훈 옮김, 범우사, 2003.

사무엘 헨리 후크, 『중동 신화』, 박화중 옮김, 범우사, 2001.

새뮤얼 노아 크레이머, 『역사는 수메르에서 시작되었다』, 박성식 옮김, 가람기획, 2000.

유재원, 『그리스 신화의 세계』, 1~2권, 현대문학, 1998~1999.

이윤기, 『그리스 로마 신화』, 1~4권, 웅진닷컴, 2000~2007.

이희철, 『터키, 신화와 성서의 무대, 이슬람이 숨쉬는 땅』, 리수, 2002.

이희철, 『히타이트』, 리수, 2004.

장 피에르 베르데, 『하늘의 신화와 별자리의 전설』, 장동현 옮김, 시공사, 시공디스커버리총서, 1997.

조지프 캠벨, 『세계의 영웅 신화』, 이윤기 옮김, 대원사, 1989.

조지프 캠벨, 『신화의 힘』, 이윤기 옮김, 고려원, 1996.

조지프 캠벨, 『신의 가면』, I~IV, 이진구, 정영목 옮김, 까치, 1999-2003.

조철수, 『메소포타미아와 히브리 신화』, 길, 2000.

조철수, 『수메르 신화』, 서해문집, 2003.

5. 개별 신화 및 특정 주제론

Astier (Colette), *Le Mythe d'Oedipe*, Armand Colin, 1974.

Bérard (Victor), *Les Navigations d'Ulysse*, 5 vols., Armand Colin, 1927~1932.

Borgeaud (Philippe), *La Mère des Dieux, De Cybèle à la Vierge Marie*, Seuil, 1996.

Brisson (Luc), *Orphée et l'Orphisme dans l'Antiquité greco-romaine*, Variorum, 1995.

Brunel (Pierre), *Le Mythe d'Electre*, Armand Colin, 1971.

Brunel (Pierre), *Le Mythe de la métamorphose*, Armand Colin, 1974.

Brunel (Pierre), *L'Evocation des Morts et la descente aux enfers*, SEDES, 1974.

Calame (Claude), *L'Eros dans la Grèce antique*, Belin, 1996.

Calame (Claude), *Thésée et l'imaginaire athénien: légende et culte en Grèce antique*, Payot, 1996.

Dancourt (Michèle), *Dédale et Icare, métamorphoses d'un mythe*, CNRS édtion, 2002.

De Romilly (Jacqueline), *Homère*, PUF, Que sais-je?, 1993.

De Souzenelle (Annick) *Oedipe intérieur, la Présence du Verbe dans le mythe grec*, Albin Michel, 1998.

Delcourt (Marie), *Héphaistos ou la légende du magicien*, Les Belles Lettres, 1982.

Delcourt (Marie), *Oedipe ou la légende du conquérant*, Les Belles Lettres, 1981.

Detienne (Marcel), *Apollon, le couteau à la main: une approche expérimentale du polythéisme grec*, Gallimard, 1998.

Detienne (Marcel), *Dionysos à ciel ouvert*, Hachette, 1986.

Detienne (Marcel), *Dionysos mis à mort*, Gallimard, 1998.

Detienne (Marcel), *L'Écriture d'Orphée*, Gallimard, 1989.

Detienne (Marcel), *Les Jardins d'Adonis*, Gallimard, 1972.

D'Europe à l'Europe I, Le Mythe d'Europe dans l'art et la culture de l'antiquité au XVIIIe siècle, Actes du colloque tenu à l'ENS, Paris(24~26 avril 1997), Tours, Centre de Recherches A. Piganiol, 1998.

Devereux (Georges), *Femme et Mythe*, Flammarion, coll. Champs, 1988.

Duchemin (Jacqueline), *Prométhée. Histoire du mythe, de ses origines orientales à ses incarnations modernes*, Les Belles Lettres, 2000.

Finley (Moses I.), *Le Monde d'Ulysse*, La Découverte, 1986.

Finley (Moses I.), *On a perdu la guerre de Troie*, Les Belles Lettres, 1990.

Fraisse (Simone), *Le Mythe d'Antigone*, Armand Colin, 1974.

Frontisi-Ducroux (Françoise), *Dédale. Mythologie de l'artisan en Grèce ancienne*, La Découverte, 2000.

Frontisi-Ducroux (Françoise) et Vernant (Jean-Pierre), *Dans l'oeil du Miroir*, Odile Jacob, 1997.

Gély (Véronique), *L'Invention d'un mythe: Psyché*, Honoré Champion, 2006.

Jeanmaire (Henri), *Dionysos. Histoire du culte de Bacchus*, rééd., Payot, 1991.

Kirk (G. S.), *Homer and the Epic*, Cambridge University Press, 1965.

Kirk (G. S.), (Editior), *The Iliad: A Commentary*, 6 vols., Cambridge University Press, 1985~1993.

Les Astres, Actes du colloque international de Montpellier, 23~25 mars 1995, 2 vols., Presse de l'Université Paul Valéry, 1996.

Latacz (Joachim), *Troy and Homer. Towards a Solution of an old mystery*, Translated from the German by K. Windle and R. Ireland, Oxford University Press, 2004.

Loraux (Nicole), *Né de la Terre, mythe et politique à Athènes*, Seuil, 1996.

Mazon (Paul), *Introduction à l'Iliade*, Les Belles Lettres, 1942.

Moreau (Alain), *Le Mythe de Jason et Médée*, Les Belles Lettres, 1994.

Orphisme et Orphée en l'honneur de Jean Rudhardt, Textes réunis par Ph. Borgeaud, Droz, 1991.

Otto (Walter Friedrich), *Dionysos. Le mythe et le culte*, Gallimard, coll. Tel, 1992.

Pailler (Jean-Marie), *Bacchus. Figures et pouvoirs*, Les Belles Lettres, 1996.

Saïd (Suzanne), *Homère et l'Odyssée*, Belin, 1998.

Scherer (Jacques), *Dramaturgies d'Oedipe*, PUF, 1987.

Segal (Charles), *Orpheus, the Myth of the Poet*, The Johns Hopkins University Press, 1989.

Sorel (Reynal), *Orphée et l'Orphisme*, PUF, Que sais-je?, 1995.

Starobinski (Jean), *La Relation critique*, Gallimand, 1970.

Vernant (Jean-Pierre) et Vidal-Naquet (Pierre), *Oedipe et ses mythes*, Complexe, 1988.

Vidal-Naquet (Pierre), *Le Monde d'Homère*, Perrin, 2000.
마이클 우드, 『트로이, 잊혀진 신화』, 남경태 옮김, 중앙 M&B, 2002.

6. 로마 신화

Bayet (Jean), *Croyances et Rites dans la Rome antique*, Payot, 1971.
Bayet (Jean), *Les Origines de l'Hercule romain*, De Boccard, 1926.
Dumézil (Georges), *La Religion romaine archaïque*, 2e éd., Payot, 2000.
Dumézil (Georges), *Mythe et Épopée*, 3 vols., rééd., Gallimard, 1995.
Fabre-Serris (Jacqueline), *Mythologie et Littérature à Rome, La réécriture des mythes aux 1ers siècles avant et après J.-C.*, Payot Lausanne, 1998.
Gardner (Jane F.), *Mybes romains*, Éd. du Seuil, 1995.
Le Bonniec (Henri), *Le Culte de Cérès à Rome. Des origines à la fin de la République*, Klincksieck, 1958.
Schilling (Robert), *La Religion romaine de Vénus: depuis les origines jusqu'au temps d'Auguste*, De Boccard, 1982.

7. 그리스 · 로마 역사

Amouretti (Marie-Claire) et Ruzé (Françoise), *Le Monde grec antique*, Hachette, 2003.
Christol (M.) et Nony (D.), *Rome et son empire*, Hachette, 2003.
Grandazzi (Alexandre), *Les Origines de Rome*, PUF, Que sais-je?, 2003.
Lançon (Bertrand), *L'Antiquité tardive*, PUF, Que sais-je?, 1997.
Orrieux (Claude) et Schmitt-Pantel (Pauline), *Histoire grecque*, PUF, 1995.
로베르 에티엔, 『폼페이』, 주명철 옮김, 시공사, 시공디스커버리총서, 1995.
미셸 카플란, 『비잔틴 제국』, 노대명 옮김, 시공사, 시공디스커버리총서, 1998.
알랭 카롱 외, 『알렉산드리아』, 김호영 옮김, 창해, 창해ABC북, 2000.
알렉상드르 파르누, 『크노소스』, 이혜란 옮김, 시공사, 시공디스커버리총서, 1997.
월뱅크, 『헬레니즘 세계』, 김경현 옮김, 아카넷, 2002.
장 마리 앙젤, 『로마제국사』, 김차규 옮김, 한길사, 한길크세주, 1999.
클로드 모아티, 『고대 로마를 찾아서』, 김윤 옮김, 시공사, 시공디스커버리총서, 1996.
토마스 마틴, 『고대 그리스의 역사』, 이종인 옮김, 가람기획, 2003.
피에르 레베크, 『그리스 문명의 탄생』, 최경란 옮김, 시공사, 시공디스커버리총서, 2001.

피에르 브리앙, 『알렉산더 대왕』, 홍혜리나 옮김, 시공사, 시공디스커버리총서, 1995.

8. 그리스·로마 지리

Morkot (Robert), *Atlas de la Grèce antique*, Éd. Autrement, 1999.
Scarre (Chris), *Atlas de la Rome antique*, Éd. Autrement, 1996.
Talbert (Richard J. A.), *Barrington Atlas of the Greek and Roman World*, Princeton University Press, 2000.

9. 그리스 철학

Brisson (Luc), *Platon, les mots et les mythes*, Éd. La Découverte, 1982.
Brun (Jean), *Le Stoïcisme*, PUF, Que sais-je?, 2002.
Droz (Geneviève), *Les Mythes platoniciens*, Seuil, coll. Points, 1992.
Dumont (Jean-Paul), *La Philosophie antique*, PUF, Que sais-je?, 2002.

10. 그리스·로마 문학

Canfora (Luciano), *Histoire de la littérature grecque d'Homère à Aristote*, Desjonquères, 1994.
De Romilly (Jacqueline), *Dictionnaire de littérature grecque ancienne et moderne*, PUF, 2001.
De Romilly (Jacqueline), *Précis de littérature grecque*, PUF, 1980.
De Romilly (Jacqueline), *La Tragédie grecque*, PUF, 1986.
De Romilly (Jacqueline), *La Modernité d'Euripide*, PUF, 1986.
Demerson (Guy), *La Mythologie classique dans l'oeuvre lyrique de la Pléiade*, Droz, 1972.
Derche (Roland), *Quatre Mythes poétiques: Oedipe, Narcisse, Psyché, Lorelei*, SEDES, 1962.
Gaillard (Jacques), *Approche de la littérature latine*, Nathan, coll. 128, 1992.
Saïd (Suzanne), *La Littérature grecque d'Alexandre à Justinien*, PUF, Que sais-je?, 1990.
Thiercy (Pascal), *Les Tragédies grecques*, PUF, Que sais-je?, 2001.
Trédé-Boulmer (Monique) et Saïd (Suzanne), *La Littérature grecque d'Homère à*

Aristote, PUF, Que sais-je?, 1990.

Vernant (Jean-Pierre) et Vidal-Naquet (Pierre), *Mythe et Tragédie en Grèce ancienne*, nouvelle édition, La Découverte, 1986.

Vernant (Jean-Pierre) et Vidal-Naquet (Pierre), *Mythe et Tragédie*, deux, La Découverte, 1986.

Vickers (Brian), *Towards Greek Tragedy: Drama, Myth, Society*, Longman, 1973.

천병희, 『그리스 비극의 이해』, 문예출판사, 2002.

11. 그리스 · 로마의 일상생활

Detienne (Marcel) et Sissa (Giulia), *La Vie quotidienne des dieux grecs*, Hachette, 1989.

Maffre (Jean-Jacques), *La Vie dans la Grèce classique*, PUF, Que sais-je?, 1988.

존 셰이드, 로제르 아눈, 『로마인의 삶』, 손정훈 옮김, 시공사, 시공디스커버리총서, 1997.

12. 정신 분석

Aigrisse (Gilberte) *Psychanalyse de la Grèce antique*, Les Belles Lettres, 1960.

Anzieu (D), Green (A) et autres, *Psychanalyse et Culture grecque*, Les Belles Lettres, 1980.

Diel (Paul), *Le Symbolisme dans la mythologie grecque: étude psychanalytique*, rééd., Payot, 2002.

Green (André), *Un Oeil en trop, Le Complexe d'Oedipe dans la tragédie*, Éd. de Minuit, 1969.

13. 그리스 미술

Aghion (Irène), Barbillon (Claude), Lissarrague (François), *Héros et Dieux de l'Antiquité*, Flammarion, 1994.

Borbein (Adolf Heinrich), *La Grèce antique*, Bordas, 1995.

Carpenter (Thomas H), *Les Mythes dans l'art grec*, Thames & Hudson, 1998.

Georgoudi (Stella) et Vernant (Jean-Pierre), dir., *Mythes grecs au figuré*, Gallimard, 1996.

Maffre (Jean-Jacques), *L'Art grec*, PUF, Que sais-je?, 1986.

Panofsky (Erwin), Saxl (Fritz), *La Mythologie classique dans l'art médiéval*, Éd. Gérard Monford, 1991.

Papaioannou (Kostas) et Bousquet (Jean), *L'Art grec, Citadelles et Mazenod*, 1993.

Schmitt (Jean-Claude), *Eve et Pandora*, Gallimard, 2001.

Veyne (Paul), Lissarrague (François), *Les Mystères du gynécée*, Gallimard, coll. Le Temps des images, 1998.

나이즐 스피비, 『그리스 미술』, 양정무 옮김, 한길아트, 2001.

14. 연구 관련 자료

Blumenberg (Hans), *La Raison du mythe*, Gallimard, 2005.

Bollack (Jean), *La Grèce de personne*, Seuil, 1997.

Brisson (Luc), *Introduction à la philosophie du mythe*, I, *Sauver les mythes*, Vrin, 1996.

Clément (Catherine), *Claude Lévi-Strauss*, PUF, Que sais-je?, 2003.

Csapo (Eric), *Theories of Mythology*, Blackwell, 2005.

Dubuisson (Daniel), *Mythologies du XXe Siècle* (Dumézil, Lévi-Strauss, Eliade), Presses Universitaires de Lille, 1993.

Eribon (Didier), *Faut-il brûler Dumézil?*, Flammarion, 1992.

Frazer (James George), *Le Rameau d'Or*, 4 vols., Robert Laffont, 1981~1984.

Fricker (Bernard), *Mythologie, Philosophie, Poésie*, Les Belles Lettres, 1999.

Jamme (Christoph), *Introduction à la philosophie du mythe*, II, *Époque moderne et contemporaine*, Vrin, 1995.

Lévi-Strauss (Claude) et Éribon (Didier), *De près et de loin*, Éd. Odile Jacob, 1990.

Lévi-Strauss (Claude), *Anthropologie Structurale*, Plon, 1958.

Lévi-Strauss (Claude), *Anthropologie Structurale*, deux, Plon, 1973.

Lévi-Strauss (Claude), *Tristes Tropiques*, Plon, 1955.

Lévi-Strauss (Claude), *La Pensée sauvage*, Plon, 1962.

Lévi-Strauss (Claude), *Mythologiques*, 4 vols., Plon, 1964~1971.

Lincoln (B), *Theorizing Myth: Narrative, Ideology and Scholarship*, University of Chicago Press, 1999.

Müller (Max), *Mythologie comparée*, Robert Laffont, 2002.

Poitevin (Michel), *Dumézil*, Ellipses, 2002.

Seznec (Jean), *La Survivance des Dieux antiques*, Flammarion, coll. Champs, 1993.

15. 그리스 고고학

Duchêne (Hervé), *L'Or de Troie ou le rêve de Schliemann*, Gallimard, coll. Découvertes, 1995.

Etienne (Roland et Françoise), *La Grèce antique, archéologie d'une découverte*, Gallimard, coll. Découvertes, 1990.

Tolstikov (Vladimir) and Treister (Mikhail), *The Gold of Troy, Searching for Homer's fabled city*, Harry N. Abrams, 1996.

16. 학술 대회 눈문집 및 특집호

Claude Lévi-Strauss : Magazine littéraire, No. 311, juin 1993.

Georges Dumézil : Magazine littéraire, No. 229, avril 1986.

Il Mito Greco, Atti del Convegno Internazionale (Urbino 7~12 maggio 1973), Rome, Ateneo & Bizzarri.

Le Mythe aujourd'hui : Anthropologie et Sociétés, volume 29 numéro 2, 2005.

Mythe, colloque de Deauville, 24~25 octobre 1981, *Revue française de Psychanalyse*, Tome XLVI, juillet-août, 1982.

Narcisse : Nouvelle Revue de Psychanalyse, No. 13, printemps 1976.

17. 파리 10대학 신화 연구소 간행물

1977 : *Formation et survie des mythes*, Les Belles Lettres.

1980 : *Mythe et personnification*, Les Belles Lettres.

1983 : *Visages du destin dans les mythologies*, Les Belles Lettres.

1986 : *Mort et fécondité dans les mythologies*, Les Belles Lettres.

1988 : *Peuples et pays mythiques*, Les Belles Lettres.

1990 : *Mythe et politique*, Les Belles Lettres.

1995 : *Enfants et enfances dans les mythologies*, Les Belles Lettres.

1998 : *Généalogies mythiques*, Les Belles Lettres.

부록 1 : 주요 신 명칭 대조표

그리스어 명칭	라틴어 명칭	그 밖의 명칭
데메테르	케레스	
디오뉘소스	바코스	바카스
레토	라토나	
아레스	마르스	
아르테미스	디아나	다이아나
아테나	미네르바	
아폴론	아폴로	
아프로디테	베누스	비너스
에로스	쿠피드	큐피드
제우스	유피테르	주피터
크로노스	사투르누스	
페르세포네(=코레)	프로세르피나	
포세이돈	넵투누스	넵튠
하데스	플루톤	플루토
헤라	유노	주노
헤르메스	메르쿠리우스	머큐리
헤스티아	베스타	
헤파이스토스	불카누스	

부록 2 : 그리스사 연표

시대 구분 및 연대	크레타 및 그리스 본토	주변국
신석기 시대 기원전 6500~2600년	농업 및 목축의 시작 다산성의 여신들 입상(立像) 3200년: 초기 미노아 시대 시작	3100년경: 수메르의 설형문자 3000년경: 이집트의 상형문자 2650년경: 이집트 최초의 피라미드
청동기 시대 기원전 2600~1100년 초기 청동기 시대 2600~1950년	2200년: 중기 미노아 시대 시작, 최초의 미노아 궁전들 건설 2300~2200년: 최초의 그리스인 이주	2000년경: 「길가메쉬 서사시」
중기 청동기 시대 1950~1580년	1700년: 초기 미노아 궁전들 파괴 1600년: 크레타에 선형 문자 A형 출현	1800년경: 이집트에서 말[馬]을 활용 1750년경: 아나톨리아에 히타이트 제국 창건
후기 청동기 시대 1580~1100년	1580년경: 제2미노아 궁전들 건축 1500년: 테라(=산토리니) 섬 화산 폭발 16~13세기: 미케네 궁전 건축 및 확장 1480년: 이카이아인의 크레타 정복 및 미노아 궁전 파괴 1450년경: 크노소스에 선형문자 B형 출현 1370년: 크노소스의 완전 붕괴 1230년경: 트로이 파괴 1200년: 도리아인의 침입·이주 1200~1100년: 미케네 궁전 파괴 및 미케네 문명 멸망	1200년경: 히타이트 제국 멸망
'중세' 혹은 암흑기 기원전 1100~800년	1100~1000년: 그리스인들, 아나톨리아(오늘날의 터키) 해안 지방으로 이주 1000년: 이오니아인의 이주 11~10세기: 철기 시대 시작. 전(前)기하학적 도기 문양 시대	1100년경: 페니키아인에의해 알파벳 문자 등장·발전 900년경: 아시리아 제국 팽창

시대 구분 및 연대	크레타 및 그리스 본토	주변국
	9~8세기: 기하학적 도기 문양 시대 9세기 말~8세기 초: 그리스 '도시 국가'의 탄생 776년: 제1회 올림픽 경기 개최 750년부터 특히 서방(西方) 식민지 확장 시작 8세기 후반: 새로운 문자의 등장 및 호메로스의 서사시. 최초의 신전들 등장	753년: 로물루스의 (전설상의) 로마 건국 721~650년: 아시리아 제국 패권

**상고기 혹은
아르카익기**
기원전
7세기~478년
	8세기 말 혹은 7세기 초:
	헤시오도스의 서사시
	650년: 그리스 첫 주화 발행
	600년: 마르세유 건설
	7~6세기: 이오니아 지방에서
	철학자들 활약.
	서정시 등장, 여류 시인 사포
	(?~630년?)
	594~593년: 아테네, 솔론의 개혁
	561~528년: 아테네, 참주
	페이시스트라토스
	550년: 스파르타, 폐쇄 정치
	아이스킬로스(525~456년)
	핀다로스(518~438년)
	508~507년: 아테네,
	클레이스테네스의 개혁
	490년: 1차 페르시아 전쟁
	    (마라톤 전투)
	480~478년: 2차 페르시아 전쟁
	    (살라미스 해전)
		690년: 그리스어로부터
		에트루리아 문자 형성
		
		612년: 아시리아 제국 멸망
		600년: 라틴어 문자 발달
		
		550년경: 시리우스 2세,
		페르시아 제국 창건
		525년: 페르시아, 이집트
		정복
		510년: 로마에 유피테르
		신전
		509년: 로마, 에트루리아인
		몰아내고 왕정에서
		공화정으로

고전기 기원전 478~323년	소포클레스(490~406년) 에우리피데스(485~406년) 헤로도토스(484~420년) 올림피아: 제우스 신전	

시대 구분 및 연대	크레타 및 그리스 본토	주변국
	478년: 델로스 동맹 페이디아스 활동(470~435년) 460~446년: 1차 펠레폰네소스 전쟁 450년: 아테네, 절정기 5세기: 비극과 철학의 발전, 소피스트와 소크라테스의 활동. 올림포스 예술 개화 447~438년: 페이디아스의 지휘 아래 파르테논 신전 완성 443~429년: 아테네, 페리클레스시대 431~404년: 아테네와 스파르타 간의 펠로폰네소스 전쟁, 아테네의 지배권 상실 404~378년: 스파르타의 패권 시대 371~362년: 테바이 융성기 4세기: 이소크라테스, 플라톤, 아리스토텔레스의 왕성한 철학 활동 338년: 마케도니아의 필리포스 2세에게 그리스 동맹군 패배 336~323년: 알렉산드로스 대왕의 통치 시대, 페르시아 제국 정복 335년: 알렉산드리아 건설 323년: 알렉산드로스 대왕 열병으로 바빌론에서 사망	460년: 페르시아에서 파피루스가 점토서판을 대체 404년: 이집트 독립 400년: 켈트족 이탈리아 북쪽에 정착 390년: 켈트족 로마 약탈 380년: 로마 세력 확장 342년: 페르시아, 이집트 재정복 332년: 알렉산드로스 대왕 이집트 정복
헬레니즘 시대 기원전 323~31년	323년: 마케도니아 장군 프톨레마이오스 이집트의 총독 직위 계승. 그는 클레오파트라 7세가 자살할 때까지 300년 정도 지속된 이집트의 프톨레마이오스 왕조의 첫 번째 왕이 된다. 320~301년경: 마케도니아 장군들 그리스, 마케도니아, 시리아, 소아시아, 이집트에 대왕국 건립	

시대 구분 및 연대	크레타 및 그리스 본토	주변국
	310년: 아테네에 스토아 철학파 창건 307년: 에피쿠로스, 아테네에 철학 학원 설립 306년경: 적색문양(赤色文樣)도기 소멸 306~304년: 알렉산드로스의 후계자들인 그의 장군들, '왕'으로 선포. 특히, 셀레우코스가 인더스 강 유역에 세운 왕조와 프톨레마이오스가 이집트에 세운 왕조로 오리엔트는 크게 양분된다. 290년: 프톨레마이오스 1세, 알렉산드리아에 도서관 건립 216년: 『성서』 그리스어로 번역되기 시작 214~205년: 로마인들, 마케도니아 왕 필리포스 5세와 최초로 교전. 이후 로마인들은 마케도니아, 그리스, 이집트, 근동(近東)을 모두 정복한다. 146년: 로마인들 코린토스 파괴, 마케도니아에 로마 정권 수립 88~86년: 로마 장군 술라(Sulla), 아테네 포위 · 점령 31년: 헬레니즘 시대의 마지막 마케도니아 군주인 이집트 여왕 클레오파트라 7세와 안토니우스의 연합 함대, 그리스 서부 연안 악티움 해전에서 옥타비아누스에게 패배	310년: 로마 세력 확장 206년: 로마, 스페인 정복 200년: 로마인들, 콘크리트 개발 키케로(106~43년) 베르길리우스(70~19년) 44년: 율리우스 카이사르(=시저) 암살 오비디우스(43~서기 17년)
로마 제국 기원전 31 ~서기 395년	기원전 30년: 안토니우스와 클레오파트라 자살. 이집트를 비롯한 그리스 세계, 로마의 지방으로 전락 150년경: 파우사니아스(Pausanias)의 그리스 여행	세네카(기원전 4~서기 65년)

시대 구분 및 연대	크레타 및 그리스 본토	주변국
	380년: 기독교가 국가 종교로 선포되고 '이교(異敎)'의 모든 신들의 경배가 법으로 금지된다. 393년: 올림픽 경기 마지막으로 개최된다.	
비잔틴 제국 서기 395~1453년	395년: 로마 제국, 동·서 로마 제국으로 분할. 동로마 제국은 비잔틴 제국으로 불리운다. 529년: 유스티니아누스 황제, 칙령으로 철학 학교 폐쇄하고 신전을 교회로 전환시킨다. 아테네의 파르테논 및 헤파이스토스 신전 등이 교회로 사용된다. 867~1081년: 콘스탄티노플에 마케도니아 왕조 등장하고, 헬레니즘이 다시 소생한다. 1054년: 로마 가톨릭 교회와 그리스 정교회가 분리된다. 1204년: 십자군에 의해 콘스탄티노플 함락. 그리스 학자들 이탈리아로 도피 이주 1261년: 비잔틴 황제 미카엘 8세 콘스탄티노플 탈환 1453년 오스만 터키인들 콘스탄티노플 점령. 비잔틴 제국 멸망	410년: 서(西)고트족, 로마 점령 약탈 476년: 서로마 제국 마지막 황제 로물루스 아우구스툴루스 퇴위
오스만 제국 서기 1456~1820년	1456년: 오스만 터키인들, 아티카 지역 점령 1460년: 아테네의 파르테논 신전, 이슬람 교회당으로 사용 15세기 후반: 그리스 학자들 이탈리아로 도피·이주 급증하고 그리스에서 고대 철학 및 문학 열기 소생	

시대 구분 및 연대	크레타 및 그리스 본토	주변국
	1800~1805년: 영국의 엘진(Elgin) 경 아테네 체류 1820년: 밀로(Milo=Milos) 섬에서 발굴된 비너스 상 프랑스에서 구입	
독립전쟁 서기 1821~1832년	1821년 3월: 그리스인들 터키인들에 대해 봉기 1822년: 그리스 독립선언. 터키인들 그리스인 학살 1823년: 독립전쟁 1824년: 그리스 독립전쟁에 가담한 영국 시인 바이런(Byron) 사망 1830년: 그리스 독립국가 창건 1832년: 열강(列强)들 그리스에 전제왕권을 권고	
현대 그리스 서기 1832~현재	1832~1862년: 오톤 1세의 왕정 1834년: 그리스 고고학 협회 설립 1837년: 아테네 대학교 개교 1843년: 아테네의 혁명. 오톤 1세 헌정 허가 1846년: 아테네 프랑스 연구원 설립 1866~1889년: 아테네 국립 박물관 설립 1868년: 터키인들에 대한 크레타의 봉기 실패 1874년: 아테네 독일 연구원 설립 1882년: 미국 고고학 연구원 설립 1885년: 영국 고고학 연구원 설립 1896년: 제1회 근대 올림픽 개최 1908년: 크레타, 그리스와 합병 선언 1909년: 이탈리아 고고학 연구원 설립 1912~1913년: 발칸 전쟁, 그리스는 마케도니아와 에게 해의 많은 섬들을 비롯한 실지(失地)를 탈환한다.	

시대 구분 및 연대	크레타 및 그리스 본토	주변국
	1917년: 그리스, 제1차 세계대전에 연합군에 가담하여 참전 1920~1922년: 소아시아에서 그리스 터키 전쟁 1922년: 혁명에 의해 전제왕권 몰락 1924~1935년: 공화정 선포. 정치적 무정부 상태 1935년: 왕정 복귀 1936~1941년: 군사 독재 1940~1944년: 이탈리아인의 침입, 그리스인의 저항 성공. 이후 독일 및 이탈리아 군 진입, 그리스 점령 1944~1949년: 그리스 내란 1949~1967년: 불안정한 시대 1967~1974년: 군사혁명에의한 군사독재, 국왕 망명 1974년: 왕정 철폐, 민주공화정 선포 1981년: 유럽경제공동체 회원국	

찾아보기 1 : 신, 영웅 및 기타

ㅁ

마론(Maron) 318

마르쉬아스(Marsyas) 206

마르스(Mars, 아레스) 353-354, 510, 546, 547-549

마이나데스(Mainades) 224-225, 227, 259, 524

마이아(Maia) 76, 164, 178, 216

메가라(Megara) 66, 361-362, 378, 403

메네스테우스(Menestheus) 383

메넬라오스(Menelaos) 191, 200, 278, 280-282, 284, 289-290, 294, 304, 318, 325, 457

메노이티오스(Menoitios) 144

메데이아(Medeia) 200, 251-256, 378, 379, 389, 417, 434, 436, 458-459, 508, 559, 571

메도스(Medos) 255

메두사(Medousa) 82, 135, 144, 212, 232, 367, 396-397, 502-503, 544, 552

메롭스(Merops) 426

메르쿠리우스(Mercurius, 헤르메스) 339, 484, 488, 493, 501, 506, 510, 516

메젠티우스(Mezentius) 344-345, 347

메타네이라(Metaneira) 186, 188

메티스(Metis) 122, 125, 128-130, 135, 164, 176, 190, 211, 215, 391

멘테(Menthe) 236

멜란토스(Melanthos) 573

멜레아그로스(Meleagros) 369, 371, 386, 405-408, 413, 415-416

멜카르트(Melkart) 358

멜포메네(Melpomene) 177

멤논(Memnon) 424

모이라이(Moirai) 101, 174-176

몰리(Molly) 329

무사이(Mousai, 뮤즈) 98, 113, 116, 164, 169, 177, 215, 427

무사이오스(Mousaios) 114, 116, 118

뮈르틸로스(Myrtilos) 277

뮤즈(Muse, 무사, 무사이) 47, 98, 113, 116, 164, 169, 177, 201, 204, 215, 286, 427, 462, 506, 516

므네모쉬네(Mnemosyne) 98, 102-103, 107, 116, 164, 177

미노스(Minos) 57, 179, 199, 232, 254, 257-258, 278, 365, 379-381, 384, 386-395

미노타우로스(Minotauros) 57, 199, 232, 379, 384-386, 388, 392

미세누스(Misenus) 341-342

미트라(Mitra) 40-41, 549

민타(Mintha) 572

ㅂ

바루나(Varuna) 40-41, 549

바알(Baal) 170, 181, 395

바우보(Baubo) 186

발리오스(Balios) 286

베스타(Vesta, 헤스티아) 183, 215, 353, 510

벨레로폰테스(Bellerophontes) 386, 403-405

보레아스(Boreas) 109, 247

브론테스(Brontes) 107, 136, 142

브리세이스(Briseis) 297-298, 300, 305

찾아보기 2 : 지명

찾아보기 3 : 인명

알렉산드로스(Alexandros)　64, 68-69, 71, 226, 287, 288, 421, 458, 469, 505, 606-607

알루아, 피에르(Pierre Halloix)　511

알베르 르 그랑(Albert Le Grand)　508

알크만(Alkman)　112

야콥슨, 로만(Roman Jakobson)　562, 564

에라스무스, 데시데리우스(Desiderius Erasmus)　504

에라토스테네스(Eratosthenes)　70, 354

에번스, 아서(Arthur J. Evans)　57, 385-386

에우가몬(Eugamon)　328, 425

에우리피데스(Euripides)　67, 84, 118, 120, 126, 269, 281-282, 306, 407, 433-436, 438, 441, 444-446, 515, 583, 590

에우스타티우스(Eustathius)　479-480, 498

에우에메로스(Euemeros)　457-459, 487-489, 495, 498, 501, 503-504, 507, 528, 531

에피쿠로스(Epikouros)　457, 460-461, 469, 607

엔니우스(Ennius)　457, 487

엘리아데, 미르체아(Mircea Eliade)　33-34, 119

오노마크리토스(Onomakritos)　118

오도아케르(Odoacer)　476, 482

오비디우스(Ovidius)　71, 84, 98, 306, 387, 408, 471, 486, 492, 496-497, 501, 504-506, 508, 579, 590

옥타비아누스(Octavianus)　68, 332, 352, 470, 584

올바크(P.-H. Holbach)　528

위그, 자크(Jacques Hugues)　499

위에, 피에르다니엘(Pierre-Daniel Huet)　508

유스티노스(Justinos)　460

융, 카를 구스타프(Carl Gustav Jung)　552-554

이소크라테스(Isokrates)　447, 606

이시도루스(Isidorus)　488-489, 493

ㅈ

조델, 에티엔(Etienne Jodelle)　356

조이스, 제임스(James Joyce)　329

지랄디(Giraldi)　503

ㅊ

체체스(Tzetzes)　480

초파니(Ciofani)　501

ㅋ

카르타리(Cartari)　503

카살리오, 조반니(Giovanni Casalio)　508

카시러, 에른스트(Ernst Cassirer)　524, 527

카찬차키스, 니코스(Nicos Kazantzakis)　329

카툴루스(Catullus)　471

칸트(I. Kant)　529

칼람, 클로드(Claude Calame)　34, 560-561

칼리마코스(Kallimachos)　446

칼뱅, 장(Jean Calvin)　504

칼콘딜레스, 디미트리오스(Dimitrios Chalcondyles)　498

이진성(李眞成)

서울대학교 문리과대학 불어불문학과 학사 및 석사
프랑스 몽펠리에 문과대학 불문학 박사
프랑스 사회과학 대학원(EHESS) 및 파리 10대학 신화연구소 연구교수
한국불어불문학회장
연세대학교 문과대학 불어불문학과 교수
현재 연세대학교 문과대학 불어불문학과 명예교수

저서
『프랑스 시법 개론』, 『프랑스 시의 배경과 전개』, 『샤를르 보들레르』
『파리의 보헤미안 아폴리네르』, 『프랑스 현대시』

그리스 신화의 이해

1판 1쇄 펴냄 | 2004년 3월 2일
1판 8쇄 펴냄 | 2010년 3월 2일
개정판 1쇄 펴냄 | 2010년 8월 31일
개정판 4쇄 펴냄 | 2015년 2월 25일
개정2판 1쇄 펴냄 | 2016년 2월 22일
개정2판 4쇄 펴냄 | 2021년 10월 11일

지은이 | 이진성
펴낸이 | 김정호
펴낸곳 | 아카넷

출판등록 2000년 1월 24일(제406-2000-000012호)
413-120 경기도 파주시 회동길 445-3
전화 | 031-955-9511(편집) · 031-955-9514(주문)
팩스 | 031-955-9519

www.acanet.co.kr

ISBN 978-89-5733-483-6 03210

이 도서의 국립중앙도서관 출판시도서목록(CIP)은 서지정보유통지원시스템
홈페이지(http://seoji.nl.go.kr)와 국가자료공공목록시스템(http://www.nl.go.
kr/kolisnet)에서 이용하실 수 있습니다.(CIP 제어번호: CIP 2016003449)